DANS LE SECRET DES PRÉSIDENTS

DU MÊME AUTEUR

Des secrets si bien gardés. Les dossiers de la Maison-Blanche et de la CIA sur la France et ses présidents, 1958-1981, Fayard, 2009.
L'Espionne. Virginia Hall, une Américaine dans la guerre, Fayard, 2007.
Députés sous influence. Le vrai pouvoir des lobbies à l'Assemblée nationale, avec Hélène Constanty, Fayard, 2006.
Les Empoisonneurs. Enquête sur ces polluants et produits qui nous tuent à petit feu, Fayard, 2005.
Les Parrains corses. Leur histoire, leurs réseaux, leurs protections, avec Jacques Follorou, Fayard, 2004.
La Traque fiscale, Albin Michel, 2000.
L'Acrobate. Jean-Luc Lagardère ou les armes du pouvoir, avec Alexandra Schwartzbrod, Seuil, 1998.
L'Anti-Drogue, avec Bernard de La Villardière, Seuil, 1994.
Citizen Bouygues, avec Élisabeth Campagnac, Belfond, 1988.

Vincent Nouzille

Dans le secret des présidents
CIA, Maison-Blanche, Élysée : les dossiers confidentiels

1981-2010

Fayard
LLL LES LIENS QUI LIBÈRENT

Retrouvez le blog dédié à ce livre :
http://www.lesinfos.com/nouzille

© Librairie Arthème Fayard et Les Liens qui Libèrent, 2010.
ISBN : 978-2-213-65591-8

*À Mathilde, Greg et Anaïs,
une histoire qui commence.*

Prologue

Les présidents nous cachent bien des choses

Il faut se méfier des apparences.

30 mars 2010. Carla et Nicolas Sarkozy sont conviés à dîner dans les appartements privés de la Maison-Blanche par Barack Obama et son épouse Michelle. Tout a été soigneusement préparé pour cette soirée « intime » censée symboliser la proximité des deux présidents. Leurs entourages respectifs soulignent le caractère particulièrement amical de ce dîner à quatre, durant lequel tous font assaut d'amabilités. « Nos relations sont saines », clament les responsables des deux camps. Des mots partiellement trompeurs : les sourires de façade n'effacent pas une sourde tension. Dès l'été 2008, Sarkozy a prétendu être le « copain » du candidat démocrate à l'élection présidentielle. Mais, depuis qu'il est élu, Obama n'est pas l'ami de Sarkozy. Les deux hommes se vouent une méfiance réciproque. Malgré son proaméricanisme affiché, le Français est jugé peu fiable par Barack Obama. De son côté, ce dernier, si charismatique soit-il, reste considéré comme froid et hautain par l'hôte de l'Élysée. Ils n'ont ni le même tempérament, ni les mêmes méthodes. Autant Sarkozy se sentait à l'aise avec George W. Bush, autant il est gêné avec son successeur. S'ils tentent de faire bonne figure lors de ce dîner « amical », les désaccords demeurent, rendant imprévisible la suite de leur relation...

Il faut se méfier des apparences.

16 mai 2007. Jacques Chirac quitte l'Élysée avec l'image d'un président qui a défié George W. Bush, puisqu'il s'est opposé à lui lors de la guerre d'Irak, refusant de se laisser embarquer dans sa croisade unilatérale. Chirac en a même tiré une leçon magistrale, qu'il a souvent répétée à ses pairs européens : « J'ai un principe simple en politique étrangère. Je regarde

ce que font les Américains et je fais le contraire. Alors, je suis sûr d'avoir raison. » Seul problème : cette affirmation est fausse. À peine arrivé à l'Élysée, en 1995, Jacques Chirac a constamment cherché, au contraire, à se rapprocher des États-Unis, allant jusqu'à tenter de faire réintégrer la France dans le commandement de l'OTAN, bien avant que Nicolas Sarkozy ne prenne cette décision. Et, la crise irakienne passée, le président français n'a eu de cesse de se réconcilier avec George Bush, recherchant tous les sujets de convergence possible avec Washington sur le terrain de la politique étrangère. Il est même allé beaucoup plus loin qu'on ne le croit dans les gages donnés à son homologue américain. Ces gestes ont coûté très cher à la France, mais Jacques Chirac ne s'en est pas vanté...

Il faut se méfier des apparences.

10 mai 1981. François Mitterrand est élu président de la République avec une étiquette de socialiste intraitable. Sa victoire à la tête d'une coalition d'Union de la gauche et la nomination de ministres communistes dans son gouvernement effraient les piliers de l'administration Reagan. Les rouges ont pris le pouvoir à Paris ! Le Pentagone s'inquiète des risques de fuite d'informations « confidentiel défense » de la France vers Moscou. Mais, en vérité, les ultraconservateurs de Washington sont rapidement rassurés par des initiatives secrètes de Mitterrand. Ses premières confidences à un certain George H.W. Bush, alors vice-président des États-Unis, dès le 24 juin 1981, lors d'un déjeuner historique, étonnent même les plus réticents. Et ce ne sont là que les premiers d'une longue série de signaux envoyés aux Américains, dont certains sont demeurés méconnus jusqu'à ce jour.

La Ve République n'a pas fini de livrer ses secrets. Derrière les communiqués officiels, au-delà des déclarations convenues, dans les antichambres de l'Élysée, se jouent des pièces auxquelles seule une poignée d'initiés assiste. Le président de la République arbitre, décide, dépêche ses émissaires et ses soldats sans révéler tout ce qui se trame en son palais. Entre les présidents français et américains, ce théâtre d'ombres est particulièrement surprenant. Car la scène n'a pas grand-chose à voir avec les coulisses. Les acteurs n'ont pas le même visage. Les dialogues sont parfois aux antipodes de la version qui est livrée à l'opinion publique.

Ce sont ces secrets que j'ai voulu dévoiler dans cette enquête. Reprenant la méthode employée pour la rédaction du premier volume, qui couvrait la période 1958-1981[1], j'ai donc commencé par rechercher systématiquement aux États-Unis tous les documents américains déclassifiés portant sur la France et ses présidents depuis 1981. Grâce à plusieurs voyages sur place, j'ai ainsi pu dénicher plusieurs milliers d'archives inédites provenant de la CIA, de la Maison-Blanche, du département d'État, du Pentagone ou d'autres administrations américaines. Lorsque ces documents n'étaient pas encore disponibles, j'ai multiplié les demandes afin d'obtenir leur déclassification sur la base du Freedom Of Information Act (FOIA). Toutes mes requêtes n'ont pu aboutir, certains archivistes me recommandant de patienter encore plusieurs années, le temps que le processus de déclassification soit achevé. Mais ma moisson était déjà assez abondante, et j'ai trouvé de nombreux documents supplémentaires dans des rapports officiels ou des bases de données. Des interviews menées aux États-Unis auprès de témoins des différentes périodes ont complété cette première série de sources.

Côté français, j'avais obtenu quelques dérogations pour consulter des archives de l'Élysée sous les présidences de Charles de Gaulle, Georges Pompidou et Valéry Giscard d'Estaing. Cette fois-ci, je redoutais de me heurter à une porte close concernant les archives de François Mitterrand et, surtout, celles de Jacques Chirac. Officiellement, elles sont interdites d'accès pour soixante ans, conformément à la loi. Et les plus récentes, couvrant les deux mandats de Jacques Chirac, de 1995 à 2007, sont même loin d'être totalement inventoriées. Néanmoins, j'ai décidé de tenter ma chance et de demander de nouvelles dérogations.

Après plusieurs essais, j'ai fini par obtenir, avec l'accord des mandataires de François Mitterrand et celui de Jacques Chirac, des autorisations pour consulter plusieurs milliers de documents précieusement conservés aux Archives nationales. Ces archives présidentielles, exceptionnelles et inédites, couvrent la période de 1981 à 2007, soit les quatorze années de François Mitterrand et les douze années de Jacques Chirac. Sans être exhaustives, elles donnent une vision détaillée, vivante et parfois très cocasse de ce qui se passe à l'Élysée, et notamment des relations entre les présidents français et leurs homologues américains. On y découvre la

---

1. Vincent Nouzille, *Des secrets si bien gardés. Les dossiers de la Maison-Blanche et de la CIA sur la France et ses présidents, 1958-1981*, Fayard, 2009.

teneur des courriers et des conversations entre Mitterrand et Reagan. On est frappé par la complicité entre Mitterrand et Bush père lorsqu'ils se téléphonent durant la première guerre du Golfe, en 1991. On est surpris par l'amitié entre Clinton et Chirac, mais aussi par les frustrations de ce dernier quand il n'est pas assez écouté.

Les documents mettent également au jour les conversations éclairantes entre Chirac et Bush Jr au moment de la guerre d'Irak, et celles, encore plus étonnantes, qui ont eu lieu après ce conflit. Des notes préparatoires des conseillers et des télégrammes diplomatiques, souvent aussi riches que les *verbatim* des rencontres au sommet, enrichissent ce panel d'archives élyséennes.

L'histoire se révèle ainsi, par pans entiers, que ce soit sur les affaires d'espionnage, les plans secrets contre Kadhafi, la fin du mur de Berlin, la guerre de Yougoslavie, le génocide au Rwanda, la chute de Saddam Hussein, la mort de Rafic Hariri ou le programme nucléaire iranien. Les détails pittoresques agrémentent ces archives, notamment sur le protocole de l'Élysée, la santé des présidents, leurs goûts gastronomiques, leurs colères homériques ou leurs obsessions du moment.

Basée sur ces sources américaines et françaises, mon enquête a été complétée par des confidences d'acteurs français de ces épisodes, qui ont bien voulu m'accorder un peu de leur temps et mobiliser leurs souvenirs, ce dont je les remercie vivement. Ce fut particulièrement utile pour la période la plus récente, depuis 2007, pour laquelle les témoignages permettent d'appréhender ce qui se passe dans les coulisses du pouvoir sous la présidence de Nicolas Sarkozy. C'est grâce à ces documents et à ces acteurs que j'ai pu tenter, *in fine*, de reconstituer le récit de trente années de présidence française et de politique étrangère.

Mitterrand s'y révèle plus grave encore qu'on ne l'a imaginé, Chirac plus velléitaire, Sarkozy plus opportuniste. Face aux crises, la raison ne l'emporte pas toujours, et les décisions se prennent parfois sur une colère, un coup de tête.

Les relations tendues avec les États-Unis illustrent parfaitement cette irrationalité. Car l'amitié affichée depuis plus de deux siècles entre les deux rives de l'Atlantique connaît des tangages récurrents : l'admiration tutoie la jalousie, le respect frôle souvent le rejet. Ces frictions s'expliquent notamment par une concurrence d'ego : entre une hyperpuissance monolithique persuadée d'incarner le « bon droit » et une puissance moyenne toujours porteuse d'une diplomatie mondiale, mâtinée de cartésianisme et d'universalisme, l'émulation ne peut qu'être féroce. Les procès d'intention se nourrissent de préjugés équitablement répartis : les francophobes sont aussi actifs à Washington que les antiaméricains le sont à Paris. Selon l'historien Simon Serfaty, le parallélisme entre ces deux antagonismes est d'ailleurs une constante de cette « relation bizarre » entre la France et les États-Unis depuis la fin de la Première Guerre mondiale[1]. Confortées par l'ombrageuse personnalité de De Gaulle, les saillies contre ces « enfoirés de Français » sont devenues un exercice courant dans les allées du département d'État et du Pentagone, tandis que l'américanophobie a toujours trouvé un large écho chez les intellectuels français.

Les présidents François Mitterrand, Jacques Chirac et Nicolas Sarkozy jonglent de manière cyclique avec ces ingrédients. Ils commencent souvent leurs mandats par ce qui apparaît comme une lune de miel avec leurs homologues américains. Ce fut déjà le cas de leurs deux prédécesseurs, Georges Pompidou et Valéry Giscard d'Estaing, qui entamèrent leurs septennats sous des auspices franco-américains presque euphoriques, respectivement avec Richard Nixon et Gerald Ford. Une fois dissipées les premières craintes, François Mitterrand fit de même avec Ronald Reagan en 1981, puis avec son successeur George Bush dès la fin de 1988. Jacques Chirac ne dérogea pas à cette règle, tapant sur l'épaule de Bill Clinton après son élection en juin 1995. Et Nicolas Sarkozy suivit ces traces, de façon nettement plus démonstrative, en se rendant à un pique-nique estival dans la propriété familiale de George W. Bush à Kennebunkport, dans le Maine, en août 2007. Il voulait afficher ainsi la « rupture » avec Jacques Chirac, officiellement fâché avec les Américains depuis 2003.

Si profonde et médiatisée fût-elle, cette discorde n'était pas la première : tous les présidents français, de Pompidou à Chirac, ont connu des périodes glaciales avec leurs homologues américains. De manière régulière, ce refroidissement, provoqué par des conflits d'intérêts ou des conceptions différentes du multilatéralisme, est survenu à la fin des mandats des présidents français, comme s'il leur fallait défendre, de manière ultime, des positions conformes à la vision d'une politique française « indépendante » que le général de Gaulle leur a laissée en héritage.

---

1. Simon Serfaty, « La France vue par les États-Unis : réflexions sur la francophobie à Washington », *CFE Policy Paper*, 15 novembre 2002.

Ah, de Gaulle ! Que ce soit sur la force de frappe, l'Europe, l'OTAN, la Russie, l'Afrique ou le Moyen-Orient, chacun puise encore en lui quelques leçons de « grandeur » fervente et d'opposition ferme aux Américains quand les temps s'y prêtent. Ancien conseiller de Mitterrand et ministre des Affaires étrangères de Jospin sous Chirac, Hubert Védrine résume d'ailleurs ce « gaullo-mitterrandisme » en matière de politique extérieure : face à l'« hyperpuissance » des États-Unis, la France doit, selon lui, toujours tenir son rang de pays « ami, allié, pas aligné ». Ce triptyque relève d'une alchimie délicate. C'est justement un alignement initial trop caricatural qu'Hubert Védrine, et d'autres, reprochent au président Sarkozy. Il aurait d'ailleurs pu s'en dispenser, lui dont l'américanisme est plus artificiel qu'il n'y paraît...

Comme ses prédécesseurs, « Sarko l'Américain » pourrait bien achever son mandat par un retour à une position plus distanciée à l'égard de Washington. « Des éléments structurels sont à même de raviver les tensions », ont écrit, dès 2008, les historiens Frédéric Bozo et Guillaume Parmentier, évoquant une « réconciliation limitée[1] ». Les relations tendues de Nicolas Sarkozy avec Barack Obama contribuent depuis 2009 à cette dissonance. Même si des convergences tactiques peuvent les rapprocher, on est très loin de l'effusion. Et les confrontations euro-américaines ne peuvent s'effacer d'un trait de plume. « Si la rhétorique de Sarkozy a été très atlantiste à ses débuts, sa politique demeure dans la ligne gaullo-mitterrandienne de la Ve République : il se rend compte qu'il faut d'abord défendre les intérêts français et européens et que personne ne lui fera de cadeaux[2] », estime Justin Vaïsse, historien chercheur associé à la Brookings Institution.

Le balancier pourrait donc mécaniquement revenir à un équilibre plus subtil d'accords et de discordes. En attendant la prochaine scène de ménage, qui précédera naturellement une réconciliation attendue. Car, entre Paris et Washington, le cycle de la passion se renouvelle sans cesse. Mais nul n'a intérêt aux débordements outranciers ni aux brouilles définitives. « À chaque fois qu'il y a une dispute dans un couple, on ne doit pas envisager

---

1. Frédéric Bozo et Guillaume Parmentier, « La France et les États-Unis entre échéances intérieures et tensions internationales. Une réconciliation limitée ? », *Annuaire français de relations internationales*, vol. VIII, mars 2008.
2. Entretien avec l'auteur, 3 juin 2010. Voir notamment Justin Vaïsse, « A Gaullist By Any Other Name », *Survival*, vol. 50, n° 3, juin-juillet 2008, p. 5-10.

le divorce. Il y a d'autres solutions. La solidarité entre la France et les États-Unis est inscrite dans le passé et dans l'avenir », confiait Chirac après la crise de la guerre d'Irak.

Au fond, Marianne et l'oncle Sam savent qu'ils ne peuvent pas se passer l'un de l'autre. Comme tout vieux couple...

Première partie

Mitterrand

Chapitre premier

« Je vais étouffer les communistes »

« Bienvenue à Paris, Monsieur le vice-président ! »
En cette fin de matinée du mercredi 24 juin 1981, François Mitterrand ne peut s'empêcher d'ironiser en accueillant pour la première fois à l'Élysée George Bush, le vice-président des États-Unis.

Cette visite officielle d'un haut responsable de la Maison-Blanche, réputé moins conservateur que le président Ronald Reagan, n'est pas anodine : Bush est venu spécialement de Washington, à bord d'*Air Force 2*, prendre le pouls du nouveau pouvoir à Paris. Les Américains sont inquiets du changement en train de se produire en France et ils veulent poser des questions de confiance à ce président socialiste dont ils se méfient. N'a-t-il pas déclaré quelques mois auparavant qu'il « aimait les Américains, mais pas leur politique », ou que l'Alliance atlantique n'avait plus de contenu[1] ?

Invité à déjeuner à l'Élysée, George Bush, qui a atterri le matin même à l'aéroport d'Orly, tombe à pic. À 11 heures, le premier Conseil des ministres du gouvernement d'Union de la gauche, issu des élections législatives de juin, s'est déroulé sous les lambris de la salle du Conseil. Autour de l'immense table ont pris place le président de la République, son Premier ministre, Pierre Mauroy, et les membres du gouvernement au grand complet. Le moment était historique : la gauche n'a pas dirigé la France depuis le Front populaire de 1936. Et, pour la première fois depuis 1947, quatre ministres communistes ont siégé à la table du Conseil. Le plus influent, Charles Fiterman, titulaire du portefeuille des Transports, a évoqué « l'esprit de solidarité et de totale loyauté » de ses collègues. François Mitterrand a justifié la présence de ministres communistes par la volonté de

---
1. François Mitterrand, *Ici et maintenant*, Fayard, 1980, p. 225 sq.

« rassembler toutes les forces » et de respecter « le souhait des Français ». Après ces déclarations liminaires, l'ordre du jour du Conseil des ministres a été abrégé pour permettre à François Mitterrand de recevoir George Bush. Entré discrètement à 13 heures par la grille du Coq, à l'arrière du parc de l'Élysée, en compagnie de sa délégation, l'Américain ne devait pas croiser les ministres communistes, qui sont ressortis, eux, par la cour d'honneur du palais.

Ce sont justement ces ministres communistes qui alarment les « faucons » américains. Aux yeux des ultraconservateurs qui entourent le président Reagan, tels le secrétaire d'État Alexander Haig, le secrétaire à la Défense Caspar Weinberger ou le conseiller à la Sécurité nationale Richard Allen, l'arrivée au pouvoir de communistes dans un pays européen constitue une abomination. La crainte d'une mainmise souterraine de l'Union soviétique sur la France, qui fait partie de l'Alliance atlantique, traumatise les stratèges de la Maison-Blanche et du Pentagone. Sur le plan politique comme sur le plan militaire, il s'agit d'une brèche ouverte dans le front de l'OTAN. Elle est porteuse, à leurs yeux, de risques majeurs de fuites d'informations protégées par le secret-défense et de menaces de contagion, notamment en Italie, où le Parti communiste est à deux doigts de participer au pouvoir.

Voilà des années que les autorités américaines se penchent sur l'hypothèse d'un gouvernement de gauche en France. Celle-ci imposerait, à minima, des mesures conservatoires de sécurité, voire des révisions brutales de la politique étrangère américaine. Avant les législatives de mars 1978, la probable victoire d'un « néo-Front populaire » avait déjà vivement alarmé la Maison-Blanche, qui l'avait fait savoir publiquement et avait donc donné un coup de pouce au président Valéry Giscard d'Estaing pour conforter le camp conservateur. La défaite de la coalition de gauche avait rassuré Washington. Intronisé le 20 janvier 1981 à la Maison-Blanche, Ronald Reagan, ancien gouverneur de Californie et anticommuniste virulent, semblait plutôt croire à une victoire de Giscard à l'élection présidentielle française.

Las : au lendemain du premier tour, le 27 avril 1981, les analystes de la CIA ont estimé qu'avec moins de 31 % des voix Giscard devrait mobiliser des électeurs gaullistes insatisfaits et tout le centre-droit pour battre son rival de gauche. La partie s'annonçait difficile. « Les attaques virulentes de Chirac contre

Giscard laissent penser qu'une fraction significative de l'électorat gaulliste – entre 20 et 25 % selon les sondages – ne va pas suivre l'exemple de Chirac, qui a annoncé son soutien au président sortant pour le second tour. » Quant à Mitterrand, « encouragé par ses résultats », il lui suffisait, selon la CIA, de consolider ses appuis à gauche et d'attirer une petite frange du centre-droit pour l'emporter, bien que certains leaders communistes aient discrètement donné la consigne de voter contre lui[1]... Un des conseillers de Reagan a parlé d'un « moment de vérité » qui se profilait pour le deuxième tour : « Ce qui va arriver en France aura des répercussions énormes sur la politique de sécurité de nos alliés dans les quatre prochaines années et même au-delà[2]. »

Sans trop de surprise, François Mitterrand est élu le dimanche 10 mai avec 51 % des suffrages, ouvrant la voie au scénario redouté à Washington.

Rassurer pour éviter une crise

Entre le soir du 10 mai et le 24 juin, jour de l'entrée des quatre ministres communistes au gouvernement, le nouveau président élu et les Américains ne restent pas inactifs. Des messages sont envoyés de manière discrète, comme pour se tester mutuellement. Mitterrand y est habitué. Lorsqu'il était dans l'opposition, le patron du PS n'a jamais cessé de se confier à des officiels d'outre-Atlantique. Depuis une quinzaine d'années, il les a informés de sa stratégie politique d'alliance avec le PCF et a essayé de les rassurer sur sa fidélité à l'Alliance atlantique[3]. Inquiet d'un déséquilibre des forces en Europe au profit des Soviétiques, il leur avait même secrètement demandé en 1976 des « assurances » sur le maintien de leur « parapluie » militaire – autrement dit de leur protection nucléaire – sur la

---

1. *France : Election Results, National Intelligence Daily, Monday 27 April 1981*, CIA, archives de la CIA.
2. *French Presidential Elections : The Moment of Truth on May 10*, mémorandum de James Rentschler à Richard Allen, Conseil de sécurité nationale, Maison-Blanche, 28 avril 1981, Reagan Library. Voir ce document en annexe.
3. Voir Vincent Nouzille, *Des secrets si bien gardés. Les dossiers de la Maison-Blanche et de la CIA sur la France et ses présidents, 1958-1981*, Fayard, 2009, chapitre 15.

France en cas de victoire de la gauche ! La réponse de Washington était restée évasive afin d'inciter le leader du PS à poursuivre le dialogue[1].

Marqué par le « syndrome Allende » – la déstabilisation organisée par la CIA du gouvernement du président chilien socialiste Salvador Allende, tué lors du putsch fomenté par une junte militaire en 1973 –, François Mitterrand craignait d'être en butte à une opération de ce type une fois arrivé au pouvoir. Tout juste élu, il souhaite donc déminer le terrain. « Il voulait éviter un ostracisme antifrançais ou toute politique hostile de la part des Américains, en se posant d'entrée comme un allié des États-Unis, sans être forcément aligné sur leurs positions[2] », témoigne Hubert Védrine, qui était alors son conseiller diplomatique. Mitterrand entend limiter les affrontements stériles avec Washington, d'autant qu'il n'a aucunement l'intention, par ailleurs, de faire les yeux doux aux Soviétiques. Au contraire. Ces derniers n'ont jamais caché leur appui politique à l'ancien président Valéry Giscard d'Estaing. Dénonçant depuis longtemps les mirages de la « détente » et une certaine complaisance de son prédécesseur à l'égard de Moscou, Mitterrand s'apprête à refroidir les relations franco-soviétiques, ce qui, mécaniquement, le rapproche de l'administration américaine.

Dès le lundi 11 mai au matin, Ronald Reagan et George Bush réunissent leur Conseil de sécurité nationale pour préparer leur réaction : ils demeurent optimistes, pariant sur le fait que Mitterrand est un « socialiste dans la tradition européenne », qui ne prêche pas le « marxisme-léninisme[3] ». Ils adressent des lettres de félicitations au vainqueur. Elles sont portées à midi au siège du Parti socialiste. Au lieu d'être accueilli par le responsable des relations internationales, comme il était prévu, l'émissaire de l'ambassade américaine remet les missives en mains propres à Lionel Jospin, le premier secrétaire du PS, qui promet de les transmettre personnellement, dans l'après-midi, à François Mitterrand. Cette attention protocolaire est délibérée, selon l'ambassadeur américain Arthur Hartman, rompu aux usages diplomatiques : « Il y a des rumeurs selon lesquelles Washington

---

1. *Mitterrand Concerned about Future US Security Commitment*, 3 février 1976, télégramme de l'ambassadeur Kenneth Rush, archives du département d'État, NARA.
2. Entretiens avec l'auteur, 22 février et 14 juin 2010.
3. Rapporté dans *Background Briefing, Office of the Press Secretary*, Maison-Blanche, 11 mai 1981, Reagan Library.

était inquiet de la victoire de Mitterrand, et Jospin a dû penser qu'un geste personnel de bonne volonté était bienvenu[1]. »

Dans son premier message, le président Reagan sacrifie naturellement aux formules de circonstance. Mais le ton est soigneusement étudié pour donner un sentiment d'empathie. Il exprime ses « félicitations les plus chaleureuses » au nouvel élu, rappelant sa « confiance dans l'amitié séculaire franco-américaine » et le partage des « valeurs démocratiques » pour faire face, ensemble, aux « sérieux défis » du monde libre. Détail important, Ronald Reagan, qui a échoué plusieurs fois dans la course à l'investiture républicaine avant de s'imposer en 1980, ajoute une phrase plus personnelle sur la ténacité politique de Mitterrand, qui fait écho à la sienne : « Je suis très impressionné par votre victoire ; seuls ceux qui se sont dévoués, des années durant, au rude travail pour emporter une élection présidentielle peuvent vraiment apprécier ce que représente aujourd'hui cette nouvelle preuve de démocratie en France[2]. »

L'hommage, calculé, n'étonne guère François Mitterrand, qui répond avec habileté à Reagan le 20 mai : « Je suis heureux que vous ayez vu dans cette élection démocratique le fruit de la persévérance et de la volonté, qui vous rappelle sans doute votre propre expérience. » Le président français appelle également de ses vœux le développement des bonnes relations bilatérales et la promotion commune de la paix, du développement économique, « des droits de l'homme et de l'indépendance des nations[3] ». Tous les mots sont pesés au trébuchet par Hubert Védrine, fin connaisseur du Quai d'Orsay et fils d'un ami de résistance de Mitterrand. Il a commencé à officier, avec une poignée de fidèles, à l'antenne présidentielle transitoire, au 6, rue de Solférino. Réactif, Reagan réécrit à Mitterrand après son investiture officielle le 21 mai, se réjouissant de le voir au prochain sommet des principaux pays

---

1. *Presidential Letter to François Mitterrand*, 11 mai 1981, télégramme de l'ambassadeur des États-Unis à Paris, Arthur Hartman, au département d'État et à la Maison-Blanche, Reagan Library. Le 11 mai 1981, Ronald Reagan a aussi envoyé un message à Valéry Giscard d'Estaing lui disant tout le « respect » et l'« admiration » du peuple américain pour ce qu'il a fait. « Je n'ai aucun doute sur le fait que la France continuera de bénéficier de vos énormes talents », écrit-il. Reagan Library.
2. *Congratulatory Message from President to Francois Mitterrand*, 11 mai 1981, Maison-Blanche, Reagan Library.
3. *Mitterrand's Response to President's First Message*, reçu le 20 mai à la Maison-Blanche, inclus dans *Presidents' Message to Mitterrand on His Inauguration*, 23 mai 1981, Maison-Blanche, Reagan Library.

industrialisés prévu en juillet au Canada : « À Ottawa, nous commencerons, j'en suis sûr, une relation personnelle de respect mutuel, de chaleur et de franchise[1]. »

Prolongation de la coopération nucléaire secrète

Par-delà ces amabilités formelles, d'autres messages plus substantiels sont transmis de part et d'autre. Sitôt François Mitterrand installé à l'Élysée, la Maison-Blanche demande à son ambassadeur à Paris, Arthur Hartman, nommé en 1977 par Jimmy Carter, de solliciter une audience afin de tester le nouveau président français sur un sujet considéré comme hautement « sensible » par Paris et Washington : la coopération militaire nucléaire franco-américaine, initiée secrètement par les présidents Pompidou et Nixon en 1970 et relancée par Giscard et Ford en 1974 sous le nom de code d'« opération Apollon »[2]. Gérées par une équipe très restreinte d'experts du ministère de la Défense et du Pentagone, des rencontres confidentielles ont permis, par exemple, aux Français de gagner plusieurs années dans la mise au point des missiles balistiques, composante essentielle de la force de frappe tricolore. Elles ont mobilisé des pontes de la Direction des applications militaires du Commissariat à l'énergie atomique (CEA) et les patrons des laboratoires de recherche américains les mieux protégés, comme celui de Los Alamos, au Nouveau-Mexique. Au fil du temps, les Américains ont également trouvé intérêt à ces discussions, dont le Congrès ne devait pas connaître le détail à cause des lois prohibant toute prolifération.

Le jour de la passation des pouvoirs, le 21 mai 1981, Valéry Giscard d'Estaing a mis François Mitterrand dans la confidence lors de leur tête-à-tête. Mais Washington souhaite s'en assurer. « La Maison-Blanche m'a pressé d'aller voir Mitterrand pour savoir si Giscard lui avait parlé de cette coopération nucléaire, révèle l'ancien ambassadeur Hartman. J'ai donc posé la question à Mitterrand à l'Élysée. À travers ses réponses, j'ai compris que Giscard lui en avait fait mention et que la confidentialité serait préservée[3]. »

---

1. *Presidents' Message to Mitterrand on His Inauguration*, 23 mai 1981, Maison-Blanche, Reagan Library.
2. Voir Vincent Nouzille, *Des secrets si bien gardés, op. cit.*, chapitres 14 et 19.
3. Entretien d'Arthur Hartman avec l'auteur, 20 octobre 2007.

Cette continuité est perçue à Washington comme un gage de sérieux. Signe de bonne volonté mutuelle : durant l'automne 1981, à la demande personnelle de Mitterrand, Reagan acceptera de livrer à la France un supercalculateur Cray, indispensable aux recherches atomiques hexagonales[1]. « Au sein même de l'administration américaine, cette coopération avec la France était un secret bien gardé. On parlait pudiquement d'échanges sur la "sûreté nucléaire", thème assez élastique, pour ne pas alerter le Congrès, mais les sujets abordés ont couvert de nombreux aspects technologiques de nos programmes[2] », témoigne Richard Perle, en charge des affaires internationales au Pentagone de 1981 à 1987.

Par ailleurs, le nouveau président français demande à son ministre des Relations extérieures, Claude Cheysson, de se rendre à Bonn et à Washington afin de rassurer les dirigeants de ces pays alliés. Le 5 juin dans l'après-midi, ce vieux diplomate de carrière, habitué du département d'État, charmeur et parfaitement bilingue, est reçu personnellement par Ronald Reagan et George Bush, qui ont suivi les recommandations en ce sens de leurs conseillers[3]. « Beaucoup ont cru que j'allais voir les Américains pour parler de la prochaine entrée des communistes au gouvernement, confiera Claude Cheysson. C'était faux. J'ai dit à Ronald Reagan, George Bush et Alexander Haig que, pour la France, l'Alliance Atlantique [était] fondamentale et que nous étions aux côtés des Américains[4]. »

---

1. La requête sera faite par Mitterrand lors d'une rencontre avec Reagan le 18 octobre 1981 : voir télégramme de Weinberger pour Reagan, 15 octobre 1981, Reagan Library. En janvier et mars 1982, Charles Hernu et François Mitterrand se plaindront aux Américains de retards et de difficultés dans la coopération militaire secrète. La Maison-Blanche fera un effort et approuvera la vente de superordinateurs en mai 1982 : voir *Approval of Computer Sales to France*, mémorandum de Robert McFarlane, 17 mai 1982, Reagan Library.

2. Entretien de Richard Perle avec l'auteur, 31 mai 2010. Un accord franco-américain d'échange d'informations sur la sûreté nucléaire, qui date de 1961, sera élargi et amendé par les deux pays le 22 juillet 1985. Mais il exclut officiellement tout transfert ou échange sur les armes atomiques elles-mêmes. *Amendment to the 1961 Agreement between the US and the Government of the French Republic in the Operation of Atomic Weapons Systems for Mutual Defense Purposes*, signé le 22 juillet 1985, Reagan Library.

3. Voir *Visit of French Foreign Minister Cheysson*, mémorandum de James Rentschler à Richard Allen, Conseil de sécurité nationale, 29 mai 1981, Reagan Library.

4. Rapporté dans Pierre Favier et Michel Martin-Roland, *La Décennie Mitterrand*, t. 1 : *Les ruptures (1981-1984)*, Seuil, 1990, coll. « Points », 1995, p. 104.

Le courant passe : là encore, la continuité française semble prévaloir. « Ils ont compris que j'ai le nez à la même place que les autres, et nous sommes en accord sur les principes essentiels[1] », ironisera Cheysson. Le ministre a ainsi expliqué à ses interlocuteurs qu'il voyait un parallèle entre les ambitions respectives de Reagan et de Mitterrand en faveur de la liberté[2] ! Ces orientations sont confortées dans une interview accordée par François Mitterrand au *New York Times*, très influent quotidien américain. Le président français y redit son hostilité au déploiement de missiles soviétiques SS20 qui pourraient frapper l'Europe en quelques minutes – une position qui n'est pas très éloignée de celle de Washington. Il prend soin, après avoir minutieusement relu l'entretien, d'y laisser quelques marques d'admiration pour les États-Unis, références nourries de ses voyages sur place. Ce couplet est un peu artificiel, car Mitterrand garde une vision idéalisée des grands espaces américains et n'est guère attiré par la culture *made in USA*. Qu'importe. « François Mitterrand est le premier président socialiste de la Ve République et il semble parfaitement adapté à ce rôle », commente avec ferveur le chroniqueur du quotidien, James Reston, décrivant le président en solide paysan, à la fois « poète et praticien[3] ».

La visite de George Bush à Paris est décidée dans la foulée, sur les conseils avisés de l'ambassadeur Hartman. Celui-ci connaît Mitterrand de longue date. « Je l'avais rencontré dans les années 1950, avant qu'il ne devienne socialiste, et je voyais en lui un homme typique de la rive gauche plutôt qu'un dirigeant de parti de gauche, se souvient-il. Au sein de l'administration Reagan, certains pensaient qu'il s'agissait d'une prise de pouvoir des communistes en France et de la fin de l'Alliance. Je savais qu'ils se trompaient et que Mitterrand, en mettant des communistes dans son gouvernement, deviendrait plus proaméricain et plus pro-OTAN, ne serait-ce que pour équilibrer sa politique. Il fallait que Bush vienne le voir pour s'en rendre compte[4]. » Le vice-président

---

1. Rapporté dans Hubert Védrine, *Les Mondes de François Mitterrand. À l'Élysée (1981-1995)*, Fayard, 1996, p. 169-170.
2. *Your Visit to Paris, June 24-25*, mémorandum de Walter Stoessel, sous-secrétaire d'État, au vice-président George Bush, Reagan Library. Voir extrait de ce document en annexe.
3. James Reston, « Interview with François Mitterrand » et « Mitterrand at Elysee : Poet and Practitioner », *New York Times*, 4 juin 1981.
4. Entretien d'Arthur Hartman avec l'auteur, 20 octobre 2007.

choisit délibérément la date du 24 juin, sachant qu'elle risque de coïncider avec le premier Conseil des ministres au lendemain des élections législatives des 14 et 21 juin.

« *L'entrée des communistes au gouvernement aura des effets négatifs* »

Afin de bien préparer ce voyage éclair, les diplomates et les conseillers de la Maison-Blanche fournissent de nombreuses notes à George Bush. Des fiches sur tous les thèmes sont rédigées, de même que des brouillons de différents commentaires publics, en fonction de la situation du moment en France. « Nous avons déjà exprimé à travers plusieurs canaux privés nos inquiétudes sur une entrée des communistes dans le gouvernement français, écrit l'un des piliers du département d'État, Walter Stoessel. Nous vous recommandons de ne pas soulever cette question avec Mitterrand, qui interpréterait cette démarche comme une ingérence dans les affaires domestiques. Il est possible, cependant, qu'il l'évoque lui-même avec vous en privé afin de vous exposer sa logique. S'il le fait, nous recommandons que vous expliquiez les effets négatifs que cela aurait sur nos relations bilatérales. » Des effets négatifs ? « L'entrée des communistes aura inévitablement un impact sur le degré de confiance de nos relations [...] et l'effet sera également négatif à l'étranger. Si les communistes entrent au gouvernement en Italie, cela pourrait affecter nos intérêts, en affaiblissant sérieusement le flanc sud de l'OTAN à un moment où les Soviétiques testent l'Alliance. »

Le diplomate reste néanmoins précautionneux. La visite de Bush a avant tout pour objectif de montrer le souhait de l'administration Reagan d'établir d'étroites relations de travail avec Mitterrand. « Il ne faut pas brûler nos ponts, parce que nous aurons besoin de la coopération française sur nombre de sujets qui nous intéressent », insiste Stoessel, citant notamment les relations Est-Ouest, le Proche-Orient (Mitterrand est jugé plus proche d'Israël), les dossiers économiques, l'entrée de l'Espagne dans l'OTAN, la stabilité en Afrique ou le prochain sommet d'Ottawa[1].

De son côté, le conseiller de Reagan pour les affaires de sécurité nationale, Richard Allen, suggère à Bush d'écouter le

---

1. *Your Visit to Paris, June 24-25*, mémorandum de Walter Stoessel, *op. cit.*

président Mitterrand, mais aussi de lui exposer clairement les priorités de la nouvelle administration afin qu'il n'entretienne aucune illusion. Baisse des impôts, renforcement des dépenses militaires face à l'URSS, privatisations, libre-échange avec les pays tiers... : ces objectifs sont aux antipodes du programme commun de la gauche en France, dont le département d'État ne doute pas qu'il aggravera l'inflation et creusera les déficits. Richard Allen préconise cependant de ne pas envenimer le climat franco-américain, en tenant à Mitterrand un discours comme suit :

« Il a beaucoup été dit que nous serions intéressés d'abord par les relations Est-Ouest et vous par les relations Nord-Sud ; que le président Reagan serait un capitaliste et vous un socialiste ; que nos deux pays seraient obligés de s'affronter. Cette analyse est superficielle. La vision commune de l'avenir que le président Reagan et vous partagez est beaucoup plus importante. Vous croyez réellement que les valeurs de l'Occident peuvent être défendues et répandues à travers le monde. Les révolutions française et américaine ont été plus que de simples événements. Elles représentent l'espoir pour des individus et des peuples libres contre le totalitarisme et des systèmes de gouvernement qui placent l'État au-dessus de tout. À un moment où de nombreux pays semblent fatigués et découragés, la France et les États-Unis ont élu des leaders optimistes, déterminés à agir, qui mobilisent leur pays. Nous pensons que les efforts de la France dans le monde vont être parallèles aux nôtres[1]. » Washington espère ainsi faire comprendre au président français qu'il doit rester solidement arrimé au camp occidental.

Par courtoisie, juste avant l'annonce de la composition de son gouvernement, le mardi 23 juin au soir, François Mitterrand demande à Claude Cheysson de prévenir son homologue américain, Alexander Haig. Il envoie aussi un télégramme à Ronald Reagan pour lui expliquer que le gouvernement issu des élections sera « représentatif de la nouvelle majorité parlementaire », que la France respectera ses engagements au sein de l'Alliance atlantique, et qu'il se réjouit de pouvoir en parler « longuement et franchement » avec George Bush le lendemain[2]. De son côté,

---

1. *Your Visit to Paris and London, 24-25 June 1981*, mémorandum de Richard Allen, conseiller à la Sécurité nationale pour le vice-président George Bush, 22 juin 1981, Maison-Blanche, Reagan Library.
2. Rapporté dans Pierre Favier et Michel Martin-Roland, *La Décennie Mitterrand*, t. 1, *op. cit.*, p. 105.

Reagan confie à Bush une lettre destinée à Mitterrand, dans laquelle il évite d'aborder la question des ministres communistes et préfère anticiper une « relation fructueuse et coopérative » avec le président français. « Le vice-président Bush entamera un dialogue, que j'ai hâte de pouvoir poursuivre personnellement le mois prochain à Ottawa[1] », écrit Reagan.

Les dés sont jetés. À bord de l'avion qui le mène, dans la nuit du 23 au 24 juin 1981, de Washington à Paris, Bush relit patiemment toutes ces notes. Cependant, il reste perplexe quant à la ligne à tenir face à Mitterrand. Il demande d'ultimes conseils à l'un des diplomates chevronnés qui l'accompagnent, Allen Holmes. Celui-ci connaît Mitterrand depuis une décennie et suit les affaires européennes au département d'État. « La presse, explique Holmes à Bush, vous posera des questions à la sortie. Il ne serait pas correct de les éluder. Il faudra bien exprimer notre inquiétude à propos des ministres communistes, mais de manière sobre et peu insistante, sans paraître interférer trop ouvertement. En réalité, il serait surtout souhaitable que vous fassiez une déclaration publique sur le sujet, pour que les Italiens comprennent bien que nous ne sommes pas indifférents à ce qui pourrait se passer chez eux. »

Bush s'étonne : « Êtes-vous sûr de cela ? Ne serait-ce pas insultant de déjeuner avec le président français et de dire quelque chose de désobligeant sur la France sur le perron de l'Élysée ? »

Holmes rétorque qu'il suffira, avant de ressortir, de prendre Mitterrand à part afin de lui expliquer les choses. En fin tacticien, celui-ci comprendra probablement très bien que ce message est destiné aux Italiens[2].

---

1. Lettre de Ronald Reagan au président François Mitterrand, pour accompagner la visite du vice-président George Bush à Paris, 23 juin 1981, Maison-Blanche, Reagan Library.
2. Interview de H. Allen Holmes, 9 mars 1999, Foreign Affairs Oral History Project (FAOHP), Association for Diplomatic Studies and Training, et entretien d'Allen Holmes avec l'auteur, 3 novembre 2009. Allen Holmes fut premier secrétaire à l'ambassade des États-Unis à Paris de 1970 à 1974 (voir le récit de ses rencontres avec Mitterrand dans Vincent Nouzille, *Des secrets si bien gardés, op. cit.*, chapitre 15). En 1981, il est secrétaire d'État adjoint aux Affaires européennes au département d'État.

« L'érosion des communistes sera grande »

Le déjeuner du 24 juin s'annonce comme une partie de poker. Dans la salle à manger de l'Élysée, les deux hommes, entourés de leurs délégations respectives, commencent par se jauger[1]. La frêle silhouette de Bush, son visage anguleux et son accent texan sont trompeurs. Ses traits carrés masquent une réelle courtoisie, celle d'un pur produit de l'establishment libéral, et une grande ouverture d'esprit, fruit d'une longue expérience des affaires internationales. Ancien combattant de la Seconde Guerre mondiale, Bush a été ambassadeur aux Nations unies, puis en Chine, avant de diriger la CIA en 1975-1976 sous l'ère Ford. « Représentant typique de l'intelligentsia de la côte est, enrichi de dynamisme texan, Monsieur Bush est certainement capable de comprendre, à titre personnel, les données particulières de la politique française. Il n'est pas sûr qu'il puisse exprimer cette compréhension en tant que vice-président[2] », a résumé, la veille, Hubert Védrine dans une note destinée à préparer cet entretien.

Dès les premières minutes du déjeuner, Mitterrand joue cartes sur table. « L'adhésion au socialisme n'a nullement signifié pour moi un ralliement au marxisme, mais le moyen pour la gauche de parvenir au pouvoir et aussi de ramener le communisme à son vrai niveau. En France, le communisme a atteint un niveau exagéré, en partie en raison de son attitude héroïque pendant la guerre. Mais, politiquement et historiquement, depuis la Libération, le moment le plus important a été celui où le Parti socialiste a dépassé le Parti communiste. On parvenait ainsi à une situation dans laquelle, pour un homme de gauche, voter utile ne signifiait plus voter communiste. Ainsi, on pouvait obtenir que seuls les vrais communistes votent communiste. Les avoir dans le gouvernement leur fait perdre leur originalité, puisqu'ils sont associés aux socialistes dans toutes les décisions. Ils devraient donc être de

---

1. La délégation américaine est composée du vice-président George Bush, de son conseiller l'amiral Daniel Murphy, du secrétaire d'État adjoint aux Affaires européennes Allen Holmes, de l'ambassadeur Arthur Hartman, de Mme Bearg Dyke et d'un interprète. Côté français, le président Mitterrand est entouré du ministre Claude Cheysson, de ses conseillers Jacques Attali et Hubert Védrine, de l'ambassadeur de France aux États-Unis François de Laboulaye et d'un interprète.
2. *Visite de travail de M. George Bush, vice-président des États-Unis, 24-26 juin 1981*, note d'Hubert Védrine à l'attention du président de la République, 23 juin 1981, archives de la présidence de la République, 5AG4 CD265, Archives nationales.

moins en moins capables de rallier des voix au-delà des communistes. Moi, je crois qu'ils resteront longtemps au gouvernement. »

Tel n'est visiblement pas l'avis de Claude Cheysson, son voisin de table. Mitterrand se tourne vers lui et poursuit : « C'est là que Cheysson manque de sens politique : il croit que les communistes ne resteront pas ; moi, je pense qu'ils resteront. Ils vont se cramponner aux postes, à ce qu'ils pourront obtenir, et leur érosion sera grande[1]. »

George Bush est pour le moins surpris par ces propos, tenus quelques minutes après le premier Conseil des ministres de l'Union de la gauche ! « C'est la France qui décide, c'est ma politique, et il n'y a pas de risque pour l'Alliance[2] », résume le président. Le diplomate Allen Holmes est estomaqué : « Mitterrand a passé une bonne partie du déjeuner à nous décrire comment il allait étouffer les communistes en les intégrant au gouvernement et en les forçant à soutenir une politique contraire à la doctrine communiste. Au début du déjeuner, je regardais le vice-président Bush et il semblait plutôt sceptique en écoutant ces explications. Au dessert, il avait l'air de considérer que ce Mitterrand avait peut-être raison et qu'il était vraisemblablement capable de réussir. Bush l'écoutait attentivement[3]. »

« Je définis seul la politique étrangère de la France »

À 14 h 30, les deux hommes s'isolent pour le café dans un salon annexe, en compagnie de Claude Cheysson et des deux ambassadeurs. Le contenu de cette conversation en tête à tête est encore plus surprenant que les propos échangés durant le déjeuner[4]. George Bush exprime ouvertement ses « préoccupations » au sujet de l'accord signé la veille entre le PS et le PC, dans lequel les

---

1. Rapporté dans Jacques Attali, *Verbatim*, t. 1 : *1981-1986*, Fayard, 1993, p. 46, et dans Pierre Favier et Michel Martin-Roland, *La Décennie Mitterrand*, t. 1, *op. cit.*, p. 106.
2. Rapporté par François Mitterrand dans Pierre Favier et Michel Martin-Roland, *La Décennie Mitterrand*, t. 1, *op. cit.*, p. 106.
3. Entretien d'Allen Holmes avec l'auteur, 3 novembre 2009.
4. Entretien entre François Mitterrand et George Bush, 24 juin 1981, archives de la présidence de la République, 5AG4 CD74, Archives nationales.

deux partis exposent, en matière de politique étrangère, des positions qui font grincer des dents à Washington.

George Bush : « Ce que le texte de l'accord dit au sujet des [missiles soviétiques] SS20 ne nous semble pas très équilibré ; d'autre part, l'allusion au Salvador n'est pas contrebalancée par une allusion au Cambodge et au Vietnam. En outre, la dissolution éventuelle de l'OTAN et du pacte de Varsovie est évoquée, de façon floue, j'en conviens. En ce qui concerne l'Afghanistan, il ne semble pas que la faute en soit attribuée à l'Union soviétique. Je me permets d'être très franc, car nous n'avons pas souvent l'occasion de nous rencontrer. Il nous semble à première lecture que, sur ces différents points, le texte de l'accord s'écarte des positions exprimées par le ministre de Relations extérieures, Monsieur Cheysson, au cours de sa visite aux États-Unis, qui, d'ailleurs, s'est admirablement passée. »

François Mitterrand décide alors de parler de manière très directe. Le texte de l'accord PC-PS ? Les délégations des deux partis en ont discuté toute la nuit, sans qu'il y participe. Il n'a pas de divergences d'opinion avec le premier secrétaire du PS, Lionel Jospin – « un ami proche » –, qui a négocié ce texte. Pour lui, le contenu de ce communiqué « constitue un énorme recul de la part du PC ». Mais l'essentiel est ailleurs : Mitterrand martèle à son interlocuteur qu'il est désormais le seul maître à bord.

« Je vous ai dit tout à l'heure, lors du déjeuner, ce que je pensais au sujet des SS20 et au sujet de la Pologne. Or il se trouve que la politique française est déterminée par le président de la République. À certains égards, on peut penser que les institutions françaises sont choquantes et que le président de la République a trop de pouvoir. Mais les choses sont comme elles sont, et ce pouvoir, j'entends l'utiliser. C'est donc moi qui définis notre politique dans les domaines que nous évoquons, et si l'occasion se présente au cours des jours ou des semaines à venir – et nous pouvons nous arranger pour qu'elle se présente –, je suis tout prêt à répéter ce que nous avons dit : ma condamnation de l'intervention soviétique en Afghanistan, mes mises en garde à propos d'une intervention soviétique éventuelle en Pologne et notre refus d'accepter le système des SS20. Je suis prêt à faire des déclarations publiques dans ce sens, unilatéralement ou bilatéralement avec vous. Je n'ai qu'une politique.

Nous ne jouons pas de double jeu. Je sais que les exégètes éprouvent parfois de grandes difficultés en cherchant à interpréter les Évangiles ! Je vous fais quand même remarquer que la plupart des journalistes de la presse française ont considéré, à la lecture de l'accord PS-PC, que le Parti communiste s'était humilié en le signant. Leur lecture du texte a été quelque peu différente de la vôtre. »

George Bush le reprend aussitôt : « Oui, mais il semblerait que cela s'applique surtout aux questions d'ordre intérieur. »

François Mitterrand proteste, insistant sur le peu de pouvoirs qu'auront les ministres communistes : « Je ne crois pas que telle soit l'analyse des journalistes, qui ont noté que, pour la première fois, les communistes avaient été amenés à critiquer directement ou implicitement l'Union soviétique. D'ailleurs, nous ne leur avons rien demandé d'extraordinaire sur le plan intérieur. Ils ont donc accepté de s'humilier comme ils l'ont fait, en échange de quatre postes gouvernementaux : les Transports, la Fonction publique, les Questions sociales, la Santé. Ces ministres ne participeront pas aux conseils restreints sur la politique étrangère, sur la défense ou sur l'énergie. Aucun des quatre n'aura à intervenir dans les relations internationales de la France. La seule question qui reste encore à voir avec le Premier ministre concerne des connections possibles entre le ministère des Transports et les transports aériens internationaux. »

Le vice-président américain l'interrompt, avec une question précise : « Est-ce que le ministère des Transports s'occupe des transports militaires ?

– Non », répond Mitterrand.

Le ministre Claude Cheysson précise aussitôt : « En période de crise, toutes les questions de transport relèvent du ministère de la Défense, ce qui est le cas dès maintenant pour tous les préparatifs en vue d'une crise éventuelle. »

Le président abrège le débat avec ces phrases en forme de sentence : « De toute façon, c'est moi qui nomme les ministres et je peux parfaitement les renvoyer s'ils ne font pas l'affaire. Par conséquent, en réponse à votre question, je peux dire que notre politique reste celle qui vous a été exposée par Monsieur Cheysson et qui a été définie par moi, et que je répéterai au cours des jours ou des semaines à venir. »

*Les ministres communistes
ont des « postes sans importance »*

Puis François Mitterrand décide de revenir sur les raisons qui l'ont poussé à faire entrer au gouvernement des ministres communistes alors que le score électoral du PC était en forte baisse. Pour lui, c'est le fruit de sa stratégie :

« Il y a des communistes en France depuis soixante ans, et, à part un léger recul obtenu par le général de Gaulle en 1968, c'est la première fois qu'un dirigeant a pu obtenir une diminution de leur influence. C'est donc que ma méthode n'est peut-être pas mauvaise ! Je vous rappelle que l'influence du PC n'a cessé de croître sous tous les gouvernements conservateurs. Pour ma part, j'ai commencé mon action il y a dix ans. En 1971, le PC obtenait 24 % des voix. Ce chiffre est tombé à 15 ou 16 %. À l'époque, le chiffre socialiste était de 10 % ; il est actuellement de 38 %. Il est important que le vice-président des États-Unis comprenne, dans ces conditions, que la présence de ministres communistes au gouvernement n'est ni une fantaisie ni une faiblesse. »

Selon François Mitterrand, ce choix est parfaitement calculé. Il s'en explique devant Bush :

« Il faut faire la distinction entre la tactique et la stratégie. Sur le plan tactique, en 1981, l'exécution de mon programme économique, d'ailleurs rendue plus difficile par les taux d'intérêt élevés des États-Unis, est à la merci de troubles sociaux, troubles qui seraient soutenus par un Parti communiste retournant à ses positions révolutionnaires. Avec la présence de quatre communistes au gouvernement, à des ministères sans importance, ils seront de force associés à ma politique économique et seront donc dans l'impossibilité de susciter des remous sur le plan social. »

De toute façon, les communistes n'ont guère d'alternative. « On peut se demander alors pourquoi ils ont souhaité entrer au gouvernement. Je pense que c'est parce qu'ils ont subi une telle défaite qu'ils ne peuvent se permettre de se séparer des socialistes, sous peine de s'isoler complètement sur le plan national – et, s'ils le faisaient, n'oublions pas qu'ils entraîneraient avec eux deux millions d'électeurs qui devraient venir à nous. Je pense que les ministres communistes resteront, sans trop de difficulté, au gouvernement pendant dix-huit mois ou deux ans – sauf si entretemps des événements internationaux graves les rapprochaient à nouveau de l'Union soviétique. Ensuite, je pense qu'il y aura une nouvelle rupture, parce qu'ils voudront reprendre le combat en essayant de gagner des électeurs par des moyens démagogiques. »

François Mitterrand ne se trompe que de quelques mois dans son pronostic : les ministres communistes quitteront le gouvernement en 1984. Mais il ne sous-estime pas les inquiétudes que son alliance avec le PC suscite à l'étranger. « Il est certain que la tactique que j'emploie me facilite la tâche sur le plan intérieur, mais la complique vis-à-vis des États-Unis et des pays arabes et, dans une certaine mesure, vis-à-vis de la Communauté européenne. Je le sais parfaitement, mais il faut situer cette tactique dans la perspective plus vaste de ma stratégie à long terme. » À cet égard, le soutien de l'URSS à son rival Giscard d'Estaing, en 1974 comme en 1981, est selon lui révélateur d'un fait capital : « Sans doute M. Giscard d'Estaing apportait-il certaines garanties européennes à l'Union soviétique, mais je pense aussi que l'Union soviétique ne souhaite pas qu'un parti communiste-léniniste français se compromette dans un gouvernement démocratique ; ils ne veulent pas qu'il y ait dans le monde d'autres modèles de socialisme que le leur. »

« Je comprends que vous ayez peur d'une contagion en Italie »

Face à son visiteur américain, Mitterrand insiste une nouvelle fois sur son opposition au modèle communiste : « Il faut savoir qu'il n'y a pas, sur la scène politique française, de plus grands adversaires que les communistes et les socialistes. Ce qui les sépare, c'est la philosophie de l'homme, de la place de l'homme vis-à-vis de l'État et de la société. En revanche, ils sont liés, car ils représentent les mêmes couches sociales. En 1971, lorsque nous étions les plus faibles, j'ai conclu une alliance avec le PC. On me disait alors : "Vous menez le socialisme français à sa perte, car les communistes sont les plus forts." Et où en sommes-nous maintenant ? Il s'agit donc d'une stratégie de long terme. Je dois obtenir que les masses me fassent confiance. La démarche que j'ai choisie est le seul moyen d'obtenir qu'il en soit ainsi. Je conçois fort bien que cela vous complique les choses et que vous ayez peur d'une contagion du côté de l'Italie. C'est possible, mais je dois résoudre le problème de la France. Quand ce pas sera franchi, nous pourrons passer à autre chose. »

Le vice-président américain est littéralement conquis. Tout en rappelant les positions de principe de Washington et l'inquiétude à propos d'un éventuel gouvernement communiste en Italie, il affirme désormais comprendre les motivations du choix français. La conversation se poursuit quelques minutes, avant que Bush ne conclue : « Je ne veux pas abuser de votre patience. Nous étions préoccupés par la teneur de l'accord PC-PS et par la présence de ministres communistes au gouvernement. Grâce à vos explications, nous y voyons beaucoup plus clair et il est certain que nos différences sont peu de chose à côté de l'immense terrain d'entente entre nous. »

À ce moment, comme convenu, Bush prévient Mitterrand qu'il fera, à sa sortie de l'Élysée, une déclaration à la presse. Il promet de rester très sobre. « Je ne veux surtout pas vous compliquer les choses », insiste l'Américain. Le président français sourit : « L'important est que vous disiez ce que vous pensez. » À la lecture de la déclaration de Bush, il suggère simplement de supprimer la mention de « points de désaccord » qui auraient été constatés durant l'entretien. Le vice-président des États-Unis accepte sans sourciller.

En se dirigeant vers la sortie, George Bush continue de tempérer ses propos initiaux : « Je tiens à dire que si j'ai exprimé nos préoccupations sur la présence de ministres communistes au gouvernement, il ne s'agit absolument pas de chercher à exercer une pression quelle qu'elle soit, car il s'agit de toute évidence d'une affaire qui ne concerne que les seuls Français. Je vous remercie de m'avoir permis néanmoins d'exposer très franchement nos préoccupations et de nous avoir aidés à mieux comprendre la situation. »

Mitterrand lui rétorque aimablement : « De toute façon, nous sommes appelés à travailler ensemble et c'est sur la distance que l'on nous jugera[1]. »

Vers 15 h 30, les deux hommes apparaissent sur le perron du palais, où les attendent micros et caméras. « La position des États-Unis au sujet de la participation communiste dans les gouvernements de nos alliés est bien connue, déclare George Bush. La présence de ministres communistes **est** certainement appelée à

---

1. *Ibid.*

causer du souci, mais, une fois dit cela, je tiens à insister sur le fait que nos entretiens ont été chaleureux et constructifs[1]. » Le vice-président américain n'en rajoute pas. Il n'a aucune intention de jeter de l'huile sur le feu.

À ses côtés, François Mitterrand se contente d'une phrase gaullienne : « La politique de la France est celle de la France et restera celle de la France[2]. »

Le climat est presque serein. Mitterrand et Bush se sont compris, au moins sur le terrain politique. Au fond, Bush est rassuré sur la solidité atlantique de la France. « Il a été très favorablement impressionné par la stature du personnage qu'il était venu rencontrer, et par l'aplomb de sa stratégie politique d'étranglement des communistes, qui se réalisera conformément à ses plans[3] », se souvient Allen Holmes. Des années plus tard, Bush confirmera à des interlocuteurs français[4] la forte empreinte laissée par ce déjeuner du 24 juin 1981 avec le président français.

Pour sa part, Mitterrand a trouvé l'Américain parfaitement pragmatique et ouvert aux réalités internationales. Il estimera avoir, par ce contact, marqué un point capital : « Bush se montra tel qu'il était et resta jusqu'à la fin de son propre mandat un partenaire bienveillant, très bon connaisseur des dossiers. Je n'assurerai pas qu'il fut convaincu du bien-fondé de mes positions, mais il se fia à mes prévisions et nous n'eûmes, ni l'un ni l'autre, à le regretter, surtout lorsqu'il devint lui-même chef de l'exécutif américain. Je peux dire qu'à partir de ce rendez-vous, d'un type particulier, nous devînmes amis[5]. »

---

1. Rapporté dans *Vice President Bush Statements upon Departure from Elysee Palace*, télégramme de l'ambassade des États-Unis à Paris, 24 juin 1981, Maison-Blanche, Reagan Library.
2. Rapporté dans Pierre Favier et Michel Martin-Roland, *La Décennie Mitterrand*, t. 1, *op. cit.*, p. 107.
3. Entretien d'Allen Holmes avec l'auteur, 3 novembre 2009.
4. Notamment à Roland Dumas, Jacques Attali et Hubert Védrine. Rapporté dans Hubert Védrine, *Les Mondes de François Mitterrand, op. cit.*, p. 172.
5. Voir François Mitterrand, *De l'Allemagne, de la France,* Odile Jacob, 1996, p. 163.

*Mauroy : « Nous avons presque remporté
le match contre le PC »*

Le vice-président enchaîne les rendez-vous. À la Mairie de Paris, il rencontre brièvement Jacques Chirac, considéré par les États-Unis depuis le 10 mai comme le leader de l'opposition. Il se rend également à Matignon, où il est reçu par le Premier ministre, Pierre Mauroy, et le ministre de l'Économie, Jacques Delors. La tonalité est la même qu'à l'Élysée. « Nous devons vivre avec les communistes dans une sorte d'union libre, confie Mauroy. Actuellement, nous n'avons jamais été aussi près de remporter notre match permanent contre le PC, alors que précisément ils sont avec nous au gouvernement.
– Mais nous avons l'impression que vous faites cette concession précisément au moment où vous l'avez gagné, ce match ! rétorque Bush.
– Il est vrai, renchérit le Premier ministre, que l'ampleur de notre victoire nous a surpris nous-mêmes, mais cette victoire ne sera pas définitive si nous commettons des erreurs ; et une erreur à ne pas commettre, ce serait précisément, dans la situation actuelle, de ne pas avoir de ministres communistes au gouvernement. »
Pour se faire bien comprendre, Pierre Mauroy donne une leçon d'histoire de France à son visiteur : « Ici, il reste dans l'esprit de chacun une sédimentation des siècles passés rappelant les différences de conditions entre les seigneurs et les serfs, entre ceux du château et ceux d'en bas. Ces souvenirs immémoriaux ont d'ailleurs contribué à la défaite de nos prédécesseurs. Si actuellement nous laissons les communistes complètement en dehors du gouvernement, petit à petit on nous assimilera à ceux du château, et les communistes connaîtront un regain d'influence dans le pays. » Et le Premier ministre résume finalement : « Je comprends qu'aux États-Unis on soit préoccupé de la présence de quatre ministres communistes au gouvernement, mais c'est quand même bien peu de chose comparé à la défaite que les communistes ont subie, et qui devrait réjouir nos amis américains ! »
Quant à Jacques Delors, il tente de rassurer George Bush : « Je m'empresse de dire que, de toute façon, il n'y aura pas de bouleversement : en économie, les bouleversements ne sont jamais une

bonne chose¹. » Dans la soirée de ce mercredi 24 juin 1981, le vice-président Bush reçoit à la résidence de l'ambassadeur, à deux pas de l'Élysée, les principaux ministres du gouvernement, dont Pierre Mauroy, Claude Cheysson, Jacques Delors, Charles Hernu et Michel Jobert, ministre du Commerce extérieur. L'ambiance est détendue, en dépit de désaccords évidents sur certains sujets. « À table, Mauroy nous a expliqué le programme économique de sa majorité de gauche, avec les mesures sociales et les nationalisations. Bush était plus que sceptique sur ces idées folles, mais l'atmosphère cordiale des échanges a levé des doutes américains sur la future politique étrangère française² », rapporte l'ambassadeur Arthur Hartman, organisateur de ce dîner.

Un communiqué incendiaire du département d'État

Durant ces agapes, plusieurs appels téléphoniques d'outre-Atlantique préviennent Bush que le département d'État s'apprête à publier un communiqué très virulent contre la France. Le secrétaire d'État, Alexander Haig, dur parmi les durs à Washington, n'est pas sur la ligne conciliante du vice-président. Il a concocté une déclaration sans prévenir ce dernier ni avoir pris connaissance des conversations menées à l'Élysée le jour même.

Averti de ce qui se trame à Washington, Bush confie à Mauroy son embarras : « Il y a un problème ; contrairement à ce qui avait été convenu avant mon départ, la Maison-Blanche a décidé de publier un communiqué à propos de votre gouvernement. » Un peu avant minuit, le texte du département d'État tombe comme une douche glacée : « La France est un allié estimé et un ami des États-Unis. Tout en reconnaissant et en respectant pleinement le droit du gouvernement de la France de déterminer sa propre

---
1. Entretien entre Pierre Mauroy, Jacques Delors et George Bush, 24 juin 1981, archives de la présidence de la République, 5AG4 CD74, Archives nationales.
2. Entretien d'Arthur Hartman avec l'auteur, 20 octobre 2007. L'un des sujets qui préoccupent les Américains est le rachat en cours de la firme pétrolière Texas Gulf par le groupe public Elf-Aquitaine. Le gouvernement décide de poursuivre l'opération contre l'avis de Washington. Les Américains demanderont à être consultés dans le cas d'autres investissements français aux États-Unis et seront très attentifs aux programmes de nationalisation. Voir notamment *US Investment Problems and French Nationalization*, mémorandum de Richard Allen à Alexander Haig, 12 août 1981, Reagan Library.

composition, c'est un fait que le ton et le contenu de nos rapports en tant qu'alliés seront affectés par l'arrivée des communistes dans le gouvernement français, comme dans tout gouvernement d'un de nos alliés ouest-européens. Depuis la fin de la Seconde Guerre mondiale, toutes les administrations des États-Unis ont suivi des politiques conformes à ces vues[1]. »

Bush n'apprécie pas ce coup tordu. « Je rectifierai cela, ne vous inquiétez pas[2] », promet-il à Mauroy, avant de s'envoler, le lendemain matin, pour Londres et Washington.

Le vendredi 26 juin, l'ingérence américaine fait réagir tous les milieux. Même *Le Figaro* s'étonne : « Ronald Reagan fera fausse route s'il confond la France avec le Salvador ou Saint-Domingue. » Au journal télévisé de 13 heures, le ministre des Relations extérieures, Claude Cheysson, juge « surprenante et inacceptable » la communication du département d'État. Pour enfoncer le clou, le président Mitterrand, en visite dans le Morvan, confie à la presse : « On a écrit : Reagan se fâche. Et après ? Reagan éternue. Et après ? Je ne vais pas aussitôt mettre le doigt sur la couture du pantalon. Je ne me suis pas posé la question de savoir si ma décision d'appeler les communistes correspondrait au désir ou à la volonté de tel ou tel pays, et je ne me la poserai pas. La réaction des Américains, c'est leur affaire ; la décision, c'est la mienne[3]. »

Cet agacement est légitime. La souveraineté de la France a été froissée. Paradoxalement, l'incident conforte la popularité du président, en plein état de grâce. Toutefois, au-delà de ces postures médiatiques, Mitterrand, tout juste élu, ne veut pas se fâcher avec la rugueuse administration Reagan, hégémonique sur la scène internationale et capable de lui mettre des bâtons dans les roues. Ses messages discrets et ses conversations avec George Bush ont permis, il le sait, de sécuriser partiellement le terrain. Le travail de persuasion est loin d'être achevé. Le bras de fer avec les Américains promet de rester rude. Mais le président français entend bien continuer de les rassurer sur ses intentions.

Durant leurs conversations à Paris, les officiels américains ont, par exemple, fait remarquer qu'en cas de guerre le ministère des Transports constituait un poste clé, avec des responsabilités dans

---

1. *US Statement on Communists in French Government*, département d'État, 24 juin 1981, Reagan Library.
2. Rapporté notamment dans Jacques Attali, *Verbatim*, t. 1, *op. cit.*, p. 46.
3. Rapporté *ibid.*, p. 47, et dans Pierre Favier et Michel Martin-Roland, *La Décennie Mitterrand*, t. 1, *op. cit.*, p. 108.

des domaines très sensibles, comme la mobilisation des moyens logistiques, le contrôle aérien ou la tutelle des oléoducs qui transitent sur le sol français, destinés à alimenter l'Allemagne. Que Charles Fiterman, numéro deux du Parti communiste, occupe ce poste alarme sérieusement les experts du Pentagone. Le message a été transmis *via* plusieurs canaux. « Aussitôt Fiterman nommé, Richard Perle, secrétaire adjoint à la Défense, que je connaissais de longue date, m'a appelé pour me faire part de l'inquiétude américaine au sujet du ministère des Transports. J'ai transmis l'information à Gérard Renon, l'un des conseillers du président à l'Élysée, qui a, semble-t-il, fait le nécessaire[1] », se souvient Henri Conze, alors en charge des relations internationales au ministère de la Défense.

Lorsque George Bush a abordé le sujet, François Mitterrand et Claude Cheysson ont immédiatement réagi. L'Élysée a décidé de sortir la gestion des transports et des oléoducs du champ du ministère des Transports afin de pouvoir la confier aux militaires en cas de conflit. Cette mesure est très appréciée à Washington. Le 25 juin 1981, Charles Hernu, le ministre de la Défense, récupère ainsi les compétences des transports, et également celles de la santé, en cas de mobilisation militaire. De plus, le Premier ministre, Pierre Mauroy, donne des instructions pour que les règles d'accès au secret-défense de l'OTAN, prohibant tout sésame octroyé à des communistes, s'appliquent en France[2]. Ces nouveaux gages secrets donnés aux Américains ne sont pas anodins.

De retour aux États-Unis, le samedi 27 juin, le vice-président Bush rend compte de ses entretiens à Paris. À Ronald Reagan, qu'il rencontre dans son ranch californien, il dresse un portrait flatteur de Mitterrand. L'heure n'est plus à l'affrontement. Même le général Alexander Haig se rétracte publiquement sur CBS : « Nous devons reconnaître que la nomination d'un gouvernement est une affaire intérieure. » Officiellement, l'incident est clos.

Quelques jours plus tard, Mitterrand envoie son chef d'état-major particulier, le général Jean Saulnier, en mission outre-Atlantique[3]. Le Français fait des propositions très concrètes pour

---
1. Entretien d'Henri Conze avec l'auteur, 19 décembre 2008.
2. Rapporté notamment dans Jacques Attali, *Verbatim*, t. 1, *op. cit.*, p. 47, et dans Jean Guisnel et Bernard Violet, *Services secrets. Le pouvoir et les services de renseignements sous la présidence de François Mitterrand*, La Découverte, 1988, p. 290.
3. Rapporté dans Hubert Védrine, *Les Mondes de François Mitterrand, op. cit.*, p. 173.

renforcer la coopération militaire entre les deux pays, notamment en matière de renseignement et pour autoriser les escales des sous-marins nucléaires américains dans les ports français. Il s'agit d'une vieille revendication du Pentagone, qui a donné lieu à de laborieuses négociations avec l'Élysée depuis 1974. En facilitant ces escales, le nouveau président fournit une preuve supplémentaire de sa loyauté atlantique. Ronald Reagan l'en remerciera, quelques mois plus tard, lors de la célébration du bicentenaire de la bataille de Yorktown. « Notre objectif est l'efficacité dans la discrétion. Cela conduira à une coopération encore améliorée[1] », répondra calmement le président français.

À Washington, les officiels n'en reviennent pas. Ce Mitterrand est décidément bien singulier.

Ils ne sont pas au bout de leurs surprises.

---

1. Entretien entre François Mitterrand et Ronald Reagan, à Williamsburg, le 18 octobre 1981, en marge des célébrations du bicentenaire de la bataille de Yorktown, archives de la présidence de la République, 5AG4 CD74, Archives nationales.

Chapitre 2

Un cadeau nommé Farewell

14 juillet 1981. Élysée. 17 heures. Les festivités euphoriques de la première garden-party de François Mitterrand viennent de s'achever. Le calme revient dans les couloirs du palais. Un petit homme à l'allure svelte et au visage sévère entre dans le bureau du président. Marcel Chalet, patron de la Direction de la surveillance du territoire (DST), en charge du contre-espionnage, attend ce rendez-vous capital avec impatience.

Quelques jours après le 10 mai 1981, il a informé son nouveau ministre de l'Intérieur, Gaston Defferre, d'une affaire de la plus haute importance : depuis le mois d'avril, la DST est en contact à Moscou avec un colonel de la direction T du KGB, la branche de l'espionnage technologique au sein des services de renseignement de l'URSS. Cet officier russe francophone d'une cinquantaine d'années, qui a été en poste à Paris dans les années 1960, semble insatisfait professionnellement et déçu par le système auquel il a voué sa vie. Il a décidé de transmettre à l'Ouest des documents ultrasecrets sur le dispositif soviétique. À la fin de 1980 et en février 1981, la « taupe » a envoyé deux messages afin d'être mis en relation avec la DST.

Pour Marcel Chalet et son bras droit, Raymond Nart, la surprise a été de taille : ils ne s'attendaient pas à pareille offre, et leur service policier n'est pas censé opérer à l'étranger. En se saisissant de ce dossier, la DST marche sur les plates-bandes du SDECE, les services secrets extérieurs. Mais la taupe ne leur a pas donné le choix. « Je préfère la DST et je ne veux pas passer par la CIA[1] », a confié le Russe à son premier contact français à Moscou, un ingénieur commercial de la société Thomson nommé Xavier Ameil. Craignant d'abord une manipulation, Chalet et Nart ont fini par se rendre à l'évidence : la taupe – de son vrai

---

1. Propos rapportés par Xavier Ameil, entretien avec l'auteur, 14 décembre 2009.

nom le lieutenant-colonel Vladimir Ippolitovitch Vetrov – est un cadeau du ciel, ses documents authentiques, ses révélations stupéfiantes. Les Français tiennent là une occasion unique d'obtenir des renseignements de première main sur l'espionnage du KGB à l'Ouest. « Nous étions en présence de l'affaire la plus importante jamais traitée par un service spécial du monde libre face à la menace soviétique[1] », commentera Chalet.

Les premiers documents qui parviennent à Paris – notamment des directives du chef du KGB, Iouri Andropov, et du premier secrétaire du Parti communiste soviétique, Leonid Brejnev –, souvent tamponnés du sceau *Soverchenno sekretno* (« Totalement secret »), balaient tous les doutes. Ils révèlent que l'URSS, au cours des dernières années, a profité de la « détente » pour organiser le pillage systématique des technologies occidentales dont elle avait besoin. Elle a ainsi pu renforcer son industrie militaire, devenue aussi surpuissante que vulnérable. Vetrov, qui refuse toute exfiltration à l'Ouest, paraît de bonne foi. Il a noué des relations très amicales avec ses agents traitants à Moscou, d'abord Xavier Ameil, auquel a succédé, le 15 mai 1981, un attaché militaire de l'ambassade de France, le capitaine Patrick Ferrant. Lors de leurs rendez-vous, le colonel Vetrov confie son écœurement sur le régime soviétique. Il méprise ironiquement le KGB et parle avec chaleur de son « amour de la France », dont il garde des souvenirs éblouis[2].

Le KGB a pénétré le système de protection de la Maison-Blanche

Afin de protéger sa source, Marcel Chalet lui a choisi un nom de code anglo-saxon : « Farewell ». Et il a attendu l'issue de l'élection présidentielle française pour en parler à ses autorités de tutelle. Son ministre, Gaston Defferre, et le directeur de cabinet

---

1. Rapporté dans Marcel Chalet et Thierry Wolton, *Les Visiteurs de l'ombre*, Grasset, 1990, p. 153. L'affaire a notamment été détaillée par Thierry Wolton dans *Le KGB en France*, Grasset, 1986, et par Gordon Brook-Shepherd dans *The Storm Birds. Soviet Post-War Defectors*, Grove Press, 1989.
2. Voir Marcel Chalet et Thierry Wolton, *Les Visiteurs de l'ombre*, op. cit., p. 165, ainsi que, sur l'ensemble de cette affaire et sur la personnalité de Vetrov, l'excellent ouvrage de Sergueï Kostine et Éric Raynaud, *Adieu Farewell*, Robert Laffont, 2009. Et entretiens de Patrick Ferrant avec l'auteur, septembre 2009.

de ce dernier, le préfet Maurice Grimaud, ont été mis dans la confidence, de même que le chef d'état-major des armées, le général Jeannou Lacaze, mais pas le ministre de la Défense, Charles Hernu, jugé trop bavard, ni le SDECE (bientôt rebaptisé DGSE), parfois suspecté d'être infiltré par les Soviétiques.

La DST entend bien garder la haute main sur sa taupe « Farewell », qui lui permettra de redorer son blason face à un nouveau président plutôt suspicieux à l'égard de l'ensemble des services policiers. Le 14 juillet 1981, Chalet, accompagné de Defferre, se rend justement à l'Élysée pour révéler les détails de cette opération – et obtenir le feu vert pour la poursuivre.

Les deux hommes sont accueillis par François Mitterrand et par le secrétaire général de l'Élysée, Pierre Bérégovoy. Le ministre de l'Intérieur commence à expliquer au président les tenants et les aboutissants de l'affaire. À ses côtés, Marcel Chalet l'interrompt : « Nous avons une source au sein du KGB capable de produire abondamment des informations de première grandeur », résume-t-il. Sans citer le nom de sa taupe, il se dit sûr de sa sincérité et sort, pour le prouver, des copies des pièces du KGB transmises par Farewell. Mitterrand y jette un œil, sans faire de commentaires, avant de demander : « Que suggérez-vous ? »

Chalet explique qu'il est capital, pour des raisons de sécurité et d'efficacité, de laisser le SDECE en dehors de cette opération. Mitterrand acquiesce en s'esclaffant : il n'a guère confiance dans l'efficacité de ce service, dont il a confié les rênes à Pierre Marion, un ami de Charles Hernu. Malgré la confidentialité requise, Chalet propose d'informer les Américains de l'opération : en effet, les deux tiers des documents expédiés par Farewell concernent directement les États-Unis. « Certaines pénétrations soviétiques dans ce pays, révélées par Farewell, mettaient gravement en cause la sécurité militaire de l'allié américain. Il était de notre devoir de l'alerter au plus vite[1] », plaidera Chalet.

Ainsi, les Soviétiques semblent connaître parfaitement le fonctionnement de la couverture radar de défense du territoire des États-Unis en cas d'attaque. Ils ont également percé à jour un des systèmes de protection électronique de la Maison-Blanche, grâce à leurs agents sur place et à des micros. Ils ont espionné des sociétés américaines d'informatique, d'aéronautique ou

---

1. Rapporté dans Marcel Chalet et Thierry Wolton, *Les Visiteurs de l'ombre, op. cit.*, p. 182.

d'électronique afin de combler leur retard en la matière[1]. Farewell a fourni le bilan des résultats du KGB en matière d'espionnage technologique pour les années 1979 et 1980. Il a révélé son organisation détaillée, qui permet à l'URSS de faire des économies considérables, chiffrées à 6,5 milliards de francs (environ un milliard d'euros) entre 1976 et 1980. Il promet de fournir des listes d'officiers du KGB de la « ligne X », experts en espionnage technique, ayant opéré aux États-Unis et en Europe. « Maintenant, on sait que les Soviétiques nous mentent. On saura ce qu'ils font et quels sont leurs résultats[2] », précise Chalet.

Mitterrand comprend immédiatement l'intérêt majeur d'une telle affaire. Farewell révèle les objectifs secrets de l'URSS, qui compte davantage sur son espionnage à l'Ouest que sur ses propres recherches pour doper son armement. De plus, le fait de transmettre tout ou partie de ces informations aux Américains peut constituer un atout maître. Or François Mitterrand doit rencontrer pour la première fois Ronald Reagan le 20 juillet, lors du sommet des pays industrialisés à Ottawa. Les réserves du président américain à l'égard du gouvernement français, où siègent des ministres communistes, ne sont vraisemblablement pas toutes dissipées, en dépit des propos rassurants tenus par Mitterrand devant le vice-président George Bush deux semaines plus tôt. Apporter l'affaire Farewell à Reagan, c'est apparaître comme un allié sûr. L'ultime preuve de l'ancrage de la France dans le camp de l'OTAN face aux visées soviétiques.

Devançant cette rencontre, Marcel Chalet a rédigé un projet de lettre à remettre par Mitterrand à Reagan. Le patron de la DST souhaite ensuite se rendre à Washington pour parler de cette affaire au vice-président Bush, qu'il a connu personnellement lorsque ce dernier dirigeait la CIA en 1975-1976. Le Français est prêt à transmettre les informations de Farewell, en échange de quoi il espère l'aide technique de la CIA pour vérifier l'authenticité de certaines révélations de sa taupe. Mitterrand approuve l'ensemble de ces préparatifs. Lorsqu'il ressort de l'Élysée, en cette fin d'après-midi du 14 juillet 1981, Marcel Chalet est satis-

---
1. Une décision de sécurité nationale (n° 247) prise en mars 1974 par la Maison-Blanche interdisait notamment l'exportation de gros ordinateurs des États-Unis vers l'URSS, ce qui a conduit le KBG à déployer ses efforts dans ce domaine.
2. Rapporté dans Pascal Ceaux et Jean-Marie Pontaut, « L'ex-patron de la DST raconte les coulisses de l'affaire Farewell », *L'Express*, 23 septembre 2009. Voir aussi Sergueï Kostine et Éric Raynaud, *Adieu Farewell, op. cit.*, p. 169.

fait. L'opération Farewell est désormais couverte par le plus haut niveau de l'État.

Un aparté avec Reagan au sommet d'Ottawa

François Mitterrand s'envole pour le Canada cinq jours plus tard. L'ordre du jour du sommet des sept pays les plus industrialisés est chargé. Les chefs d'État et de gouvernement doivent s'entretenir durant quarante-huit heures du commerce international, de la relance des économies, des négociations soviéto-américaines sur le désarmement et de bien d'autres sujets.

Le dimanche 19 juillet, avant le premier dîner officiel, Mitterrand et Reagan se retrouvent à 18 heures, en compagnie de quelques proches, pour un tête-à-tête méticuleusement préparé de part et d'autre. *A priori*, les deux présidents ne peuvent paraître plus dissemblables : l'un est un fin lettré issu d'une France rurale, socialiste affiché aux méthodes florentines, devenu un allié des communistes ; l'autre est un ancien acteur de Hollywood au physique de cow-boy, conservateur à la morale rustique, aux opinions anticommunistes tranchées.

Pourtant, lors de cette première rencontre, la méfiance naturelle laisse la place à une forme de considération réciproque. Mitterrand respecte le long sillon politique creusé par son homologue américain, couronné par l'élection, et ne sous-estime pas son charisme populaire, même s'il s'oppose à sa politique sur bien des points. « Il est chaleureux, sympathique et d'un abord agréable[1] », confiera-t-il après ce sommet. Reagan, de son côté, ne se trompe guère sur l'habileté du Français, jugé plus pragmatique que son programme ne le laisse penser. Son conseiller Richard Allen lui a répété que Mitterrand, « hostile à tout totalitarisme en tant qu'ancien résistant », serait, selon lui, un « type bien[2] ».

Assis l'un à côté de l'autre dans le parc du château Montebello, une vaste demeure de bois construite au début des années 1930 à l'est d'Ottawa, dans la région des lacs des Laurentides, les deux hommes devisent aimablement.

---
1. Rapporté dans Roland Dumas, *Affaires étrangères. 1981-1988*, Fayard, 2007, p. 76.
2. Interview de Richard Allen, 28 mai 2002, Ronald Reagan Oral History Project, Miller Center of Public Affairs, University of Virginia.

Mitterrand ouvre le bal : « Je n'ai pas besoin de vous dire tout le prix que j'attache, depuis les deux mois que je suis élu, à une rencontre avec vous, et je suis très heureux que l'occasion s'en soit présentée ici, à Montebello. »

Ronald Reagan renchérit : « J'en suis, moi aussi, très heureux. Je tiens à vous remercier de vos interventions sur les armes du théâtre d'opérations, sur l'Alliance, sur les problèmes de défense. »

Le Français ironise : « Quand je lis la presse, j'ai le sentiment, qui n'est pas totalement inexact, qu'il y a entre nous beaucoup de points de divergence. Mais quand, au lieu de lire, je réfléchis, je me rends compte qu'il y a encore beaucoup plus de points sur lesquels nous sommes d'accord. »

L'Américain confirme son invitation pour le bicentenaire de la bataille de Yorktown, qui doit avoir lieu en octobre de cette année-là. François Mitterrand accepte avec empressement, avant d'évoquer plusieurs sujets du sommet à venir et d'interroger son homologue sur sa santé : « Je voudrais vous dire combien je suis heureux de vous voir en si bonne forme après le tragique attentat dont vous avez été victime [en mars 1981]. Comment faites-vous ? »

Ronald Reagan répond sur le ton de l'humour : « J'ai eu beaucoup de chance. Quand je suis arrivé à l'hôpital, à pied, une réunion de tous les chirurgiens venait de se terminer. Devant tant de sommités, je ne pouvais pas me permettre de ne pas aller mieux ! »

Puis les deux présidents échangent longuement à propos des taux d'intérêt et de la situation économique mondiale, avant d'aborder la question sensible des rapports Est-Ouest. Obsédé par la menace soviétique, Reagan veut absolument réduire le flux des échanges avec l'URSS : « J'ai l'impression que c'est nous, en vendant des biens de consommation aux Russes, qui leur avons permis de consacrer leurs ressources à leurs dépenses militaires. [...] Nous leur avons facilité la tâche par nos échanges commerciaux, nous avons participé à l'apparition de ce monstre de Frankenstein ! [...] Je me demande si, tout au début, nous avions gardé nos distances, si nous leur avions dit "débrouillez-vous", ils auraient pu se constituer une telle puissance nucléaire. Car ils ne sont même pas capables de nourrir leur population ! »

Partisan du maintien des échanges commerciaux avec l'URSS, Mitterrand se veut plus prudent : « Il faut se garder de les pousser à des solutions de désespoir. [...] C'est un pays difficile à gérer, et on voit apparaître une nouvelle classe de dirigeants au sein du

PC. Il ne faudrait pas, en contribuant à leur créer une situation difficile à l'intérieur, les encourager à se lancer dans des conflits extérieurs pour rehausser leur prestige – s'ils en ont – aux yeux de la population. Je redouterais une crise économique grave en URSS, une situation de disette qui risquerait de pousser les dirigeants à des actes irresponsables. Cela dit, vous avez raison, il se peut que notre politique ait manqué de cohérence et ait favorisé leur effort militaire[1]. »

Prolongeant la conversation avec son homologue, le président Mitterrand évoque l'affaire Farewell en termes généraux. Il indique que les informations recueillies par la DST pourront être communiquées aux services américains. Il confiera par la suite : « J'en parle à Reagan, en présence de Haig et Cheysson. Nos deux Américains nous assurent qu'il s'agit de la plus grosse affaire de ce genre depuis la guerre[2]. » Cette confidence est perçue, des deux côtés, comme une marque de confiance réciproque. Mitterrand et Reagan ne vont pas devenir bons amis, mais la glace est brisée.

Les réunions des sept dirigeants des pays riches donnent ensuite lieu à des échanges beaucoup plus vifs. Novice en matière de sommets, Reagan, tout sourire, défend le libéralisme économique avec la foi du charbonnier et appelle à une solidarité sans faille de l'Occident face à l'URSS. S'appuyant sur des rapports de la CIA, il dénonce le projet de gazoduc soviétique destiné à alimenter l'Europe de l'Ouest, qui doit, selon lui, servir à renforcer l'économie soviétique[3]. Le président américain veut étrangler le camp communiste. Tout comme Mitterrand, le chancelier allemand, Helmut Schmidt, s'oppose à de telles mesures : « J'en ai marre de vos interdictions[4] », lance-t-il à Reagan.

---

1. Entretien entre François Mitterrand et Ronald Reagan, Montebello, Canada, 19 juillet 1981, en présence d'Alexander Haig, Ed Meese, Claude Cheysson, Jacques Delors et Pierre Bérégovoy, archives de la présidence de la République, 5AG4 CD74, Archives nationales.
2. Rapporté dans Pierre Favier et Michel Martin-Roland, *La Décennie Mitterrand*, t. 1, *op. cit.*, p. 111. L'aparté sur Farewell n'est pas mentionné dans le compte rendu officiel de l'entretien du 19 juillet 1981 (note précédente).
3. *CIA Memorandum on Siberian Pipeline*, 8 juillet 1981, CIA, archives de la CIA. Ce mémorandum estime que le gazoduc va « améliorer la croissance économique soviétique et faciliter la surenchère militaire auquel l'Occident (et particulièrement les États-Unis) aura à faire face ».
4. Rapporté dans Pierre Favier et Michel Martin-Roland, *La Décennie Mitterrand*, t. 1, *op. cit.*, p. 293.

Sans se faire trop d'illusions, le président français, autre nouveau venu dans cette rencontre, fustige les taux d'intérêt trop élevés aux États-Unis et défend un meilleur équilibre Nord-Sud. Reagan semble impassible. Tous les autres, de la Britannique Margaret Thatcher au Canadien Pierre Trudeau, écoutent poliment Mitterrand. Le sommet d'Ottawa se conclut le mardi 21 juillet 1981 par un communiqué faussement œcuménique.

François Mitterrand quitte le Canada irrité par l'hégémonie économique américaine et par l'absence de soutien des autres pays à ses idées. Mais il pense qu'il a secrètement marqué un point avec le dossier Farewell. Dans une lettre datée du 4 août 1981, Ronald Reagan le remercie d'ailleurs vivement pour leurs échanges personnels : « Je pense que vous savez à quel point j'ai apprécié notre première rencontre à Ottawa. Elle a donné le ton de ce sommet et de nos futures relations, que j'entends préserver et renforcer. J'ai profondément apprécié les discussions chaleureuses et profondes que nous avons eues. Elles ont confirmé ma foi dans les valeurs immuables de relations franco-américaines très étroites. »

La lettre est signée simplement « Ron », diminutif de Ronald[1]. Il s'agit bien de montrer à « François » que les relations personnelles comptent beaucoup aux yeux du président américain. Mitterrand fait désormais partie des « alliés » sûrs.

Cette confiance peut s'appuyer, dès le début du mois d'août, sur le dossier Farewell. Comme prévu, Marcel Chalet prend l'avion pour Washington. Arrivé le 3 août 1981, le patron de la DST est conduit le lendemain en limousine dans une résidence de George Bush, à quelques kilomètres de la capitale fédérale. Le vice-président américain, qui ne semble pas avoir été informé par Reagan, l'accueille sans protocole par ces mots : « Alors, Marcel, qu'est-ce qui se passe ? »

Le policier français expose à son interlocuteur les grandes lignes de l'opération Farewell, sans citer le nom de la taupe. Au cours d'une longue promenade dans le parc de la résidence, Chalet raconte en détail ce que révèle la moisson des documents du KGB, notamment sur la couverture radar des États-Unis ou le programme de la navette spatiale soviétique Bourane, développée grâce à l'espionnage mené aux États-Unis. Le vice-président est d'autant plus impressionné que son visiteur lui montre des copies

---
1. Lettre de Ronald Reagan à François Mitterrand, 4 août 1981, Maison-Blanche, Reagan Library. Voir le fac-similé de cette lettre en annexe.

de rapports soviétiques qui corroborent ses dires. « C'est la première percée majeure dans leur système ! Il faut étudier ces dossiers tout de suite[1] », commente Bush, qui va aussitôt passer plusieurs coups de téléphone.

Le vice-président convoque les directeurs des grandes agences de renseignement afin de leur faire part des découvertes françaises. Une réunion se tient le lendemain avec le patron de la CIA, William Casey, celui de la NSA (la National Security Agency, en charge des interceptions), l'amiral Bobby Inman, et celui du FBI, William Webster. Les responsables américains décident de collaborer étroitement avec la DST sur cette affaire[2]. Les procédures de transfert des documents sont discutées, notamment par l'intermédiaire du chef de station de la CIA à Paris, John Seidel. De son côté, Marcel Chalet insiste sur l'impérieuse nécessité de ne rien faire, pour le moment, qui mette en danger la source. Autrement dit, ni la France ni les États-Unis ne doivent prendre la moindre mesure susceptible d'alerter Moscou et de lui faire soupçonner qu'ils ont une taupe au sein du KGB. Le secret doit être bien gardé. Bush s'y engage formellement.

Une taupe effrayée par le risque de guerre nucléaire

La CIA offre rapidement à Raymond Nart, le numéro deux de la DST, chargé de cette opération, un appareil photo afin que Farewell puisse prendre lui-même des clichés des documents confidentiels du KGB. À partir de septembre 1981, le colonel Vladimir Vetrov est doté d'un Minox, remplacé ensuite par un appareil encore plus miniaturisé, qui tient dans la main. Au lieu d'emporter les papiers avec lui le temps que son agent traitant, le capitaine Ferrant, en fasse des copies à l'ambassade de France, Vetrov peut se contenter de transmettre les pellicules lors des rendez-vous, qui se déroulent généralement en fin de journée, à Moscou, aux alentours du musée de la bataille de Borodino.

Grâce à l'appareil photo, les contacts entre Ferrant et Vetrov peuvent s'espacer, ce qui ne plaît guère au Soviétique, friand de

---
1. Rapporté notamment dans Sergueï Kostine et Éric Raynaud, *Adieu Farewell*, *op. cit.*, p. 170.
2. Interview de William Webster (directeur du FBI de 1978 à 1987, puis directeur central du renseignement et de la CIA de 1987 à 1991), 21 août 2002, Ronald Reagan Oral History Project, 28 mai 2002, Miller Center of Public Affairs, University of Virginia.

longues conversations en français avec son agent traitant, malgré les risques encourus. « C'est un professionnel, il sait comment travaillent ceux qui sont chargés de protéger la sécurité et les secrets soviétiques, expliquera Ferrant ; il convaincra ses traitants de leur faire confiance ; mais il reste lucide : le pire peut arriver ; pour lui, la balle dans la nuque, pour ses traitants successifs, ce devrait être l'accident de circulation, l'écrasement par un poids lourd, par un métro. Message qui serait compris par le service intéressé[1]. »

Frustré, le colonel Vetrov est surtout effrayé par l'ambiance qui règne au KGB. Les dirigeants soviétiques vieillissants ont vu dans l'élection de Ronald Reagan à la Maison-Blanche un véritable séisme. Dès janvier 1981, le président américain a conforté publiquement leurs appréhensions en déclarant tout de go que « les Russes mentiront, tricheront et nous voleront tout ce qu'ils peuvent pour arriver à leurs fins ». Après des années de « détente », Washington a durci le ton à l'égard de Moscou. En mai 1981, Leonid Brejnev a prononcé devant les cadres du KGB un discours dénonçant la politique de Reagan comme une « menace sérieuse[2] ». Durant l'automne, Iouri Andropov, patron du KGB, lance une opération prioritaire de renseignement, baptisée « RYAN », afin de tout savoir sur une future attaque nucléaire américaine contre l'URSS, jugée imminente. Les officiers du KGB stationnés partout dans le monde doivent alimenter, dans le sens souhaité, cette paranoïa galopante. Selon son agent traitant, Vetrov, au cœur du système, « ressent parfaitement l'ambiance de guerre qui envahit la population, mais surtout la classe dirigeante ; il sait que la doctrine soviétique envisage l'emploi normal de l'arme atomique. Il connaît la capacité de riposte occidentale. Il comprend, par les papiers qu'il traite, que la Nomemklatura essaie de reprendre l'avantage[3] ». Moscou joue aux échecs. Mais Farewell dévoile ce jeu à ses amis français.

---

1. Voir Colonel P.F. [Patrick Ferrant], « C'est toujours plus simple qu'on le pense... à propos de Farewell », Bulletin de l'Association des anciens des services spéciaux de la Défense nationale (AASDN), n° 193.

2. Rapporté dans le livre de référence de l'historien Christopher Andrew et de Vassili Mitrokhine, *The Sword and the Shield*, Basic Books, 1999, p. 213 (trad. fr. *Le KGB contre l'Ouest. 1919-1991*, Fayard, 2000).

3. Colonel P. F. [Patrick Ferrant], « C'est toujours plus simple qu'on le pense... à propos de Farewell », art. cité.

Des listes d'espions soviétiques

Les bobines arrivent en masse à Paris. Dans ses locaux discrets de la rue d'Argenson, la DST développe les films, avant de les transmettre, comme convenu, à la CIA. Près de trois mille pages s'entassent sur les bureaux. Le travail de traduction mobilise des experts. L'analyse des documents fournis par Farewell dure de longs mois. Chacun de leur côté, les services français et américains découvrent peu à peu l'ampleur de l'espionnage technologique soviétique aux quatre coins du monde : des plans de la navette spatiale américaine ont été obtenus à Bombay, des renseignements sur des armes biologiques à Paris, des documents sur les systèmes de transmission à l'OTAN, des logiciels de simulation d'armement aéronautique aux États-Unis...

Tout est organisé, planifié par Moscou, avec des objectifs chiffrés fixés par une Commission de l'industrie militaire (VPK), qui passe des commandes au KGB et aux services de renseignement militaire (GRU) afin de dénicher les informations à l'étranger *via* les cinq cents officiers de la « ligne X ». Le dispositif paraît redoutablement efficace. Alors que les États-Unis n'ont pas encore lancé de programme de ce type, les Soviétiques semblent se préparer à une future « guerre des étoiles », avec leur projet de fusée Energia, leur navette spatiale Bourane et des armes laser destinées à être placées en orbite[1].

Grâce à Farewell, les experts de la DST et de la CIA prennent la mesure des ravages causés par ces opérations clandestines de l'URSS. « La lecture de ces documents fut comme un de mes pires cauchemars devenu réalité, racontera Gus Weiss, l'un des experts économiques de la Maison-Blanche. Depuis 1970, la "ligne X" avait obtenu des milliers de documents, de telle sorte que les industries civiles et militaires soviétiques menaient leurs recherches grâce à nous, en particulier les États-Unis. Notre science soutenait leur défense nationale. Les pertes concernaient notamment les radars, les ordinateurs, les machines-outils ou les semi-conducteurs. La "ligne X" avait rempli presque les trois quarts des objectifs qui lui étaient assignés[2]. »

---

[1]. Pour plus de détails sur le dispositif d'espionnage technologique soviétique, voir Marcel Chalet et Thierry Wolton, *Les Visiteurs de l'ombre, op. cit.*, p. 195-227.
[2]. Rapporté dans Gus W. Weiss, « Duping the Soviets : The Farewell Dossier », *Studies in Intelligence*, n° 39, CIA, archives de la CIA.

Mais les experts américains comprennent également à quel point l'Armée rouge et son industrie militaire dépendent du pillage des technologies à l'Ouest pour leur avenir. Autrement dit : c'est leur talon d'Achille.

De l'automne de 1981 à février 1982, la manne s'accumule. À Moscou, Farewell poursuit son double jeu sans être inquiété. Parmi les perles transmises au capitaine Ferrant figurent des informations ultrasensibles, notamment des listes manuscrites égrenant l'identité de deux cent vingt-deux officiers soviétiques de la « ligne X » du KGB ayant opéré à l'étranger sous couverture diplomatique, ainsi que le profil de soixante-dix agents clandestins. Autant dire que ces listes sont appréciées à Paris comme à Washington.

Reagan : « C'est le moment d'affaiblir l'URSS »

L'exploitation de ces informations commence. Sans dévoiler leurs sources, les officiels américains ont pris quelques mesures de précaution : le système de protection radar du territoire a été discrètement revu, tout comme celui de la Maison-Blanche. Dans la liste des espions travaillant pour l'URSS, un ingénieur américain spécialiste des radars chez Hughes Aircraft, William Bell, a été identifié. Confondu sur la base d'autres renseignements, il est arrêté dès 1981.

Par ailleurs, Ronald Reagan décide d'accentuer ses pressions afin de restreindre les exportations à destination de l'URSS. Ouverte lors du sommet d'Ottawa de juillet 1981, cette croisade prend de l'ampleur avec l'affaire Farewell. La déclaration de l'état de guerre en Pologne le 13 décembre 1981 renforce la volonté américaine de sanctionner économiquement le bloc de l'Est.

La France est indirectement visée, puisque le gouvernement de Pierre Mauroy a entamé, en juillet 1981, des négociations avec Moscou pour la fourniture complémentaire de gaz naturel et la construction d'un pipeline reliant la Sibérie à l'Europe de l'Ouest. Ronald Reagan a écrit plusieurs fois à François Mitterrand à ce sujet, le priant de renoncer à ce contrat. Des officiels américains agitent des menaces contre les pays européens prêts à acheter du gaz soviétique. Ces pressions unilatérales alimentent l'hostilité de Mitterrand, qui n'entend pas se laisser dicter sa politique énergétique par Washington. Les négociations franco-soviétiques s'achèvent le 22 janvier 1982, quelques semaines après le coup de force en Pologne : l'URSS doit livrer à la France huit milliards de mètres cubes supplémentaires de gaz par an. Critiqué par l'opposition, Mitterrand est aussi attaqué par Reagan, qui lui écrit deux nouvelles lettres de protestation, les 22 février et 6 mars 1982. Furieux, le président français décide d'aller s'expliquer avec lui directement à Washington.

Le 12 mars 1982, Mitterrand prend un Concorde pour une visite éclair à la Maison-Blanche, où il est reçu pour une réunion de travail et un déjeuner. Au menu, plusieurs pommes de discorde : le prochain sommet du G7, qui se tiendra à Versailles ; le contrat gazier ; les négociations américano-soviétiques sur les armements stratégiques ; les taux d'intérêt américains ; les ventes d'armes françaises au gouvernement sandiniste du Nicaragua, qui agacent prodigieusement l'administration Reagan[1]. Concernant ce dernier point, Mitterrand prend l'engagement de ne plus signer de nouveaux contrats[2]. « Pour nous, le principal, ce sont les relations franco-américaines, et nous n'allons pas les sacrifier par des ventes aux pays voisins », concède-t-il. Au sujet du commerce Est-Ouest, Mitterrand révèle que la France va modifier un contrat signé par le groupe Thomson avec l'URSS portant sur la fabrication de téléphones, ce afin d'éviter de livrer aux Soviétiques

---

1. Le président Reagan a prévu de dire à Mitterrand que la France doit respecter les intérêts américains en Amérique latine et que les initiatives françaises au Nicaragua sont gênantes. *Talking Points for Meeting with French President Mitterrand*, 12 mars 1982, Maison-Blanche, Reagan Library. Charles Hernu a aussi parlé du Nicaragua avec son homologue américain lors d'une rencontre le 7 janvier 1982.

2. « En ce qui concerne les armes [pour le Nicaragua], vous avez depuis le 7 janvier la liste complète de ce que nous allons livrer, dit Mitterrand à Reagan. Nous avons suspendu la fourniture d'hélicoptères jusqu'à la rencontre de nos deux ambassadeurs [sur place], mais ce contrat, qui a été signé, sera exécuté. Nous vous informerons, de toute façon, avant l'exécution. Pour la suite, nous pensons que le moment n'est pas venu d'aller au-delà dans de nouveaux contrats du même type. » Entretien entre François Mitterrand et Ronald Reagan, 12 mars 1982, Washington, archives de la présidence de la République, 5AG4 CD74, Archives nationales. Les notes prises par les Américains mentionnent aussi des remarques ultraconfidentielles de Mitterrand (mentions non reprises dans le compte rendu français) sur la bombe à neutrons, sur sa volonté de renforcer son budget militaire et la coopération militaire avec les Américains, ainsi que sur son souhait de disposer de supercalculateurs Cray, promis par Washington, pour le programme atomique français. *Notes from MTG with Mitterrand, the President/Mitterrand/Clark*, 12 mars 1982, Maison-Blanche, Reagan Library. Voir aussi le témoignage de l'ancien ambassadeur américain à Paris, Evan Galbraith, dans son livre *Ambassadeur de choc*, Stock, 1986, p. 21.

une usine de composants électroniques. Mais il répète que le contrat gazier sera bien exécuté, parce que la France en a besoin.

Reagan n'en démord pas : pour lui, c'est une erreur. Il veut affaiblir l'URSS par tous les moyens. « Je suis convaincu que Moscou se trouve dans une situation grave, que les charges que l'URSS assume deviennent insupportables et que le moment est venu d'être entendu, dit-il. Pour se dégager de leurs difficultés, les Russes devront évacuer l'Afghanistan et rendre à la Pologne sa liberté. »

Dans le climat de guerre froide qui prévaut en ce début de 1982, le pronostic reaganien est audacieux : le futur leader soviétique Mikhaïl Gorbatchev, encore inconnu, ne commencera à suivre cette voie qu'à partir de 1985 ! En l'occurrence, François Mitterrand ne partage pas du tout cette analyse. Il ne croit pas à une défaite des Soviétiques en Afghanistan, ni à un desserrement de leur emprise sur la Pologne. « Certes, l'URSS ne cherche pas à accroître ses charges ni à occuper la Pologne, mais l'évolution à long terme du régime soviétique est difficile à prévoir. Il y a l'impérialisme russe et le nationalisme du peuple. Même si un affaiblissement se produisait, il est très possible que le résultat soit une dictature militaire, ce qui ne serait pas rassurant. »

Ingénu, le président américain renchérit dans l'utopie : « Nous croyons que le peuple soviétique n'adhère pas au régime. Si les choses s'aggravaient, le peuple se retournerait contre les dirigeants et l'on peut se demander de quel côté seront, alors, pointés les fusils. »

Mais le rêve de Reagan ne convainc pas le féru d'histoire qu'est Mitterrand : « Rappelez-vous la Révolution française de 1789 ! Tout a fini par une dictature militaire[1] », conclut-il.

Son pessimisme est renforcé par le tour dramatique qu'a pris l'affaire Farewell. Car, quelques jours plus tôt, le 23 février 1982, Vladimir Vetrov n'est pas apparu au rendez-vous fixé avec son agent traitant à Moscou, ni lors de la rencontre de repêchage prévue en cas de souci. Farewell a disparu sans laisser de traces.

La DST, qui ne parvient pas à savoir ce qu'il est advenu de sa source miraculeuse au KGB, s'alarme. À la fin de 1982, la CIA apprend aux Français qu'un lieutenant-colonel a été arrêté en février pour une sombre histoire de droit commun. Lors d'une

---
1. Entretien entre François Mitterrand et Ronald Reagan, 12 mars 1982, *op. cit.*

rixe nocturne en pleine rue, un officier du KGB un peu éméché, qui n'est autre que Vetrov, aurait blessé sa maîtresse d'un coup de couteau et tué un milicien qui tentait de s'interposer. C'est, du moins, la version retenue par les tribunaux soviétiques, qui condamnent Vetrov, le 3 novembre 1982, à quinze ans de prison pour meurtre. Emprisonné à Irkoutsk, Farewell n'est pas démasqué comme traître. Redoutant de l'être lors de son arrestation, il a probablement tout fait pour brouiller les pistes et protéger ses amis français le plus longtemps possible, quitte à donner une dimension passionnelle à son geste[1]. La DST ne peut rien faire. Le successeur de Marcel Chalet, Yves Bonnet, et son adjoint, Raymond Nart, comprennent qu'ils ont définitivement perdu leur taupe.

Une opération d'intoxication menée par la CIA

De leur côté, les Américains n'attendent pas d'en savoir plus. Ils ont décidé d'utiliser systématiquement les renseignements fournis par Farewell pour miner l'empire soviétique. Officiellement, le Pentagone impose un durcissement des règles régissant les exportations légales de hautes technologies vers les pays de l'Est en créant un comité militaire au sein du CoCom – le comité de contrôle de ses ventes –, qui fonctionne depuis le début de la guerre froide[2]. Officieusement, Gus Weiss, l'un des adjoints de Richard Allen au sein du Conseil de sécurité nationale, prépare un plan plus machiavélique.

Expert en aéronautique et spécialiste d'économie, le Dr Weiss épluche la production Farewell depuis l'été 1981. À ses yeux, la liste des requêtes technologiques émanant du KGB révèle les points faibles de l'économie de l'URSS. En décembre 1981, il a suggéré à William Casey, le directeur de la CIA, de laisser filer

---

1. C'est notamment la thèse, digne de foi, de son agent traitant Patrick Ferrant : « On comprend que Vetrov, comme tous les prévenus du monde, va balader les enquêteurs, essayer de gagner du temps, de protéger ses traitants auxquels le lie une véritable amitié, peut-être de sauver sa peau. » Voir Colonel P.F. [Patrick Ferrant], « C'est toujours plus simple qu'on le pense... à propos de Farewell », art. cité.

2. Rapporté par Richard Perle, en charge des affaires internationales au Pentagone de 1981 à 1987, entretien avec l'auteur, 31 mai 2010. Le CoCom (Coordinating Committee for Multilateral Export Controls) a été créé en 1949. En janvier 1983, les Américains le réuniront en sommet pour renforcer le dispositif de surveillance des exportations technologiques vers l'Est.

de faux renseignements aux espions soviétiques de la « ligne X » afin de les induire en erreur[1]. L'opération, qui mobilise la CIA, le Pentagone, le FBI et la Maison-Blanche, est approuvée par Ronald Reagan en janvier 1982. « C'était un plan brillant, rapportera Richard Allen. Nous avons refilé aux Soviétiques de la mauvaise technologie, de la mauvaise informatique, de mauvaises technologies de forage pétrolier. Nous les abreuvions avec tout cela, nous les laissions nous voler tout ce qu'ils voulaient en y dépensant du temps et de l'argent, sans que cela fonctionne. C'était une partie intelligente de la guerre économique que nous avions mise au point. [...] Notre intention était bien de les conduire à la faillite, au moins militairement[2]. »

La duperie réussit au-delà des espérances. De faux plans d'une navette spatiale de la NASA sont discrètement « rendus disponibles » pour des agents soviétiques. Le Pentagone laisse filtrer des informations trompeuses sur ses programmes d'avions ou de défense spatiale. Des industriels américains se font délibérément « voler » des puces électroniques défectueuses, qui endommagent la production d'usines chimiques et celle d'une usine de tracteurs en URSS[3]. Par l'intermédiaire d'une société canadienne, les Américains surveillent les agents de la « ligne X » lorsqu'ils dérobent un logiciel de gestion des turbines des oléoducs et gazoducs ; la CIA y a implanté des virus informatiques qui se déclenchent après quelques mois de parfait fonctionnement. En juin 1982, une gigantesque explosion endommage un pipeline en Sibérie. La déflagration est si puissante que les experts militaires américains croient d'abord qu'il s'agit d'un missile nucléaire. Après analyse, ils la décrivent comme « la plus grosse explosion non nucléaire de tous les temps ». À la Maison-Blanche, cet accident fait sourire Gus Weiss. Grâce à Farewell, il a réussi à saboter le secteur énergétique soviétique.

---

1. Rapporté dans Gus Weiss, « Duping the Soviets : The Farewell Dossier », art. cité, et dans Thomas Reed (ancien secrétaire à l'*US Air Force* au Pentagone), *At the Abyss. An Insider's History of the Cold War*, Presidio Press/Ballantine Books, 2005, p. 267.
2. Interview de Richard Allen, Ronald Reagan Oral History Project, *op. cit.*
3. Rapporté dans Gus Weiss, « Duping the Soviets : The Farewell Dossier », art. cité.

*Directive secrète sur l'URSS
et « guerre des étoiles »*

Quelques mois plus tard, le 17 janvier 1983, le président Reagan franchit une étape supplémentaire dans la guerre froide. Il signe une directive secrète de sécurité nationale, dite « NSDD 75 », sur les relations des États-Unis avec l'URSS. Dans ce document ultraconfidentiel, élaboré après des mois de réflexion et d'analyse des éléments transmis par Farewell, la Maison-Blanche durcit nettement sa politique à l'égard de Moscou. La NSDD 75 insiste sur la nécessité de combattre l'expansionnisme soviétique partout dans le monde, en renforçant les capacités militaires américaines et en restreignant les transferts de technologies vers l'URSS, « qui peuvent contribuer, directement ou indirectement, au pouvoir militaire soviétique ». La Maison-Blanche entend aussi promouvoir les changements au sein de l'Union soviétique, vanter « la supériorité des valeurs de liberté défendues par les États-Unis et les pays occidentaux », et contraindre le régime à des négociations équilibrées. « Les États-Unis doivent dire clairement à Moscou qu'un comportement inacceptable aurait un coût largement supérieur aux bénéfices[1] », peut-on lire dans cette directive secrète.

Le ton est donné : c'est celui de la croisade. Le 8 mars 1983, le président Ronald Reagan s'en prend publiquement à l'URSS, qu'il qualifie d'« empire du mal », lors d'un discours tenu en Floride devant l'Association nationale des évangélistes. Quelques jours plus tard, le 23 mars, il annonce à la télévision le lancement de son Initiative de défense stratégique (IDS), plus connue sous le nom de « guerre des étoiles », qui doit, à terme, « libérer le monde de la menace de la guerre nucléaire ». Il s'agit d'une surenchère dans la course aux armements destinée à affaiblir l'URSS.

Les Alliés réagissent avec peu d'enthousiasme à ce projet de 30 milliards de dollars qui consiste, sur le papier, à protéger le territoire américain, voire la planète entière, grâce à une myriade de satellites dotés de mégalasers censés détruire tous les missiles ennemis dès leur décollage. Les scientifiques doutent de son

---

1. *US Relations with the USSR*, National Security Decision Directive 75, 17 janvier 1983, Maison-Blanche, archives de la CIA.

efficacité. « Cela ne marchera pas, juge Hubert Védrine, le conseiller diplomatique de François Mitterrand. Nous devrons réaffirmer, contre la rhétorique reaganienne, la justesse et la crédibilité de la dissuasion, qui, pendant longtemps encore, assurera la sécurité de notre pays[1]. » D'abord hésitant, puis réticent, le président français s'opposera durant plusieurs années à l'IDS, jugée aussi inopérante techniquement que dangereuse militairement. Le projet sera finalement enterré après l'élection de George Bush à la Maison-Blanche à la fin de 1988.

Reagan n'en a cure. Certains de ses conseillers paraissent farouchement convaincus de l'effet de leur futur « bouclier antimissiles » à l'horizon des années 2000. Dans le plus grand secret, les militaires américains, qui mettent au point une flotte de bombardiers furtifs, envisagent également de rendre leurs futurs lasers spatiaux totalement indétectables ! Le secrétaire à la Défense, Caspar Weinberger, lui, reste sceptique. Le Pentagone finira par reconnaître, *mezzo voce*, que 20 à 25 % des missiles soviétiques pourraient passer au travers des mailles du système de défense...

En réalité, la « guerre des étoiles » est d'abord une carte maîtresse dans le jeu de poker menteur avec l'URSS. Une opération de bluff de grande ampleur. Les Américains n'ignorent pas, grâce à Farewell, que les Soviétiques ont déjà lancé secrètement un programme du même type. Le projet de l'IDS doit impressionner ces derniers par son ampleur, voire les forcer à abandonner la partie faute de moyens suffisants. « Reagan était conscient que les Soviétiques ne pouvaient rivaliser avec lui dans ce domaine, parce qu'il savait que leur industrie électronique avait été préalablement infectée de bugs, de virus informatiques et d'autres chevaux de Troie par ses propres services de renseignement[2] », révélera Thomas Reed, l'un des experts du Pentagone en charge de ce projet. Robert McFarlane, nouveau conseiller à la Sécurité nationale de Reagan, parlera, lui, de l'IDS comme d'« une des plus grandes arnaques de l'histoire[3] ». L'essentiel est de faire pression sur les dirigeants soviétiques, incapables de suivre une telle course aux armements sans y sacrifier une économie déjà exsangue. La manœuvre fonctionnera puisque les Soviétiques, redoutant l'IDS, reviendront à la table des discussions sur le

---
1. Rapporté dans Hubert Védrine, *Les Mondes de François Mitterrand, op. cit.*, p. 359.
2. Thomas Reed, *At the Abyss, op. cit.*, p. 270.
3. Rapporté dans Frances FitzGerald, *Way Out There in the Blue. Reagan, Star Wars and the End of the Cold War*, Touchstone, 2000, p. 195.

désarmement à partir de 1985. « Les nouvelles technologies ont servi de levier pour entamer des négociations[1] », avouera alors McFarlane à Mitterrand.

Mitterrand expulse quarante-sept faux diplomates soviétiques

Lorsqu'il se rend pour la première fois aux États-Unis en avril 1983, le nouveau patron de la DST, Yves Bonnet, est impressionné par l'accueil qui lui est réservé. Grâce à Farewell, son service a énormément gagné en prestige auprès de la CIA. Au siège de celle-ci, à Langley, en Virginie, les huiles de l'agence lui présentent des synthèses très pointues des documents de Vetrov, qui ont d'ailleurs été envoyées secrètement au Congrès plusieurs mois auparavant[2]. « La CIA avait fait un boulot remarquable, se souvient Yves Bonnet. De notre côté, sans avoir les mêmes moyens, nous avions traduit l'essentiel des 2 997 documents. Cette opération nous permettait d'échanger en confiance avec la CIA. Mais nous fûmes parfois un peu agacés de voir que les Américains s'appropriaient la paternité de l'affaire en transmettant, sans nous prévenir, une partie des informations sensibles aux autorités des pays concernés, dont l'Allemagne ou la Grande-Bretagne. Lorsque nous avons expliqué à ces derniers que toutes les informations venaient à l'origine de la DST, ils avaient du mal à nous croire[3] ! »

Malgré cette pointe d'amertume, la DST s'active pour contrer les Soviétiques. Ses responsables sensibilisent les armées et les grandes entreprises françaises au risque d'infiltration et de pillage

---

1. Entretien entre François Mitterrand et Robert McFarlane, conseiller du président Reagan, 11 janvier 1985, archives de la présidence de la République, 5AG4 CD74, Archives nationales. Informé des conversations américano-soviétiques, Mitterrand dira au secrétaire d'État américain George Shultz à la fin de 1986 : « Il me semble que l'IDS, qui avait à l'origine un objectif de défense militaire, est devenue, de plus en plus, un argument diplomatique. » George Shultz acquiescera : « En effet, et cet argument a déjà servi. [...] On peut donc dire, d'une certaine façon, que l'IDS a déjà été déployée... » Entretien entre François Mitterrand et George Shultz, 7 novembre 1986, archives de la présidence de la République, 5AG4 CD74, Archives nationales.
2. Quelques mois plus tôt, en mai 1982, la Maison-Blanche a transmis à l'une des sous-commissions du Sénat une première synthèse des documents Farewell dans une note secrète intitulée *Soviet Acquisition of Western Technology*.
3. Entretien d'Yves Bonnet avec l'auteur, 7 février 2010.

technologique. Ils multiplient les voyages pour alerter les autorités d'une quinzaine de pays (de la Belgique au Japon) à propos des cas d'espionnage révélés par les documents Vetrov. La liste des deux cent vingt-deux agents de la « ligne X » ayant opéré à l'étranger est exploitée de manière indirecte. La plupart d'entre eux étant repartis en Union soviétique, la DST leur écrit des centaines de fausses lettres équivoques, envoyées depuis leur ancien pays de résidence, afin de les griller chez eux. Des cartes postales sont ainsi expédiées d'Helsinki, de Rome ou de Bonn. « Cette manœuvre de désinformation a dû semer un peu de trouble, mais nous n'avons pas pu en mesurer l'impact réel[1] », commente Yves Bonnet.

Par ailleurs, d'autres opérations d'intoxication sont montées avec la collaboration de la CIA. L'une d'elles porte sur des recherches, supposées encourageantes, en matière de rayonnement laser à base d'osmium, un métal rare. Plusieurs articles scientifiques téléguidés vantent ses mérites présumés, tandis que les États-Unis procèdent à des achats d'osmium. Intrigué, le KGB pense voir là une future technologie militaire prometteuse et mobilise ses agents à l'étranger[2]. Il tombe dans le piège.

À côté de cette guerre secrète, la France prend une décision plus politique. Après avoir découvert en janvier 1983 que les messages échangés entre l'ambassade de France à Moscou et le Quai d'Orsay étaient lus par les Soviétiques grâce à des mouchards placés sur les machines à chiffrer, François Mitterrand se met en colère. À la fin du mois de mars, il ordonne l'expulsion de quarante-sept « diplomates » soviétiques en poste à Paris, comme le lui avait suggéré le patron de la DST lors d'un tête-à-tête à l'Élysée. Choisis parmi cent soixante noms sur la base de renseignements de la DST, les diplomates sont suspectés d'être des officiers actifs du KGB et des renseignements militaires (GRU) en charge de l'espionnage technologique. Au total, plus de cent « diplomates » de l'URSS seront expulsés de vingt-cinq pays occidentaux qui suivront l'exemple français. Seuls les États-Unis refuseront de prendre de telles mesures drastiques.

Lorsque le ministre-conseiller d'URSS en poste à Paris, Nicolaï Afanassievski, est convoqué au Quai d'Orsay, le lundi 28 mars 1983 dans la soirée, pour se voir signifier cette décision réga-

---

1. *Ibid.*
2. Rapporté dans Général Jean Guyaux, *L'Espion des sciences. Les arcanes et les arnaques scientifiques du contre-espionnage*, Flammarion, 2002, p. 133.

lienne, François Scheer, le directeur de cabinet du ministre français des Relations extérieures, lui présente un document soviétique – le bilan de la Commission de l'industrie militaire pour l'année 1979 – qui établit l'ampleur des activités d'espionnage organisées depuis Moscou. Une manière de montrer que la France a des preuves et qu'il est inutile de nier. Moscou, d'ailleurs, ne bronchera guère, admettant *de facto* son humiliation. Les espions du KGB sont priés de quitter le territoire français le 5 avril à bord d'un avion de l'Aeroflot. L'affaire devait rester secrète, mais le *New York Times* la révèle dès le 4, provoquant une certaine irritation à Paris. Apprenant la nouvelle de cette expulsion, Vetrov, toujours emprisonné au camp d'Irkoutsk pour son affaire criminelle, exprime sa colère contre les Français. « Ah, ces connards, ils m'ont grillé[1] ! » lâche-t-il devant l'un de ses compagnons de cellule, qui le rapporte aussitôt aux autorités.

La remarque confirme les soupçons grandissants du KGB à son encontre. La décision française a accentué la paranoïa au sein des services de renseignement à propos d'une possible taupe. Le document exhibé à Paris n'ayant été distribué qu'à quelques exemplaires au sein du pouvoir soviétique, la liste des destinataires resserre les mailles du filet autour des suspects. Par ailleurs, l'un des documents rédigés par Vetrov, transmis à des pays alliés, atterrit entre les mains des autorités soviétiques. Une analyse graphologique confirme que son auteur est le prisonnier d'Irkoutsk, lequel tente imprudemment, en juin 1983, d'envoyer une lettre à son épouse Svetlana, lui expliquant qu'elle devrait s'adresser aux Français pour qu'ils l'aident[2].

Une enquête judiciaire, officiellement lancée en août 1983, le confond. Ramené de Sibérie, Vetrov est longuement interrogé. Il n'a guère d'autre choix que de passer aux aveux. Dans une confession fleuve de soixante pages, datée du 24 septembre 1983, il reconnaît sa « trahison » au profit des Français, sans exprimer le moindre remords pour les dommages causés au KGB. Pour se venger, les services de renseignement soviétiques tenteront, sans succès, de faire croire à l'Élysée que plusieurs personnalités françaises, dont un proche du ministre de la Défense, sont des agents de l'Est. La DST établira qu'il s'agit de pures intoxications[3].

---

1. Rapporté dans Sergueï Kostine et Éric Raynaud, *Adieu Farewell, op. cit.*, p. 332.
2. *Ibid.*, p. 337.
3. Rapporté dans Claude Faure, *Aux services de la République, du BCRA à la DGSE*, Fayard, 2004, p. 500.

Enfermé à la prison de Lefortovo, à Moscou, Vetrov attend de longs mois son jugement, sans illusions. En décembre 1984, il est condamné à mort par la chambre militaire de la Cour suprême de l'URSS. La sentence est exécutée le 23 janvier 1985, probablement d'une balle dans la tête. Selon Vitali Yourtchenko, un transfuge du KGB longuement interrogé par la CIA à la fin de 1985, Vetrov « est allé à la mort avec un seul regret : n'avoir pas pu causer davantage de dégâts au KGB, en servant la France[1] ».

Quelques semaines plus tard, l'affaire Farewell fait la une du *Monde*, qui publie une copie d'un des documents soviétiques. Le directeur de la DST, Yves Bonnet, a communiqué des informations au quotidien. Le président Mitterrand n'apprécie guère ces fuites, qui ont pourtant été organisées avec les feux verts du ministère de l'Intérieur. Sermonné, Bonnet fait l'objet d'une véritable campagne d'accusations de la part de son ancien mentor de l'Élysée, Gilles Ménage, directeur adjoint du cabinet du président. Celui-ci l'accuse, sans preuves, d'avoir été manipulé par la CIA dans toute cette histoire[2]. Yves Bonnet sera forcé de démissionner en juillet 1985. Au fil des années, Mitterrand, influencé par Ménage et d'autres conseillers, exprimera de plus en plus de doutes sur l'origine de l'affaire Farewell, se demandant si les informations ne venaient pas des États-Unis, qui auraient voulu « tester la France socialiste » et son président[3].

En réalité, ces interrogations n'ont pas de fondement sérieux : la chronologie des faits, le dévouement de Vetrov, le travail minutieux des agents traitants, l'analyse des documents et les témoignages des acteurs de cette affaire démontrent que les Français ont été à l'origine de la plus grande affaire d'espionnage du siècle, qui leur a ensuite permis, avec les Américains, de prendre les Soviétiques à leur propre jeu. Et pour preuve de la reconnaissance des États-Unis, le vice-président George Bush se rend à Paris, le 2 juillet 1985, pour demander l'aval de François Mitterrand à la publication d'un « Livre blanc » de la CIA sur « les acquisitions

---

1. Témoignage de Vitali Yourtchenko devant la CIA, rapporté dans une note de la CIA adressée à la DST en octobre 1985 et révélée dans Serguéï Kostine et Éric Raynaud, *Adieu Farewell, op. cit.*, p. 368-369.
2. Voir le témoignage d'Yves Bonnet dans son livre *Contre-espionnage. Mémoires d'un patron de la DST*, Calmann-Lévy, 2000, p. 244 sq., et la thèse de Gilles Ménage dans *L'Œil du pouvoir*, t. 1 : *Les affaires de l'État, 1981-1986*, Fayard, 1999, p. 326 sq.
3. Entretien de février 1989, rapporté dans Pierre Favier et Michel Martin-Roland, *La Décennie Mitterrand*, t. 1, *op. cit.*, p. 112.

soviétiques de technologies militaires occidentales significatives », rédigé à partir des papiers de Vetrov. L'Élysée approuve la diffusion de ce document d'alerte, qui sera tiré à cinquante mille exemplaires et distribué dans le monde entier par la CIA, le département d'État et le Pentagone[1]. Il est vrai que ce « Livre blanc » ne mentionne pas que la source des renseignements est française... La CIA aime toujours tirer la couverture à elle !

Les soupçons rétrospectifs de François Mitterrand sont surtout révélateurs de sa méfiance à l'égard des services, qu'ils soient américains ou français. Mais ils sont paradoxaux, car Mitterrand s'est bien servi de Farewell en juillet 1981 comme d'un gage donné aux Américains. Grâce à cette taupe, il a définitivement acquis la respectabilité à la Maison-Blanche.

---

1. *Soviet Acquisitions of Military Significant Western Technology*, septembre 1985, archives du département de la Défense. Rapporté aussi par Robert Gates, ancien numéro un de la CIA, dans *From the Shadows*, Simon & Schuster, 1996, p. 359. Côté français, le secrétariat général de la défense nationale élabore en juillet 1985 un document de synthèse qui recoupe celui de la CIA.

Chapitre 3

« Cher François... Cher Ron... »

Le froid et le chaud. Entre les deux rives de l'Atlantique l'alternance des courants est dans l'ordre des choses. Depuis l'arrivée du général de Gaulle au pouvoir en 1958, le climat des relations franco-américaines n'a cessé d'être soumis à de brusques variations de température. La tentation hégémonique permanente des États-Unis froisse souvent la susceptibilité française, toujours à fleur de peau. En dépit d'un lent réchauffement, initié sous Pompidou et confirmé sous Giscard d'Estaing, les discordes finissent par ressurgir.

L'élection de François Mitterrand en mai 1981 n'a pas changé la donne. La suspicion américaine initiale a d'abord laissé place, à la fin de 1981, à une étonnante « lune de miel », renforcée par la collaboration autour de l'affaire Farewell. « Dans l'ensemble, les positions de Mitterrand sont tout à fait compatibles avec la plupart de nos intérêts majeurs[1] », se sont félicités les conseillers de la Maison-Blanche après une conférence de presse du président français, le 24 septembre 1981. Les courriers échangés entre Mitterrand et Reagan, plus fréquents qu'on ne l'imagine, témoignent de cette proximité paradoxale. « Ron » s'adresse régulièrement à « François » pour exprimer ses vues. La méthode peut paraître désuète à l'heure du téléphone et des avions supersoniques. Elle n'en demeure pas moins révélatrice du soin apporté de part et d'autre à cultiver une relation personnelle. Quand la météo vire aux bourrasques, courant 1982, cette voie de communication demeure ouverte. Les présidents s'écrivent toujours, étalant alors

---

1. Mitterrand s'est pourtant exprimé sur son programme économique, qui est peu du goût des Américains, et sur le rôle de la France (avec une tonalité très « gaulliste »), mais ses positions sur l'URSS et l'Alliance atlantique plaisent à Washington. *Mitterrand's September 24 Press Conference*, mémorandum de Richard Allen au président Ronald Reagan, 29 septembre 1981, Reagan Library.

cordialement leurs disputes, avant de se réconcilier un peu plus tard.

Des griefs nombreux mais un accord de fond sur l'URSS

L'année 1982 voit en effet se multiplier les contentieux transatlantiques : la Pologne, le contrat gazier, les crédits à l'exportation, l'Afrique, l'Amérique centrale... Entre Paris et Washington, la fièvre remonte. Dans cette atmosphère tendue, le fastueux sommet de Versailles, au début du mois de juin, est le théâtre d'âpres guérillas. La situation française est auscultée de près : « La popularité personnelle de Mitterrand reste élevée, mais son gouvernement rencontre des difficultés[1] », note, juste avant cette réunion, le secrétaire d'État Alexander Haig, qui recommande à Reagan d'être souple avec son hôte français, mais aussi de soigner ses contacts avec Jacques Chirac. À l'occasion de leur cinquième tête-à-tête en un an, Mitterrand assure à Reagan qu'ils demeurent « amis ce soir, demain et toujours ». Cependant, lors des entretiens du G7, le président français résiste fermement aux pressions de son homologue américain, qui veut toujours déclarer une guerre économique contre le bloc de l'Est. « Les communistes, je sais comment les traiter : c'est moi qui les ai fait chasser du syndicat des acteurs de cinéma dans les années 1950 ! » lâche l'ancienne star de Hollywood. Las de ses refrains, Mitterrand murmure à son Premier ministre, Pierre Mauroy : « Reagan me fatigue[2]. »

Le G7 se solde par une défaite de Washington. Reagan devait apparaître comme un leader « compétent, qui sait où il va » et qui « transpire l'optimisme[3] ». C'est raté. « La confusion a prévalu[4] », admettra un conseiller de la Maison-Blanche en pointant du doigt

---

1. *Your Visit to France, June 2-4*, mémorandum du secrétaire d'État, Alexander Haig, au président Ronald Reagan, juin 1982, département d'État, Reagan Library. Reagan rencontre Jacques Chirac à la Mairie de Paris le 3 juin 1982.
2. Rapporté dans Roland Dumas, *Affaires étrangères, 1981-1988*, op. cit., p. 83-85.
3. *Priorities and Possibilities for President Reagan at Versailles Economic Summit*, note de Beryl Sprinkel, sous-secrétaire d'État au Trésor, 8 mars 1982, Maison-Blanche, Reagan Library.
4. *Summits*, mémorandum de Henry Nau à Robert McFarlane, Conseil de sécurité nationale, 20 août 1983, Reagan Library.

une mauvaise coordination. Les règlements de comptes font rage au sein de l'administration américaine. Juste après cette réunion de Versailles, le 18 juin 1982, le clan des « faucons » convainc finalement Reagan d'imposer de manière unilatérale un embargo sur toutes les sociétés occidentales qui doivent fournir des équipements pour le gazoduc euro-sibérien. En voulant punir l'URSS pour la loi martiale imposée en Pologne, les États-Unis sanctionnent d'abord les entreprises européennes.

Ces décisions provoquent la démission du général Alexander Haig de son poste de secrétaire d'État, et un tollé dans les capitales du Vieux Continent. Elles sont jugées « contraignantes, vexatoires, injustes et dangereuses » par Mitterrand. Le gouvernement français annonce que les contrats signés pour construire le gazoduc euro-sibérien seront bien exécutés. À la fin de juillet, le ministre des Relations extérieures, Claude Cheysson, évoque sur Antenne 2 le « divorce progressif entre les Américains et les Européens ». « Nous ne parlons plus le même langage, dit-il. Il y a une incompréhension remarquable. Ils sont totalement indifférents à nos problèmes[1]. » De plus, durant l'été, la CIA rapporte que les Français aideraient à nouveau le gouvernement sandiniste du Nicaragua, avec des crédits et la livraison d'hélicoptères. L'agence y voit le signe du « mécontentement de Mitterrand au sujet des sanctions américaines concernant le gazoduc soviétique[2] ». L'un de ses analystes fustige le caractère « non coopératif » du gouvernement français sur de nombreux sujets, dont celui du contrôle du commerce avec les pays de l'Est. « Il est assez ironique de constater que l'Alliance est si divisée, au moment même ou le bloc soviétique est dans une situation économique alarmante[3]. »

Le climat est donc glacial. Le 19 octobre 1982, Reagan exprime par écrit à Mitterrand sa « peine » devant les « désaccords malheureux » qui se sont accumulés depuis quelques mois. Il les attribue d'abord à de l'« incompréhension », à moins, avance-t-il, que le consensus entre alliés ne se soit tout

---

1. *Cheysson Denies Planning Washington Visit*, télégramme de l'ambassade des États-Unis, 22 juillet 1982, Reagan Library.
2. *NSPG Re Central America*, 13 juillet 1982, note de la CIA, archives de la CIA.
3. *NSC Meeting on Issues of US-West European Relations*, mémorandum pour le directeur central du renseignement, 15 juillet 1982, CIA, archives de la CIA. Les discussions sur les restrictions de crédit à l'URSS ont donné lieu à plusieurs lettres entre Reagan et Mitterrand, de mars à juillet 1982.

simplement « dissipé ». « Les relations franco-américaines sont trop importantes pour qu'on les laisse se dégrader davantage sans un dialogue nourri entre vous et moi[1] », ajoute le président américain, qui envoie immédiatement son conseiller et « ami intime » William Clark effectuer une visite éclair en Europe.

Afin d'aider Clark, les experts de la Maison-Blanche tentent d'analyser l'hostilité française. Avec une bonne dose de préjugés : « Les Français ont une fâcheuse tendance à "être Français", à jouer des thèmes gaullistes bien connus, à faire comme si la supériorité de leurs idées était évidente, bref à être profondément énervants, résume l'un des conseillers. Ce sentiment de supériorité peut masquer une profonde insécurité à l'égard des États-Unis. C'est peut-être le cas avec Mitterrand, arrivé au pouvoir avec des racines très provinciales. Il lui manque cette culture cosmopolite et cette aura internationale que possédait Giscard[2]. »

Provincial ! Le mot est presque péjoratif. En l'occurrence, la Maison-Blanche évalue mal le tempérament du président français. Lorsqu'il rencontre secrètement François Mitterrand à l'Élysée, le 27 octobre 1982, en fin d'après-midi, William Clark tente de se montrer persuasif : on lui a conseillé d'user tour à tour de la complicité, de la flatterie, du bon sens, de la franche hostilité, voire de menacer de mettre fin à la coopération nucléaire bilatérale. Las ! Face à un président plus habile que jamais, l'émissaire de Reagan s'escrime en vain. « Mitterrand a été spectaculaire, résume l'ambassadeur américain Evan Galbraith, qui rend compte de cette entrevue. Plusieurs fois il a plaidé l'innocence, notamment lorsqu'il a fait peu de cas de nos divergences sur l'Amérique latine. […] Il a manié un humour calculé, souriant souvent. Il a démonté toutes nos explications et nos chiffres avec facilité[3]. » Pis : si Mitterrand a promis d'adoucir ses critiques publiques contre Washington, il a qualifié, devant Clark, l'embargo américain non pas

---

1. Lettre de Ronald Reagan à François Mitterrand, 19 octobre 1982, Maison-Blanche, Reagan Library.
2. *Observations on US-French Relations*, mémorandum de Donald Fortier pour William Clark, 25 octobre 1982, Maison-Blanche, Reagan Library.
3. *Meeting with President Mitterrand of France*, mémorandum de l'entretien entre William Clark, assistant du président pour les affaires de sécurité nationale (accompagné de l'ambassadeur Evan Galbraith), et le président François Mitterrand (accompagné de son conseiller Jacques Attali), 27 octobre 1982, Maison-Blanche, Reagan Library.

d'« impérialisme », mais d'« hégémonie » et d'« atteinte à la souveraineté »...

De toute façon, le président français ne croit pas à une amélioration de la situation en Pologne, quelles que soient les sanctions occidentales. « Rien ne se passera. C'est la nature du communisme de ne rien autoriser. Si nécessaire, ils réagiront brutalement, mais il est impossible pour eux de laisser la société se libéraliser. La situation ne peut qu'empirer[1]. »

La mission de Clark échoue. Devant l'opposition réitérée de Paris, Londres, Rome et Bonn, Washington cède du terrain. Ni les tentatives de négociation avec les ministres européens sur l'aménagement des sanctions, ni les allégations de la CIA à propos de l'emploi de prisonniers du goulag sur le chantier du gazoduc ne portent leurs fruits.

Le 13 novembre 1982, l'administration américaine lève l'embargo qu'elle impose depuis juin aux entreprises travaillant sur le contrat de gazoduc avec l'URSS, tout en évoquant un « accord » et des consultations avec ses alliés sur les achats de gaz et la politique de crédits. Dans un courrier adressé la veille à son « cher François », « Ron » tente de ménager l'avenir : « Je suis sûr que les politiques communes que nous allons mettre en place auront plus d'effets sur le comportement agressif de l'Union soviétique que les mesures unilatérales que nous avons été amenés à prendre depuis un an[2]. »

Mitterrand continue de tempêter contre la suprématie revendiquée par Washington et sa volonté de tout régenter. Le 20 novembre, dans une longue réponse à son « cher ami » Ronald Reagan, le président français se félicite de la suspension des sanctions. Il encense, naturellement, « la profondeur de la sympathie qui a porté nos deux peuples l'un vers l'autre depuis plus de deux siècles ». Il redit également l'« extrême importance » qu'il accorde à la participation des deux pays à la « même alliance militaire défensive, dans le respect de la souveraineté de chacun ». Néanmoins, Mitterrand réaffirme fermement ses positions sur le commerce Est-Ouest. « Chacun d'entre nous, Monsieur le Président, est bien conscient de la prudence que requiert la conduite des relations avec les pays de l'Est. Chacun d'entre nous est bien conscient de ses intérêts

---

1. *Ibid.*
2. Lettre de Ronald Reagan à François Mitterrand, 12 novembre 1982, Maison-Blanche, Reagan Library.

nationaux à cet égard, dont il est le meilleur juge et le premier garant dans le respect des procédures de concertation existantes. Notre intérêt commun, en tant que pays membres de la même Alliance, me semble être que celle-ci puise ses forces dans notre diversité[1]. »

Les choses sont exprimées franchement. La Maison-Blanche a beau tenter de croire au ton « conciliant » de la missive élyséenne, le département d'État relève qu'elle est « alourdie par le classique verbiage français sur la souveraineté nationale et l'indépendance[2] ». Avant une rencontre entre Mitterrand et le nouveau secrétaire d'État, George Shultz, en visite à Paris le 14 décembre 1982, le conseiller Hubert Védrine résume le climat ambiant : « Nos critiques ont été centrées sur notre refus de voir les États-Unis imposer leur loi, que ce soit celle du dollar ou celle de l'intégration stratégique ou économique tous azimuts, fût-ce sous couvert de l'intérêt de l'Occident. »

L'administration Reagan a accumulé à l'égard de la France une longue liste de griefs, énumérés par Védrine dans la même note :

« La présence des ministres communistes au gouvernement, les nationalisations, la déclaration franco-mexicaine sur le Salvador, la vente d'armes au Nicaragua, l'accord sur le gaz avec l'URSS, certains contrats avec l'URSS, les déclarations de la France sur le rôle du dollar, notre refus d'interpréter [le sommet des 7 à] Versailles dans le sens américain, notre refus d'être partie au faux "accord" de Washington, le rôle de Michel Jobert lors de la réunion du GATT à Genève ; mais aussi la prise de participation d'Elf-Aquitaine dans Texas Gulf, votre discours de Mexico, nos relations avec la Libye, Régis Debray, un éventuel voyage de Castro en France, les attentats contre des diplomates américains[3], certains votes ou certaines initiatives à l'ONU sur le règlement du conflit au Proche-Orient, le vote de la convention sur le droit de la mer, une déclaration de Claude Cheysson sur la Namibie, le discours de Jack Lang à Mexico, le protectionnisme prêté à la

---

1. Lettre de François Mitterrand à Ronald Reagan, 20 novembre 1982, citée dans Hubert Védrine, *Les Mondes de François Mitterrand*, *op. cit.*, p. 225-227.
2. *Response to President Mitterrand's Letter of November 20*, mémorandum de Paul Bremer, secrétaire exécutif, département d'État, à William Clark, Maison-Blanche, Reagan Library.
3. Le colonel Charles Ray, attaché militaire adjoint à l'ambassade des États-Unis à Paris, a été assassiné à Paris le 18 janvier 1982.

France, l'activité de "meneur" (sous-entendu antiaméricain) de la France dans la Communauté. »

Et encore Hubert Védrine précise-t-il que cette « liste hétéroclite n'est certainement pas exhaustive » ! Le conseiller diplomatique ajoute : « Les fondements de la position française n'ont pas été compris des dirigeants américains et, en tout cas, n'ont pas modifié leur comportement. » Heureusement, tempère-t-il, « nous sommes d'accord sur l'essentiel : une alliance militaire défensive dans l'Atlantique Nord, à laquelle nous apportons une contribution déterminante ; pour le reste, des différences d'intérêts nationaux ne sont pas étonnantes, traitons-en loyalement[1] ».

Durant son entretien avec George Shultz, le président Mitterrand prend d'ailleurs un malin plaisir à rappeler les gages de loyauté donnés à Washington, dont l'affaire Farewell : « Nous n'avons aucune difficulté avec votre pays. Nous ouvrons nos ports aux sous-marins américains, ce qui était refusé par mes prédécesseurs. Nous acceptons, dans certaines conditions, le survol du territoire national, sans exiger aucune taxe, ce que faisaient mes prédécesseurs. Nous avons également échangé des renseignements, comme vous le savez, avec votre prédécesseur, le général Haig. Et nous avons pu informer les États-Unis de cas très importants, les plus importants depuis la guerre[2]. »

Face à lui, le secrétaire d'État ne peut lui donner tort. D'ailleurs, William Casey, le directeur de la CIA, n'est pas très inquiet. Fin octobre, il a, lui aussi, inventorié les divergences franco-américaines, sans omettre les points d'accord possibles : « Mitterrand partage nos doutes sur les intentions soviétiques. Il est inquiet de l'appareil militaire soviétique et craint que son influence croissante sur le gouvernement ne conduise à une politique étrangère soviétique plus agressive. Le niveau de contact qu'il a établi avec Moscou est plus bas et le ton de son dialogue

---

1. *Votre entretien et votre déjeuner avec M. George Shultz*, note d'Hubert Védrine, conseiller diplomatique, à l'attention du président de la République, 13 décembre 1982, archives de la présidence de la République, 5AG4, CD265, Archives nationales.
2. Allusion transparente au cas Farewell. Entretien entre le président François Mitterrand et le secrétaire d'État américain George Shultz, 14 décembre 1982, archives de la présidence de la République, 5AG4 CD74, Archives nationales. Voir aussi George P. Shultz, *Turmoil and Triumph. My Years as Secretary of State*, Macmillan, 1993, p. 143-144. Cet entretien n'apaise pas la dispute sur le commerce Est-Ouest. Voir *French Perspective on E-W Trade Studies*, mémorandum de Henry Nau à William Clark, Conseil de sécurité nationale, Maison-Blanche, 18 décembre 1982, Reagan Library.

plus dur que sous Giscard, Pompidou ou de Gaulle. Il peut probablement se rapprocher de nos vues sur :
• le besoin de coopérer afin de promouvoir la stabilité et de limiter l'influence soviétique, en Afrique en particulier et dans le tiers-monde en général ;
• le besoin pour l'Occident de maintenir des dépenses militaires et d'améliorer ses forces de frappe nucléaires ;
• le besoin de préparer l'implantation des missiles Pershing en Europe de l'Ouest ;
• le besoin de combattre les tendances pacifistes et neutralistes en Europe de l'Ouest[1]. »

« Laissez-moi vous dire mon admiration pour votre discours au Bundestag »

Mitterrand démontre, une fois de plus, que cette analyse est fondée. Le 20 janvier 1983, fidèle à sa conception d'un équilibre des forces militaires entre l'Est et l'Ouest, le président français se prononce devant le Bundestag allemand en faveur d'un déploiement, à titre dissuasif, des euromissiles Pershing face aux SS20 soviétiques si des négociations américano-soviétiques menées à Genève n'aboutissent pas à la fin de 1983. « Le maintien de cet équilibre implique à mes yeux que des régions entières d'Europe ne soient pas dépourvues de parade face à des armes nucléaires dirigées contre elles[2]. »
Ce texte, rédigé au cours de la nuit par ses conseillers et peaufiné jusqu'à la dernière minute de sa main, réaffirme également le principe de l'indépendance absolue de la force de frappe française, que l'URSS souhaiterait intégrer dans les négociations de Genève. « Il a prononcé ce discours non pas par atlantisme, mais

---

1. *Possible Talking Points for Meeting with Mitterrand*, mémorandum du directeur central du renseignement, William Casey (CIA), à William Clark, assistant du président pour les affaires de sécurité nationale, 26 octobre 1982, CIA, archives de la CIA.
2. Discours devant le Bundestag, 20 janvier 1983, cité dans François Mitterrand, *Réflexions sur la politique extérieure de la France*, Fayard, 1986, p. 193. Mitterrand avait exprimé ses doutes quant à l'aboutissement des négociations de Genève au secrétaire d'État George Shultz lors de son entretien du 14 décembre 1982. Les préparatifs du discours du Bundestag sont racontés dans Jacques Attali, *Verbatim*, t. 1, *op. cit.*, p. 384-386, et dans Pierre Favier et Michel Martin-Roland, *La Décennie Mitterrand*, t. 1, p. 316-320.

par patriotisme européen, en répétant de manière spectaculaire ce qu'il avait déjà dit plusieurs fois[1] », estime Hubert Védrine. La clarté de ses propos conforte la position du gouvernement ouest-allemand chrétien-démocrate d'Helmut Kohl face à son opposition sociale-démocrate, à quelques semaines d'élections capitales dans lesquelles la question des Pershing provoque une vive polémique. À rebours de ses amis socialistes, le président français envoie surtout, depuis le Bundestag, un message de fermeté à l'égard de Moscou et de solidarité à l'égard de Washington.

Ronald Reagan ne s'y trompe pas. Dans un télégramme secret envoyé depuis la Maison-Blanche, il écrit :

« Cher François,

Laissez-moi me joindre à tous ceux qui vous ont déjà exprimé leur admiration pour votre discours au Bundestag à l'occasion du vingtième anniversaire du traité d'amitié franco-allemand. Je partage pleinement votre analyse des risques que ferait courir le découplage de la défense de l'Europe de celle des États-Unis. Votre message constitue une contribution importante à nos efforts mutuels visant à renforcer la sécurité occidentale et le besoin de "solidarité et de détermination", bases indispensables des progrès en matière de contrôle des armements. Vos efforts continus en ce domaine sont inestimables. Encore une fois, veuillez accepter mes félicitations.

Sincèrement,

Ron[2]. »

L'enthousiasme du président américain n'est pas feint. Les déclarations de Mitterrand achèvent de persuader l'administration Reagan de son ancrage atlantique. Les deux présidents ont beau diverger sur nombre de dossiers, ils vont former ce que l'historien Frédéric Bozo appellera un « couple improbable dans la nouvelle guerre froide[3] ».

---

1. Entretiens d'Hubert Védrine avec l'auteur, 22 février et 14 juin 2010.
2. Message de Ronald Reagan à François Mitterrand, 26 janvier 1983, Maison-Blanche, Reagan Library ; également dans Roland Dumas, *Affaires étrangères, 1981-1988, op. cit.*, p. 376.
3. Voir Frédéric Bozo, « Les États-Unis, la France et la fin de la guerre froide », dans Renéo Lukic (dir.), *Conflit et coopération dans les relations franco-américaines*, Presses universitaires de Laval, 2009.

Le plan de rigueur de mars 1983 salué par Reagan

Au fil des semaines suivantes, la situation financière de la France se détériore. Le déficit commercial se creuse à vive allure, réanimant la spéculation sur le franc. « La deuxième dévaluation de juin 1982 a démontré à quel point le gouvernement de Mitterrand s'est trompé en essayant de poursuivre son programme de relance économique », ont écrit, quelques mois plus tôt, les analystes de la CIA dans un rapport critique sur la politique économique de la France. Tout en dénonçant les erreurs de la gauche et la bureaucratisation de l'économie, l'agence de renseignement estimait pourtant que rien n'était irrémédiable, puisque les socialistes avaient rejeté l'idée d'une « rupture totale avec le système », qui raviverait l'inflation et isolerait le pays. « Leur acceptation des contraintes extérieures laisse penser qu'ils sont sérieusement attachés à leur engagement de maintenir la France dans la Communauté européenne, de participer au commerce mondial et de préserver une économie mixte[1]. »

La dégradation de la situation durant l'hiver 1983 impose cependant de nouveaux arbitrages. Le débat sur la politique économique est relancé en coulisses. Des conseillers de tous horizons défilent à l'Élysée pour vanter des solutions de secours. Au lendemain des élections municipales de mars 1983, qui marquent un revers pour son gouvernement, le président français tranche définitivement en faveur de mesures drastiques d'austérité pour éviter une sortie du franc du système monétaire européen (SME). Mitterrand choisit le camp de la « rigueur » contre ceux qui prônent un décrochage du SME. Le coup de frein est brutal[2]. Le Premier ministre, Pierre Mauroy, et son ministre de l'Économie, Jacques Delors, qui ont défendu bec et ongles cette position, conservent leur poste, au terme d'une semaine de négociations fébriles.

Ce virage n'échappe pas aux experts de la Maison-Blanche, ravis de voir que le socialiste Mitterrand finit par se plier à une certaine orthodoxie financière. En préambule d'une longue lettre

---

1. *Implications of Mitterrand's Economic Policies*, rapport de la CIA, septembre 1982, avec un mémorandum du directeur de la CIA, William Casey, au secrétaire d'État George Shultz, 8 septembre 1982, archives de la CIA.
2. Le débat interne au gouvernement, entre le 13 et le 25 mars 1983, et le tournant en faveur de la rigueur sont racontés dans Pierre Favier et Michel Martin-Roland, *La Décennie Mitterrand*, t. 1, *op. cit.*, p. 559-592.

datée du 8 avril 1983 et portant sur les préparatifs du prochain sommet des pays industrialisés de Williamsburg, en Virginie, Ronald Reagan félicite une nouvelle fois son homologue pour ces décisions difficiles : « Cher François, j'ai suivi avec intérêt les mesures économiques audacieuses annoncées par votre gouvernement. Il s'agit d'un effort courageux pour assurer à la France une reprise durable sans inflation. Je vous souhaite le meilleur succès et bonne chance pour ces efforts[1] [...]. »

Mitterrand n'est pas encore considéré comme un conservateur par Washington, mais on n'en est pas loin !

De plus, l'expulsion spectaculaire par la France, le 5 avril 1983, de quarante-sept diplomates soviétiques soupçonnés d'espionnage conduit le département d'État américain à recommander de déployer le tapis rouge pour le président français.

Dans une note au conseiller à la Sécurité nationale de la Maison-Blanche, le secrétaire d'État exécutif, Charles Hill, suggère d'inviter François Mitterrand pour une entrevue bilatérale avec Reagan en marge du futur sommet de Williamsburg. Il propose également de le convier pour une visite d'État en grande pompe au début de 1984. « Mitterrand est en poste depuis presque deux ans et il est l'un des rares leaders européens importants à n'avoir pas effectué de visite d'État à Washington. Il est, bien sûr, venu ici deux fois de manière brève, à l'occasion de la visite officielle pour le bicentenaire de la bataille de Yorktown en octobre 1981 et pour une journée de travail en mars 1982. Nous sommes en retard pour une visite d'État, et il en serait, nous a-t-on dit, un peu contrarié. »

À ces motifs protocolaires s'ajoutent, selon le département d'État, des objectifs plus substantiels. « Il y a aussi une raison politique à organiser une telle visite : il s'agit de reconnaître le soutien fort et continu de Mitterrand à la défense de la sécurité occidentale. [...] Les relations franco-américaines fluctuent par épisodes. Nous avons eu une période difficile à l'automne dernier et nous aurons sans aucun doute d'autres désaccords dans les mois qui viennent. Néanmoins, Mitterrand [...] défend la nécessité de l'équilibre des forces en Europe. Indéniablement, les intérêts français motivent les positions de Mitterrand, mais, de notre point de vue, son soutien affiché à nos positions renforce

---

1. Lettre de Ronald Reagan à François Mitterrand, 8 avril 1983, Maison-Blanche, Reagan Library.

notre cause en Europe, particulièrement en Allemagne. Son expulsion de quarante-sept agents soviétiques fut aussi un geste très fort en faveur des intérêts de la sécurité occidentale. » Enfin, le département d'État juge qu'une rencontre avant Williamsburg jetterait les bases d'une « meilleure relation personnelle », laquelle pourrait avoir des retombées positives dès que les contentieux surgiront[1]. Or le diplomate n'a guère d'illusions : les conflits seront au rendez-vous au G7.

Chantage à Williamsburg

Le pronostic se révèle juste. Les préparatifs du sommet des pays les plus industrialisés donnent lieu à de vifs échanges entre les deux rives de l'Atlantique. Le sherpa de Mitterrand, Jacques Attali, craint que le thème du commerce Est-Ouest ne soit, comme aux G7 précédents, à Ottawa et à Versailles, la seule obsession des Américains. Ronald Reagan a en effet évoqué cette question à plusieurs reprises avec François Mitterrand avant leur rencontre. « Il est important que nous nous comprenions bien sur ce sujet et que nous puissions en parler afin d'éviter que cela n'apparaisse, une nouvelle fois, comme un sujet de discorde publique entre nous », écrit-il dans son courrier du 8 avril 1983. La réponse immédiate de l'Élysée est jugée « chaleureuse et détaillée » par la Maison-Blanche. Mais les divergences demeurent[2].

Pressentant la crise, Reagan reprend sa plume. Il promet finalement à Mitterrand de ne pas faire du commerce Est-Ouest le thème prioritaire des discussions à Williamsburg, préférant le confier à des réunions d'experts. « Un préaccord entre nous [sur l'agenda des réunions] garantirait la réussite du sommet[3] », ajoute néanmoins le président américain. Suivant les conseils du département d'État et pour bien marquer l'attention portée au Français,

---

1. *Recommandation that French President Mitterrand Be Invited to Make a Pre-Williamsburg Working Visit to Washington in May 1983 and a State Visit in Early 1984*, mémorandum pour William Clark, Maison-Blanche, de la part de Charles Hill, secrétaire d'État exécutif, 19 avril 1983, Reagan Library.
2. Lettre de Ronald Reagan à François Mitterrand, 8 avril 1983, et *Reply from President Mitterrand*, mémorandum de William Clark pour le président Reagan, 14 avril 1983, Maison-Blanche, Reagan Library.
3. Lettres de Ronald Reagan à François Mitterrand, 8 avril 1983, 23 et 24 avril 1983, Maison-Blanche, Reagan Library.

il convie Mitterrand à une rencontre personnelle juste avant le sommet, puis à une visite d'État au début de 1984. Les lettres sont désormais toujours signées : « Sincèrement, Ron ».

Les soins apportés à ces échanges ne dissipent pas les nuages. Lors de la réunion de Williamsburg, à la fin de mai 1983, François Mitterrand dissimule mal son énervement. La date lui a été imposée. Le cérémonial des rencontres du G7 lui paraît trop lourd, empêchant les échanges directs. Et, sur le fond, il a toujours le sentiment que les Américains veulent imposer leur loi aux autres pays sans aucune concertation. Le commerce Est-Ouest remportant peu de succès, Reagan s'est choisi un autre thème de prédilection, la « sécurité globale ». Il entend faire adopter une déclaration commune des sept dirigeants dans ce domaine, ce qui l'aiderait dans le cadre des négociations menées avec l'URSS à Genève sur les armements stratégiques.

Mitterrand n'est pas d'accord. Même si le leader soviétique, Iouri Andropov, a menacé de déployer de nouvelles fusées SS20 en Europe de l'Est, le Français ne veut pas se laisser entraîner dans ce qui s'apparente à une manœuvre américaine pour avoir la mainmise sur la défense française. À ses yeux, cela équivaudrait à une réintégration déguisée dans le commandement militaire de l'Alliance atlantique. « Si je n'arrête pas ce texte, la France n'aura plus l'arme nucléaire dans dix ans[1] », fulmine Mitterrand juste avant la réunion finale des chefs d'État et de gouvernement, qui se tient dans la bibliothèque de la plantation Carter's Grove, à 9 heures, le 29 mai 1983. Alors que tous ses pairs acceptent le communiqué proposé par Washington, le président français explique froidement son désaccord. La tension s'aggrave. Face à lui, Reagan s'impatiente, tape du poing sur la table, jette ses papiers devant lui. Mitterrand n'en démord pas. Il répète cinq fois de suite ses positions.

La négociation se prolonge durant le déjeuner. Le conseiller de Reagan, William Clark, tance le camp français. Il chuchote à Jacques Attali : « Si vous ne signez pas, ce sera la pire crise depuis la Seconde Guerre mondiale entre la France et les États-Unis, et nous interromprons toute notre coopération nucléaire. » La coopération nucléaire bilatérale, initiée secrètement entre présidents en 1970, est utilisée ouvertement comme un moyen de pression. « C'est un chantage ? demande Attali. – Prenez-le

---

1. Rapporté dans Jacques Attali, *Verbatim*, t. 1, *op. cit.*, p. 455.

comme vous voudrez[1] », réplique Clark. Le sherpa français hésite à faire part de cette menace à Mitterrand, qui risque de quitter les lieux, rouge de colère. Il préfère se rasseoir à ses côtés sans rien lui dire.

Les deux délégations poursuivent leur bras de fer. Le secrétaire d'État, George Shultz, négocie les termes du communiqué final avec François Mitterrand et Margaret Thatcher[2]. Soucieux de ne pas clore la réunion sur un échec, les Américains amendent leur version en fin d'après-midi. Il est toujours question de « sécurité globale et indivisible » du camp occidental, mais le texte précise que les forces nucléaires françaises et britanniques ne sauraient être incluses dans les négociations de Genève sur le désarmement. Mitterrand a obtenu gain de cause à l'arraché. Quitte à apparaître comme le seul à contrer le bulldozer américain.

Reagan à Mitterrand : « Votre rôle a été crucial pour l'Alliance atlantique »

Cette posture ne le dessert pas. Au contraire. Les représailles annoncées sur la coopération nucléaire bilatérale ne sont pas mises à exécution. Une fois passé l'orage de Williamsburg, le climat franco-américain s'améliore au fil des mois. Reagan peut se révéler têtu, mais il n'est pas rancunier. « Je vous remercie de votre franchise[3] », écrit d'ailleurs « Ron » à « François » le 15 juin 1983, en lui renouvelant son invitation pour une prochaine visite d'État. Après une interview où il a donné l'impression de vouloir inclure les arsenaux français et britanniques dans les négociations sur le désarmement, le vice-président George Bush prend soin de s'excuser, au début d'octobre, dans une lettre personnelle à Mitterrand. « Nous ne voulons pas négocier au nom de la France et du Royaume-Uni, répète-t-il. J'apprécie notre relation personnelle et, en tant qu'Américain, je considère notre amitié historique comme un trésor. Quand j'ai entendu dire que mes

---

1. Rapporté dans Jacques Attali, *C'était François Mitterrand*, Fayard, 2006, p. 246-249.
2. George Shultz, *Turmoil and Triumph*, *op. cit.*, p. 356.
3. Lettre de Ronald Reagan à François Mitterrand, 15 juin 1983, Maison-Blanche, Reagan Library.

remarques avaient fait sensation, j'en ai été sérieusement affecté[1]. »

Les événements de la fin de 1983 conduisent l'exécutif des États-Unis à adopter une attitude plus reconnaissante à l'égard du bon « ami » français. Le tir soviétique contre un Boeing 747 de la Korean Airlines au large de l'île de Sakhaline, qui cause la mort de 269 personnes le 1er septembre, entraîne la mise en place coordonnée de mesures de sûreté aérienne. Les attentats meurtriers contre les QG des forces américaines et françaises à Beyrouth, le 23 octobre, soudent les deux pays dans l'épreuve. Fidèle au ton de son discours de janvier au Bundestag, Mitterrand continue également de marteler que le déséquilibre actuel des forces en faveur des SS20 soviétiques demeure un grave danger pour l'Europe. « Les euromissiles sont à l'Est, les pacifistes à l'Ouest », dit-il à Bruxelles à la mi-octobre. La formule fait mouche. Le 24 novembre 1983, le Parlement allemand approuve le futur déploiement des fusées américaines Pershing 2 sur son sol. À Moscou, Andropov, furieux, quitte la table des négociations de Genève. Mais Reagan ne peut que se réjouir du vote allemand soutenu par la France. Le camp occidental tient bon.

« L'Alliance atlantique est plus forte que jamais. Elle a su résister à l'URSS. [...] Votre rôle a été crucial dans cette affaire[2] », s'enthousiasme le président américain en recevant François Mitterrand à la Maison-Blanche, le jeudi 22 mars 1984. Pour cette visite officielle, les Américains ont mis les petits plats dans les grands : escorte de motards toutes sirènes hurlantes, réceptions et dîners d'apparat, discours devant le Congrès, cérémonie au cimetière d'Arlington, conférence de presse télévisée... Après Washington, Mitterrand doit se rendre successivement dans deux villes à majorité démocrate, Atlanta et San Francisco, puis dans l'Illinois, chez le secrétaire d'État à l'Agriculture, avant de

---

1. Lettre du vice-président George Bush à François Mitterrand, 3 octobre 1983, Maison-Blanche, Reagan Library. En septembre, le secrétaire d'État George Shultz avait cru déceler la possibilité d'une évolution des positions britannique et française sur le sujet, mais il avait écrit au président Regan qu'il serait « contre-productif » d'apparaître comme voulant influencer les deux pays. Voir *Possible Evolution in UK and French Views on Inclusion of Their Nuclear Forces in Arms Control*, mémorandum de George Shultz au président Reagan, 19 septembre 1983, Reagan Library.
2. Entretien entre le président Ronald Reagan et le président François Mitterrand, Washington, 22 mars 1984, archives de la présidence de la République, 5AG4 CD74, Archives nationales. Voir aussi Pierre Favier et Michel Martin-Roland, *La Décennie Mitterrand*, t. 2 : *Les épreuves, 1984-1988*, Seuil, 1991, p. 270-275.

faire escale dans la ville industrielle de Pittsburgh et d'achever son voyage à New York. « Les proches de Mitterrand voulaient mieux connaître l'Amérique profonde. Ils étaient un peu fascinés par ce modèle et aussi par Reagan, qui avait un certain charme[1] », commente Jacques Andréani, qui était alors directeur des affaires politiques au ministère des Affaires étrangères. Depuis le périple mouvementé de Georges Pompidou en 1970, c'est la première longue tournée d'un président français aux États-Unis.

Bien qu'il ne parle pas un mot d'anglais et demeure assez hermétique à la culture américaine, François Mitterrand multiplie les amabilités afin de dissiper les préjugés antifrançais de l'opinion publique. Il s'explique dans *Parade*, l'un des suppléments dominicaux de la presse américaine : « Nous aussi, en France, même si le contexte est différent, sommes attelés à une formidable tâche de modernisation. La France n'est pas seulement le pays de la gastronomie. [...] Ce qui nous tient le plus à cœur : la construction d'un monde où chacun pourra faire preuve de l'esprit d'entreprise et de la créativité qui constituent ce que vous appelez l'*esprit pionnier*[2]. » Pour un président socialiste qui a mis en œuvre un programme de nationalisations et de contrôle des prix, l'ode est audacieuse !

Avec Reagan, le climat est chaleureux, presque euphorique. De part et d'autre, les délégations ont pris soin d'oublier les vieilles querelles. Les récentes déclarations radiophoniques de l'ambassadeur américain à Paris, Evan Galbraith, qualifiées d'« inacceptables » par le Premier ministre français, font figure de simples incidents de parcours[3]. À défaut d'amitié personnelle, les deux présidents ont plus de respect mutuel qu'il n'y paraît. Mitterrand est considéré comme un allié coriace mais intelligent, fiable, et

---

1. Entretien de Jacques Andréani avec l'auteur, 25 juin 2009.
2. Rapporté dans Hubert Védrine, *Les Mondes de François Mitterrand, op. cit.*, p. 253-254.
3. Ancien banquier et anticommuniste farouche, Evan Galbraith, ambassadeur des États-Unis en France, s'était déjà fait remarquer en décembre 1981 par des propos sur les communistes français – « agents d'une force extérieure à la France, dirigée par les Russes » –, qui lui avaient valu des remontrances du Quai d'Orsay et la colère de l'Élysée. Le 29 janvier 1984, il a laissé entendre sur RTL que le ministre des Transports, le communiste Charles Fiterman, était un « pauvre Français mal tourné », et que le PCF restait sous la coupe de l'Union soviétique. Ces déclarations ont entraîné la convocation de Galbraith chez le Premier ministre, Pierre Mauroy. Le PCF a demandé, en vain, l'expulsion du diplomate, qui proférera de nouveau des propos maladroits en juillet 1985 et restera en poste jusqu'à la fin de 1985. Voir son ouvrage *Ambassadeur de choc, op. cit.*

incontournable sur la scène européenne aux côtés de la dame de fer Margaret Thatcher. De son côté, Reagan a l'allure d'un idéologue simpliste, mais il est aussi charismatique que malin. « Mitterrand le trouvait chaleureux, sympathique, et moins superficiel que beaucoup ne le pensaient en France, se souvient Hubert Védrine. Il reconnaissait en Reagan un vrai professionnel de la politique. Et cela l'amusait de bien s'entendre paradoxalement avec ce président des États-Unis chef de file de la révolution conservatrice[1] ! » Fort de quelques succès diplomatiques et d'un retour de la croissance, le président américain aborde l'année 1984 avec confiance, sûr de sa réélection en novembre. Lors de ses entretiens avec Mitterrand à Washington, la délégation française est frappée par son côté « modéré, responsable, pragmatique », aux antipodes de son image caricaturale d'extrémiste[2].

Une leçon de psychanalyse sur l'URSS et des histoires drôles

Habile, Reagan demande à Mitterrand quelles sont ses « suggestions » sur l'URSS et ses dirigeants. Car le président américain s'interroge : « L'URSS peut-elle penser que nous sommes une menace pour elle ? Bien sûr, il ne faut pas baisser notre défense, mais peut-être faut-il aussi les rassurer, les convaincre que personne ne leur veut de mal et que nous ne voulons qu'assurer la paix. »
En réponse, Mitterrand livre son analyse sur l'URSS, qui rappelle celle élaborée jadis par le général de Gaulle devant ses homologues américains[3] : « Cher Président, dit-il à Reagan, je ne crois pas au bellicisme russe. Les Russes, depuis Pierre le Grand, ont rarement été agresseurs, même s'ils ont une diplomatie mondiale qui peut laisser penser, parfois, qu'ils sont prêts à aller presque jusqu'à la guerre. Mais, en fait, ils craignent la guerre pour leur pouvoir. Ils n'ont pas l'énergie farouche de Staline, et l'importance de leur armée serait accrue par une guerre. Ils ne veulent pas non plus perdre leurs acquis. Si j'avais à résumer cela d'un trait, je dirais que ce sont des joueurs d'échecs, pas de

---
1. Entretiens d'Hubert Védrine avec l'auteur, 22 février et 14 juin 2010.
2. Rapporté dans Hubert Védrine, *Les Mondes de François Mitterrand, op. cit.*, p. 256.
3. Voir Vincent Nouzille, *Des secrets si bien gardés, op. cit.*, p. 58 et 231-233.

poker ! Ce qui est à craindre, c'est qu'eux croient vraiment que vous pourriez être agresseurs. C'est leur complexe d'encerclement ! »

Pour se faire bien comprendre, Mitterrand se lance même dans une surprenante leçon de psychologie à propos des dirigeants soviétiques. « La psychanalyse nous a enseigné que nous pouvons être marqués par ce qui est arrivé à notre mère au troisième mois de la conception. Eh bien, eux, ils continuent de vivre leur pays au travers de leurs trois premières années [celles de la révolution de 1917]. Je sais bien que vous ne voulez pas les attaquer ! C'est pour cela, d'ailleurs, qu'on ne peut qu'en revenir à la notion d'équilibre qui garantit la paix. » Prudent, le président français estime cependant qu'il faut se garder d'un trop grand optimisme quant à l'idée d'une « guérison » des Soviétiques. Il se place alors dans le registre de l'humour, narrant cette blague à Reagan :

« Je vais vous raconter une histoire qui est celle du fou et de la poule. Un homme, fou, croit qu'il est un grain de blé. Pour le guérir de cette grave affection, il faut l'hospitaliser et, après un long séjour et des soins intensifs, il est guéri. Il y a une petite fête pour sa sortie. Tout le monde est très satisfait. Il sort et, à quelque distance de là, il rencontre un poulet. Le fou, terrifié, recule et revient en courant à l'hôpital. Mais, enfin, lui dit le médecin, vous êtes guéri ! Vous savez bien que vous n'êtes pas un grain de blé ! Et le fou répond : Moi, je le sais bien, mais le poulet, lui, est-il au courant ? » Mitterrand conclut par ce conseil aux Américains : « Faites donc attention à toute provocation. »

Assis face à lui dans le Bureau ovale, le président Reagan partage ces vues. « J'apprécie énormément votre exposé, concède-t-il. Vous dites que les Russes ne veulent pas la guerre. Je suis d'accord. [...] Est-ce qu'ils ne cherchent pas à gagner sans qu'il y ait de grande guerre ? Ils créent de l'agitation à la faveur de situations locales de par le monde. En fait, de tout ce qui fait une superpuissance, ils ont une seule chose, l'armée. Mais ils pourraient devenir une vraie superpuissance s'ils renonçaient à leurs menées agressives et s'ils acceptaient de se joindre à tous les autres pays qui se préoccupent de développement, de croissance économique. Comment les convaincre de renoncer à leurs objectifs, de changer leur vie si lugubre ? »

Mitterrand répond simplement : « Je crois que ce serait une bonne chose d'attirer [le numéro un] Tchernenko à l'extérieur. Ils vivent un peu comme une forteresse. C'est vrai qu'ils ne feront pas la guerre, sauf s'ils ont peur. » Il suggère à Reagan d'envoyer des signes de bonne volonté et de pacifisme aux Soviétiques afin d'exorciser leurs craintes. Mais, selon lui, rien ne bougera vraiment à Moscou avant l'élection présidentielle américaine, à la fin de 1984. Pour l'heure, Mitterrand propose simplement d'adopter la ligne de conduite suivante : « ne rien aggraver ; ne rien céder ; se placer dans une bonne situation psychologique pour le jour certain où le Premier soviétique voudra discuter ».

Ravi de ces conseils, le président américain conclut son échange par une pirouette comique : « Avant de terminer cette séance, je voudrais vous raconter une histoire sur le communisme. Une femme vient voir Brejnev et lui dit : "Tu te rappelles, camarade Brejnev, j'ai couché avec toi." Brejnev répond : "Ah bon, je ne me rappelle pas, mais, au fond, peut-être." La femme : "Est-ce que tu peux faire entrer mon fils à l'université de Moscou ?" Brejnev : "C'est d'accord." La femme : "Est-ce que tu peux me faire avoir un plus grand appartement ?" Brejnev : "C'est d'accord. Mais maintenant, dis-moi où et quand nous avons couché ensemble." La femme : "C'était au dernier congrès du Parti communiste. Nous étions assis côte à côte pendant le discours d'un orateur et nous avons dormi ensemble[1]." »

Le lendemain, les deux présidents se retrouvent pour une deuxième séance d'entretien. Elle s'achève par un échange surréaliste, lui aussi teinté d'humour.

Selon Mitterrand, la presse étrangère exagère les difficultés économiques de la France. « Notre situation intérieure est souvent décrite sans objectivité, c'est parce que nous sommes une démocratie gauloise. On parle d'unité nationale et on se dispute. C'est normal. C'est comme cela depuis deux mille ans. »

Reagan : « C'est vrai, mais il n'y a pas de télévision depuis deux mille ans ! »

Mitterrand : « Vous-même faites un très grand effort d'explication à la télévision. Vous expliquez bien ! »

Reagan : « Je vous remercie. »

---

1. Entretien entre le président Ronald Reagan et le président François Mitterrand, Washington, 22 mars 1984, *op. cit.*

Mitterrand : « Il faut du métier, des convictions solides. Beaucoup n'y parviennent pas ! »

Cet hommage du Français aux talents de communication de l'ancien acteur de Hollywood n'est pas banal[1]...

De retour de ce séjour réussi aux États-Unis, François Mitterrand remercie naturellement son hôte, qui lui répond aussitôt avec ferveur. « Cher François, votre voyage a été un grand succès. [...] Je crois que nos échanges ont solidifié la compréhension mutuelle que nous avons bâtie ces trois dernières années. [...] J'accepte avec grand plaisir votre invitation à participer au quarantième anniversaire du débarquement allié en Normandie le 6 juin prochain[2] [...]. »

Mitterrand : « Je souhaite le succès des causes qui vous inspirent »

Décidément, ces deux présidents-là, si différents qu'ils paraissent, ne se quittent plus ! Ils se retrouvent en Normandie le 6 juin 1984, puis, dans la foulée, au sommet du G7 à Londres. Reagan est averti : « Contrairement aux sommets précédents, nous anticipons moins de désaccords avec les Français, lui écrit son secrétaire d'État avant son voyage. La visite d'État de mars a été un succès majeur pour rapprocher nos vues sur l'Alliance et les thèmes de défense. Les Français ont été moins critiques sur notre politique économique récente, peut-être en partie parce que le gouvernement socialiste a adopté un programme d'austérité pragmatique similaire au nôtre, et qu'il commence à produire des résultats[3]. »

Et quand les deux présidents ne se voient pas, ils se téléphonent ou s'écrivent. Après son premier voyage à Moscou, à la fin de juin 1984, durant lequel il a tenu tête au pâle secrétaire général, Konstantin Tchernenko, et cité le nom du dissident Andreï Sakharov pendant un dîner au Kremlin, Mitterrand est applaudi

---

[1]. Entretien entre le président Ronald Reagan et le président François Mitterrand, Washington, 23 mars 1984, archives de la présidence de la République, 5AG4 CD74, Archives nationales.

[2]. Lettre de Ronald Reagan à François Mitterrand, 20 avril 1984, Maison-Blanche, Reagan Library.

[3]. *Your Meeting with François Mitterrand President of the French Republic*, mémorandum de George Shultz au président Reagan, 18 mai 1984, Reagan Library. Les divergences demeurent sur le Nicaragua que, selon Shultz, les Français regardent « avec des lunettes roses ».

par la Maison-Blanche. « [Il] a fait un boulot de première classe à Moscou en défendant les positions occidentales[1] », se réjouit le conseiller Bob McFarlane. Quelques jours plus tard, le président français détaille par écrit à Reagan ses impressions de voyage. Selon Mitterrand, ses positions fermes sur l'Afghanistan, la Pologne ou les violations des droits de l'homme en URSS n'ont pas empêché le dialogue avec les dirigeants soviétiques. Et ces derniers ne semblent pas avoir d'attitude « négative » à l'encontre de Reagan. « Nous devons continuer de leur parler franchement du caractère inacceptable de leur comportement, tout en insistant sur notre désir de dialogue constructif[2] », en déduit le président américain dans une réponse à son homologue français.

Influencé notamment par Mitterrand, qui prône une nouvelle forme de détente avec l'Est, Reagan opère une lente conversion, de l'affrontement au dialogue, que l'arrivée au pouvoir de Mikhaïl Gorbatchev à Moscou en mars 1985 permettra de conforter[3].

La chaleur des relations franco-américaines s'accentue même lorsque Ronald Reagan est réélu en novembre 1984. Officiellement, la gauche française critique la politique suivie par les États-Unis, tandis que l'opposition de droite se réjouit de cette victoire, qui s'apparente à un « message d'espoir » pour les partisans de la liberté. *Le Figaro Magazine* encense Reagan, « un vrai président », qui « fait le contraire de ce que l'on fait chez nous[4] ». Paradoxalement, à l'Élysée, le président français ne paraît guère affecté par la réélection de son homologue, avec qui il commence à bien s'entendre.

Après son investiture officielle, Mitterrand lui écrit d'ailleurs plusieurs lettres très amicales, dont celle-ci, datée du 13 février 1985 :

« Cher Président, Cher Ron,

Votre prise de fonctions et votre anniversaire m'ont donné l'occasion de vous adresser mes félicitations et mes vœux. Permettez-moi de les renouveler. Faire des vœux pour vous, c'est en faire aussi pour le monde où nous vivons. Je sais la conviction qui vous anime et je souhaite le succès des grandes causes qui vous inspirent.

---
1. *Recommended Telephone Call to François Mitterrand*, mémorandum de Robert McFarlane au président Ronald Reagan, 25 juin 1984, Maison-Blanche, Reagan Library.
2. Lettre de Ronald Reagan à François Mitterrand, 13 juillet 1984, Maison-Blanche, Reagan Library.
3. Sur cette évolution symétrique des politiques étrangères de la France et des États-Unis à l'égard de l'URSS à partir de 1984-1985, voir Frédéric Bozo, « Les États-Unis, la France et la fin de la guerre froide », *op. cit.*
4. « Reagan, un vrai président », *Le Figaro Magazine*, 10 novembre 1984.

Je tiens à vous remercier pour l'accueil que vous-même, vos ministres et vos collaborateurs les plus proches ont réservé à mon ministre des Relations extérieurs [Roland Dumas] lors de son voyage à Washington. Il m'a rendu compte très fidèlement de vos entretiens. Je me suis réjoui de ces premières rencontres qui accroîtront encore, j'en suis sûr, la qualité de nos relations.

Je suis satisfait qu'ait pu être exposée la position française sur votre Initiative de défense spatiale. Les informations qu'il a pu recueillir sur ce sujet me sont précieuses. J'en tiendrai compte dans mon appréciation des problèmes de sécurité qui concernent mon pays.

M. Roland Dumas, lors de son entretien avec M. le secrétaire d'État, a évoqué les grands dossiers des relations internationales. Les négociations de Genève, qui débuteront bientôt, ont fait l'objet d'un examen complet entre eux. Il va sans dire que la France souhaite le plein succès à vos négociateurs. J'ai retenu avec plaisir la volonté de M. Shultz de rester en contact avec M. Dumas, afin de nous tenir informés du déroulement de vos discussions.

Bien d'autres choses encore ont été dites qui mériteraient d'être commentées ici.

Pourquoi ne pas décider de nous rencontrer à cette fin précisément ? Vous serez en Europe en mai. Je vous recevrais avec plaisir à Paris si vous en aviez la possibilité. Je garde pour ma part un souvenir précieux de mon voyage d'État dans votre pays dont, une fois de plus, j'ai senti l'ouverture d'esprit et de cœur pour l'Europe, la France et la paix.

Je vous serais reconnaissant de bien vouloir transmettre à Mme Reagan les amitiés de mon épouse et de moi-même.

Et croyez, cher Président, cher Ron, à l'assurance de mes sentiments les meilleurs et les plus cordiaux. »

Il ajoute cette mention manuscrite, à l'encre bleue : « Avec mon fidèle souvenir, François Mitterrand[1] ».

Désormais, entre « Ron » et « François », le courant passe. Mitterrand gardera d'ailleurs longtemps sur son bureau, à l'Élysée, une photo de Ronald Reagan, symbole d'une secrète affection pour cet étrange cow-boy, si éloigné de sa propre culture politique.

---

1. Lettre de François Mitterrand à Ronald Reagan, 14 février 1985, archives de la présidence de la République, 5AG4 CD265, Archives nationales.

Chapitre 4

Objectif : liquider Kadhafi

« J'ai déjeuné en tête à tête avec Dick Allen, le conseiller spécial du président Reagan. [...] il souhaite que vous-même et M. Reagan réfléchissiez ensemble à de grands projets communs : il m'a parlé de la Libye[1]... »

Au détour d'une note adressée par Jacques Attali à François Mitterrand lors du sommet du G7 à Ottawa, en juillet 1981, un sujet ultraconfidentiel est évoqué. Pour le président Ronald Reagan, il n'a rien d'anecdotique : il s'agit d'une guerre secrète lancée contre la Libye du bouillant colonel Mouammar Kadhafi. Une guerre qui va durer tout au long des années 1980, dans laquelle la France, si elle jouera parfois un rôle direct, refusera cependant de franchir certaines limites. Entre Reagan et Mitterrand, le sujet sera souvent source de tensions.

Aux yeux du président américain, le dictateur de Tripoli, chef de la Jamahiriya libyenne, est un dangereux illuminé, massivement armé par Moscou et inspiré par une étrange idéologie islamiste. Des rumeurs colportées par la CIA lui attribuent une maladie vénérienne incurable, laquelle provoquerait des crises d'hystérie et de dépression. En décembre 1980, Kadhafi a aidé militairement son allié tchadien, le chef coutumier musulman Goukouni Oueddei, à prendre le pouvoir dans son pays, avant d'annoncer un projet de fusion de la Libye et du Tchad. Le leader tchadien évincé, Hissène Habré, a trouvé refuge au Soudan, d'où il prépare sa revanche. À l'instar des capitales africaines et européennes, Washington réclame en vain le retrait des troupes libyennes du Tchad.

Au-delà de cette mainmise sur son voisin du Sud, Kadhafi est suspecté par la CIA de vouloir semer le trouble dans les alentours,

---

1. Note de Jacques Attali, conseiller spécial, pour le président de la République, juillet 1981, archives de la présidence de la République, 5AG4 CD61, Archives nationales.

en Égypte, au Soudan, au Niger, en Mauritanie, en Gambie ou encore en Tunisie. Il est aussi accusé d'aider le terrorisme international en abritant des camps d'entraînement pour les extrémistes palestiniens ou les commandos irlandais de l'IRA. Dès son arrivée à la Maison-Blanche, en janvier 1981, Ronald Reagan a pris le colonel Kadhafi en grippe. Washington est décidé à évincer ce « hors-la-loi » par tous les moyens. « Quoi qu'il essaie de faire, nous nous opposerons à lui[1] » : telle est la ligne dure de l'administration Reagan, prête à recourir à l'action clandestine ou à soutenir des gouvernements de la région, même dictatoriaux, pourvu qu'ils contiennent le colonel.

En mai 1981, Reagan a fait fermer l'ambassade libyenne à Washington. Il a ensuite découvert que d'anciens bérets verts américains avaient été recrutés par les caciques de Kadhafi pour préparer des attentats aux États-Unis et encadrer des mercenaires envoyés au Tchad. Inquiet d'une déstabilisation régionale, le président édicte, le 4 juin 1981, des directives pour contrer l'« aventurisme libyen », notamment en augmentant fortement l'aide économique et militaire aux pays voisins : Égypte, Soudan, Somalie, Tunisie, Maroc. Dans ce contexte, la CIA est notamment chargée d'armer et d'assister techniquement Hissène Habré pour l'aider à reconquérir le Tchad[2].

Mais Reagan est prêt à aller plus loin : en vérité, il veut la peau de Kadhafi. Pour cela, l'appui de la France, toujours influente en Afrique, lui paraît indispensable. Les services secrets français, très actifs contre le régime libyen durant la présidence de Valéry Giscard d'Estaing et déjà présents aux côtés d'Hissène Habré au Soudan, ont été sollicités[3].

---

1. Rapporté dans l'interview de David Zeifel, ancien directeur des affaires nord-africaines au département d'État, 3 septembre 1996, FAOHP.

2. Rapporté notamment dans Bob Woodward, *CIA : guerres secrètes. 1981-1987*, Stock 1987, p. 172.

3. En 1977, une guérilla à la frontière égypto-libyenne a été organisée avec l'aide du SDECE. Le 1er septembre 1979, le colonel Kadhafi a échappé à une tentative d'assassinat à laquelle les services américains, égyptiens et français auraient été mêlés. En janvier 1980, le SDECE a aidé les forces armées tunisiennes à reprendre le contrôle de la ville de Gafsa, attaquée par un commando soutenu par la Libye. En août 1980, dans une garnison de Tobrouk, une mutinerie soutenue secrètement par le SDECE et les Égyptiens a échoué. À la fin d'août 1980, le colonel Alain Gaigneron de Marolles, chef du service du renseignement du SDECE, au centre des manœuvres en Libye, a quitté ses fonctions. Voir Roger Faligot et Pascal Krop, *La Piscine. Les services spéciaux français, 1944-1984*, Seuil, 1985, p. 347-349, et Claude Faure, *Aux Services de la République, du BCRA à la DGSE, op. cit.*, p. 595-597.

Avant de quitter l'Élysée en mai 1981, Giscard a même donné son aval à une opération franco-américaine contre Kadhafi : « Nous préparions ensemble [avec Reagan], avec le président Sadate, une intervention en Libye, confiera-t-il. Le point de départ a été la visite à la Maison-Blanche d'Alexandre de Marenches, le directeur du SDECE, nos services secrets. Ronald Reagan lui a dit plusieurs fois : "J'ai besoin d'une victoire." Nous lui avons répondu : "Vous voulez une victoire : il serait important d'apaiser la Méditerranée[1]." »

Dans le cadre de cette intervention, le dictateur libyen devait être éliminé lors d'un attentat perpétré à Benghazi. Valéry Giscard d'Estaing a mis son successeur François Mitterrand dans la confidence lors de leur passation de pouvoirs, le 21 mai. Devant ses proches, Reagan réitère plusieurs fois son souhait de lancer ce « grand projet commun » avec les Français, un projet d'autant plus urgent que, selon la Maison-Blanche, près de sept mille soldats libyens restent basés au Tchad. D'où l'allusion faite par Richard « Dick » Allen à son homologue Jacques Attali lors du sommet d'Ottawa, le 20 juillet 1981.

Informé au même moment de ce projet, l'un des représentants démocrates au Congrès, Clement Zablocki, proteste auprès du président Reagan. Le magazine *Newsweek*, dans un article daté du 20 juillet 1981 et titré « Un plan pour renverser Kadhafi », évoque un plan d'assassinat du leader libyen, ce qui contraint la Maison-Blanche à démentir[2]. Il est vrai que ce type d'opération est interdit par les lois des États-Unis…

Ces fuites n'affaiblissent pas la résolution de Reagan. Mitterrand refuse cependant de s'associer aux objectifs de son homologue américain. Le président français donne pour consigne au nouveau patron du SDECE, Pierre Marion, d'abandonner ce projet imaginé par ses prédécesseurs[3]. « Lorsque nous sommes arrivés au pouvoir, nous avons eu vent d'entraînements de commandos français du SDECE avec des Arabes, confirme un ancien diplomate

---

1. Interview de Valéry Giscard d'Estaing dans le cadre d'un dossier sur notre ouvrage *Des secrets si bien gardés*, *Le Point*, 2 avril 2009.
2. *Newsweek*, 20 juillet 1981. Rapporté également dans Bob Woodward, *CIA : guerres secrètes*, op. cit., p. 173 ; Geoff Simons, *Libya. The Struggle for Survival*, MacMillan, 1993, p. 327 ; Joseph Stanik, *El Dorado Canyon. Reagan's Undeclared War with Qaddafi*, Naval Institute Press, 2003, p. 41-42.
3. Voir Pierre Marion, *La Mission impossible. À la tête des services secrets*, Calmann-Lévy, 1991, p. 35.

socialiste. C'était une folie de se lancer dans cette opération contre Kadhafi. Liquider un chef d'État étranger constitue un risque démesuré. Pour des raisons de bon sens, Mitterrand a opté pour la prudence. Et il a eu raison[1]... » La méfiance du président français à l'égard du SDECE de Marenches, alliée au réalisme diplomatique, a probablement sauvé la tête du bédouin de Tripoli.

Curieusement, au cours des années suivantes, Mitterrand ménagera toujours le Guide suprême libyen, au grand dam des Américains. Non que le président français cultive un quelconque penchant amical pour Kadhafi, propagateur vibrant d'une révolution panarabe et islamique. Néanmoins, il ne juge pas utile de le supprimer, contrairement à Ronald Reagan. Selon lui, un tel geste, inefficace, attiserait les rancœurs antioccidentales dans la région. Lorsque Reagan décidera, en avril 1986, de bombarder Tripoli pour frapper les centres névralgiques du régime libyen et « tuer Kadhafi », François Mitterrand à l'Élysée et Jacques Chirac à Matignon refuseront que les avions américains, partis d'Angleterre, survolent l'Hexagone, provoquant la colère des responsables du Pentagone et de la Maison-Blanche.

Malgré cette hostilité envers la volonté américaine de décapiter la Libye, Paris cherchera, tout comme Washington, à freiner à sa manière l'expansionnisme de Kadhafi en Afrique, principalement au Tchad, tout au long des années 1980. Car Mitterrand ne supporte pas plus que Reagan que le fougueux colonel sème le désordre hors de ses frontières. La CIA et la DGSE mettront chacune au point quantité d'opérations secrètes et de coups tordus dans la région. Sans jamais cesser de s'épier l'une l'autre ou de se suspecter de noirs desseins concurrents.

Une grande campagne d'intoxication sur le danger libyen

À défaut de soutien français, les Américains se lancent seuls dans la bagarre durant l'été 1981. Le 19 août, lors de manœuvres navales en Méditerranée destinées à tester les réactions de Kadhafi, des chasseurs américains F-14 abattent deux avions militaires libyens qui avaient ouvert le feu au-dessus du golfe de Syrte, une zone maritime internationale revendiquée par Tripoli. Depuis plu-

---

1. Entretien de ce diplomate, qui a requis l'anonymat, avec l'auteur, 2009.

sieurs semaines, les jets de Kadhafi harcelaient la flotte américaine, ce qui a conduit Reagan à donner un ordre de destruction en cas de tirs ennemis[1]. Cet avertissement sans frais provoque des manifestations antiaméricaines en Libye. La tension monte encore d'un cran avec l'assassinat du président égyptien Anouar el-Sadate par des islamistes radicaux lors d'une parade militaire, le 6 octobre 1981. Quelques semaines auparavant, le raïs égyptien avait exprimé à Reagan sa crainte que Kadhafi ne cherche à le renverser pour mettre en place un régime fondamentaliste en Égypte. Sans avoir de preuves formelles d'une implication libyenne dans la mort de Sadate, Reagan y voit plus qu'une coïncidence[2].

Également informé par la CIA de possibles menaces libyennes pesant contre lui, le président des États-Unis se braque un peu plus contre Kadhafi. À la Maison-Blanche, les réunions se succèdent pour élaborer de nouvelles sanctions contre le régime libyen. Selon les rapports de la CIA, des mesures spectaculaires visant à exploiter les « vulnérabilités libyennes », comme un embargo unilatéral sur le pétrole, ne seraient peut-être pas les plus efficaces[3]. Il est vrai que les États-Unis achètent 40 % du brut libyen, ce qui représente une facture de 10 milliards de dollars par an, et que les compagnies pétrolières américaines, Conoco en tête, employant mille quatre cents techniciens sur place, exercent un lobbying intense pour poursuivre leurs affaires. Afin d'éviter des représailles contre les expatriés américains en cas de tensions, il faudrait les faire quitter rapidement la Libye, une tâche compliquée qui alerterait Tripoli.

Le diplomate Robert McFarlane, qui pilote le groupe de travail interagences sur la Libye à la Maison-Blanche, suggère d'abord d'affaiblir Kadhafi sur le plan politique et économique, de renforcer les capacités de défense des États voisins et de se préparer à venir à leur secours. « La stratégie militaire efficace des États-Unis doit être basée sur la dissuasion, mais si cela ne marche pas, il faudra fournir de l'aide aux victimes de l'agression », avance

---

1. Rapporté dans Ronald Reagan, *An American Life*, Simon & Schuster, 1990, p. 289-290. Voir aussi Caspar Weinberger, *Fighting For Peace. Seven Critical Years in the Pentagon*, Grand Central Publishing, 1990, p. 175-180.
2. Rapporté dans Ronald Reagan, *An American Life*, *op. cit.*, p. 290-292. Reagan est d'autant plus enclin à suspecter Kadhafi que ce dernier se félicite publiquement de la mort de Sadate.
3. *Countering the Threat from Libya*, mémorandum de la CIA du 16 octobre 1981, faisant suite à une première réunion du groupe de travail sur la Libye présidé par le diplomate Robert McFarlane, CIA, archives de la CIA.

McFarclane, qui recommande de veiller aux sur-réactions possibles de Kadhafi et de ses alliés soviétiques. Dans le plus grand secret, des plans de bombardement d'objectifs stratégiques en Libye sont également étudiés, au cas où.

Pour faire passer le message dans l'opinion, le conseiller de Reagan propose en outre de lancer un programme « agressif » d'information auprès du Congrès, des médias et des gouvernements de la région, afin d'« exposer les activités de Kadhafi, ses objectifs, son association avec l'Union soviétique et ses ambitions à l'égard des autres États arabes ». Ce programme devrait obligatoirement évoquer les sujets suivants : « l'invasion du Tchad et ses effets ; les attaques en Tunisie ; le soutien aux terroristes en Irlande et aux Philippines ; les complots pour assassiner l'ambassadeur Maxwell Rabb [à Rome] et autres ; l'entraînement libyen des terroristes ; les actions subversives au Niger et en Somalie ; les programmes libyens concernant les missiles et le nucléaire : l'inspiration soviétique du pacte tripartite [signé durant l'été 1981 entre la Libye, le Yémen du Sud et l'Éthiopie][1] ».

Un nouveau rapport interministériel, discuté lors d'une réunion le 25 novembre 1981, va encore plus loin. Selon ce document de travail, Kadhafi a « apparemment ordonné l'assassinat d'officiels américains, de diplomates en Europe ou de personnalités de premier plan voyageant à l'étranger ». La « stratégie de communication » doit mécaniquement conduire les officiels américains à « dramatiser le message sur le danger que représente la Libye pour les intérêts américains et l'ordre international ».

Le rapport suggère donc de forcer le trait, quitte à faire un peu d'intox. Kadhafi dictateur ? Il pourrait être de bon aloi de parler des arrestations et de l'usage de la torture dans son pays, ou de souligner son appui au sanguinaire régime d'Idi Amin Dada en Ouganda. Ses armes ? Les experts conseillent d'affirmer que l'on ne peut empêcher Kadhafi de trouver sur le marché noir des éléments pour fabriquer la première « bombe nucléaire islamique » dont il rêve. Mieux : il n'est pas exclu que « les Soviétiques aient prédisposé des armes sophistiquées en Libye pour servir leurs desseins militaires ». Une manière d'effrayer l'opinion publique américaine en agitant le spectre d'une possible crise internationale, à l'instar de celle provoquée par l'installation des missiles sovié-

---

1. *Countering the Threat from Libya*, mémorandum de Robert McFarlane, conseiller au département d'État, 20 octobre 1981, archives de la CIA.

tiques à Cuba en 1962... Le terrorisme ? Il serait utile de « déclassifier » certaines informations sur les camps d'entraînement, voire d'ajouter que la Libye soutient des groupes comme les Brigades rouges en Italie. Les assassinats ? Le rapport recommande de soutenir que, au cours des trois derniers mois, « Kadhafi a publiquement menacé la vie du président Reagan et envoyé des équipes de tueurs pour viser des ambassadeurs américains en Europe[1] ».

Les manipulations sont grossières, mais difficiles à démentir formellement puisque Kadhafi n'a rien d'un enfant de chœur. Deux décennies plus tard, les mensonges de l'administration Bush sur les présumées armes de destruction massive de l'Irak de Saddam Hussein n'auront rien à envier à cette campagne de diabolisation du leader libyen...

Quoi qu'il en soit, ces recommandations sont suivies d'effets. Une semaine après ces réunions, le 4 décembre 1981, le *New York Times* « révèle » qu'un commando de cinq tueurs à la solde de Kadhafi aurait pénétré sur le territoire des États-Unis pour assassiner le président Reagan, en tirant un missile sur son avion *Air Force One* ou en attaquant sa limousine blindée. Ces rumeurs proviennent d'un « informateur » libyen qui aurait averti la CIA et le FBI. Des mesures de sécurité ont été prises pour protéger le président, déjà victime d'un attentat en mars 1981. Il doit porter en permanence un gilet pare-balles, tout comme plusieurs membres de son administration, également visés. Les démentis de Kadhafi, interviewé en direct sur la chaîne ABC le 6 décembre 1981, ne pèsent pas lourd dans la balance. Pourtant, les médias et les experts du renseignement paraissent divisés sur le sujet, tandis que, au fil des jours, le nom du célèbre terroriste Carlos apparaît de plus en plus souvent comme un possible sicaire.

Rien ne viendra étayer l'hypothèse de cette équipe de tueurs. Mais Reagan, qui prend l'affaire au sérieux, décide, le 10 décembre, d'appeler au retrait des entreprises américaines de Libye et de restreindre l'octroi de visas pour les Libyens. Dans la foulée, il envoie à Kadhafi un message lui prédisant une réponse musclée en cas d'attentat. En exagérant le danger, Washington prépare l'escalade. Durant les semaines qui suivent, des plans militaires secrets sont peaufinés pour détruire les infrastructures du régime s'il reprend ses provocations[2]. La CIA prépare

---
1. *US Policy Toward Libya*, rapport du groupe de travail interagences pour une réunion le 25 novembre 1981 et soumis à amendements, archives de la CIA.
2. Rapporté dans Geoff Simons, *Libya. The Struggle for Survival, op. cit.*, p. 328-329.

parallèlement des opérations de soutien aux opposants à l'intérieur de la Libye, opérations considérées comme potentiellement plus prometteuses. La Maison-Blanche complétera le dispositif en mars 1982 par l'imposition d'un embargo pétrolier contre la Libye[1].

Un soutien massif de la CIA à Hissène Habré pour l'aider à reprendre le pouvoir

À Paris, cette montée en puissance suscite une légitime suspicion. Car l'Élysée ne classe pas Kadhafi parmi les cibles à éliminer de toute urgence. La France tient simplement à ce que les soldats libyens évacuent le Tchad de Goukouni Oueddei. Les présidents des pays africains voisins s'alarment, sur fond de rumeurs, d'une ingérence libyenne croissante à N'Djamena qui pourrait faire tache d'huile. « Tous ou presque s'inquiètent des ambitions de M. Kadhafi. Et tous ou presque attendent de la France qu'elle les en protège[2] », confiera François Mitterrand. En novembre 1981, les pressions diplomatiques conjuguées conduisent finalement la Libye à entamer le retrait de ses dix mille soldats présents au Tchad. Paris s'en félicite et tente d'amadouer Kadhafi. Mitterrand déteste devoir trancher entre les belligérants. Il ménage Oueddei et freine l'aide française au rebelle Habré, réputé sanguinaire[3]. Il est vrai que le guerrier tchadien a fait exécuter, en 1975, un commandant du SDECE, Pierre Galopin, venu négocier la libération d'une otage, l'ethnologue Françoise Claustre, qu'il retenait dans le Tibesti. Dans les milieux militaires français, Habré n'a pas que des amis !

Mais Kadhafi n'est pas homme à se laisser apaiser par des promesses. Son retrait n'est qu'apparent. Ses soldats continuent

---
1. Des projets de plans d'action révisés, notamment militaires, économiques et médiatiques, ont été discutés lors d'une réunion du Conseil de sécurité nationale le 4 février 1982. Voir notamment *Revalidation of Libyan Planning*, mémorandum de Charles Waterman pour le directeur central du renseignement, CIA, 31 janvier 1982 ; *Libya NSC Paper*, 2 février 1982, et *NSC Staff Summary of State Paper for February 4, 1982 NSC Meeting Next Steps on Libya*, Conseil de sécurité nationale, Maison-Blanche, archives de la CIA.
2. François Mitterrand, *Réflexions sur la politique extérieure de la France, op. cit.*, p. 122.
3. Rapportés notamment par Guy Penne, ancien conseiller Afrique à l'Élysée, qui a organisé les contacts entre Mitterrand et Oueddei, voir *Mémoires d'Afrique (1981-1988)*, Guy Penne, entretiens avec Claude Wauthier, Fayard, 1999, p. 300-301. Et aussi *La Mission impossible, op. cit.*, p. 35.

d'occuper, dans le nord du Tchad, la bande d'Aozou, une zone désertique présumée uranifère que la Libye considère comme faisant partie intégrante de son territoire. « Il se confirme qu'une large portion des forces libyennes sur le départ a été redéployée dans la bande d'Aozou[1] », note ainsi la CIA le 16 novembre 1981.

De plus, Kadhafi continue de soutenir secrètement son ami Oueddei, au pouvoir à N'Djamena. Le flottement de Paris n'empêche pas les Américains d'agir[2]. Prenant le relais des services secrets français, de plus en plus bridés, la Maison-Blanche et la CIA décident d'aider massivement les rebelles d'Hissène Habré. Depuis leurs bases du Soudan, ceux-ci multiplient les affrontements contre les forces libyennes et les soldats gouvernementaux de Oueddei. Côté américain, la discrétion est de règle : aucun uniforme de GI ne doit être visible. « Une présence militaire américaine trop grande dans la région pourrait provoquer un déséquilibre. Elle fournirait un sujet de propagande à la Libye », estiment, à la fin de 1981, les experts du Conseil de sécurité nationale. L'un de ses membres, le lieutenant-colonel Oliver North, surveille les livraisons secrètes d'armes à Habré, n'hésitant pas à brusquer les militaires qui attendent prudemment le feu vert du Capitole. « Que le Congrès aille se faire voir ! Envoyez le matériel au plus vite[3] ! » ordonne le fougueux North.

La CIA est en charge de cette guerre clandestine. « Sur décision de son directeur, William Casey, la CIA s'est énormément impliquée dans cette opération, confiera l'ambassadeur Donald Norland. Habré a reçu de l'aide directe et indirecte, notamment parce que nous remplacions des équipements militaires que les Égyptiens et les Soudanais donnaient aux forces d'Habré. Ce fut une grande opération de contre-insurrection, et la seule réussie de l'administration Reagan[4]. »

---

1. *Situation in Eastern Chad, Topic for Discussion at DCI Breakfast Meeting with Secretary Haig on 17 November 1981*, 16 novembre 1981, CIA, archives de la CIA.

2. Le ministre français de la Coopération, Jean-Pierre Cot est venu fin 1981 expliquer au département d'État les réticences de Mitterrand à l'égard de Habré et son intention de réchauffer ses relations avec Kadhafi. Les diplomates américains n'ont guère apprécié. Rapporté par James Bishop, ancien directeur des affaires nord-africaines au département d'État et ancien ambassadeur au Niger, 15 novembre 1995, FAOHP.

3. Rapporté dans Tim Wiener, *Legacy of Ashes. The History of the CIA*, Doubleday, 2007, p. 383.

4. Interview de Donald Norland, ancien ambassadeur américain au Tchad, 15 décembre 1992, FAOHP.

La guérilla d'Hissène Habré porte ses fruits : le 7 juin 1982, ses soldats, commandés par son second, Idriss Déby, équipés par la CIA et épaulés par quelques mercenaires français, entrent dans la capitale, N'Djamena. « Cette prise de pouvoir sert les intérêts américains au Tchad au moins à court terme, admet, le jour même, la CIA dans un mémo. [Habré] est celui qui s'apparente le plus à un dirigeant modéré et pro-occidental parmi les leaders des factions rebelles. Il est aussi un ardent nationaliste, très suspicieux à l'égard de la Libye[1]. » À Washington, le secrétaire d'État, Alexander Haig, qui s'apprête à quitter ses fonctions, suit les événements heure par heure, avec des cartes du Tchad étalées sur la table[2]. Contraint de lâcher le pouvoir, Goukouni Oueddei trouve provisoirement refuge au Cameroun, puis à Alger, en attendant de réorganiser ses forces au nord du Tchad avec l'aide de Tripoli.

Dès lors, un fragile équilibre s'instaure au Tchad, où Kadhafi et Oueddei rêvent de reprendre pied. À N'Djamena, le gouvernement d'Hissène Habré vit sous double perfusion franco-américaine. En dépit de ses réticences initiales, la France signe un accord de coopération avec lui dès le mois d'août 1982. Ce texte prévoit une assistance militaire et financière sans précédent. « Habré n'est pas un ami de la France et ne le sera peut-être jamais, mais nous avons besoin d'un homme qui sache tenir le Tchad. Il est le seul à pouvoir le faire[3] », dit Mitterrand à son chef d'état-major particulier, le général Jean Saulnier. Au sommet franco-africain de Kinshasa, en octobre 1982, le président français se force à converser avec son homologue tchadien. Paris, qui ne veut pas laisser le champ totalement libre aux Américains, est contraint de s'entendre avec celui qui fait office, pour le moment, de seul bouclier antilibyen au Tchad. « Les Français sont profondément embarrassés [...] parce que, dans un pays où ils croient tirer les ficelles, ils ont le sentiment d'avoir choisi le mauvais cheval[4] », ironise un conseiller de Reagan, ravi de voir la France prise à contre-pied dans sa zone d'influence africaine, où elle considère toujours les Américains comme des « amateurs ».

---

1. *Developments in Chad*, mémorandum de la CIA, 7 juin 1982, CIA, archives de la CIA.
2. Rapporté par James Bishop, FAOHP, *op. cit.*
3. Rapporté dans Pierre Favier et Michel Martin-Roland, *La Décennie Mitterrand*, t. 1, *op. cit.*, p. 416.
4. *Observations on US-French Relations*, 25 octobre 1982, mémorandum de Donald Fortier, Reagan Library.

Pourtant, les États-Unis ne se font pas beaucoup d'illusions sur le personnage qu'ils ont armé sans scrupules. Qualifié par la CIA de « gestionnaire efficace et honnête », adepte d'une réconciliation nationale, Hissène Habré est aussi dépeint comme un « opportuniste » qui peut se révéler à long terme un « ami moins fiable » que l'Occident ne l'espère. Il est vrai que, depuis dix ans, Habré n'a cessé de « trahir » et de « changer d'alliances[1] »...

Malgré ce jugement sévère, la CIA ne rechigne pas à soutenir aveuglément le régime d'Habré, en butte à une pression constante venue de son encombrant voisin du Nord. Les alertes ne tardent pas. Dès la fin de 1982, les analystes de la centrale de renseignement confirment ce qu'Hissène Habré répète à ses interlocuteurs américains : les Libyens se remobilisent sérieusement. Une campagne de « harcèlement » des forces d'Habré se prépare. « Ces derniers mois, écrit la CIA en décembre 1982, les Libyens ont fourni des armes d'infanterie, des munitions, de l'essence et des véhicules légers au millier de soldats de l'ex-président Goukouni Oueddei présents au nord du Tchad, ainsi que des conseillers militaires. Les forces de Oueddei sont complétées par des Tchadiens recrutés avec l'aide des Libyens et transportés *via* le Bénin pour être infiltrés au nord du Tchad[2]. » La CIA ne parie pas encore sur une attaque à grande échelle, mais elle craint que la France n'hésite à barrer la route à une nouvelle invasion libyenne. Dans le doute, les Américains ont envoyé des experts auprès d'Hissène Habré pour évaluer ses besoins militaires, notamment dans le domaine des armes légères et des avions de transport.

Mitterrand avoue l'ambiguïté de sa position

Devant plusieurs interlocuteurs venus de Washington, François Mitterrand reconnaît, au même moment, une certaine « ambiguïté » de sa politique à l'égard du leader libyen. Depuis 1981, il s'oppose à lui au Tchad tout en tentant de négocier. Son ami Roland Dumas est en effet rentré d'une mission secrète à la demande de Tripoli : Kadhafi a proposé une coopération avec la France « pour contrecarrer l'influence américaine au Tchad ». Il a

---

1. *Developments in Chad, op. cit.*
2. *Libyan Activities in Northern Chad*, mémorandum pour le directeur central du renseignement, 2 novembre 1982, archives de la CIA ; *Libya-Chad Military Situation*, mémorandum de la CIA, 9 décembre 1982, archives de la CIA.

même préconisé une forme de coparrainage de ce pays. Mitterrand n'a pas écarté complètement ces offres de conciliation, pourvu que la Libye abandonne toute prétention sur le « Tchad utile », c'est-à-dire le sud du pays. Mais il s'est bien gardé de s'engager dans cette voie pour le moment[1].

Au conseiller de Reagan, William Clark, de passage à Paris en octobre 1982, Mitterrand confie qu'il envisage pourtant une future visite officielle de Kadhafi en France[2] ! Lors d'un long entretien avec le secrétaire d'État américain, George Shultz, le 14 décembre 1982, le président de la République donne les raisons de ses hésitations. Il ne croit pas, dit-il, aux succès soviétiques dans le monde islamique. Ces deux univers demeurent à ses yeux irréductibles, et leur alliance de pure circonstance. « En Libye, il y a le problème du caractère particulier du président Kadhafi. Nos relations avec Kadhafi sont difficiles. Dans la même semaine, il dénonce l'impérialisme français et nous envoie des messagers pour nous dire qu'il ne souhaite que notre amitié. Je ne veux pas faire empirer les choses, mais nous ne sommes pas très à l'aise avec lui. Le point fondamental est que j'espère qu'il ne retournera pas au Tchad. C'est un problème difficile, car je ne vais pas envoyer une armée au Tchad. »

Pour Mitterrand, « il est nécessaire que les alliés aient une approche concertée, le Niger, le Cameroun, le Soudan, les États-Unis et la France, pour que Kadhafi comprenne qu'il ne doit pas envahir le Tchad. C'est difficile, mais c'est ce qu'il faut chercher ».

Devant le chef de la diplomatie américaine, le président français insiste : « Si Kadhafi demeure en Libye, cela n'est pas très grave. Il y a une très faible population dans ce pays. Kadhafi n'est pas éternel et le problème est donc circonscrit. Kadhafi doit cesser d'œuvrer pour l'expansionnisme de l'intégrisme musulman, d'est en ouest et du nord au sud, car c'est quelque chose de très dangereux[3]. »

Le président français résume également sa politique en Afrique, où la France n'a « ni l'ambition ni les moyens d'être en compétition avec les États-Unis ». Il prône seulement une utile répartition des tâches. « Il y a des mouvements de pays d'Afrique

---

1. Voir le récit de ces pourparlers secrets dans Roland Dumas, *Affaires étrangères, 1981-1988*, *op. cit.*, p. 305 sq.
2. *Meeting with President Mitterrand of France*, mémorandum de William Clark, 27 octobre 1982, Reagan Library.
3. Entretien entre le secrétaire d'État George Shultz et le président François Mitterrand, 14 décembre 1982, archives de la présidence de la République, 5AG4 CD74, Archives nationales.

vers la France pour échapper à la concurrence Est-Ouest, car bon nombre de ces pays savent que si les États-Unis gagnent une position, l'URSS en gagnera une autre à côté. Je dis ceci pour que vous sachiez à quoi vous attendre. Nous ne pouvons pas entretenir tous les pays d'Afrique et nous n'avons pas l'ambition de reconquérir l'Afrique et nous n'avons aucune hostilité à l'égard des États-Unis. Nous savons que vous avez des intérêts au Maroc et au Tchad. C'est parfait et nous nous partagerons le travail. »

Des commandos de la DGSE et des instructeurs américains pour reprendre Faya-Largeau

Cette complémentarité, revendiquée des deux côtés de l'Atlantique, se révèle compliquée à mettre en œuvre sur le terrain. Les divergences d'analyse demeurent. Il n'y a aucune coordination entre Paris et Washington au sujet du Tchad et des risques d'incursion libyenne. Ceux-ci se concrétisent pourtant rapidement. Le 19 juin 1983, les forces de Oueddei, appuyées par des unités libyennes, foncent vers la palmeraie de Faya-Largeau, au nord du Tchad. « La puissance aérienne libyenne couplée à la supériorité en équipements des dissidents, armés de lance-roquettes, de mortiers de 120 mm et d'obus de 105 mm, rendra difficile la défense de Faya-Largeau par les forces d'Habré[1] », pronostique la CIA le 21 juin. La ville tombe, en effet, aux mains des rebelles trois jours plus tard. Si la victoire est symbolique pour Oueddei et Kadhafi, elle représente un camouflet pour le régime d'Habré, désormais à la merci d'une attaque terrestre ou aérienne sur N'Djamena.

Cette offensive, annoncée par les services américains et par les spécialistes de la DGSE, déclenche une alerte rouge dans les capitales occidentales. Reagan a envoyé un message dès le 19 juin à Mitterrand pour le presser d'agir. Celui-ci adresse également un avertissement à Kadhafi. Mais les experts américains craignent toujours un certain flottement à Paris. « Le gouvernement français reste apparemment divisé sur une éventuelle aide supplémentaire à Habré, et la décision du président Mitterrand sera certainement influencée par les appels des pays clés de l'Afrique francophone, tels que la Côte d'Ivoire[2] », estiment les analystes de la CIA.

---

1. *Talking Points for the DCI, Chad*, 21 juin 1983, CIA, archives de la CIA.
2. *Ibid.*

Quant à une intervention militaire française, la centrale n'y croit pas trop : « Ce serait une décision difficile pour le président Mitterrand d'envoyer des troupes au Tchad alors que les socialistes ont critiqué pendant des années l'aventurisme militaire en Afrique des précédents gouvernements[1]. »

Durant plusieurs semaines, au cours de l'été 1983, Mitterrand hésite entre la diplomatie et l'affrontement direct avec Kadhafi. En attendant, l'Élysée envoie une aide militaire à Hissène Habré. Cette assistance secrète est appréciée par les Américains, qui s'activent dans le même sens. Reagan approuve une subvention d'urgence au Tchad de 25 millions de dollars pour cette opération baptisée Fermier aride. Deux avions radars Awacs survolent la région pour repérer les vols libyens. La DGSE s'occupe de collecter les renseignements radio des rebelles. Une trentaine de mercenaires, payés sur des fonds de l'association de coopération Carrefour du développement, rejoignent des commandos du service action de la DGSE au sein de la « Force Oméga ». Basés au camp Dubut, près de N'Djamena, ils sont chargés d'encadrer les soldats d'élite de la garde présidentielle tchadienne. Trois instructeurs américains envoyés sur place forment les mercenaires au maniement de missiles. Menées par la « Force Oméga », les troupes gouvernementales reprennent le contrôle de Faya-Largeau à la fin de juillet[2]. Mais l'aviation libyenne bombarde durement leurs positions, et les commandos de la « Force Oméga » doivent évacuer la ville en catastrophe – ce qu'ils parviennent à faire grâce à un pilote civil venu à la rescousse, alors que la DGSE ne savait plus comment les sortir de là.

Le risque d'une invasion libyenne, confirmé par des photos satellites du Pentagone et des renseignements français, grandit d'heure en heure. Washington déploie des trésors de diplomatie auprès de certains chefs d'État africains, dont l'Ivoirien Houphouët-Boigny et le Sénégalais Abdou Diouf, afin qu'ils expriment leurs inquiétudes. Parallèlement, au début du mois d'août, la Maison-Blanche envoie à Paris un émissaire francophile, le général

---

1. *Note for Director of Central Intelligence, Chad*, 3 août 1983, CIA, archives de la CIA.
2. Rapporté dans Claude Faure, *Aux Services de la République, du BCRA à la DGSE, op. cit.*, p. 602-603. L'amiral Pierre Lacoste, patron de DGSE de 1982 à 1985, nous a confirmé l'engagement du service action de la DGSE au nord du Tchad contre les Libyens : entretien avec l'auteur, 4 septembre 2009. Également rapporté par Guy Penne dans *Mémoires d'Afrique. Entretiens avec Claude Wauthier*, Fayard, 1999, p. 304. Sur l'opération Fermier aride (« Arid Farmer »), voir notamment Joseph Stanik, *El Dorado Canyon, op. cit.*, p. 78-80.

Vernon Walters. Ce militaire devenu ambassadeur, qui fut l'un des interlocuteurs préférés de De Gaulle et Pompidou, s'entretient en privé avec le président Mitterrand dans sa maison de vacances de Latché, dans les Landes. Il estime que le devoir de la France est de « repousser la Libye et donc de livrer bataille à Kadhafi ». Walters propose l'appui aérien américain. Le président refuse. Reagan réitère ses offres par écrit. L'Élysée répond une nouvelle fois qu'il n'est pas « bon que soit donnée l'impression d'une alliance offensive franco-américaine qui ne correspond pas à la réalité[1] ».

Après l'opération Manta, la France veut transiger au Tchad

Pourtant, l'inaction devient vite intenable. L'atteinte à la souveraineté du Tchad est trop évidente, l'engagement des forces libyennes trop agressif. Roland Dumas s'est rendu, le 7 août, chez le leader libyen pour lui signifier la fermeté française. Il en revient peu optimiste. Harcelé par Hissène Habré, par les chefs d'État africains et par les Américains, Mitterrand finit par prendre une décision qui le rebute : le 9 août, il annonce l'envoi de plus de trois mille soldats français au Tchad dans le cadre de l'opération Manta. Quatre avions Mirage F1 et six Jaguar sont déployés sur l'aéroport de N'Djamena. L'intervention militaire française, complétée par la venue de forces zaïroises, calme provisoirement le jeu. Roland Dumas retourne voir Kadhafi sous sa tente le 15 août pour l'assurer que la France ne veut pas faire la guerre à la Libye. « Il se lève, m'accueille avec un large sourire, de toute évidence il se veut aimable[2] », confiera Dumas, qui répercute aussitôt ces bonnes intentions au président Mitterrand. Probablement impressionnés par le déploiement de Manta, les trois mille rebelles de Oueddei et les Libyens se replient sur la bande d'Aozou, leur fief du Nord

---

1. Entretien entre Vernon Walters et François Mitterrand, 5 août 1983 ; lettre de Ronald Reagan, 10 août, et réponse de François Mitterrand, 12 août, rapportés par Jacques Attali dans *Verbatim*, t. 1, *op. cit.*, p. 484. Voir aussi Pierre Favier et Michel Martin-Roland, *La Décennie Mitterrand*, t. 1, *op. cit.*, p. 418.
2. Roland Dumas s'est rendu à Tripoli les 7 et 15 août 1983 : voir Pierre Favier et Michel Martin-Roland, *La Décennie Mitterrand*, t. 1, *op. cit.*, p. 420 ; voir aussi le récit qu'en fait Roland Dumas dans *Le Fil et la pelote. Mémoires*, Plon, 1996, p. 410-424, et *Affaires étrangères, 1981-1988*, *op. cit.*, p. 309 sq.

tchadien. À Washington et à Paris, comme dans les capitales africaines, on respire. La guerre a été provisoirement évitée.

Le président français, irrité par les pressions américaines et craignant un excès d'interventionnisme néocolonial, a pris soin d'assortir l'opération Manta de strictes contraintes : les forces tricolores ne sont pas chargées de reconquérir le nord du pays, mais seulement de surveiller une « ligne rouge » à hauteur du 15e parallèle, que les Libyens ne pourront plus franchir sans risque d'affrontement. Autrement dit : les Libyens ont le droit de rester à l'extrême nord du pays, où ne vivent que cent cinquante mille des quatre millions de Tchadiens. Roland Dumas et le colonel Kadhafi se sont mis d'accord sur ce compromis lors de leur entrevue du 15 août. « C'est parce que nous sommes là que les Libyens ne vont pas plus loin, confie Mitterrand à des proches. Mais si la Libye décidait quand même d'attaquer, la France serait peut-être conduite à attaquer. »

Le président de la République allie la résolution à la prudence dans une solution soigneusement encadrée. « La France n'a pas à arbitrer les conflits internes entre Tchadiens », précise-t-il dans le journal *Le Monde* à la fin d'août 1983. Mais cette partition de fait ne satisfait pas Hissène Habré, qui veut recouvrer l'entière maîtrise de son territoire, ni ses alliés américains, qui poussaient l'Élysée à faire bombarder Tripoli. « Le scénario le plus probable est une impasse durant laquelle Français et Libyens essaieront de trouver un accord qui laissera le pays temporairement divisé et repoussera à plus tard toute solution politique[1] », commentent les experts de la CIA, qui considèrent que le problème ne sera pas réglé tant que Kadhafi ne renoncera pas à ses objectifs expansionnistes.

Le régime d'Habré est donc curieusement soutenu à bout de bras par deux puissances divisées sur leurs objectifs : les États-Unis restent obsédés par Kadhafi, tandis que la France n'est intervenue que pour rassurer ses amis africains, sans volonté offensive, en cherchant une issue honorable[2]. À N'Djamena, le chassé-croisé des ministres, diplomates et agents secrets des deux

---

1. *Implications of the Chad Situation*, mémorandum pour le Conseil national du renseignement et le directeur central du renseignement, 31 août 1983, archives de la CIA.

2. Dans un rapport sur la politique africaine de la France, la CIA note : « La pression africaine sur Mitterrand pour qu'il intervienne au Tchad met en lumière la dépendance des États d'Afrique de l'Ouest à l'égard du parapluie sécuritaire français pour les protéger des Libyens et des autres menaces pour leur survie. » *Africa and France : An Enduring Relationship*, direction du renseignement, octobre 1983, CIA, archives de la CIA.

pays est incessant. La France envoie des instructeurs de la DGSE pour conseiller la garde présidentielle d'Habré. Elle surveille la « ligne rouge » pour parer à toute incursion. Lorsqu'un chasseur français est abattu, le 26 janvier 1984, par un tir de missile libyen, le président Mitterrand décide de remonter de cent kilomètres la « ligne rouge » infranchissable.

Mais, parallèlement, il poursuit des négociations secrètes avec le colonel libyen pour une solution au Tchad. Des messages ont été transmis *via* Roland Dumas, le président gabonais, Omar Bongo, le roi du Maroc, Hassan II, et le chancelier d'Autriche, Bruno Kreisky. « Kadhafi n'est pas entièrement négatif, mais instable », confie Mitterrand à Reagan lors de sa visite aux États-Unis en mars 1984. Le Français ajoute une anecdote à propos du comportement étonnant du Libyen : « Quand nos armées étaient face à face au Tchad, c'est le moment qu'il a choisi pour envoyer sa femme à Paris y faire des achats et pour nous demander d'assurer sa protection[1] ! »

Le 17 septembre 1984, Paris et Tripoli annoncent conjointement leur décision de retrait mutuel et simultané du Tchad. Déstabilisé par ce processus dont il a été écarté, Hissène Habré accourt à l'Élysée pour réclamer le maintien des troupes françaises. En vain. Mitterrand promet seulement la poursuite de son aide militaire. « Je ne suis pas dupe des Libyens, c'est vous qui l'êtes », proteste le président tchadien auprès de son homologue français, très distant à l'égard de son visiteur, qu'il juge toujours peu fiable. Le 10 novembre 1984, les troupes de l'opération Manta quittent le Tchad. Inquiet du trop lent retrait libyen, Mitterrand vient rencontrer le colonel Kadhafi en tête à tête en Crète pour sceller leur accord, garanti *a priori* par le déploiement d'observateurs étrangers. « Il avait une envie romanesque de connaître le chef d'État alors le plus détesté de la planète[2] », notera son conseiller Jacques Attali.

De leur côté, les Américains continuent d'armer sans retenue leur poulain Hissène Habré afin de l'aider à repousser les Libyens au-delà de la frontière. « Nous lui avons fourni des

---
1. Entretien entre le président François Mitterrand et le président Ronald Reagan, Washington, 23 mars 1984, archives de la présidence de la République, 5AG4 CD74, Archives nationales.
2. Jacques Attali, *C'était François Mitterrand*, *op. cit.*, p. 274. Voir aussi le récit détaillé de cette rencontre dans Pierre Favier et Michel Martin-Roland, *La Décennie Mitterrand*, t. 2, *op. cit.*, p. 332-336.

quantités importantes d'équipements militaires, transformant nos opérations secrètes en aide plus officielle, racontera le diplomate américain James Bishop, venu plusieurs fois rendre visite à son protégé à N'Djamena. Nous organisions les livraisons avec l'aide du Sénégal et d'autres pays amis de la région[1]. » Les États-Unis ne lésinent pas sur les moyens : ils mettent à la disposition de l'armée tchadienne des dizaines de conseillers, des tonnes de munitions, des mitrailleuses pour équiper leurs pick-up Toyota, des centaines de missiles antichars, ainsi que de redoutables missiles sol-air Stinger. « Il fut un temps où l'aéroport de N'Djamena ressemblait à la base aérienne de Rhein-Main pour nos forces stationnées en Allemagne, avec des avions-cargos alignés sur le tarmac. Nous avions mis en place un pont aérien d'une ampleur inimaginable[2] », ajoutera John Blane, ancien ambassadeur au Tchad. L'ensemble du dispositif américain se révélera très coûteux. « Installer Habré au pouvoir et l'y maintenir pendant huit ans nous a probablement coûté environ 500 millions de dollars[3] », précisera Donald Norland.

Jouant trop ouvertement de ses soutiens américains, Habré sera finalement lâché par la France : à la fin de 1990, la DGSE aidera son ancien bras droit, Idriss Déby, réfugié au Soudan, à reprendre le pouvoir à N'Djamena[4]. Grands seigneurs, les services français récupéreront sur place l'essentiel du stock de missiles américains Stinger donnés aux forces gouvernementales d'Hissène Habré et les rendront à la CIA, très inquiète de leur dissémination. Le geste sera fort apprécié à Langley !

---

1. Interview de James Bishop, FAOHP, *op. cit.*
2. Interview de John Blane, ambassadeur américain au Tchad de 1985 à 1988, 8 août 1990, FAOHP.
3. Interview de Donald Norland, FAOHP, *op. cit.*
4. Voir, au sujet de l'aide de la DGSE à Idriss Déby, le témoignage éclairant de Claude Silberzahn, l'ancien directeur de la DGSE, dans son ouvrage (avec Jean Guisnel) *Au cœur du secret. 1 500 jours aux commandes de la DGSE, 1989-1993*, Fayard, 1995, p. 211-222.

1985 : Reagan lance l'opération Flower contre le colonel libyen

En attendant, les Français sont piégés par leur naïveté. En dépit des accords noués entre Kadhafi et Mitterrand, les troupes libyennes n'ont pas quitté le Tchad. Elles se renforcent au nord du pays durant toute l'année 1985. Elles agrandissent une piste aérienne à Ouadi-Doum afin de pouvoir préparer de nouvelles attaques aux côtés des rebelles de Goukouni Oueddei. La visite de Roland Dumas, qui se rend à Tripoli en avril 1985 muni des photos aériennes prouvant la présence de troupes libyennes, ne modifie pas les projets de Kadhafi. Devant l'accumulation des signaux, l'Élysée prépare des plans militaires et met en alerte un porte-avions ainsi que plusieurs navires en Méditerranée tout au long de l'été 1985, dans le cadre d'une opération secrète baptisée Mirmillon. Celle-ci prévoit des frappes sur la Libye en cas de graves provocations au Tchad. « La coopération avec la VIe flotte américaine a été très fructueuse, se souvient l'amiral Jacques Lanxade, qui commandait alors la flotte française en Méditerranée. Les Américains nous ont fourni les renseignements sur des objectifs possibles en Libye[1]. »

La tension retombe pendant quelques mois. Mais, le 10 février 1986, l'offensive de Oueddei reprend de plus belle. Un avion libyen bombarde l'aéroport de N'Djamena. Cette fois-ci, Mitterrand réplique immédiatement. Un nouveau dispositif militaire français, baptisé Épervier, avec des renforts de la Légion étrangère et de parachutistes, est mis en place. Les livraisons de matériels redoublent grâce à des avions-cargos américains. Des chasseurs français s'envolent pour détruire la piste de Ouadi-Doum.

De plus en plus obnubilés par les menaces libyennes, les Américains décident, quant à eux, de frapper fort. Réélu pour un second mandat en novembre 1984, Ronald Reagan se remobilise contre Kadhafi, l'une de ses bêtes noires, qu'il rêve d'évincer depuis 1981. Ses services de renseignement planchent sur le sujet depuis des mois, étudiant toutes les options possibles, qui passent par l'aide aux exilés ou par des opérations paramilitaires. La CIA a dressé un

---

1. Entretien de Jacques Lanxade avec l'auteur, 2 décembre 2009. Voir aussi Jacques Lanxade, *Quand le monde a basculé*, Nil Éditions, 2001, p. 323.

état des lieux alarmiste des armes fournies par les Libyens à divers groupes terroristes, palestiniens comme irlandais de l'IRA[1]. Selon plusieurs rapports parvenus à la Maison-Blanche, le régime libyen est en train de se durcir. Des tentatives de coup d'État ont été déjouées à Tripoli au printemps 1984. La grogne monterait dans les milieux militaires et au sein de la population. Âgé de 42 ans, Kadhafi aurait écarté ses fidèles au profit d'éléments plus extrémistes, prêts à se lancer dans des campagnes terroristes à l'étranger. Même si sa capacité à mener des actions d'envergure est jugée limitée, le colonel libyen, miné par des divisions internes et isolé dans le monde arabe, représenterait un danger croissant. « Kadhafi va avoir un comportement de plus en plus outrancier sur la scène internationale dans les mois qui viennent[2] », prédisent les conseillers de la Maison-Blanche en avril 1985.

Du coup, Reagan relance sa guerre secrète contre la « subversion » libyenne. L'ensemble des opérations anti-Kadhafi porte un nom de code très printanier, Flower, les différents volets étant baptisés du nom de variétés de fleurs[3]. Dans ce cadre, la NSA décrypte sans relâche les communications libyennes. En juillet 1985, la CIA rédige de nouveaux rapports sur les « vulnérabilités » du régime libyen. La VIe flotte américaine patrouille de manière visible en Méditerranée, en liaison permanente avec les amiraux français. Le Pentagone mobilise ses appareils de surveillance électronique dans la région. D'ambitieux plans d'attaque militaire de la Libye en cas d'action terroriste, baptisés Rose, avec bombardements aériens, débarquements de type « D-Day » et attaques au sol depuis l'Égypte, sont soumis aux experts du Pentagone et de la Maison-Blanche. Ceux-ci les jugent un peu disproportionnés[4]. D'autres

---

1. Un groupe de travail interagences sur la Libye a démarré ses travaux en mai 1984 : voir le détail dans Joseph Stanik, *El Dorado Canyon*, *op. cit.*, p. 85-89. Voir aussi Bob Woodward, *CIA : guerres secrètes*, *op. cit.*, p. 425-431, et *Libya : Supplying Terrorist Weapons*, direction du renseignement de la CIA, 3 décembre 1984, Maison-Blanche, Reagan Library.
2. *Warning Meeting, April 18, Libya*, 18 avril 1985, Conseil de sécurité nationale, Maison-Blanche, Reagan Library. Voir aussi *Kadhafi Dealing with Political and Personal Malaise*, note du département d'État, 3 mai 1985, Reagan Library. Et *Libya : Kadhafi's Prospects for Survival*, 5 août 1985, mémorandum de la direction du renseignement de la CIA, Reagan Library.
3. Voir Bob Woodward, *CIA : guerres secrètes*, *op. cit.*, p. 483-484.
4. Rapporté notamment par l'ancien numéro deux de la CIA, Robert Gates, qui s'oppose à ces projets. Voir Robert Gates, *From the Shadows*, Simon & Schuster, 1996, p. 350-352.

options, plus ciblées, sont étudiées. Si Kadhafi y succombait, le cow-boy Reagan n'y verrait que des avantages...

Par ailleurs, les États-Unis accroissent leur aide secrète au Front national pour le salut de la Libye (FNSL), principale organisation d'opposants libyens, déjà soutenue par les Égyptiens. La CIA installe notamment au Tchad, en Égypte et en Tunisie plusieurs camps secrets destinés à entraîner une petite armée de dissidents. Cette opération clandestine, baptisée Tulip, est censée contribuer au renversement de Kadhafi. « Tout successeur de Kadhafi serait moins radical que lui et représenterait une menace moins grande pour les intérêts américains[1] », estiment les experts de la Maison-Blanche.

Il ne manque plus aux États-Unis que le bon prétexte pour déclencher les foudres. Le détournement d'un avion égyptien en novembre 1985, suivi d'attentats perpétrés dans les aéroports de Rome et de Vienne, le 28 décembre, provoquant la mort de dix-neuf personnes, dont cinq Américains, confortent les soupçons de Reagan. « C'est le début d'une nouvelle phase meurtrière du terrorisme soutenu par la Libye », résument ses conseillers. Ces derniers dressent une liste d'une trentaine d'actions terroristes dans lesquelles la Libye aurait joué un rôle depuis deux ans[2]. Mais les preuves d'une implication directe du régime libyen dans les derniers attentats, attribués au Palestinien Abou Nidal, font défaut[3]. Les bombardements envisagés sur Tripoli sont donc retardés.

Néanmoins, le 7 janvier 1986, la Maison-Blanche décide un embargo commercial total contre la Libye. « Si Kadhafi prend cela pour de la faiblesse et relance ses actions terroristes, nous avons quelques cibles en tête et pouvons répondre avec force[4] », note Reagan, le jour même, dans son journal de bord. Dans la foulée, les Américains parviennent à convaincre leurs alliés occidentaux d'adopter des mesures d'embargo semblables et de renforcer leur

---

1. *Warning Meeting, April 18, Libya, op. cit.*
2. *Libyan Support for Terrorism*, Conseil de sécurité nationale, 14 avril 1986, Maison-Blanche, Reagan Library. Voir aussi Joseph Stanik, *El Dorado Canyon, op. cit.*, p. 81-83.
3. Rapporté dans Caspar Weinberger, *Fighting for Peace, op. cit.*, p. 188, et dans Geoff Simons, *Libya. The Struggle for Survival, op. cit.*, p. 331.
4. Rapporté dans Ronald Reagan, *An American Life, op. cit.*, p. 515. La décision d'embargo économique total de la Libye est la National Security Decision Directive n° 205, datée du 7 janvier 1986, Reagan Library. Le texte précise en outre que les États-Unis vont lancer « une campagne diplomatique et médiatique pour isoler la Libye. Dans ce but, le département d'État préparera un plan pour entraver les activités politiques libyennes contraires aux intérêts occidentaux ».

coopération dans le domaine de la lutte antiterroriste. Au même moment, des navires de guerre supplémentaires sont dépêchés en Méditerranée pour préparer des manœuvres dans le golfe de Syrte. De toute façon, la CIA en est persuadée : « Beaucoup de Libyens sont déçus que les États-Unis n'aient pas mené leurs raids de représailles contre Kadhafi, parce que ces bombardements auraient précipité la chute du régime. » La centrale recommande de lancer une campagne médiatique « plus énergique » pour expliquer que « c'est Kadhafi qui est la cible de nos récentes mesures politiques, militaires et économiques, pas le peuple libyen[1] ».

L'attaque libyenne au nord du Tchad, en février 1986, repoussée par le dispositif Épervier de l'armée française, renforce la détermination de Reagan. L'Élysée fait savoir à la Maison-Blanche que la France est désormais disposée à coordonner ses actions avec les Américains pour contrer les Libyens. « Nous nous réjouissons de votre réaction très ferme aux défis permanents que représente Kadhafi à l'égard de ses voisins[2] », répond aussitôt John Poindexter, le nouveau conseiller à la Sécurité nationale de Reagan, qui a pris la succession de Robert McFarlane. Quelques jours plus tard, le général Vernon Walters, ambassadeur aux Nations unies, vient justement proposer à Mitterrand une attaque militaire franco-américaine de la Libye, par terre ou par mer. « Kadhafi est irrécupérable. Il faut faire quelque chose », assène-t-il. L'émissaire de Reagan semble croire que Mitterrand est enfin prêt à suivre aveuglément Washington dans sa croisade anti-Kadhafi. Le président français refuse cet engrenage. Sa position est simple : « Il ne peut y avoir ni coalition ni collusion apparente qui ressouderait le monde arabe autour de Kadhafi[3]. » Et, accessoirement, il a déjà fort à faire au Tchad, où la situation va rester tendue, sans que la coopération avec les Américains s'y améliore vraiment[4].

---

1. *Talking Points for the DDI, 27 January 1986, The Libyan Internal Situation*, CIA, Reagan Library.

2. Lettre de John Poindexter, assistant du président pour les affaires de sécurité nationale, à Jean-Louis Bianco, secrétaire général de la présidence de la République, 17 février 1986, Maison-Blanche, Reagan Library.

3. Rapporté dans Roland Dumas, *Affaires étrangères, 1981-1988, op. cit.*, p. 317-318.

4. « Notre coordination avec les Français dans cette région est loin d'avoir été parfaite dans le passé », reconnaîtra un groupe d'experts du Conseil de sécurité nationale chargé, en janvier 1987, de plancher sur le sujet, au moment où les forces gouvernementales d'Hissène Habré, équipées par les Français et les Américains, repartent à la conquête du nord du Tchad. *Crisis Pre-Planning Group Meeting*, 9 janvier 1987, Conseil de sécurité nationale, Maison-Blanche, Reagan Library.

« Nous allons tuer Kadhafi.
Pouvons-nous survoler la France ? »

Les événements s'enchaînent ensuite à vive allure. Le dimanche 23 mars 1986, une armada d'une cinquantaine de navires de la VIe flotte américaine pénètrent, sur ordre de Reagan, dans la zone du golfe de Syrte, revendiquée par Tripoli. Les manœuvres de cette opération, baptisée Feu de prairie, sont destinées à susciter des réactions libyennes. Elles ne tardent pas. Des batteries côtières tirent des missiles sur les avions de reconnaissance et sur des chasseurs de l'US Navy, provoquant une réplique dévastatrice de la flotte américaine. Cette escarmouche est jugée contre-productive à l'Élysée, où l'on estime que les Américains en font « trop ou pas assez »[1]. Se posant en victime, le colonel Kadhafi exige en vain du Conseil de sécurité des Nations unies qu'il dénonce cette « agression ». Il appelle aussi « tous les Arabes » à attaquer tout ce qui est américain, où que ce soit dans le monde.

Quelques jours plus tard, le 5 avril, une bombe explose dans la discothèque *La Belle* à Berlin-Ouest, tuant notamment un soldat américain et blessant deux cent trente personnes. « En moins d'une journée, nos services de renseignement établirent qu'il y avait eu des conversations avant et après cet attentat entre les diplomates libyens à Berlin-Est et le quartier général de Kadhafi à Tripoli », racontera Reagan. Pour le président des États-Unis, la preuve est flagrante. Ses proches appellent cela le *smoking gun*, autrement dit le flagrant délit du pistolet encore fumant. De toute façon, l'heure n'est plus aux tergiversations : « Nous devions montrer à Kadhafi qu'il y avait un prix à payer pour son comportement[2]. »

Réuni plusieurs fois en conclave avec ses conseillers durant les premiers jours d'avril 1986, Reagan étudie diverses options de représailles contre celui qu'il nomme publiquement le « chien

---

1. Note du général Forray au président Mitterrand, 27 mars 1986, rapporté dans Roland Dumas, *Affaires étrangères, 1981-1988, op. cit.*, p. 319.
2. Ronald Reagan, *An American Life, op. cit.*, p. 518. Caspar Weinberger, secrétaire à la Défense, parle de *smoking gun*, tout comme Robert Gates, numéro deux de la CIA. Voir Caspar Weinberger, *Fighting for Peace, op. cit.*, p. 188 sq., et Robert Gates, *From the Shadows, op. cit.*, p. 353. D'autres ouvrages mettent en doute l'évidence des preuves : voir Geoff Simons, *Libya. The Struggle for Survival, op. cit.*, p. 335.

enragé du Proche-Orient ». Les objectifs ciblés sont les quartiers généraux militaires à Tripoli et Benghazi, ainsi que des résidences de Kadhafi. Officiellement, celui-ci n'est pas visé. Mais Reagan ne dissimule pas son véritable but lorsqu'il téléphone à Jacques Chirac, nouveau Premier ministre d'un gouvernement de cohabitation, le vendredi 11 avril 1986 : « Nous allons tuer Kadhafi, dit Reagan. J'ai besoin pour cela que nos bombardiers puissent traverser votre territoire. »

Aussi brutalement exprimée, sans consultation préalable, la requête bute sur une opposition de principe de Jacques Chirac, peu favorable à un raid susceptible de déclencher des réactions hostiles dans les pays arabes. « Il est tout à fait exclu, rétorque Chirac, que la France soit mêlée à cette affaire. D'autant que vous avez toutes les chances de rater Kadhafi[1]... » La Maison-Blanche sollicite parallèlement l'Élysée : la réponse est identique. La France veut bien contenir Kadhafi en Afrique, et elle continuera de le faire ; mais elle exclut de déclencher une guerre frontale contre lui. Du moins de la sorte : un conseiller de l'Élysée confiera aux Américains que la France aurait peut-être soutenu une opération « mieux préparée » et aurait trouvé « beaucoup plus intéressant » un plan spécifique pour « éliminer Kadhafi définitivement[2] » ! Mais telle n'est pas la ligne officielle. Qui plus est, la responsabilité libyenne dans l'attentat de Berlin-Ouest ne paraît pas évidente aux yeux des Français. « Le terrorisme est inacceptable, mais la méthode américaine n'est pas la bonne. Il n'est pas souhaitable que l'on s'engage là-dedans[3] », confie Mitterrand à plusieurs membres du gouvernement.

Malgré l'insistance de Vernon Walters, revenu plaider la cause américaine dans les bureaux de Mitterrand et de Chirac le 14 avril 1986, les plus hautes autorités françaises empêchent que les F-111 américains, partis de leurs bases en Angleterre, survolent le territoire français, les contraignant à un détour de plusieurs cen-

---

1. Rapporté dans Jacques Chirac, *Chaque pas doit être un but. Mémoires*, Nil Éditions, 2009, p. 344.

2. *Mitterrand Advisor on Tokyo Summit, Terrorism*, télégramme de l'ambassadeur des États-Unis à Paris, Joe Rodgers, 29 avril 1986, Reagan Library. Cette confidence n'est pas corroborée par d'autres sources. Mais une certaine ambiguïté de l'Élysée est rapportée par le secrétaire à la Défense, Caspar Weinberger, selon qui Mitterrand aurait, en dépit du refus de survol du territoire français, conseillé aux Américains d'infliger les plus gros dommages possibles au régime libyen, et pas « une simple piqûre ». Rapporté dans Caspar Weinberger, *Fighting for Peace, op. cit.*, p. 192.

3. Rapporté dans Roland Dumas, *Affaires étrangères, 1981-1988, op. cit.*, p. 321.

taines de kilomètres. Accessoirement, l'Élysée est très irrité que Matignon revendique cette décision. Car, en pleine cohabitation, Mitterrand entend bien conserver ses prérogatives : « Chirac fait tout pour renforcer son rôle en matière de politique étrangère, mais le président est toujours en fonction et nous apprécions que les États-Unis continuent de le reconnaître[1] », explique un conseiller élyséen à l'ambassadeur des États-Unis, peu dupe de cette querelle de pouvoirs. En tout état de cause, les responsables de la Maison-Blanche et du Pentagone garderont un souvenir très amer de cette obstruction française, jugée inamicale. « Ces refus m'ont contrarié[2] », dira Reagan, qui peine à saisir les subtilités des dirigeants français, toujours enclins, selon lui, à entraver le déploiement guerrier des Américains.

Dans la nuit du 14 au 15 avril 1986, le raid éclair, baptisé du nom de code Eldorado Canyon, est lancé sur Tripoli et Benghazi. Les bombardements massifs atteignent des résidences et des cibles militaires, avec des dégâts collatéraux en pertes humaines. Une fille adoptive de Kadhafi périt sous les décombres, et deux de ses fils sont légèrement blessés. Le colonel réchappe de justesse des attaques. Mais il est choqué. « Nous voulions qu'il comprenne qu'il ne pouvait pas se servir du terrorisme en toute impunité. Et cela a marché », plaidera le secrétaire à la Défense, Caspar Weinberger. Un jugement partagé rétrospectivement par quelques officiels français. « Cela a servi de leçon à Kadhafi et contribué à le calmer[3] », admet François Bujon de l'Estang, l'ancien conseiller diplomatique de Chirac à Matignon.

Quelques semaines plus tard, la CIA se réjouit également de ces actions, qui seront prolongées les mois suivants par d'autres manœuvres militaires d'intimidation. « Les frappes américaines d'avril ont aggravé les problèmes politiques de Kadhafi en humiliant les forces armées libyennes et en stimulant la coopération entre Washington et les pays européens », indique l'agence de renseignement. En réaction, le dictateur a dû multiplier les mesures de sécurité, et il chercherait des appuis en URSS. « Aucune des décisions [qu'il a prises] ne devrait améliorer de manière significative ses chances de survie au pouvoir », poursuit la CIA, selon laquelle les pressions internationales et les fissures internes au régime vont continuer de l'affaiblir. Aux yeux de

---
1. *Mitterrand Advisor on Tokyo Summit, Terrorism*, op. cit.
2. Ronald Reagan, *An American Life*, op. cit., p. 519.
3. Entretien avec l'auteur, 13 octobre 2009.

Washington, la fin de Kadhafi est proche[1]. Ce document est daté du 17 juillet 1986...

Mais, soyons honnêtes, le pronostic de Mitterrand formulé face au vice-président américain George Bush en octobre 1987 est tout aussi présomptueux : « Kadhafi est insupportable, mais je le crois sur le déclin[2]. »

---

1. *Libya : Qadhafi's Political Position Since the Airstrike*, mémorandum de la direction du renseignement, CIA, 17 juillet 1986, Reagan Library.

2. Entretien entre le vice-président George Bush et le président François Mitterrand, 1er octobre 1987, archives de la présidence de la République, 5AG4 CD74, Archives nationales.

Chapitre 5

Dans le piège des otages au Liban

Négociants depuis des millénaires, les Perses sont réputés savoir marchander habilement.

Dans l'affaire des otages français et américains détenus au Liban entre 1985 et 1988, les ayatollahs au pouvoir à Téhéran donnent la pleine mesure de leur talent. Ruses, esquives, mensonges, surenchères, chantages, manipulations : toutes les armes sont utilisées pour tirer les plus grands bénéfices de négociations secrètes entamées séparément avec des messagers des deux grandes puissances, piégées dans le bourbier libanais par des affidés du Hezbollah que soutient Téhéran. Aux États-Unis, l'affaire tourne au scandale politico-militaire, celui de l'Irangate, minant le deuxième mandat de Ronald Reagan. En France, la libération des otages est retardée de deux années à cause de pressions iraniennes et de guérillas entre l'Élysée de François Mitterrand et les proches de Jacques Chirac, nommé Premier ministre après la victoire de la droite aux élections législatives de mars 1986. Les Iraniens se délectent des divisions de la cohabitation.

Le plus étonnant, c'est que les deux négociations sont menées en parallèle. Téhéran tire les ficelles à Beyrouth, Damas, Paris et Washington, sans que jamais les gouvernements français et américain tentent de coordonner sérieusement leurs actions face aux ayatollahs. Chacun cherche maladroitement à sauver « ses » otages. Chacun mène une diplomatie parallèle pour ne pas montrer qu'il négocie. Chacun noue des contacts auprès d'intermédiaires plus ou moins recommandables, qui se croisent dans les antichambres du pouvoir ou sur le tarmac des aéroports. Chacun multiplie les promesses aux Iraniens, qui font grimper les enchères de chaque côté. « Dans leur relation avec les Satan, la mauvaise foi est une pieuse obligation[1] », résumera joliment Pierre Lafrance, ancien chargé d'affaires français à Téhéran. Les puissances occidentales se révéleront désarmées. Les ayatollahs obtiendront beaucoup en échange de la libération, au compte-gouttes, des otages : livraisons d'armes, remboursements de crédits, soutien à leur programme nucléaire, immunité pour leurs amis, réchauffement diplomatique... À défaut d'être solidaires, Reagan et Mitterrand seront, dans ces affaires, prisonniers des Machiavels de Téhéran.

1983 : attentats contre les QG franco-américains à Beyrouth

Les deux présidents ont pourtant démarré ensemble leur aventure libanaise. L'invasion israélienne au sud du Liban le 6 juin 1982, que Washington a mollement tenté d'empêcher[2], rallume l'incendie au Proche-Orient. Au terme d'un long marathon diplomatique, Israël accepte, le 19 août, le déploiement d'une force multinationale d'interposition, avec l'aval de l'ONU. Les contingents français et américains constituent l'armature de cette force, qui ne doit rester que quelques semaines. Mitterrand a obtenu de pouvoir organiser, en même temps, le départ de Yasser Arafat et de ses troupes de l'OLP, qui vont installer leur quartier général à Tunis. Cette opération terminée, les 900 soldats français et les 850 marines américains se retirent de Beyrouth-Ouest. Craignant des représailles contre les civils palestiniens restés sur place, Arafat a demandé le maintien de la force multinationale. En vain. Les massacres perpétrés le 15 septembre 1982 dans les camps palestiniens de Sabra et Chatila par des milices phalangistes sous le regard des militaires israéliens provoquent un scandale. Ronald Reagan et François Mitterrand annoncent le retour immédiat de la force multinationale. Elle doit sécuriser la capitale et aider

---

1. *Chirac d'Arabie, les mirages d'une politique française*, Eric Aeschimann et Christophe Boltanski, Grasset, 2006, p. 134.
2. Un attentat contre l'ambassadeur israélien à Londres, le 3 juin 1982, donne le prétexte au gouvernement de Menahem Begin pour lancer une offensive qu'il mijotait depuis des mois. Lors d'un entretien avec le président Mitterrand, le 22 octobre 1981, le secrétaire d'État américain, Alexander Haig, a confié qu'il avait déjà dû intervenir « à trois reprises » auprès du Premier ministre d'Israël, Menahem Begin, « pour l'empêcher de faire entrer ses forces au Liban sud ». L'objectif de Begin serait « de détruire l'infrastructure de l'OLP, d'occuper tout le sud du Liban et de demander alors l'intervention des Nations-Unies ». Archives de la présidence de la République, 5AG4 D74, Archives nationales.

l'armée libanaise. Le nouveau président, Amine Gemayel, qui remplace son frère Béchir, tué dans un attentat le 14 septembre, est censé organiser la réconciliation nationale.

Cet espoir s'évanouit au fil des mois. Trop faible politiquement, Amine Gemayel paraît défendre la minorité chrétienne, avec l'appui ostensible des Français et des Américains. Un premier avertissement tonne le 18 avril 1983 lorsqu'une voiture explose à l'ambassade américaine à Beyrouth, tuant près de soixante employés. Durant l'été, la guérilla reprend entre les chrétiens et les milices druzes, épaulées par les Syriens. La tension monte aussi parmi les chiites, divisés entre les milices Amal de Nabih Berri et leurs frères ennemis du Hezbollah, soutenus par Téhéran. De plus, l'Iran se braque contre la France, qui vient de prêter cinq chasseurs Super-Étendard à l'Irak pour mener sa guerre contre elle. Tous les clignotants sont au rouge. Entre le printemps et la fin de l'été 1983, les services de renseignement américains à Beyrouth reçoivent plus d'une centaine de messages concernant de possibles attaques à la voiture piégée. « Notre contingent de la force multinationale était noyé sous les alertes[1] », constatera un rapport du Pentagone, soulignant son inadaptation à cette nouvelle forme de guerre que constitue le terrorisme.

Le dimanche 23 octobre 1983, à l'aube, deux camions suicides, bourrés de centaines de kilos d'explosifs, pulvérisent les quartiers généraux de forces américaines et françaises à Beyrouth. Ces attentats concomitants, qui provoquent la mort de cinquante-huit soldats français et de deux cent quarante et un marines, sont revendiqués par une organisation inconnue, le Mouvement de la révolution islamique libre.

Sous le choc, François Mitterrand se rend immédiatement dans la capitale libanaise et visite les décombres de l'immeuble du Drakkar, qui hébergeait le QG français[2]. Le vice-président

---

1. *Commission Report on Beirut International Airport Terrorist Act of 23 October 1983*, décembre 1983, Reagan Library. Un rapport de la CIA du 19 septembre évoque une intensification des attaques contre les positions des marines. Voir *A Provocation Contingency in Lebanon, Intensified Attacks on Marine Positions to Force US Air and Naval Strikes*, archives de la CIA.

2. L'entourage de Mitterrand craint des tirs de missiles sur le Mystère 50 présidentiel, qui devait redécoller de Beyrouth pour Larnaca (Chypre). Le général Saulnier, le chef d'état-major particulier du président, ordonne une protection de chasseurs venus du porte-avions *Clemenceau*, qui croise au large de Beyrouth, et prend les commandes du Mystère 50 pour le vol retour. Voir le récit détaillé de ce voyage dans Pierre Favier et Michel Martin-Roland, *La Décennie Mitterrand*, t. 2, op. cit., p. 31-35.

américain, George Bush, le suit deux jours plus tard. Curieusement, l'Élysée se montre plus mobilisé que la Maison-Blanche pour lancer des représailles contre les responsables de ces carnages. Alors que, deux mois plus tôt, Mitterrand résistait aux demandes américaines de s'engager dans une guerre contre Kadhafi au Tchad, cette fois-ci le président français se dit prêt à riposter. Les commanditaires des attentats du 23 octobre sont identifiés par les services de renseignement : il s'agit de l'Iran et de la Syrie, deux pays farouchement opposés aux interventions franco-américaines au Liban[1]. Le 7 novembre 1983, une équipe du service action de la DGSE tente de faire sauter une Jeep piégée près de l'ambassade d'Iran à Beyrouth. La mise à feu échoue. Ratage ou simple avertissement sans frais voulu par Paris ? Mystère. Une chose est sûre : Mitterrand ne veut pas en rester là. De leur côté, les Américains envisagent un raid aérien de représailles dans la plaine de la Bekaa. « Quoi que fassent les États-Unis, nous agirons. Il faut donner une gifle aux tueurs, à condition d'avoir le bon objectif[2] », confie Mitterrand à son chef d'état-major particulier, le général Jean Saulnier.

L'Élysée prépare une opération de bombardements visant une ancienne caserne de l'armée libanaise et un hôtel, occupés par des miliciens iraniens et des chiites libanais, dans la plaine de la Bekaa. Reagan et Mitterrand décident de frapper le même jour. Mais, le 17 novembre 1983, lorsque le ministre de la Défense, Charles Hernu, téléphone à son homologue, Caspar Weinberger, pour l'avertir du début de l'opération française – baptisée Brochet –, ce dernier annonce que, du côté américain, « aucune décision n'a été prise ». Traumatisé par la mort des deux cent quarante et un marines, le président Reagan, qui vient de réussir un débarquement de ses troupes à la Grenade, renonce finalement à ce raid au Liban, jugé probablement trop risqué. Dans l'après-midi, huit chasseurs français Super-Étendard décollent du ponton du porte-avions *Clemenceau* et larguent leurs bombes sur les cibles près de Baalbeck. Le bilan est mitigé, puisque certains bâtiments ont été désertés juste avant l'attaque. Mais plusieurs dizaines de miliciens

---

1. Dès le 23 octobre, le président Reagan signe une directive pour limiter l'exposition des soldats américains et recommande de durcir les relations avec l'Iran. *Responding to the Lebanon Crisis*, National Security Directive n° 109, 23 octobre 1983, Maison-Blanche, Reagan Library.
2. Rapporté dans Pierre Favier et Michel Martin-Roland, *La Décennie Mitterrand*, t. 2, *op. cit.*, p. 39.

chiites sont tués, ainsi qu'une douzaine de soldats iraniens. La France est dénoncée par les ayatollahs comme un « petit Satan ».

Représailles, bombes et prises d'otages en 1985

Cette vengeance ne modifie pas la donne au Liban, devenu un véritable champ de mines. Durement éprouvés par les attentats du 23 octobre 1983, Français et Américains ne songent plus qu'à une chose : sortir de cet engrenage meurtrier. Pour Paris, le danger est désormais trop grand. Cinq soldats sont encore tués en décembre à Beyrouth lors d'une explosion revendiquée par le Jihad islamique. Pour Washington, le Liban ne mérite pas qu'on y sacrifie la vie de deux cent quarante et un marines : ce drame restera « le pire désastre de l'administration Reagan », selon le secrétaire d'État, George Shultz[1]. Les deux pays évoquent un « redéploiement » de leurs soldats au profit d'une éventuelle force de l'ONU. Il s'agit d'un habillage pour ce qui s'apparente bien à un fiasco.

Au début de février 1984, les contingents italiens, britanniques et américains organisent leur départ. « Nous sommes très préoccupés, confie, le 15 février, le vice-président George Bush, venu rendre visite à François Mitterrand. Nous nous interrogeons sur le point de savoir à quel moment nos troupes devront être redéployées sur les navires. Nous parlons bien de redéploiement, et pas de retrait. [...] Nous devons continuer à aider Gemayel, mais nous envisageons aussi de nous retirer dans les trente jours environ en laissant sur place cent cinquante marines... »

Mitterrand est surpris par cette annonce : « J'aurais préféré être informé plus tôt. [...] Il sera difficile de garder encore longtemps des troupes armées dans cette ville. » Il espère un « départ digne », mais ne semble guère optimiste quant aux chances d'une issue diplomatique au Liban ou au sort du président Gemayel, qui peut « finir tragiquement ». Et encore moins quant à la Syrie : « Je ne me fais pas d'illusions sur la Syrie, qui m'envoie par le même courrier, en quelque sorte, des messages extrêmement amicaux et des équipes chargées de préparer des attentats. »

Mitterrand est même alarmiste : « Il faut que nous fassions très attention et que nos forces soient très, très vigilantes. Il faut

---

1. George Shultz, *Turmoil and Triumph, op. cit.*, p. 227.

rapidement prendre des précautions. J'ai eu des indications dans ce sens et j'ai prévenu l'état-major d'être particulièrement prudent. »

George Bush admet qu'un « nouvel attentat serait épouvantable[1] ». Lorsque Mitterrand rend visite au président Reagan, à la Maison-Blanche, un mois plus tard, il paraît toujours traumatisé par ces risques d'attentats suicides qui peuvent être commandités depuis Damas ou Téhéran. « Les commandos venus d'Iran sont les plus dangereux », dit-il, citant l'exemple des immeubles détruits à Beyrouth en octobre 1983. « Les kamikazes ont la conviction qu'ils vont aller au paradis[2] », commente simplement Reagan.

Pour limiter les risques, Mitterrand ordonne, lui aussi, le repli des soldats français de Beyrouth, qui est effectif à la fin de mars 1984. Les seules forces tricolores restantes participent au dispositif de l'ONU au Sud-Liban. Mais la rancœur de l'Iran à l'égard de la France, toujours accusée d'armer l'ennemi irakien, ne s'atténue pas. Au contraire. À la fin de juillet 1984, un commando de gardiens de la révolution, les pasdarans, bloquent un avion d'Air France à Téhéran, menaçant d'exécuter un passager toutes les heures. Ils réclament la libération d'Anis Naccache et de ses quatre complices, un groupe d'Iraniens condamnés en France en mars 1982 à de lourdes peines de prison pour avoir tenté d'assassiner, en juillet 1980, le dernier Premier ministre du Shah, Chapour Bakhtiar, à Neuilly-sur-Seine[3]. Le gouvernement français fait savoir que le sort de ces détenus, surnommés les « Bakhtiaricides », pourra être examiné « dans le cadre des lois françaises », ce que Téhéran prend pour une promesse de libération. Les passagers de l'Airbus d'Air France sont relâchés par le commando. Mais Anis Naccache et ses amis restent en prison.

Le ressentiment des Iraniens grandit. Quelques mois plus tard, la DST explique pourtant à d'éminents responsables américains que l'essentiel de la menace terroriste vient toujours de Damas, et non de Téhéran. « Un général de l'armée de l'air syrienne

---

1. Entretien entre le vice-président George Bush et le président François Mitterrand, 15 février 1984, Élysée, archives de la présidence de la République, 5AG4 CD74, Archives nationales.
2. Entretien entre le président Ronald Reagan et le président François Mitterrand, 23 mars 1984, Maison-Blanche, archives de la présidence de la République, 5AG4 CD74, Archives nationales.
3. Lors de cette tentative, un policier et une femme ont été tués.

contrôle plusieurs des groupes terroristes qui représentent les plus grands dangers pour les États-Unis et la France[1] », précisent les experts français du contre-espionnage. Selon eux, le retrait des forces françaises du Liban a diminué l'exposition aux risques terroristes. Et, comme François Mitterrand tente parallèlement de réchauffer ses liens avec la Syrie en rendant visite à son président, Hafez el-Assad, en novembre 1984, Paris se croit désormais à l'abri de représailles meurtrières. Le dictateur syrien, qui, en 1981, avait fait assassiner l'ambassadeur de France au Liban, Louis Delamare, apprécie qu'on le juge désormais fréquentable !

En revanche, les Américains, qui n'ont quasiment plus de soldats au Liban, sont maintenant prêts à des frappes ciblées, d'autant que, le 20 septembre 1984, un camion suicide explose dans les sous-sols de l'ambassade américaine à Beyrouth, tuant encore vingt-quatre personnes. À la fin de 1984, le Pentagone lance un raid contre des positions syriennes au Liban. Et, le 8 mars 1985, la CIA, avec l'aide des Saoudiens et des services libanais, fait exploser un véhicule devant l'immeuble de Mohammad Hussein Fadlallah, l'un des chefs spirituels du Hezbollah, coresponsable présumé des récents attentats. Le leader chiite réchappe de cet attentat, qui provoque la mort de quatre-vingts personnes[2].

Dès lors, l'escalade reprend. Le chef du bureau de la CIA à Beyrouth, William Buckley, capturé un an plus tôt par les milices chiites, est bientôt exécuté par ses ravisseurs. À la Maison-Blanche, une cellule de crise s'était spécialement occupée du dossier Buckley[3], et le directeur de la CIA, William Casey, a vainement remué ciel et terre pour sauver son protégé. Parallèlement, des milices armées liées au Hezbollah ou à des

---

1. Propos rapportés à l'amiral Poindexter, conseiller à la Sécurité nationale, venu rencontrer, le 14 novembre 1984, les autorités françaises (Élysée, Quai d'Orsay, DST et DGSE). Les Français semblent moins alarmés par la menace fondamentaliste chiite venue d'Iran que les Américains (ces derniers ont reçu, en octobre, des renseignements sur la formation possible en Iran d'une brigade d'au moins mille hommes, chargés d'actions terroristes à l'étranger). *Poindexter-Oakley Talks with French on Terrorism*, télégramme de l'ambassadeur des États-Unis, 1er décembre 1984, Reagan Library. Voir un extrait de ce document en annexe. Et *Iran Reportedly Expanding Terrorist Capability*, mémorandum de la Maison-Blanche, 23 octobre 1984, Reagan Library.
2. Voir Bob Woodward, *CIA, Guerres secrètes, 1981-1987, op. cit.*, p. 466.
3. Voir notamment *TIWG Meeting regarding Buckley Kidnapping*, mémorandum d'Oliver North à John Poindexter, Conseil de sécurité nationale, 21 mars 1984, Reagan Library.

groupes palestiniens relancent une campagne de prises d'otages visant les pays occidentaux. Le 8 janvier 1985, un ecclésiastique américain, Lawrence Jenco, est kidnappé. Le 14 mars 1985, un ouvrier britannique, Geoffrey Nash, disparaît, ainsi qu'un pasteur néerlandais, Nicolas Kluiters. Le lendemain, c'est au tour de l'homme d'affaires britannique Brian Levick. Le 16 mars, le journaliste américain Terry Anderson, correspondant pour Associated Press, est enlevé par trois hommes armés dans une Mercedes verte, alors qu'il avait interviewé Fadlallah la veille. Un autre journaliste, le Britannique Alec Collett, subit le même sort quelques jours après.

Le 22 mars, le vice-consul français Marcel Carton et l'officier du protocole Marcel Fontaine – ainsi que sa fille Danielle Perez, qui sera relâchée au bout d'une semaine – sont kidnappés au nom du Jihad islamique. Ce groupe réclame notamment l'arrêt des ventes d'armes françaises à l'Irak[1]. « Certains de ces enlèvements peuvent être de simples opportunités. Mais les kidnappings d'Anderson et de Fontaine semblent avoir été planifiés », remarquent les analystes de la CIA. Si les revendications sont au nom du Jihad, celui-ci est interprété comme une dénomination générale, couvrant plusieurs groupes chiites parfois divisés, plus ou moins liés au gouvernement de Téhéran. « Il semble probable que les attaques contre les Français ont été effectuées à la demande de l'Iran. La nature des demandes faites par le porte-parole du Jihad islamique accrédite cette thèse[2]. »

---

1. Un autre Français, Gilles Sydney Peyrolles, directeur du Centre culturel français de Tripoli, est enlevé le 23 mars 1985 par les Fractions armées révolutionnaires libanaises (FARL), mouvement marxiste chrétien proche des Syriens qui exige la libération de son chef Georges Ibrahim Abdallah, emprisonné en France et soupçonné d'être impliqué dans les assassinats de l'attaché militaire américain Charles Ray en janvier 1982 et du diplomate israélien Yacov Barsimentov en avril 1982. *Via* la DST et une médiation algérienne, une promesse de libération d'Abdallah est formulée, ce qui conduit les ravisseurs de Peyrolles à le relâcher le 1er avril 1985. Mais, à la suite d'une perquisition à Paris, la DST met la main, le 2 avril 1985, sur des preuves de l'implication d'Abdallah dans les crimes commis à Paris. Les pressions américaines redoublent pour maintenir Abdallah en prison. La DST est embarrassée de ne pouvoir tenir la promesse faite aux FARL. Voir Pierre Favier et Michel Martin-Roland, *La Décennie Mitterrand*, t. 2, *op. cit.*, p. 523-525. Voir aussi le témoignage d'Yves Bonnet, patron de la DST de l'époque, dans *Contre-espionnage, op. cit.*, et dans *Liban. Les otages du mensonge*, Michel Lafon, 2008, p. 98-104.

2. *New Rush of Kidnappings in Lebanon, Terrorism Review*, 25 mars 1985, direction du renseignement de la CIA, archives de la CIA.

L'Iran pose ses conditions pour les otages

La France en obtient immédiatement la preuve flagrante. Le chargé d'affaires en Iran, Jean Perrin, est en effet reçu dès le 24 mars 1985, deux jours après l'enlèvement de Carton et Fontaine, par Rafigh Doust, le redouté ministre iranien des pasdarans. Affirmant ne pas être au courant des récentes prises d'otages, il propose néanmoins d'intervenir en faveur de leur libération et d'améliorer les relations franco-iraniennes. À plusieurs conditions, dont certaines ont déjà été exposées précédemment : la France doit limiter les actions de l'opposant iranien Massoud Radjavi sur son territoire ; elle doit libérer les membres du commando Naccache, les « Bakhtiaricides », toujours emprisonnés ; elle doit cesser ses livraisons d'armes à l'Irak ; et elle est priée de rembourser le prêt d'un milliard de dollars consenti en 1975 par le shah d'Iran pour participer à la construction de l'usine d'enrichissement d'uranium Eurodif, construite à Tricastin[1].

Ces exigences, qui seront maintes fois répétées, ont le mérite de démontrer qu'une des clés de l'affaire des otages se trouve à Téhéran. Embarrassé, le gouvernement ne paraît pas saisir le message. De plus, les preuves de vie des otages font défaut. Des émissaires sont envoyés à Damas pour tenter de dénouer l'imbroglio. Ils espèrent que la Syrie pourra jouer les intermédiaires, comme elle le fera quelques semaines plus tard lors d'un détournement d'avion de la TWA qui s'achèvera, entre Beyrouth et Damas, par une intercession du Amal islamique et la libération de prisonniers chiites en Israël.

Cependant, la situation se complique le 22 mai 1985, lorsque le grand reporter Jean-Paul Kauffmann et le chercheur Michel Seurat, tout juste débarqués à Beyrouth, sont kidnappés à leur tour. Leur enlèvement précède de peu le rapt de deux Américains, l'administrateur d'hôpital David Jacobsen, le 28 mai, et l'agronome Thomas Sutherland, le 10 juin. Le Jihad islamique dénonce publiquement la politique de la France et des États-Unis, sommés de faire pression sur le Koweït pour qu'il relâche aussi des militants chiites emprisonnés[2].

---

1. Voir Pierre Favier et Michel Martin-Roland, *La Décennie Mitterrand*, t. 2, *op. cit.*, p. 526-527.
2. *Lebanon, « Islamic Jihad » Goes Public on the Hostages*, Terrorism Review, 3 juin 1985, direction du renseignement de la CIA, archives de la CIA.

Le piège se referme sur les deux « Satan » occidentaux, principales cibles des milices libanaises. Plus aisées à organiser et moins sanglantes que les attentats suicides, les prises d'otages constituent un moyen de pression redoutable sur des pays où l'opinion publique pèse en permanence sur la conduite des gouvernements. L'attente est un supplice pour les familles des victimes. Aucune négociation ne peut être reconnue officiellement avec des groupuscules qui exercent un chantage. Mais l'inaction peut coûter cher en termes de vies humaines... et de popularité. Dès l'été 1985, Paris et Washington entament, chacun de leur côté, des tractations secrètes, dans une relative improvisation.

Des barbouzes français et américains entrent en piste

Côté français, Paris croit à une médiation syrienne. Les contacts noués par des diplomates avec l'entourage d'Hafez el-Assad semblent encourageants, tandis que les services secrets syriens sont approchés par le conseiller élyséen François de Grossouvre. En attendant que ces pistes donnent quelques résultats, d'autres sont explorées. La DGSE est chargée de préparer une éventuelle opération commando au Liban. Mais elle doit vite remiser ses plans : l'opération serait trop risquée. Par ailleurs, le sabotage du navire *Rainbow Warrior* de Greenpeace dans le port d'Auckland, en Nouvelle-Zélande, par des équipes de la DGSE, au début de juillet 1985, provoque à Paris un séisme politique, qui conduit au départ forcé du ministre de la Défense, Charles Hernu, et du patron de la DGSE, l'amiral Pierre Lacoste.

La DGSE étant hors circuit, Mitterrand active d'autres réseaux. Les membres de la « cellule antiterroriste » de l'Élysée, créée en 1982 après une vague d'attentats en France, prennent le dossier en main. Pilotée par le commandant Christian Prouteau, la cellule est constituée d'un mélange détonant de gendarmes et de policiers qui ont toute latitude d'action, sous la houlette du directeur adjoint de cabinet de François Mitterrand, Gilles Ménage. Suspectés de coups tordus par leurs homologues du ministère de l'Intérieur ou de la Défense, ils ne dédaignent pas les montages audacieux. C'est à eux que l'on devra, notamment, les dérapages des écoutes illégales de l'Élysée.

Pour la mission « otages », une somme de 4,5 millions de francs est débloquée, au début de juillet 1985, sur les fonds secrets de l'Élysée. Le commandant Prouteau et plusieurs autres membres de la cellule, dont le colonel Jean-Louis Esquivié et Robert Montoya, se rendent plusieurs fois au Liban et en Syrie pour tenter de démêler l'écheveau. Ils transportent souvent avec eux une mallette remplie de billets. Ils ont des rendez-vous avec plusieurs dignitaires chiites, dont les responsables des milices Amal de Nabih Berri. Ils obtiennent surtout des promesses d'intercession du général Mustapha Tlass, le puissant ministre syrien de la Défense, lequel vient secrètement rendre visite au président Mitterrand dans sa maison de Latché. Ils rencontrent aussi le ministre iranien Rafigh Doust, lequel, cette fois-ci, reste évasif[1].

Cette filière d'émissaires élyséens, qui agit sans prévenir les diplomates du Quai d'Orsay en charge du dossier, ne progresse guère, bien qu'elle distribue ici et là des sommes rondelettes. « Ils ont parfois été assez proches des bons interlocuteurs, mais sans s'en rendre compte[2] », estime un ancien négociateur. Cette équipe est doublée, à la fin d'août 1985, par un autre intermédiaire improvisé, le Dr Razah Raad. Installé à Argentan, petite ville de l'Orne dont il est le maire adjoint (RPR), cet honorable médecin d'origine libanaise obtient, durant un séjour estival dans sa famille près de Baalbeck, deux lettres manuscrites de Marcel Carton et Marcel Fontaine. Ces premières preuves de vie d'otages attirent l'attention des services américains comme des officiels français. Deux diplomates arabisants du Quai d'Orsay, Pierre Blouin et Jean-Claude Cousseran, essaient de guider le Dr Razah Raad, qui effectue sur place plusieurs voyages, ponctués de maladroites déclarations médiatiques. Alerté en septembre par un ami journaliste chiite de possibles ouvertures en Iran, un autre diplomate français, Éric Rouleau, ambassadeur à Tunis, s'occupe, quant à lui, de faire avancer des négociations avec Téhéran. Les Iraniens répètent à plusieurs reprises leurs conditions. L'Élysée commence à se convaincre qu'une remise de peine d'Anis Naccache et de ses complices pourrait probablement contribuer à faciliter les échanges.

Mais les exigences sur les « Bakhtiaricides » et sur le remboursement du prêt Eurodif sont complétées par des messages informels transmis à partir de l'été 1985 par plusieurs « hommes

---
1. Rapporté dans Yves Bonnet, *Liban. Les otages du mensonge*, op. cit., p. 125-126.
2. Entretien avec l'auteur, 2009.

d'affaires », comme Ahmad Ghahreman et Iradj Ahrabi, qui évoquent des demandes de l'Iran en matière d'armements. Pour contrer l'Irak, Téhéran souhaite acquérir des missiles Exocet, des missiles antichars Roland, des canons de 155 mm, des obus. Et même des patrouilleurs militaires, fabriqués à Cherbourg par les Chantiers mécaniques de Normandie (CMN), dont l'armée iranienne possède déjà une dizaine d'exemplaires, acquis par le régime du shah. Au même moment, la CMN intéresse d'ailleurs un jeune homme d'affaires libanais qui vend beaucoup de choses aux Iraniens, Iskandar Safa. Ce dernier tente vainement de racheter l'entreprise[1]. Très bien introduit à Téhéran, Safa jouera bientôt, avec son frère, un rôle clé dans le dénouement de l'affaire des otages, aux côtés de Jean-Charles Marchiani, un ancien des services secrets, proche de Charles Pasqua.

Y aura-t-il un arrangement franco-iranien « armes contre otages » ? Officiellement, l'Élysée refusera obstinément de modifier sa politique de vente d'armes dans la région – politique qui consistait à épauler l'Irak dans sa guerre contre l'Iran. La DST avait même imaginé, avant 1985, de piéger des Iraniens en leur faisant miroiter de fausses ventes de missiles Exocet provenant d'Argentine, avec l'aide d'un intermédiaire complice[2]. Pourtant, dès le début des années 1980, le patron de la société française Luchaire avait été secrètement autorisé par le gouvernement à prospecter le marché iranien afin de rééquilibrer un peu les ventes d'armes françaises entre l'Iran et l'Irak. Luchaire a ainsi expédié illégalement des milliers d'obus en Iran, jusqu'à la révélation de l'affaire dans la presse française, au début de 1986. Le trafic sera stoppé net par ce scandale, dont les retombées perturberont partiellement les négociations dans l'affaire des otages, entamées au second semestre de 1985.

Pendant ce temps, la Maison-Blanche multiplie également les initiatives sinueuses pour obtenir la libération de « ses » otages. Comme en France, ce sont des « cow-boys », directement rattachés au président des États-Unis et connectés à des vendeurs d'armes, qui se mobilisent. Le conseiller à la Sécurité nationale, Robert McFarclane, son adjoint, John Poindexter, et l'un de leurs collaborateurs, le colonel Oliver North, prennent le dossier des otages à bras-le-corps.

---
1. Iskandar Safa rachètera finalement les CMN de Cherbourg en 1992.
2. Cette manipulation, destinée à embarrasser les Iraniens, n'a pas reçu de feu vert de l'Élysée. Rapporté par Yves Bonnet dans *Contre-espionnage, op. cit.*, p. 352.

Dès le mois de mai 1985, plusieurs experts de la Maison-Blanche ont recommandé un rapprochement avec l'Iran afin d'obtenir la libération des otages. Partisan de cette politique, McFarlane rend visite au président Reagan sur son lit d'hôpital – ce dernier vient de se faire opérer d'un cancer. Il obtient cette brève consigne : « OK, allez-y[1] ! » Concrètement, lors d'une réunion à la Maison-Blanche le 8 août 1985, l'équipe de McFarlane suggère de commencer à livrer discrètement des armes à l'Iran. Un haut diplomate israélien, David Kimche, ancien numéro deux du Mossad, a proposé la médiation de son pays, avec l'aide de l'homme d'affaires iranien Manucher Ghorbanifar. Ce négociant multicartes, informateur de plusieurs services occidentaux, a déjà été utilisé comme *go-between* lors de la crise des otages américains à Téhéran entre 1980 et 1981. Ami du marchand d'armes saoudien Adnan Khashoggi comme du francophile Iskandar Safa, « Ghorba », qui séjourne souvent à Paris, est surveillé de près par la CIA, qui le juge « malhonnête » et peu fiable. Mais rien n'arrête les têtes brûlées de McFarlane. Le deal est simple : Israël doit expédier des missiles antichars TOW à Téhéran, tandis que les États-Unis réapprovisionneront l'État hébreu. En échange, l'Iran est censé faire libérer les otages américains au Liban...

La première opération se déroule sans trop d'encombre, avec deux cargaisons. L'Iran achète 508 missiles TOW à Israël, et, le 15 septembre 1985, un des otages, le révérend Benjamin Weir, enlevé un an plus tôt, est libéré[2]. La Maison-Blanche mord à l'hameçon iranien. Une autre livraison d'armes est organisée en novembre, cette fois sans qu'aucun otage en bénéficie. Cela ne décourage pas « Ollie » North. En dépit des rapports défavorables de la CIA sur Manucher Ghorbanifar, le président Reagan donne à nouveau son feu vert, le 17 janvier 1986, à d'autres opérations secrètes « armes contre otages », pilotées par North[3]. Seule

---

1. Rapporté par Ronald Reagan lui-même dans *An American Life, op. cit.*, p. 505. Voir aussi le rapport de la commission Tower sur l'Irangate.
2. Surprise par la nouvelle et soucieuse de ne pas exposer ses propres soldats à une embuscade, l'ambassade américaine à Beyrouth demande aux forces spéciales britanniques – accompagnées d'un seul homme de la sécurité de l'ambassade – d'aller recueillir Benjamin Weir dans le lieu où il a trouvé refuge, à Beyrouth-Ouest. Témoignage de l'ancien chargé d'affaires à Beyrouth, Francis McNamara, 18 mars 1993, FAOHP.
3. Le secrétaire d'État, George Shultz, et le secrétaire à la Défense, Caspar Weinberger, auraient exprimé leurs réticences. Voir George Shultz, *Turmoil and Triumph, op. cit.*, p. 783-840, et Caspar Weinberger, *Fighting For Peace, op. cit.*, p. 353-386.

condition : que le Congrès n'en soit pas informé. Car, officiellement, les États-Unis ont décrété un embargo sur les ventes à destination de Téhéran et soutiennent militairement l'Irak dans sa guerre contre son voisin !

À Washington comme à Paris, en ce début d'année 1986, des officiels divisés franchissent des lignes rouges, parient sur des intermédiaires incertains et tablent sur la bonne volonté de quelques Iraniens présumés « modérés » qui seraient disposés à marchander. Au risque de le payer très cher.

L'Iran balade Mitterrand

Côté français, les rivalités entre services, la multiplicité des interlocuteurs et l'enchevêtrement des démarches entamées à Beyrouth, Damas et Téhéran sèment la confusion. Les messages parvenant à Paris sont contradictoires : tantôt les ravisseurs seraient des groupuscules de voyous employés par des dissidents chiites libanais, incontrôlables depuis la Syrie et l'Iran ; tantôt les émissaires semblent sûrs de leur pouvoir d'intercession. Après des semaines de négociations, François Mitterrand a approuvé le début de pourparlers avec Téhéran sur le contentieux Eurodif. Il a également donné son aval à la libération rapide d'Anis Naccache en échange de celle des quatre otages français. Un contre quatre. C'est le deal. Il a aussi promis que les quatre autres « Bakhtiaricides » feraient l'objet d'une mesure de relaxe d'ici à la fin de son mandat, en 1988[1]. « Cette mesure était conditionnée par un engagement iranien de ne plus commettre d'attentats en France dans l'intervalle[2] », révèle un des négociateurs français.

Un fragile scénario optimiste semble se profiler au début de janvier 1986 : celui d'une libération simultanée d'Anis Naccache et des otages français, avec l'accord de Rafigh Doust, le ministre iranien, et la garantie du président syrien, Hafez el-Assad. Le 5 janvier, le bras droit de Doust, Mohammad Sadegh, est à Paris, prêt à s'envoler avec Naccache vers la Suisse dès la sortie de prison de ce dernier. Le même jour, le ministre Roland Dumas doit se rendre à Damas afin de récupérer les otages. Au dernier

---
1. Décision prise dans la deuxième quinzaine de décembre 1985. Rapporté dans Pierre Favier et Michel Martin-Roland, *La Décennie Mitterrand*, t. 2, *op. cit.*, p. 537-540.
2. Entretien avec l'auteur, 2009.

moment, Mitterrand fait part à Dumas d'ultimes difficultés qui retardent le processus[1]. Sur le terrain, les discussions entre les Syriens, les Iraniens, le Hezbollah et les geôliers se prolongent. Chaque camp défend son pré carré. D'ultimes manœuvres font échouer le plan. « À Beyrouth, des représentants de votre opposition ont proposé mieux aux ravisseurs[2] », glisse l'Iranien Mohammad Sadegh à son interlocuteur au Quai d'Orsay, Jean-Claude Cousseran.

Intox ? Pas sûr. Des représentants de Jacques Chirac, maire de Paris et leader d'une opposition qui s'apprête à remporter les élections législatives de mars 1986, auraient entamé des discussions parallèles avec les kidnappeurs, promettant de libérer l'ensemble du commando Naccache en échange des otages. Plusieurs témoins le confirment. Depuis quelques semaines, le brave Dr Razah Raad n'a pas caché à ses correspondants réguliers au Quai d'Orsay que des proches de Chirac lui avaient rendu visite à Argentan et s'activaient dans l'ombre. À l'épouse de Michel Seurat, l'un des chefs du Amal islamique a mystérieusement confié, le 1er janvier, qu'elle ne devait pas s'attendre à une libération rapide de son mari. « On préfère attendre un changement de gouvernement, car la droite nous a promis beaucoup plus[3]. »

Déstabilisé par cet échec, l'Élysée peine à renouer les fils d'une négociation où les Iraniens soufflent le chaud et le froid. Au début de février, une vague d'attentats secoue Paris, revendiquée par un Comité de solidarité avec les prisonniers politiques arabes et du Proche-Orient (CSPPA) qui réclame la libération d'Anis Naccache, de Georges Ibrahim Abdallah et d'un Syro-Arménien, Varadjian Garbidjan. En réaction, la police française procède à des arrestations dans les milieux pro-islamiques. Le 19 février, deux opposants irakiens pro-iraniens sont expulsés *manu militari* vers Bagdad. Le régime de Saddam Hussein les arrête aussitôt. Conscient de la grave erreur commise, l'Élysée dépêche deux diplomates, Jacques Morizet et Jean-Claude Cousseran, auprès de Saddam Hussein pour tenter de ramener les deux opposants. En vain – pour l'heure. Cette bavure est considérée par l'Iran comme une provocation.

---

1. Rapporté dans Pierre Favier et Michel Martin-Roland, *La Décennie Mitterrand*, t. 2, *op. cit.*, p. 539-540.
2. Rapporté *ibid.*, p. 541.
3. Témoignage de Marie Seurat rapporté dans Éric Aeschimann et Christophe Boltanski, *Chirac d'Arabie. Les mirages d'une politique française*, Grasset, 2006, p. 128.

Les représailles sont immédiates. Le 25 février 1986, un autre Français, Marcel Coudari, est enlevé à Beyrouth. Le 5 mars, le Jihad islamique annonce l'exécution du chercheur Michel Seurat, qui, en réalité, est décédé d'un cancer[1]. Le 8 mars, une équipe de journalistes d'Antenne 2, composée de Philippe Rochot, Georges Hansen, Aurel Cornea et Jean-Louis Normandin, est kidnappée. Il n'y a plus quatre otages français au Liban, mais huit. Téhéran a renforcé ses gages.

À une dizaine de jours du premier tour des législatives, la tension est extrême sur ce sujet dans les allées du pouvoir. Des intermédiaires de toute sorte, qui prétendent avoir des contacts chez les chiites, proposent des services plus ou moins rémunérés. Une dernière tentative de négociation est organisée en catastrophe. Le Dr Razah Raad repart à Beyrouh pour s'entendre dire que les ravisseurs attendent que les élections soient passées. De son côté, l'ambassadeur Éric Rouleau retourne à Téhéran, où s'active le chargé d'affaires Pierre Lafrance. Leur interlocuteur, le ministre Rafigh Doust, reparle d'un échange « otages contre commando Naccache ». Mais, le 13 mars, le ministre iranien les informe brutalement que plus rien n'est possible. Malgré des dernières propositions françaises, le dossier est bloqué. « C'est un consensus au plus haut niveau de l'État qui interdit à Rafigh Doust d'intervenir auprès des ravisseurs pour qu'un règlement intervienne tel que nous le souhaitons, écrivent aussitôt Rouleau et Lafrance dans un télégramme envoyé à Paris. Compte tenu du rapport de force, nos propositions ont été jugées trop modestes et trop tardives. "La course des valeurs a atteint son zénith", a remarqué Sadegh, en se référant à des propositions émanant de l'opposition... »

Ce document évoque une nouvelle fois le fait que, selon les Iraniens, l'opposition française « entretient des relations suivies depuis trois mois avec les ravisseurs et les milieux proches du gouvernement iranien en leur promettant un règlement beaucoup plus avantageux que celui élaboré par l'actuel gouvernement[2] ». Jacques Chirac démentira vigoureusement cette thèse, la quali-

---

[1]. Michel Seurat est décédé au début de février, avant l'expulsion des deux Irakiens. Mais l'annonce de sa mort, le 5 mars, provoque une polémique, Marie Seurat accusant la France d'être responsable du décès de son mari.

[2]. Télégramme d'Éric Rouleau et Pierre Lafrance, 13 mars 1986, révélé par le journal *Le Matin* le 20 janvier 1987 et rapporté dans Pierre Favier et Michel Martin-Roland, *La Décennie Mitterrand*, t. 2, *op. cit.*, p. 546-547 et p. 826-827, ainsi que dans Jacques Attali, *Verbatim*, t. 1, *op. cit.*, p. 938-939.

fiant d'absurde, sans nier avoir déployé des efforts « à titre personnel » pour tenter de libérer les otages avant les élections[1]. La manipulation iranienne est possible. Néanmoins, le doute demeure, d'autant que, selon les officiels iraniens, des émissaires de Chirac étaient à Téhéran en même temps qu'Éric Rouleau[2].

La victoire de la coalition RPR-UDF le dimanche 16 mars 1986 ne surprend personne. Jacques Chirac est invité par le président Mitterrand à former un gouvernement. Entre les deux pôles de l'exécutif, l'Élysée et Matignon, débutent deux années de cohabitation électrique. Chirac à peine nommé, les attentats reprennent, comme si Téhéran voulait signifier au nouveau pouvoir qu'il ne bénéficiera d'aucun état de grâce. Une bombe explose le 17 mars dans le TGV Paris-Lyon, blessant neuf personnes ; puis une deuxième, le 20 mars, à la galerie Point Show des Champs-Élysées, fait deux morts et vingt-huit blessés. Un autre Français, Camille Sontag, est enlevé le 7 mai à Beyrouth.

Mais la gestion du dossier se complique à Paris. Soucieux de ne pas aller au-delà de ce qu'il avait lui-même concédé en janvier, Mitterrand refuse à Chirac que les quatre otages au Liban soient échangés d'un seul coup contre les cinq « Bakhtiaricides ». « Nous savons très bien que c'est ce que veulent les ravisseurs, mais le président a décidé d'être très ferme sur ce point », confie un conseiller de l'Élysée à l'ambassadeur américain Joe Rodgers. Ce dernier se réjouit de cette résolution, mais il voit surtout dans ce blocage la preuve que Mitterrand n'a aucune envie de faciliter la tâche de son Premier ministre en ce domaine[3]. La sourde guerre de la cohabitation a des effets directs ! Malgré ce veto, Jacques Chirac reprend le dossier à zéro, avec l'aide de son conseiller

---
1. Jacques Chirac, Europe 1, 6 janvier 1987. Chirac aurait confié à Mitterrand, au printemps 1986 : « J'ai cru moi-même en janvier que je pourrais ramener les otages et je m'apprêtais à vous téléphoner pour vous en informer. Et puis cela n'a pas marché. » Rapporté dans Jacques Attali, *Verbatim*, t. 2 : *Chronique des années 1986-1988*, Fayard, 1995, p. 1.
2. « Ils attendaient de savoir ce que je disais et ils doublaient la mise », dira Éric Rouleau. L'Iranien Hachemi Rafsandjani, président de l'Assemblée, affirmera dans *Jeune Afrique*, en 1987, détenir les preuves de l'implication de « gens qui placent l'intérêt de leur parti avant ceux de la nation », sous-entendu le RPR ; rapporté dans Yves Bonnet, *Liban. Les otages du mensonge*, op. cit., p. 161. Le nom de Michel Roussin, collaborateur de Jacques Chirac, a été avancé par Pierre Péan dans *Manipulations africaines*, Plon, 2001, p. 202. Mais rien n'est venu prouver cette présence. Voir aussi Éric Aeschimann et Christophe Boltanski, *Chirac d'Arabie*, op. cit., p. 132-133.
3. *Mitterrand Advisor on Tokyo Summit, Terrorism*, op. cit.

diplomatique François Bujon de l'Estang. « L'Élysée s'y était pris de manière brouillonne, se souvient celui-ci. Chirac a posé comme principe qu'on ne pouvait négocier qu'avec des gouvernements, pas avec des preneurs d'otages. Dans un premier temps, je m'en suis occupé personnellement, travaillant étroitement avec Michel Roussin, chef de cabinet de Chirac, et Éric Desmarest, directeur de cabinet de Jean-Bernard Raimond, le ministre des Affaires étrangères. Nous ne tenions pas l'Élysée informé de tout ce que nous faisions. Nous avons discuté directement avec le gouvernement de Téhéran, qui voulait essentiellement que nous cessions d'aider l'Irak, ce qui n'était pas négociable ; que l'on mette fin aux activités des Moudjahidines du peuple en France, ce qui était possible ; et que l'on règle le contentieux Eurodif, ce que nous avons entamé. Deux diplomates du Quai sont allés à Téhéran, et Chirac a reçu en mai le vice-Premier ministre iranien Ali Reza Moayeri à Paris. Parallèlement, Jean-Bernard Raimond avait des contacts avec le ministre iranien des Affaires étrangères, Ali Akbar Velayati[1]. »

Les pourparlers sur Eurodif débutent à Téhéran le 3 juin 1986. Chirac ordonne le départ de France des Moudjahidines du peuple et de leur chef, Massoud Radjavi, ce qui satisfait Téhéran. Résultat : le 20 juin, le journaliste Philippe Rochot et le cameraman Georges Hansen sont conduits à Damas, où François Bujon de l'Estang les attend pour les ramener en avion à Paris. Des rumeurs évoquant une rançon payée aux ravisseurs *via* des commerçants libanais en Côte d'Ivoire est officiellement démentie. En tout état de cause, le timide réchauffement entre Paris et Téhéran semble porter ses premiers fruits. « Les Iraniens avaient tenu parole et nous aussi. La voie était ouverte[2] », résumera Jean-Bernard Raimond.

L'équipe de Reagan compte sur Chirac pour être plus ferme

Naturellement, Washington suit de près, durant toute cette année 1986, les échecs et les succès français, susceptibles d'avoir des retombées sur le sort des otages américains détenus au Liban.

---
1. Entretien de François Bujon de l'Estang avec l'auteur, 13 octobre 2009.
2. Rapporté dans Jean-Bernard Raimond, *Le Quai d'Orsay à l'épreuve de la cohabitation*, Flammarion, 1989, p. 62.

Au début de mars, la mort de Michel Seurat et le kidnapping de l'équipe d'Antenne 2 ont « semé la panique au sein du gouvernement français », rapportent les experts de la CIA. Ces derniers ne paraissent d'ailleurs pas certains que le Hezbollah se contenterait d'un échange « otages contre commandos Naccache[1] ».

Mais les Américains ne sont pas dans une situation plus confortable. Le groupe de travail de la CIA, chargé de localiser les otages, ne dispose que de maigres renseignements à ce sujet. Certains évoquent la prison Basta, à Beyrouth-Ouest, d'autres un garage souterrain ou encore des bâtiments près de l'aéroport. Le 12 mars, l'ambassadeur français à Damas indique à son homologue américain que le Hezbollah a envisagé de transférer tous ses otages dans la plaine de la Bekaa. Dans la foulée, d'autres officiels français confient qu'ils ont demandé à Damas d'intercepter les otages durant leur transfert dans la Bekaa, mais que des fuites ont fait échouer ce plan. Une autre source, à Paris, évoque le fait que deux Américains seraient désormais détenus dans le village de Brital[2]. La pêche est aussi maigre qu'incertaine.

L'arrivée de Jacques Chirac à Matignon suscite des commentaires plus fervents : « Le nouveau gouvernement conservateur met en place un plan plus agressif pour obtenir la libération de ses otages. [...] Selon un officiel, le Premier ministre Chirac a décidé de faire un grand effort sur ce sujet afin de renforcer sa position politique encore fragile, notamment parce que le président Mitterrand conserve encore une forte influence[3]. » Le bras de fer de la cohabitation n'échappe pas à la CIA. Par ailleurs, les Français auraient compris que les Syriens ont « peu d'influence sur les groupes de Hezbollah détenant les otages et qu'ils doivent négocier avec Téhéran ». Cette conviction est largement partagée à Washington, où les efforts proclamés des Syriens pour libérer les otages américains sont perçus comme « plus apparents que réels[4] ». En résumé, la CIA estime que la France « n'a pas les

---

1. *Update on French Hostages, Annex 1, DCI-Hostage Location Task Force Report*, 14 mars 1986, mémorandum de Charles Allen (CIA) à John Poindexter (Maison-Blanche), archives de la CIA.
2. Rapporté dans *DCI-Hostage Location Task Force Report*, 10 avril 1986, archives de la CIA.
3. *French Hostages, DCI-Hostage Location Task Force Report*, 25 avril 1986, mémorandum de Charles Allen (CIA) à John Poindexter (Maison-Blanche), archives de la CIA.
4. *Syrian Efforts to Release Hostages in Lebanon, DCI-Hostage Location Task Force Report*, 23 mai 1986, mémorandum de Charles Allen (CIA) à John Poindexter (Maison-Blanche), archives de la CIA.

moyens d'exercer assez de pression à Beyrouth, Damas et Téhéran pour faire libérer ses otages », mais que Chirac, obligé de négocier, sera certainement « moins enclin aux concessions » que ses prédécesseurs.

Globalement, Reagan espère aussi que Chirac se rapproche de ses vues sur la lutte antiterroriste. Le refus opposé par Matignon et l'Élysée au survol du territoire par les avions américains qui vont bombarder Tripoli à la mi-avril n'augure pourtant rien de bon. Cependant, les premières mesures législatives qui renforcent le dispositif antiterroriste sur le territoire, annoncées par le Premier ministre le 9 avril 1986, semblent encourageantes. « Le gouvernement français sera plus dur au plan domestique, mais il restera hésitant pour des actions à l'étranger[1] », estime la CIA.

Afin de tester les intentions françaises, Washington suggère la tenue d'un séminaire bilatéral entre responsables de la lutte antiterroriste. Celui-ci se déroule dans la plus grande confidentialité à la Maison-Blanche les 17 et 18 juin 1986. Face à la délégation américaine coprésidée par Oliver North et composée de représentants de la CIA, du FBI, du Pentagone et du département d'État, une brochette de policiers, d'agents secrets et de diplomates français – dont Dominique de Villepin, alors premier secrétaire à l'ambassade à Washington – ont fait le déplacement. Au menu des deux journées de travail : la Libye, la Syrie, l'Iran, les otages au Liban[2].

Cette amorce de coordination donne peu de résultats. Lorsque Philippe Rochot et Georges Hansen sont libérés à Damas, le 20 juin, les Américains sont intéressés par les conditions de leur détention. « Il nous serait très utile de pouvoir les interroger », demande aussitôt le vice-amiral John Poindexter à François Bujon de l'Estang. Celui-ci répond que la requête sera transmise à Jacques Chirac. Selon le conseiller diplomatique de Matignon, les deux otages ignorent où ils étaient retenus et qui les détenait. Bujon insiste seulement sur le fait que les Syriens n'ont « aucune

---

1. *France : The Counterterrorist Policy of the New Conservative Government*, mémorandum de la CIA, mai 1986. La coopération franco-américaine ne sera pas aisée, selon les diplomates. *Behind the Iron Mask, Counterterrorism Policy in the Chirac Government*, télégramme de l'ambassade des États-Unis à Paris, 13 juin 1986. Reagan Library.
2. *US-French Counter-Terrorism Discussions*, 17-18 juin 1986, mémorandum d'Oliver North à John Poindexter, Conseil de sécurité nationale, 13 juin 1986, Reagan Library. Un séminaire américano-britannique similaire s'est tenu le 28 mai 1986.

influence » sur les ravisseurs, alors que les Iraniens en ont assez pour poursuivre les libérations[1].

Les échanges ne vont guère plus loin. Tenu à l'écart de ces pourparlers bilatéraux, l'Élysée se méfie : « Les Américains ont laissé apparaître leurs intentions de pénétrer la coopération européenne sur le terrorisme [...] en jouant les experts par-dessus les politiques[2] », prévient Jean Musitelli, chargé de mission, dans une note au président Mitterrand avant une rencontre avec Reagan, prévue en marge du centenaire de la statue de la Liberté, à New York, le 4 juillet 1986. Le président américain s'inquiète surtout auprès de Mitterrand d'une possible grâce visant Georges Ibrahim Abdallah[3].

Entre Washington et Paris, les discordes reprennent, empêchant toute coordination dans la gestion de cette affaire. Pour corser la situation, l'Iran fait remonter la pression des deux côtés. Une rencontre secrète tenue à Genève à la fin de juillet entre le conseiller de Chirac, François Bujon de l'Estang, et des proches du Premier ministre iranien, Hossein Moussavi, donne lieu à un dialogue de sourds : les Iraniens réclament vainement une coopération militaire – en clair, des ventes d'armes françaises et l'arrêt des livraisons militaires à l'Irak – et restent évasifs quant à leur possible influence sur la libération des otages[4]. À Paris, les partisans de la fermeté regagnent du terrain. Ainsi, le ministre des Affaires étrangères, Jean-Bernard Raimond, se voit refuser par Matignon un contact officiel avec son homologue iranien, Ali Akbar Velayati, à la mi-août. Les négociations sont rompues.

Cette impasse conduit à une nouvelle vague d'attentats, revendiqués par le CSPPA, en septembre 1986. Six bombes frappent Paris, notamment au bureau de poste de l'Hôtel de Ville, à La

---

1. *Release of French Hostages*, message de l'ambassadeur Joe Rodgers à John Poindexter, 25 juin 1986, Reagan Library. Voir extrait de ce document en annexe.
2. *Votre déjeuner avec le président Reagan (vendredi 4 juillet 1986)*, note de Jean Musitelli, chargé de mission, Élysée, archives de la présidence de la République, 5AG4 CD265, Archives nationales.
3. Lettre de Ronald Reagan à François Mitterrand, 18 juillet 1986, Reagan Library. Abdallah sera finalement condamné en février 1987 à la réclusion criminelle à perpétuité en France.
4. Note de François Bujon de l'Estang après sa rencontre avec M. Fahrad-Nia, conseiller d'Hossein Moussavi, le 24 juillet 1986, citée dans Jacques Chirac, *Chaque pas doit être un but, op. cit.*, p. 350-354. Ce rendez-vous a eu lieu en présence de l'interprète Wahid Gordji, porte-parole à l'ambassade d'Iran à Paris, qui sera ensuite au cœur d'une polémique franco-iranienne.

Défense, sur les Champs-Élysées, à la préfecture de police et rue de Rennes, où l'on dénombre six morts et plus de cinquante blessés. Croyant d'abord à la piste des frères Abdallah au Liban, le gouvernement mettra plusieurs mois avant d'identifier la véritable origine de cette campagne : le Tunisien Fouad Ali Saleh, proche du Hezbollah, qui a agi à la demande de l'Iran. Par ailleurs, à Beyrouth, l'attaché militaire français, le colonel Christian Gouttière, est abattu de quatre balles devant l'ambassade, le 18 septembre.

Quelques jours après, le 6 octobre 1986, les ravisseurs rendent publiques des vidéos de trois otages français, Marcel Carton, Marcel Fontaine et Jean-Paul Kauffmann. Ils y apparaissent éprouvés. Ils sont contraints de dénoncer publiquement l'irresponsabilité du gouvernement français. La manœuvre est grossière, mais elle marque l'opinion. Dans le communiqué qui accompagne les images, les kidnappeurs affirment que les « rectifications des erreurs commises par le gouvernement précédent » ne sont pas encore suffisantes et que la France doit changer sa politique dans la région. Un mois plus tard, le 19 novembre 1986, la France effectue un premier remboursement à l'Iran de 330 millions de francs sur le prêt Eurodif. Le Quai d'Orsay a discrètement renoué les fils avec Téhéran[1]. Le geste est payant : trois des otages, Camille Sontag, Marcel Coudari et Aurel Cornea, retrouvent la liberté avant Noël 1986. Mais il en reste quatre (Carton, Fontaine, Kauffmann et Normandin) entre les mains du Hezbollah.

Les Américains endurent parallèlement le même chantage. Des vidéos des otages Anderson et Jacobsen sont diffusées le 3 octobre, trois jours avant celles des Français. La CIA ne doute pas qu'il s'agit là d'une campagne médiatique concertée du groupe d'Imad Moughniyeh, la faction du Hezbollah qui détient les otages, afin de « forcer Paris et Washington à faire des concessions[2] ». Durant la même période, trois autres Américains sont kidnappés dans les rues de Beyrouth. Pour tenter de les sauver, l'ancien otage britannique Terry Waite, émissaire de

---

1. Le ministre Jean-Bernard Raimond a finalement rencontré secrètement son homologue iranien Ali Akbar Velayati à New York en septembre et les négociations ont repris. Voir Jean-Bernard Raimond, *Le Quai d'Orsay à l'épreuve de la cohabitation, op. cit.*, p. 106-110.

2. *Hezbollah Groups Step Up Public Relations Campaign ; Captors Appeal to French Public*, DCI-Hostage Location Task Force Report, 10 octobre 1986, mémorandum de Charles Allen (CIA) à John Poindexter (Maison-Blanche), archives de la CIA.

l'Église anglicane, poursuit des missions de bons offices dans la capitale libanaise. La tâche est délicate, car la rivalité entre les milices et l'anarchie permanente rendent la situation à Beyrouth-Ouest « extrêmement dangereuse, tant pour les résidents locaux que pour les étrangers[1] ». Terry Waite, qui est en contact étroit avec Oliver North, obtiendra au début de novembre 1986 la libération de David Jacobsen, enlevé vingt mois plus tôt.

North négocie avec les Iraniens et se moque des Français

À dire vrai, à l'automne 1986, l'équipe de choc de la Maison-Blanche, autour de Poindexter et North, table toujours sur ses ventes d'armes secrètes à l'Iran pour enrayer cette escalade. Ils discutent avec l'homme d'affaires Manucher Ghorbanifar et son ami Mohsen Kangarlou, considéré comme le « Monsieur Otages » des Iraniens, proche du Premier ministre Hossein Moussavi. Les négociateurs se sont croisés à Francfort en février, à Paris en mars, à Téhéran en mai. Le père Lawrence Jenco, retenu pendant dix-neuf mois par le Jihad islamique, a été libéré le 26 juillet 1986 grâce à l'expédition de centaines de missiles et de pièces détachées *via* Israël[2]. Des millions de dollars ont transité par des comptes en banque ouverts par la CIA en Suisse.

Bouillant et impétueux, Oliver North croit à son étoile. Parfois, il débarque à Beyrouth en jouant les cow-boys, en compagnie de ses collaborateurs et de l'émissaire Terry Waite, assurant qu'il fera tuer des proches des ravisseurs habitant à Londres si les otages ne sont pas libérés. « Il voyait les choses comme un simple jeu dont il était l'acteur principal, alors que la situation était explosive. Il était difficile de faire confiance à un type aussi fou[3] », témoignera le chargé d'affaires américain à Beyrouth, Francis McNamara.

North multiplie les initiatives sur tous les fronts en se présentant comme le « représentant personnel » du président Reagan. Il rencontre secrètement le Premier ministre du Koweït pour le

---
1. *West Beirut, Declining Security and the American University of Beirut*, 13 juin 1986, direction du renseignement, CIA, archives de la CIA.
2. *Next Steps on the American Hostages*, mémorandum d'Oliver North à John Poindexter, Conseil de sécurité nationale, Maison-Blanche, 28 juillet 1986, archives de la CIA.
3. Interview de Francis McNamara, FAOHP, *op. cit.*

convaincre de faire libérer des prisonniers réclamés par le Hezbollah. En octobre 1986, il est de passage à Paris, conseillant la DST après la campagne d'attentats qui a frappé la capitale. Au début et à la fin du même mois, North négocie durant plusieurs jours avec les émissaires iraniens, près de Francfort, en Allemagne. Les Iraniens réclament des missiles HAWK, des radars et des pièces détachées supplémentaires, qu'ils sont prêts à acheter à prix d'or, pour le plus grand bénéfice des intermédiaires. Un ou deux otages pourraient être relâchés en échange de ces armes.

Pourvu que l'affaire demeure secrète, North s'enthousiasme d'un futur rapprochement irano-américain qui pourrait avoir des retombées économiques, politiques et même militaires, afin de contrer l'Irak ou l'URSS : « Nous voulons une bonne coopération entre nos deux gouvernements, dit-il. Les otages constituent l'obstacle majeur pour y arriver. Plus vite nous réglons cette affaire, plus vite nous pourrons travailler sur le reste. » Au fil de la conversation, les visiteurs iraniens évoquent, pour l'exemple, les bons contacts noués à la mi-1985 avec des Français, comme le Dr Raad à Beyrouth, puis le diplomate Éric Rouleau. Mais les choses se seraient ensuite envenimées : « Le Hezbollah n'a pas encore libéré leurs otages parce que les Français les trompent et mentent sur tout... »

North acquiesce : « Les Français sont comme ça. Que peut-on d'ailleurs attendre d'un Français ? » Son bras droit, le colonel Richard Secord, ajoute : « Bon, les Français nous intéressent, mais revenons à nos otages. Soyons sérieux. »

Chaque camp mène sa barque en surveillant l'autre d'un œil suspicieux. Un peu plus tard, Oliver North précise, en effet, que la DST a placé Ghorbanifar sur écoute. Les Français sont donc au courant des négociations de la Maison-Blanche avec cet homme d'affaires insaisissable au sujet de ventes d'armes illicites. Mais l'un des pontes de la DST aurait prévenu North lors de son dernier séjour à Paris : « Ce que vous faites pour les otages est très risqué. Cela peut vous valoir une médaille ou vous conduire en prison[1] ! »

De fait, le scandale, qui couve depuis des mois, rattrape Oliver North. Certaines factions chiites radicales désapprouvent les tractations irano-américaines. Le 3 novembre 1986, au lendemain de

---

1. *Meeting at Mainz, W. Germany, 29-30 October 1986*, archives de la CIA, et rapport de la commission Tower.

la libération de l'otage David Jacobsen, obtenue à l'arraché, le journal libanais *Al-Shiraa* écrit que des livraisons d'armes vers l'Iran ont été organisées, *via* Israël, en violation de l'embargo américain. Les révélations se succèdent. On apprend qu'une directive de Reagan a bien ordonné, en janvier 1986, que le Congrès ne soit pas informé de ces ventes d'armes. Que l'ancien conseiller de Reagan, Robert McFarlane, a effectué un voyage secret à Téhéran avec Oliver North en mai 1986, avec des équipements militaires à bord de son avion. Que le président Reagan a ensuite dédicacé une bible que North devait offrir à ses interlocuteurs pour les impressionner. On découvre surtout qu'une partie des juteux bénéfices de ces ventes illégales ont été détournées par Oliver North pour financer le soutien aux contras du Nicaragua.

Le dossier de l'Irangate éclabousse l'administration Reagan, accusée de laxisme et de tromperie. Architectes de ces montages illicites, North et son supérieur, John Poindexter, sont démis de leurs fonctions au Conseil de sécurité nationale à la fin de novembre. Une brochette de hauts responsables de la Maison-Blanche et de la CIA, dont le directeur William Casey, défilent devant plusieurs commissions du Congrès, apportant des informations de plus en plus précises sur ces tractations controversées. Ils démentent cependant avoir été au courant des détournements de fonds en faveur des contras[1].

Mitterrand soutient Reagan dans l'Irangate

L'Irangate provoque des vagues à Washington. Mais Paris n'a aucune envie de jouer les donneurs de leçons. Au contraire. Chaque pays endure sa propre épreuve avec ses otages. Le président français, impuissant à obtenir la libération des siens au début de 1986, se montre indulgent à l'endroit de Reagan.

---

1. Voir notamment le témoignage de William Casey, 9 décembre 1986, archives de la CIA. Voir aussi Bob Woodward, *CIA : guerres secrètes, op. cit.* ; Robert Gates, *From the Shadows, op. cit.*, p. 395-404 ; Christopher Andrew, *For the President's Eyes Only*, Harper & Collins, 1995, p. 488-491 ; et les rapports des commissions Tower et Walsh. Le procureur Lawrence Walsh finira, au terme d'une enquête de plusieurs années, par mettre en examen le secrétaire à la Défense, Caspar Weinbeger, et cinq autres responsables. Avant de quitter la Maison-Blanche, en janvier 1993, le président Bush, également visé par l'enquête de Walsh, accordera un pardon présidentiel à Weinberger et aux cinq autres responsables, ce qui mettra fin aux poursuites.

Mitterrand s'épanche sur le sujet avec le secrétaire d'État américain à la Défense, Caspar Weinberger, venu lui rendre visite dans l'après-midi du 3 décembre 1986. Weinberger, qui aurait été réticent à l'égard des opérations clandestines menées par des conseillers de Reagan, remercie son hôte de n'avoir pas remué immédiatement le couteau de l'Irangate dans la plaie : « Le président Reagan souhaiterait que je vous dise quelques mots à propos de l'Iran. Je vous sais gré de la courtoisie dont vous faites preuve en ne m'interrogeant pas à ce sujet. »

Mitterrand répond aussitôt : « Je ne vous en ai pas parlé. Ce sont des problèmes de conscience que je peux comprendre. Nous avons nous-mêmes nos otages, et l'Iran, bien sûr, en est principalement responsable. »

Le président français a planté le décor. Son visiteur américain enchaîne :

« L'Iran pose un problème stratégique très important, et nous espérons depuis longtemps qu'il sera possible de retrouver dans ce pays un gouvernement très rationnel. On avait dit au président Reagan : quelques éléments rationnels dans ce pays souhaitent rétablir les relations. Le président a pensé qu'il y avait là une possibilité utile, même si elle comportait des risques. C'était une ouverture vers la solution d'un problème grave et immuable depuis huit ans, depuis la chute du shah. C'est pourquoi il y a eu quelques livraisons d'armes défensives, d'ailleurs pas très modernes. Mais je dois vous le dire, et je vous le redis dans cet entretien : les renseignements donnés au président Reagan étaient mauvais. Les Iraniens dont il était question ne voulaient que des armes. Mais ce qui a été tenté par le président Reagan l'a été pour des motifs louables, même si cela n'a pas eu les résultats escomptés. »

Attentif, Mitterrand répond en livrant sa propre analyse : « C'est le problème des États terroristes qui inspirent certaines actions ou qui les cautionnent. C'est vrai qu'à plusieurs reprises j'ai eu à m'occuper en détail de ces problèmes. On m'a fait comprendre que si la France consentait à de telles concessions, eh bien, on me laissait entendre que nos otages pourraient être libérés, c'est donc bien qu'il y a un lien direct entre la diplomatie iranienne et le terrorisme. Et on m'a demandé de renverser la politique à l'égard du monde arabe, ce n'était pas réalisable. D'intercéder auprès du Koweït pour qu'il libère des terroristes, or le Koweït est un État souverain ; de régler les contentieux entre la

France et l'Iran ; de libérer cinq assassins emprisonnés en France ; c'étaient les conditions initiales, mais dans ce dialogue ambigu les Iraniens posaient des conditions excessives et irréalisables, ils demandaient trop. Tout cela de la part d'une révolution qui ne présente aucune garantie, c'est impossible. J'ai vécu cela de très près. C'est vrai que le sort et l'évolution de l'Iran sont importants pour le monde, il nous faut éviter que l'intégrisme religieux ne gagne, de proche en proche, le Moyen-Orient, le Proche-Orient, le Maghreb. Mais, vous l'avez dit vous-même, à qui parler ? Toute main tendue est aussitôt retirée. Ce qu'il faut, c'est rester intransigeant sur les principes. »

Le secrétaire à la Défense approuve. Il tient surtout à montrer que l'affaire de l'Irangate appartient désormais au passé : « Le président Reagan voulait faire cette tentative, c'est un homme qui a du cœur, il est très sensible au drame des otages. Quant au rôle d'Israël, il a été bizarre, Israël s'est comporté comme grossiste en intermédiaires, alourdissant la facture, poursuivant ses propres desseins. Nous essayons d'aider les contras [au Nicaragua], mais nous voulons le faire légalement, sur la base d'une autorisation du Congrès. Si les choses se sont passées comme on l'a dit, il doit y avoir des sanctions. »

Weinberger ajoute que Reagan a nommé un nouveau conseiller pour la Sécurité nationale, Frank Carlucci, pour remplacer John Poindexter, forcé de démissionner. « C'est un homme très compétent, très remarquable, c'est mon ancien adjoint », se félicite Weinberger, ravi d'avoir désormais un allié au cœur de la Maison-Blanche. Le secrétaire à la Défense précise aussi que Reagan a lancé trois enquêtes sur l'Irangate.

« C'est la démocratie ; ce sont les lois de la politique intérieure, nous comprenons », compatit Mitterrand, qui poursuit en répétant qu'il n'a aucune volonté d'accabler les États-Unis dans cette affaire : « Il faut que vous sachiez que vous avez vos amis à l'étranger, ils n'ont pas intérêt à voir l'autorité du président affaiblie. Le président Reagan est là pour deux ans, et il convient qu'il puisse continuer de profiter de l'autorité qu'il a acquise et qui est grande. La marche générale de l'Alliance ne doit pas être entravée. Elle dépend beaucoup de lui. J'aimerais que vous transmettiez ce message au président Reagan et mon souvenir personnel[1]. »

---

1. Entretien entre le secrétaire américain à la Défense, Caspar Weinberger, et le président François Mitterrand, 3 décembre 1986, Paris, archives de la présidence de la République, 5AG4 CD74, Archives nationales.

Guerre des ambassades et ultimes tractations

L'absolution mitterrandienne n'a rien de fortuit. Car les deux pays n'en ont pas fini avec leur calvaire libano-iranien. Le représentant de l'ayatollah Khomeiny dans le Golfe se félicite, en effet, que le scandale de l'Irangate ait mis les États-Unis « à genoux », et il y voit une « grande victoire pour l'Iran ». Rapportant ces propos, la CIA n'est guère optimiste pour l'avenir : même si certains modérés à Téhéran estiment que le kidnapping peut être « contre-productif », « le régime n'a jamais désavoué les prises d'otages[1] ». Ce moyen de pression ayant fait ses preuves depuis deux ans avec la France et les États-Unis, il n'y a aucune raison pour que cela cesse.

Dès le mois de janvier 1987, le Hezbollah capture d'ailleurs quatre Américains, professeurs au collège universitaire de Beyrouth. L'émissaire britannique Terry Waite, très lié aux Américains, est également enlevé le 20 janvier. Désormais empêchée d'agir *via* des canaux souterrains, la Maison-Blanche se retrouve à nouveau impuissante. Elle le reste jusqu'en août 1988, lorsque les Iraniens consentent, après la fin de la guerre contre l'Irak, à accepter le soutien de Washington pour des résolutions de l'ONU les concernant. « Téhéran sera certainement plus réceptif pour faire libérer un ou plusieurs otages américains, mais l'Iran voudra être convaincu d'en obtenir quelques retombées bénéfiques[2] », juge alors prudemment la CIA.

En réalité, il faudra encore attendre trois ans, après la guerre du Golfe, pour que, au terme d'interminables palabres diplomatiques, le pouvoir iranien, tenu par le plus modéré Ali Akbar Rafsandjani, finisse par intercéder auprès des **durs** du Hezbollah en faveur des otages américains. Jesse Turner, Joseph Cicippio, Thomas Sutherland, Alan Steen et le Britannique Terry Waite retrouveront la liberté à l'automne 1991. Pour le dernier, Terry Anderson, le correspondant d'Associated Press, ce sera le 4 décembre 1991 – après plus de six ans de captivité !

---

1. *Khomeini Regime Attitude Toward US Arms Sales to Iran, DCI-Hostage Location Task Force Report*, mémorandum de Charles Allen (CIA) à Alton Keel (Conseil de sécurité nationale), Maison-Blanche, archives de la CIA.
2. *Iran and the US Hostages in Lebanon*, mémorandum de la CIA, 1ᵉʳ août 1988, archives de la CIA.

De son côté, la France reste exposée aux mauvaises surprises. Malgré les marques de bonne volonté à l'égard de l'Iran, notamment sur le remboursement du prêt Eurodif et l'expulsion des opposants iraniens du territoire français, le gouvernement de Jacques Chirac n'a pas réussi à obtenir la libération de tous ses otages. Le 13 janvier 1987, le rapt du journaliste Roger Auque vient même porter à cinq le nombre de Français détenus dans des geôles beyrouthines. La découverte par la DST, durant les premiers mois de 1987, que les attentats qui ont ensanglanté Paris à l'automne précédent ont été commis par Fouad Ali Saleh, un ancien étudiant prokhomeiniste, jette un froid dans les allées du pouvoir. D'autant que l'enquête conduit les policiers sur la trace d'un personnage iranien mystérieux, Wahid Gordji, porte-parole de l'ambassade d'Iran à Paris et possible responsable des services secrets iraniens en Europe.

Les partisans d'une normalisation progressive des relations avec Téhéran, tels le ministre des Affaires étrangères, Jean-Bernard Raimond, et le conseiller diplomatique de Matignon, François Bujon de l'Estang, très actifs depuis des mois, perdent soudainement la main. « Chirac a confié le dossier des otages au ministre de l'Intérieur, Charles Pasqua, et à ses filières. Les diplomates ont été sciemment mis à l'écart. Nous n'avons plus joué aucun rôle[1] », se souvient l'ancien conseiller de Chirac.

À la fin de mai 1987, une commission rogatoire est délivrée par le juge Gilles Boulouque, en charge de l'affaire des attentats de septembre, à l'encontre de Wahid Gordji. Le dossier du porte-parole iranien est mince, mais le magistrat souhaite l'entendre comme témoin. Prévenu par un diplomate français ami, Gordji se réfugie à l'ambassade d'Iran, située avenue d'Iéna, à Paris. À la fin de juin, le ministre de l'Intérieur, Charles Pasqua, décide de faire cerner le bâtiment par les policiers et des chevaux de frise. À Téhéran, les autorités décrètent aussitôt, en représailles, le blocus de l'ambassade de France.

L'affaire judicaire se transforme en bras de fer diplomatique. Le 2 juillet 1987, Wahid Gordji apparaît lors d'une conférence de presse aux côtés du chargé d'affaires iranien à Paris. Pour le pouvoir français, il s'agit d'une provocation. Partisan d'une épreuve de force avec Téhéran sur le dossier des otages, Charles Pasqua estime qu'il faut « exploiter dans l'instant cette faute

---
1. Entretien de François Bujon de l'Estang avec l'auteur, 13 octobre 2009.

iranienne » en durcissant le ton[1]. François Mitterrand convoque le soir même, à 22 heures, une réunion de crise à l'Élysée avec Jacques Chirac et plusieurs ministres. Le Premier ministre évoque la possibilité d'une rupture des relations diplomatiques avec l'Iran en cas d'aggravation de la situation. Défenseur de cette ligne, Pasqua assure que les Iraniens vont mettre à sac l'ambassade de France et que Gordji est « une plaque tournante des agents iraniens pour la France et l'Europe ». En revanche, son bras droit, Robert Pandraud, reconnaît qu'il n'y a pas grand-chose contre Gordji dans le dossier du juge Boulouque. Cet aveu provoque une vive réaction du ministre des Affaires étrangères, qui songe à donner sa démission. Mitterrand ne cache pas non plus sa surprise et souligne que les Iraniens « spéculent sur notre faiblesse supposée[2] ».

La tension monte au fil des jours. Les services français, britanniques et américains, qui interceptent les communications, constatent la perplexité des autorités iraniennes devant le raidissement français. Le premier secrétaire de l'ambassade de France à Téhéran, Paul Torri, est soudainement accusé d'espionnage et contraint de rester enfermé dans son ambassade. C'est la monnaie de la pièce Gordji. Le 13 juillet 1987, un bateau français, le *Ville d'Anvers*, est attaqué par des navires militaires iraniens dans le Golfe. L'Élysée met la marine française en alerte dans la région, avec un porte-avions et des chasseurs de mines. Pour freiner cette escalade, Matignon tente de mettre sur pied une solution négociée avec les Iraniens qui permettrait d'échanger Gordji contre deux otages au Liban. Face à Chirac, Mitterrand refuse, préférant la libération des cinq otages. La France et l'Iran se lancent des ultimatums pour lever le siège de leurs ambassades respectives. Paris finit par annoncer la rupture de ses relations diplomatiques avec l'Iran, le 17 juillet. La « guerre des ambassades » se prolonge.

---

1. Rapporté par Charles Pasqua, *Ce que je sais*, t. 1 : *Les Atrides, 1974-1988*, Seuil, « Points », 2007, p. 226.

2. Rapporté dans Pierre Favier et Michel Martin-Roland, *La Décennie Mitterrand*, t. 2, *op. cit.*, p. 839-841. Le témoignage de Jean-Bernard Raimond est dans *Le Quai d'Orsay à l'épreuve de la cohabitation*, *op. cit.*, p. 144-146. Lors du débat télévisé précédant le deuxième tour de l'élection présidentielle, le 28 avril 1988, François Mitterrand reprochera à Jacques Chirac de lui avoir assuré que le dossier Gordji était « écrasant », ce que contestera formellement Chirac. Seul Charles Pasqua, en effet, a défendu l'idée que le dossier Gordji contenait de lourdes charges.

Les hommes de l'Irangate aident les Français

Toutefois, dans l'ombre, des négociateurs s'affairent. Depuis le printemps 1986, Charles Pasqua a confié une mission de bons offices à son ami Jean-Charles Marchiani. Ancien agent du SDECE reconverti dans les affaires, ce Corse un peu vantard, qui ne parle ni l'anglais ni l'arabe, s'appuie essentiellement sur les réseaux de l'homme d'affaires libanais Iskandar Safa, qu'il a connu en 1984. Depuis ses bureaux, installés avenue Franklin-Roosevelt, à Paris, cet ingénieur d'une trentaine d'années gère une myriade de sociétés, dont Triacorp, une maison de négoce international créée en avril 1986. Avec son frère Akram, Iskandar Safa est très introduit au Liban, en Syrie et en Iran. Entre Paris, Genève, Beyrouth et Téhéran, cet intermédiaire multiplie les voyages avec Jean-Charles Marchiani à bord des jets d'une petite compagnie d'aviation d'affaires, Transoceanic, basée au Bourget.

L'un de leurs amis leur ouvre des portes et utilise parfois les mêmes avions : il s'agit de Manucher Ghorbanifar, l'intermédiaire clé des Américains dans l'Irangate[1]. Et l'un de leurs contacts à Téhéran n'est autre que Mohsen Kangarlou, l'homme des renseignements iraniens qui négociait les ventes d'armes illégales avec Oliver North[2] ! Alors que Washington, empêtré dans ce scandale, ne peut plus se servir de ces réseaux parallèles, les Français y ont recours de manière confidentielle. Ils s'aventurent sur ce terrain en sachant pertinemment que les sables sont mouvants.

Mais cela finit par porter ses fruits. Les journalistes Roger Auque et Jean-Louis Normandin sont libérés le 27 novembre 1987 à l'hôtel Summerland de Beyrouth, où Jean-Charles Marchiani et Iskandar Safa les accueillent. Le surlendemain, l'Iranien Wahid Gordji, qui est ressorti sans être inquiété d'une courte audition dans le bureau du juge Boulouque, est échangé, sur

---

1. Rapporté notamment dans Pierre Favier et Michel Martin-Roland, *La Décennie Mitterrand*, t. 2, *op. cit.*, p. 847. Le directeur de Transoceanic, Albert Pulacz, écrira en novembre 1988 au ministre de l'Intérieur, Pierre Joxe, pour réclamer le paiement d'arriérés liés aux voyages effectués pour négocier la libération des otages, en compagnie des frères Safa, de Jean-Charles Marchiani ou de Ghorbanifar. Après étude, Pierre Joxe réglera les factures. Pierre Péan, *Manipulations africaines*, *op. cit.*, p. 221 sq., et Yves Bonnet, *Liban. Les otages du mensonge*, *op. cit.*, p. 215-217.
2. Rapporté dans Pierre Péan, *Manipulations africaines*, *op. cit.*, p. 221.

l'aéroport de Karachi, contre le diplomate Paul Torri. Entre Paris et Téhéran, les fils ont été patiemment renoués. Le magazine *US News and World Report* avance qu'un radar et des pièces détachées de quatre vedettes lance-missiles ont été livrés concomitamment à l'Iran, ce qui provoque un démenti officiel en France et des réactions indignées de Washington.

De délicates tractations se poursuivent en coulisses pour les trois derniers otages français. Contacté par Maurice Ulrich, conseiller de Chirac à Matignon, le cheikh Zein, au Sénégal, use de ses relations au Liban et en Iran pour faire avancer les négociations, compliquées par les divisions internes au Hezbollah et des tentatives d'intervention des services syriens. Le tandem Marchiani-Safa coiffe *in fine*, l'arme au poing, le réseau sénégalais de Zein. Marcel Carton, Marcel Fontaine et Jean-Paul Kauffmann retrouvent la liberté le 4 mai 1988, quelques jours avant le deuxième tour de l'élection présidentielle. Selon des notes de la DST, des livraisons d'armes ont été promises aux Iraniens après le scrutin, et des rançons versées[1]. Une version niée par les protagonistes.

En revanche, la France reconnaît avoir remboursé aux Iraniens de nouvelles tranches du prêt Eurodif. De plus, elle a signé, le 5 mai 1988, un accord de « normalisation » de ses relations avec l'Iran, qui prévoit le rétablissement des relations diplomatiques. Plus stratégique, Téhéran obtient la promesse d'une reprise de la fourniture d'uranium enrichi dans le cadre de sa participation à Eurodif. Un accord final sur le dossier Eurodif sera paraphé par François Scheer, le secrétaire général du Quai d'Orsay, le 29 décembre 1991, à Téhéran. Le geste sera apprécié par les Iraniens, désireux de développer leur programme nucléaire.

Enfin, le 27 juillet 1990, le président Mitterrand signera, après deux années d'hésitations, la grâce d'Anis Naccache et de ses quatre complices, dont la libération était réclamée avec insistance par Téhéran depuis des années. « Cette décision suit une année d'amélioration sensible des relations franco-iraniennes, commentera la CIA. Plusieurs entreprises françaises ont reçu des contrats pour des projets de reconstruction en Iran, et Paris espère sans

---

1. Rapporté dans Pierre Favier et Michel Martin-Roland, *La Décennie Mitterrand*, t. 2, *op. cit.*, p. 920. Jean-Charles Marchiani affirme à Gilles Ménage, directeur adjoint du cabinet du président, le 30 mai 1988, que la livraison de matériel défensif, dont des radars antimissiles, a été promise aux Iraniens. Rapporté dans Pierre Péan, *Manipulations africaines*, *op. cit.*, p. 215.

doute que d'autres opportunités économiques se présenteront[1]. »
Entre Français et Américains, chacun s'épie désormais sur le terrain du business... Après avoir fait chanter la France et les États-Unis avec les otages, les ayatollahs ont recours aux arguments sonnants et trébuchants pour faire danser les Occidentaux !

---

1. *Mitterrand Pardons Lebanese Terrorist*, *Terrorism Review*, 23 août 1990, CIA, archives de la CIA.

Chapitre 6

Mitterrand et Bush, deux amis au pied du Mur

Un lit ou deux lits ? En ce mois d'avril 1989, les services du protocole de la Maison-Blanche sont confrontés à une question délicate.

Le nouveau président des États-Unis, George Bush, qui a succédé à son ami Ronald Reagan le 20 janvier, a décidé d'inviter son homologue français, François Mitterrand, et son épouse Danielle pour un week-end « décontracté » dans sa résidence familiale de Kennebunkport, sur la côte est du Maine, les 20 et 21 mai. C'est une première pour Bush, qui n'a encore convié aucun chef d'État étranger à séjourner dans son havre privé. Tout juste installé au pouvoir, il souhaite montrer à François Mitterrand, réélu en mai 1988, à quel point il compte sur lui pour les années à venir.

De tous les présidents américains, George Bush est, après Richard Nixon, l'un des plus francophiles. Il a cultivé, pendant toutes ses années de vice-présidence aux côtés de Reagan, une expertise sur la politique française, au point d'être parfois considéré, au département d'État, comme le véritable « chargé d'affaires sur la France ». De plus, Bush est probablement l'homme politique américain qui connaît le mieux François Mitterrand pour l'avoir rencontré en tête à tête à de multiples reprises depuis 1981[1]. Même s'il ne partage pas toutes ses vues, il a appris à déchiffrer les méandres de la pensée mitterrandienne. Il a été impressionné dès le début par son impassible autorité et sa

---

1. Outre leur rencontre initiale, décisive, du 24 juin 1981 (voir le chapitre 1), le vice-président George Bush a été reçu plusieurs fois par Mitterrand en tête à tête lors de ses passages à Paris, notamment les 8 février 1983, 15 février 1984, 2 juillet 1985 et 1er octobre 1987. Par ailleurs, ils se sont vus lors des rencontres entre Reagan et Mitterrand.

stratégie d'étouffement des communistes. Il respecte son expérience d'« homme sage », se délecte de ses « analyses historiques », apprécie son « humour tranquille » et son « indéfectible courtoisie[1] ». Élu président, Bush veut approfondir cette relation privilégiée avec son homologue français, croisé rapidement à la fin de février 1989 à Tokyo lors des funérailles de l'empereur japonais Hiro Hito. Il veut aussi réchauffer un climat qui s'était parfois refroidi entre Paris et Washington au cours des dernières années. « Certains hauts fonctionnaires de l'administration Reagan détestaient [Mitterrand] et se sentaient d'autant plus libres de le critiquer que Reagan et lui n'avaient jamais été proches, dira Bush. Je voulais que cela change. Et un week-end au calme à Kennebunkport pouvait sans doute aider les choses[2]. »

Cependant, la science de Bush sur Mitterrand s'arrête au seuil de la chambre à coucher. Le « Sphinx » français demeure un personnage mystérieux, qui protège sa vie privée, et notamment sa « fille cachée », Mazarine, née en 1974, comme un secret d'État. Dès le début des années 1980, la CIA a appris, en même temps que quelques initiés des milieux politiques et médiatiques hexagonaux, que le président français avait une « deuxième famille[3] ». Les diplomates savent aussi depuis longtemps qu'il a collectionné les conquêtes féminines et ne vit pas de manière « classique » avec son épouse Danielle[4]. Cependant, ils ignorent comment les choses se passent lorsque le couple présidentiel se déplace à l'étranger pour un voyage officiel. Dorment-ils ou non dans le même lit ?

M. et Mme Mitterrand ne partagent jamais le même lit !

Avant l'arrivée de M. et Mme Mitterrand à Kennebunkport, le protocole s'avoue embarrassé. L'un des conseillers en poste à

---
1. Rapporté par George Bush lui-même dans George Bush, avec Brent Scowcroft, *À la Maison-Blanche. 4 ans pour changer le monde*, Odile Jacob, 1999, p. 89.
2. *Ibid.*, p. 87.
3. Rapporté par un ancien officier de la CIA en poste à Paris au début des années 1980. Entretien avec l'auteur, novembre 2009.
4. Dès le début des années 1970, des diplomates américains écrivaient dans leurs télégrammes que les Mitterrand vivaient séparément et que François Mitterrand était souvent accompagné de « jeunes femmes ». Voir Vincent Nouzille, *Des secrets si bien gardés*, *op. cit.*, p. 319 et 363.

l'ambassade américaine à Paris, John Willett, est donc chargé de sonder discrètement les collaborateurs de Danielle Mitterrand sur ce sujet sensible. « À l'Élysée, une femme m'a répondu de manière glaciale que le président et Mme Mitterrand ne partageaient jamais le même lit. J'ai dit que nous garderions cela en mémoire. Et les choses ont été faites comme il se devait : deux lits jumeaux ont été installés à Kennebunkport[1] », confiera John Willett.

D'autres soucis matériels mobilisent la Maison-Blanche pour préparer ce week-end « décontracté ». Car la résidence de vacances des Bush, située au lieu dit Walker's Point, face à l'Atlantique, n'est pas parfaitement adaptée pour recevoir un chef d'État étranger. La propriété, fief des Bush depuis 1902, est une demeure ancienne au confort rustique. George Bush, qui a déménagé vingt-neuf fois depuis son mariage avec son épouse Barbara, aime y retrouver ses proches pour des vacances estivales, alternant golf, pêche et sorties en mer. Sollicitée, Barbara redoute que Mitterrand, si sourcilleux sur les usages, ne goûte guère l'ambiance relax de Walker's Point.

D'ailleurs, où loger les Mitterrand ? La bâtisse principale, occupée par le couple Bush, leur famille et les proches du président, ne peut convenir. Il ne reste que le bungalow de bois attenant, où dort habituellement Dorothy, la mère de George, durant l'été. Or ce bungalow n'a pas été rénové depuis des décennies et il reste fermé tout l'hiver. Un lit médicalisé est encore en place, la tapisserie est humide, les meubles poussiéreux, la salle de bains vieillotte, les toilettes équipées d'un élévateur mécanique. Lors du voyage préparatoire des services de l'Élysée, à la fin d'avril, les experts ont fait la grimace en découvrant l'élévateur : « Qu'est-ce que c'est que ça[2] ? » George Bush décide donc de faire faire en urgence des travaux pour recevoir correctement ses hôtes français. « Barbara a tout organisé et s'est occupée de l'équipe de nettoyage, qui a travaillé sans relâche pendant plusieurs jours pour remettre le bungalow et la maison principale en état pour la visite, racontera le président. L'élévateur a été supprimé, un nouveau lit a été installé, des lignes téléphoniques spéciales ont été branchées, et notre petit *cottage* a attendu nerveusement l'arrivée de son illustre visiteur[3]... »

---

1. Témoignage de John Willett, membre de la section politique de l'ambassade des États-Unis à Paris, de 1987 à 1991, interview du 21 décembre 1998, FAOHP.
2. Rapporté par Barbara Bush, *A Memoir*, Scribner, 1994, p. 294.
3. George Bush, avec Brent Scowcroft, *À la Maison-Blanche, op. cit.*, p. 88.

En détaillant au président Mitterrand le programme de son voyage de deux jours outre-Atlantique, le chef du protocole à l'Élysée, un peu inquiet, prend soin de préciser, à propos du logement à Kennebunkport : « À défaut d'un grand confort, ces maisons construites pour une famille nombreuse et sportive, qui aime les activités de plein air, doivent être considérées, selon les indications données par le président Bush, comme le cadre privilégié d'une rencontre informelle à caractère intime et chaleureux[1]. » Il a également suggéré des cadeaux adaptés : une melonnière de la Manufacture de Sèvres, d'une valeur de 15 000 francs, pour Mme Bush ; et, pour son mari, une maquette de bateau sous globe, « qui semble en harmonie avec l'atmosphère de la résidence familiale du président Bush ». Le « Cuirassé d'escadre Lorient (1875-1879) », d'un prix estimé de 15 000 francs, est retenu.

Enfin, le fameux week-end arrive. La délégation française, composée de plus d'une centaine de personnes, traverse l'Atlantique en Concorde dans l'après-midi du vendredi 19 mai 1989. Après une soirée à Ottawa en compagnie du Premier ministre canadien, Brian Mulroney, Mitterrand et son épouse atterrissent vers 11 heures, le samedi matin, sur l'aérodrome de Portsmouth Pease, dans le New Hampshire. Sur place, le secrétaire d'État américain, James Baker, embarque avec eux dans un hélicoptère qui les emmène à Kennebunkport, à quelques dizaines de kilomètres de là. George Bush les accueille en tenue décontractée, comme c'est l'usage en ces lieux. Il offre à son invité un chandail orné de l'insigne « L.L. Bean Kennebunkport », une marque locale de cardigans marins.

Après avoir échangé quelques mots avec une délégation d'élus du Maine, le président français dispose d'un court moment pour un premier tête-à-tête avec son homologue, avant un déjeuner, suivi d'un nouvel entretien. Pendant ce temps, Danielle Mitterrand est conviée chez une amie de Barbara Bush, en compagnie de membres de sa famille et d'une kyrielle d'épouses de ministres et d'ambassadeurs. Ayant décliné la proposition d'une promenade en mer, François et Danielle Mitterrand passent la fin de l'après-midi à se promener avec les Bush dans les bois environnants. Un dîner « intime » avec seize convives est ensuite servi dans la maison familiale, entre 19 h 30 et 21 h 30, devant un feu de cheminée.

---

1. *Votre voyage au Canada et aux États-Unis*, 19-21 mai 1989, note du chef du protocole à l'Élysée, André Gadaud, archives de la présidence de la République, 5AG4 12962, Archives nationales.

*« La réunification allemande ?
L'URSS fera la guerre pour s'y opposer ! »*

Il n'y a nulle place pour l'improvisation au cours de cette journée « décontractée » donts tous les détails ont été mûrement réfléchis. Le président américain, entouré de ses enfants, de son épouse Barbara, de sa belle-sœur Nancy, est secondé par son secrétaire d'État, James Baker, qui peut multiplier les apartés avec son homologue français, Roland Dumas. Bush a aussi convié à Kennebunkport son ami Walter Curley, un ancien diplômé de Yale passé par le pétrole et la finance, qu'il vient de nommer ambassadeur des États-Unis à Paris, afin de l'introduire directement auprès de Mitterrand. « Cela a été très utile, parce que Mitterrand a su dès ce moment que j'avais un accès direct à la Maison-Blanche et à Jim Baker[1] », se félicitera Curley.

Enfin, Bush recommande à Mitterrand son conseiller à la Sécurité nationale, le général Brent Scowcroft, également présent sur place. Expert reconnu des relations internationales, ce général d'aviation à la retraite, d'un naturel placide, a souvent conseillé la Maison-Blanche, de Nixon à Carter, sur les questions de défense. « Scowcroft est, de longue date, un proche de Bush », a prévenu l'ambassadeur de France à Washington, Emmanuel de Margerie, selon qui « une bonne entente règne entre les deux hommes[2] ». À Kennebunkport, François Mitterrand remarque tout de suite la grande proximité entre Bush et son conseiller. Or il sait que son propre sherpa, l'hyperactif Jacques Attali, qui le suit depuis 1981, est de moins en moins apprécié à Washington. « Tout le monde s'accordait à le trouver brillant, arrogant, intolérant et globalement antiaméricain », commentera Scowcroft, qui goûte l'intelligence d'Attali tout en le jugeant parfois « un peu cassant[3] ».

---

1. Témoignage de Walter Curley, ambassadeur des États-Unis en France (1989-1993), interview du 30 novembre 1998, FAOHP.
2. Télégramme d'Emmanuel de Margerie, ambassadeur de France à Washington, 8 mai 1989, contenant une note biographique sur Brent Scowcroft, dans laquelle il ajoute, à propos de son rôle de conseiller à la Sécurité nationale : « Il semble que la loyauté et le dévouement au président du général Scowcroft excluent la répétition des conflits avec le secrétaire d'État qui ont marqué les ères Nixon (Kissinger) et Carter (Brzezinski). » Archives de la présidence de la République, 5AG4 12962, Archives nationales.
3. George Bush, avec Brent Scowcroft, *À la Maison-Blanche, op. cit.*, p. 92.

Durant l'après-midi du samedi, Mitterrand confie à son tout nouveau chef d'état-major particulier, le vice-amiral Jacques Lanxade, qu'il devrait rapidement voir Scowcroft. « Attali, qui avait entendu cette remarque, m'a dit de ne pas toucher à Scowcroft, qui était son correspondant, se rappelle Jacques Lanxade. Mais comme Mitterrand a insisté auprès de moi, j'ai obtempéré, comprenant qu'il souhaitait que je devienne l'interlocuteur privilégié de Scowcroft[1] ». Les deux militaires s'entendent aussitôt. Le vice-amiral français, en qui Mitterrand a toute confiance, sera bientôt en contact permanent avec le général américain, bras droit du président Bush. La solidité de ce quatuor sera l'une des clés d'une alliance franco-américaine qui fera notamment ses preuves durant la guerre du Golfe, dix-huit mois plus tard.

Car, au-delà des apparences, le week-end de Kennebunkport inaugure un dialogue de fond entre les deux présidents sur une série de sujets essentiels. Naturellement, les divergences de vues existent – sur l'OTAN, sur l'avenir des négociations commerciales internationales (GATT) ou sur le Liban, que Mitterrand ne veut pas abandonner. Mais le climat est propice au rapprochement. Par exemple, George Bush rassure son visiteur à propos de la poursuite de la coopération militaire nucléaire initiée secrètement entre la France et les États-Unis à partir du début des années 1970. La Maison-Blanche entérinera cette décision quelques semaines plus tard, lors d'une réunion d'un groupe d'experts du Conseil de sécurité nationale[2].

Par ailleurs, les deux hommes abordent le délicat dossier du désarmement. Une semaine plus tôt, Bush a exposé publiquement sa vision des relations américano-soviétiques, demandant à Mikhaïl Gorbatchev, qui prône une plus grande « liberté de choix » en Europe, de passer aux actes. Le président des États-Unis souhaite moderniser les missiles à courte portée basés en Europe et relancer les négociations sur le démantèlement des armes conventionnelles, que l'URSS appelle de ses vœux. Bush demande à Mitterrand comment rallier le chancelier allemand

---

1. Entretien de Jacques Lanxade avec l'auteur, 2 décembre 2009.
2. *NSC/DC Meeting on French Cooperation Program*, 17 mai 1989, Bush Library. À la fin de mai 1989, un article de la revue *Foreign Policy*, titré « The Covert French Connection » et rédigé par l'historien américain David Bruce (sous le pseudonyme de Richard Ullman), dévoilera une partie de cette coopération secrète. La Maison-Blanche et l'Élysée éviteront de donner un quelconque écho à cette publication, jugée indiscrète. Voir nos révélations sur cette coopération dans *Des secrets si bien gardés*, *op. cit.*, chapitres 14 et 19.

Helmut Kohl à cette cause, tout en amadouant l'inflexible Premier Ministre britannique, Margaret Thatcher. Depuis des années, le président français est habitué à naviguer entre ces deux partenaires européens. « Pour être tout à fait franc, le problème vient de l'antagonisme entre Kohl et Thatcher », précise Mitterrand.

Sur le fond, il est lui-même partagé entre la crainte d'un désarmement conventionnel, qui avantagerait trop Moscou – position de Thatcher –, et la volonté de négocier avec Gorbatchev, que son ami Kohl, sous la pression d'une opinion pacifiste, est enclin à partager. Devant Bush, Mitterrand explique néanmoins que Kohl est le meilleur leader allemand possible, tant pour la France, qui veut relancer la construction européenne, que pour les États-Unis, qui veulent s'assurer de l'ancrage allemand dans l'OTAN. À quelques jours d'un sommet des chefs d'État de l'OTAN qui s'annonce tendu, à Bruxelles, Bush et Mitterrand s'accordent sur une ligne de conduite constructive qui se rapproche de celle du chancelier. Rassurée sur Kohl, l'administration américaine, au sommet de l'OTAN, égrènera ses propositions de désarmement, qui seront bien reçues par les Alliés... et même par Moscou. La réunion de Bruxelles tournera au succès diplomatique pour Bush, ravi du soutien de Mitterrand sur ce sujet[1].

Bien qu'elle demeure encore théorique en ce mois de mai 1989, la question de la réunification allemande est également abordée à Kennebunkport par George Bush. Depuis sa prise de fonctions, ses conseillers et les diplomates du département d'État planchent sur cette hypothèse. Ils sont d'ailleurs divisés, les uns l'estimant possible, les autres prématurée. De son côté, Mitterrand la juge, depuis longtemps, « inscrite dans l'histoire », mais il semble ne pas trop y croire, du moins à court terme[2]. « Depuis 1917, confie-t-il à Bush,

---

1. Voir Frédéric Bozo, *Mitterrand, la fin de la guerre froide et l'unification allemande. De Yalta à Maastricht*, Odile Jacob, 2005, p. 73-78. Sur les propositions de désarmement de Bush au sommet de l'OTAN de Bruxelles, voir l'ouvrage de référence de Philip Zelikow et Condoleezza Rice, *Germany Unified and Europe Transformed. A Study in Statecraft*, Harvard University Press, 1995, p. 29-30.

2. En octobre 1981, François Mitterrand avait confié au chancelier allemand Helmut Schmidt que la réunification était, selon lui, « inscrite dans l'histoire [à l'échelle] d'une génération », et que l'effondrement de l'empire soviétique interviendrait d'ici à la fin du siècle. Rapporté dans François Mitterrand, *De l'Allemagne, de la France*, Odile Jacob, 1996, p. 13. Voir aussi Frédéric Bozo, *Mitterrand, la fin de la guerre froide et l'unification allemande, op. cit.*, p. 33. La DGSE a cependant rédigé, au début de 1989, une note prédisant une grave crise interne à la RDA, rapportée dans Tilo Schabert, *Mitterrand et la réunification allemande. Une histoire secrète (1981-1995)*, Grasset, 2005, p. 64-65.

les Soviétiques ont été extrêmement préoccupés par leur encerclement ; de la guerre civile, ils ont gardé une mentalité d'assiégés. À présent, ils doivent faire face au problème de l'Europe de l'Est, des pays baltes. Ils ne courront jamais le risque d'une réunification.

– Comment réagiriez-vous face à une éventuelle réunification ? insiste Bush.

– Je ne suis pas contre en raison des changements intervenus à l'Est. Si le peuple allemand la veut, nous ne nous y opposerons pas. Mais les conditions n'ont pas changé au point que cela soit possible. »

George Bush l'approuve, avec une nuance de taille : « C'est aussi notre position officielle, mais il faut en parler davantage. Cela peut se faire... »

Mitterrand reste incrédule : « Non, je ne crois pas avant dix ans. J'ai toujours pensé que l'empire soviétique se disloquera avant la fin du siècle. Le problème allemand est central pour eux. Jusqu'au bout, ils s'y opposeront, par la force. Il n'y a que deux causes de guerre possibles en Europe : si la RFA se dote de l'arme nucléaire et si un mouvement populaire pousse à la réunification des deux Allemagnes[1]. »

La position du président français, on le voit, reste marquée par son expérience. Né en 1916, traumatisé par les deux conflits mondiaux initiés par l'Allemagne, Mitterrand craint toute forme de résurgence des nationalismes. Il appartient à la génération de Yalta, symbole d'un partage de l'Europe entre les deux grandes puissances, d'un équilibre des forces garant d'une certaine paix. La seule manière, à ses yeux, de « sortir de Yalta » – ambition néogaullienne qu'il a reprise à son compte – consiste à affirmer la souveraineté française, à accélérer la construction européenne et à tendre la main vers l'Est. Ayant les mains libres après sa réélection en mai 1988, Mitterrand ambitionne justement, avec le chancelier Kohl, de pousser les feux d'une future union économique et politique européenne, tout en dialoguant avec le clan moderniste de Gorbatchev à Moscou. Néanmoins, pour lui, le leader soviétique est menacé en permanence par l'armée et le Parti communiste, qui risquent de l'accuser de « ruiner la puissance soviétique ».

---

1. Propos rapportés dans George Bush, avec Brent Scowcroft, *À la Maison-Blanche*, *op. cit.*, p. 90-91, et dans Jacques Attali, *Verbatim*, t. 3 : *Chronique des années 1988-1991*, Fayard, 1995, p. 241.

Cette vision « anxieuse » de Mitterrand expliquera en partie sa volonté précautionneuse tout au long des événements de la fin de l'année 1989, au point de le faire paraître peu enthousiaste lorsque le train de la réunification allemande se profilera[1]. En mai 1989, nous n'en sommes pas encore là... Dans le salon de sa demeure familiale, George Bush mêle d'ailleurs, comme le président français, une forte dose de prudence à sa volonté de changer le cours de l'histoire : « Je vais me rendre en Pologne et en Hongrie pour les encourager à bouger, mais sans envolées lyriques qui embarrasseraient les Soviétiques », explique-t-il.

Durant le dîner, la conversation tourne autour d'autres sujets de divergence, comme l'Amérique centrale. Contrairement au français, le président américain fustige le régime sandiniste du Nicaragua, qui bâillonne son opposition en lui interdisant l'accès à la presse et à la télévision. Mitterrand l'interrompt avec ce trait d'humour : « En France, je suis resté sept ans sans aller à la télévision, et les États-Unis ne m'ont pas envoyé de secours[2]. » Les rires fusent autour de la table. Pour sa part, George Bush parle librement de religion, et Danielle Mitterrand de sa fondation France Libertés, qui milite notamment pour le droit des Kurdes. À la fin du repas, Barbara Bush annonce qu'elle a fait avancer d'une heure le service religieux qui doit être célébré le lendemain matin pour la famille et la délégation française. Les Mitterrand s'excusent poliment, en recommandant à Hubert Védrine et Roland Dumas de s'y rendre !

Le dimanche 21 mai, les deux chefs d'État, en pleine forme, poursuivent leurs échanges informels. Un hélicoptère les transporte jusqu'à l'université de Boston où ils assistent à la remise des diplômes de fin d'année, en présence du professeur Elie Wiesel. Après une courte conférence de presse, François Mitterrand repart de Boston en début d'après-midi. Après trois heures trente de vol en Concorde, il atterrit à Paris un peu après minuit.

---

1. Mitterrand a-t-il entravé la réunification allemande ? La question a nourri nombre d'ouvrages, mais la réponse doit être très nuancée. Voir le plaidoyer de Mitterrand lui-même dans *De l'Allemagne, de la France, op. cit.* ; les arguments de son conseiller Hubert Védrine dans *Les Mondes de François Mitterrand, op. cit.* ; ceux, aussi, très documentés, de l'historien allemand Tilo Schabert, qui réfute l'idée d'une entrave française, dans *Mitterrand et la réunification allemande, op. cit.* ; ainsi que le livre de Frédéric Bozo, *Mitterrand, la fin de la guerre froide et l'unification allemande, op. cit.* Voir aussi, plus critique, Samy Cohen (dir.), *Mitterrand et la sortie de la guerre froide*, PUF, 1998.
2. Rapporté dans Jacques Attali, *Verbatim*, t. 3, *op. cit.*, p. 243.

Le bilan de ce court week-end à Kennebunkport ? Il est plus psychologique que politique pour les deux présidents. Bush le décrira ainsi : « Cette visite amicale et détendue nous a aidés à développer une grande confiance l'un envers l'autre ; une confiance qui allait permettre, dans les années à venir, de nous accorder le bénéfice du doute lorsque nous ne serions pas d'accord[1]. »

Le Mur tombe, Paris et Washington s'interrogent

Les événements qui se précipitent au second semestre de 1989 vont mettre le tandem franco-américain à l'épreuve. Celui-ci résistera sans trop de fractures, grâce à un mélange de retenue partagée et de dialogue direct.

En juin, les premières élections libres voient le triomphe du syndicat Solidarność en Pologne, où François Mitterrand se rend pour soutenir le processus démocratique, suivi de près par George Bush. Moscou a accepté cette transition. La Hongrie réunit le même mois une table ronde qui doit organiser des élections l'année suivante. Plaidant devant le Conseil de l'Europe, au début de juillet, contre toute forme d'ingérence, Mikhaïl Gorbatchev desserre l'étau qui emprisonne les pays de l'Est depuis quarante ans. Il surprend de plus en plus ses interlocuteurs occidentaux, lesquels hésitent encore à croire en ses bonnes paroles. Lors du sommet de l'Arche, qui réunit les chefs d'État des sept pays les plus industrialisés à Paris les 14 et 15 juillet 1989, l'aide économique à la Pologne et à la Hongrie est confiée, d'un commun accord, à la Commission européenne[2]. L'ère du glacis soviétique est déjà révolue.

L'histoire s'accélère. Durant l'été, des flots croissants de réfugiés est-allemands arrivent en Hongrie afin de tenter de passer à l'Ouest, à la frontière austro-hongroise, qui leur est officiellement ouverte le 10 septembre. Cet exode mine la RDA, où le régime communiste néostalinien d'Erich Honecker est de plus en plus

---
1. Rapporté dans George Bush, avec Brent Scowcroft, *À la Maison-Blanche, op. cit.*, p. 91.
2. Les chefs d'État assistent au défilé sur les Champs-Élysées le 14 juillet : « On se serait cru au défilé militaire de la fête du travail soviétique, ironisera Bush. Il s'agissait de montrer que la grandeur de la France ne s'était pas ternie. » George Bush, avec Brent Scowcroft, *À la Maison-Blanche, op. cit.*, p. 143.

contesté, tant par les dissidents, qui s'organisent, que par Gorbatchev, qui vilipende l'immobilisme des dirigeants est-allemands, réticents à toute forme de *perestroïka*.

Cette crise des réfugiés n'alarme pas immédiatement la Maison-Blanche, absorbée par les négociations soviéto-américaines sur le désarmement. Lorsque James Baker rencontre son homologue soviétique, Édouard Chevardnadze, dans le Wyoming, les 21 et 22 septembre 1989, l'Allemagne ne figure pas au menu de leurs entretiens. De son côté, à la fin de juillet, Mitterrand a expliqué à plusieurs journaux, français et étrangers, que l'aspiration à l'unité allemande était « légitime », et que celle-ci devait se faire « pacifiquement et démocratiquement ». Ces deux conditions sont, à ses yeux, capitales : il ne cessera de les marteler. Devant le Conseil des ministres, le 6 septembre, il précise qu'il faut « examiner froidement » la possibilité d'une réunification, mais que l'Union soviétique s'y opposera pendant longtemps encore[1]. Son conseiller Hubert Védrine, optimiste, voit surtout venir de Pologne et de Hongrie des « événements proprement extraordinaires », qui permettront « le dépassement progressif de Yalta dans une grande Europe », grâce à une transition maîtrisée. « Les régimes de Bucarest, Berlin-Est, Prague et Sofia ne pourront résister éternellement[2] », écrit Védrine.

Pour sa part, Helmut Kohl, qui se prépare à des élections difficiles en RFA à la fin de 1990, saisit le sujet des réfugiés pour l'exploiter politiquement. Le chancelier n'a plus de doute : « La question allemande est à l'ordre du jour. » D'ailleurs, l'opinion ouest-allemande s'inquiète en voyant à la télévision les milliers de réfugiés qui campent notamment dans l'enceinte de l'ambassade de RFA à Prague. Interrogé par le *Spiegel* le 25 septembre, le ministre des Affaires étrangères, Hans-Dietrich Genscher, plus modéré que Kohl, préfère parler d'un possible rapprochement des deux Allemagnes plutôt que d'une réunification.

La tension continue de monter en RDA. Au début d'octobre, les manifestations se succèdent à Berlin et Leipzig, entraînant le

---

1. Rapporté dans Jacques Attali, *Verbatim*, t. 3, *op. cit.*, p. 301, et dans Frédéric Bozo, *Mitterrand, la fin de la guerre froide et l'unification allemande*, *op. cit.*, p. 111. L'interview au *Nouvel Observateur*, à *The Independent*, à *El País,* à *La Repubblica* et à la *Süddeutsche Zeitung* date du 27 juillet 1989.

2. *Évolution des pays de l'Est,* note d'Hubert Védrine pour le président de la République, 13 septembre 1989, citée dans Frédéric Bozo, *Mitterrand, la fin de la guerre froide et l'unification allemande, op. cit.,* p. 105-106.

départ forcé d'Erich Honecker du Politburo, où il est remplacé le 18 octobre par Egon Krenz. En visite à Moscou le 1ᵉʳ novembre, ce dernier est incité par Mikhaïl Gorbatchev à accélérer les réformes dans un pays qui doit rester l'allié de l'URSS. Personne, dans les chancelleries occidentales, ne croit encore à une réunification. Après un entretien téléphonique avec Helmut Kohl, durant lequel il l'a félicité pour son « superbe boulot », le président américain a simplement déclaré au *New York Times*, le 25 octobre, que les changements « inéluctables » ne lui faisaient pas peur. « Je ne partage pas l'inquiétude de certains pays européens sur l'hypothèse d'une Allemagne réunifiée », a dit George Bush, sûr de l'ancrage de la RFA dans l'Alliance atlantique. « Cela prendra du temps et ce sera une évolution prudente[1] », a-t-il ajouté, assez proche de la position française sur le sujet.

Le même jour, François Mitterrand, qui préside pour un semestre la Communauté européenne, a déclaré devant le Parlement de Strasbourg : « Au nom de quoi accuserait-on le peuple allemand de désirer se retrouver ? » Lors d'un dîner à l'Élysée le 24 octobre, puis à l'occasion du sommet franco-allemand à Bonn les 2 et 3 novembre 1989, il insiste auprès d'Helmut Kohl sur la nécessaire accélération de la construction européenne et sur les risques de déstabilisation à l'Est. Interrogé par la presse aux côtés du chancelier, il précise : « Ce qui compte avant tout, c'est la volonté et la détermination du peuple. » Pour lui, la transition doit être « démocratique et pacifique ». « Je n'ai pas peur de la réunification, assure-t-il comme pour mieux exorciser ses craintes. Je ne me pose pas ce genre de question à mesure que l'histoire avance. L'histoire est là. Je la prends comme elle est. Je pense que le souci de réunification est légitime chez les Allemands ; s'ils la veulent, ils peuvent la réaliser. La France adaptera sa politique de telle sorte qu'elle agira au mieux des intérêts de l'Europe et des siens[2]. » Cette position, ouverte mais plutôt évasive, se fera bientôt plus réservée.

Car le feu de la contestation embrase la RDA. Faute de pouvoir éteindre l'incendie, Egon Krenz demande à la RFA une aide économique d'urgence, que Kohl conditionne à des réformes politiques et

---

1. *Telephone Call from Chancellor Helmut Kohl of the Federal Republic of Germany*, 23 octobre 1989, mémorandum de conversation, Maison-Blanche, Bush Library. Et « Possibility of a Reunited Germany Is No Cause for Alarm, Bush Says », *New York Times*, 25 octobre 1989. Voir aussi George Bush, avec Brent Scowcroft, *À la Maison-Blanche, op. cit.*, p. 206.
2. Rapporté dans François Mitterrand, *De l'Allemagne, de la France, op. cit.*, p. 201.

économiques majeures, sans lesquelles, dit-il, le régime s'effondrera. Le Premier ministre est-allemand tente surtout de canaliser le mécontentement général, en annonçant de manière improvisée, lors d'une conférence de presse, en début de soirée, le 9 novembre 1989, des mesures sur la liberté de voyager. Applicable immédiatement, la décision surprend tout le monde, en premier lieu les Berlinois de l'Est. Incrédules, ils s'amassent par milliers aux postes-frontières qui leur interdisent, depuis octobre 1961, le libre passage dans la partie occidentale de la ville. Incapables de contenir le flot des piétons qui enfle à vue d'œil, les gardes désemparés finissent par lever les barrières. La brèche est ouverte. En quelques heures, ce soir du 9 novembre, le mur de Berlin vient de tomber.

Des chicaneries sur l'unité allemande

À Bonn, Paris, Londres et Washington, la stupéfaction est totale. Malgré le cours de plus en plus tumultueux des événements de l'automne 1989, ni les chefs d'État, ni leurs conseillers, ni la CIA, ni les autres services secrets n'ont anticipé un effondrement aussi soudain, provoqué par la pression populaire. Nul ne peut prédire la suite : reprise en main du Parti communiste de RDA, intervention soviétique, tensions interallemandes, pressions frontalières, réunification... ?

Chacun cherche ses marques, tiraillé par ses propres obsessions. À Berlin-Est, Egon Krenz répète qu'il ne saurait être question de réunification. Mais, le 11 novembre, le parlement du Parti communiste le déchoit de ses fonctions de Premier ministre. Son remplaçant, Hans Modrow, annonce en catastrophe une série de mesures censées sauver le régime. À Bonn, le chancelier Kohl, euphorique après une courte visite à Berlin, où l'ambiance s'apparente, selon lui, à une « énorme kermesse » pacifique, entend bien profiter de l'occasion historique qui se présente pour réclamer la fin de la division allemande, sans paraître officiellement vouloir déstabiliser son voisin. Il est fermement épaulé par George Bush. « Notre position était simple : suivre Kohl, le soutenir et ne rien dire qui risque d'envenimer la situation[1] », résumera Brent Scowcroft.

---

1. George Bush, avec Brent Scowcroft, *À la Maison-Blanche*, op. cit., p. 209. Voir aussi *Telephone Call from Chancellor Helmut Kohl of the Federal Republic of Germany*, 10 novembre 1989, mémorandum de conversation, Maison-Blanche, Bush Library.

Cependant, le président américain refuse d'aller « danser sur le Mur », comme le lui suggèrent certains de ses conseillers. Il préfère d'abord calmer le jeu, car Mikhaïl Gorbatchev – « d'habitude détendu, voire blasé », selon Bush – craint une « situation chaotique » à Berlin et lui a formellement demandé, le 10 novembre, de ne pas réagir « de façon trop démonstrative[1] ». Il attend surtout de pouvoir s'entretenir de visu avec le leader soviétique lors de leur première rencontre, prévue au large de l'île de Malte à la fin de novembre. Après des déclarations impétueuses sur une possible réunification allemande d'ici à cinq ans, l'ambassadeur américain en RFA, le général Vernon Walters, vieux soldat de la guerre froide, se fait d'ailleurs rappeler à l'ordre par Washington.

La réaction des pays européens est plus frileuse. La Britannique Margaret Thatcher peste contre les boutefeux de la réunification qui risquent, selon elle, d'exacerber les tensions autour de Gorbatchev en URSS. Devant George Bush, qui la reçoit à Camp David le 24 novembre, Thatcher sort une carte de géographie de son sac et trace les anciennes frontières d'avant guerre. « Regardez l'Allemagne, dit-elle. Avec la réunification, Gorbatchev est fini. Il perd l'intégralité du pacte de Varsovie. [...] Bien sûr, si [les Allemands] veulent vraiment la réunification, nous ne pourrons pas l'empêcher. Mais, pour l'heure, il faut se concentrer sur la démocratie » – autrement dit, les réformes au sein de la RDA. Le Premier Ministre britannique ne cessera, les mois suivants, d'agiter le même chiffon rouge, exhibant sa vieille carte d'Europe devant tous ses interlocuteurs[2]...

L'attitude de François Mitterrand est moins hostile. Mais il reste écartelé. « Mitterrand a toujours été plus à l'aise en marchant dans des sentiers battus qu'en traçant de nouvelles routes, commentera l'historien Stanley Hoffmann. [...] le tremblement de terre de 1989 a perturbé ses plans, il devait improviser et cela s'est vu[3]. » Dès l'annonce de la chute du Mur, l'Élysée paraît

---
1. George Bush, avec Brent Scowcroft, *À la Maison-Blanche*, op. cit., p. 165. Le même jour, Gorbatchev a envoyé des messages similaires à Kohl, Thatcher et Mitterrand : voir Philip Zelikow et Condoleezza Rice, *Germany Unified and Europe Transformed*, op. cit., p. 106. Bush répète à Kohl le 17 novembre sa volonté de ne pas « exacerber les problèmes en allant prendre la pose sur le mur de Berlin » : *Telephone Conversation Between George Bush and Helmut Kohl*, 17 novembre 1989, Bush Library.
2. George Bush, avec Brent Scowcroft, *À la Maison-Blanche*, op. cit., p. 211.
3. Stanley Hoffmann, « French Dilemma and Strategies in the New Europe », dans Robert Keohane, Joseph Nye et Stanley Hoffmann, *After the Cold War*, Harvard University Press, 1993, p. 134.

timoré. Malgré l'avis de son conseiller en communication Jacques Pilhan, François Mitterrand, en voyage à Copenhague, refuse de se rendre à Berlin. « Ce sont des événements heureux, puisqu'ils marquent un progrès de la liberté en Europe », commente sobrement le président français, le 10 novembre, en évoquant à la fois la Révolution française de 1789 et la venue de temps difficiles pour l'Europe. On est loin d'un enthousiasme débordant ! Le chef de l'État convoque en urgence un sommet européen à l'Élysée. Pour George Bush, qui s'entretient au téléphone avec Mitterrand, ce dernier espère ainsi « étouffer la question de la réunification[1] »...

Durant ce dîner des Douze, Mitterrand plaide pour une aide aux réformes menées dans les pays de l'Est en général. Tout comme Kohl, il esquive habilement le sujet de la réunification, tandis que Thatcher, elle, refuse d'évoquer cette hypothèse, qui gênerait Gorbatchev et « ouvrirait la boîte de Pandore des revendications territoriales à travers l'Europe centrale[2] ». Quelques jours plus tard, Mitterrand confirme, sans prévenir Kohl, qu'il se rendra bien en RDA en visite officielle à la fin de décembre. Ce voyage, prévu de longue date, sera considéré comme maladroit de part et d'autre du Rhin.

Craignant d'être débordé par une opinion fébrile, le chancelier allemand, lui, force le destin. Dans le plus grand secret, ses collaborateurs concoctent une initiative de choc. Le 28 novembre 1989, Kohl présente au Bundestag un plan de rapprochement progressif avec la RDA en dix points, avec des élections libres et des structures confédérales. Sans le proclamer ouvertement, il s'agit d'une marche vers la réunification à échéance de cinq à dix ans.

Les réactions ne se font pas attendre. Washington soutient, Londres critique, Moscou tousse[3]. Pris de court, Mitterrand, lui, s'irrite de n'avoir pas été averti de ce plan par son ami Kohl. « Il ne m'a rien dit ! tonne-t-il. Rien dit ! Je ne l'oublierai jamais !

---

1. George Bush, avec Brent Scowcroft, *À la Maison-Blanche, op. cit.*, p. 209.

2. Rapporté dans Frédéric Bozo, *Mitterrand, la fin de la guerre froide et l'unification allemande, op. cit.*, p. 137, et dans Margaret Thatcher, *The Downing Street Years*, Harper & Collins, 1993, p. 793-794.

3. L'entourage de Kohl, principalement son conseiller Horst Teltschik, a cependant eu des discussions secrètes avec l'entourage de Gorbatchev avant l'annonce, de manière à rendre ce plan en dix points « tolérable » par Moscou. Voir Svetlana Savranskaya, Thomas Blanton et Vladislav Zubok, *Masterpieces of History. The Peaceful End of the Cold War in Europe, 1989,* Malcolm Byrne, « National Security Archive Cold War Reader », 2010.

Gorbatchev sera furieux ; il ne le laissera pas faire, c'est impossible ! Je n'ai pas besoin de m'y opposer, les Soviétiques le feront pour moi. Pensez, jamais ils n'accepteront cette grande Allemagne face à eux [...]. [Kohl] n'obtiendra rien de moi là-dessus avant que l'unité de l'Europe n'ait beaucoup progressé. Et, en plus, la RDA n'en voudra pas. Ce sont des Prussiens. Ils ne voudront pas être sous contrôle bavarois[1]. »

Une certaine méfiance se répand à Paris à propos de la précipitation allemande, jugée dangereuse. Même s'il finit par se rallier au plan de Kohl, Mitterrand martèle que la réunification ne peut se faire « n'importe quand » ni « n'importe comment[2] ». Il redoute que l'Europe ne se retrouve finalement, comme en 1913, à la veille de dangereuses déflagrations. Il explique ses préventions à George Bush lors de plusieurs conversations téléphoniques. « J'admire les Allemands, mais je les crains[3] », confie-t-il aussi à l'ambassadeur américain Walter Curley. Le 30 novembre, il s'interroge même, devant le ministre allemand des Affaires étrangères, Hans-Dietrich Genscher : « Je vous pose la question : l'Allemagne va-t-elle continuer à s'engager sur le chemin de l'Union européenne ? » Son interlocuteur tente de le rassurer sur ce point et quitte l'Élysée plutôt optimiste[4].

Il n'empêche : l'initiative de Kohl crée une situation radicalement nouvelle. L'opinion, en RDA comme en RFA, s'enthousiasme. La réunification paraît désormais inéluctable. Elle s'impose au menu des sommets qui s'enchaînent à vive allure au début de décembre : rencontre Bush-Gorbatchev à Malte, sommet de l'OTAN à Bruxelles, Conseil européen à Strasbourg, rencontre Mitterrand-Gorbatchev à Kiev, réunion des quatre grandes puissances (États-Unis, URSS, France, Royaume-Uni) à Berlin...

L'Allemagne occupe toutes les conversations. Les chefs d'État cherchent tous à « maîtriser » la situation, en fonction de leurs priorités respectives. Bush veut avoir l'assurance que l'Allemagne unie restera bien arrimée au sein de l'OTAN. Et, soucieux de

---

1. Rapporté dans Jacques Attali, *Verbatim*, t. 3, *op. cit.*, p. 350.
2. Frédéric Bozo, *Mitterrand, la fin de la guerre froide et l'unification allemande*, *op. cit.*, p. 137.
3. Interview de Walter Curley, FAOHP, *op. cit.*
4. Rapporté dans Philip Zelikow et Condoleezza Rice, *Gemany Unified and Europe Transformed*, *op. cit.*, p. 116-117. Voir aussi les impressions de Hans-Dietrich Genscher, rapportées dans Tilo Schabert, *Mitterrand et la réunification allemande*, *op. cit.*, p. 463.

marquer le « leadership américain », le secrétaire d'État, James Baker, improvise une courte incursion à Berlin-Est, le 12 décembre, afin de devancer Mitterrand de quelques jours[1].

Pour sa part, le président français continue de faire pression sur le chancelier allemand afin de fixer le calendrier de la future Union économique et monétaire européenne, véritable pierre angulaire de sa diplomatie, qui conduira au traité de Maastricht et à la monnaie unique. Ses inquiétudes historiques le poussent à conditionner l'unité allemande à l'unité européenne. Après des semaines de négociations, il obtient gain de cause lors de la réunion du Conseil européen à Strasbourg. « Les Allemands ont compris qu'ils ne peuvent pas à la fois montrer un empressement excessif, tout au moins aux yeux de certains, à l'égard de l'Est et freiner du côté de l'Ouest[2] », dit Mitterrand au Conseil des ministres du 13 décembre 1989.

Mitterrand : Kohl pousse le bouchon trop loin...

Trois jours plus tard, Mitterrand et Bush se retrouvent pour un tête-à-tête dans le cadre luxuriant de l'Habitation Longvilliers, un hôtel paradisiaque situé dans la partie française de l'île de Saint-Martin, aux Antilles. Le président français a souhaité rendre la politesse en conviant son ami Bush dans une ambiance aussi décontractée que sa résidence du Maine. « Je ressens la même atmosphère informelle qu'à Kennebunkport et je souhaite que cela continue ainsi », insiste François Mitterrand en recevant George Bush. Pour contrebalancer l'image, saisie quelques jours auparavant, de Mitterrand et Gorbatchev devisant amicalement à Kiev, chapka sur la tête, les officiels français autorisent les photographes à immortaliser la scène de « François et George » souriants, sans cravate, marchant côte à côte sur la plage de l'anse Marcel, comme deux vieux copains en vacances sous les cocotiers. « Il est clair que Bush et Mitterrand apprécient le fait d'échanger leurs points de vue et leurs soucis, ce qui n'a pas

---

[1]. « Je savais que Mitterrand devait visiter la RDA la semaine suivante, et j'ai voulu démontrer le leadership américain en m'y rendant le premier », écrira James Baker dans ses Mémoires. James Baker, *The Politics of Diplomacy. Revolution, War and Peace, 1989-1992*, G.P. Putnam, 1995, p. 173.

[2]. Rapporté dans Frédéric Bozo, *Mitterrand, la fin de la guerre froide et l'unification allemande, op. cit.*, p. 153.

toujours été le cas entre présidents français et américains[1] », commente alors un diplomate américain, cité dans le *New York Times*.

Symbole de leur relative convergence sur le sujet, les deux présidents jouent à qui sera le plus modéré sur la réunification des deux Allemagnes. « S'il y a une poussée irrépressible de la population allemande, il faudra s'y faire », admet Mitterrand. Mais, impressionné par les propos alarmistes tenus par Gorbatchev à Kiev[2], il répète qu'il ne faut pas « créer de déséquilibres en Europe qui créeraient des tensions avec l'URSS et mettraient en péril Gorbatchev. On aurait alors un dictateur qui ne serait plus communiste, mais serait très agressif. Et la RFA doit être très claire sur le problème des frontières ».

Bush ne contredit pas son ami français : « À court terme, je suis très inquiet d'une évolution des choses en RDA qui accélérerait les événements, entraînerait l'usage de la force et ferait pression sur Gorbatchev. Il ne faut pas pousser des forces obscures à commettre des choses stupides. [...] Nous ne sommes pas contre la réunification, mais nous restons très prudents[3]. » Face à lui, Mitterrand répète que, de toute façon, Gorbatchev ne peut accepter la réunification, que la RDA n'y est pas prête et que Kohl, pour des raisons de politique intérieure en RFA, « pousse trop loin ».

« Vous avez raison », répond Bush, ajoutant ce bémol : « Il s'est un peu calmé[4]. »

Présent lors cette rencontre, le ministre français des Affaires étrangères, Roland Dumas, analysera ces échanges d'une autre façon : « Bush était très calme devant les événements. Il écoutait

---

1. « Upheaval in the East ; Bush and Mitterrand Meet Today on Europe's Role », *New York Times*, 16 décembre 1989.
2. Lors de leur tête-à-tête à Kiev, le 6 décembre 1989, Gorbatchev a expliqué à Mitterrand que le plan en dix points de Kohl était « inacceptable » et s'apparentait à un « diktat ». Voir François Mitterrand, *De l'Allemagne, de la France, op. cit.*, p. 88-89. Il a également supplié Mitterrand de l'aider à empêcher la réunification allemande, sans quoi il serait remplacé par un militaire. « Si vous ne le faites pas, vous porterez la responsabilité de la guerre », a-t-il ajouté. Rapporté dans Hubert Védrine, *Les Mondes de François Mitterrand, op. cit.*, p. 442.
3. Lors de ses entretiens à Malte avec Bush, le 2 décembre, Gorbatchev a affirmé que Kohl n'était « ni sérieux, ni responsable » : « Nous redoutons que le sujet de la réunification ne soit utilisé pour de pures raisons électorales », a ajouté le leader soviétique, tout en précisant qu'il fallait « laisser faire l'histoire ». *Verbatim* du sommet de Malte, Fondation Gorbatchev, Moscou ; National Security Archives, Washington DC.
4. Rapporté dans Jacques Attali, *Verbatim*, t. 3, *op. cit.*, p. 377-379. Voir aussi Frédéric Bozo, *Mitterrand, la fin de la guerre froide et l'unification allemande, op. cit.*, p. 156, et Hubert Védrine, *Les Mondes de François Mitterrand, op. cit.*, p. 443.

beaucoup Mitterrand. Son problème était essentiellement de pouvoir poursuivre le désarmement avec l'URSS. Il se fichait complètement de la réunification du moment que l'Allemagne restait dans l'OTAN et que Gorbatchev pouvait avaler la pilule et la faire accepter chez lui[1]. »

Les deux présidents se quittent en proclamant leur volonté d'harmonie. Pourtant, lorsqu'un journaliste demande s'il existe un accord entre la France et les États-Unis afin de ralentir Kohl dans sa course à la réunification, Bush répond spontanément non, tandis que Mitterrand affirme que oui[2]. Gênés, les deux chefs d'État expliquent qu'il ne s'agit là que de nuances de formulation.

« Je vais marchander la réunification à Moscou », dit Kohl

Mais qui peut vraiment maîtriser le bulldozer Kohl ? Même son ministre des Affaires étrangères, le sage Hans-Dietrich Genscher, n'y parvient pas. Dopé par des sondages porteurs et alarmé par l'effondrement rapide de la RDA, le chancelier fonce. Dès le 4 janvier 1990, lors d'un déjeuner au coin du feu dans la bergerie de Latché, il confie à un Mitterrand encore un peu sceptique qu'il va marchander l'unification allemande avec le leader soviétique. « Gorbatchev a des problèmes croissants d'approvisionnements, il y a des chances d'un bon arrangement. Je vais l'aider[3] », assure Kohl, sûr de lui. Contrairement à ce qu'il pensait quelques semaines plus tôt, Mitterrand commence à comprendre que l'ours soviétique n'a peut-être plus assez de dents pour réagir violemment face à la décomposition de la RDA. Elle-même en crise, l'URSS n'a guère de prise sur le gouvernement est-allemand d'Hans Modrow, qui est en pleine dérive. Sur place, les manifestations se poursuivent, l'exode vire à l'hémorragie et l'économie sombre. Même si Mitterrand, à l'instar de Thatcher, craint toujours un coup de force soviétique et doute que les Allemands de l'Est aient envie d'être « achetés » par la

---
1. Cité dans Pierre Favier et Michel Martin-Roland, *La Décennie Mitterrand*, t. 3 : *Les défis, 1988-1991*, Seuil, « Points », 1997, p. 242.
2. *Joint News Conference Following Discussions with French President Mitterrand in St Martin*, 16 décembre 1989, Bush Library.
3. Pierre Favier et Michel Martin-Roland, *La Décennie Mitterrand*, t. 3, *op. cit.*, p. 257.

RFA, le processus semble désormais inéluctable[1]. « Mitterrand s'est finalement vite rendu compte qu'on ne pouvait pas retarder la réunification, encore moins l'empêcher, tandis que Mme Thatcher, elle, n'a perdu ses illusions que plus tard[2] », analyse Jacques Andréani, ancien directeur de cabinet du ministre Roland Dumas, nommé en novembre 1989 ambassadeur de France à Washington.

Le 10 février 1990, le chancelier allemand part discuter en tête à tête avec Mikhaïl Gorbatchev à Moscou. C'est l'heure de vérité. Et celle du grand marchandage. Habile, Kohl arrache un « oui » à la réunification allemande, que le leader soviétique ne peut empêcher. Kohl promet des milliards de Deutsche Marks d'aide à la RDA et à l'URSS. De son côté, Gorbatchev demande que l'Allemagne unie n'appartienne pas à l'OTAN et qu'un traité reconnaisse définitivement la frontière germano-polonaise. Kohl fait semblant d'accepter. Le soir même, à 22 heures, il peut savourer son triomphe devant la presse mondiale réunie à Moscou : « Le secrétaire général Mikhaïl Gorbatchev et moi-même sommes d'accord pour estimer qu'il appartient au seul peuple allemand de décider s'il veut cohabiter au sein d'un seul et même État. »

Trois jours plus tard, Kohl remporte une nouvelle victoire. Au nom de la souveraineté, il arrache pour la RFA et la RDA le droit de négocier le sort futur de l'Allemagne avec les quatre puissances « occupantes » de Berlin depuis 1945 (États-Unis, URSS, Royaume-Uni, France). Initiée par l'Américain James Baker, cette formule « deux plus quatre » voit le jour en dépit des réticences initiales de Gorbatchev, Mitterrand et Thatcher. Roland Dumas a insisté pour que mention soit faite de futures discussions sur les « problèmes de sécurité des États voisins », allusion aux inquiétudes de la Pologne sur sa frontière Oder-Neisse avec la RDA, historiquement contestée. Après bien des atermoiements, Kohl, pressé par un Mitterrand tenace et des Polonais très remontés, finira par faire adopter au Bundestag une résolution

---
1. Rapporté lors d'un déjeuner de Mitterrand avec Margaret Thatcher, le 20 janvier 1989, à l'Élysée : *Prime Minister's Meeting with President Mitterrand*, mémorandum de Charles Powell, secrétaire de Thatcher, National Archives (UK), Kew. Espérant convaincre Mitterrand de s'opposer avec force à la réunification, Margaret Thatcher repart dépitée, puisque « rien ou presque » ne ressort concrètement de sa discussion. Voir Margaret Thatcher, *The Downing Street Years*, op. cit., p. 797-798.
2. Entretien de Jacques Andréani avec l'auteur, 25 juin 2009.

reconnaissant l'intangibilité de cette frontière, avant de signer un traité international sur le sujet[1].

Le dimanche 18 mars 1990, les dés sont jetés : les Allemands de l'Est votent massivement en faveur d'une réunification rapide. Ils portent au pouvoir le chrétien-démocrate Lothar de Maizière, qui balaie le Parti communiste. « Bonne chance à l'Allemagne », commente sobrement François Mitterrand le lendemain.

Reste à régler quelques problèmes de taille. Moscou est officiellement hostile au maintien de l'Allemagne unie dans l'OTAN. Gorbatchev préférerait un pays totalement démilitarisé. Ce scénario est inacceptable pour Helmut Kohl, qui entend bien garder une armée pour se défendre, même si son opinion n'y est guère favorable. Et il l'est tout autant pour George Bush, hostile à un quelconque affaiblissement de l'OTAN en Europe. Ayant l'impression d'avoir gagné la guerre froide, les Américains n'entendent pas retirer leurs troupes d'Allemagne, pièce centrale de leur dispositif militaire européen. « Au diable les exigences soviétiques. On ne va pas les laisser arracher une victoire de leur défaite ! » tonne George Bush lorsqu'il reçoit Helmut Kohl pour un week-end de détente à Camp David, à la fin de février[2].

L'axe germano-américain se consolide lors de ce sommet bilatéral. Bush et Kohl s'épaulent mutuellement. « Il importe avant tout pour Washington de maintenir la continuité de l'OTAN, gage de la présence américaine en Europe, rapporte, en avril 1990, l'ambassadeur de France aux États-Unis, Jacques Andréani. Soutenir le chancelier Kohl, favoriser son succès aux législatives de décembre, quitte à lui laisser toute l'initiative dans la définition du rythme et des modalités de la réunification, telle est la ligne adoptée ici. Les États-Unis, de leur côté, se fixent pour tâche de faire échouer les manœuvres de retardement d'une Union soviétique dont, compte tenu de ses difficultés par ailleurs, on est convaincu qu'elle n'a d'autre possibilité que d'admettre, bon gré mal gré, que l'Allemagne réunifiée restera dans l'organisation atlantique[3]. »

---

1. Sur le détail des négociations « deux plus quatre », voir notamment Frédéric Bozo, *Mitterrand, la fin de la guerre froide et l'unification allemande, op. cit.*, p. 211-243, et Philip Zelikow et Condoleezza Rice, *Germany Unifed and Europe Transformed, op. cit.*, p. 149 sq.

2. Rapporté dans James Baker, *The Politics of Diplomacy, op. cit.*, p. 230, et Philip Zelikow et Condoleezza Rice, *Germany Unifed and Europe Transformed, op. cit.*, p. 215.

3. *Les États-Unis et l'Allemagne*, télégramme de l'ambassadeur de France à Washington, Jacques Andréani, 13 avril 1990, archives de la présidence de la République, 5AG4 CDM38, Archives nationales.

De manière plus globale, les Américains prônent également une OTAN renouvelée, une sorte de « directoire » occidental qui conforterait leur leadership. François Mitterrand, lui, est plus circonspect. Certes, il est opposé à une « neutralisation » des deux Allemagnes, car « c'est ce qui a toujours été souhaité par l'URSS[1] », a-t-il répété en janvier au secrétaire américain à la Défense, Lawrence Eagleburger, venu à Paris lui parler de désarmement. Préférant une Allemagne encadrée dans l'Alliance atlantique plutôt que hors de contrôle, il soutient naturellement la position ferme de Kohl, avec qui ses relations se réchauffent au fil des semaines.

Mais, au-delà du cas allemand, Mitterrand s'interroge sur le rôle futur de l'OTAN maintenant que le rideau de fer est tombé. Pour lui, le statu quo ne pourra durer éternellement. Il faudra bien réformer l'Organisation un jour et compter davantage sur la Communauté européenne. « Les États-Unis veulent mettre en place un nouvel atlantisme », lui écrit son conseiller Hubert Védrine dans une note au début d'avril 1990. Plutôt que de s'y opposer frontalement, ce qui serait « intenable, injustifié ou inopportun », Védrine suggère de temporiser, pour savoir quels types de « missions nouvelles » les Américains songent confier à l'OTAN[2].

Un président français « pâle comme la mort » arrive à Key Largo

Cette divergence stratégique figure naturellement au menu de la nouvelle rencontre entre Mitterrand et Bush, qui se déroule dans l'île de Key Largo, en Floride, le 19 avril 1990.

Juste avant cette entrevue, « George » a écrit une longue lettre à son « cher François », dans laquelle il a réaffirmé ses convictions : les États-Unis « doivent rester engagés en Europe et au sein de l'Alliance atlantique » ; l'OTAN doit désormais avoir un « mandat politique visible » ; et l'Allemagne doit demeurer intégrée en son sein – position que partage d'ailleurs Margaret Thatcher, que Bush a vue la semaine précédente aux Bermudes. Le

---

[1]. Entretien entre Lawrence Eagleburger et le président François Mitterrand, 30 janvier 1990, archives de la présidence de la République, 5AG4 CD74, Archives nationales.

[2]. *Votre rencontre avec le président Bush*, 11 avril 1990, note du conseiller Hubert Védrine au président de la République, archives de la présidence de la République, 5AG4 EG170, Archives nationales.

président américain espère que « la France pourra jouer un rôle encore plus important dans une OTAN revigorée ».

Le message est clair : les États-Unis s'imposent en superpuissance incontournable et l'OTAN doit rester leur seul bouclier. Il y a là de quoi froisser François Mitterrand, désireux d'affranchir progressivement l'Union européenne de la tutelle américaine en construisant une future politique européenne de défense. Bush a tout de même pris soin d'achever sa missive par ces mots flatteurs : « François, il n'y a pas aujourd'hui de dirigeant européen que je respecte davantage que vous. J'attends donc avec beaucoup d'impatience et d'optimisme nos discussions en Floride[1]. »

Les deux présidents se retrouvent au matin du jeudi 19 avril. Lorsque Mitterrand descend la passerelle du Concorde, à l'aéroport de Miami, les officiels américains venus l'accueillir prennent peur : le Français, l'air épuisé, a le teint gris et les traits tirés. Depuis quelques mois, les diplomates et la CIA s'interrogent secrètement sur l'état de santé de Mitterrand, sujet qui ne défrayera la chronique que deux ans plus tard. Des rumeurs invérifiables le disent malade, alors que ses bulletins officiels de santé affirment le contraire. George Bush s'en est inquiété plusieurs fois auprès de James Baker. L'ambassadeur à Paris, Walter Curley, a déjà été sommé de se renseigner avant la rencontre Bush-Mitterrand de Saint-Martin, en décembre 1989. Ayant aperçu le président français en pleine forme lors d'une réception à l'Élysée, Curley a rassuré Baker. Mais, lorsqu'il est arrivé à Saint-Martin, Mitterrand semblait livide. « Monsieur l'ambassadeur, vos informations sont nulles ! L'homme qui descend de l'avion n'est pas malade, il est mourant ! » a murmuré Baker à Curley.

La même scène se reproduit à l'arrivée de Mitterrand à Miami, en ce mois d'avril 1990. De quoi susciter chez les Américains une certaine curiosité, dont la presse se fera discrètement l'écho quelques semaines plus tard[2]. « Mais nous n'avons jamais su ce

---

1. Lettre du président George Bush au président François Mitterrand, 17 avril 1990, archives de la présidence de la République, 5AG4 EG170, Archives nationales.

2. Le magazine *Time* publie, en août 1990, un écho sur la « mystérieuse maladie » du président Mitterrand, dont l'apparition « pâle comme la mort » aurait inquiété les officiels américains lors du sommet de Key Largo en avril, puis lors de celui du G7 de Houston en juillet 1990. L'article de *Time* évoque le fait que Mitterrand voyagerait avec un équipement médical pour faire des dialyses et qu'il aurait eu une transfusion sanguine en Floride. « France : Mystery Malady », *Time*, 13 août 1990. Certains responsables français verront dans cet article des rumeurs fabriquées par la CIA pour déstabiliser Mitterrand. Rapporté par John Willett, FAOHP, *op. cit.*

qu'il avait, avouera Curley. Il a été établi par la suite [à partir de septembre 1992] qu'il souffrait d'un cancer de la prostate, mais j'ai toujours pensé qu'il avait de graves troubles rénaux et que c'étaient des dialyses régulières qui lui donnaient parfois ce teint si pâle[1]... »

Arrivé dans l'île de Key Largo vers 11 heures, Mitterrand semble retrouver la forme. Les deux présidents s'installent dans la villa d'un milliardaire ami de Bush, manière de prolonger le cadre informel de leurs précédentes rencontres bilatérales. La conversation, amicale et détendue, s'anime aussitôt. Durant un premier tête-à-tête, puis lors du déjeuner, élargi à une poignée de conseillers, ils passent en revue plusieurs sujets, sur lesquels ils s'accordent volontiers. Les deux chefs d'État évoquent ainsi les dangers qui guettent Gorbatchev, notamment une réaction violente des militaires contre lui. Ce scénario ne se réalisera que l'année suivante, lors d'un putsch avorté. Ils s'inquiètent aussi des mesures de blocus prises par Moscou contre la Lituanie, qui vient de déclarer unilatéralement son indépendance. Mitterrand et Bush souhaitent néanmoins calmer l'empressement des Lituaniens afin de ménager le leader soviétique : « N'exigeons pas de Gorbatchev ce que nous n'exigerons pas du dictateur qui lui succédera », lâche le président français. Cet accord franco-américain permettra, avec l'appui de Kohl, de désamorcer la crise lituanienne au cours des semaines suivantes.

L'Allemagne est le deuxième plat au menu de ce déjeuner. Bush se dit certain de parvenir à convaincre rapidement les Soviétiques qu'elle doit demeurer dans l'OTAN. Mitterrand l'approuve. Il a toujours combattu la tentation neutraliste et pacifiste des Allemands. « L'Allemagne pose quelques problèmes graves, surenchérit-il. Soyons attentifs à son opinion. Les sondages montrent que la majorité des Allemands est contre l'OTAN. Il y a un terrain pour la démagogie. On peut imaginer les élections futures sur un thème d'hostilité à la présence militaire et nucléaire étrangère. »

Néanmoins, le président français tient à rappeler les autres appréhensions que suscite la réunification : « L'unité de l'Allemagne, je l'ai déjà dit, c'est l'affaire des Allemands. Les conséquences de l'unité, c'est l'affaire de tout le monde. » Lorsque George Bush lui demande si « le Français moyen est préoccupé

---
1. Interview de Walter Curley, FAOHP, *op. cit.*

par les tendances agressives de l'Allemagne », il répond calmement : « En France, il n'y a pas de craintes d'une Allemagne agressive, il y a plutôt le sentiment d'une puissance nouvelle en Allemagne. À quoi je réponds que c'est la réalité historique, que nous avons cohabité pendant plus de mille ans avec l'Allemagne avec ce genre de problèmes. Nous sommes amis. Nous avons confiance. À l'Est, c'est autre chose. Il y a une inquiétude en Pologne, en Tchécoslovaquie, un peu partout, et nettement en URSS. On a peur de la présence allemande, de l'expansion de l'Allemagne, de revendications territoriales. » Autrement dit, l'Allemagne doit donner davantage de garanties sur ses frontières, à ses voisins comme à l'URSS, à cause du passé[1]. Bush ne le conteste pas. Des négociations sont d'ailleurs en cours avec Kohl sur ce sujet sensible.

Les désaccords sur l'OTAN constituent un plat de résistance plus difficile à digérer de part et d'autre. Malgré l'excellence des relations personnelles entre Bush et Mitterrand, deux conceptions de la sécurité européenne s'affrontent.

Le président américain répète ce qu'il a dit dans sa lettre : l'OTAN est la seule justification de la présence militaire américaine sur le continent européen. Pas question de l'abandonner. « Pour soutenir la présence américaine en Europe, l'OTAN devrait avoir un rôle accru, notamment en ce qui concerne sa composante politique. Nous pouvons en parler lors du sommet de l'Alliance. Je pense à la vérification du désarmement, à des thèmes comme la prolifération. Aux États-Unis, il y a une tendance à se désengager. Nous comprenons que les Européens ont besoin d'un endroit pour parler entre eux, mais il faut en même temps élargir le rôle de l'Alliance. »

Mitterrand n'est pas de cet avis. Il essaie d'abord de dissiper tout malentendu. Oui, réaffirme-t-il, la présence militaire américaine reste « indispensable » en Europe. Oui, les menaces sont toujours réelles et la France reste solidaire de ses alliés. Oui, l'OTAN a une compétence sur la sécurité et il n'y a pas de raisons d'en modifier le statut. La France ne réintégrera pas son commandement militaire. Mais, à ses yeux, l'OTAN ne peut tout régenter. La Communauté européenne doit se renforcer politiquement, ce à quoi il s'emploie, puisque la RDA y sera intégrée *de*

---
1. Entretien entre le président George Bush et le président François Mitterrand, Key Largo (Floride), 19 avril 1990, archives de la présidence de la République, 5AG4 CD74, Archives nationales.

facto et qu'il vient de signer avec Kohl une lettre en faveur d'une future Union politique. De plus, il faudra organiser le dialogue entre les pays d'Europe de l'Est et la Communauté, peut-être au sein d'un projet de Confédération dont il rêve pour le long terme. Il ajoute : « Il n'y a pas de contentieux. Comment a-t-on pu croire chez vous que notre désir de développer l'activité politique de la Communauté et de créer la Confédération soit motivé par l'intention de vous écarter ? C'est de l'affabulation, c'est votre côté romantique... »

Bush le reprend : « Sur la vérification du désarmement, vous vous êtes prononcés contre un rôle de l'OTAN. »

Mitterrand précise sa pensée : « S'il s'agit de vérifier le désarmement en Europe et de parler de ses implications sur le nouvel équilibre européen, la réponse est oui. S'il s'agit par là de s'occuper par exemple de la sécurité du Japon, la réponse est non. Je veux savoir de quoi on parle. Si les dirigeants américains précisent ce qu'ils entendent par le "rôle politique de l'OTAN", tout sera plus facile. »

Bush insiste : « L'OTAN doit changer de vitesse. Ceci doit nous permettre de passer le point critique : nous ne savons plus qui est l'ennemi. »

Mitterrand ne peut s'empêcher d'ironiser : « C'est en effet un problème, de ne plus avoir d'ennemi... »

Bush poursuit : « À cela nous répondons que l'OTAN nous garantit contre l'imprévisibilité, contre l'instabilité. Il faut donc une organisation qui, tout en ayant une composante militaire, laquelle d'ailleurs respectera pleinement le rôle particulier de la France, puisse parler de tous ces sujets politiques. »

Les deux présidents ne démordent pas de leurs convictions respectives. Chacun promet de réfléchir sur la nécessaire « transformation » de l'OTAN. « Je repartis de Key Largo encore plus convaincu que les États-Unis et la France avaient des conceptions profondément divergentes de l'avenir de l'Europe et du rôle que nous serions amenés à y jouer[1] », résumera Brent Scowcroft, présent à la table de ce déjeuner.

La crispation franco-américaine sur l'avenir de l'OTAN passe cependant un peu au second plan lors du sommet de l'Alliance atlantique, qui se tient à Londres au début de juillet 1990. Dans

---

1. Rapporté dans George Bush, avec Brent Scowcroft, *À la Maison-Blanche, op. cit.*, p. 289.

une déclaration générale concoctée à Washington, les chefs d'État expriment simplement leur volonté de dépasser la confrontation Est-Ouest, sans trop entrer dans les détails. Mais Mitterrand demeure très réservé. Dans un silence glacial, il prend la parole devant ses pairs pour exposer sa stricte conception néogaullienne de la dissuasion, très éloignée du nouveau concept d'utilisation des forces nucléaires des militaires de l'OTAN. Après cette intervention magistrale, la séance s'achève. Margaret Thatcher lui murmure à l'oreille : « Monsieur le Président, vous devriez surveiller votre santé. Vous n'avez pas l'air d'aller bien[1]... » En sortant de la salle, Mitterrand, passablement énervé, déclare, sans avoir prévenu Kohl, qu'il retirera les forces françaises d'Allemagne après la réunification. Cette décision avait beau être attendue, son annonce impromptue froisse un peu les esprits.

Personne ne prête vraiment attention aux humeurs mitterrandiennes. Car, parallèlement, le grand marchandage sur l'Allemagne est sur le point d'aboutir. Hans-Dietrich Genscher a trouvé la solution diplomatique permettant que l'Allemagne réunifiée reste dans le giron de l'OTAN sans trop fâcher Moscou : le territoire de la RDA sera temporairement démilitarisé, afin d'éviter l'humiliation de troupes soviétiques quittant le sol est-allemand pour être remplacées par des GI's. Mitterrand et Bush ont jugé cette idée judicieuse.

Après s'être farouchement opposé à l'idée que l'Allemagne ait la liberté de choisir ses alliances militaires, Gorbatchev a fini par l'accepter lors d'une rencontre historique avec George Bush dans le Bureau ovale, à la Maison-Blanche, le 30 mai 1990. Surpris par ce changement de position, Bush lui a fait répéter deux fois ses propos pour être sûr d'avoir bien entendu : oui, l'Allemagne pourra rester dans l'OTAN si elle le souhaite, a insisté Gorbatchev. Cette concession majeure du leader soviétique a pris ses propres conseillers au dépourvu[2] !

Au terme de longues palabres, Gorbatchev s'accorde également avec Kohl sur les conditions de la réunification à l'occasion d'un sommet à Moscou, le 15 juillet 1990, non sans avoir fait monter les enchères[3]. L'Allemagne accepte ainsi de limiter les effectifs

---
1. Rapporté par Jacques Lanxade, présent lors de ce sommet. Entretien avec l'auteur, 2 décembre 2009.
2. Rapporté dans Philip Zelikow et Condoleezza Rice, *Germany Unifed and Europe Transformed*, op. cit., p. 277-278.
3. Voir le détail de ces négociations *ibid.*, p. 335-342, et dans Frédéric Bozo, *Mitterrand, la fin de la guerre froide et l'unification allemande*, op. cit., p. 205-210.

de son armée, la Bundeswehr, à 370 000 hommes. Elle renonce à la détention d'armes atomiques, bactériologiques et chimiques. Afin de faire avaler la pilule à Moscou, Helmut Kohl y ajoute, à la fin de juillet 1990, plusieurs gros chèques pour un total de 20 milliards de dollars, qui financeront le départ des 380 000 soldats soviétiques stationnés en RDA. Par ailleurs, à la demande expresse de Gorbatchev, les banques allemandes ont ouvert le robinet des crédits à l'URSS, dont la situation économique ne cesse d'empirer. Bonn paie cher la réunification. C'est le prix pour amadouer Moscou et rester dans le giron de l'OTAN. Après la signature d'un traité international le 12 septembre, l'unité allemande sera effective le 3 octobre 1990, juste avant les élections générales de décembre, qui verront le triomphe de la coalition d'Helmut Kohl.

À Washington, en cet été 1990, George Bush respire. Le mur de Berlin est tombé sans provoquer les catastrophes redoutées. La réunification allemande a été promptement négociée. Finalement, tout le monde a joué sa partition avec doigté : Kohl en passionné constructif, Mitterrand en Européen prudent, Gorbatchev en pragmatique éclairé. Bush a consolidé l'OTAN. Son camp a gagné la guerre froide. Sa diplomatie triomphe. Sa popularité est au zénith.

Qui pourrait défier le président des États-Unis ?

Chapitre 7

« Allô, François ? Merci de faire la guerre à nos côtés... »

L'inconscient s'appelle Saddam Hussein.
Dans la nuit du 1er au 2 août 1990, le dictateur irakien lance plus de cent mille soldats à l'assaut du Koweït, le petit émirat pétrolier qui jouxte son pays au sud-est. Ruiné par huit années de guerre contre l'Iran, le régime irakien met la main sur son riche voisin, dont il a toujours contesté la souveraineté et dénoncé l'« égoïsme ». Des médiations entre l'Irak et le Koweït se déroulaient pourtant depuis plusieurs semaines, avec l'aide du roi Hussein de Jordanie et du président égyptien Hosni Moubarak. Les médiateurs tentaient d'aplanir les contentieux bilatéraux concernant des puits de pétrole, des arriérés de dettes et le contrôle de deux îles. Mais Saddam Hussein a préféré forcer le cours des choses.
Depuis le début de l'année, la CIA a observé, sans y prêter vraiment attention, des concentrations progressives de troupes irakiennes au sud du pays[1]. L'agence américaine et les services britanniques ont aussi signalé des mouvements à la frontière du Koweït à partir du 23 juillet. Les renseignements sur ces déploiements ont été transmis à plusieurs pays alliés. À la Maison-Blanche, à Downing Street comme à l'Élysée, on y a vu de simples manœuvres d'intimidation. De son côté, la DGSE a rédigé plusieurs notes, tout le long du premier semestre, alertant sur le risque d'une crise grave venant de l'Irak. Mais les responsables français du renseignement et des états-majors, réunis par le

---
1. Le directeur de la CIA, William Webster, reconnaîtra avoir fait une « mauvaise évaluation » des intentions à long terme de l'Irak après la fin de la guerre contre l'Iran, puis sur les concentrations de troupes à partir de janvier 1990. Interview de William Webster, 21 août 2002, *Ronald Reagan Oral History Project*, Miller Center of Public Affair, University of Virginia.

secrétariat général de la défense nationale, le 26 juillet, au sujet de l'Irak, ont écarté l'hypothèse d'une agression du Koweït[1]. Personne n'a imaginé que Saddam Hussein oserait narguer la communauté internationale. Nul n'a cru possible que le raïs irakien, naguère armé par l'URSS et financé par ses voisins arabes, lance une offensive de grande ampleur sans y réfléchir à deux fois. Le 25 juillet, Saddam Hussein a d'ailleurs répété son souhait de discuter avec son voisin devant l'ambassadrice américaine à Bagdad, April Glaspie. Celle-ci a estimé, pour sa part, que les États-Unis « n'avaient pas d'opinion sur les différends territoriaux entre pays arabes ». Washington laissait faire les diplomates et ne s'inquiétait pas de ce qui se tramait dans la région.

Dans la journée du 2 août, les troupes irakiennes prennent le contrôle total de Koweit City. La puissance militaire et l'effet de surprise jouent en leur faveur. L'émir Jaber el-Sabah du Koweït a juste le temps de fuir, *in extremis*, en Arabie Saoudite. Aussitôt, toutes les capitales expriment leur indignation devant le coup de force irakien, contraire au droit international.

À Washington règne une grande nervosité. Dans la soirée du 1er août, George Bush, alerté par son conseiller Brent Scowcroft, a failli téléphoner à Saddam Hussein pour le mettre en garde contre toute velléité d'attaque. Mais il était déjà trop tard. Au Pentagone, autour du secrétaire à la Défense, Dick Cheney, et du chef d'état-major interarmées, le général Colin Powell, les experts, qui n'ont pu prédire cette attaque, paraissent désemparés. « Ils étaient très vexés de s'être fait berner par Saddam, se souvient le général Roger Mathieu, attaché de défense à l'ambassade de France à Washington. Ils avaient eu les renseignements sur les mouvements irakiens, mais leurs analyses n'étaient pas bonnes. Le seul spécialiste du Pentagone à avoir prédit l'attaque du Koweït m'a confié qu'il enrageait de n'avoir pas été écouté[2]. »

En pleine nuit, la Maison-Blanche concocte ses premières mesures – préparatifs pour envoyer une escadrille de chasseurs

---

1. Rapporté par l'ancien directeur de la DGSE, Claude Silberzahn, dans *Au cœur du secret*, *op. cit.*, p. 286. La réunion du 26 juillet au secrétariat général de la défense nationale est rapportée par l'amiral Jacques Lanxade, *Quand le monde a basculé*, *op. cit.*, p. 48.
2. Entretien du général Roger Mathieu avec l'auteur, 9 février 2010. Le général Norman Schwarzkopf est allé alerter le Pentagone le 31 juillet 1990, mais il était déjà trop tard.

F-15 en Arabie Saoudite, gel des avoirs irakiens et rédaction d'une résolution au Conseil de sécurité de l'ONU. Dès le 2 août au matin, ce dernier adopte un texte exigeant de l'Irak le retrait immédiat et inconditionnel de ses troupes du Koweït. L'URSS soutient le texte américano-koweïtien. En lançant son hold-up sur son petit voisin en plein été, Saddam Hussein espérait sans doute que les grandes puissances réagiraient mollement. Il a probablement sous-estimé l'unanimité issue de l'après-guerre froide.

Satisfait de cette première réplique, George Bush dirige plusieurs réunions où sont étudiées toutes les options, puis s'envole vers Aspen, dans le Colorado, pour y retrouver le Premier Ministre britannique, Margaret Thatcher. Durant le vol, il téléphone à Hosni Moubarak et au roi Hussein, qui séjournent tous deux à Alexandrie. Ces derniers promettent de tenter de ramener Saddam Hussein à la raison. Mais George Bush n'y croit guère. Margaret Thatcher non plus. Pas plus que le roi Fahd d'Arabie, joint dans la foulée et très remonté contre le « vaniteux » Saddam, « qui marche sur les traces d'Hitler en créant des problèmes planétaires ». En cas d'obstination, le roi saoudien suggère un recours à la force pour « donner à Saddam une leçon qu'il n'oubliera pas de sa vie entière... si tant est qu'il en sorte vivant[1] ».

De son côté, en vacances dans sa bergerie de Latché, le président François Mitterrand téléphone à ses pairs. Il joint Bush à Washington, puis Thatcher dans le Colorado, Kohl en Autriche, Gorbatchev en Crimée, Moubarak à Alexandrie. Ils se disent outrés par le comportement de Saddam Hussein et pessimistes sur la suite des événements. Le lendemain, Mitterrand rappelle Bush pour lui dire que le statu quo est inacceptable, qu'un embargo pétrolier est nécessaire et que le soutien des Saoudiens est essentiel pour éviter de créer un fossé entre le monde arabe et l'Occident[2]. George Bush en est bien conscient. Au lieu d'intervenir unilatéralement à la demande du Koweït, comme l'article 51 de la Charte des Nations unies l'y autorise, il décide d'agir collectivement, quitte à ralentir sa marche. Établissant les premiers plans militaires, à Camp David, le 4 août, pour défendre l'Arabie et reconquérir le Koweït, il estime qu'il faudra du temps pour déployer des troupes au sol. « Plus vite arrivera l'invitation des

---

1. George Bush, avec Brent Scowcroft, *À la Maison-Blanche*, *op. cit.*, p. 347.
2. *Ibid.*, p. 351.

Saoudiens, mieux ce sera », martèle le secrétaire à la Défense, Dick Cheney.

Mais le roi Fahd semble hésiter à accepter le déploiement des GI's sur son sol. Or les militaires américains craignent une possible invasion de l'Arabie Saoudite par l'armée de Saddam Hussein, qui aurait déjà concentré sept divisions à la frontière. Les experts du Pentagone savent que l'armée saoudienne ne pourrait résister à une attaque massive. La région entière serait déstabilisée, l'approvisionnement en pétrole de l'Occident menacé. Sans parler de la domination de tout le Moyen-Orient par un Saladin dangereux. Un scénario catastrophe. Washington veut agir au plus vite. Le 6 août, tandis que le Conseil de sécurité des Nations unies décide un embargo économique et financier contre l'Irak, Dick Cheney arrive en Arabie Saoudite, accompagné du général Norman Schwarzkopf. Impressionné par les photos fournies, qui montrent des risques d'attaque imminente – risques que Washington a probablement sciemment surestimés –, le roi Fahd accepte l'aide militaire des Américains et demande l'appui d'autres pays arabes, comme le Maroc et l'Égypte. Une division aéroportée et des chasseurs de l'US Air Force rallient immédiatement l'Arabie, avant l'envoi de troupes plus substantielles. L'opération Bouclier du désert commence. Saddam Hussein semble renoncer, pour le moment, à attaquer l'Arabie. Ce danger est conjuré. La Maison-Blanche respire.

Profitant de ce climat propice à la constitution d'une coalition internationale, George Bush pousse les feux. En réalité, la Maison-Blanche craint que certains pays de la région n'acceptent un compromis territorial sur le Koweït en négociant avec Saddam Hussein. Le secrétaire d'État, James Baker, est chargé de cette tâche complexe qui consiste à s'assurer du soutien durable de pays aussi différents que la France et la Turquie, l'Arabie Saoudite et le Royaume-Uni, l'Égypte et la Syrie.

Son premier objectif est de contraindre l'Irak à retirer son armée du Koweït sans conditions. L'isolement diplomatique et le boycott économique doivent produire rapidement leurs effets. Mais, dès ce moment-là, George Bush se prépare à recourir à la force. Il a besoin de quelques mois pour amasser sur place suffisamment de troupes afin de libérer le Koweït et de neutraliser ensuite l'essentiel de l'armée irakienne. L'ambassadeur américain à Riyad confie, le 10 août 1990, à son collègue français : « Nos hommes commencent à arriver. Vous n'imaginez quand même pas que nous allons faire venir toute notre armée pour en rester à la défense de l'Arabie Saoudite. Il est bien évident que nous détruirons le potentiel irakien, parce que cela n'aurait servi à rien d'être venu ici et de repartir en le laissant intact[1]. »

Mitterrand, résolu à faire la guerre si nécessaire

François Mitterrand partage cette analyse sans états d'âme. Opposé aux frappes américaines contre le colonel Kadhafi en 1986, critique sur l'inaction de la Maison-Blanche au Liban ou en Israël, le président français se range cette fois-ci sans hésiter dans le camp de son ami George Bush. Le Quai d'Orsay, qui s'était déclaré opposé à toute perspective de « blocus » de l'Irak, considéré comme un acte de guerre, doit rectifier le tir, sur ordre de l'Élysée. Pour Mitterrand, la fermeté est la seule ligne de conduite possible. L'inaction est intolérable et les risques de contagion trop grands. L'invasion d'un État par un autre l'insupporte. Il a réagi de même en 1982 lorsque les Argentins ont tenté d'annexer les îles britanniques des Malouines, ou encore en 1983 quand les Libyens ont envahi le nord du Tchad. « Dès le départ, il a dit que cette invasion du Koweït n'était pas acceptable, se souvient son conseiller Hubert Védrine. C'était pour lui viscéral et raisonné : on ne touche pas aux frontières, sinon il n'y a aucun ordre international qui tienne. Dès lors, il était résolu à tout faire pour convaincre Saddam Hussein de sortir du Koweït. Mais si on n'y arrivait pas par la négociation, il faudrait le chasser par la force. Cela voulait dire maintenir ouvertes des portes de discussion jusqu'à la fin, tout en se préparant à la guerre, de manière à faire monter la pression, avec un calendrier et un compte à rebours[2]. »

Lors d'une conversation téléphonique avec George Bush, au matin du 7 août 1990, le président français approuve l'envoi de troupes américaines en Arabie ainsi que la formation d'une coalition, et suggère une réunion de l'OTAN. « Mitterrand ne cessait de me surprendre, commentera Bush. [...] Chaque fois que j'ai parlé avec [lui], nous sommes tombés d'accord, si bien que les

---

1. Témoignage de Jacques Bernière, ex-ambassadeur de France en Arabie Saoudite, cité dans « La participation militaire française dans la guerre du Golfe », actes de la table ronde du Centre d'études d'histoire de la défense (CEHD) du 2 février 2001, *Cahiers du CEHD*, n° 21, 2004.
2. Entretiens d'Hubert Védrine avec l'auteur, 22 février et 14 juin 2010.

inquiétudes que j'avais pu avoir avant l'appel s'estompaient. Il y eut, certes, des différends franco-américains entre les bureaucrates et les hauts fonctionnaires. Mais, à notre niveau, quand il s'est agi de décider des dates auxquelles envoyer nos troupes ou déclencher les hostilités, ou bien d'organiser la répartition du commandement entre nos généraux, Mitterrand a toujours répondu présent et nous avons toujours travaillé de concert[1]. » Cette alliance franco-américaine, forgée grâce à de bonnes relations personnelles et à une fermeté précoce des deux présidents, constitue une des clés de la guerre qui s'annonce.

Le 9 août 1990, à l'occasion d'un nouveau conseil restreint réuni à l'Élysée sur le sujet, François Mitterrand écarte les réserves du Premier ministre, Michel Rocard, de son ministre de la Défense, Jean-Pierre Chevènement, ou encore du ministre de l'Intérieur, Pierre Joxe. Il ne croit pas à un geste pacifique de l'Irak. Pour tenir son rang, la France devra répondre favorablement à une demande d'aide des Saoudiens et participer à la coalition internationale. « On est contents d'avoir les Américains dans certaines circonstances. Nous sommes leurs alliés. Nous ne le sommes pas quand ils soutiennent inconditionnellement Israël, bombardent la Libye, mais, dans le cas présent, il faut de la clarté dans la solidarité. S'il faut choisir, j'estime qu'il faut lutter contre Saddam Hussein, quelles qu'en soient les conséquences. Si nous ne le faisons pas, nous serons les faux frères de l'Occident[2]. »

La détermination du président français se concrétise par l'envoi immédiat dans la région du porte-avions *Clemenceau*, avec à son bord des hélicoptères de combat et huit cents hommes de la Force d'action rapide, prêts à intervenir en Arabie Saoudite au cas où. Mitterrand l'annonce lors d'une conférence de presse qui suit le conseil restreint. Ces déclarations publiques, qu'il répétera à plusieurs reprises tout au long de la crise sous forme d'interventions télévisées, tranchent avec le flottement et les silences qui lui ont été reprochés après la chute du mur de Berlin. « Ah, si j'avais parlé ainsi pendant la réunification allemande[3] ! » confiera-t-il plusieurs fois à des proches, en admettant rétrospectivement ses erreurs de communication.

---

1. George Bush, avec Brent Scowcroft, *À la Maison-Blanche*, op. cit., p. 366.
2. Rapporté dans Pierre Favier et Michel Martin-Roland, *La Décennie Mitterrand*, t. 3, op. cit., p. 511.
3. Rapporté par Hubert Védrine dans *Les Mondes de François Mitterrand*, op. cit., p. 456.

Mitterrand est d'autant plus remonté que Saddam Hussein franchit des degrés supplémentaires dans la provocation : à partir du 18 août il parade devant les caméras en compagnie de familles d'Occidentaux dont il a refusé le départ du Koweït. Quelque dix mille otages sont retenus prisonniers. Certains sont emmenés sur divers sites stratégiques afin de servir de « boucliers humains ». Aussitôt, le Conseil de sécurité des Nations unies décide un blocus naval complet de l'Irak, susceptible d'être imposé par la force. « Nous sommes dans une logique de guerre », répète Mitterrand, plutôt pessimiste, devant ses ministres. Avant la fin du mois, des navires français sillonnent le détroit d'Ormuz. Des avions surveillent celui de Bab el-Mandeb, proche de Djibouti, dans le cadre du blocus maritime décrété par l'ONU. Des chasseurs et du matériel antiaérien sont envoyés au Qatar et aux Émirats arabes unis afin de renforcer leur défense. Puis un détachement d'aviation légère est dépêché fin août à Yanbu, à la demande des Saoudiens. Même si aucune décision formelle n'est encore prise concernant une éventuelle intervention militaire offensive, le président français s'y prépare. Il donne d'ailleurs des consignes en ce sens au chef d'état-major des armées, le général Maurice Schmitt, qui planche, courant août, sur plusieurs options[1].

De son côté, George Bush, furieux des prises d'otages et du pillage du Koweït, fait de même avec ses états-majors. « Plus j'y réfléchissais, moins je voyais comment nous allions chasser Saddam Hussein du Koweït sans recourir à la force[2] », dira-t-il. Dès le 20 août 1990, il signe une directive secrète, dans laquelle il affirme que les « intérêts américains dans le golfe Persique sont vitaux pour la sécurité nationale », notamment l'accès au pétrole et les relations avec des pays « amis ». « Les États-Unis défendront leurs intérêts stratégiques dans la zone, en se servant des forces armées américaines si cela se révèle nécessaire », écrit-il encore. La Maison-Blanche mentionne ses efforts pour parvenir à une « solution pacifique » au Koweït, notamment *via* les sanctions économiques, sans trop y croire[3]. Au début de septembre, plus de cent mille GI's ont déjà rejoint le sol saoudien. Avions et

---
1. Voir le témoignage du général Maurice Schmitt dans *De Diên Biên Phu à Koweit City*, Grasset, 1992, p. 184-185.
2. George Bush, avec Brent Scowcroft, *À la Maison-Blanche, op. cit.*, p. 379.
3. *US Policy in Response to the Iraqi Invasion of Kuwait*, National Security Directive 45, 20 août 1990, signée par George Bush, Maison-Blanche, Bush Library.

cargos ne cessent d'en débarquer d'autres sur les tarmacs et les quais de la péninsule Arabique.

Un émissaire de l'Élysée en mission à la Maison-Blanche

À Paris, l'entourage de François Mitterrand est moins va-t-en-guerre. Le lobby pro-Saddam, mêlant socialistes laïcs, gaullistes arabophiles et marchands d'armes intéressés, se réveille. Le ministre de la Défense, Jean-Pierre Chevènement, refuse l'« engrenage » du conflit et craint que la France ne paraisse trop alignée sur les États-Unis dans cette affaire. Le Quai d'Orsay défend une position prudente, constatant que les opinions des pays arabes manifestent leur soutien aux foucades du leader irakien. Même à l'Élysée, certains conseillers sont réservés sur les options militaires. De plus, les sondages montrent que les Français sont, au fil des semaines, de moins en moins favorables à une participation française en cas de guerre.

Mitterrand n'en a cure. Il est prêt à ramer à contre-courant. « Isolé au départ, il a mis plusieurs mois à renverser l'opinion française et la position des officiels, se rappelle Jacques Andréani, alors ambassadeur à Washington. Il l'a fait avec beaucoup d'adresse, en montrant qu'il avait des positions différentes des Américains sur certains sujets, ou qu'il était prêt à des compromis jusqu'au dernier moment. Mais sa position de fond était claire : il allait être solidaire de Bush, qui était décidé, très tôt, à faire la guerre s'il le fallait[1]. »

L'un de ses conseillers élyséens partage sa totale détermination : il s'agit de son chef d'état-major particulier, l'amiral Jacques Lanxade. Ce militaire discret à la fine silhouette et au tempérament affable, qui occupe *a priori* une fonction purement technique à l'Élysée, se voit ainsi confier une mission hautement stratégique, en liaison étroite avec le chef d'état-major des armées. « Comme j'avais le contact direct à la Maison-Blanche avec le conseiller à la Sécurité nationale Brent Scowcroft, le président m'a demandé de préparer cette guerre, qu'il jugeait inéluctable, explique Lanxade. La résolution de Mitterrand était entière dès le départ et je la partageais. À chaque fois que j'allais à

---
1. Entretiens de Jacques Andréani avec l'auteur, 25 et 30 juin 2009.

Washington, je voyais Scowcroft et Powell, en compagnie de l'attaché de défense de l'ambassade de France, le général Mathieu, et nous discutions des aspects géopolitiques et militaires des opérations. Puis je rentrais à Paris et j'en parlais directement au président[1]. »

Cet émissaire discret de l'Élysée, accueilli très chaleureusement à la Maison-Blanche, court-circuite les réseaux traditionnels. L'ambassadeur Jacques Andréani, écarté des contacts avec Scowcroft à la Maison-Blanche, s'en plaint auprès de son ministre, Roland Dumas, avant de s'en accommoder. « Tout a effectivement été bouclé entre Scowcroft et Lanxade, confirme l'ancien diplomate, des dates d'arrivée du porte-avions à la participation française aux phases aériennes comme au dispositif terrestre. Lanxade ne rendait compte qu'à Mitterrand. Tout était géré directement par l'Élysée, dans le dos de Chevènement, dont Mitterrand ne voulait pas se séparer dans un premier temps pour des raisons politiques[2]. »

L'amiral Lanxade marche sur des œufs. Car, avant d'être nommé à l'Élysée, il a dirigé le cabinet militaire du même Jean-Pierre Chevènement, qui l'a chaudement recommandé à Mitterrand. L'amiral estime le ministre, sans partager ses vues sur le conflit qui se profile. De plus, Lanxade travaille en liaison directe avec l'attaché de défense à Washington, le général Roger Mathieu, ainsi qu'avec le chef d'état-major des armées à Paris, le général Maurice Schmitt, lesquels dépendent hiérarchiquement du ministre de la Défense. En symbiose sur les options militaires, Mathieu, Schmitt et Lanxade ne cesseront de se coordonner, sans toujours informer Chevènement.

La décision française de déployer des troupes en Arabie Saoudite ne tarde pas. Lors d'un conseil restreint réuni en urgence, le samedi 15 septembre, François Mitterrand donne en effet ordre d'envoyer sur place une division de 4 200 soldats, trente avions de reconnaissance et de combat (Mirage F1, Mirage 2000 et Jaguar), des chars AMX, des véhicules blindés et des hélicoptères Gazelle dotés de missiles antichars. Il est vrai que la tension est

---

1. Entretiens de Jacques Lanxade avec l'auteur, 2 décembre 2009 et 2 février 2010. Lors de ses séjours à Washington, l'amiral Lanxade voit également secrètement Sam Nunn, sénateur démocrate influent, président de la Commission des forces armées du Sénat, très informé et très critique sur les préparatifs de l'armée américaine, et qui mènera des auditions tout au long de l'automne.
2. Entretiens de Jacques Andréani avec l'auteur, 25 et 30 juin 2009.

montée d'un cran la veille, lorsque l'armée irakienne a mis à sac cinq ambassades occidentales au Koweït, dont celle de la France. « C'est inacceptable ! rugit Mitterrand. Ça, c'est la guerre ! Ils nous cherchent ? Ils vont me trouver ! » De son côté, George Bush accélère le déploiement des GI's de l'opération Bouclier du désert. Margaret Thatcher réagit également en décidant l'envoi d'une division blindée en Arabie. Soucieux de ne pas traîner les pieds, Mitterrand prend donc le même type de mesure, avec la mise sur pied de l'opération Daguet, la plus importante de l'armée française loin de ses bases depuis la guerre d'Algérie.

Signe de la détermination du président, l'amiral Lanxade a appelé son homologue américain Brent Scowcroft pour l'avertir des décisions françaises, avant même la tenue du conseil restreint du 15 septembre, censé en débattre. De plus, au terme d'une discussion très ouverte avec ses ministres, Mitterrand a choisi l'option « haute » présentée par les militaires. Il pose aussi ses conditions à la participation française aux côtés des forces américaines : elles sont transmises par l'amiral Lanxade et le général Mathieu. « Lors de nos réunions à la Maison-Blanche et au Pentagone, nous avons répété qu'il fallait obtenir un mandat des Nations unies et que les pays arabes restent membres de la coalition[1] », se souvient ce dernier. Les officiels américains suivront cette ligne. Dès lors, le président Mitterrand acceptera que la division Daguet, dirigée par le général Michel Roquejeoffre et localisée à Hafar el-Batin, en Arabie Saoudite, soit placée sous contrôle américain en cas de guerre. Le Pentagone aura du mal à croire au miracle : ce sera une première pour la France depuis la Seconde Guerre mondiale, et surtout depuis sa sortie du commandement intégré de l'OTAN en mars 1966 ! Opposé à cette décision, Jean-Pierre Chevènement aura beau répéter publiquement que « le commandement de l'opération Daguet est et restera français[2] », il s'agira d'un habillage sémantique : l'Élysée donnera les ordres d'engagement des forces ; la division Daguet sera bien commandée sur place par le général Bernard Janvier, mais les soldats français passeront, une fois l'offensive engagée, sous « contrôle opérationnel » du XVIIIe Corps aéroporté américain, dirigé par le général Luck.

---

1. Entretien du général Roger Mathieu avec l'auteur, 9 février 2010.
2. Pierre Favier et Michel Martin-Roland, *La Décennie Mitterrand*, t. 3, *op. cit.*, p. 518.

Un automne de flottements et de préparatifs

Même si le contingent tricolore reste minime comparé à l'ensemble des forces de la coalition, commandées par le général Norman Schwarzkopf – il y aura 19 000 soldats français mobilisés dans toutes les phases de la guerre[1] pour 550 000 Américains, 120 000 Saoudiens, 43 000 Britanniques, 40 000 Égyptiens ou 40 000 Émiratis –, l'engagement français a une grande valeur politique. Notamment pour la Maison-Blanche, qui mène deux chantiers de front durant l'automne 1990 : une campagne diplomatique multilatérale pour augmenter la pression sur Saddam Hussein, et la montée en puissance de la coalition militaire sur le terrain.

D'un côté, James Baker fait le tour des capitales en promettant des aides économiques aux pays de la coalition afin de préserver la cohésion d'un front anti-Saddam, susceptible de se lézarder à tout moment. De l'autre, les généraux Powell et Schwarzkopf planchent sur plusieurs scénarios d'attaque. Selon eux, le succès repose sur un doublement des forces américaines au sol, de 200 000 à plus de 400 000 hommes. Or ce renforcement ne sera achevé qu'en janvier 1991 à cause des contraintes logistiques. « Au début de novembre, lors d'un de mes voyages à Washington, j'ai compris que les Américains attendaient d'avoir une supériorité numérique écrasante sur les Irakiens pour passer à l'offensive, se souvient l'amiral Lanxade. Et le début des opérations ne pouvait pas intervenir après février, à cause des chaleurs, du ramadan et des nécessités de relève des forces. La fenêtre de tir se situait donc à la mi-janvier, et je l'ai écrit au président Mitterrand[2]. »

Dans ce contexte d'attente inconfortable, le soutien de la France est capital pour les États-Unis, où l'opinion publique demeure hésitante. Or, durant ces mois d'automne, François Mitterrand souhaite aussi, comme Gorbatchev, donner toutes ses chances à des médiations afin de convaincre le dictateur irakien

---
1. La force Daguet sera constituée au total de 12 000 hommes, auxquels s'ajoutent 1 200 soldats de l'armée de l'air, 2 400 soldats de la marine envoyés sur place et 3 400 soldats de réserve à Djibouti. Mitterrand exigera qu'il n'y ait que des engagés volontaires, et pas d'appelés, sur le terrain, ce qui limitera la capacité d'envoi de troupes françaises. Neuf soldats français seront tués durant ce conflit.
2. Entretiens de Jacques Lanxade avec l'auteur, 2 décembre 2009 et 2 février 2010.

de reculer. « Après tout, il était normal de le faire, et Saddam Hussein aurait pu, maintes fois, saisir ces portes de sortie[1] », plaide Hubert Védrine. Même s'il reste ferme sur les principes et pessimiste sur le fond, le président français déclare à la tribune de l'ONU le 24 septembre : « Que l'Irak affirme son *intention* de retirer ses troupes, qu'il libère les otages, et tout est possible. »

Ces propos confortent son image d'homme de bonne foi, mais ils font grincer des dents à Washington, où l'on parle d'un risque de « confusion ». Heureusement, Mitterrand clarifie sa position dans une lettre à Bush, et leurs deux conseillers, Scowcroft et Lanxade, s'emploient à déminer le terrain[2]. Le président américain note dans son agenda, le 17 octobre 1990 : « Nos alliés dans le Golfe : les Britanniques sont solides et les Français français. Mitterrand lui-même a été génial. Dumas, à la recherche d'un compromis, fait un peu cavalier seul. Le reste de l'Europe ne veut pas recourir à la force[3]... »

Des émissaires de toute sorte se succèdent en effet à Bagdad. D'abord Yasser Arafat, le leader palestinien de l'OLP, qui fait passer des messages conciliants à Roland Dumas. Puis le diplomate soviétique Evgueni Primakov, envoyé spécial de Gorbatchev, qui tente plusieurs négociations. Les Saoudiens suggèrent de leur côté une conférence interarabe. Quatre pays non alignés (la Colombie, la Malaisie, Cuba et le Yémen) rédigent à l'ONU une résolution pour une solution pacifique. Ces initiatives inquiètent Washington, où l'on craint que la coalition ne se fissure.

Mais Saddam Hussein ne bouge pas. Il libère des otages occidentaux au compte-gouttes tout en refusant les discussions sur un éventuel repli du Koweït. « Nous n'avons aucune indication sur des intentions irakiennes de retrait. L'avenir est particulièrement difficile à prévoir », confie le secrétaire américain à la défense, Dick Cheney, lors d'une entrevue à l'Élysée, le 23 octobre 1990. À ce moment-là, Mitterrand croit davantage à un pourrissement de la situation qu'à une attaque irakienne : « Saddam Hussein veut faire durer la crise, créer la lassitude, susciter des différences d'appréciation parmi les alliés, utiliser d'autres événements qui pourraient surgir. Mais militairement, l'Irak n'est vraiment puis-

---

[1]. Entretiens d'Hubert Védrine avec l'auteur, 22 février et 14 juin 2010.
[2]. Lettre de François Mitterrand à George Bush, le 2 octobre, et réponse de George Bush à François Mitterrand, le 5 octobre, citées dans Pierre Favier et Michel Martin-Roland, *La Décennie Mitterrand*, t. 3, *op. cit.*, p. 521-523.
[3]. George Bush, avec Brent Scowcroft, *À la Maison-Blanche*, *op. cit.*, p. 409.

sant que chez lui. [...] S'il n'y a pas de décision des Nations unies, la position de la France sera évidente. Mais s'il y a une décision, nous l'appliquerons. »

Apparemment las de la guerre des nerfs avec l'Irak, Mitterrand égrène aussi ses critiques à l'égard des États-Unis, insistant sur d'autres événements graves du Moyen-Orient, tels que la tutelle syrienne sur le Liban ou le conflit israélo-palestinien, qui ne suscitent pas de mobilisation américaine. « Le Koweït ne représente rien pour les Français, alors que ce qui se passe au Liban nous prend à la gorge. Quelle aide les États-Unis nous donneraient-ils si je leur demandais ? [...] Nous resterons solidaires de nos engagements et de nos alliés, mais il faut que notre situation morale et juridique soit impeccable. Or, à ce propos, c'est tangent. Au Liban, rien n'a été fait. Nous nous sentons en porte-à-faux[1]. »

Aux yeux des Américains, la France retombe dans ses chicaneries diplomatiques traditionnelles. À l'issue d'un long périple de douze escales au Moyen-Orient et en Europe, destiné à ressouder la coalition, le secrétaire d'État James Baker est, lui aussi, reçu à l'Élysée, le 10 novembre 1990[2]. François Mitterrand, ayant appris qu'il avait exprimé à la presse, *off the record*, des doutes quant à l'attitude française, l'accueille en lui lançant quelques piques sur le sujet. « Il était maître dans l'art de mettre ses interlocuteurs sur la défensive », confiera Baker.

Mais le président français, visiblement remobilisé, rassure rapidement son visiteur américain en expliquant qu'il faut contrer fermement Saddam Hussein, qualifié de « brute » : « Il est dangereux. Il faut le contenir. [...] S'il ne se sent pas menacé, il ne bougera pas. Les bonnes relations passées de la France avec l'Irak

---

1. Entretien entre le secrétaire à la Défense, Dick Cheney, et le président François Mitterrand, 23 octobre 1990. Ayant reçu Cheney la veille, Jean-Pierre Chevènement a, quant à lui, estimé qu'il avait tenu des propos « empreints d'une grande modération ». Il semble parier sur l'effet des sanctions et « exclure l'option d'une action militaire unilatérale des États-Unis contre l'Irak. Note du ministre de la Défense, Jean-Pierre Chevènement, 22 octobre 1990. Archives de la présidence de la République, 5AG4 CD266, Archives nationales.

2. Les objectifs de la tournée de James Baker sont de « s'assurer de la cohésion et de la solidité du front opposé à l'agression irakienne » et de « se donner les moyens de mettre en œuvre l'ensemble des options, y compris le recours à la force militaire », puisqu'il existe une « fenêtre d'intervention qui se refermera avec le ramadan et le début des grosses chaleurs », explique une note du ministère des Affaires étrangères, 9 novembre 1990, archives de la présidence de la République, 5AG4 CD266, Archives nationales.

n'ont pas été liées à Saddam Hussein. Il demande à me rencontrer depuis neuf ans. Mais je ne suis jamais allé en Irak et je ne l'ai jamais vu. Nos relations se sont refroidies, même si la France l'a soutenu militairement en lui vendant certaines choses[1]... »

Le président se dit déterminé à faire cette guerre « nécessaire », même si envoyer des soldats se battre pour l'émir « milliardaire » du Koweït ne l'enthousiasme guère. Alors que Baker renchérit sur l'action militaire, Mitterrand insiste pour qu'une résolution de l'ONU autorise l'emploi de la force, après un ultimatum lancé à l'Irak. Ce feu vert juridique est, à ses yeux, indispensable à l'appui politique des opinions. Mitterrand le répète, quelques jours plus tard, à George Bush, qui se rend à Paris le 18 novembre 1990 pour le sommet de la Conférence sur la sécurité et la coopération en Europe (CSCE). Le président américain a toujours estimé qu'un mandat onusien n'était pas forcément indispensable à une intervention militaire, puisque le Koweït et l'Arabie Saoudite avaient sollicité une aide directe en légitime défense. Mais il a compris que c'était le prix à payer pour obtenir l'aval de son Congrès, de la France, de l'URSS et d'une kyrielle de pays arabes qui ne lui sont pas naturellement favorables.

Les États-Unis finalisent cette résolution – la n °678 –, adoptée par le Conseil de sécurité le 29 novembre 1990, avec abstention de la Chine. Selon ce texte, l'Irak a jusqu'au 15 janvier 1991 minuit – heure de New York – pour évacuer le Koweït, faute de quoi les États membres pourront « user de tous les moyens nécessaires pour faire respecter et appliquer » les résolutions précédentes exigeant son retrait. Avec le soutien actif de Paris et de Londres, Washington a réussi à préserver le consensus international qui légitime le compte à rebours guerrier.

Une confidence dans la berline présidentielle à Washington

Après Bouclier du désert, l'opération Tempête du désert se profile. Le Pentagone a prévu une première phase de frappes aériennes intensives sur l'Irak, suivie, trois semaines plus tard, d'une offensive terrestre visant à reconquérir le Koweït et à détruire l'essentiel de l'armée irakienne concentrée sur place. Per-

---
1. Rapporté par James Baker dans *The Politics of Diplomacy, op. cit.*, p. 314.

sonne ne parle ouvertement d'envahir tout l'Irak. Lors de réunions préparatoires, la décision est prise de ne pas dépasser Bassorah, la grande ville sur l'Euphrate, au sud de l'Irak. « Nous avons clairement dit au Pentagone qu'il était hors de question que, une fois le Koweït libéré, nos armées aillent jusqu'à Bagdad pour renverser Saddam, car cela aurait fait exploser la coalition et aurait déstabilisé tout le Moyen-Orient[1] », se rappelle le général Mathieu. Les officiels américains défendent la même position, tout en espérant que la « tempête du désert » sera suffisamment forte pour provoquer, par ricochet, un effondrement du régime. L'ambassadeur américain à Riyad cite un proverbe chinois – « On ne tue pas cinq mouches avec cinq doigts » – pour expliquer que, une fois sa défaite assurée, Saddam Hussein ne pourrait faire face à la fois aux colères de ses militaires, de ses opposants, des Kurdes au Nord et des chiites au Sud[2].

La machine est lancée. Les Américains renforcent à vive allure leurs contingents sur place. Soucieux que la France ait son mot à dire sur l'après-crise, Mitterrand confirme confidentiellement aux Américains sa décision de participer aux actions offensives. Il donne son accord, le 8 décembre 1990, pour que la division Daguet soit portée à plus de dix mille hommes et épaulée d'avions et d'hélicoptères de combat supplémentaires, conformément aux vœux de George Bush et de l'état-major français. L'Élysée impose ses directives au ministre de la Défense : la division Daguet sera bien prépositionnée pour pénétrer en profondeur sur le territoire irakien, alors même que Jean-Pierre Chevènement s'oppose publiquement à toute incursion en Irak. « Les réponses de l'Élysée sont rapides et pratiquement toujours acceptées dans leur principe[3] », se félicite le général Schmitt, qui effectue plusieurs visites en Arabie Saoudite pour rencontrer le général Schwarzkopf.

Malgré les conseils contraires de Washington, François Mitterrand envoie, sans trop d'illusions, des messages à Bagdad – *via* Edgard Pisani et Michel Vauzelle. Il s'agit de sonder les intentions de Saddam Hussein au cas où il serait enclin à céder du terrain. Rien n'y fait.

À l'approche de l'échéance fatidique du 15 janvier, le dictateur irakien, quant à lui, propose une rencontre à Genève entre son

---
1. Entretien du général Roger Mathieu avec l'auteur, 9 février 2010.
2. Rapporté par Jacques Bernière dans « La participation militaire française dans la guerre du Golfe », art. cité.
3. Maurice Schmitt, *De Diên Biên Phu à Koweit City*, op. cit., p. 202.

ministre des Affaires étrangères, Tarek Aziz, et son homologue américain James Baker. Le 3 janvier, Bush informe Mitterrand par téléphone qu'il accepte cette initiative : « C'est à mon sens la dernière démarche pour la paix possible. Cela peut embarrasser certains de nos partenaires de la coalition, mais on les rassurera. Baker ne dira rien d'autre que "retrait total et sans conditions du Koweït"[1]. » Juste avant de se rendre en Suisse, le secrétaire d'État effectue une courte halte à Paris pour consulter Mitterrand. Il lui montre une lettre d'ultimatum destinée au président irakien. Mitterrand suggère d'évoquer, au lieu d'une menace de « destruction de l'Irak », une éventuelle « destruction de l'appareil militaire de l'Irak ». Baker acquiesce à cet amendement, qui n'atténue guère la tonalité offensive de la missive.

James Baker interroge ensuite François Mitterrand sur le commandement des soldats français, à propos duquel il a toujours des doutes. Mitterrand s'étonne, ayant déjà donné son accord au placement de la division Daguet sous contrôle opérationnel des Américains une fois l'offensive terrestre déclenchée[2]. Mais le ministère de la Défense n'a, semble-t-il, pas transmis assez clairement cette consigne aux Américains.

La rencontre attendue entre James Baker et Tarek Aziz a bien lieu le 9 janvier 1991, à l'hôtel Intercontinental de Genève. Elle dure huit heures. Le secrétaire d'État remet à son homologue la lettre rédigée par George Bush et destinée à Saddam Hussein. Il y est notamment écrit que, en cas d'usage d'armes chimiques ou bactériologiques par l'Irak, « le peuple américain réclamerait [...] la riposte la plus violente possible », sous-entendu impliquant éventuellement l'emploi d'armes nucléaires[3]. Ce message a déjà été exprimé par Dick Cheney et transmis, *via* Moscou, à Saddam Hussein afin de le dissuader de recourir à son arsenal chimique. Le sommet ne débouche sur aucun résultat concret. « Nous acceptons la guerre », lâche Tarek Aziz.

De toute façon, les jeux sont faits. Le même jour, à Washington, l'amiral Jacques Lanxade discute de la situation avec son homologue, le général Brent Scowcroft, dans son minus-

---

1. Entretien téléphonique entre le président George Bush et le président François Mitterrand, 3 janvier 1991, 11 h 45, Archives de la présidence de la République, 5AG4 CD75, Archives nationales.
2. Rapporté dans Pierre Favier et Michel Martin-Roland, *La Décennie Mitterrand*, t. 3, *op. cit.*, p. 554.
3. Voir George Bush, avec Brent Scowcroft, *À la Maison-Blanche*, *op. cit.*, p. 469.

cule bureau de la Maison-Blanche. Les deux hommes, devenus amis, évoquent les derniers événements lorsque le téléphone sonne. Barbara et George Bush proposent à Scowcroft de se joindre à eux pour le dîner. Se rendant compte que le général est en compagnie de l'amiral Lanxade, Barbara Bush dit à Scowcroft : « Emmenez-le donc avec vous ! »

L'émissaire de l'Élysée est surpris d'être ainsi convié à partager un dîner informel avec le président des États-Unis et son épouse. « Dans la berline présidentielle qui nous conduisait vers un restaurant chinois de la banlieue de Washington, se souvient Lanxade, George Bush m'a indiqué, à titre confidentiel, le jour et l'heure du déclenchement des opérations militaires de Tempête du désert, dans la nuit du 16 au 17 janvier. Lorsque je suis rentré à Paris le surlendemain, j'en ai informé le président Mitterrand, qui m'a demandé de n'en parler à personne, pas même au ministre de la Défense[1]... »

« Nous sommes à vos côtés, je donnerai les instructions »

En dépit d'ultimes tentatives de médiation de la part du Soviétique Evgueni Primakov, du secrétaire général des Nations unies Javier Pérez de Cuéllar et du Français Roland Dumas, qui espèrent un « commencement de retrait » du Koweït, le raïs irakien demeure inflexible. La journée fatidique du 15 janvier s'écoule sans aucun mouvement de troupes irakiennes. Le mercredi 16 janvier 1991, George Bush discute une dernière fois avec ses conseillers, les élus du Congrès et ses alliés étrangers, avant d'ordonner le début des frappes aériennes, autorisé par sa directive n° 54, signée la veille[2].

À Paris, le jour même, l'Assemblée nationale vote, par 523 voix contre 43, le soutien au gouvernement de Michel Rocard, qui a défendu le combat « pour le droit ». Le président de la République apparaît à 20 heures sur les écrans de télévision. « Sauf

---

1. Entretiens de l'amiral Jacques Lanxade avec l'auteur, 2 décembre 2009 et 2 février 2010. Voir aussi Jacques Lanxade, *Quand le monde a basculé, op. cit.*, p. 77, et la scène narrée par Scowcroft dans le livre coécrit avec George Bush, *À la Maison-Blanche, op. cit.*, p. 92.
2. *Responding to Iraqi Agression in the Gulf*, National Security Directive n° 54, 15 janvier 1991, Bush Library.

événement imprévu, donc improbable, les armes vont parler », dit-il d'un ton grave.

Par l'intermédiaire de l'amiral Lanxade, un rendez-vous téléphonique est organisé à 21 heures, heure de Paris, entre George Bush et François Mitterrand. Lorsque le téléphone crypté sonne à l'Élysée, le chef d'état-major particulier, par courtoisie, quitte le bureau présidentiel. Il ne peut s'empêcher de demeurer debout, juste derrière la porte, afin de tenter de capter ce que se disent les deux chefs d'État. Mais il n'entend pas le détail de leur conversation historique :

Bush : « Merci pour votre soutien tout au long de cette crise. Tous les efforts pour raisonner Saddam Hussein ont échoué. C'était bien de faire un dernier effort, comme vous l'avez fait, ainsi que M. Pérez de Cuéllar. Rien n'a pu lui faire entendre raison. Je vous appelle à propos du début des opérations militaires. Elles commenceront à 3 heures du matin, heure de Bagdad, c'est-à-dire dans quatre heures. Pour des raisons tenant à la tactique, je vous demande de ne pas le divulguer. C'est une décision difficile pour vous comme pour moi, comme pour les Britanniques et pour les pays du Golfe en particulier. J'espère que vous serez d'accord.

Mitterrand : « Je n'ai aucune objection. Ce serait illogique de ma part. J'ai toujours été tout à fait explicite, tout en essayant d'éviter ce moment et de trouver une détermination en faveur de la paix. Ce moment est venu. Nous sommes à vos côtés. Je donnerai toutes les instructions. »

Bush : « Merci, mon ami. Je suis heureux de pouvoir être ainsi aux côtés d'un bon ami et d'un excellent partenaire. »

Mitterrand : « La psychologie de la décision de Saddam Hussein est strictement incompréhensible. Je ne vois pas comment un homme peut ainsi exposer son peuple à tant de malheur. »

Bush : « Ce qu'il faut espérer, c'est qu'il sera chassé rapidement. Je me sens très fier d'avoir quelqu'un comme vous à mes côtés. »

Mitterrand : « Sachez que nous restons profondément mobilisés. Je pense beaucoup à vous, aux soldats américains et aux dangers qu'ils traversent. Nos collaborateurs les plus proches restent en contact pour qu'il y ait une chaîne complète d'information[1]. »

---

1. Entretien téléphonique entre le président George Bush et le président François Mitterrand, 16 janvier 1991, à 21 heures (heure de Paris), archives de la présidence de la République, 5AG4 CD266, Archives nationales.

Les deux présidents concluent leur bref échange en promettant de se rappeler. Bush et Mitterrand sont en phase depuis le début de cette crise. Ils vont le rester tout au long de la guerre.

« L'euphorie des médias sur la guerre est assez fâcheuse »

Comme prévu, les premières bombes tombent sur Bagdad peu après 3 heures du matin, le jeudi 17 janvier 1991. Les journalistes de CNN transmettent en direct les images de la nuit irakienne striée d'éclairs et d'explosions. Les cibles prioritaires sont, dans la capitale, le palais présidentiel et l'aéroport, ainsi que des centres de commandement et des rampes de missiles en Irak et au Koweït. Les F-15 américains, les bombardiers furtifs, les Tornado britanniques et les chasseurs saoudiens participent en première ligne à ce déluge de feu, que complètent les missiles Tomahawk lancés depuis les navires de l'US Navy. Les Jaguar français, qui ne sont pas équipés d'appareils de vision nocturne, détruisent l'aérodrome d'Al-Jaber, au sud du Koweït. Leur périmètre d'action est limité parce que le ministre de la Défense ne veut pas qu'ils aillent au-delà du Koweït[1]. Durant les premiers jours, les frappes aériennes semblent se dérouler sans contre-attaque irakienne ni trop de pertes du côté de la coalition. Mais un climat de psychose, par crainte d'attentats ou du recours à des armes de destruction massive, s'empare des opinions occidentales.

Bush et Mitterrand font le point lors d'une conversation téléphonique confidentielle le 20 janvier, à 19 h 15.

Mitterrand : « Où en est la campagne aérienne ? »

Bush : « J'ai l'impression qu'elle se déroule bien, encore mieux qu'espéré. La précision des armes a permis de limiter les pertes civiles. L'aviation de la coalition a, *grosso modo*, la maîtrise aérienne ; la météo pose problème en ce moment. On ne peut donc pas avoir une évaluation très exacte ; mais on y verra plus clair d'ici vingt-quatre à quarante-huit heures. D'ailleurs, Saddam Hussein lui même n'a pas une idée très précise. »

Mitterrand : « Saddam Hussein a-t-il encore des moyens de communication en bon état ? »

---

1. Au total, les avions français n'accompliront que 2 % de l'ensemble des missions aériennes de la coalition.

Bush : « Nous avons beaucoup détruit, mais il peut encore communiquer avec une partie de ses troupes. La Garde républicaine semble avoir été fortement atteinte. Il y a eu en particulier une explosion gigantesque, décelée sur les appareils conçus pour enregistrer les essais nucléaires. Mais nous ne savons pas encore ce qui a été atteint. Ce qui me préoccupe, c'est ce qui se passe à l'ouest de l'Irak, d'où peuvent partir des attaques sur Israël. »

Mitterrand : « Je pense que ce sont des attaques plutôt symboliques. »

Bush : « Sans doute. Je fais de gros efforts pour obtenir de Shamir [le Premier ministre israélien] qu'il évite d'avoir des réactions excessives. »

Mitterrand : « Oui, c'est certainement préférable. Est-ce que vous envisagez de nouvelles surprises ? »

Bush : « Je ne sais pas. Pour l'instant, je ne vois pas de vraies surprises. Sur le plan aérien, les choses se sont déroulées aussi bien qu'on pouvait l'espérer, et même mieux. »

Mitterrand : « C'est bien la première fois qu'on est obligé de mener une guerre devant les médias, qui ont tendance à tout exagérer. »

Bush : « Il y a même eu, au début, une euphorie. »

Mitterrand : « Cette euphorie est assez fâcheuse. Les médias entretiennent un débit incessant, jour et nuit. »

Bush : « Je pense que CNN, en particulier, rend un fier service à Saddam Hussein. Où en est votre opinion publique ? Est-ce qu'elle tient le coup ? »

Mitterrand : « Elle résiste bien. J'ai sous les yeux un sondage d'aujourd'hui, qui approuve mon action à 75 %. Et la vôtre ? »

Bush : « À 74 %. »

Mitterrand : « Pardonnez-moi ce point d'écart ! »

Bush : « Vous le méritez sûrement ! »

Mitterrand : « Ce n'était pas du tout ce que je voulais dire. Mais le fait que les trois quarts de l'opinion nous soutiennent est très rassurant – et ce depuis des jours. En outre, 67 % des Français se sont déclarés favorables à l'action des États-Unis. Je n'ai vraiment pas à me plaindre. »

Bush : « À votre avis, que va faire Saddam Hussein maintenant ? »

Mitterrand : « Est-ce qu'il nous réserve une surprise ? Je me méfie d'une habileté qui consisterait à attaquer Israël avec des [missiles] Scud, malgré les [missiles antimissiles] Patriot [américains]. Cela serait présenté comme un grand succès, bien que tout cela soit très fictif. Il y aurait un effet de propagande. L'autre question est : est-ce qu'il réussira à sortir ses avions ? Enfin, il faut que les bombardements durent suffisamment longtemps pour que les opérations au sol ne soient pas trop meurtrières. »

Bush : « Je suis entièrement d'accord sur ce point. Quant à l'utilisation de ses avions, nos gens nous disent que ça ne change pas grand-chose, le score étant de onze à zéro. »

Mitterrand : « Nous avons cinquante-deux avions sur place et pas encore de pertes, mais il est évident que nous en aurons. »

Bush : « Je suis content que, pour l'instant, cela se passe bien. »

Mitterrand : « Nous nous sentons très proches de vous chaque fois que vous avez des pertes, parce que nous savons bien que le hasard de la guerre fera que notre tour viendra. À vrai dire, notre principal problème actuellement, c'est la réaction des pays du Maghreb. Il y a des foules dans les rues, et quelques violences contre nos consulats. Il faudra déployer une activité diplomatique intense, vous, nous et les autres, auprès de l'Algérie, du Maroc et de la Tunisie. »

Bush. : « Il semble qu'à titre personnel [le président algérien] Chadli nous soit plutôt favorable. »

Mitterrand : « Oui, il a une attitude amicale. Le danger, ce sont les intégristes. »

Bush : « Nous n'avons peut-être pas fait suffisamment dans cette direction. »

Mitterrand : « Voilà. Je voulais m'entretenir avec vous pour échanger nos points de vue et je vous rappellerai bientôt. »

Bush : « Je reviens sur ce que vous disiez. Il faut absolument continuer la campagne aérienne suffisamment longtemps pour protéger nos forces terrestres et achever les phases 1, 2 et 3. Le problème, c'est que fatalement beaucoup de gens vont commencer à dire : "Arrêtez, arrêtez !" »

Mitterrand : « C'est à Saddam Hussein de dire cela, d'autant qu'il est le seul responsable. »

Bush : « Je suis très content d'avoir eu cette conversation. »

Mitterrand : « Il est important que nous continuions à travailler dans cet esprit. Ce qu'il faut faire n'est pas facile, mais il faut le faire. »

Bush : « Jusqu'à présent, les choses ne se déroulent pas si mal que ça. Appelez-moi à tout moment, et je vous appellerai si quelque chose de particulier se présente[1]. »

Difficile de déceler une divergence entre les deux présidents.

L'éviction de Chevènement savamment orchestrée

La phase aérienne se prolonge sans que Saddam Hussein abdique. Il lance des missiles Scud sur Israël et l'Arabie Saoudite, causant des dégâts matériels et peu de victimes. À Paris, François Mitterrand est de plus en plus gêné par les réticences de Jean-Pierre Chevènement, qu'il a maintenu jusque-là dans ses fonctions pour éviter une division du PS. Mais le ministre de la Défense a réaffirmé publiquement que les Jaguar français n'interviendraient que sur le territoire koweïtien, ce qui a provoqué un tollé politique et un démenti... du chef d'état-major des armées. Mitterrand est furieux : « La guerre ne se limitera pas au Koweït. S'il le faut, on tirera en Irak. Et il le faudra ! Alors pourquoi Chevènement dit-il le contraire ? Les Américains, en entendant cela, craignent que la France ne reprenne l'initiative de demander une pause dans le conflit. Or ce n'est pas du tout dans mes intentions[2] ! » En effet, James Baker, que les propos de Chevènement inquiètent, écrit immédiatement à son homologue Roland Dumas. La position française devient intenable. La guerre déclenchée, garder Chevènement à son poste comporte désormais plus d'inconvénients que d'avantages.

La manœuvre d'éviction est exécutée en deux temps par le chef d'état-major particulier du président, l'amiral Lanxade. « J'ai conseillé aux Américains d'inclure un objectif situé en Irak dans les demandes de frappes aériennes qu'ils nous adressaient[3] », se souvient-il. La requête américaine arrive à l'Élysée le 22 janvier. Le président l'approuve aussitôt. Elle est transmise pour accord au ministre de la Défense. « Pas question », dit Chevènement lors d'une longue conversation téléphonique avec le président. Après plusieurs heures de tension et des pressions de Lanxade, le

---

1. Entretien téléphonique entre le président George Bush et le président François Mitterrand, 20 janvier 1991, à 19 h 15 (heure de Paris), archives de la présidence de la République, 5AG4 CD266, Archives nationales.
2. Rapporté par Jaques Attali dans *Verbatim*, t. 3, *op. cit.*, p. 706.
3. Entretiens de Jacques Lanxade avec l'auteur, 2 décembre 2009 et 2 février 2010, et Jacques Lanxade, *Quand le monde a basculé*, *op. cit.*, p. 82.

ministre accepte, de mauvaise grâce, les frappes en territoire irakien sur une division de la Garde présidentielle. Chevènement plie, mais il ne rompt pas encore.

La deuxième salve lui est fatale. Pour expliquer au public les opérations françaises, Mitterrand conseille à l'amiral Lanxade d'accepter une invitation à l'émission de TF1 « 7 sur 7 », animée par la journaliste Anne Sinclair. Sans consigne précise, le très effacé chef d'état-major particulier du président se retrouve, le dimanche 27 janvier au soir, sous le feu des médias. Chevènement juge totalement incongrue la présence d'un militaire dans une émission politique à la télévision. Mitterrand lui signifie ainsi clairement que c'est l'Élysée qui commande. Furieux, le ministre de la Défense donne sa démission le surlendemain matin. Le président le remplace sans état d'âme par l'un des plus fidèles grognards, Pierre Joxe, davantage en phase avec la stratégie décidée en haut lieu.

Les Américains sont ravis de la sortie de Chevènement, jugé hostile, arrogant et trop à gauche[1]. Immédiatement après son départ, la coopération militaire bilatérale se renforce. D'une part, Pierre Joxe se rend à Washington pour confirmer l'engagement français. Localisée à l'extrême ouest du dispositif allié, sur la frontière irako-saoudienne, la division Daguet sera l'une des premières à pénétrer en Irak lors de l'assaut terrestre, dont la date a été repoussée. Craignant des attaques chimiques de l'armée irakienne, les généraux américains ont en effet décidé de prolonger les frappes aériennes afin d'affaiblir le plus possible l'appareil militaire de Saddam Hussein.

D'autre part, Mitterrand accepte que des bombardiers B-52 et des avions ravitailleurs américains puissent faire escale sur des bases aériennes en France, à Istres et à Mont-de-Marsan, lors de leur voyage vers l'Irak. L'ambassadeur américain à Paris, Walter Curley, est allé exposer cette requête très importante au ministre Roland Dumas[2]. L'accord de la France est vivement apprécié à Washington, où l'on garde rancune aux Français d'avoir refusé, en avril 1986, le survol de leur territoire par les F-111 allant bombarder Tripoli.

Enfin, la Maison-Blanche transmet à l'Élysée des photos ultra-secrètes des cibles aériennes, prises par ses satellites de

---

1. « J'étais enchanté que Chevènement démissionne. Il était violemment antiaméricain, très communiste [...] et un peu arrogant », dira Walter Curley, l'ambassadeur des États-Unis en France : interview du 30 novembre 1998, FAOHP, *op. cit.*
2. Rapporté par Walter Curley, *ibid.*

reconnaissance Key Hole 11. La France, elle, manque de moyens d'observation de ce type. La guerre du Golfe révélera cruellement les carences des armées françaises, que ce soit en termes de vision nocturne des chasseurs, de capacités de transport, d'organisation des forces spéciales, de renseignement militaire ou de satellites, carences que les états-majors et l'Élysée tenteront ensuite progressivement de corriger. Craignant une manipulation américaine sur l'efficacité des frappes, Mitterrand a donc exigé d'avoir des preuves visuelles, que les experts du Pentagone préservent jalousement. Après une visite éclair de l'amiral Lanxade à Washington sur ce sujet sensible, l'attaché militaire de l'ambassade des États-Unis à Paris, l'amiral Philip Dur, est autorisé à venir montrer ces photos classifiées à l'Élysée[1].

Les deux présidents se félicitent de cette bonne entente lors d'un nouvel échange téléphonique, le 5 février 1991 :

Bush : « Cher François, je crois qu'il est bon de faire le point de temps en temps, de parler du cours des événements. J'ai l'impression que les choses vont bien à propos de la guerre ; la coalition tient bon. Nous avons un adversaire costaud, et qui est capable de nous réserver des surprises. Je sais que Brent Scowcroft et l'amiral Lanxade sont en relation étroite, ce qui est excellent, et le fait d'avoir la France à nos côtés nous donne un sentiment de grande force. »

Mitterrand : « Nous sommes effectivement et totalement engagés à vos côtés. »

Bush : « Je crois que nos opérations sont bien coordonnées et, d'ailleurs, il n'y a pas de différences dans nos approches. Il faut que les Irakiens évacuent totalement le Koweït, sans concessions. À ce propos, nous n'avons décelé aucun changement dans la position irakienne. En avez-vous noté de votre côté ? »

Mitterrand : « Non, tous les contacts directs et indirects confirment le même fait. Dès que l'on parle de trêve, par exemple, je dis toujours : "Peut-être, mais il faut d'abord l'évacuation du Koweït." Et là, plus rien. »

Les deux présidents évoquent ensuite le soutien de la Turquie et de l'Iran, ainsi que les tensions dans les pays arabes. Puis ils concluent leur conversation en revenant sur les opérations militaires en cours :

---

1. Rapporté par Mark Lissfelt, ancien numéro deux de l'ambassade des États-Unis à Paris, interview du 2 mai 1999, FAOHP. Et Jacques Lanxade, *Quand le monde a basculé*, *op. cit.*, p. 86.

Mitterrand : « Nous attendons comme tout le monde le signal de l'offensive terrestre. Nous ne sommes pas pressés. Notre aviation fait son travail aux côtés de vos troupes. »

Bush : « Je reçois de très bons rapports là-dessus. »

Mitterrand : « Nos pilotes sont très bien entraînés. Nos forces terrestres sont là où les a placées l'état-major, et elles attendent calmement le jour J. »

Bush : « C'est important que nous soyons côte à côte dans cette affaire. De différents côtés, on cherche le moyen de faire la paix, mais je crois qu'il faut que nous tenions bon sur nos conditions. »

Mitterrand : « La condition *sine qua non* est la libération du Koweït. Il y a eu une campagne, un peu en Amérique mais surtout en Grande-Bretagne, contre la France. Mais je me suis entretenu ce matin avec [le Premier Ministre] John Major, et nous avons un nouveau ministre de la Défense qui prend bien les choses en main. »

Bush : « Il est excellent que nous puissions avoir ces conversations, et il est rassurant de savoir que Brent Scowcroft et votre collaborateur militaire se parlent régulièrement. Je pense que la présentation de photographies aura été intéressante[1]. »

Mitterrand : « Il faut continuer de menacer l'Irak et Saddam Hussein »

Sentant le jour J approcher, le dictateur irakien tente une dernière pirouette afin de diviser la coalition. Le 12 février, il propose à l'émissaire soviétique Primakov un plan de règlement négocié sur le Koweït. Washington, Londres et Paris refusent catégoriquement cette offre trop tardive, que Mikhaïl Gorbatchev soutient. « Nous ne devons pas nous laisser abuser par cette démarche », martèle Mitterrand lors d'un entretien téléphonique avec Bush, le samedi 16 février. Le président français pense que, en relayant cette initiative, Gorbatchev essaie de « passer pour un médiateur », parce que sa situation politique intérieure est « extrêmement difficile ». Peu inquiet, Bush estime que, sur le fond, Gorbatchev « n'a pas les moyens de se dissocier de la coalition ». En phase avec

---

1. Entretien téléphonique entre le président George Bush et le président François Mitterrand, 5 février 1991, archives de la présidence de la République, 5AG4 CD75, Archives nationales, et Jacques Attali, *Verbatim*, t. 3, *op. cit.*, p. 722-723. Voir cet entretien en annexe.

Mitterrand sur la date prochaine de l'assaut, le président américain achève la conversation par ces mots : « Je suis à Kennebunkport, où il fait extrêmement froid dehors, mais chaud dedans. » Mitterrand se rappelle avec émotion de la résidence familiale des Bush, dans le Maine, où il a séjourné en mai 1989 : « J'ai gardé un souvenir très sympathique de cette maison chaleureuse[1]. »

Gorbatchev poursuit sa tentative de médiation. Il propose aux Irakiens un plan de retrait du Koweït étalé sur plusieurs semaines, après un cessez-le-feu. Cette offre de dernière minute embarrasse les Américains et leurs alliés britannique et français, désormais prêts à lancer l'offensive. Peu disposé à la conciliation, Bush demande un retrait préalable du Koweït en quatre jours. Mitterrand est sur la même ligne, évoquant cependant un délai un peu plus long – huit jours. Mais il exige un accord immédiat du président irakien. « Il faut une réponse de Saddam Hussein dans les vingt-quatre heures, autrement nous serons débordés par les opinions, par les autres États, par le Conseil de sécurité et par les pressions diverses », confie-t-il à Bush le 19 février 1991.

Si Saddam accepte toutes ces conditions, la guerre n'est plus nécessaire. Mais Mitterrand n'y croit pas trop. « Ce que l'on sait de lui peut faire penser qu'il refusera, et ce sera désastreux pour l'Irak. Il va devoir choisir entre la mort et la défaite, ou l'acceptation. » Très résolu, le président français insiste auprès de son homologue américain pour accentuer la pression militaire : « Il faut continuer la guerre, bombarder les troupes, menacer l'Irak et Saddam Hussein tant que le retrait n'est pas effectif[2]. »

François Mitterrand et George Bush, soutenus par John Major, somment donc le président irakien de répondre. Sinon, le conflit ira jusqu'à son terme. Toujours impétueux, le dictateur fait lanterner ses ennemis, demande un délai minimum de trois semaines : trop long aux yeux des Occidentaux. Ils lui donnent jusqu'au samedi 23 février à midi pour commencer son retrait, qui doit être achevé en une semaine. Le jeudi 21 février, Saddam Hussein déclare à la télévision irakienne qu'il va conduire la « mère des batailles ». Mitterrand et Bush se rappellent aussitôt

---

1. Entretien téléphonique entre le président George Bush et le président François Mitterrand, samedi 16 février 1991, 16 heures (heure de Paris), archives de la présidence de la République, 5AG4 CD75, Archives nationales.
2. Entretien téléphonique entre le président George Bush et le président François Mitterrand, 19 février 1991, 9 h 30 (heure de Paris), archives de la présidence de la République, 5AG4 CD75, Archives nationales.

pour parler du déclenchement inéluctable des opérations terrestres : « Nous nous préviendrons dès que nous aurons l'heure suggérée par les militaires, dit Bush. Je ne vois pas d'autre moyen d'agir. Scowcroft et Lanxade restent en contact. »

Mitterrand l'approuve : « Nous avons une obligation : travailler totalement main dans la main, la vie de nos soldats en dépend, ainsi que l'intérêt de nos pays[1]. »

D'ultimes coups de téléphone de Gorbatchev pour obtenir un délai supplémentaire laissent Bush et ses alliés de marbre[2]. Quand l'ultimatum expire, Saddam Hussein n'y a pas donné suite.

L'offensive terrestre débute dans la nuit du samedi 23 au dimanche 24 février. Une énorme armada de sept cent mille soldats, venant des vingt-huit pays de la coalition, pénètre en Irak et au Koweït sans rencontrer de résistance farouche. Les semaines de bombardements intensifs ont anéanti l'essentiel des lignes de défense irakiennes et démoralisé les troupes. Pour sa part, la division Daguet s'est secrètement déplacée à Rafha, à l'ouest du dispositif. Elle franchit la frontière irakienne, fonce au nord, à travers le désert rocailleux, et s'empare de la bourgade d'Al-Salman en trente-six heures[3]. Cette attaque de couverture par le flanc ouest s'intègre dans le mouvement du XVIIIe Corps aéroporté américain, censé prendre les forces irakiennes en tenaille. À dire vrai, la manœuvre tactique se révèle presque inutile. Contrairement aux craintes des états-majors, les divisions de la Garde présidentielle irakienne stationnant au sud de l'Irak battent en retraite. Des centaines de leurs chars sont pulvérisés par l'aviation alliée. Des dizaines de milliers de soldats, encerclés, se rendent. En fuyant le Koweït, les Irakiens ont mis le feu aux puits de pétrole, et les fumées noires enténèbrent le ciel.

---

1. Entretien téléphonique entre le président George Bush et le président François Mitterrand, 21 février 1991 (dans la soirée), archives de la présidence de la République, 5AG4 CD75, Archives nationales. Voir cet entretien en annexe.
2. Voir Mikhaïl Gorbatchev, *Memoirs*, Doubleday, 1995, p. 563-564.
3. Voir notamment le détail des préparatifs et des opérations de la division Daguet dans Maurice Schmitt, *De Diên Biên Phu à Koweit City, op. cit.*, p. 227-251, et le récit du général Michel Roquejoffre dans « La participation militaire française dans la guerre du Golfe », art. cité.

Il faut maintenant gagner l'après-guerre...

Au bout de cent heures d'assaut, les objectifs militaires sont atteints, Koweit City est libérée et l'armée de Saddam Hussein est en déroute, au prix de cent mille tués et blessés dans ses rangs. En dépit de certaines tentations britanniques, la coalition s'arrête bien aux portes de Bassorah, conformément aux vœux répétés des pays arabes, des Français et des Américains. « L'administration Bush, qui avait monté cette coalition de manière très intelligente, était d'accord avec nous, c'est-à-dire totalement opposée au fait d'aller jusqu'à Bagdad ou d'occuper l'Irak. Ce n'était pas dans les résolutions du Conseil de sécurité, et Bush tenait vraiment à rester irréprochable sur ce terrain[1] », confirme Hubert Védrine.

Reconnaissant sa défaite, le dictateur irakien annonce qu'il applique désormais toutes les résolutions de l'ONU. Le cessez-le-feu entre en application le 28 février 1991 à 3 heures du matin. Saddam Hussein sauve ainsi sa tête. Néanmoins, il a subi un cuisant revers pour avoir sous-estimé la cohésion de la coalition que son obstination aveugle avait contribué à créer. Les experts de la Maison-Blanche parient toujours sur sa chute dans les six mois qui suivent. Certains officiels appellent même ouvertement les Irakiens à le renverser.

Le succès est avant tout américain. Mais George Bush a l'habileté de le partager avec les alliés qui l'ont constamment soutenu, comme la France, dont la contribution militaire est pourtant restée modeste. Tout au long de ces sept mois de crise, la solidarité politique franco-américaine s'est révélée presque sans faille. C'est du jamais vu !

Dès le 27 février, les deux présidents poursuivent le singulier dialogue téléphonique qui a soudé leur alliance. L'heure est aux congratulations réciproques et aux préparatifs d'avenir.

« La partie diplomatique va commencer, dit Mitterrand. Je souhaitais vous entendre pour savoir comment vous envisagiez son déroulement, et en particulier comment vous voyiez le rôle du Conseil de sécurité. »

Bush réplique aussitôt : « On peut se débarrasser des sanctions, mais il faut être certain de l'acceptation de l'Irak. Il y a la question des prisonniers de guerre, des Scud, des ressortissants des

---

1. Entretiens d'Hubert Védrine avec l'auteur, 22 février et 14 juin 2010.

pays tiers, etc. Je voudrais que vous et moi nous rencontrions le plus tôt possible. Ce serait bien début mars. Je voudrais être certain que nous sommes bien sur la même longueur d'onde. Que peuvent faire désormais les Nations unies, quelle organisation pour la paix ? Je voudrais que les troupes américaines partent le plus vite possible. »

Mitterrand accepte le principe de cette rencontre. Il ajoute : « Je voulais vous féliciter pour le courage et la résolution montrés par vous-même et par votre pays. »

Bush ne peut que lui renvoyer le compliment : « C'est parfaitement vrai pour la France aussi. Je vous suis très reconnaissant. Vos troupes sont même arrivées en avance. La coordination entre nous a très bien fonctionné. Chez nous, le sentiment patriotique est très fort. Et chez vous ? »

Mitterrand répond : « C'est la même chose. 75 % à 80 % de l'opinion suit très bien. Il y a une impression très positive sur moi-même, aussi sur vous. Il y a une très grande solidité en faveur de la coalition. »

Bush enchaîne : « Maintenant, il faut que nous gagnions l'après-guerre. »

Mitterrand conclut, optimiste : « Tout à fait, alors on va se rencontrer bientôt[1]. »

Les deux présidents sont presque enivrés par leur triomphe.
Leur liesse ne va pas durer.

---

1. Entretien téléphonique entre le président George Bush et le président François Mitterrand, 27 février 1991, note du secrétaire général de l'Élysée, Jean-Louis Bianco, du 6 mars 1991, archives de la présidence de la République, 5AG4 CD75, Archives nationales. Voir cet entretien en annexe.

Chapitre 8

Les désillusions des vainqueurs

Jeudi 14 mars 1991. Parti dans la matinée de Roissy en Concorde, François Mitterrand débarque à 11 h 30, heure locale, à Fort-de-France, en Martinique, avant de rejoindre le lieu choisi avec soin par les services de l'Élysée pour dialoguer avec George Bush : le parc verdoyant de l'Habitation Clément, une ancienne rhumerie située dans le domaine de l'Acajou, sur la bien nommée commune du François.

Décidément, les deux chefs d'État apprécient les décors paradisiaques. Après Saint-Martin et Key Largo, les voilà en Martinique pour ce sommet d'« après-guerre » qui va durer quelques heures. Arrivant directement du Canada, Bush doit en effet repartir aussitôt en hélicoptère vers les Bermudes pour dîner avec le Premier Ministre britannique, John Major. Clin d'œil du service du protocole à l'actualité, Mitterrand a prévu d'offrir à son invité, grand amateur de greens, un sac de... golf en cuir, de la marque Hermès, d'une valeur de 20 000 francs. Après avoir salué les élus de la Martinique, dont Aimé Césaire, les deux présidents s'installent dans les salons de la vieille bâtisse créole juchée sur une colline. Une semaine tout juste après la fin des combats au Koweït, l'ambiance est presque irréelle, l'atmosphère légère, comme après un orage tropical. À dire vrai, ils n'en reviennent toujours pas d'avoir gagné la guerre aussi rapidement.

Mitterrand félicite d'abord Bush pour les prouesses militaires de son armée. Puis il enchaîne : « Nous vivons une période euphorique d'amitié entre nos deux pays. De notre côté, nous avons fait ce qui était nécessaire. Nous étions habitués à d'autres terrains, comme l'Afrique, l'Europe, le Liban, mais nous n'étions jamais allés dans le Golfe. Pour la première fois, nous y avons été présents et avec vous[1]. »

---

1. Entretiens entre le président François Mitterrand et le président George Bush, 14 mars 1991, Martinique, archives de la présidence de la République 5AG4 CD267,

Bush le remercie pour cette « camaraderie totale ». « Je vous ai dit, dès le départ, que nous serions avec vous, poursuit Mitterrand. Ensuite, certains ont douté de la position de la France. Vous êtes restés très proches de nous, ainsi que vos collaborateurs. J'ai eu quelques difficultés, mais tout s'est bien passé. » François Mitterrand fait ainsi discrètement allusion aux tentatives diplomatiques de dernière minute menées avec Roland Dumas et aux soucis causés par Jean-Pierre Chevènement, montrant qu'il assume sa solidarité totale avec Bush durant toute la crise du Golfe.

Le président américain exprime son soulagement : « Quand on repense aux débuts de la crise, on a l'impression que cela fait des années ! Où va-t-on maintenant ? Quelles sont vos idées ? »

Car George Bush est venu à la Martinique pour prendre conseil auprès de son « cher François », qu'il considère comme un allié sûr, presque comme un sage. Il espère que la coalition internationale de vingt-huit pays constituée pour contrer Saddam Hussein va lui permettre d'engranger d'autres victoires diplomatiques : le désarmement de l'URSS du fragile Gorbatchev, une sécurité européenne sous l'aile de l'OTAN, un éventuel accord de paix régional au Moyen-Orient mêlant Syriens, Jordaniens, Égyptiens et Israéliens... L'ère des blocs est révolue. Un « nouvel ordre mondial » semble accessible, sous la houlette américaine, d'autant que les dictateurs indociles comme Saddam Hussein savent désormais à quoi s'en tenir en cas d'incartades militaires.

Mitterrand, lui, a le sentiment que, après avoir été un peu contraint de jouer les seconds rôles lors de la réunification allemande, sa participation à la guerre du Golfe lui redonne une aura incontestable sur la scène internationale. S'il s'en était tenu écarté, il ne serait plus écouté. Alors, autant profiter de la bonne disposition américaine pour avancer ses pions. Le président français a une obsession, qu'il martèle depuis des mois : il est temps de s'attaquer sérieusement au conflit israélo-palestinien. Pour lui, même si la guerre du Golfe a mobilisé toutes les attentions, elle demeure secondaire comparée à ce qu'il considère comme le nœud gordien des déchirures du Moyen-Orient, qu'il importe de dénouer au plus vite, faute de quoi les embrasements perdureront.

Archives nationales. Sauf mention contraire, les citations qui suivent concernant ce sommet sont extraites du *verbatim* de ces entretiens.

Bush : « *Je ne comprends pas les Palestiniens* »

« Je suis prêt à vous dire ce que je pense, déclare Mitterrand face à Bush. Le seul vrai problème est celui des Palestiniens. Tout le reste est, en comparaison, facile à régler. Celui-là est très difficile. Je ne parle pas des problèmes au sud de l'Irak, ce qui va arriver avec la guerre civile. C'est très important, mais ce n'est pas le problème de fond. Si on laisse les choses aller selon leur nature, on n'arrivera à rien, ni avec les uns ni avec les autres.
– Je suis d'accord », répond George Bush.

Mitterrand reprend, en se présentant d'abord comme un ami d'Israël : « Je ne veux pas répartir les torts. Mais la guerre larvée entre Israël et les Palestiniens durera au-delà de vous et de moi si on ne mène pas une politique résolue. Vous savez mon attachement à Israël. J'ai été le premier chef d'État français à m'y rendre. Quand je suis arrivé en 1981, j'ai interdit le boycott, et les pays arabes nous ont menacés. Il n'y a pas eu de contrats pendant six mois, et puis ils ont cédé ; on a ainsi rétabli le droit d'Israël à commercer. Lorsqu'une attaque israélienne a détruit, en Irak, un mois après mon élection, cette centrale qu'un gouvernement français malheureux [celui de Chirac en 1976] avait construite, j'ai refusé de la reconstruire. C'est pourquoi je n'ai jamais rencontré Saddam Hussein. Israël ne peut pas supposer que je puisse agir contre sa sécurité. Au début de la guerre, le président de la commission des Affaires étrangères de la Knesset a déclaré que la France avait exporté [en Irak] des matériels non conventionnels. J'ai protesté, mis au défi de démontrer quoi que ce soit. Une enquête scientifique a montré depuis que c'était non fondé. J'essaie de dire la vérité à Israël. En refusant tout accord, tout compromis, Israël est également responsable de la situation au Proche-Orient. »

François Mitterrand poursuit : « Je suis également soucieux de leur sécurité. Je suis prêt à être de leur côté. Quand il y a eu une menace pour Israël et que vous nous avez demandé de participer à des opérations aériennes, j'ai dit oui tout de suite. Nous l'avons fait, bien que cela ne fût pas dans les buts de guerre, parce que la sécurité d'Israël était en cause. Dans un tel cas, je serai toujours d'accord. Quant au règlement du conflit, s'il n'y a pas de volonté américaine, il ne se passera rien. »

Le message est lancé. Car si Mitterrand a des idées, il n'ignore pas que seuls les États-Unis ont le pouvoir nécessaire pour faire bouger les choses. George Bush l'admet : « Nous avons maintenant une responsabilité disproportionnée pour faire avancer le problème palestinien. J'en ai parlé avec Baker [le secrétaire d'État], mais je ne l'ai pas encore vu. Il est, me dit-il, un peu optimiste sur la possibilité de faire avancer Israël ; il estime qu'il y a une possibilité. Les Arabes sont disponibles. Je mesure notre responsabilité et je suis prêt à avancer. Je dois dire qu'avec ce gouvernement en Israël, ce n'est pas facile. Arens, Sharon, Lévi, ils veulent tous être Premier ministre. Avec les travaillistes, ce serait plus facile ! »

Même s'ils partagent les mêmes objectifs, les deux présidents divergent sur les méthodes à employer afin d'y parvenir. Pour Mitterrand, le dialogue bilatéral entre Israéliens et Palestiniens ne « marchera pas ». Il suggère plutôt l'organisation d'une conférence internationale et insiste pour trouver une solution de paix qui se réalise par étapes, en s'appuyant sur le roi Hussein de Jordanie. « Il faut peut-être commencer de façon modeste, par exemple avec un pacte de non-agression, puis, sur cette base, discuter de la carte définitive de la région. On pourrait maintenir le roi en "Jordanie-Palestine", avec un statut spécial pour les Cisjordaniens, des garanties militaires pour Israël et également des garanties internationales. […] On commencerait à voir les choses autrement. La clef est là, des deux côtés du Jourdain ! »

À plusieurs reprises au cours de cet entretien, Mitterrand revient à la charge, insistant sur l'opportunité pour Washington de profiter du soutien des dirigeants arabes et sur la nécessité de faire pression sur le gouvernement israélien. George Bush semble d'accord pour « trouver une solution ». Il est aussi favorable au roi Hussein de Jordanie – « un homme courageux », dit-il –, malgré l'ambiguïté de ses positions à l'égard de l'Irak, qui lui ont valu une certaine inimitié de la part des pays arabes de la coalition. « Hussein est interdit de contact, mais ils ne veulent pas le déstabiliser, explique Bush. J'y ajoute un élément anecdotique, mais qui compte quand même, c'est le comportement de la reine Nour de Jordanie. »

Mitterrand l'interrompt : « C'est une belle Américaine ! »

Bush le reconnaît : « Elle n'est pas mal ! Eh bien, elle a été encore plus ferme que lui. Elle l'a poussé dans des sentiments antioccidentaux. Il faudrait lui enlever sa reine ! »

Mitterrand sourit : « On sera alliés pour cela aussi ! »

Cette complicité masculine ne peut masquer un autre différend. Car Bush est très réservé quant au rôle futur de Yasser Arafat, le leader de l'OLP, qui n'a cessé de soutenir Saddam Hussein durant la crise du Koweït. Pour la Maison-Blanche, l'OLP, décrédibilisée, ne peut plus prétendre à négocier quoi que ce soit. Mitterrand, lui, n'est pas de cet avis. Il considère que l'OLP fait preuve de bonne volonté depuis la fin de 1988 – quand son Parlement réuni à Alger a réaffirmé sa condamnation du terrorisme et accepté les résolutions 181, 242 et 338 des Nations unies, ce qui équivalait à une reconnaissance implicite d'Israël.

« L'OLP s'est mise dans une mauvaise situation à propos de la guerre du Golfe, admet le président français. Mais cela ne veut rien dire, "jamais l'OLP". Tout passe par l'OLP. Arafat, mûri par l'expérience, commence à comprendre que les Palestiniens de Cisjordanie deviendront les négociateurs de demain. »

George Bush le reprend : « Si Arafat n'était pas tombé dans le piège de Saddam Hussein, il aurait eu une très bonne situation. Il s'est fait beaucoup de tort ! »

François Mitterrand est moins sévère. Pour lui, il ne s'agissait que d'une position de « désespoir ». Sa mise à l'écart par les pays arabes ne devrait pas durer très longtemps. « Je me demande si son erreur n'a pas été salutaire. Il ne peut pas exiger maintenant d'être personnellement l'interlocuteur, car il y a opposition d'Israël, de Fahd [le roi saoudien], d'Assad [le président syrien]. Il doit rester aujourd'hui en arrière, ce qu'il n'aurait pas accepté autrefois. On peut tirer de cette mauvaise situation une bonne solution. »

Optimiste, il suggère à Bush de nouer des contacts avec les maires palestiniens de Cisjordanie. Et il insiste pour que le gouvernement israélien n'exclue pas l'OLP de toute discussion. « Israël ne peut quand même pas exiger que les négociateurs ne soient pas palestiniens ! Il faut savoir fermer les yeux. Si on a une délégation jordano-palestinienne, faut-il aller chercher dans leur conscience le degré de leur engagement aux côtés de l'OLP ? »

George Bush reste dubitatif : « Je ne comprends pas les Palestiniens. [...] Je n'ai rien contre Arafat, mais il s'est lui-même mis de côté... » De la même façon, il estime avoir peu de prise sur le président syrien Hafez el-Assad, qui refuse de se retirer du Liban. Mitterrand, lui, espère pouvoir le convaincre de le faire, tout en reconnaissant que ce n'est pas un interlocuteur facile : « Pour lui, le Liban, c'est la Syrie ; Israël, c'est en Syrie ; Jésus-Christ était syrien. [...] Assad est un ennemi d'Israël. Shamir ne l'a pas oublié. »

Le dialogue sur ce sujet se prolonge durant le déjeuner, au détour d'autres propos. Interrogé par Mitterrand sur la situation au Canada, d'où il arrive, Bush évoque les craintes du Premier ministre, Brian Mulroney, au sujet d'une aggravation du séparatisme québécois, qui le conduit à envisager un éclatement du pays. « Lors de la conférence de presse, confie Bush, j'ai souligné que nous avions de bonnes relations avec un Canada uni. Un point, c'est tout ! »

Mitterrand renchérit avec un parallèle audacieux : « Le Canada est un des pays les plus difficiles pour la presse : le pire, c'est Montréal, et Jérusalem !

– Cela n'a pas été trop difficile pour moi », rétorque Bush.

Mitterrand est plus circonspect : « Mais moi, je suis français ! J'en dis toujours trop ou pas assez. En ce qui concerne Montréal, c'est : "Êtes-vous pour l'indépendance ?" À Jérusalem, c'est l'"État palestinien" ! »

Bush enchaîne : « "État", c'est le mot clé. À ce sujet, je n'ai jamais pensé que j'allais trouver en Shamir un modéré ! »

Mitterrand a lui aussi subi quelques foudres lorsqu'il a évoqué un futur État palestinien : « C'est curieux. Je disais auparavant "structures étatiques", "patrie". Puis, quand j'ai dit "État", je me suis fait, pardonnez-moi l'expression, tellement "engueuler" que je commence à y trouver du plaisir. C'est curieux, l'esprit humain ! »

Le cadre convivial de la Martinique n'empêche pas les antagonismes de réapparaître. « Les traditionnelles divergences franco-américaines sur les principaux problèmes du Proche-Orient, un moment éclipsées par la guerre, opèrent une résurgence[1] », résumera, le lendemain, l'ambassadeur de France à Washington en rendant compte des commentaires critiques de la presse américaine sur ce minisommet franco-américain. Les conseils de Mitterrand porteront cependant lentement leurs fruits. À la fin de 1991, Bush s'attellera à la relance d'un processus de paix au

---

1. *Rencontre au sommet de la Martinique, presse américaine*, télégramme de Jacques Andréani, ambassadeur de France à Washington, 15 mars 1991. Le *Washington Post* a titré « Bush-Mitterrand opposés sur l'OLP », et le *New York Times* « Bush et Mitterrand en accord sur la paix, divisés sur la procédure ». Archives de la présidence de la République, 5AG4 CD267, Archives nationales.

Proche-Orient en accentuant ses pressions sur Israël et en préparant une conférence internationale, qui se tiendra à Madrid l'année suivante.

Mitterrand : « Arrêtons les malentendus sur l'Europe et l'OTAN »

La vieille querelle sur le rôle de l'OTAN, déjà abordée à Key Largo en avril 1990, refait également surface durant le repas. Washington défend âprement son leadership au sein de l'organisation atlantique. La Maison-Blanche s'est même inquiétée, dans un récent communiqué, des embryons de défense européenne initiés par Kohl et Mitterrand. Ce dernier a récemment fait étudier, dans le plus grand secret, un projet de réforme de l'OTAN par lequel la France pourrait réintégrer le commandement intégré[1]. Mais il reste circonspect sur ce scénario, lui préférant celui d'une défense européenne. Soucieux, une nouvelle fois, de dissiper tout malentendu avec George Bush, Mitterrand développe son point de vue :

« Je pense que le problème est mal posé. L'Europe n'est pas en état de disposer d'une force commune pour assurer sa sécurité, voilà la réalité. Il n'y a pas encore assez d'unité politique. C'est une construction en cours. C'est très souhaitable, mais ce n'est pas la réalité d'aujourd'hui. C'est donc une dispute d'école de savoir si on choisit la défense commune à la place de l'OTAN. La seule force, actuellement, c'est l'OTAN. [...] La défense européenne, ce sont des virtualités. Ne mettons pas la réalité et la virtualité en opposition. Pensons au XXIe siècle. Oui, je souhaite que l'Europe ait progressivement les moyens de se défendre elle-même. Si cette espérance est à payer au prix d'une rupture, d'un désaccord grave avec les États-Unis, cela ne vaut pas la peine. Pendant vingt ans, il ne faudra pas poser ces termes de façon antagoniste. Votre diplomatie a donné l'impression par ce dernier

---

1. À la fin de 1990, Gabriel Robin, ambassadeur de France à l'OTAN, a mené avec ses collègues américain, allemand et britannique des pourparlers sur une réforme possible de l'organisation, impliquant la constitution d'un pilier européen. « J'ai obtenu une certaine ouverture de la part des Américains. Mais le président François Mitterrand et le ministre des Affaires étrangères, Roland Dumas, n'ont pas mis tout leur poids derrière ce projet. On a tout arrêté début 1991 », confiera-t-il. Voir Isabelle Lasserre, « Quand Mitterrand, déjà, négociait le retour dans l'OTAN », *Le Figaro*, 10 mars 2009.

texte d'être trop craintive devant l'unité européenne. [...] On s'enfonce dans des malentendus faute d'avoir bien apprécié les choses. [...] L'OTAN et l'embryon de défense européenne doivent coexister, ce n'est pas l'un ou l'autre. »

Après l'avoir patiemment écouté, George Bush tente de minimiser le désaccord : « Je crois que nous ne sommes pas éloignés ! Si nous avons donné l'impression de nous immiscer, ce n'était pas notre intention. [...] Ce que nous voulons dire, c'est que l'OTAN doit rester le garant principal de la sécurité.

– C'est évident ! » confirme Mitterrand.

Bob Zoellick, l'un des conseillers de Bush, se mêle alors à la conversation pour mettre un peu d'huile sur le feu : « Le point clé que nous voulons souligner, c'est qu'il faut éviter toute conséquence inattendue qui empêcherait l'OTAN de prendre des décisions fondamentales. » La ligne de Washington est ferme : l'empire américain ne veut pas d'alliés qui ruent dans les brancards de l'organisation atlantique !

En réponse, Mitterrand répète que, à ses yeux, l'OTAN demeure « la seule alliance solide face à l'URSS ». Et qu'il faut dissiper les suspicions. Mais il ne veut pas non plus que l'OTAN voie son rôle étendu à toute la planète, comme certains militaires du Pentagone le souhaitent depuis des années. Mitterrand garde d'ailleurs le souvenir d'un débat très vif avec Ronald Reagan sur ce sujet lors du sommet du G7 à Williamsburg, en 1983. « Le problème, c'est l'idée d'étendre la compétence sur la planète, ou alors il faut en parler avec clarté. Nous avions eu une discussion difficile avec Reagan, qui voulait garantir le Japon au même titre que l'OTAN. Je disais, bien sûr, que le Japon n'était pas dans l'Atlantique, et je ne voyais pas la France mêlée à un conflit sur Sakhaline. Vous ferez certes valoir que le Koweït était hors OTAN ; mais j'ai dit oui parce que vous m'avez parlé clairement. »

Le message de Mitterrand est tout aussi limpide : une guerre menée ensemble ne signifie pas un alignement permanent. Il n'entend pas se laisser dicter sa conduite militaire ! Entre Paris et Washington, chacun persiste et signe. Résultat : ce désaccord va continuer d'empoisonner l'atmosphère entre Français et Américains les mois suivants, avant le sommet de l'OTAN de novembre 1991 à Rome. Les différends porteront sur les missions politiques de l'OTAN, son ouverture aux ex-pays du bloc de l'Est, l'élargissement de son périmètre d'intervention ou le champ d'action d'une défense européenne. George Bush et James Baker martèleront que les Européens doivent éviter de laisser croire aux Américains qu'ils n'auront plus besoin d'eux, au risque de réveiller l'isolationnisme outre-Atlantique. « On nous répétait que, à force de nous préparer au départ des soldats américains d'Europe, nous allions finir par le provoquer. C'était un débat sans fin[1] », se souvient Jacques Andréani, alors ambassadeur à Washington. François Mitterrand résumera sa pensée devant George Bush : « L'histoire tranchera. Pas de problème[2]. » Lorsque la Maison-Blanche se montrera froissée par la naissance du premier corps de brigade franco-allemand, quelques mois plus tard, le président français dira poliment à son homologue : « Vous pensez en termes antagonistes ce qui est complémentaire. Ce corps est l'embryon de ce que sera, dans vingt-cinq ans ou plus longtemps, la sécurité propre de l'Europe. » Sur les autres décisions américaines, il enverra une pincée de sel à son ami George : « Je ne me sens pas obligé de dire oui à tout ce que vous avez décidé sans me consulter. Vous êtes le pays le plus puissant. [...] Je ne veux pas apprendre ce qui se passera en lisant les journaux. Vous m'écrivez juste avant très gentiment. Vous êtes un cas spécial[3]... »

Bush : « Quand Saddam tombera, on dansera dans les rues de Bagdad »

Lors de ce sommet de la Martinique de mars 1991, entre la poire et le fromage, les deux présidents échangent aussi, de manière plus légère, leurs impressions sur divers chefs d'État qu'ils côtoient. Leurs propos ne manquent pas de saveur.

Mitterrand évoque, par exemple, un coup de téléphone qui l'a étonné quelques semaines plus tôt : « Je vous ai raconté mon entretien téléphonique avec Kadhafi. [...] C'était la première fois qu'il me téléphonait, au début de la guerre. Il m'a dit : "Je vous

---

1. Entretiens de Jacques Andréani avec l'auteur, 25 juin et 30 juin 2009.
2. Entretien entre le président François Mitterrand et le président George Bush, 8 novembre 1991, en marge du sommet de l'OTAN à Rome, archives de la présidence de la République 5AG4 CD75, Archives nationales.
3. Entretiens entre le président François Mitterrand et le président George Bush, 5 juillet 1992, la veille du sommet du G7 de Munich, archives de la présidence de la République 5AG4 CD75, Archives nationales.

téléphone car il y a tellement de fous dans le monde en ce moment ; il faut que les gens raisonnables se parlent !" »

Restant réservé sur le colonel libyen, George Bush rapporte de son côté une confidence du président égyptien : « Moubarak nous a dit : "Reconsidérez vos idées sur Kadhafi." Je lui ai dit de garder la main sur son portefeuille ! »

Bush interroge également Mitterrand sur le leader cubain Fidel Castro : « Est-il raisonnable ou dogmatique ? »

Le Français répond du tac au tac : « Assez raisonnable. Je ne pense pas qu'un "Espagnol" puisse vraiment rester marxiste. Mais il devient le dernier ! »

Mitterrand demande aussi au président Bush d'aider davantage le Maghreb, car il s'inquiète des « faiblesses » du président Ben Ali en Tunisie, de l'« échec économique grave » de l'Algérie ou encore de la « stabilité » du Maroc : « Le roi Hassan II a réussi à se faire beaucoup d'ennemis. Il a une conception traditionnelle, médiévale de sa fonction. Il est moderne pour tout le reste, sauf pour les structures de la monarchie. Il ne se rend pas compte que cela commence à être dépassé. Il retient des prisonniers d'opinion depuis vingt-cinq ans ! »

George Bush ne semble pas vraiment partager ces craintes. En revanche, un autre sujet commence à le préoccuper : il s'agit des dissensions au sein de la Yougoslavie. Les premières élections libres dans ce pays dominé par le Parti communiste depuis la Seconde Guerre mondiale se sont déroulées à la fin de 1990. Les députés sécessionnistes du Kosovo ont été révoqués par le pouvoir central, et le Parlement croate vient de proposer de se dissocier de la Fédération yougoslave, provoquant des heurts avec des Serbes de l'enclave de Krajina en Croatie. « Vous intéressez-vous à la Yougoslavie ? demande Bush. Il y a des troubles. »

Très méfiant face à l'émiettement de l'Europe, Mitterrand répond par une référence historique : « Si l'on commence, je vous emmènerai faire un tour d'Europe ! On y trouve des sources de guerre permanente. Il faut développer de grands ensembles qui s'organisent. Au fond, l'Empire austro-hongrois était bien commode. On a eu tort de s'en défaire. Cela dit, je comprends bien les circonstances. » À ses yeux, le continent continuera d'être rongé par ses vieux démons : « L'Europe aura des difficultés dans le prochain siècle à cause des nationalités. »

Un autre sujet alimente la conversation. Mitterrand révèle à Bush qu'il a eu, durant la guerre du Golfe, un entretien téléphonique avec le président iranien Rafsandjani : « Ce n'est pas un de mes amis, ironise-t-il. Vous étiez le grand Satan, mais pendant longtemps nous étions le petit Satan ! Il m'a invité à Téhéran. On n'a pas conclu, mais je voulais vous le signaler. » Mitterrand ajoute qu'il ne saisit pas bien les dessous de ces bonnes intentions iraniennes : « C'est comme l'amour, c'est incompréhensible ! Je n'ai pas compris cette poussée affective soudaine. »

Bush se dit très intéressé par cette éventuelle visite en Iran, au cours de laquelle Mitterrand pourrait transmettre un message de sa part aux Iraniens. Il a déjà envoyé des émissaires en Suisse pour voir Rafsandjani, qui paraît disposé à des contacts diplomatiques. « Il veut être un partenaire, assure Mitterrand. Il y a la guerre civile en Irak [...] et Rafsandjani semble s'inquiéter pour les chiites irakiens et la répression. [...] il ne veut pas les laisser massacrer, mais il a aussi peur qu'ils gagnent, car les chiites du Sud sont des fondamentalistes, et il n'en veut pas. Ce sont pour lui des adversaires. Vous avez une grande diplomatie ; vous devez jouer là-dessus. »

Surpris, Bush répond : « Nous ne voulons pas non plus de nouveaux Khomeiny ! »

Puis le président américain interroge son interlocuteur à propos de l'évolution de la situation en Irak. Mitterrand lui retourne la question : « Ne renversons pas les rôles. C'est vous qui avez des services compétents ! Qu'en pensez-vous ? »

Bush donne alors son pronostic sur l'avenir de Saddam Hussein, qu'il compare au sort de l'ancien dictateur communiste de Roumanie, déboulonné à la fin de 1989 : « Ce sera comme Ceaușescu. On dansera dans les rues quand il partira. Mais nos renseignements ne sont pas très bons. » Mitterrand reprend : « Les Irakiens se rendent compte que si Saddam Hussein reste, ils ne pourront pas négocier la reconstruction. »

En quittant la Martinique, dans la soirée du 14 mars 1991, Bush et Mitterrand affichent de grands sourires. Même si leurs échanges ont remis au jour quelques lignes de fracture entre leurs pays, ils ont été chaleureux et francs. Auréolés de leur victoire dans le Golfe, les deux présidents pensent disposer d'une marge de manœuvre pour contenir des menaces dont ils ne méconnaissent pas les prémices.

« Il faut éviter un génocide des Kurdes en Irak ! »

Ces illusions se dissipent vite. Trop vite. La première plaie se rouvre en Irak. Prenant à contre-pied les scénarios de la Maison-Blanche, Saddam Hussein durcit son régime. Sa Garde présidentielle a été moins gravement affectée par les combats au Koweït que le Pentagone ne l'escomptait. Lors des négociations sur le cessez-le-feu, menées à Safwan, sur la frontière koweïto-irakienne, le général Schwarzkopf a imprudemment autorisé les Irakiens à continuer d'utiliser leurs hélicoptères de combat sur tout leur territoire. Conséquence : les manifestations chiites qui se déroulent depuis quelques jours dans le sud de l'Irak sont écrasées dans le sang, comme le pronostiquaient les Iraniens. Au Nord, les Kurdes qui se révoltent subissent des bombardements de l'armée irakienne. Le dictateur sunnite de Bagdad ordonne leur massacre.

L'ampleur de la répression est telle que les Kurdes irakiens commencent à s'exiler par millions, marchant à travers les montagnes en direction de la frontière irako-turque, bientôt débordée. Les images de l'exode et les témoignages des victimes soulèvent l'indignation internationale. Très sensibilisé sur le sujet par son épouse Danielle, dont la fondation France Libertés défend depuis des années la cause kurde, François Mitterrand remobilise les alliés de la coalition.

Le 5 avril 1991, deux jours après l'adoption d'une résolution décrétant la fin des hostilités et créant une commission spéciale chargée d'inspecter les sites irakiens de production d'armes de destruction massive, le Conseil de sécurité de l'ONU condamne la répression des populations kurdes et exige des accès pour l'aide humanitaire. Sous la pression de la Turquie, de la Grande-Bretagne et de la France, les États-Unis lancent l'opération Provide Comfort. Les Américains, qui ont incité les Kurdes à la rébellion, espérant accélérer ainsi la chute de Saddam Hussein, peuvent difficilement refuser cette assistance minimale. Dès le lendemain, des avions américains, britanniques et français commencent à larguer des vivres et des tentes au-dessus du Kurdistan irakien.

L'improvisation prévaut jusqu'au plus haut niveau. Les présidents semblent paniqués par l'emballement de cette crise, qu'ils n'ont pas vue venir. « La guerre du Golfe, ce n'était rien à côté des problèmes actuels », avoue George Bush lors d'une conversation téléphonique avec François Mitterrand, le 11 avril dans la soirée. Le président américain suggère de poursuivre l'acheminement des secours, en espérant que les Irakiens ne seront pas « assez bêtes pour s'attaquer aux missions humanitaires », ce qui conduirait à une riposte militaire. Bush redoute cet engrenage : « Nous n'avons aucune intention de nous laisser embarquer dans une guerre civile irakienne qui dure depuis des années. »

Mitterrand l'approuve. Mais il est choqué par l'impuissance occidentale face à la brutalité de Saddam Hussein. « Nous avons le devoir moral et l'obligation politique d'empêcher cet homme de détruire et d'affamer sa propre population. Si nous ne faisions rien, nous minerions tout le crédit moral qui résulte de la formidable action militaire américaine. [...] Il s'agit d'éviter un génocide, notre action est dictée par une circonstance. [...] On ne peut tolérer que les populations soient punies du fait qu'elles avaient cru en notre victoire. [...] Nous aurions pu continuer la guerre quinze jours de plus, nous ne l'avons pas fait, mais ce n'est pas pour abandonner des millions de personnes au terrorisme gouvernemental. »

Dans ces propos, Mitterrand laisse percer un remords, celui de n'être pas allé jusqu'à Bagdad pour détrôner Saddam Hussein. Si, comme les autres membres de la coalition Tempête du désert, il n'a jamais voulu occuper l'Irak, les dirigeants ont néanmoins sous-estimé les conséquences dramatiques de leur choix. Mitterrand ressent la lourde responsabilité qui en découle. « L'important est que nous puissions mettre en place une protection temporaire, mais qui subsistera le temps qu'il faudra [...] pour que concrètement Saddam Hussein ne puisse attaquer ses populations. » Le président français est conscient que cette ingérence humanitaire est « délicate sur le plan du droit » et « risque d'inquiéter les pays qui ont des minorités sur leur territoire, ce qui est le cas partout ». Il est cependant persuadé qu'elle est aussi urgente que nécessaire[1].

Sur le terrain, les trois pays alliés installent des camps en Turquie et au nord de l'Irak pour accueillir les réfugiés. Malheureusement, cette opération ne met pas fin à la persécution des Kurdes. Le 11 juillet 1991, trois jours avant une courte visite à Rambouillet, qui précède le sommet du G7 à Londres, Bush

---

1. Entretien téléphonique entre le président George Bush et le président François Mitterrand, 11 avril 1991, archives de la présidence de la République, 5AG4 CD75, Archives nationales.

demande formellement à Mitterrand de maintenir des forces militaires dans la région afin d'intervenir en cas de besoin. Le président français accepte.

Bush ajoute une autre requête pressante à propos du refus de Saddam Hussein de se conformer à la résolution 687, qui impose le contrôle de toutes ses armes de destruction massive par l'ONU. Les premières découvertes des inspecteurs en charge de cette mission ont révélé que le régime irakien avait caché des programmes d'armement qui lui auraient permis de se doter d'une arme atomique dans un délai de deux ans ! « Il ment et il continue de travailler sur le nucléaire, martèle le président américain. Il ne faut pas qu'il puisse continuer en toute impunité. [...] Il me semble que, moyennant toutes les précautions concernant les populations civiles et sur la base d'observations aériennes et de renseignements sûrs, il y aurait lieu de frapper quelques sites de façon très précise. Il faut le punir et l'empêcher de continuer. »

Mitterrand est sur la même ligne : « J'en suis d'accord, étant entendu que les frappes doivent être précises. Personne ne souhaite que cela prenne de l'ampleur et que la guerre recommence. Et il faut renforcer les contrôles.

– Bien entendu, répond Bush. Et si cela ne suffit pas, je pense qu'il faut que nous soyons prêts à frapper quelques objectifs militaires bien choisis. Il faut punir cet homme. »

Mitterrand préconise la prudence : « Il faut que nous agissions en sorte que l'Irak cède, tout en étant aussi économes de nos moyens que possible. C'est indispensable pour la crédibilité des Nations unies. [...] Sur les moyens, on peut discuter, sur le fond, je suis d'accord[1]. »

Les deux présidents s'accordent ainsi secrètement sur une poursuite ciblée des opérations militaires si Saddam Hussein persiste à cacher ses armes. Onze années plus tard, ce débat franco-américain sur la manière de contrer les menaces irakiennes reviendra dans l'actualité. Il opposera cette fois, de manière frontale et sur la base de renseignements plus controversés, le fils de George Bush et le successeur de François Mitterrand...

À la fin de juillet 1991, les trois principaux alliés occidentaux déterminent au-dessus de l'Irak, au nord du 36ᵉ parallèle, une zone aérienne interdite d'accès aux avions irakiens et surveillée par les chasseurs américains, britanniques ou français basés en

---
1. *Ibid.*

Turquie. Une deuxième *no-fly zone* sera créée au sud de l'Irak en août 1992, officiellement pour limiter la répression des populations chiites, mais en réalité pour pouvoir mener des opérations offensives depuis les bases aériennes d'Arabie Saoudite et du Koweït. « Nos avions se sont contentés de faire de la surveillance, tandis que les Américains, eux, ont procédé à des frappes multiples à la suite de violations de la zone interdite ou en prétextant des attaques irakiennes[1] », se souvient un ancien haut responsable français de l'armée de l'air. Le président Bush donne parallèlement des directives confidentielles – et un budget de 15 millions de dollars – pour fomenter un coup d'État en Irak. Après un putsch avorté à la mi-1992, la CIA renforcera ses actions clandestines en finançant l'opposition irakienne à hauteur de 40 millions de dollars pour l'année.

Dans ce contexte, la colère de Saddam Hussein contre la France et les États-Unis demeurera intacte, et le dictateur n'aura de cesse de se venger. Plusieurs épisodes oubliés en témoignent. Ainsi, le 6 juillet 1992, un attentat à la voiture piégée provoquera la mort de quatre personnes et en blessera seize autres dans le convoi qui escorte Danielle Mitterrand, l'épouse du président français, venue faire une visite humanitaire dans la ville kurde de Sulaymaniya, au nord de l'Irak. Selon un rapport de la CIA, les terroristes étaient probablement des agents à la solde de Saddam Hussein[2]. Un journal officiel irakien, *Al-Qadisiyah*, qualifiera le même jour la visite de Danielle Mitterrand de « violation grave de la souveraineté irakienne » et dénoncera ses « liens étroits » avec le « sionisme et les gangs sécessionnistes du nord de l'Irak »...

Autre incident marquant : le 15 avril 1993, un commando irakien sera arrêté au Koweït après avoir projeté d'assassiner George Bush lors d'une visite de l'ancien président la veille dans l'émirat[3]. En représailles, le nouvel élu à la Maison-Blanche, Bill Clinton, ordonnera, en juin 1993, le bombardement massif, à

---

1. Entretien avec l'auteur, janvier 2010.
2. Rapporté dans le document *The Attack That Failed : Iraq's Attempt To Assassinate Former President Bush in Kuwait, April 1993*, document de la CIA du 25 février 1997, archives de la CIA. Les Américains découvriront en 2003 à Bagdad la lettre d'une veuve d'un kamikaze irakien réclamant une pension pour services rendus à Oudaï Hussein, l'un des fils de Saddam Hussein, lettre dans laquelle elle cite l'attentat contre le convoi de Danielle Mitterrand parmi les faits d'armes de son mari.
3. *Ibid.* Torturés, les membres du commando déclareront que les services secrets irakiens avaient commandité leur attentat avorté. Voir Tim Wiener, *Des cendres en héritage. L'histoire de la CIA*, De Fallois, 2009, p. 403.

coups de missiles de croisière Tomahawk, du quartier général des services de renseignement à Bagdad.

La poudrière yougoslave divise Européens et Américains

Le deuxième incendie s'allume en Yougoslavie. Au mois de novembre 1990, les élections ont été remportées dans les républiques de la Fédération yougoslave par d'ex-leaders communistes devenus de farouches nationalistes, enclins à la surenchère ethnique. Élu président de la Serbie, Slobodan Milošević est décrit depuis des années par la CIA comme un dirigeant « assoiffé de pouvoir, opportuniste et autoritaire », qui manœuvre pour contrôler le système fédéral[1]. Le germe de la division, présent dans le pays depuis la mort du leader communiste Tito en 1980, a poussé. Le 19 novembre 1990, François Mitterrand a exposé au président fédéral Borisav Jović, proche de Milošević, les dangers d'une fragmentation de son pays : « Nous souhaitons que la Yougoslavie reste la Yougoslavie. Il n'est pas souhaitable que les pays existants éclatent en plusieurs morceaux. Mais est-ce compatible avec le respect des minorités ? C'est tout le problème[2]. »

Dans un rapport prémonitoire de janvier 1991, la CIA a prévenu de la déflagration qui se profile : « Le système politique yougoslave est sévèrement ébréché et il ne se recollera pas en 1991. Cela va probablement s'accompagner d'une certaine violence, notamment si les dirigeants fédéraux insistent pour maintenir leur autorité centrale et imposer leur dernier mot sur les questions politiques essentielles. Des militaires de haut rang ne cachent pas, en public comme en privé, qu'ils plaident pour

---

1. Rapport de la CIA cité par Warren Zimmermann, ancien ambassadeur des États-Unis en Yougoslavie, en poste à Belgrade de mars 1989 à mai 1992, entretien du 27 mai 1999, FAOHP.
2. Rapporté dans Hubert Védrine, *Les Mondes de François Mitterrand, op. cit.* p. 604, et dans Pierre Favier et Michel Martin-Roland, *La Décennie Mitterrand*, t. 4 : *Les déchirements*, Seuil, « Points », 2001, p. 211. Sur les 23 millions d'habitants de la Fédération yougoslave, les Serbes représentent 36,3 %, les Croates 19,7 %, les Bosniaques (Musulmans) 8,9 %, les Slovènes 7,8 %, les Albanais 7,7 %, les Macédoniens 7 %, les Monténégrins 2,6 %, les Hongrois 1,9 % et les autres ethnies 9,1 %. Voir, sur l'ensemble du conflit, le documentaire de la BBC et le livre de référence d'Allan Little et Laura Silber, *The Death of Yugoslavia*, Penguin Books-BBC, 1995.

reprendre les pouvoirs fédéraux usurpés par les républiques, notamment en matière de défense[1]. »

Rien ne peut arrêter l'engrenage. L'étincelle jaillit le 25 juin 1991 lorsque la Slovénie et la Croatie, rejetant les conseils de prudence de la Communauté européenne, proclament unilatéralement leur indépendance après des référendums qui ont plébiscité cette décision. En visite à Belgrade quatre jours auparavant, le secrétaire d'État américain, James Baker, est reparti « passablement déprimé » par l'atmosphère « irréelle » qui règne dans le pays[2]. La CIA juge aussitôt probable une « escalade de la violence » susceptible d'échapper au contrôle des dirigeants concernés[3]. Deux jours plus tard, l'armée fédérale, composée majoritairement de Serbes, entre en force en Slovénie. Au terme de brefs combats, cette petite province finit par négocier au mieux, dans le courant du mois de juillet, sa séparation de la Fédération. La première guerre yougoslave s'achève sans trop de dégâts.

Mais Belgrade envoie également ses soldats en Croatie, notamment pour défendre les minorités serbes installées dans les enclaves de Slavonie et de Krajina. En dépit d'un cessez-le-feu négocié au début de juillet, les affrontements reprennent durant l'été. Les atrocités redoublent de part et d'autre. L'armée fédérale, qui se pose en garante de l'intégrité yougoslave, entame, à la fin d'août, le siège de la ville croate de Vukovar, dont la chute, en novembre, sera marquée par le massacre d'environ dix mille civils. Puis, au début d'octobre, elle bombarde la cité médiévale de Dubrovnik, sur l'Adriatique, provoquant l'indignation internationale. Les tentatives de médiation diplomatique menées pendant l'automne dans le cadre d'une conférence de paix présidée par le Britannique lord Carrington échouent.

Les grandes puissances, qui, depuis des mois, ont les yeux rivés sur l'Allemagne, l'URSS et le Golfe, sont divisées. Attachés à l'intégrité de la Yougoslavie, les États-Unis refusent de reconnaître les républiques dissidentes. Cependant, l'administration

---

1. *Yugoslavia : Military Dynamics of a Potential Civil War*, 23 janvier 1991, CIA, archives de la CIA.

2. James Baker, *The Politics of Diplomacy, op. cit.*, p. 635.

3. La CIA estime que la Croatie, avec une minorité serbe représentant 11 % de la population, est la plus sujette à l'explosion, que les Slovènes et les Croates ont armé des milices, mais que l'armée fédérale est mieux équipée militairement. *Yugoslavia : Prospects for Violence*, 25 juin 1991, direction du renseignement, CIA, archives de la CIA. Voir extrait de ce document en annexe.

Bush n'a aucune envie d'intervenir militairement dans une zone où les intérêts vitaux américains ne sont pas en jeu. « Il n'a jamais été question d'envoyer des troupes au sol en Yougoslavie, car l'opinion américaine n'aurait pas soutenu cette initiative[1] », résumera James Baker, qui souhaite laisser l'Europe régler ce conflit régional. Or une majorité des pays européens, Royaume-Uni en tête, ne veulent pas non plus s'interposer entre les forces serbes et les forces croates. En revanche, l'Allemagne prend fait et cause pour l'indépendance de la Croatie et de la Slovénie, principalement à cause d'une importante communauté catholique d'origine croate sur son territoire. Depuis le début de l'été, Helmut Kohl presse donc ses partenaires des Douze de reconnaître au plus tôt la souveraineté de ces deux ex-républiques yougoslaves.

Dans ce guêpier, François Mitterrand peine à faire entendre sa voix alarmiste[2]. Inquiet des événements, qui confirment ses sombres pronostics, il juge irresponsables les ambitions du président croate Franjo Tudjman. Il rechigne également à condamner l'armée fédérale, dont les offensives masquent mal les visées nationalistes du président Slobodan Milošević, implacable partisan d'une Grande Serbie. Refusant officiellement de prendre parti, Mitterrand admet devant le Conseil des ministres, le 7 août 1991 : « Nous ne devons pas négliger de tenir compte des amitiés traditionnelles. Pour nous, comme pour la Russie, c'est la Serbie. La Slovénie et la Croatie sont plutôt tournées vers les Germains. En conclusion, l'affaire est très grave et ne s'arrangera pas[3]. »

Le président français espère d'abord qu'une négociation aboutira, avant de convenir qu'une intervention est peut-être nécessaire en Croatie. Mais les préparatifs d'une opération militaire sous la houlette de l'Union de l'Europe occidentale (UEO) butent, en septembre, sur l'hostilité des Britanniques. Après maints efforts, l'Élysée obtient seulement du Conseil de sécurité des Nations unies, le 25 septembre 1991, une résolution instaurant un

---

1. James Baker, *The Politics of Diplomacy, op. cit.*, p. 635-636.
2. Sur la position de François Mitterrand au début du conflit serbo-croate, voir le récit détaillé dans Pierre Favier et Michel Martin-Roland, *La Décennie Mitterrand*, t. 4, *op. cit.*, p. 209-228. Mitterrand exprime aussi ses craintes d'une extension du conflit à tous les Balkans, à la Grèce et à la Turquie. Voir le témoignage de l'amiral Jacques Lanxade, *Quand le monde a basculé, op. cit.*, p. 108-110.
3. Rapporté par Roland Dumas dans *Le Fil et la pelote, op. cit.*, p. 353.

embargo sur les armes pour tous les belligérants. Ce texte donne, *de facto*, un avantage aux Serbes, qui peuvent puiser dans les stocks de l'armée fédérale. À l'ONU, la France s'est heurtée au refus américain d'aller au-delà. Premier revers.

De plus, Mitterrand redoute qu'une reconnaissance précipitée de la Croatie et de la Slovénie ne provoque une déflagration générale. Les volontés sécessionnistes des autres républiques yougoslaves (la Bosnie-Herzégovine, la Macédoine, le Kosovo, le Monténégro) devraient déchaîner la colère des minorités serbes qui y résident et celles des autorités de Belgrade. Le sujet alimente les tensions entre Paris et Bonn pendant de longs mois. Lors de ses conversations avec le chancelier Kohl, Mitterrand ne parvient pas à le convaincre de patienter[1]. Soucieux de ne pas briser l'axe franco-allemand, qui permet de conclure un nouveau traité européen lors du sommet des Douze à Maastricht, les 10 et 11 décembre 1991, Mitterrand perd la partie sur le dossier yougoslave. « Les Allemands sont trop pressés[2] », confie-t-il quelques jours plus tard à George Bush, qui partage ce point de vue. Le 23 décembre, l'Allemagne reconnaît unilatéralement la Croatie et la Slovénie. Bonn a anticipé la décision commune des onze autres pays de la Communauté, annoncée le 15 janvier 1992. Le président français et son ministre des Affaires étrangères, Roland Dumas, amers, s'y rallient par discipline. Deuxième échec.

L'armée fédérale de Slobodan Milošević contrôle alors un tiers du territoire croate. Ayant atteint ses objectifs militaires, elle est disposée à faire une pause. À défaut d'une intervention militaire active, le Conseil de sécurité des Nations unies finit par instituer, le 21 février 1992, une force d'interposition (la Forpronu) comptant quatorze mille Casques bleus. Ceux-ci sont envoyés en Croatie, figeant les positions en faveur des Serbes. La France y participe sans enthousiasme : elle craint que ses

---

1. « Si on continue comme cela, on peut briser la Communauté. [...] je suis prêt à un compromis avec vous, mais il faut en parler », dit Mitterrand à Kohl le 18 septembre 1991, dénonçant le fait que l'Allemagne poursuive « sa politique nationale dans les Balkans ». Le 15 novembre, il lui déclare que ce serait une erreur de reconnaître la Croatie. Le 3 décembre 1991, il redit au chancelier qu'il ne faut pas se précipiter en faveur d'une reconnaissance sans conditions. Voir Pierre Favier et Michel Martin-Roland, *La Décennie Mitterrand*, t. 4, *op. cit.*, p. 226-227 et p. 279-280, et Hubert Védrine, *Les Mondes de François Mitterrand*, *op. cit.*, p. 615-617.

2. Entretien téléphonique entre le président François Mitterrand et le président George Bush, 15 décembre 1991, archives de la présidence de la République, 5AG4 CD75, Archives nationales.

soldats impuissants ne se retrouvent coincés entre les camps ennemis à la moindre reprise des hostilités.

Bush félicite Mitterrand pour sa visite surprise à Sarajevo

Or l'incendie se propage. Après la séparation de la Slovénie et de la Croatie, un référendum d'autodétermination se déroule le 29 février 1992 en Bosnie-Herzégovine. Les Bosniaques musulmans et les Croates, majoritaires dans cette république, approuvent à 99 % le principe de l'indépendance, tandis que la minorité serbe, qui représente un tiers de la population, boycotte le scrutin. Trois jours plus tard, le Parlement bosniaque à Sarajevo, sous l'autorité de son nouveau président, Alija Izetbegović, déclare officiellement l'indépendance. Celle-ci est aussitôt reconnue par la Communauté européenne et les États-Unis. Izetbegović, qui n'a cessé d'alerter les puissances occidentales sur les risques de guerre dans son pays, véritable mosaïque de peuples, n'est pourtant pas entendu. Aucun des problèmes de frontières ou de minorités n'ont été réglés. « À ce moment-là, l'embrasement était plus que probable, et tout le monde s'y est résigné, déplore Hubert Védrine. C'est un des rares moments où j'ai vu Mitterrand et Dumas ne sachant plus que faire[1]. »

Comme prévu, la sécession de la Bosnie-Herzégovine met le feu aux poudres chez les Bosno-Serbes, qui sont militairement épaulés par l'armée fédérale de Belgrade. C'est le début de la troisième guerre yougoslave. Les milices bosno-serbes, dirigées par Radovan Karadžić et le général Ratko Mladić, assiègent Sarajevo. Elles conquièrent en quelques semaines les deux tiers du territoire de Bosnie-Herzégovine, expulsant et massacrant les Musulmans et les Croates qui y résident. « C'était leur objectif, selon un plan prémédité, confiera Warren Zimmermann, ambassadeur américain à Belgrade. Les Serbes étaient prêts à tuer beaucoup de Musulmans pour contrôler les deux tiers de la Bosnie[2]. » Impuissant, le Conseil de sécurité des Nations unies adopte, le 15 mai 1992, une résolution qui exige l'arrêt des combats et le retrait des troupes bosno-serbes. Sans aucun effet.

---

1. Entretiens avec l'auteur, 22 février et 14 juin 2010.
2. Interview de Warren Zimmermann, FAOHP, *op. cit.*

La situation se dégrade de jour en jour dans la capitale, Sarajevo, assiégée, pilonnée et affamée par les forces de Mladić. L'aéroport de la ville est fermé. Des snipers tirent à vue sur les habitants. Un obus tombe, le 27 mai 1992, sur la foule qui attend devant une boulangerie, faisant vingt-cinq morts et plus de cent quarante blessés. Les images télévisées du carnage choquent les opinions. Dans la foulée, l'ONU décrète des sanctions économiques globales contre la nouvelle République fédérative yougoslave, qui regroupe la Serbie et le Monténégro. Mais aucun pays n'est prêt à intervenir militairement pour stopper les massacres. De plus, comment intervenir ? La Maison-Blanche redoute un enlisement de type Vietnam. Les états-majors savent que le territoire bosniaque est accidenté, que les populations sont mélangées, que des frappes aériennes seraient insuffisantes. Par ailleurs, nul n'envisage de vider la Bosnie de sa minorité serbe pour régler le problème. Et personne ne veut déclarer la guerre à la Serbie.

À défaut de pouvoir souder ses alliés autour d'une position commune, François Mitterrand prépare dans le plus grand secret une initiative spectaculaire. « Il faut éviter à tout prix que Sarajevo ne devienne un nouveau Guernica[1] », dit-il, inquiet, à son ministre Roland Dumas. Une résolution du Conseil de sécurité du 8 juin 1992 a prévu d'instaurer une zone de sécurité autour de l'aéroport de la capitale afin d'y acheminer de l'aide humanitaire. Elle reste, pour le moment, inapplicable à cause des bombardements des forces bosno-serbes, et en dépit d'un ultimatum de l'ONU à leurs dirigeants.

À l'issue du sommet européen de Lisbonne, le samedi 27 juin 1992, le président français laisse entendre à Helmut Kohl et au président portugais Mário Soares qu'il va forcer le blocus en se rendant à Sarajevo. Depuis Lisbonne, il s'envole directement en direction de la capitale bosniaque, accompagné de quelques proches et de Bernard Kouchner, secrétaire d'État chargé de l'action humanitaire. Le Falcon 900 présidentiel doit se poser de nuit à Split. Le lendemain matin, l'hélicoptère qui emmène Mitterrand à Sarajevo atterrit sous le feu d'un tir de mitrailleuse. Sa visite surprise de six heures, durant laquelle il rencontre le président Izetbegović – qui l'avait appelé au secours par l'intermédiaire du philosophe Bernard-Henri Lévy – ainsi que les leaders bosno-serbes, débloque la situation. Mitterrand ne se fait pourtant

---
1. Rapporté dans Roland Dumas, *Le Fil et la pelote*, *op. cit.*, p. 355.

pas d'illusions. Il exècre Karadžić, mais n'apprécie guère le président bosniaque, suspecté de vouloir « internationaliser le conflit » sans précaution. Durant le voyage, il a répété à Kouchner, qui le pressait d'intervenir militairement en Bosnie : « Qui ? La France seule ? Non. N'ajoutons pas la guerre à la guerre. Seuls les naïfs, les menteurs et quelques intellectuels enflammés peuvent y penser[1]. »

De retour à Paris, François Mitterrand s'entretient au téléphone avec George Bush. Celui-ci est visiblement impressionné par cette visite en Bosnie : « Je vous félicite pour votre initiative courageuse. D'après ce que j'ai vu à la télévision, elle a suscité beaucoup d'espoirs. Quelles sont vos propres impressions de ces contacts à Sarajevo ? »

Mitterrand : « La ville est en voie d'être détruite. Il y a une grande misère. Les obus ne cessent de tomber. J'ai pu obtenir, grâce à l'appui de l'ONU et par des contacts diplomatiques, l'assurance que les Serbes se retireraient de l'aéroport. Ce n'est qu'un début. Mais c'est mieux que rien. C'est une bonne chose que l'ONU contrôle maintenant l'aéroport. Cela permet le passage de l'aide. »

Bush : « Va-t-on pouvoir le maintenir ouvert ? Faut-il une nouvelle action des Nations unies ou bien n'est-ce pas nécessaire après ce que vous-même avez fait ? »

Mitterrand : « À Sarajevo, les choses paraissent se calmer. Mais la guerre est loin d'être terminée et les problèmes sont loin d'être résolus. Une conférence internationale du style de celle que vous avez lancée sur le Proche-Orient pourrait aider à une solution[2]. »

George Bush juge l'idée « intéressante ». Les deux hommes promettent d'en reparler quelques jours plus tard, lors du sommet du G7 à Munich.

« Je vous admire beaucoup, dit Bush. Quel courage !

– Vous avez connu pire pendant la guerre, rétorque Mitterrand.

– Ah oui, la guerre... À bientôt, bonne chance ! » conclut le président américain.

Lorsqu'ils se retrouvent pour un dîner en tête à tête dans les salons de l'hôtel Sheraton de Munich, le 5 juillet 1992, George

---

[1]. Rapporté dans Bernard Kouchner, *Ce que je crois*, Grasset, 1995.
[2]. Entretien téléphonique entre le président François Mitterrand et le président George Bush, 30 juin 1992, archives de la présidence de la République, 5AG4 CD75, Archives nationales.

Bush renouvelle ses compliments à François Mitterrand pour son voyage impromptu à Sarajevo. Il le qualifie de « geste humanitaire merveilleux à l'attention de toutes les ethnies en guerre » et de « symbole important, très bien accueilli aux États-Unis ». Bush ajoute : « J'aimerais y avoir pensé moi-même[1]. » Il est vrai que le président des États-Unis a entamé sa campagne pour être réélu en novembre et que son challenger démocrate, Bill Clinton, critique l'inaction internationale en Bosnie.

Les sept chefs d'État et de gouvernement qui se réunissent les jours suivants reprennent l'idée du président français d'une conférence internationale sur la Yougoslavie. Celle-ci s'ouvrira effectivement à Londres à la fin d'août, avant de s'enliser pendant de longs mois. La découverte d'atrocités commises en Bosnie et les images de camps de prisonniers où les Serbes ont entassé des Musulmans accentuent pourtant l'urgence d'une action internationale. Mais, sur le terrain, les Casques bleus ont pour mission de sécuriser l'action humanitaire, pas de s'interposer dans le conflit ni d'imposer la paix par la force. « Ajouter la guerre à la guerre ne résoudra rien », répète Mitterrand, à l'instar de ses pairs.

Le drame bosniaque n'est pas près de s'arrêter.

Mitterrand enterre trop vite Gorbatchev lors du putsch de Moscou

La dernière certitude qui s'évapore en ces années 1991-1992 dépasse tout ce que les dirigeants occidentaux ont pu imaginer : elle concerne l'existence même de l'URSS, dirigée par Mikhaïl Gorbatchev. Depuis son accession au sommet du pouvoir à Moscou en 1985, le secrétaire général du Parti communiste, réformiste prudent, est l'objet de toutes les attentions. Bush, Mitterrand, Thatcher, Major ou Kohl n'ont eu qu'à se réjouir de sa *perestroïka*, qui a permis la signature d'accords sur le désarmement, la chute du mur de Berlin, la réunification allemande, la démocratisation des autres pays d'Europe de l'Est... Du coup, chacun a pris soin de ménager Gorbatchev, conscient de sa fragilité politique grandissante au sein d'un régime miné par les problèmes économiques et par sa perte d'influence. Le

---

[1]. Entretien entre le président François Mitterrand et le président George Bush, 5 juillet 1992, *op. cit.*

Soviétique s'est d'ailleurs abondamment servi de cet argument, se posant comme le seul rempart contre le retour d'une dictature communiste ou contre une désagrégation totale de l'URSS, lourde de menaces.

Lors de leurs entretiens à la Martinique, le 14 mars 1991, François Mitterrand et George Bush ont partagé leurs inquiétudes au sujet du leader soviétique. Ce dernier a préparé un projet de référendum sur l'avenir de l'Union, soumis aux électeurs le 17 mars. Ni Bush ni Mitterrand ne peuvent prédire ce qui sortira des urnes, encore moins ce qui attend Gorbatchev, dont les derniers appels ont paru empreints d'une grande fébrilité. « Je l'ai senti tourmenté, perturbé, confie Mitterrand, qui a refusé de s'associer aux ultimes tentatives diplomatiques de Gorbatchev pour éviter à l'Irak une défaite militaire au Koweït. Ce qui est en cause, c'est sa réputation internationale, son autorité dans le monde, sur laquelle il compte encore pour retenir ses compatriotes. [...] Il ne faut pas pousser Gorbatchev dans le précipice, ce serait une erreur politique. » Bush approuve, se disant préoccupé par les « gesticulations des militaires » qui entourent le dirigeant de l'URSS.

Sans évoquer ouvertement l'hypothèse d'un putsch à Moscou, Mitterrand et Bush craignent un effacement de Gorbatchev au profit de nouvelles figures, comme Boris Eltsine. Président du Soviet suprême de Russie, celui-ci est sur le point d'être élu président de la Russie au suffrage universel, le 12 juin suivant. Perçu comme un démagogue populiste dans les capitales occidentales, il incarnerait la démocratie aux yeux de certains leaders de la droite américaine, qui veulent le convier au Congrès.

Bush proteste : « On veut nous faire contourner Gorbatchev, je ne suis pas d'accord.

– Je ne suis pas d'accord non plus, renchérit Mitterrand. Je ne sais pas quelles sont ses chances, mais je ne veux pas lui en faire perdre. Quand on aura vingt États de plus en Europe, on ne sera pas plus avancés. L'Ukraine, les pays Baltes, la Géorgie, la Slovaquie peut-être ? Alors, vous aurez une demande allemande sur la Pologne ! »

Le président français, résolument opposé à ces sécessions, continue sur sa lancée : « Quand l'Oregon demandera son indépendance, on verra[1] ! »

---

1. Entretiens entre le président François Mitterrand et le président George Bush, 14 mars 1991, *op. cit.*

Bush ne relève pas...

Conscient des difficultés grandissantes de Gorbatchev, Mitterrand presse ses pairs du G7 de convier le Soviétique au prochain sommet, qui se tiendra à Londres à la mi-juillet 1991. « Il faut que le monde et l'Union soviétique puissent penser que M. Gorbatchev est leur dernière chance avant le chaos, confie-t-il à Bush la veille du sommet. Il faut lui redonner de l'oxygène[1]. » Pour obtenir une aide financière occidentale, dont son pays a cruellement besoin, Gorbatchev édicte d'ailleurs des mesures de libéralisation économique. Il dissout également le pacte de Varsovie, l'alliance militaire qui liait l'URSS aux pays de l'Est depuis la Seconde Guerre mondiale. En apparence, le leader soviétique semble encore maîtriser la situation, puisqu'il accueille avec décontraction George Bush à Moscou, à la fin de juillet, afin de signer un accord de désarmement[2].

Mais, en réalité, Gorbatchev danse au-dessus d'un volcan. Le 20 août, il doit entériner un nouveau traité d'Union. Négocié depuis des semaines, ce texte prévoit de concéder plus de pouvoirs aux républiques, telles que la Russie, le Kazakhstan ou l'Ouzbékistan. Les « faucons » soviétiques ne digèrent pas ce projet, qu'ils jugent suicidaire pour le pouvoir central. Cette hostilité n'échappe pas à l'un des conseillers de la Maison-Blanche, Robert Gates, qui avertit George Bush le 17 août : les « durs » peuvent passer rapidement à l'action à Moscou[3].

Inquiets depuis des mois quant à la stabilité du régime soviétique, les dirigeants occidentaux ne sont donc pas réellement surpris lorsqu'ils apprennent, dans la matinée du lundi 19 août 1991, qu'un putsch a eu lieu en URSS. Officiellement démis de ses fonctions de président de l'Union soviétique pour « raisons de santé », Mikhaïl Gorbatchev est retenu dans sa datcha de Foros, sur les bords de la mer Noire, où il était parti se reposer

---

1. Rapporté notamment dans Hubert Védrine, *Les Mondes de François Mitterrand*, *op. cit.*, p. 506. Sur le G7 de Londres et l'intervention de Mitterrand qui impressionne Gorbatchev, voir Mikhaïl Gorbatchev, *Memoirs*, *op. cit.*, p. 611-616.
2. À la fin de juin, Bush a été averti d'un risque imminent de destitution de Gorbatchev par les conservateurs. Il en a parlé à Eltsine lors de la première visite officielle de celui-ci à la Maison-Blanche comme président élu de la Russie. Eltsine a rassuré Bush sur le sort de Gorbatchev. Ce dernier a aussi joint Bush pour lui dire qu'il était confiant. « Il donnait l'impression de maîtriser la situation », écrira Bush, qui se rend à Moscou du 29 au 31 juillet 1991. Voir George Bush, avec Brent Scowcroft, *À la Maison-Blanche*, *op. cit.*, p. 543-544 et 558.
3. *Ibid.*, p. 558.

avec son épouse Raïssa. Un groupe de huit conservateurs mêlant militaires, piliers du KGB et vétérans du comité central, mené par le vice-président de l'URSS, Guennadi Ianaïev, annonce avoir pris les rênes du pouvoir à la tête d'un Comité d'état d'urgence.

Disposant de peu d'informations sur les événements, François Mitterrand se fie d'abord à son instinct : ce putsch ressemble à une « ultime convulsion » à contre-courant de l'histoire, et paraît condamné à l'échec[1]. Le Premier Ministre britannique, John Major, qu'il joint au téléphone, publie rapidement un communiqué condamnant une « prise de pouvoir anticonstitutionnelle ». Depuis sa résidence estivale de Kennebunkport, George Bush parle publiquement d'une « action anticonstitutionnelle » et « inquiétante ». François Mitterrand s'est entretenu avec lui quelques instants auparavant, en évoquant les incertitudes : « Il ne faut pas donner l'impression que tout est perdu, a dit le président français. D'ailleurs, le coup d'État peut échouer. Cela peut être une question de jours ou de mois, mais la période intermédiaire peut être très dangereuse. Je ne crois pas à la réussite à terme du coup d'État, car il n'est fondé sur aucune réalité historique. Il me semble très difficile d'imposer un régime par la force à un pays en pleine évolution. Ça ne marchera pas ![2] »

Malgré ce pronostic, Mitterrand reste prudent. Tout au long de la journée, les informations laissent transparaître une certaine confusion à Moscou. Les conjurés donnent une conférence de presse durant laquelle ils ne semblent guère sûrs d'eux. Des blindés bloquent la place Rouge tandis que le président de la Russie, Boris Eltsine, appelle à la grève générale. Juché sur un tank, il exhorte ses concitoyens à venir défendre la Maison blanche, le bâtiment du Parlement russe à Moscou. En fin d'après-midi, l'Élysée publie un communiqué rappelant que la France attache « beaucoup de prix » à la liberté de Gorbatchev et d'Eltsine. « Les nouveaux dirigeants seront jugés sur leurs actes », précise le texte, qui ne condamne pas formellement le caractère anticonstitutionnel du putsch, comme l'ont fait Major et

---

1. Propos rapportés par Hubert Védrine dans *Les Mondes de François Mitterrand*, *op. cit.*, p. 508. Voir aussi Pierre Favier et Michel Martin-Roland, *La Décennie Mitterrand*, t. 4, *op. cit.*, p. 54-55.

2. Rapporté dans Pierre Favier et Michel Martin-Roland, *La Décennie Mitterrand*, t. 4, *op. cit.*, p. 60, et dans George Bush, avec Brent Scowcroft, *À la Maison-Blanche*, *op. cit.*, p. 560.

Bush. D'où un léger sentiment de tergiversation, qui sera rapidement reproché à Mitterrand.

Peu après 19 heures, l'ambassadeur soviétique à Paris remet à l'Élysée une lettre – également envoyée à Bonn, Londres et Washington – du président par intérim Ianaïev, dans laquelle ce dernier explique qu'il fallait à tout prix éviter la « désintégration » du pays et que Gorbatchev est en sécurité. Il assure que les engagements de l'URSS seront tenus. Devant les caméras de télévision, à 20 heures, François Mitterrand estime que « le coup a réussi dans sa première phase », mais que le mouvement de démocratisation lui paraît irréversible à terme. Lorsqu'un journaliste de TF1 lui demande si, finalement, il condamne le coup d'État, Mitterrand paraît presque étonné, voire fâché : « Bien entendu ! Comment pouvez-vous poser une telle question ? » Mais il s'empresse ensuite de lire quelques extraits de la lettre envoyée par Ianaïev, précisant que, si les nouveaux dirigeants sont sincères, « il n'y a pas lieu de s'inquiéter ».

La lecture de la lettre de Ianaïev à la télévision est aussitôt perçue comme une maladresse. Le président le reconnaîtra à demi-mot : il a pu donner l'impression de cautionner la destitution de Gorbatchev. Cette hésitation est d'autant plus dommageable que la Maison-Blanche, quelques heures plus tard, prend une position nettement plus tranchée, soutenant l'appel à la résistance lancé par Boris Eltsine. Sur la base de renseignements provenant de Moscou et d'une conversation directe avec le président russe, George Bush sent que les putschistes perdent le contrôle de la situation.

Pris à contre-pied, l'Élysée doit rapidement corriger le tir. Roland Dumas, qui a rejoint les ministres européens des Affaires étrangères à La Haye, soutient une déclaration des Douze qui condamne très fermement le coup d'État. À Moscou, au fil des heures, le front des conservateurs se lézarde, le camp d'Eltsine s'élargit. Le putsch avorte après une nuit d'incidents autour du Parlement russe. Des délégations sont envoyées en Crimée pour rapatrier Gorbatchev, qui revient à Moscou dans la soirée du mercredi 21 août 1991.

Le président de l'URSS se réinstalle dans ses fonctions. Mais plus rien n'est comme avant. Le pouvoir central soviétique a été décrédibilisé par ce coup d'État raté. Le parlement d'Ukraine se prononce immédiatement pour l'indépendance, suivi de peu par les pays Baltes et six autres républiques. Affaibli, Gorbatchev démissionne de son poste de secrétaire général du Parti communiste, dont les activités sont suspendues sur tout le territoire de Russie par un Boris Eltsine qui sort grand vainqueur de la crise. À Paris, le flottement du président Mitterrand a provoqué des remous dans sa majorité et des critiques de l'opposition. « Il apparaît maintenant vulnérable sur sa politique étrangère, un domaine dans lequel il excellait jusque-là[1] », commentent froidement, le 24 août, les experts de la CIA. Malgré le discours officiel rassurant sur le retour de Gorbatchev, Mitterrand ne cache pas son pessimisme grandissant quant au démembrement prochain de l'empire soviétique lors du Conseil des ministres du 28 août 1991 : « Dites-vous bien que cela ne se passera pas sans drame. Ne le dites pas à l'extérieur, cela coûtera de la peine et du sang[2]. »

« Sans l'URSS, il y aura des guerres en Ukraine, en Pologne et ailleurs »

Au fond, paradoxalement, le président français reste attaché à l'URSS, qui assurait une certaine forme de stabilité à l'est du continent européen. Les bouleversements en cours ne rassurent pas cet homme pour qui les « grands ensembles » et l'équilibre des forces sont importants. Le conflit en ex-Yougoslavie ne fait d'ailleurs que conforter sa conviction que les dislocations sont dangereuses.

Durant la fin de l'année 1991, François Mitterrand joue encore la carte Gorbatchev. L'homme, marqué par les épreuves, lui a semblé déterminé et lucide lorsqu'il l'a reçu avec son épouse Raïssa pour une soirée à Latché à la fin d'octobre, après la conférence internationale sur le Proche-Orient qui s'est ouverte à Madrid. En revanche, les Américains ne voient plus en Gorbatchev qu'un leader « en train de se noyer, cherchant une bouée de sauvetage[3] », selon l'expression de James Baker. La Maison-

---

1. *France : Mitterrand under Fire*, European Brief, 24 août 1991, CIA, archives de la CIA.

2. Rapporté dans Pierre Favier et Michel Martin-Roland, *La Décennie Mitterrand*, t. 4, *op. cit.*, p. 84.

3. « Il est dans notre intérêt que l'Union soviétique soit démembrée pacifiquement. Nous n'avons pas besoin d'une autre Yougoslavie », a dit Baker lors d'une réunion du Conseil de sécurité nationale à la Maison-Blanche le 4 septembre. Cité dans George Bush, avec Brent Scowcroft, *À la Maison-Blanche, op. cit.*, p. 583.

Blanche noue des relations directes avec les ex-républiques soviétiques et se rapproche d'Eltsine. Ce dernier rassure Washington sur le futur contrôle des armes nucléaires russes.

L'ultime bras de fer entre Gorbatchev et Eltsine porte sur un nouveau projet de traité d'Union des États souverains, successeur de l'URSS, que le premier tente de renégocier pour préserver une forme d'autorité centrale à l'ex-empire. Le 8 novembre 1991, à l'occasion du sommet de l'OTAN à Rome, Mitterrand plaide auprès de Bush en faveur de Gorbatchev et de cette nouvelle « Union ». Sans eux, il pronostique un sombre avenir pour l'ex-URSS, principalement à cause de l'Ukraine : « L'Ukraine est un problème à part et très sérieux. Cela n'a jamais été autre chose qu'un foyer d'agitation pour la paix en Europe. [...] Aujourd'hui, c'est la troisième puissance nucléaire. C'est un pays très ambitieux, toujours en guerre avec la Pologne. Il attirera les convoitises de l'Allemagne et s'entendra mal avec la Russie. C'est prometteur ! [...] Notre intérêt pour la France est qu'il y ait au nord-est de l'Europe une puissance solide. [...] S'il n'y a pas de pouvoir pour englober l'Ukraine, c'est-à-dire l'Union, il y aura une poussée physique. [...] Un pouvoir démocratique fort à Moscou est une garantie de stabilité. » Pour lui, les germes de conflit sont évidents dans cette zone où Staline a redessiné les frontières de manière brutale. « Avec une Pologne faible, troublée, une Lituanie variable, vous aurez des gens qui seront très contents d'une petite guerre [...] puis il y a l'Ukraine qui va devenir indépendante, et la future guerre est là. »

George Bush paraît sensible à ces arguments historiques. « Il faut donc quelque chose qui ressemble à une Union. Il faut un pouvoir fort et cohérent. » Mais le président américain songe d'abord à Boris Eltsine, qui lui paraît mieux à même d'incarner cette autorité. « Il a été élu et il a été courageux contre le coup d'État. »

Mitterrand reste sceptique : « Je ne le mésestime pas. Il est assez sympathique. Mais nous n'en sommes qu'à la moitié du chemin[1]. »

Les événements donnent pourtant raison à Bush. À la fin de novembre, Boris Eltsine rompt les pourparlers sur une future Union. Le 1er décembre, les électeurs ukrainiens votent massivement pour

---

1. Entretien entre le président François Mitterrand et le président George Bush, 8 novembre 1991, *op. cit.*

leur indépendance. Décidé à évincer définitivement Gorbatchev, le président russe réunit le 6 décembre à Minsk ses homologues ukrainien et biélorusse pour fonder, de manière autonome, une Communauté des États indépendants (CEI), qui verra le jour deux semaines plus tard à Alma-Ata, avec huit autres dirigeants des ex-républiques soviétiques.

Écarté, humilié et découragé, Gorbatchev n'a plus aucune chance de survie politique. Mitterrand l'admet lors d'une conversation téléphonique avec Bush, le dimanche 15 décembre 1991 : « Je ne pense pas qu'il en ait pour très longtemps. [...] Il voudra rester dans l'histoire comme celui qui a libéré le peuple de la tyrannie et qui s'est efforcé de fédérer les restes de cet immense empire. Mais je ne pense pas qu'il puisse encore exercer un pouvoir réel[1]. »

Mikhaïl Gorbatchev annonce publiquement sa démission le 25 décembre 1991. *De facto*, l'URSS n'existe plus. La roue tourne. À Washington, on s'apprête aussitôt à recevoir officiellement Boris Eltsine. Au téléphone, Bush conseille à Mitterrand de soigner le président russe, qui doit également venir en visite à Paris. « Vous verrez Eltsine, moi aussi, dit-il. Il faut qu'il comprenne que nous sommes prêts à le traiter avec respect. » Le président français, qui regrette ouvertement Gorbatchev, doit bien faire contre mauvaise fortune bon cœur. « C'est notre intérêt que la Russie exerce une influence dominante sur les autres républiques, sinon elle éclatera en morceaux[2]. »

Le pessimisme de François Mitterrand ne se dissipe pas. Au contraire. Il confie encore ses sombres augures sur l'ex-URSS à son ami « George » lors de leur dîner en tête à tête à Munich, le 5 juillet 1992, en marge du G8 :

« Je redoute deux hypothèses dans la Communauté des États indépendants. D'abord l'évolution intérieure : le pays est devenu très pauvre et le désordre est total. La Russie a perdu son empire de trois siècles. Il n'est pas possible qu'il n'y ait pas dans une

---

[1]. Entretien téléphonique entre le président François Mitterrand et le président George Bush, 15 décembre 1991, *op. cit.* Le 19 décembre, Mitterrand téléphone à Gorbatchev pour prendre de ses nouvelles et lui demander quels sont ses projets. « Ses mots étaient remplis de bonnes intentions et de sympathie », dira le leader soviétique : Mikhaïl Gorbatchev, *Memoirs*, *op. cit.*, p. 670.

[2]. Entretien téléphonique entre le président François Mitterrand et le président George Bush, 31 janvier 1992, archives de la présidence de la République, 5AG4 CD267, Archives nationales.

caserne ou dans un café des gens qui disent que la Russie n'a pas été déshonorée. Flatter le nationalisme et la revanche est un ressort puissant.

« Ensuite, l'éclatement de l'Europe est excessif, antihistorique et absurde. Il provoque la naissance de nouveaux États qui n'ont jamais existé : Biélorussie, Moldavie, Kazakhstan... Il y a aura des guerres. On croit cela derrière nous. Cela revient... »

Il y a comme une anxiété obsessionnelle dans ses propos. Est-ce la longue expérience d'un homme qui sait que l'histoire est souvent tragique ? Ou la fatigue d'un président malade, las de n'être pas entendu ? Un peu des deux, sans doute.

Heureusement, ces noirs présages ne prendront pas corps.

Pour une fois, Mitterrand se trompe.

Chapitre 9

Les épreuves d'une fin de règne

« Ma santé est excellente. Politiquement, c'est épouvantable. Mais nous gagnerons !
— Ici, nous n'en doutons pas ! »

Au cours d'une de leurs fréquentes conversations téléphoniques, George Bush confie à François Mitterrand, durant l'été 1992, ses sentiments sur son propre avenir[1]. Alors qu'il a tourné la page de la guerre froide et gagné celle du Golfe, le président des États-Unis, longtemps auréolé d'une popularité record, traverse une situation politique intérieure qu'il qualifie lui-même d'« épouvantable ». La conjoncture économique reste maussade depuis 1990, des émeutes raciales ont enflammé Los Angeles et l'opinion américaine semble lasse de douze années d'administration républicaine. Lancé dans une campagne difficile pour sa réélection en novembre 1992, alors que le milliardaire texan Ross Perot grignote des points sur son électorat conservateur, Bush croit encore à ses chances face au candidat démocrate, le jeune sénateur de l'Arkansas Bill Clinton, qui incarne le renouveau. Fidèle, Mitterrand encourage son ami Bush par des propos rassurants.

Les deux hommes, au demeurant, suivent des trajectoires politiques étonnamment parallèles depuis le début des années 1980. George Bush est entré à la Maison-Blanche en janvier 1981 comme vice-président de Ronald Reagan pendant deux mandats, avant d'être élu président à la fin de 1988. François Mitterrand a entamé son premier septennat en mai 1981 et a été réélu à l'Élysée en mai 1988. Voilà donc douze ans qu'ils tiennent chacun les rênes du pouvoir de part et d'autre de l'Atlantique, se parlent en toute franchise, traversent les tempêtes et gèrent

---

1. Entretien téléphonique entre le président George Bush et le président François Mitterrand, 30 juin 1992, *op. cit.*

calmement leurs désaccords lorsqu'ils se présentent. « Vous êtes mon professeur et je suis votre élève », dit régulièrement Bush en sollicitant l'avis de son homologue français, de six ans son aîné. « Nous avons tant de sujets de conversation », réplique Mitterrand, secrètement flatté de cette relation privilégiée.

Malgré des tensions récurrentes entre les diplomates des deux pays – le Quai d'Orsay dénonce fréquemment l'unilatéralisme américain, tandis que des piliers du département d'État traitent régulièrement les Français d'incorrigibles « enfoirés »[1] –, le climat est resté très chaleureux entre les présidents. « Grâce à cette estime réciproque, les années 1989-1992 furent probablement l'une des périodes les plus fastes sur le plan des relations franco-américaines, alors même que le monde connaissait des bouleversements sans précédent[2] », estime Hubert Védrine, ancien conseiller diplomatique de Mitterrand à l'Élysée.

Le fringant Clinton respecte le vieux loup français

Mais cette idylle n'est pas éternelle. L'usure du pouvoir ronge les deux chefs d'État au même moment. Bill Clinton devance George Bush lors de l'élection présidentielle du 4 novembre 1992. Une nouvelle ère s'annonce à la Maison-Blanche, avec un président aussi charismatique qu'inexpérimenté. De son côté, François Mitterrand a promu Pierre Bérégovoy, l'un de ses plus fidèles serviteurs, à Matignon en avril 1992 pour remplacer l'impopulaire Édith Cresson, qui n'a tenu que onze mois au poste de Premier ministre. Il est néanmoins sans illusions sur la déroute probable de la gauche aux élections législatives de mars 1993. Décidé à mener son deuxième septennat à son terme, il lui faudra encore tenir deux ans à l'Élysée, en subissant l'épreuve d'une cohabitation avec une majorité de droite, sans compter les douleurs d'un cancer de la prostate dont il vient d'être opéré une première fois.

---

1. « Il est difficile de négocier avec ces enfoirés de Français », entend ainsi l'ambassadeur Walter Curley au département d'État en 1991. Averti, George Bush se fâche contre ses diplomates devant Curley. Interview de Walter Curley, FAOHP, *op. cit.*

2. Entretiens d'Hubert Védrine avec l'auteur, 22 février et 14 juin 2010. Sur cette entente franco-américaine face aux changements intervenus en 1989-1992, voir aussi le chapitre Frédéric Bozo, « Les États-Unis, la France et la fin de la guerre froide », *op. cit.*

Au début de l'année 1993, le contraste est donc saisissant entre la France et les États-Unis. Il y a une génération d'écart entre le quadragénaire Bill Clinton et le septuagénaire François Mitterrand. Un fossé entre le fringant démocrate souriant et le vieux loup malade. Le président français peut regretter la défaite de son compagnon d'armes George Bush, qui lui écrit, le dernier jour de son mandat à la Maison-Blanche : « François, je pars aujourd'hui. N'oubliez jamais que je suis votre ami. »

Cependant, le novice Bill Clinton s'est entouré de personnalités chevronnées. Son secrétaire d'État, l'avocat Warren Christopher, a fait ses premiers pas de diplomate aux côtés de Cyrus Vance durant les années Carter, tout comme Tony Lake, nommé conseiller à la Sécurité nationale. Le nouveau directeur de la CIA, Jim Woolsey, est lui aussi rompu aux affaires internationales. De plus, l'administration démocrate qui se met en place ne semble pas vouloir jouer la carte de la rupture en matière de politique étrangère.

Le lundi 18 janvier 1993, le président sortant, George Bush, ordonne un ultime bombardement sur des sites irakiens de production d'armes que le régime de Saddam Hussein tentait de masquer aux missions d'inspection des Nations unies. Le lendemain – la veille de son investiture officielle –, juste avant d'assister à un concert de gala en compagnie d'Aretha Franklin et de Barbara Streisand, Bill Clinton appelle quelques chefs d'État étrangers avec lesquels il devra compter. Le président français fait partie de ces privilégiés.

« Je suis heureux de vous entendre à la veille d'un jour si capital. Tous mes vœux pour votre tâche qui sera lourde et importante, lance Mitterrand.

– Merci beaucoup, j'apprécie que vous ayez pris le temps de me parler au téléphone, répond Clinton. Je veux vous entretenir de la situation en Irak. J'ai pleinement soutenu l'action de la coalition contre l'Irak et j'ai apprécié votre soutien. J'espère que de nouvelles actions ne seront pas nécessaires dans un avenir proche. Je me suis engagé à assurer la continuité. Je me suis engagé à travailler avec vous à l'ONU. Si un événement survenait demain, après mon investiture, je veux pouvoir vous appeler [...]. »

Mitterrand se félicite de cette entrée en matière : « Je suis sur cette ligne. [...] L'attitude de Saddam Hussein nous a autorisés à prendre des mesures de rétorsion. Il faut attendre maintenant de nouvelles provocations, si elles existent, avant d'agir. Nous devons faire attention de ne pas nous mettre en dehors des résolutions des Nations unies et prendre en compte les réactions russes, chinoises et celle des pays arabes. Nous devons être audacieux et prudents à la fois. Nous resterons en contact. Je vous appellerai aussi si c'est nécessaire. [...] Nous allons avoir à travailler ensemble après votre entrée en fonction. »

Clinton : « Je me réjouis de cela. »

Mitterrand : « Bonne journée pour demain. Je prendrai contact pour faire connaissance. Au besoin, je ferai un saut chez vous. »

Clinton : « J'aimerais beaucoup. Faites cela[1]. »

Au-delà de la politesse naturelle, le climat ne semble pas devoir changer beaucoup entre l'ancienne et la nouvelle administration.

Moratoire sur les essais nucléaires et coopération secrète

La continuité se confirme quelques mois plus tard sur un sujet très sensible : les essais nucléaires. Bill Clinton choisit en effet, le 3 juillet 1993, de prolonger d'au moins une année le moratoire sur les essais instauré par son prédécesseur à l'automne précédent. Cette position est vivement appréciée par François Mitterrand, qui y voit un encouragement à ses propres décisions dans ce domaine, décisions qui font l'objet d'âpres controverses politiques en France.

Car, avant que les États-Unis ne s'orientent dans cette direction, le président de la République a soudainement décidé, en avril 1992, de suspendre unilatéralement, pour une année, le programme des essais nucléaires français. En réalité, il a cédé à la demande pressante de son Premier ministre, Pierre Bérégovoy, pacifiste convaincu, qui voulait l'annoncer lors de son discours de politique générale, prononcé le 8 avril devant l'Assemblée nationale. Lui confiant la conduite du gouvernement dans un contexte difficile, François Mitterrand n'a pas souhaité lui mettre des bâtons dans les roues. Il s'est aussi laissé convaincre que le monde avait changé, que les menaces nucléaires diminuaient, que

---

1. Entretien téléphonique entre le président Bill Clinton et le président François Mitterrand, mardi 19 janvier 1993, 19 h 45, archives de la présidence de la République, 5AG4 CD75, Archives nationales.

la dissuasion nucléaire française était crédible, que d'autres puissances suivraient peut-être l'exemple de ce moratoire et que les scientifiques arriveraient rapidement à mettre au point les techniques de simulation permettant à la France de se passer définitivement de ses essais souterrains à Mururoa. Autant d'arguments dont Mitterrand connaît pourtant la fragilité.

Sa décision improvisée d'avril 1992 a d'ailleurs provoqué la vive opposition de plusieurs de ses fidèles, dont le ministre de la Défense, Pierre Joxe, et le chef d'état-major des armées, l'amiral Jacques Lanxade. Ceux-ci jugeaient indispensables les dernières séries de tirs pour moderniser les missiles balistiques de la force de frappe[1]. « Mais Mitterrand a soutenu Bérégovoy jusqu'au bout, se souvient Hubert Védrine, l'un des avocats de ce moratoire à l'Élysée. Il ne s'agissait pas de renoncer à la dissuasion nucléaire, plutôt de se donner un peu de temps afin de faciliter les négociations internationales à Genève sur l'interdiction des essais[2]. »

Malgré les rapports de plus en plus inquiets des militaires, l'Élysée n'a pas changé de position. Le chef d'état-major particulier du président, le général Christian Quesnot, s'y est rallié, estimant qu'une dernière série de tirs n'était probablement pas nécessaire[3]. L'annonce par George Bush, au début d'octobre 1992, d'une suspension d'un an des essais américains a conforté les choix mitterrandiens. La prolongation de ce moratoire par son successeur à la mi-1993 ravit encore davantage le président français, qui le fait savoir publiquement. En retour, Clinton le complimente, par écrit, pour ses initiatives passées : « Mon cher François, en prenant au mois d'avril 1992 la décision difficile de suspendre les essais nucléaires français, vous avez manifesté votre autorité internationale et votre sens de l'histoire[4]. »

---

1. Pierre Joxe écrit une lettre au président Mitterrand pour s'opposer à cette suspension, dont les conséquences seraient « graves » au plan international comme intérieur : cité dans Pierre Favier et Michel Martin-Roland, *La Décennie Mitterrand*, t. 4, *op. cit.*, p. 313-314. Dans la foulée, l'amiral Jacques Lanxade adresse une lettre aux armées dans laquelle il fait part des « interrogations » que suscite la décision présidentielle. Convoqué à l'Élysée, Lanxade, venu avec Joxe, entend Mitterrand affirmer qu'il n'a rien à lui reprocher. « Je me suis dit à ce moment-là qu'au fond il n'était pas si sûr de sa décision, et ma politique a été ensuite de préserver la possibilité de reprendre les essais », confie Lanxade. Entretiens de Jacques Lanxade avec l'auteur, 2 décembre 2009 et 2 février 2010.
2. Entretiens d'Hubert Védrine avec l'auteur, 22 février et 14 juin 2010.
3. Entretien du général Christian Quesnot avec l'auteur, 30 mars 2010.
4. Cité dans Pierre Favier et Michel Martin-Roland, *La Décennie Mitterrand*, t. 4, *op. cit.*, p. 523-524.

Les deux dirigeants semblent être sur la même longueur d'onde lorsqu'ils abordent ce sujet lors d'une brève rencontre en marge du sommet du G7 qui se tient à Tokyo le 9 juillet 1993. Clinton va au-delà du simple remerciement à Mitterrand : il propose des démarches diplomatiques communes en faveur d'un traité d'interdiction totale des essais souterrains, qui sera finalement signé en 1996. Et, surtout, il suggère de renforcer la coopération secrète entre la France et les États-Unis sur la fiabilité des armes nucléaires. Plusieurs accords scientifiques franco-américains ont déjà été signés depuis 1988 sur les technologies des lasers, qui ouvrent la voie à de futures simulations des explosions nucléaires[1]. Ces échanges sont classés « secret défense » de part et d'autre de l'Atlantique, notamment parce qu'ils sont théoriquement interdits aux États-Unis sans l'aval du Congrès. La Maison-Blanche est prête à aller beaucoup plus loin, d'autant que les recherches très complexes sur les supercalculateurs et les lasers de grande puissance sont coûteuses pour les deux pays.

« J'ai l'intention d'envoyer une équipe à Paris pour que l'on réfléchisse à ce que l'on va faire maintenant, confie ainsi Clinton à Mitterrand, en présence du ministre des Affaires étrangères, Alain Juppé, qui l'accompagne au G7. J'espère que vous ne reprendrez pas les essais avant septembre 1994. Je sais qu'il y a le problème de la fiabilité et de la sécurité des armes. Il faut voir ce qu'on peut faire ensemble dans ces domaines. »

Mitterrand abonde dans son sens : « Vous posez bien le problème. Ma conviction est qu'il ne faut pas reprendre les essais maintenant. J'avais écrit à Bush en lui demandant de s'associer au moratoire que j'avais décidé pour la France. J'avais aussi écrit à Eltsine et Major. Vous avez pris la décision de proroger ce moratoire et je m'en réjouis. Il reste cependant des questions à examiner que soulèvent les spécialistes, les militaires. Ils font valoir que l'on doit tenir compte de l'état des recherches, des rapports de force, etc. Je crois qu'ils ont tort, mais ces questions méritent une discussion sérieuse. Le plus simple serait de gérer en commun ces problèmes. Plus on s'alignera les uns sur les autres et mieux on se fera comprendre chacun chez soi. Dans mon

---

[1]. Notamment les accords d'échanges scientifiques à vocation militaire entre les États-Unis et la France des 19 décembre 1988, 1er août 1989, 11 août 1989, 1er janvier 1990 sur les lasers de grande puissance. Voir le détail dans le document *International Agreements/Commitments* du département américain de l'Énergie, daté du 24 novembre 2008, archives du département de l'Énergie.

esprit, en tout cas, il n'y aura pas de reprise des essais par la France avant la date que vous souhaitez. Soyez tranquille. Mais l'étude dont je parle, menée à un niveau technique très avancé, doit avoir lieu. Il est vrai que nous sommes plus "petits" que d'autres, mais, au fond, quelle importance puisque notre doctrine est celle de la suffisance contre une menace d'agression – agression de la part de qui aujourd'hui ? On peut se le demander d'ailleurs[1]... »

Le soutien américain n'apaise pas le débat en France. Car Édouard Balladur, nommé Premier ministre après la victoire de la droite aux élections législatives de mars 1993, est un partisan résolu de la reprise des essais français. Sur les conseils de l'amiral Lanxade, qu'il a rencontré avant sa nomination à Matignon, Balladur décide de ne pas braquer Mitterrand d'entrée, espérant le convaincre progressivement. Au début de juillet, le Premier ministre accepte que le moratoire français soit prolongé de quelques mois[2]. En échange, il obtient la création d'un groupe d'experts – évoquée par Mitterrand à Tokyo – qui doit mener une étude sur l'avenir de la dissuasion nucléaire, avec ou sans essais. Le président de la République n'a pas l'air d'apporter grand crédit à ses futures conclusions. Néanmoins, il accepte que ce comité de scientifiques et de militaires soit présidé par l'amiral Lanxade, le chef d'état-major des armées. « En me nommant, se souvient ce dernier, Mitterrand savait pertinemment que je plaiderais en faveur de la reprise des essais, qui étaient, à nos yeux, nécessaires. En réalité, il semblait hésiter entre deux positions, ayant du mal à admettre qu'il avait pris sa décision en 1992 sur la base d'informations erronées[3]. »

Cependant, en ces temps de cohabitation, Mitterrand ne veut rien céder à Balladur. Cela reviendrait à se déjuger et à désavouer rétrospectivement son ancien Premier ministre, Pierre Bérégovoy,

---

1. Entretien entre le président Bill Clinton et le président François Mitterrand, 9 juillet 1993, en marge du sommet du G7 à Tokyo, archives de la présidence de la République, 5AG4 CD75, Archives nationales.

2. Lanxade a conseillé à Balladur, durant la campagne, de préserver les chances d'une reprise des essais en évitant d'en faire un thème polémique. Entretiens de Jacques Lanxade avec l'auteur, 2 décembre 2009 et 2 février 2010. Au début de juillet, Balladur lui a demandé ce qu'il ferait s'il lui donnait l'ordre direct de reprendre les essais nucléaires. Lanxade aurait répondu qu'il ne pourrait lui obéir, l'autorité suprême étant celle du chef de l'État. Rapporté dans Édouard Balladur, *Le pouvoir ne se partage pas. Conversations avec François Mitterrand*, Fayard, 2009, p. 92.

3. Entretiens de Jacques Lanxade avec l'auteur, 2 décembre 2009 et 2 février 2010.

qui s'est suicidé le 1ᵉʳ mai 1993 après de longs mois de dépression. Le groupe d'experts remet son rapport en septembre. Comme prévu, il estime qu'un prolongement du moratoire affaiblirait dangereusement la force de frappe à l'horizon 2005-2010. Il recommande une dernière série de dix à vingt tirs afin de mettre au point la future ogive nucléaire TN-75 des missiles M-5, et de se préparer au passage à la simulation.

Avec ce rapport, Édouard Balladur et son ministre de la Défense, François Léotard, disposent de solides arguments pour remonter au créneau à l'Élysée. François Mitterrand demeure intraitable. Pour lui, le choix est avant tout politique. Les experts finiront bien par mettre au point la simulation d'ici à 2005-2010. « Je n'interromprai pas le moratoire et il n'y aura pas d'essais[1] », répète-t-il, le 8 décembre 1993, lors d'un Conseil de défense tendu, en présence de Balladur et de Léotard. Le Premier ministre exprime son désaccord par écrit, soulignant que « la prolongation indéfinie du moratoire sur les essais nucléaires [le] préoccupe gravement ». Rien n'y fait. Mitterrand menace d'en faire un *casus belli*, y compris en demandant l'arbitrage de l'opinion, « si besoin ». Balladur est contraint de plier. « Le pouvoir ne se partage pas[2] », résumera-t-il en forme de leçon.

Reçu à l'Élysée le 24 janvier 1994, le secrétaire d'État américain, Warren Christopher, apporte tout son soutien à Mitterrand : « Votre position détermine beaucoup de pays. Votre leadership est capital. Nous vous en sommes très reconnaissants. » L'Américain annonce que les États-Unis entendent bien, de leur côté, éviter toute reprise des essais avant la conclusion d'un accord international sur leur interdiction, et continuer de « coopérer avec la France dans ce domaine[3] ».

À Paris, en coulisses, les partisans d'une reprise des essais ne désarment pas. Comme Mitterrand ne se représentera pas à l'élection présidentielle de mai 1995, les militaires parient sur un feu vert de son successeur qui pourrait être... Édouard Balladur. Le Commissariat à l'énergie atomique (CEA) entame donc, dès 1994,

---

[1]. Rapporté dans Pierre Favier et Michel Martin-Roland, *La Décennie Mitterrand*, t. 4, *op. cit.*, p. 526-527.

[2]. Voir le contenu de sa lettre à Mitterrand sur les essais nucléaires, datée du 22 décembre 1993 dans son livre *Le pouvoir ne se partage pas*, *op. cit.*, p. 162-163.

[3]. Entretien entre le président François Mitterrand et le secrétaire d'État Warren Christopher, 24 janvier 1994, archives de la présidence de la République, 5AG4 CD67, Archives nationales.

tous les travaux de préparation d'une campagne d'essais qui devrait avoir lieu après le scrutin présidentiel, durant l'été de 1995. Au ministère de la Défense, le délégué général pour l'armement, Henri Conze, donne des instructions précises en ce sens. « Sachant qu'il fallait dix-huit mois pour préparer une campagne de tirs, et qu'il s'agissait d'une dernière série, nous avons mis les bouchées doubles[1] », confie-t-il. Le général Paul Véricel, patron de la Direction des centres d'expérimentation nucléaires (DIRCEN), fermée pour cause de moratoire, est recasé au CEA afin qu'il puisse reprendre immédiatement ses fonctions dès l'arrivée du prochain président à l'Élysée. Le chef d'état-major des armées, l'amiral Lanxade, mène secrètement à bien ces préparatifs. « Nous avons géré l'après-Mitterrand main dans la main avec Balladur, en étant discrets, sans en parler à l'Élysée, révèle-t-il. Je ne sais ce que Mitterrand savait exactement de ces travaux du CEA, mais il n'est pas intervenu pour nous en empêcher. Sans vouloir se contredire sur le sujet, il nous a laissés faire[2]. » En réalité, l'Élysée est au courant de ce qui se trame. Le général Christian Quesnot cultive ses réseaux et fait venir en secret l'un des patrons du CEA à l'Élysée. « Nous étions informés des préparatifs, mais il ne fallait pas qu'on nous demande officiellement un feu vert, car Mitterrand ne l'aurait probablement pas donné[3] », se souvient le chef d'état-major particulier du président.

Ce sera finalement Jacques Chirac qui, tout juste élu, décidera, durant l'été de 1995, une dernière salve de six tirs sous l'atoll de Mururoa, avant de fermer le site des expérimentations françaises, inauguré en 1966. Ces ultimes essais seront utilisés pour valider la conception des futures armes nucléaires qui passeront ensuite par le programme de simulation.

Parallèlement, les experts français saisissent la main tendue des Américains pour une coopération plus poussée sur les techniques sophistiquées de tirs simulés. Des négociations ultraconfidentielles sont notamment menées à la fin de 1993 par l'intermédiaire d'Alain Bauer, ancien conseiller de Michel Rocard à Matignon, avec la société américaine SAIC, qui développe des logiciels militaires très pointus pour le Pentagone. De son côté, le CEA signe en août 1994 un accord confidentiel avec le département

---

1. Entretien d'Henri Conze avec l'auteur, 28 novembre 2009.
2. Entretiens de l'amiral Jacques Lanxade avec l'auteur, 2 décembre 2009 et 2 février 2010.
3. Entretien du général Christian Quesnot avec l'auteur, 30 mars 2010.

américain de l'Énergie sur les lasers de grande puissance, pour une durée de dix ans. Ces échanges scientifiques conduiront les deux pays à faire des choix relativement similaires en matière de technologie, s'évitant mutuellement nombre d'impasses. Ils permettront surtout d'accélérer la construction du futur laser français Mégajoule, qui sera installé près de Bordeaux, et de celui de son jumeau américain au laboratoire atomique Lawrence Livermore, en Californie[1]. Cette coopération à double sens, exceptionnelle sous la Ve République, se poursuivra dans le plus grand secret, et l'accord de coopération décennal sera renouvelé en 2004.

La Bosnie divise Paris et Washington

La politique étrangère de Clinton ne coïncide pas avec celle de Mitterrand sur tous les sujets, loin s'en faut. Le dossier bosniaque constitue ainsi l'une des pommes de discorde qui vont empoisonner la fin de règne du président français.

Au début de 1993, le conflit est toujours dans l'impasse : les forces serbes, dirigées par Radovan Karadžić et Ratko Mladić, occupent les deux tiers du territoire bosniaque, reléguant les Musulmans dans des enclaves ou des camps de détention. Le président bosniaque, Alija Izetbegović, reclus à Sarajevo, réclame vainement une intervention plus active des puissances occidentales ou, au moins, une levée de l'embargo sur les armes afin que les Bosniaques puissent se défendre. Des Casques bleus de l'ONU, dont un important contingent français, escortent des convois humanitaires, sans pouvoir faire davantage. Sur le front diplomatique, deux médiateurs, le Britannique lord David Owen et l'Américain Cyrus Vance, proposent, lors d'une conférence à Genève au début du mois de janvier, que la Bosnie soit découpée en dix provinces à base ethnique. L'Europe soutient ce plan, qu'Izetbegović juge inacceptable parce qu'il avaliserait les conquêtes serbes. Opposé à une opération militaire comme à la levée de l'embargo sur les armes pour la Bosnie, François Mitterrand, très méfiant à l'égard des Musulmans, se rallie au plan Vance-Owen. « Les Serbes ont gagné la guerre. Les Musulmans

---

[1]. Sur ces accords et la coopération sur les lasers de grande puissance, voir Bruno Bourliaguet, « De l'assistance à la collaboration : les relations franco-américaines dans le domaine du nucléaire militaire », dans Renéo Lukic (dir.), *Conflit et coopération dans les relations franco-américaines, op. cit.*

devraient s'arrêter, sinon ils vont s'enfermer dans un système qui sera terrible pour eux[1] », confie-t-il, le 9 janvier, au secrétaire général de l'ONU, Boutros Boutros-Ghali.

L'arrivée de Bill Clinton à la Maison-Blanche bouscule ces négociations. Le nouveau président des États-Unis, sensibilisé durant toute sa campagne aux massacres perpétrés contre les Musulmans bosniaques, a critiqué l'administration Bush pour son inaction en ex-Yougoslavie. Il soutient plus ouvertement que son prédécesseur les revendications du président bosniaque Alija Izetbegović. Il n'est donc guère favorable au plan Vance-Owen. Ces positions contrarient le président Mitterrand, qui ne mâche pas ses mots lors de sa première rencontre avec son jeune homologue américain, le 9 mars 1993, dans le Bureau ovale de la Maison-Blanche. Le Français affirme qu'il n'est pas question de lancer une offensive militaire en Bosnie, qui exposerait l'armée française à une guérilla. « Le jeu des Bosniaques est de tout compliquer : ils ont besoin d'une guerre internationale et d'une guerre sainte[2] », ajoute-t-il.

Très cordial lors de cet entretien, Clinton reconnaît qu'une intervention militaire serait difficile. Cependant, il est surpris par les positions serbophiles exprimées par Mitterrand : « Il me fit clairement comprendre que, s'il avait envoyé cinq mille soldats français en Bosnie au sein d'une force humanitaire des Nations unies pour apporter de l'aide et contenir la violence, sa sympathie allait aux Serbes, et qu'il était moins disposé que moi à voir une Bosnie unifiée dirigée par des Musulmans[3] », rapportera le président américain.

La valse hésitation autour du plan de paix Vance-Owen se poursuit. Ses chances d'être accepté s'amenuisent de mois en mois : les Musulmans n'en veulent pas et les Serbes de Bosnie non plus. L'enlisement des négociations renforce la détermination de la Maison-Blanche à reprendre les choses en main. Le Conseil de sécurité de l'ONU a déjà décrété la création d'un tribunal pénal international pour juger les crimes de guerre dans

---

1. Rapporté dans Pierre Favier et Michel Martin-Roland, *La Décennie Mitterrand*, t. 4, *op. cit.*, p. 577. À George Bush, le 3 janvier 1993, il avait tenu le même type de discours : « Les Musulmans ont obtenu la souveraineté de la Bosnie par effraction. On a eu tort, mais c'est ainsi. Ils ne doivent pas se faire trop exigeants. » Voir notamment Hubert Védrine, *Les Mondes de François Mitterrand*, *op. cit.*, p. 644.
2. Rapporté dans Hubert Védrine, *Les Mondes de François Mitterrand*, *op. cit.*, p. 645.
3. Bill Clinton, *Ma vie*, Odile Jacob, « Poche », 2005, p. 708-709.

l'ex-Yougoslavie, à l'initiative de la France. Il a aussi instauré des zones d'interdiction de survol, notamment au-dessus des enclaves musulmanes, comme Srebrenica, où des tueries ont été commises. Des parachutages de vivres sont organisés en Bosnie centrale.

Mitterrand : « Les Serbes ne sont pas faciles à intimider... »

Washington veut aller plus loin. Au début de mai 1993, le secrétaire d'État, Warren Christopher, entame une tournée des capitales européennes pour vanter, en cas d'échec du plan Vance-Owen, une levée de l'embargo sur les armes, suivie de frappes militaires aériennes ciblées de l'OTAN contre des objectifs militaires serbes. C'est le plan « *lift and strike* », qui présente l'avantage, aux yeux de Clinton, de ne pas impliquer les Américains dans le bourbier tout en leur permettant de préserver leur leadership otanien – bref, de se donner le beau rôle sans prendre de risques ! François Mitterrand ironisera sur les positions respectives de Washington et de Paris au sujet des interventions en Bosnie : « Les Américains sont toujours à douze mille mètres d'altitude, et nous, on est dans les vallées[1]... »

Bonn approuve les idées de Clinton. Londres s'y oppose, tout comme Paris, où Warren Christopher affronte l'hostilité ouverte de François Mitterrand. « La France est sur le terrain depuis le premier jour, martèle ce dernier, avec maintenant près de cinq mille hommes sous le commandement des Nations unies. Elle en retire une expérience certaine, elle a pu notamment éprouver la dureté des conditions locales et les risques que comporterait un engagement militaire. Elle est donc plus prudente que jamais. »

Au sujet de possibles bombardements, Mitterrand est catégorique : « Ils sont inconcevables sans occupation de terrain. Faute de cela, ce sont des actions inefficaces. Sans compter que les Serbes ne sont pas faciles à intimider. [...] les bombardements sans action au sol ne résoudront pas la question en raison de la

---

[1]. Propos rapportés par l'ancien ministre de la Défense François Léotard, auditionné par la Mission d'information parlementaire sur les événements de Srebrenica, rapport daté du 22 novembre 2001, Assemblée nationale.

nature du sol, du relief, de la nature des hommes. La Bosnie n'est pas l'Irak. En dépit des intentions premières, on serait entraîné inévitablement dans un engrenage. Sans oublier le problème des soldats actuellement présents au sol et qui n'ont pas les moyens de mener la guerre contre les Serbes, lesquels, devenus des adversaires, changeraient d'attitude. » Le président français, qui réclame une modification des conditions de déploiement des troupes françaises, ne se fait guère d'illusions sur les armées qui pourraient, éventuellement, se mobiliser pour des actions terrestres. « Qui sera présent ? Pas grand monde. Quatre Pakistanais ou Papous imprudents. Vous n'aurez ni Allemands, ni Italiens, ni Américains et guère d'Anglais, ceux-ci étant partagés entre la conviction que tout cela ne sert à rien et la volonté de ne pas vous déplaire... »

Face à lui, l'impavide Warren Christopher tente de plaider la cause de Clinton. En cas d'échec des négociations, dit-il, « le président pense qu'il faudrait faire quelque chose de plus ». Il défend l'idée de quelques attaques aériennes « limitées et ponctuelles » afin de contrer une éventuelle offensive serbe. Ce à quoi Mitterrand rétorque : « Les bombes distinguent difficilement la religion des combattants au sol ! »

Le secrétaire d'État reconnaît que des bombardements aériens massifs n'auraient « que des effets à court terme ». Ils comporteraient des risques de « dommages collatéraux insoutenables », et les Serbes pourraient apparaître comme des « vainqueurs » en cas de frappes ratées. De plus, confirme-t-il, les États-Unis n'envisagent pas de déployer de troupes au sol. « Nous savons en effet que personne au Congrès américain ne soutiendrait une telle décision. » Reste donc l'option étudiée à Washington : « la levée partielle de l'embargo sur les armes pour permettre aux Musulmans de se défendre ». Warren Christopher en justifie le bien-fondé : « Il s'agirait d'accroître les coûts et les risques pour les Serbes s'ils continuent leur agression afin de les ramener à la table des négociations. »

Mitterrand est dubitatif : « Moralement, vous avez raison, admet-il. Il y a un certain paradoxe dans le fait de refuser des armes aux Musulmans, attaqués à la fois par les Serbes et les Croates [...] dès lors que nous décidions de ne pas leur apporter notre concours. C'est paradoxal et même choquant. Mais, pratiquement, une telle mesure aurait des effets pervers. Avant même d'être de quelque utilité (car il y faudra du temps), [elle] signifierait aux Serbes que le moment est venu d'accélérer la phase finale de leur offensive. Et les armes qui, au bout du compte, parviendraient aux Musulmans n'aideraient plus qu'une guérilla. »

Christopher insiste : « La levée de l'embargo est ce que les Musulmans souhaitent le plus et ce que les Serbes redoutent le plus. »

Mitterrand se dit prêt à examiner cette hypothèse, mais il demeure sceptique : « Cela pèserait lourd sur la suite du conflit[1]. »

Par référendum, le 16 mai 1993, les Serbes de Bosnie enterrent définitivement le plan Vance-Owen. La Maison-Blanche adopte alors publiquement une position prudente. Mitterrand peut se féliciter d'avoir été partiellement entendu. Officiellement, les États-Unis ne veulent pas mettre d'huile sur le feu en levant l'embargo, comme le réclament certains élus probosniaques du Congrès. Les diplomates américains tentent d'élaborer un nouveau plan de partage de la Bosnie en lien avec leurs alliés.

Mais aucun des belligérants ne semble disposé à faire des concessions. Sur le terrain, la situation pourrit au fil des mois. En dépit de la création par l'ONU, en mai 1993, des « zones de sécurité » autour des villes bosniaques de Sarajevo, Tuzla, Zepa, Goražde, Bihać et Srebrenica, les forces bosno-serbes ne cessent pas leur harcèlement militaire. De nouvelles initiatives diplomatiques échouent durant le second semestre de 1993. Lors du sommet de l'OTAN à Bruxelles, le 10 janvier 1994, François Mitterrand confie en aparté à Bill Clinton : « Ou on s'en va, mais la réputation et l'honneur de nos troupes seront atteints et nous serons, en outre, ridicules. Ou bien on reste, avec une guerre généralisée : pour nous, il n'en est pas question. Donc, il reste à renforcer les missions de paix de la Force des Nations unies. Il faut le faire avec beaucoup de doigté. »

Bill Clinton suggère néanmoins que l'OTAN puisse menacer les Serbes de frappes aériennes. Le président français obtient que celles-ci soient, le cas échéant, conditionnées par un feu vert poli-

---

1. Entretien entre le président François Mitterrand et le secrétaire d'État Warren Christopher, 4 mai 1993, Paris, archives de la présidence de la République, 5AG4 CD75, Archives nationales. Rapporté également dans Hubert Védrine, *Les Mondes de François Mitterrand*, op. cit., p. 653-655. Pour une analyse détaillée des changements diplomatiques de cette période, voir notamment Ronald Hatto, *Les Relations franco-américaines à l'épreuve de la guerre en ex-Yougoslavie*, Dalloz, 2006, p. 166 sq.

tique de l'ONU. Cela leur conférerait une légitimité plus grande, tout en les soumettant à davantage d'aléas. Cependant, Mitterrand redoute toujours que de tels bombardements provoquent des représailles contre les Casques bleus français qui sont présents sur place et opèrent dans des conditions périlleuses, sous le commandement du charismatique général Philippe Morillon. « Nous sommes décidés à protéger nos soldats et nous ne voulons pas apporter une solution militaire au problème. Seule la diplomatie peut le faire[1] », insiste-t-il.

Washington refuse de faire pression sur les Musulmans

Paris et Washington semblent lentement faire converger leurs analyses. Mais les tractations de paix qui se déroulent à Genève piétinent. Et lorsque, à la fin de janvier 1994, François Mitterrand et son ministre des Affaires étrangères, Alain Juppé, insistent auprès de Warren Christopher pour que les États-Unis accentuent les pressions sur les Musulmans afin de freiner leur volonté de reconquête, ils se heurtent à un mur. « Du côté américain, on estime maintenant qu'il est impossible de vouloir imposer un règlement aux Musulmans, répond le secrétaire d'État. C'est en effet le groupe qui a été agressé et qui a lutté pour maintenir une certaine forme d'intégration. »

Toujours très inquiet des possibles résurgences de guerres en Europe, Mitterrand avoue son pessimisme : « Sur les Musulmans, j'épouse votre pensée. Mais si on laisse ces peuples s'entretuer – ce qu'ils aiment ! –, les Musulmans finiront par être écrasés et leur extermination aura des conséquences politiques et morales qui atteindront toute une partie du monde. Aujourd'hui, on constate un regain d'offensive musulmane. Ils ont repris espoir, mais ils sont moins nombreux et moins forts [...]. »

Le secrétaire d'État rétorque : « Imposer une solution ne pourrait se faire que par l'emploi d'une force massive.

– Ce n'est pas envisageable, tranche Mitterrand.

---

1. Entretien entre le président François Mitterrand et le président Bill Clinton au sommet de l'Alliance atlantique, Bruxelles, 10 janvier 1994, archives de la présidence de la République, 5AG4 CD75, Archives nationales.

– Pour nous non plus[1] », dit Christopher, lui aussi très préoccupé par la situation.

Quelques jours plus tard, le 5 février 1994, un tir de mortier provoque la mort de soixante-huit civils et en blesse plus de deux cents sur le marché Markale, à Sarajevo[2]. Cette fois-ci, les capitales occidentales ne peuvent rester les bras croisés. Pour la première fois, la France et les États-Unis se mobilisent conjointement. L'OTAN lance un ultimatum aux forces serbes de Mladić et Karadžić pour qu'ils retirent leur artillerie des hauteurs de la ville. À Paris, tant le président que le Premier ministre jugent la présence des soldats français en Bosnie sous l'égide de l'ONU de plus en plus inconfortable. « Nos forces demeurent dangereusement dispersées en Bosnie, confie Balladur à Mitterrand le 9 février. Je crains qu'elles ne soient prises au piège. Les soldats français risquent d'être en danger du fait de l'ultimatum que nous avons envoyé aux Serbes et aux Bosniaques d'évacuer leurs armes lourdes de Sarajevo[3]. » À l'expiration du délai imparti – le 20 février 1994 à minuit –, les Serbes, grâce aux pressions conjuguées des alliés et des Russes, entament le retrait de leur artillerie. Les menaces de frappes aériennes de l'OTAN s'éloignent.

Forts de ce succès, les Américains reprennent aussitôt l'initiative diplomatique. Ils favorisent la création d'une fédération entre la Croatie et la république musulmane de Bosnie, censée mieux protéger cette dernière. Mais cette alliance braque un peu plus les Serbes, qui multiplient les nouvelles incursions militaires en Bosnie. Des avions F-16 américains ont beau abattre quatre jets serbes ou bombarder quelques bunkers, l'armée de Mladić et Karadžić envahit, le 17 avril, l'enclave musulmane de Goražde. Un nouvel ultimatum occidental et des tractations délicates sont encore nécessaires pour obtenir un retrait des forces bosno-serbes de cette « zone de sécurité ». Selon une note confidentielle du ministère français de la Défense rédigée un mois plus tard, l'offensive des forces de Mladić sur Goražde visait d'abord à

---

1. Entretien entre le président François Mitterrand et le secrétaire d'État Warren Christopher, 24 janvier 1994, *op. cit.*, et entretien entre le ministre des Affaires étrangères, Alain Juppé, et Warren Christopher, 24 janvier 1994, archives de la présidence de la République, 5AG4 CD267, Archives nationales.
2. L'origine du tir, d'abord attribué à des Serbes, restera mystérieuse. Voir Ronald Hatto, *Les Relations franco-américaines à l'épreuve de la guerre en ex-Yougoslavie*, *op. cit.*, p. 252-253.
3. Rapporté dans Édouard Balladur, *Le pouvoir ne se partage pas*, *op. cit.*, p. 193.

« effacer l'humiliation subie lors de l'ultimatum de Sarajevo en février », et cet objectif politique serbe a été atteint en dépit du repli opéré[1].

Dès lors, Washington et Paris continuent de chercher ensemble l'issue la moins dommageable, essayant de doser plus habilement les pressions sur les belligérants. Les négociateurs du « groupe de contact » enfin constitué, grâce aux efforts d'Alain Juppé, entre les États-Unis, la Russie, la France l'Allemagne, la Grande-Bretagne et l'ONU, proposent une partition du territoire bosniaque – 51 % pour les Musulmans, 49 % pour les Serbes de Bosnie. Chaque camp conteste ce découpage. « Nous avons une occasion importante de rétablir la paix, mais il existe un risque sérieux que cette occasion nous échappe. Il est maintenant possible que les Russes, les Américains et les Européens parlent d'une seule voix », confie Clinton à Mitterrand le 7 juin 1994, au lendemain des festivités du cinquantième anniversaire du débarquement allié en Normandie.

Le président français l'approuve. Il ajoute, à propos de possibles frappes aériennes : « On peut évidemment reprendre les bombardements, mais ce n'est pas très efficace. Une fois que les avions sont passés, les choses reviennent comme avant. [...] Les Musulmans veulent que l'on bombarde les Serbes. La France ne le fera pas. [...] Il ne peut être question de bombarder la Serbie. Les Russes ne l'accepteraient jamais.

– Vous avez raison », dit Clinton.

Pour Mitterrand, « il n'y a qu'une seule issue : c'est de forcer la paix ». Et si les parties n'en veulent pas ? « Alors nous dirons "battez-vous et ne comptez plus sur nous"[2] », tranche le président français. Une hypothèse qui provoquerait le retrait des Casques bleus et la levée de l'embargo sur les armes. Tendu, fatigué, las de ce conflit qui mine l'Europe depuis trois ans, Mitterrand ne peut se résoudre à ce scénario catastrophe. Il veut encore croire aux chances de négociation. Il faut, selon lui, freiner les Musulmans, qui rêvent toujours d'« internationaliser le conflit », et menacer les Serbes de durcir les sanctions économiques. Une fragile alchimie qui n'a pas, pour le moment, produit les résultats escomptés.

---
1. « Essai d'analyse de la crise de Goražde au plan politique et militaire », note du 25 mai 1994, délégation aux affaires stratégiques, ministère de la Défense, France.
2. Entretien entre le président François Mitterrand et le président Bill Clinton, 7 juin 1994, archives de la présidence de la République, 5AG4 CD75, Archives nationales.

« Il est l'heure que nous allions devant les télévisions. Ce sont elles qui gouvernent, maintenant », conclut Mitterrand en cette soirée du 7 juin 1994. Passé minuit, le président français propose à Bill Clinton de visiter le musée du Louvre en compagnie de l'architecte sino-américain Ieoh Ming Pei, qui a dessiné la pyramide de verre coiffant son entrée. « Mitterrand était âgé de 73 ans et en mauvaise santé, mais il tenait absolument à nous montrer le dernier chef-d'œuvre en date de la France, racontera Clinton. [...] [Il] s'employa avec une énergie époustouflante à compléter le récit de Pei pour être sûrs que nous ne rations rien[1]. »

Requiem pour le Rwanda

Comme si le calvaire de la Bosnie ne suffisait pas, un autre drame, encore plus terrifiant, se joue au même moment au Rwanda. Dans cette ancienne colonie belge de huit millions d'habitants, francophones, où la majorité hutue (85 % de la population) cohabite difficilement avec la minorité tutsie, la tension est montée au cours des dernières années. En octobre 1990, le Front patriotique rwandais (FPR), un mouvement exilé tutsi dirigé par Paul Kagamé – leader formé dans les académies militaires américaines –, est passé à l'offensive depuis l'Ouganda, avec l'appui des forces armées de ce pays anglophone voisin. Les États-Unis ont immédiatement décelé des risques « graves » de réveil des tensions interethniques, d'affaiblissement du régime rwandais et de déséquilibre régional[2]. Mais, plutôt favorables à l'Ouganda et à ses alliés du FPR, ils n'ont pas réagi. « Si les Américains, influents sur le président ougandais Yoweri Museveni, et nous, les Français, nous étions mieux coordonnés à ce moment-là pour freiner les belligérants rwandais, nous aurions peut-être pu éviter l'escalade, mais cela ne s'est pas passé comme cela[3] », regrette Hubert Védrine.

Appelé au secours par le président rwandais, Juvénal Habyarimana, François Mitterrand décide de l'aider à préserver son intégrité territoriale. « L'intangibilité des frontières a toujours été pour Mitterrand une question de principe, que ce soit au Tchad ou

---

1. Bill Clinton, *Ma vie*, op. cit., p. 830.
2. Voir notamment *Special Warning and Forecast Report : Rwanda*, 22 octobre 1990, mémorandum pour le directeur de la CIA, archives de la CIA.
3. Entretiens d'Hubert Védrine avec l'auteur, 22 février et 14 juin 2010.

au Koweït, et il voulait éviter une déstabilisation du Rwanda, qui aurait pu se propager dans toute l'Afrique francophone[1] », raconte l'amiral Jacques Lanxade, alors chef d'état-major particulier à l'Élysée.

Officiellement, l'opération Noroît d'octobre 1990 doit d'abord protéger les ressortissants français sur place. Mais la coopération militaire se renforce ensuite avec le régime rwandais. Certains conseillers du président, comme le général Christian Quesnot, qui succède à Lanxade en avril 1991, sont très hostiles aux rebelles du FPR et à Paul Kagamé, perçu comme un leader dangereux et comme l'« homme des Américains[2] ». Du coup, les Français aident l'armée rwandaise à se défendre contre les attaques, souvent accompagnées d'exactions, du FPR. Ils prennent le risque d'apparaître comme les protecteurs du régime hutu du président rwandais Habyarimana, qui encourage déjà, de son côté, des massacres de Tutsis[3]. L'Élysée reçoit des rapports de ses diplomates et de la DGSE sur ces dérives meurtrières. Paris proteste plusieurs fois publiquement. Et Mitterrand incite le président Habyarimana à la « réconciliation nationale[4] ». La France plaide pour un partage du pouvoir à Kigali et un règlement négocié du conflit. Des pourparlers difficiles aboutissent, après une nouvelle offensive du FPR, à un cessez-le-feu en mars 1993, puis à la signature des accords dits d'Arusha le 4 août 1993.

Ces textes restent pourtant lettre morte. Le 27 septembre 1993, Mitterrand demande son soutien à Clinton afin de dépêcher au Rwanda une mission de l'ONU chargée de garantir l'application des accords d'Arusha. « Si la communauté internationale ne réagit pas rapidement, les efforts de paix risquent d'être

---

1. Entretiens de l'amiral Jacques Lanxade avec l'auteur, 2 décembre 2009 et 2 février 2010.
2. Entretien du général Christian Quesnot avec l'auteur, 30 mars 2010.
3. En décembre 1990, l'ambassadeur de France à Kigali, Georges Martres, a écrit : « La radicalisation du conflit ethnique ne peut que s'accentuer. » Le général français Jean Varret, chef de la mission militaire de coopération d'octobre 1990 à avril 1993, a rapporté les propos d'un colonel de l'armée rwandaise sur la question tutsie : « Ils sont très peu nombreux, nous allons les liquider. » Voir son témoignage dans le rapport de la mission d'information parlementaire sur « Les opérations militaires menées par la France, d'autres pays et l'ONU au Rwanda entre 1990 et 1994 », décembre 1998, Assemblée nationale. Ce rapport souligne notamment l'engagement trop marqué de la France du côté du pouvoir rwandais de 1990 à 1993 et « la sous-estimation du caractère autoritaire, ethnique et raciste du régime rwandais ».
4. Mitterrand l'a écrit à Habyarimana le 18 janvier 1993. Rapporté dans Pierre Favier et Michel Martin-Roland, *La Décennie Mitterrand*, t. 4, *op. cit.*, p. 545.

compromis[1] », écrit-il. L'ONU décide finalement de créer la Minuar, composée de deux mille cinq cents Casques bleus. Son déploiement permet à la France de retirer l'essentiel de ses propres soldats à la fin de 1993. Paris se croit enfin débarrassé de l'épineux dossier rwandais.

Mais le feu couve sous la braise. Les deux camps opposés – le FPR tutsi et les Hutus au pouvoir à Kigali – continuent de se suspecter. Les extrémistes refusent tout compromis. Les milices hutues Interahamwe, créées par le parti du président Habyarimana, s'arment contre l'« ennemi intérieur » tutsi[2]. La tension s'aggrave au fil des mois. « Les risques sont grands de heurts ethniques déclenchés par des tenants d'une ligne dure[3] », préviennent, au début de 1994, les analystes de la CIA. À la mi-mars, ils évoquent l'« impatience croissante » du FPR à l'encontre du président Habyarimana, qui tarde à former un gouvernement de transition[4].

Le 6 avril 1994, près de l'aéroport de Kigali, un missile détruit l'avion où se trouvaient le président rwandais Juvénal Habyarimana et son homologue burundais Cyprien Ntaryamira. L'origine du tir restera mystérieuse. Mais le pouvoir hutu accuse immédiatement le FPR et appelle à la vengeance contre tous les Tutsis[5]. Des membres de la Garde présidentielle traquent aussitôt les opposants. Ils exécutent le Premier ministre, jugé trop modéré. Alors que le FPR de Kagamé repasse à l'offensive au nord du Rwanda à partir du 8 avril, une effroyable campagne de tuerie contre les Tutsis et leurs sympathisants présumés débute dans tout le pays. Le plan d'extermination a été discuté lors de réunions au sein du gouvernement. Des machettes ont même été spécialement importées de Chine au cours des mois précédents. En cent jours,

---

1. Rapporté dans Jacques Attali, *C'était François Mitterrand*, op. cit., p. 287.
2. Les milices d'autodéfense « Interahamwe » organisent la propagande contre les Tutsis et s'arment dès la fin de 1993. Rapporté par la journaliste belge Colette Braeckman, *Rwanda. Histoire d'un génocide*, Fayard, 1994.
3. *Rwanda : Delays in Forming a Transitional Government,* 14 janvier 1994, CIA, archives de la CIA.
4. *Rwanda : RPF Patience Growing Thin,* 14 mars 1994, CIA, archives de la CIA.
5. Certaines sources évoquent des extrémistes hutus de la Garde présidentielle, d'autres des mercenaires téléguidés par Paris. L'enquête menée par le juge français Jean-Louis Bruguière incriminera en 2006 l'entourage de Paul Kagamé et le FPR (au pouvoir à Kigali depuis 1994), soupçonnés d'avoir voulu provoquer une déstabilisation propice à leurs desseins. Kagamé a rejeté ces accusations, qui ont créé des tensions entre la France et le Rwanda.

environ huit cent mille personnes sont massacrées, ce qui représente le chiffre effarant de huit mille meurtres quotidiens[1]. Ce génocide d'une violence extrême a été commandité par les durs du régime hutu, relayé par des radios progouvernementales et perpétré essentiellement par les milices armées Interahamwe.

Durant les mois d'avril et de mai 1994, alors que le génocide atteint son paroxysme, la communauté internationale semble paralysée. Dès les premières violences, des parachutistes français, belges et italiens sont dépêchés sur place avec pour seul objectif d'évacuer les ressortissants européens. Leurs missions, baptisées Amaryllis et Blue Beam, sont achevées à la mi-avril, alors que le bain de sang s'amplifie. Des proches de l'ex-président Habyarimana et des dignitaires du régime hutu, réfugiés à l'ambassade de France, sont exfiltrés à cette occasion.

L'ONU, de son côté, détourne les yeux. Les deux mille cinq cents soldats de la Minuar, basés à Kigali, ont pour ordre de ne pas s'interposer dans le conflit. Certains réussissent à protéger quelques victimes. Le général canadien qui dirige la Minuar, Roméo Dallaire, a alerté les Nations unies dès le 11 janvier de la mobilisation des milices hutues, qui constituaient des listes de personnes à exterminer. Il réclame, en vain, le renforcement de son contingent. « Avec des troupes et un mandat clair, nous aurions pu arrêter l'engrenage[2] », dira-t-il. Après l'assassinat de dix de ses Casques bleus, la Belgique retire ses soldats. Le 21 avril 1994, le Conseil de sécurité des Nations unies décide même de ramener les effectifs de la Minuar à deux cent soixante-dix hommes. Une décision de repli catastrophique.

Les carences de l'ONU reflètent l'inaction des grandes puissances. À Washington, le président Clinton ne bouge pas. Bien qu'il soutienne traditionnellement l'Ouganda anglophone et ses alliés tutsis du FPR, le département d'État ne s'intéresse guère à

---

1. L'historien Gérard Prunier avance le chiffre de 800 000 victimes, les estimations allant, selon les sources, de 500 000 à plus de 1 million de victimes, dont environ 90 % de Tutsis. Voir Gérard Prunier, *The Rwanda Crisis. History of a Genocide*, Columbia University Press, 1995. Voir aussi le rapport très détaillé d'Alison Des Forges, *Leave None to Tell the Story. Genocide in Rwanda*, Human Rights Watch, 1999. Et, sur les préparatifs du génocide, Linda Melvern, *Conspiracy To Murder. The Rwandan Genocide*, Verso, 2004.

2. Cité dans Tim Wiener, « Clinton in Africa : The Blood Bath ; Critics Say US Ignored CIA Warnings of Genocide in Rwanda », *New York Times*, 26 mars 1998. Voir aussi Roméo Dallaire, *J'ai serré la main du diable. La faillite de l'humanité au Rwanda*, Libre Expression, 2003.

ce qui se passe au Rwanda francophone[1]. Accaparés par d'autres dossiers (la Bosnie, Haïti, le Proche-Orient), ses diplomates prônent le retrait pur et simple de la Minuar. Puis ils traînent les pieds aux Nations unies, refusant, le 30 avril, que le Conseil de sécurité qualifie les faits de « génocide », terme qui les obligerait juridiquement à intervenir sous l'égide de l'ONU. Le Congrès est d'ailleurs hostile aux déploiements militaires là où les intérêts américains ne sont pas directement en jeu, ce qui est le cas au Rwanda. Le 3 mai 1994, Clinton signe une directive présidentielle de politique étrangère en ce sens.

De plus, la Maison-Blanche reste traumatisée par son échec en Somalie. Des milliers de GI's ont été envoyés là-bas par George Bush à la fin de 1992 dans le cadre d'une opération humanitaire onusienne visant à stopper une guerre civile. En septembre 1993, les troupes américaines ont tenté d'arrêter un des chefs de clan, Mohamed Aidid, à Mogadiscio. L'assaut s'est soldé par un fiasco, avec la mort de dix-neuf GI's et de plus d'un millier de Somaliens. Clinton a ordonné le départ du contingent américain. « En Somalie, il y a eu des carences de renseignements, nos opérations militaires ont été mal menées et nous n'avons pas compris le contexte politique[2] », résumera l'amiral William Crowe, ancien chef d'état-major chargé d'enquêter sur ce désastre. Le mauvais souvenir du corps des GI's traînés dans les rues de Mogadiscio dissuade Washington d'intervenir sur le continent africain lorsque le Rwanda s'embrase.

Bill Clinton écrira curieusement dans ses Mémoires : « Ni moi ni personne dans mon équipe de politique étrangère n'avons songé à envoyer des troupes pour arrêter le massacre. Avec quelques milliers de soldats et l'aide de nos alliés, même en tenant compte du temps nécessaire pour les déployer, nous aurions pu sauver des vies. Ne pas avoir tenté de mettre un terme aux tragédies du Rwanda reste un des plus grands regrets de ma présidence[3]. »

---

1. Les États-Unis soutenaient surtout l'Ouganda et son président Yoweri Museveni pour contrer l'influence islamiste venant du Soudan.
2. Interview de l'amiral William Crowe, 8 juin 1998, FAOHP.
3. Bill Clinton, *Ma vie, op. cit.*, p. 820.

Des rapports accusateurs de la CIA sur le génocide

Ces remords sont d'autant plus étonnants qu'ils omettent rétrospectivement l'obstruction acharnée de son administration à toute action internationale. Le président Clinton et ses conseillers iront même plus loin, prétendant n'avoir pas saisi, sur le moment, l'ampleur des massacres ni la nature du conflit. En réalité, les informations sur la tragédie rwandaise n'ont cessé d'affluer aux États-Unis. Dès janvier, les diplomates américains aux Nations unies ont été prévenus des préparatifs de l'extermination des Tutsis, qui pouvait causer la mort de cinq cent mille personnes[1].

De son côté, au fil des semaines, la CIA a multiplié les rapports, de plus en plus alarmistes. Le 2 avril 1994, la centrale de renseignement note que « la tension ethnique grimpe » : un dirigeant extrémiste hutu confie qu'il n'est pas sûr de « contrôler les réactions de ses militants » après l'assassinat d'un des leurs[2]. Le 7 avril, au lendemain de l'attentat contre l'avion du président Habyarimana, la CIA écrit : « Comme les Hutus du Rwanda appellent à la vengeance sur les Tutsis, la guerre civile peut reprendre et déborder au Burundi[3]. » Les jours suivants, les télégrammes confirment la dégradation de la situation et rendent compte avec précision de l'offensive des rebelles du FPR de Kagamé au nord du Rwanda : « Les leaders du FPR ont dit qu'ils laisseraient les Français et les Belges évacuer leurs ressortissants, mais menacent d'attaquer les forces françaises si elles interviennent aux côtés de l'armée rwandaise[4] [...]. » La CIA dispose également d'interceptions des radios clandestines tutsies, qui lancent des appels pour arrêter les tueurs[5]. Le 26 avril, les analystes américains citent des évaluations de la Croix-Rouge, qui parle de cent mille à cinq cent mille personnes assassinées, principalement des Tutsis : « Le chiffre exact de morts ne sera peut-être jamais disponible ; les témoignages venant de

---

1. Rapporté par Tim Wiener dans « Clinton in Africa : The Blood Bath », art. cité. Voir aussi Alison Des Forges, *Leave None to Tell the Story*, op. cit.
2. *Rwanda, Ethnic Tension on the Rise*, 2 avril 1994, CIA, archives de la CIA.
3. *Rwanda-Burundi : Presidential Deaths Likely to Renew Fightings*, 7 avril 1994, CIA, archives de la CIA.
4. *Rwanda, Tutsi Military Poised To Attack*, 11 avril 1994, CIA, archives de la CIA.
5. *RPF Calls for Public Support Against « Killers » (Clandestine Radio Muhabura)*, 15 avril 1994, CIA, archives de la CIA.

zones où presque tous les résidents tutsis ont été tués laissent penser qu'il faut accréditer l'hypothèse haute[1] », précise l'agence.

Deux jours plus tard, le 28 avril, alors que le gouvernement des États-Unis refuse d'intervenir ou de parler officiellement de génocide en cours au Rwanda, un autre mémo de la CIA évoque les responsables des tueries : selon la centrale, les extrémistes hutus, hostiles au partage du pouvoir avec la minorité tutsie, ont déclenché les affrontements qui ont éclaté le 6 avril. Le document insiste sur le caractère prémédité des massacres de masse : « Les témoignages sur l'attentat contre l'avion du président Habyarimana et les meurtres systématiques des Tutsis et des hommes politiques hutus indépendants, aussitôt après l'attentat, suggèrent que la mort du président était la première étape d'un coup d'État des Hutus les plus durs. » D'après la CIA, deux mille miliciens ont été entraînés et armés dans ce but par les forces de sécurité dès le mois de janvier.

Ensuite, « la violence est rapidement devenue incontrôlable », les deux principales milices hutues extrémistes ayant perpétré l'essentiel des meurtres. « Des bandes de jeunes, armés de grenades, fusils, machettes », ont exécuté les Tutsis et ceux qui étaient suspectés de les soutenir. « Les vingt-cinq mille hommes des forces de sécurité du gouvernement sont aussi impliqués dans les tueries », avance la CIA. Le mémo évoque enfin l'état de l'armée rwandaise, qui semble résister à l'offensive du FPR, bien que celui-ci soit plus discipliné et mieux commandé. La CIA ajoute que, selon les agences humanitaires, le FPR commettrait « peu ou pas d'atrocités » sur son passage. Néanmoins, la centrale signale que « les radios rebelles ont appelé à punir les milices progouvernementales, ce qui peut conduire à des tueries par vengeance[2] ». Un euphémisme, puisque de nombreuses exactions ont déjà été commises par le FPR[3].

Rappelons que ce rapport date du 28 avril 1994, soit trois semaines après le début des massacres, et que ceux-ci sont encore loin d'être terminés. L'agence continue, durant tout le mois de mai, de rédiger des notes sur les combats et les assassinats en cours, qui provoquent l'exode de millions de Rwandais vers les

---

1. *Rwanda : Humanitarian Disaster Unfolding*, 26 avril 1994, CIA, archives de la CIA.
2. *The Massacres in Rwanda*, mémorandum du 28 avril 1994, CIA, archives de la CIA. Voir extrait de ce document en annexe.
3. Les estimations sur les tueries causées par le FPR lors de son offensive vont de 10 000 à 100 000 morts, essentiellement des Hutus, selon les sources.

frontières. Le 13 mai, par exemple, elle estime que les massacres paraissent ralentir mais qu'ils créent une « crise humanitaire énorme et durable » dans la région[1]. Le 19 mai, la CIA parle, cette fois-ci, de représailles meurtrières perpétrées par le FPR et faisant fuir les Hutus[2]. Difficile pour les officiels américains de nier l'importance du drame, même si le directeur de la CIA, l'ancien avocat James Woolsey, est peu écouté à la Maison-Blanche à cette époque.

La France lance seule l'opération Turquoise

Et pourtant, Washington se tait. La France, elle, se sent à la fois embarrassée et isolée. Impossible de laisser sombrer un pays qu'elle essaie vainement de tenir à bout de bras depuis 1990. Dès le 6 avril, après l'attentat contre l'avion du président rwandais, Mitterrand voit venir l'embrasement redouté. Le général Christian Quesnot, son chef d'état-major particulier, affirmera que « les politiques comme les militaires [ont] tout de suite compris qu'on allait vers des massacres sans commune mesure avec ce qui s'était passé auparavant[3] ». Piégé, l'Élysée sera accusé d'avoir soutenu trop longtemps le pouvoir hutu d'Habyarimana, et même d'avoir voulu aider certains génocidaires. Ces imputations controversées provoqueront des réactions indignées des proches de François Mitterrand[4].

---

1. La CIA évoque le chiffre de 200 0000 victimes dans son document *Rwanda and Burundi : Societies in Crisis, National Intelligence Council Memorandum*, 13 mai 1994, CIA, archives de la CIA. Une autre note du même jour cite des organisations humanitaires estimant que les massacres se poursuivent et menacent aussi des ONG. *Violence Extending to Aid Workers*, 13 mai 1994, CIA.
2. *Rebel Advance Keeping Refugees on Move*, 19 mai 1994, CIA, archives de la CIA.
3. Rapport de la mission d'information parlementaire, *op. cit.*, t. 3, auditions, vol. 1, p. 344. Propos confirmés lors d'un entretien de Christian Quesnot avec l'auteur, 30 mars 2010.
4. L'ONG Survie, des victimes du génocide, des chercheurs, des journalistes, des proches de Kagamé et le ministère rwandais de la Justice (en 2008) ont accusé la France d'avoir été protectrice et complice des génocidaires. Des accusations injustifiées, selon les proches de l'ancien président Mitterrand et des membres du gouvernement Balladur. Le rapport de la mission d'information parlementaire de décembre 1998 (*op. cit.*) est circonspect sur ce sujet. Voir notamment, pour la thèse accusatrice, Patrick de Saint-Exupéry, *L'Inavouable. La France au Rwanda*, Les Arènes, 2004, et, pour la défense, Pierre Péan, *Noires fureurs, blancs menteurs. Rwanda, 1990-1994*, Mille et une nuits, 2005. Voir aussi Hubert Védrine, *Les Mondes de François Mitterrand, op. cit.*

Dans le contexte sanglant du printemps 1994, la France ne peut rester les bras croisés. À partir de la mi-avril, les ONG réclament ouvertement une intervention. Les télévisions envoyées sur place diffusent des reportages de plus en plus précis sur les exactions et la panique de millions de réfugiés. L'indignation monte dans l'opinion contre l'inaction, voire la « responsabilité » française. Le ministre des Affaires étrangères du gouvernement de cohabitation, Alain Juppé, est l'un des premiers dirigeants à se mobiliser. Il remue ciel et terre pour obtenir, le 17 mai, le vote au Conseil de sécurité d'une résolution prévoyant le retour d'une force internationale de cinq mille hommes (la Minuar 2) afin d'assurer l'acheminement de l'aide humanitaire. Mais cette opération ne peut se concrétiser rapidement, faute de pays volontaires et d'un cessez-le-feu. De plus, le FPR, qui accuse Paris de vouloir protéger le gouvernement intérimaire rwandais en repli, est hostile à toute implication de la France.

Devant ses homologues européens à Bruxelles, le 16 mai, Alain Juppé qualifie les événements en cours de « génocide ». Il le répète deux jours plus tard à l'Assemblée nationale : « Génocide : destruction systématique d'un groupe ethnique. Telle est la définition, dit-il. C'est bien de cela qu'il s'agit au Rwanda. » Le député UDF Charles Millon dénonce, de son côté, l'« hypocrisie honteuse » du monde occidental, « qu'il s'agisse des demi-mesures prises à l'ONU, de la cacophonie internationale et, enfin, de l'attitude de certaines grandes puissances hésitant à perdre leur temps, leur argent ou leur sang, au risque de perdre leur âme[1] ». La critique vise principalement les États-Unis et les autres pays européens qui refusent toute intervention. Le 22 mai, le ministre de la Santé, Philippe Douste-Blazy, de retour d'une mission dans les camps de réfugiés au Burundi et en Tanzanie, évoque le « plus grand massacre de la fin du XXe siècle », chiffrant à cinq cent mille le nombre de morts.

Quels que soient ses aveuglements passés, la France se retrouve bientôt seule à vouloir agir. Lors d'un conseil restreint, le 15 juin 1994, le président Mitterrand décide cette intervention. Le général Quesnot soutient l'idée, tout comme Alain Juppé. En revanche, Édouard Balladur est plus réservé. Il redoute un enlisement des forces françaises dans une guerre civile. Par conséquent,

---

1. Compte rendu des débats, questions au gouvernement, 18 mai 1994, archives de l'Assemblée nationale.

il demande par écrit au président, le 21 juin, que l'opération baptisée Turquoise ne dure que quelques semaines. Il exige également qu'elle se déroule sans installation militaire permanente au Rwanda, avec un mandat de l'ONU, le soutien d'autres pays africains et des objectifs strictement humanitaires[1]. Des plans d'opérations aéroportées sur Kigali, jugés trop risqués, ont été écartés, d'autant que les rebelles du FPR ont déjà pris le contrôle de l'aéroport de la capitale rwandaise. Le chef d'état-major des armées, l'amiral Lanxade, suggère donc que les soldats français soient basés à Goma, au Zaïre, pour intervenir dans les zones frontalières à l'est du Rwanda, encore contrôlées par le gouvernement intérimaire rwandais. C'est cette formule qui est retenue[2].

Au terme de longues palabres avec plusieurs grandes puissances réticentes, une résolution de l'ONU, le 22 juin 1994, autorise la France à mener cette opération unilatérale[3]. L'opération Turquoise démarre avec de maigres appuis logistiques étrangers. Les États-Unis refusent de fournir des avions-cargos, ce qui contraint l'armée française à solliciter des avions russes et ukrainiens. De son côté, le FPR dénonce cette arrivée française comme une « agression ».

Le déploiement rapide du détachement français au Zaïre et ses premières incursions au Rwanda calment provisoirement les critiques. Mais le contexte se tend au fil des semaines. Les réfugiés, principalement hutus, affluent par centaines de milliers au Zaïre, où les conditions sanitaires deviennent épouvantables. Une épidémie de choléra se propage. Les soldats français ramassent des cadavres par milliers. Des génocidaires se glissent, en toute impunité, dans les flots d'exilés. Les massacres se poursuivent, y compris dans la « zone humanitaire sûre » à l'est du Rwanda, surveillée par la France. Des soldats tricolores, secondés par un bataillon africain, se heurtent parfois à des milices hutues, mais

---

1. Rapporté, avec la lettre en question, dans Édouard Balladur, *Le pouvoir ne se partage pas*, op. cit., p. 245-246. Et voir le contexte dans Pierre Favier et Michel Martin-Roland, *La Décennie Mitterrand*, t. 4, op. cit., p. 555-556.

2. Entretiens de l'amiral Jacques Lanxade avec l'auteur, 2 décembre 2009 et 2 février 2010, et Jacques Lanxade, *Quand le monde a basculé*, op. cit., p. 175-177.

3. La CIA écrit, dans une note du 18 juin : « Des officiels français ont dit qu'ils se préparent à agir avec ou sans l'approbation des Nations unies, mais ont admis qu'ils reconsidéraient leurs plans face à la résistance forte des pays africains et européens. Plusieurs membres du Conseil de sécurité craignent que l'action unilatérale de la France n'empoisonne l'atmosphère pour la future Force de maintien de la paix qui doit être constituée. » *French Intervention Imminent*, 18 juin 1994, CIA, archives de la CIA.

aussi aux forces du FPR, en train de conquérir tout le territoire après leur prise de Kigali, le 4 juillet. « Le Rwanda est une aventure risquée pour le Premier ministre Balladur et son gouvernement de centre-droit[1] », notent, le 5 juillet, les experts de la CIA en relatant les dangers d'un affrontement avec le FPR de Kagamé.

Alertée par la chaîne CNN sur la situation catastrophique dans les camps du Zaïre, où cinq mille personnes meurent chaque jour, l'opinion américaine s'émeut. Bill Clinton finit par décider d'envoyer une aide humanitaire sur place. « J'avais fait venir CNN à Goma pour mobiliser les Américains, se souvient l'amiral Lanxade. Il a fallu ensuite nous battre pour garder le contrôle de toute la ville, que les Américains voulaient monopoliser lorsqu'ils ont débarqué[2]. »

Au terme de l'échéance fixée, le 22 août 1994, quand la force des Nations unies, la Minuar 2, prend le relais des Français, le bilan global est mince : des vies ont été sauvées, mais bien tardivement. Le Rwanda est dévasté. La communauté internationale a failli. La France est restée longtemps isolée. À l'Élysée, François Mitterrand, qui s'est fait opérer une deuxième fois de son cancer de la prostate en juillet 1994, est épuisé. Il est aussi très amer en raison des critiques que s'est attirées son action. Et il cultive une méfiance grandissante envers les Américains, avec lesquels les désaccords s'accumulent.

Bisbilles entre la DGSE et la CIA

Les derniers mois du deuxième mandat de Mitterrand sont pénibles. Sans atteindre ses facultés, la maladie le ronge. La cohabitation avec Édouard Balladur est tendue. Installé au pouvoir à Kigali, le FPR continue de critiquer la France. Sur le front de l'ex-Yougoslavie, les nouvelles sont toujours aussi désespérantes. Et d'ultimes tensions aggravent encore le climat franco-américain, en pleine campagne présidentielle.

Le 22 février 1995, le journal *Le Monde* révèle que le ministre de l'Intérieur, Charles Pasqua, a réclamé le départ de cinq agents

---

1. *Increased Prospects of French, RFP Confrontation*, 5 juillet 1994, CIA, archives de la CIA.
2. Entretiens de l'amiral Jacques Lanxade avec l'auteur, 2 décembre 2009 et 2 février 2010.

de la CIA soupçonnés d'avoir mené des opérations illégales d'espionnage à l'encontre du gouvernement. Il a dénoncé leur comportement « inacceptable » devant l'ambassadrice des États-Unis à Paris, Pamela Harriman, convoquée le 26 janvier dans son bureau, place Beauvau. Cette septuagénaire de caractère, épouse successive du fils de Winston Churchill, d'un producteur de spectacle de Broadway et d'un grand diplomate américain, a été surprise, presque choquée, par cette méthode cavalière. Néanmoins, après plusieurs vérifications, une nouvelle convocation assez rude chez Pasqua et un rendez-vous plus conciliant à Matignon, elle ne peut que se soumettre à l'injonction des autorités françaises. Il est préférable que les cinq agents plient bagage.

De toute façon, comment nier la vérité ? La CIA s'est effectivement engagée depuis 1992 dans plusieurs opérations délicates, que la DST a minutieusement détaillées dans un document de synthèse. Son but ? Connaître la stratégie du gouvernement français sur le GATT, les accords sur le commerce international qui sont en cours de négociation. La méthode ? Infiltrer les cabinets ministériels et l'administration. Un ingénieur de France Télécom a été recruté pour livrer des renseignements sur son domaine technique. Un membre du cabinet d'Alain Carignon, le ministre de la Communication, a été approché pour qu'on lui achète des informations sur les dossiers audiovisuels.

Par ailleurs, une mystérieuse femme, « Mary-Anne », qui s'est présentée comme travaillant pour des céréaliers américains, a contacté un haut fonctionnaire, Henri Plagnol, ancien membre du cabinet du Premier ministre, afin de lui soutirer, moyennant finances, des informations à propos des positions françaises sur le GATT. Le haut fonctionnaire a fini par alerter la DST. Le service de contre-espionnage lui a conseillé de poursuivre ses contacts avec l'Américaine. Celle-ci lui a remis des « questionnaires » à remplir sur les négociations du GATT. La DST a ainsi pu observer tous leurs rendez-vous et identifier aisément plusieurs agents de la CIA qui se faisaient passer pour des « lobbyistes » du Minnesota. Elle a même été surprise par leur naïveté, puisque les questions posées, que ce soit à propos de l'agriculture ou de l'audiovisuel, reposaient souvent sur des informations disponibles dans la presse... En février 1994, Henri Plagnol a interrompu ses contacts avec « Mary-Anne » et ses amis, mettant fin à la surveillance. Les négociations sur le GATT ont d'ailleurs été conclues, après plusieurs mois de tensions euro-américaines. La

France a obtenu le compromis qu'elle souhaitait sur les secteurs les plus sensibles. Plus personne n'a parlé de cette histoire pendant un an, jusqu'à sa révélation dans *Le Monde*.

Le chef de poste de la CIA à Paris, Richard Holm, un vétéran de l'agence, est contraint de quitter la capitale avec quatre de ses collègues. Les services américains sont d'autant plus furieux qu'ils estiment avoir rendu des services à la France au cours des derniers mois. La CIA a en effet aidé la DST à capturer le fameux terroriste Carlos au Soudan en août 1994. Des renseignements ont été transmis à Paris sur la localisation du « Chacal » : chassé de Syrie après la guerre du Golfe, Carlos s'était réfugié à Khartoum. Des agents de la CIA envoyés sur place ont réussi à identifier formellement le terroriste grâce aux empreintes de doigts qu'il avait laissées sur un verre, discrètement subtilisé dans un bar qu'il fréquentait[1]. Une équipe des services français, dirigée par le général Philippe Rondot, expert du Proche-Orient à la DST, a ensuite pris le relais. Elle a épié Carlos, tentant plusieurs fois, sans succès, de l'arrêter lors de ses déplacements à l'étranger. Confrontées à des preuves photographiques de sa présence sur leur territoire, les autorités soudanaises ont finalement autorisé les Français à embarquer le terroriste de force dans un avion à destination de Paris. Arrivé en France, il a été emprisonné avant d'être jugé dans le cadre d'une enquête ouverte en 1975 à la suite de l'assassinat de deux policiers de la DST. « Résultat de plusieurs mois d'efforts acharnés et de coopération étroite entre nos deux services, l'arrestation de Carlos fut un exemple de partenariat réussi[2] », se félicitera Richard Holm.

L'expulsion des cinq agents américains et sa révélation dans la presse française en février 1995 sont donc perçues à Washington comme des mauvais coups. Les fuites, probablement venues du cabinet du ministre de l'Intérieur, alimentent la rancœur américaine. Mais il s'agit d'une réplique du berger à la bergère. Car, traditionnellement, les contentieux d'espionnage sont traités de manière confidentielle entre pays alliés. Les agences lavent leur linge sale en famille, sachant que ces incidents peuvent toujours survenir, d'un côté ou de l'autre. Or les autorités américaines n'ont pas été très discrètes lorsque la DGSE a été accusée, à la fin

---
1. Voir John Follain, *Jackal. The Complete Story of the Legendary Terrorist, Carlos the Jackal*, Arcade, 1998, p. 204-220.
2. Voir Richard Holm, *The American Agent. My Life in the CIA*, St Ermin Press, 2003, p. 482.

de 1988, d'avoir espionné le bureau de recherche du Pentagone et des grandes entreprises américaines, dont Boeing, Hughes Aerospace, IBM, Corning Glass et Texas Instruments. Le réseau français, mis en place depuis le milieu des années 1980, comptait une cinquantaine de personnes, chargées de recueillir des renseignements sur la haute technologie. Bénéficiant de tuyaux très précis, le FBI a arrêté plusieurs de ces agents au début de 1989. L'affaire était si embarrassante pour la France que le gouvernement de Michel Rocard a dû faire le ménage dans les services secrets, où des fuites ont été suspectées. Les autorités de Washington ont alors fermement prié Paris de stopper ces activités illégales sur le territoire américain. Il a fallu de longues tractations pour que Claude Silberzahn, le nouveau directeur de la DGSE, puisse venir à Washington signer la paix avec le patron du FBI, William Sessions, et le boss de la CIA, William Webster[1]. « Il y a eu une explication sérieuse, se souvient Jacques Andréani, alors ambassadeur de France aux États-Unis. Nous avons admis nos erreurs et promis de ne plus recommencer[2]. » Mais des articles ont paru dans la presse américaine sur cette affaire, et les grandes chaînes de télévision ont dénoncé les maudits alliés français[3].

Plusieurs autres épisodes ont ravivé ce climat de suspicion. Au début de 1993, le bureau de la CIA à Paris a reçu une grosse enveloppe qui contenait des documents ultraconfidentiels de la DGSE dressant une liste d'entreprises et d'organismes à espionner outre-Atlantique, ainsi qu'au Royaume-Uni et en Suisse. Richard Holm, le chef d'antenne, a soupçonné une vengeance d'un agent ou ex-agent de la DGSE « en colère » contre sa boutique[4]. L'analyse de certains documents a démontré qu'ils avaient été antidatés afin de faire croire à leur caractère récent, alors qu'ils remontaient en réalité à 1988. Informée de cette fuite par la CIA, la DGSE a mené une enquête interne. « Nos amis d'outre-Atlantique ont vite compris le montage et ont eu l'élégance de nous laisser régler ce dossier franco-français[5] », confiera Silberzahn. Mais les documents de

---
1. Voir Claude Silberzahn, *Au cœur du secret*, op. cit., p. 172-173.
2. Entretiens de Jacques Andréani avec l'auteur, 25 juin et 30 juin 2009.
3. *L'Express* du 12 mai 1990 avait révélé cette affaire, reprise largement aux États-Unis. Voir aussi « Parlez-vous espionnage ? », *Newsweek*, 23 septembre 1991.
4. Voir Richard Holm, *The American Agent*, op. cit., p. 475.
5. Claude Silberzahn, *Au cœur du secret*, op. cit., p. 173. Claude Silberzahn sera remplacé à la tête de la DGSE en juin 1993, quelques semaines après la victoire de la droite aux élections législatives, par le préfet Jacques Dewatre.

la DGSE sont parvenus à des médias américains, alimentant une nouvelle campagne antifrançaise.

Parallèlement, un expert américain, Peter Schweizer, a publié en mars 1993 un ouvrage accusateur contre les pays suspectés de vouloir voler des secrets technologiques aux États-Unis, comme Israël et la France[1]. Il reprenait l'historique de certaines opérations de la DGSE, évoquant notamment des écoutes d'hommes d'affaires américains de passage à Paris ou le recrutement de « taupes » aux États-Unis. Un mois plus tard, en avril 1993, la CIA a recommandé à des industriels américains de ne pas exposer leurs matériels au salon aéronautique du Bourget, truffé, selon elle, d'agents tricolores. Une manière de remettre de l'huile sur le feu[2].

Les services de renseignement français, passablement énervés, y ont vu une nouvelle tentative de déstabilisation orchestrée par la centrale américaine et son directeur, James Woolsey. Nommé par Clinton au début de 1993, celui-ci a placé l'espionnage économique en tête de ses priorités[3]. Mise sous pression budgétaire, la CIA semblait faire du zèle pour redorer son blason à la Maison-Blanche, où son image n'était pas au beau fixe. L'agence a ensuite intercepté des communications de firmes tricolores qui négociaient des contrats, comme Thomson-CSF au Brésil ou Giat-Industries aux Émirats arabe unis.

L'opération montée par la CIA à Paris sur le GATT s'inscrit dans ce contexte de compétition économique et de tensions entre services. Du coup, les Français ne sont pas mécontents de rendre la monnaie de leur pièce aux Américains en les prenant la main dans le sac. De plus, le conseiller diplomatique de Charles Pasqua, Bernard Guillet, qui suit cette affaire place Beauvau, est l'ancien consul général à Houston. Il avait été obligé d'écourter son séjour après avoir été interrogé en mai 1991 dans le cadre des affaires d'espionnages de la DGSE aux États-Unis. Il est peu enclin à faire des cadeaux aux Américains ! Enfin, en affichant publiquement sa décision d'expulser des agents de la CIA en février 1995, le cabinet du ministre de l'Intérieur a visiblement voulu faire un

---

1. Peter Schweizer, *Friendly Spies. How America's Allies are Using Economic Espionage to Steal Our Secrets*, The Atlantic Monthly Press, 1993 (trad. fr. *Les Nouveaux Espions. Le pillage technologique des États-Unis par leurs alliés*, Grasset, 1993).
2. Voir Roger Cohen, « U.S. to Be a No-Show at the Paris Air Show », *New York Times*, 29 avril 1993 ; Jacques Isnard, « Des espions français sur la sellette », *Le Monde*, 29 avril 1993 ; et Jean Lesieur, « CIA-DGSE : la drôle de guerre », *L'Express*, 6 mai 1993.
3. Voir notamment « Next for the CIA : Business Spying ? », *Time*, 22 février 1993.

« coup politique », espérant que ce geste musclé profiterait au Premier ministre Édouard Balladur, candidat à l'Élysée.

Sans être dupe de ces motivations électorales, la CIA se retrouve en fâcheuse posture. Ainsi exposée, elle passe pour avoir espionné le gouvernement français de la manière la plus grossière qui soit. La centrale est ridiculisée par ce fiasco. L'enquête interne menée quelques mois plus tard démontrera que les agents américains ont été facilement piégés par la DST. Richard Holm sera brutalement « mis à la retraite » et il protestera contre les règlements de comptes qui se déchaîneront après cet échec[1]. L'atmosphère de chasse aux sorcières et les soupçons de fuites mineront la CIA, déjà passablement ébranlée par l'arrestation, au début de 1994, de la taupe soviétique Aldrich Ames, qui travaillait impunément en son sein depuis plus de vingt ans.

Furieux contre les services français, les Américains tentent de montrer les dents. Lorsque l'amiral Jacques Lanxade, chef d'état-major des armées, se rend à Washington pour une visite de travail en mars 1995, il est surpris de voir frapper à sa porte le numéro deux de la CIA. Ce dernier lui reproche vertement l'expulsion ordonnée par Pasqua quelques jours plus tôt. Le climat est aux représailles. Lanxade prend l'attaque avec philosophie. Il a quelques arguments dans sa poche. Les services de renseignement français ont, par exemple, remarqué plus d'une fois que les Américains délivrent à l'OTAN des bilans expurgés des missions de leurs avions Awacs lorsque ceux-ci surveillent le trafic aérien nocturne au-dessus de l'ex-Yougoslavie. En réalité, depuis le printemps 1994, la Maison-Blanche et la CIA couvrent des atterrissages clandestins en Croatie d'aéronefs remplis d'armes destinées aux forces croates et bosniaques, alors que l'embargo international est toujours officiellement en vigueur[2]. Certaines de ces livraisons proviennent d'Iran ou des pays arabo-musulmans du Golfe.

---

1. Voir Richard Holm, *The American Agent*, op. cit., p. 4.
2. Le président croate Franjo Tudjman a demandé en avril 1994 à l'ambassadeur américain, Peter Galbraith, ce que les États-Unis penseraient de livraisons d'armes venues d'Iran aux forces bosniaques. Le président Clinton a répondu le 27 avril à son conseiller Tony Lake qu'il n'y avait « pas d'objections » à ces livraisons. Un feu vert implicite. Une enquête du Congrès menée en 1996 critiquera cette décision secrète. Tony Lake sera empêché d'accéder au poste de directeur de la CIA au début de 1997 à la suite de cette enquête. Voir notamment Tim Wiener et Raymond Bonner, « Gun-Running in the Balkans : CIA and Diplomats Collide », *New York Times*, 29 mai 1996, et Tim Wiener, « Republicans Find Fault With Nominee for CIA Post », *New York Times*, 27 janvier 1997.

L'amiral Lanxade se sert de ces informations pour calmer son interlocuteur : « Nous savons ce que vous êtes en train de faire en vendant des armes aux Bosniaques. Nous en avons la preuve. C'est très dangereux, et si l'un de nos soldats est tué par une arme américaine, nous rendrons les choses publiques[1]. » Le ponte de la CIA comprend le message. Il n'a guère envie de voir déballer les opérations secrètes en cours. La conversation s'arrête là...

À quelques jours d'une élection présidentielle qui va tourner la page de quatorze années de mitterrandisme, l'incident est clos. Un de plus.

Entre Washington et Paris, depuis 1981, les relations n'ont jamais cessé d'osciller ainsi entre accords et querelles. Un mélange d'intérêts partagés et de pressions mutuelles, de calculs et d'emportements. Au fil de ses deux mandats à l'Élysée, François Mitterrand est devenu un as de ce subtil dosage de fidélité et de méfiance. Même affaibli par l'usure du pouvoir et la maladie, il s'est tenu habilement sur le sentier d'une alliance distante avec les États-Unis.

Élu le 7 mai 1995, son successeur, Jacques Chirac, va devoir en faire le rude apprentissage.

---

1. Entretiens de l'amiral Jacques Lanxade avec l'auteur, 2 décembre 2009 et 2 février 2010.

Deuxième partie

Chirac

Chapitre 10

Jacques Chirac, le fiancé de l'Amérique

« Monsieur le Président, il y a un peu plus de quarante ans, quand je travaillais comme *soda jerk* dans le restaurant Howard Johnson, je ne pensais pas qu'un jour je serai à la Maison-Blanche aux côtés du président des États-Unis en train de tenir une conférence de presse. Je me réjouis de cette situation. Cela me touche beaucoup. Depuis cette époque, j'ai, hélas, perdu l'essentiel de mon anglais. C'est pourquoi je vais parler en français, si vous n'y voyez pas d'inconvénient[1]... »

S'adressant à Bill Clinton par ces quelques mots d'introduction – en anglais, une langue qu'il parle avec aisance, comme Giscard –, Jacques Chirac provoque immédiatement des rires complices parmi les dizaines de journalistes présents à la conférence de presse en cet après-midi du 14 juin 1995.

Le nouveau président français, qui effectue un court passage par Washington avant le sommet du G7 d'Halifax, au Canada, sait comment mettre les Américains dans sa poche : il lui suffit d'évoquer avec enthousiasme des souvenirs de ses séjours américains. Il n'ignore pas que le fait d'utiliser le terme ancien *soda jerk*, autrement dit « serveur de sodas » – figure emblématique des chaînes de restaurants américains des années d'après-guerre –, est une façon de signifier qu'il connaît le pays depuis des lustres. « C'est un ami sincère des États-Unis de longue date, il parle bien la langue, il se sent bien là-bas[2] », confirme son ancien sherpa Jean-David Levitte. En évoquant devant Clinton son passé de *soda jerk*, Chirac veut aussi montrer à ses « amis » d'outre-Atlantique qu'il est un peu des leurs puisqu'il a vécu, naguère, un morceau de

---
1. Conférence de presse de Jacques Chirac, Bill Clinton et Jacques Santer, président en exercice de la Communauté européenne, à l'occasion d'un sommet euro-américain, 14 juin 1995, Maison-Blanche.
2. Entretiens de Jean-David Levitte avec l'auteur, 5 et 12 décembre 2009.

ce « rêve américain » qui continue, dit-il, de l'habiter. Il y a bien sûr une part d'exagération calculée dans cette narration nostalgique. Mais il s'en sert avec talent. « Il a raconté ses aventures de jeunesse aux États-Unis devant presque tous ses interlocuteurs américains, qui étaient à chaque fois aux anges. Il a parfaitement su orchestrer à ses débuts cette image d'américanophile[1] », estime François Bujon de l'Estang, qui fut son conseiller diplomatique à Matignon.

Cette allusion à ses souvenirs personnels est aussi une manière d'instiller d'entrée le style, informel et naturel, qu'il souhaite donner à ses relations avec les chefs d'État étrangers dont il veut se sentir proche. Bill Clinton, naturellement, en fait partie. À 63 ans, l'affable Jacques Chirac entend incarner une certaine « rupture » avec la fin de la présidence mitterrandienne, marquée par une ambiance crépusculaire et une cohabitation forcée. L'un des ambassadeurs des États-Unis en France, Walter Curley, comparera ainsi le président Chirac à son prédécesseur : « François Mitterrand avait une certaine gravité impériale, il se voyait en monarque, avec son profil sur les pièces de monnaie. [...] Je ne pense pas que Jacques Chirac s'imagine ainsi. Il est plus détendu [...] c'est un grand admirateur de l'Amérique, très à l'aise avec les choses frivoles de l'Amérique[2]. »

Élu après deux tentatives infructueuses et une campagne marathon au cours de laquelle il n'était pas donné gagnant, Chirac savoure enfin son triomphe. Il se sent libre, batailleur, porté par un état de grâce. Il a nommé le fidèle Alain Juppé à Matignon, le grognard Charles Millon à la Défense, le giscardien Hervé de Charette aux Affaires étrangères. Il compte bien, comme son prédécesseur, piloter directement le domaine réservé présidentiel, à savoir la politique étrangère et les dossiers militaires. Il a pour cela fait venir à ses côtés un diplomate réputé pour son efficacité et son sang-froid, Jean-David Levitte, qui fut notamment l'un des conseillers du président Giscard d'Estaing et directeur adjoint du cabinet du ministre Jean-Bernard Raimond de 1986 à 1988.

Alors, à Washington, « Battling Jacques » se montre tel qu'il a toujours été : chaleureux et proaméricain. Lors de cette conférence de presse commune du 14 juin 1995, Clinton ne s'y trompe pas, qui félicite chaudement Chirac pour sa « remarquable vic-

---
1. Entretien de François Bujon de l'Estang avec l'auteur, 13 octobre 2009
2. Interview de Walter Curley, FAOHP, *op. cit.*

toire » du mois précédent, avant d'ajouter : « Grâce à tous les contacts noués avec lui au long de sa carrière, les États-Unis savent qu'il est un ami fiable, et qu'il sera un leader fort et efficace pour la France et l'Europe. »

Chirac ne conteste pas l'assertion. Au contraire.

Hamburgers et amour libre :
le rêve américain de Chirac

Même si Chirac force le trait, sa belle histoire américaine n'a rien d'une fable. Dans la classe politique française, elle est même plutôt rare. L'aventure débute un jour de l'été 1953 : le jeune diplômé de Sciences-Po, grand admirateur de la musique de Sidney Bechet, des films de Marlon Brando et des romans d'Ernest Hemingway, embarque sur un bateau de la Greek Line en partance pour Boston. Avec deux amis, Philippe Dondoux et Françoise Ferré, il a réussi à s'inscrire à la session estivale de la prestigieuse université Harvard, située à Cambridge, dans le Massachusetts. « L'Amérique est à nous[1] ! » clame-t-il. Jacques Chirac suit les cours et trouve un petit boulot dans l'un des restaurants de la chaîne Howard Johnson (HoJo's) qui jouxte l'université.

Réputé pour ses burgers et ses vingt-huit parfums de glace, HoJo's fait partie des nouvelles enseignes de fast-food, très prisées des étudiants et des enseignants. Première leçon du séjour bostonien : à 20 ans, Chirac, qui a déjà un appétit d'ogre, prend goût à la nourriture américaine, plutôt riche en calories. Dès lors, il ne cessera d'avaler des hamburgers et des milk-shakes, vouant un culte à la mauvaise bouffe... L'ambassadeur Walter Curley, qui le côtoiera au début des années 1990, notera que, à l'inverse des Français qui dénoncent avec emphase l'invasion culturelle américaine, Chirac restera toujours très *cool* sur ce sujet. « Il aime les Big Mac, les boissons chocolatées et tous les trucs de ce genre, la *junk food*. C'est un type bien et un homme politique efficace[2] », résumera Curley, comme si ce penchant gastronomique suffisait à se faire une idée sur sa personnalité.

Affecté à la plonge dans les sous-sols du HoJo's, Jacques Chirac est vite repéré pour son ardeur à la tâche. Le deuxième

---
1. Jacques Chirac, *Chaque pas doit être un but*, op. cit., p. 48.
2. Interview de Walter Curley, FAOHP, *op. cit.*

enseignement tiré de cette expérience se déduit aisément : pour lui, le modèle social américain donne ses chances aux valeureux ! « Au bout de trois jours, remarqué par la direction pour mon bon esprit, je suis promu garçon-serveur derrière le comptoir, écrit-il dans ses Mémoires. Un grand moment dans l'histoire de mon ascension sociale ! » Le service en salle est propice aux généreux pourboires et aux rencontres enrichissantes : « Je vis là une atmosphère de sympathie et de spontanéité que je n'ai jamais connue jusque-là et rarement retrouvée depuis lors[1]. » Plus que les cours de Harvard, qu'il ne mentionne jamais, le jeune Chirac apprécie la convivialité du campus très élitiste de Cambridge.

D'ailleurs, en donnant quelques leçons particulières afin d'arrondir ses fins de mois, il croise une « jeune fille ravissante », au visage d'ange moucheté de jolies taches de rousseur, dont il tombe éperdument amoureux. Florence Herlihy, issue d'une famille catholique aisée d'Orangeburg, en Caroline du Sud, succombe aussi au charme de cet étudiant galant qui lui offre des fleurs tous les jours. Elle l'appelle « Honey Child », son « bébé au miel », et lui la surnomme « Southern Belle », sa « Belle du Sud ». Ensemble, le week-end, ils se promènent dans la Cadillac blanche décapotable de Florence. Les deux tourtereaux, adeptes du *french kiss*, se considèrent rapidement comme fiancés officieux. « C'était comme un conte de fées, racontera Florence. J'avais rencontré le beau prince charmant sur son cheval blanc. Il allait m'arracher à mon milieu et m'enlever par-dessus l'océan[2]. » Jacques annonce la nouvelle à ses parents par carte postale. « C'est épouvantable, il faut que vous m'aidiez ! Je ne veux pas d'une belle-fille américaine qui roule en décapotable », tonne sa mère lorsqu'elle reçoit chez elle, à l'heure du thé, la future « fiancée officielle » de son fils, Bernadette Chodron de Courcel, jeune étudiante de Sciences-Po issue d'une famille de la grande noblesse française. Car l'étudiant est déjà « engagé » à Paris... « Ça a chauffé et je me suis défiancé[3] », résumera sobrement Chirac. De toute façon, les parents de Florence sont également opposés à cette union transatlantique.

Après sa session d'un mois à Harvard, Jacques Chirac promet de revenir voir Florence à Washington, puis il arpente les États-

---

1. Jacques Chirac, *Chaque pas doit être un but*, op. cit., p. 48.
2. Interview de Florence Herlihy, « Chirac, sa fiancée américaine », *Paris-Match*, 13 juin 1996.
3. Rapporté dans Pierre Péan, *L'Inconnu de l'Élysée*, Fayard, 2007, p. 142 et 217.

Unis pendant plusieurs semaines. Durant quelques jours, le voilà chauffeur de la veuve d'un pétrolier texan, qu'il conduit de San Francisco à Dallas. Il écume les clubs de jazz enfumés de la Nouvelle-Orléans, remonte le Mississippi et visite les bayous de la Louisiane. Ce programme de détente permet au jeune Chirac de prendre conscience que sa romance avec la belle Florence ne pouvait pas vraiment durer. En France, ses études, sa future épouse et sa carrière l'attendent. Son anticonformisme a des limites. Après quelques hésitations, il rompt définitivement avec la belle Américaine, tout en gardant de cette idylle « un souvenir délicieux, indissociable de ce qu'avait été [son] apprentissage du Nouveau Monde[1] ». Dans son esprit, ce flirt de jeunesse restera associé, de manière idéalisée, à son amour de l'Amérique. Tout au long de sa carrière politique, il continuera d'ailleurs de narrer cette *love affair* à ses interlocuteurs, comme pour leur prouver qu'il reste un éternel fiancé de l'Amérique.

Durant ces années 1950, outre la *junk food* et la romance, l'Amérique imprime aussi sur l'étudiant, dont les idées politiques sont encore peu arrêtées, une autre marque : celle du dynamisme économique. À l'automne 1954, alors qu'il attend les résultats du concours d'entrée à l'École nationale d'administration, ce féru de jazz retourne à la Nouvelle-Orléans. Il vient y préparer une thèse de géographie économique sur la ville et y rédiger un dossier sur le port, à paraître dans la revue *L'Import-Export français*, propriété du groupe Marcel Dassault, l'industriel de l'aéronautique, qui est un bon ami de son père. Chirac enquête sur les quais, interroge les dockers et les dirigeants économiques de la Nouvelle-Orléans. Sa thèse, titrée « La Nouvelle Orléans et son port en 1954[2] », insiste sur son organisation efficace, ses vastes espaces

---

1. Jacques Chirac, *Chaque pas doit être un but, op. cit.*, p. 52. Florence Herlihy confiera que ce furent « les plus belles journées de sa vie », mais qu'elle fut aussi contrainte de rompre sur injonction de son père. « Nous avons dû nous séparer au téléphone et j'étais brisée. » *Paris-Match, op. cit.*
2. « Le Port de la Nouvelle-Orléans. Étude économique », thèse de géographie économique sous la direction de Jean Chardonnet (Paris, Institut d'études politiques de Paris, 1954), éditée en 2007 sous le titre *La Nouvelle-Orléans et son port en 1954*, Presses universitaires du Nouveau Monde. Pressent-il alors, comme il le prétendra dans ses Mémoires, l'« état de précarité des digues » (*Chaque pas doit être un but, op. cit.*, p. 54) et les risques d'engloutissement de la ville, qui se concrétiseront lors du passage de l'ouragan Katrina en 2005 ? Pas vraiment. Sa thèse ne fait que mentionner des données géographiques de base, évoquant ensuite les travaux de protection entrepris.

disponibles, ses projets d'extension et l'« excellence » des relations entre travailleurs et employeurs – « il n'y a pas eu de grève importante chez les dockers depuis vingt-deux ans[1] », note-t-il.

Un des rares gaullistes proaméricains

Ces séjours répétés et l'adhésion à des valeurs idéalisées suffisent-ils à faire du futur président un supporter inconditionnel des États-Unis ? Pas forcément. Mais il les remet inlassablement en avant, comme un credo de converti. Élu pour la première fois député de Corrèze en mars 1967 grâce au parachutage organisé par ses mentors – le Premier ministre Georges Pompidou et ses conseillers Marie-France Garaud et Pierre Juillet –, puis nommé dans la foulée secrétaire d'État à l'Emploi, Jacques Chirac est immédiatement identifié par les Américains comme un des « jeunes loups » dont il faut suivre la carrière prometteuse, notamment parce qu'il a le « goût de l'aventure[2] ». Il figurera en tête de la liste des « leaders potentiels » de la France dressée en 1968 par l'ambassade des États-Unis à Paris, qui rêve de tourner la page du très antiaméricain général de Gaulle[3].

Le 16 octobre 1967, Jacques Chirac est cordialement invité à déjeuner par l'ambassadeur Charles Bohlen en compagnie d'autres dirigeants gaullistes. Le diplomate américain ne tarit pas d'éloges sur cet invité, qui est la « révélation du déjeuner » : il le trouve « intelligent, dynamique, chaleureux, authentique et persuasif ». Surtout, Chirac préfère parler avec enthousiasme « de ses voyages aux États-Unis et de son admiration pour le mode de vie américain » plutôt que de se référer au général de Gaulle, dont il ne mentionne même pas le nom ! « Il semble être aussi américain – et pas seulement proaméricain – que beaucoup d'Américains », résume l'ambassadeur, qui rapporte encore : « Il aime la beauté et l'immensité des paysages américains, il admire notre

---

1. *La Nouvelle-Orléans et son port en 1954, op. cit.*, p. 119. « Young Parisian Notes Progress, Student Amazed at Economic Value of Area », *Times-Picayune*, 12 janvier 1955.

2. *Biographic : Jacques Chirac, Secretary of State for Social Affairs and Employment, 9 mai 1967*, télégramme de l'ambassadeur Charles Bohlen, archives du département d'État, NARA. Voir Vincent Nouzille, *Des secrets si bien gardés, op. cit.*, p. 161.

3. *Potential Leaders Biographic Reporting List for France*, 7 février 1968, archives du département d'État, NARA. Voir Vincent Nouzille, *Des secrets si bien gardés, op. cit.*, p. 160-163.

système de parcs nationaux et il est emballé par la cuisine américaine. Il a mentionné qu'il est venu de temps à autre incognito au restaurant de l'ambassade ces dix dernières années, parce que c'est le seul endroit dans cette ville où il peut trouver de la nourriture américaine[1]. »

Au printemps 1974, le ralliement de Jacques Chirac à la candidature de Valéry Giscard d'Estaing pour l'élection présidentielle, après le décès soudain de Pompidou, accélère sa carrière. Sa nomination comme Premier ministre, le 27 mai 1974, ne surprend pas les Américains, qui le donnaient favori pour ce poste[2].

Le nouvel ambassadeur des États-Unis, John Irwin, dépeint alors Chirac comme un « bulldozer » au « physique qui en impose », à la fois brillant, ambitieux et opportuniste, adepte d'une rudesse presque militaire en politique, homme d'action plus que de convictions, peu marqué par la « rhétorique gaulliste », mais « fasciné par les États-Unis » depuis son séjour à Harvard en 1953. « Parmi les membres de l'équipe Giscard, il est probablement le mieux disposé à l'égard des États-Unis », estime Irwin. Tous les détails comptent, puisque l'ambassadeur précise qu'il fume des cigarettes américaines extra-longues[3] ! Sans attendre un changement brutal de la politique étrangère française, Washington espère, au moins, une plus grande souplesse de la part du tandem Giscard-Chirac.

Qui plus est, aux yeux des Américains, l'exercice du pouvoir semble bonifier Chirac : « Il a exploité sa position de Premier ministre pour développer l'image indépendante d'un président potentiel pour la France », n'hésite pas à écrire le nouvel ambassadeur des États-Unis, Kenneth Rush, en septembre 1975. Le diplomate parie sur son poids politique grandissant : si Giscard le garde à Matignon, il aura besoin de lui pour insuffler du dynamisme à son équipe en fin de mandat, et Chirac deviendra alors son successeur logique. À l'inverse, « si Giscard le vire, il se créera un formidable opposant[4] »...

---

1. *The Ambassador's Luncheon for Minister of State Roger Frey and Other Gaullist Leaders*, télégramme de l'ambassadeur Charles Bohlen, 23 octobre 1967.
2. *Cabinet Speculation*, 24 avril 1974, télégramme de l'ambassade des États-Unis, archives du département d'État, NARA.
3. *Jacques Chirac, New Prime Minister of France*, 29 mai 1974, télégramme de l'ambassadeur John Irwin, archives de département d'État, NARA. Voir aussi Vincent Nouzille, *Des secrets si bien gardés*, op. cit., p. 374.
4. *Prime Minister Jacques Chirac – Currently France's Hottest Political Property*, 18 septembre 1975, télégramme de l'ambassadeur Rush, archives du département d'État, NARA.

La seconde hypothèse prend rapidement corps. Les frictions personnelles entre le président omnipotent et son bouillant Premier ministre se multiplient. Le 28 juillet 1976, les Américains ont vent de la rumeur – fondée – selon laquelle Jacques Chirac aurait envoyé sa lettre de démission à l'Élysée et Giscard lui aurait demandé de retarder son départ jusqu'à la fin du mois d'août. Le 25 août, le Premier ministre remet effectivement sa démission et celle de son gouvernement. Mais son avenir paraît tout tracé : « Il est parti, mais il n'est pas oublié, assure Kenneth Rush. Il va rallier le plus de membres possibles de son parti, l'UDR, à sa cause. […] Il ne s'opposera pas au soutien de l'UDR au nouveau gouvernement, mais se posera en héritier présomptif lorsque les plans de Giscard s'effondreront. […] Chirac a la jeunesse, l'endurance, un charisme formidable et une soif enragée pour devenir président, c'est-à-dire de quoi largement se nourrir durant sa traversée du désert[1]. »

Cyniquement, Washington juge avantageuse cette concurrence croissante au sein de la droite française : « Du point de vue des intérêts américains, il est très important que Chirac garde sa position sur la scène politique, comme une alternative au cas où Giscard s'affaisserait d'ici à 1981 ou après cette date. Il serait malheureux d'avoir Mitterrand pour seule alternative[2]... »

À partir de 1981, Chirac devient le vrai leader de l'opposition

Distancé au premier tour de l'élection présidentielle du printemps 1981 par Giscard, Jacques Chirac ne voit pas que des inconvénients à la victoire de Mitterrand le 10 mai 1981. Certains de ses lieutenants du RPR, farouches ennemis de Giscard, y ont d'ailleurs discrètement contribué. Résultat : « Avec la défaite de Giscard, Chirac est devenu, *de facto*, le leader de l'opposition », résume le département d'État dans une note adressée au vice-président américain George Bush, qui s'apprête à se rendre à Paris pour sonder le nouveau président Mitterrand. Les diplo-

---

1. *French Political Developments*, 2 septembre 1976, télégramme de l'ambassade des États-Unis, archives du département d'État, NARA.
2. *Chirac Calls for Extraordinary National Convention of Gaullist Party*, 30 septembre 1976, télégramme de l'ambassadeur Rush, archives du département d'État, NARA.

mates recommandent à Bush de rencontrer Jacques Chirac à la Mairie de Paris lors de sa visite, les 24 et 25 juin 1981 : « Cet entretien montrera que nous continuons à choyer nos relations avec cette partie de l'échiquier politique[1]. »

À l'Élysée, George Bush est impressionné par les propos de Mitterrand sur sa stratégie d'étouffement du Parti communiste. À l'Hôtel de Ville, il est séduit par le tempérament cordial de Chirac, qui ne rate pas cette nouvelle occasion de rappeler ses souvenirs de jeunesse aux États-Unis. Tout en nouant une relation personnelle avec Mitterrand, Bush jouera parallèlement la carte de l'amitié avec Chirac au cours des années 1980.

En juin 1983, ils créent l'Union démocratique internationale (UDI), conjointement avec le Premier Ministre britannique Margaret Thatcher, le chancelier allemand Helmut Kohl et quinze autres dirigeants, dans le but de fédérer les partis conservateurs et de centre-droit. Les réunions de cette « Internationale conservatrice » constituent autant d'occasions d'échanger. Secrétaire national du RPR pour les relations extérieures et pilier de l'UDI, l'ancien ambassadeur de France à Washington, Jacques Kosciusko-Morizet, proche de Chirac et de Bush, sert d'intermédiaire.

Pour Washington, la position politique de Chirac durant le premier septennat de Mitterrand est limpide. La CIA l'a décrite dans un long rapport sur l'avenir de l'opposition en France dès la fin de 1981 : « La stratégie de Chirac est simple : a) se préparer à récolter les fruits du mécontentement et du désordre une fois que les politiques socialistes auront échoué ; et b) rétablir l'ordre et réinstituer les vieilles règles du capitalisme français, en fuyant la "démocratie sociale avancée" dont Giscard s'était épris[2]. »

Chirac soigne ses relations
avec Reagan et Bush

La révolution libérale prônée par le président Ronald Reagan et par Margaret Thatcher est contagieuse. Elle inspire progressivement une partie des orientations du RPR lors des élections légis-

---
1. *Your Visit to Paris, June 24-25*, mémorandum du secrétaire d'État exécutif Walter Stoessel au vice-président George Bush, département d'État, archives de la Maison-Blanche, Reagan Library.
2. *France : Prospects for the Opposition*, National Intelligence Council Memorandum, décembre 1981, CIA, archives de la CIA. Voir extrait de ce document en annexe.

latives de mars 1986. Vainqueur incontesté de ce scrutin, qui tourne la page de cinq années de gouvernement socialiste, Jacques Chirac endosse pour une deuxième fois le costume de Premier ministre. Sa cohabitation avec le président Mitterrand durant deux années sera plus délicate que sa cogestion tendue avec Giscard dix années auparavant.

La politique étrangère, par exemple, fait l'objet d'une vive compétition entre l'Élysée et Matignon. Comme le président se rend seul à New York, le 4 juillet 1986, pour célébrer le bicentenaire de la statue de la Liberté aux côtés de Ronald Reagan, Chirac veut également démontrer qu'il a des contacts privilégiés avec les États-Unis.

« Dès son arrivée à Matignon en mars 1986, ses relations avec les Américains ont été bonnes, témoigne François Bujon de l'Estang, son conseiller diplomatique de l'époque. À l'exception des différends ponctuels sur le bombardement en Libye et sur l'Initiative de défense stratégique – la "guerre des étoiles" –, défendus par Reagan, nous avions des vues communes sur l'économie, la guerre froide, le terrorisme ou le Moyen-Orient. Chirac voulait conforter sa stature de présidentiable. Dans ce contexte, une visite à Washington pouvait se révéler très utile sur le plan intérieur comme diplomatique. C'est pour cela que j'ai monté avec soin un voyage en mars 1987. Comme il avait l'image du présidentiable français le plus favorable aux États-Unis et qu'il adorait raconter son passage à Harvard en 1953, tout s'est magnifiquement déroulé. Chirac était ravi. Il a eu un déjeuner très amical avec le vice-président Bush et il s'est longuement entretenu avec le président Reagan. La Maison-Blanche l'a même reçu avec le protocole réservé aux chefs d'État. Cet accueil a fortement agacé Mitterrand, car cela montrait que Chirac avait le soutien des Américains[1]. »

Battu à la présidentielle de mai 1988 par un Mitterrand qui retrouve une deuxième jeunesse politique, Chirac rumine son échec dans ses bureaux de la Mairie de Paris et du RPR. Il profite aussi de cette nouvelle longue traversée du désert pour poursuivre ses virées internationales. À l'Hôtel de Ville, il s'est entouré d'une cellule diplomatique, dirigée par Pierre Lellouche, comme lui américanophile convaincu. Né en 1951 en Tunisie, ce diplômé

---
1. Entretien de François Bujon de l'Estang avec l'auteur, 13 octobre 2009.

de droit et de sciences politiques a suivi des cours à l'université Harvard, avant de se spécialiser dans le domaine de la défense. Autant de bons points aux yeux de Jacques Chirac, qu'il accompagne souvent dans ses voyages aux États-Unis.

Des contacts prometteurs avec Clinton

À l'approche des élections législatives de 1993, le président du RPR prend soin, cette fois-ci, de se tenir à l'écart du « piège de Matignon », cette malédiction qui condamne à l'échec présidentiel les Premiers ministres désireux de se lancer dans la course. Il préfère y déléguer son ami de trente ans, Édouard Balladur. L'épreuve est plus rude que prévue. La cohabitation avec Mitterrand limite la marge de manœuvre du trop lisse Balladur, tandis que les difficultés économiques affaiblissent sa popularité. Le piège se referme sur le Premier ministre, qui se lance dans la course à l'Élysée contre Chirac. Longtemps donné perdant, le combatif député de Corrèze, entouré d'une poignée de fidèles, dont sa fille Claude Chirac et les énarques Jérôme Monod, Alain Juppé et Dominique de Villepin, mène sa campagne sur le thème populaire de la « fracture sociale ».

Pour conforter son image de présidentiable, Chirac n'oublie pas de cultiver ses contacts avec la Maison-Blanche. Le 7 juin 1994, il réussit à obtenir une audience avec le président Bill Clinton, de passage à Paris après les festivités du cinquantième anniversaire du Débarquement[1].

Cette brève rencontre protocolaire ne suffit pas au candidat Chirac. En septembre 1994, son équipe se démène pour organiser un voyage aux États-Unis. Ayant toutes les peines à décrocher des rendez-vous avec des personnalités de poids à New York et Washington, l'un de ses conseillers, Jérôme Peyrat, demande l'aide de l'ambassadrice américaine à Paris, Pamela Harriman. Celle-ci intercède notamment auprès de Bob Dole et de Newt Gingrich, les chefs de la minorité républicaine au Sénat, de George Mitchell et de Sam Nunn, deux des sénateurs démocrates les plus influents au Capitole, ainsi qu'à la Maison-Blanche.

---

1. Rapporté dans le livre Gilles Delafon et Thomas Sancton, *Dear Jacques, Cher Bill. Au cœur de l'Élysée et de la Maison-Blanche, 1995-1999*, Plon, 1999, p. 24-26.

Le lobbying de l'ambassadrice porte ses fruits. Après un passage à New York pour rendre visite à son ami francophile Boutros Boutros-Ghali, secrétaire général des Nations unies, Jacques Chirac peut enchaîner les entretiens à Washington les 20 et 21 septembre 1994. Accompagné de Pamela Harriman, venue spécialement de Paris, il est finalement reçu par Hillary Clinton – dont l'influence dépasse celle qu'ont traditionnement les First Ladies –, puis par son époux Bill. Pour la première fois, il peut s'expliquer plus ouvertement sur la politique qu'il entend mener s'il est élu président de la République. Bill Clinton commence à prêter une oreille plus attentive à ce néogaulliste qui lui annonce que la France pourrait se rapprocher davantage de l'OTAN ou avoir une position plus combative en Bosnie – deux dossiers sur lesquels le président Mitterrand était resté très réservé au cours des dernières années[1]. Comme un éternel fiancé, Jacques Chirac est venu faire quelques promesses à Washington. Et se faire photographier une nouvelle fois à la Maison-Blanche. S'il accède à l'Élysée, il n'est pas impossible que les États-Unis puissent s'en féliciter.

Après tout, aux yeux des Clinton, un type qui dévore des hamburgers de si bon appétit et parle du jazz de la Nouvelle-Orléans avec des trémolos dans la voix ne peut pas être foncièrement mauvais !

---

1. Voir *Dear Jacques, Cher Bill, au cœur de l'Élysée et de la Maison-Blanche, 1995-1999*, p. 34-39.

Chapitre 11

Bill et Jacques sont dans un bateau...

« Mais comment a-t-on pu se mettre dans un tel bordel ? »
En apprenant, le 26 mai 1995, que les Serbes de Bosnie ont pris en otage près de trois cents Casques bleus et observateurs de l'ONU, dont une centaine de soldats français, dans la zone de Sarajevo, la capitale musulmane de Bosnie-Herzégovine, le sang de Jacques Chirac ne fait qu'un tour.
Installé à l'Élysée depuis le 17 mai, il n'a guère eu le temps de se pencher dans le détail sur le bourbier bosniaque. Mais les événements le contraignent à s'y atteler. Alain Juppé, qui a suivi le dossier jour et nuit comme ministre des Affaires étrangères entre mars 1993 et avril 1995, l'a, bien sûr, tenu informé des rebondissements de ce conflit qui empoisonne les capitales occidentales depuis trois ans. En dépit d'efforts diplomatiques franco-britanniques intenses, les Européens ne parviennent pas à convaincre les Bosno-Serbes de desserrer leur étau militaire sur le territoire bosniaque, qu'ils contrôlent aux deux tiers, ni à persuader les Bosniaques musulmans de renoncer au terrain perdu. De leur côté, les Américains évoquent toujours une possible levée unilatérale de l'embargo sur les armes à destination des Bosniaques si rien ne change. Ce qui suscite de vives inquiétudes à Londres et Paris, où l'on menace de retirer les Casques bleus présents en Bosnie-Herzégovine.
Car, sur place, les trente mille soldats de la Forpronu, la force des Nations unies censée escorter des convois humanitaires et protéger des « zones de sécurité », sont impuissants face aux assauts répétés des deux camps. C'est l'impasse. Puisque aucune solution ne se dessine et que les violences reprennent, le gouvernement d'Édouard Balladur décide, le 3 mai 1995, de hâter les préparatifs de retrait du contingent français de la Forpronu, jugeant ses sept mille soldats trop

exposés[1]. Nommé Premier ministre après l'élection de Jacques Chirac, Alain Juppé estime pourtant que cette solution attiserait encore davantage l'incendie. Son ancien conseiller au Quai d'Orsay, Maurice Gourdault-Montagne, qui le suit à Matignon, penche en faveur d'un autre scénario, mis au point par les états-majors : celui d'un renforcement militaire sur le terrain, avec la création d'une Force de réaction rapide (FRR), sous l'égide de l'OTAN, qui pourrait enfin mener des offensives.

De nouveaux massacres dans l'enclave musulmane de Tuzla, à la mi-mai, obligent les Occidentaux à réagir. À l'Élysée, Jacques Chirac veut changer de politique. Il entend se montrer plus ferme à l'égard des Serbes que ne le fut François Mitterrand, et moins paralysé par la politique onusienne, globalement inefficace. Ce faisant, il se rapproche des positions probosniaques de l'administration Clinton. Le diplomate Richard Holbrooke, pilier du département d'État et futur négociateur des accords de paix en Bosnie, décrira ainsi la nouvelle politique française : « Mitterrand avait des sentiments proserbes, comme beaucoup de gens de sa génération marqués par la résistance serbe à l'Allemagne durant les deux guerres. Chirac était différent, sur le fond comme sur la forme ; il pensait que la situation en Bosnie avait atteint un point critique et que les puissances occidentales devaient soit renforcer leur présence et punir les Bosno-Serbes, soit se retirer. [...] La position intermédiaire n'était pas défendable, ni politiquement ni militairement[2]. »

À Paris et Washington, un déclic s'opère enfin en faveur d'une action mieux coordonnée. Londres suit le mouvement. Un ultimatum est adressé par la Forpornu et l'OTAN aux forces serbes de Bosnie, dirigées par le général Ratko Mladić, pour qu'elles retirent leurs armes lourdes des zones musulmanes. Le délai imparti s'écoule sans que soit observé aucun mouvement de troupes. Clinton, Chirac et Major, le Premier Ministre britannique, s'entendent pour ordonner des frappes de représailles de l'OTAN contre des dépôts de munitions à Pale, la capitale des forces serbes de Bosnie. Ces bombardements, les 25 et 26 mai 1995, conduisent l'armée bosno-serbe à une surenchère. Elle pilonne l'enclave de Tuzla et prend en otage des Casques bleus à Sarajevo, dont cent trois soldats français. Certains sont exhibés comme des trophées, ligotés à des poteaux, devant des caméras de télévision.

---
1. Rapporté dans Pierre Favier et Michel Martin-Roland, *La Décennie Mitterrand*, t. 4, *op. cit.*, p. 610, et dans Jacques Lanxade, *Quand le monde a basculé, op. cit.*, p. 135.
2. Voir Richard Holbrooke, *To End a War*, Modern Library, 1999, p. 65.

Chirac : « Les militaires sont des lâches ! »

Ces humiliations provoquent une vive colère de Jacques Chirac. Dans l'après-midi du vendredi 26 avril 1995, lors d'un conseil restreint qui se tient avec ses principaux ministres et son chef d'état-major particulier, le général Christian Quesnot, il s'emporte contre le chef d'état-major des armées, l'amiral Jacques Lanxade :

« Les militaires sont des lâches ! Il faut ordonner aux Casques bleus français de se défendre avec leurs fusils d'assaut. Qu'ils se battent[1] ! »

La fougue guerrière du président, qui garde des souvenirs émus de ses combats dans les djebels algériens à la tête d'un escadron de chasseurs d'Afrique en 1956, trouble son jugement. Les militaires français pris en otage sont en position de faiblesse, encerclés par des forces bosno-serbes surarmées. Les inciter à une résistance jusqu'au-boutiste conduirait à leur massacre.

« Il n'est pas question de faire cela, réplique le très policé amiral Lanxade, qui suit le conflit yougoslave depuis 1991 à la tête des armées. Si vous faites cela, êtes-vous prêt à faire la guerre aux Serbes ? Sur le terrain, nous ne sommes pas en position de faire la guerre à la Serbie ! »

Après le conseil, le ton continue de monter entre Chirac et Lanxade, en présence de Juppé et de Quesnot. Le chef d'état-major subit une véritable tempête :

« Que les soldats se défendent ! hurle Chirac.

– Non ! Si vous voulez faire cela, donnez-moi un ordre écrit ! » répond Lanxade.

Cette remarque calme un peu l'atmosphère.

En sortant de cette réunion, le chef d'état-major des armées confie au président qu'il démissionnera de ses fonctions une fois cette crise terminée. Chirac balaie cette idée d'un revers de main.

---
1. Propos rapportés par l'amiral Jacques Lanxade, entretiens avec l'auteur le 2 décembre 2009 et le 2 février 2010, et par le général Christian Quesnot, entretien avec l'auteur le 30 mars 2010. La scène est également décrite dans Jacques Lanxade, *Quand le monde a basculé*, *op. cit.*, p. 138-139, dans Gilles Delafon et Thomas Sancton, *Dear Jacques, Cher Bill*, *op. cit.*, p. 66, et dans Hubert Coudurier, *Le Monde selon Chirac*, Calmann-Lévy, 1998, p. 66-67.

Dans la nuit, des soldats serbes déguisés en Casques bleus prennent le contrôle du pont de Vrbanja. Le lendemain matin, samedi 27 avril, le nouveau ministre des Affaires étrangères, Hervé de Charette, critique, à la radio, la politique menée par le gouvernement Balladur en Bosnie, qui aurait conduit à cette situation. Or le prédécesseur de De Charette, au Quai d'Orsay à partir de 1993, n'est autre qu'Alain Juppé, nommé depuis à Matignon ! Ces propos provoquent une réaction indignée du général Bertrand de La Presle, ancien commandant de la Forpronu, et de l'amiral Lanxade. Les deux gradés sont aussitôt convoqués à l'Élysée, en présence d'Alain Juppé.

« Écoutez, il ne faut pas s'énerver, dit Chirac à Lanxade. Le passé, c'est le passé. Regardons l'avenir. Tout cela, c'est la faute de la pensée unique... »

Le Premier ministre sursaute en entendant cette phrase. « Mais, Monsieur le Président, cela n'a rien à voir avec la pensée unique ! Nous avons pris des décisions et elles se sont retournées contre nous... »

Les trois hommes ressortent du bureau présidentiel et la conversation se poursuit dans l'antichambre, où les attendent notamment le ministre de la Défense, Charles Millon, et le général Bertrand de La Presle. Chirac s'adresse à ce dernier :

« Mon général, vous qui êtes un expert de la Yougoslavie, que pensez-vous de la situation ? »

Avant de répondre, le général exprime d'abord, lui aussi, sa colère à la suite des propos tenus par Hervé de Charette.

« Tout cela, c'est la faute de la pensée unique », renchérit Chirac.

De La Presle réagit comme Juppé à cette formule passe-partout :

« Mais, Monsieur le président, cela n'a rien à voir avec la pensée unique[1] ! »

Après ces échanges électriques, les réunions s'enchaînent afin de trouver la façon de répliquer aux Serbes. Sur place, le général Hervé Gobilliard, qui dirige le contingent français à Sarajevo, a décidé de reprendre immédiatement, avec une quarantaine d'hommes, le contrôle du pont de Vrbanja. L'assaut est un

---

1. Propos rapportés par l'amiral Jacques Lanxade, entretiens avec l'auteur, 2 décembre 2009 et 2 février 2010. Le général de La Presle a également évoqué cette réunion à l'Élysée et sa mission devant la Mission d'information parlementaire sur les événements de Srebrenica, annexe du rapport, *op. cit.*

succès, au prix de deux morts et de plusieurs blessés dans les rangs français et d'une dizaine de militaires serbes abattus.

Fier de cette initiative, qui redonne le moral aux troupes, Chirac envoie le général de La Presle auprès des leaders serbes de Bosnie, qu'il connaît bien, afin de les convaincre de libérer les otages. Parallèlement, l'état-major des armées a lancé, avec l'aval de l'Élysée, les préparatifs secrets d'une opération des forces spéciales baptisée Balbuzard noir, destinée, le cas échéant, à libérer les otages. Elle mobilise d'importants moyens militaires : le porte-avions *Foch* doit appareiller de Toulon à destination de la mer Adriatique, avec à son bord une flotte de trente-sept hélicoptères de combat. Sur place, ceux-ci pourraient transporter de nuit quatre-vingts groupes de commandos, qui prendraient d'assaut les huit sites fortifiés des banlieues sud et ouest de Sarajevo où sont retenus les soldats français. Des ordres sont transmis le 30 mai pour cette opération à haut risque, qui reste encore hypothétique[1]. Entre-temps, les négociations entamées à Sarajevo par le général Bertrand de La Presle avec les dirigeants bosno-serbes Mladić et Karadžić progressent. Le 3 juin, il obtient que les otages commencent à être relâchés. Leur libération progressive dure jusqu'au 18 juin. L'opération Balbuzard noir est annulée.

Cette première épreuve raffermit la volonté de Chirac, Clinton et Major de répliquer aux provocations militaires bosno-serbes. Le président français s'est entretenu au téléphone avec son homologue américain le samedi 27 mai dans la soirée. Les deux hommes ont convenu de coopérer davantage sur la Bosnie[2]. La France a déjà envisagé d'envoyer son porte-avions *Foch* dans la région. Les États-Unis ne veulent pas dépêcher de troupes au sol, mais ils se disent prêts à compléter le dispositif aérien. Le 2 juin, un F-16 américain est abattu au-dessus de l'enclave de Bihać. Cet accrochage conduit le président Clinton à trancher, le soir même, en faveur des avis offensifs de ses militaires et de son conseiller à la Sécurité nationale, Tony Lake, au détriment des positions plus nuancées de son secrétaire d'État, Warren Christopher. De

---

1. Voir Général de division Jean-Claude Allard et Colonel Jean-Marc Mérialdo, « Balbuzard noir : un modèle opérationnel pour les crises futures ? », *Doctrine* (Armée de terre, ministère de la Défense), n° 14, janvier 2008. Le général Christian Quesnot nous a confirmé ces préparatifs, conçus, selon lui, à titre « dissuasif » : entretien avec l'auteur, 30 mars 2010.
2. Rapporté dans Gilles Delafon et Thomas Sancton, *Dear Jacques Cher Bill, op. cit.*, p. 70.

toute façon, les États-Unis ne peuvent plus rester les bras croisés : en cas de retrait des Casques bleus, les plans secrets de l'OTAN les obligeraient à déployer des GI's pour protéger ce repli. Le refus d'intervenir n'est plus tenable.

Grâce à un accord franco-britannique, le principe de la création de la Force de réaction rapide (FRR), chère à Alain Juppé, est adopté le 3 juin 1995 lors d'une conférence de ministres et de chefs d'état-major de l'Union européenne et de l'OTAN à Paris. La France, le Royaume-Uni et les Pays-Bas sont chargés de la mettre en œuvre. Un feu vert de l'ONU est cependant nécessaire à cette opération.

Le 14 juin 1995, Jacques Chirac rencontre pour la première fois Bill Clinton à la Maison-Blanche en tant que président de l'Union européenne. Il en profite pour tenter de le convaincre de soutenir la création de la FRR au Conseil de sécurité des Nations unies. Clinton est impressionné par le volontarisme du Français, qui bénéficie d'un préjugé « proaméricain » favorable. Il s'affirme donc « de tout cœur » avec Chirac. Mais il ne cache pas son embarras, car il a reçu une lettre des chefs de file de la majorité républicaine au Sénat, Bob Dole et Newt Gingrich, farouchement opposés à la FRR. Depuis le vote des électeurs en novembre 1994, le président démocrate doit cohabiter avec un pouvoir législatif dominé par les républicains, capables de torpiller tous ses projets.

« Compte tenu de mes mauvaises relations avec le Congrès, je ne peux pas le convaincre de vous suivre », admet Clinton face à Chirac.

Dans le Bureau ovale, les deux présidents évoquent une autre solution : que Chirac tente lui-même de persuader les leaders républicains.

« OK, je vais aller les voir », dit le Français.

Joints au téléphone par Clinton, les deux sénateurs se disent disposés à recevoir Jacques Chirac immédiatement. Le président français se déplace donc jusqu'au Capitole. Bob Dole et Newt Gingrich l'accueillent avec des arguments abrupts. « Votre truc est vicié dès le départ, lâche Gingrich, qui s'affiche ouvertement probosniaque. Vous ne distinguez pas les agresseurs des agressés. » Chirac ne se laisse pas démonter. Il plaide durant de longues minutes en faveur de la FRR. Les deux sénateurs finissent par se rallier mollement à la position de leur visiteur, à condition que cette FRR ne coûte pas un dollar au contribuable américain. « Très bien, la France assume[1] », conclut Chirac, content d'avoir arraché *in extremis* cette neutralité américaine. Lors du dîner qui suit dans les salons de la Maison-Blanche, le président français continue d'argumenter auprès de son homologue américain. Ce dernier se laisse progressivement convaincre. Ses conseillers Warren Christopher, Sandy Berger, Madeleine Albright et Richard Holbrooke lui expliquent qu'il devra, dans toutes les hypothèses, envoyer un jour ou l'autre des GI's en Bosnie[2].

Le lendemain soir, 15 juin, un conclave restreint réunit Jacques Chirac, Bill Clinton, John Major et Helmut Kohl sur un bateau au large de Halifax, juste avant le sommet du G7. Les quatre dirigeants passent la fin de leur soirée à rédiger ensemble, sur la table, le projet de résolution sur la Force de réaction rapide à soumettre au Conseil de sécurité. À 22 heures, le brouillon est prêt. Le président français convoque son sherpa, Jean-David Levitte, en le chargeant de transmettre le projet au siège de l'ONU à New York. « Je veux que ce projet soit adopté dans la nuit[3] », dit-il. Le texte est voté à 3 heures du matin. Chirac a réussi sa première offensive diplomatique éclair. Sa courte visite à Washington a fait bouger les lignes.

La FRR peut se mettre en place. Les Français et les Britanniques prévoient notamment l'arrivée de brigades aéromobiles, de blindés légers, et l'installation d'une batterie de mortiers lourds,

---

1. Propos rapportés par Jean-David Levitte, audition de la Mission parlementaire d'information sur les événements de Srebrenica, rapport du 22 novembre 2001, Assemblée nationale. Scène rapportée également par Jacques Andréani, alors ambassadeur à Washington, entretiens avec l'auteur, 25 et 30 juin 2009. Voir aussi Gilles Delafon et Thomas Sancton, *Dear Jacques Cher Bill, op. cit.*, p. 83, et Hubert Coudurier, *Le Monde selon Chirac, op. cit.*, p. 75. Afin de ménager Bob Dole, futur candidat républicain à l'élection présidentielle, Chirac acceptera de recevoir durant l'automne 1995 à l'Élysée Zev Wolfson, ami et soutien financier de Dole, en dépit de l'avis négatif du conseiller technique Bernard Emié : « M. Wolfson, que M. Dole vous demande de recevoir, est un riche homme d'affaires juif américain très encombrant ; vous l'avez déjà reçu dans le passé en marquant votre souhait de ne plus le voir », écrira ce dernier. Chirac ajoutera en rouge, en priant de répondre positivement à Dole : « Non, il faut refaire la lettre, je recevrai moi-même Wolfson. » Note de Bernard Emié du 19 septembre 1995 et courrier de Jacques Chirac à Bob Dole du 31 septembre 1995, archives de la présidence de la République, 5AG4 BE66, Archives nationales.
2. Rapporté dans Richard Holbrooke, *To End a War, op. cit.*, p. 67-68. Voir aussi Ivo Daalder, *Getting to Dayton*, Brookings Institution Press, 2000, p. 46.
3. Propos rapportés par Jean-David Levitte, audition de la Mission parlementaire d'information sur les événements de Srebrenica, rapport du 22 novembre 2001, Assemblée nationale.

avant celle de puissants canons de 155 mm, sur les hauteurs du mont Igman, qui domine Sarajevo. Cette dernière livraison sera retardée par des difficultés de transport entre le port de Ploce, sur la côte croate, et Sarajevo : ni les autorités croates ni même les Bosniaques ne semblent pressés de voir les Français brandir leurs canons de très longue portée à Sarajevo. Ce renforcement militaire est pourtant prioritaire pour les soldats français, qui ont la responsabilité de la sécurité de la capitale bosniaque.

Srebrenica : Chirac s'emporte mais reste impuissant

C'est malheureusement ailleurs que se joue, à partir du 6 juillet 1995, l'un des drames les plus terribles de la guerre. Ce jour-là, à 4 h 30 du matin, les forces bosno-serbes du général Ratko Mladić et de Radovan Karadžić attaquent Srebrenica, l'une des trois enclaves musulmanes de la Bosnie orientale, qui fait théoriquement partie des « zones de sécurité » mises en place sous l'égide de l'ONU depuis avril 1993[1].

Si les trois enclaves sont déjà sous la menace de Mladić, Srebrenica est probablement la plus vulnérable et la moins bien défendue. Le contingent hollandais de cinq cents Casques bleus qui en a la charge a annoncé qu'il ne souhaitait pas s'y éterniser. De plus, le chef des défenseurs musulmans de Srebrenica, Naser Orić, a quitté la ville. Les services de renseignement, tant britanniques que français et américains, savent, courant juin, que Mladić se prépare à des attaques imminentes sur ces enclaves, ne serait-ce que pour tester les réactions occidentales[2]. Les responsables de l'ONU sont également au courant. Mais aucune initiative n'est prise pour mieux protéger ces « zones de sécurité ». « Mladić voulait s'emparer [de ces trois villes musulmanes] pour contrôler toute la Bosnie orientale, et il était convaincu que, tant qu'il détenait en otage des membres de la force de paix, les Nations unies n'autori-

---

1. Encerclée par un assaut bosno-serbe, l'enclave de Srebrenica avait été protégée en 1993 par le général français Philippe Morillon, patron de la Forpronu, qui avait promis de défendre ses habitants. Le général Morillon était devenu un héros pour les Musulmans et une figure très médiatique en France.
2. Selon le témoignage du général Jean Heinrich, ancien patron de la Direction du renseignement militaire, annexe du rapport de la Mission d'information parlementaire sur les événements de Srebrenica, *op. cit.*

seraient pas l'OTAN à bombarder. Il avait raison, et les conséquences de ce calcul furent désastreuses[1] », écrira Bill Clinton.

En quelques heures, les quarante-cinq mille Musulmans de Srebrenica sont encerclés. Les troupes bosno-serbes bombardent la cité et y pénètrent avec des blindés. Une trentaine de Casques bleus sont faits prisonniers tandis que le reste du contingent néerlandais ne réagit guère. Plusieurs demandes d'appui aérien sont bloquées par l'administration onusienne. La Forpronu, craignant de nouvelles prises d'otages, se contente, le 9 juillet, d'avertissements oraux. Elle demande au bataillon néerlandais de repousser toute offensive serbe sur Srebrenica comme il le peut – autant dire sans moyens. Durant les cinq premiers jours de leur assaut sur l'enclave, du 6 au 11 juillet 1995, les troupes du général Mladić ne subissent aucune riposte. Elles en profitent pour avancer leurs pions.

La communauté internationale reste immobile. La France, qui a d'abord prêté peu d'attention à cet événement, commence à prendre conscience de la gravité de la situation le 10 juillet. À Paris, certains experts du ministère de la Défense ne pronostiquent pas la chute de Srebrenica, mais plutôt la prise de contrôle d'une route au sud de cette enclave. Dans une note datée du 11 juillet 1995, sur la base de renseignements de la veille, ils expliquent : « Il semble bien que la stratégie serbe soit d'une part de tester la Forpronu et la Force de réaction rapide sur une enclave vulnérable, d'autre part de mettre à l'épreuve l'un des pays contribuant à la Force de réaction rapide[2]. » Selon les militaires français, il s'agit donc d'une diversion orchestrée par les belligérants et visant, par la multiplication de « conflits locaux », à « brouiller la stratégie de la communauté internationale » ainsi qu'à détourner l'attention. La note se conclut par ces mots : « L'engagement de la Force de réaction rapide sur la poche de Srebrenica ne se justifie pas […]. » Interrogé sur le sujet, le ministre de la Défense, Charles Millon, admettra : « Nous avions plus les yeux fixés sur Sarajevo, où le contingent français était stationné, que sur Srebrenica, où il y avait le contingent néerlandais[3]. »

---

1. Bill Clinton, *Ma vie, op. cit.*, p. 920.
2. « Ex-Yougoslavie : situation », 11 juillet 1995, note interne du ministère de la Défense ; et « Srebrenica », 11 juillet 1995, note de la délégation aux Affaires stratégiques du ministère de la Défense ; annexe du rapport de la Mission d'information parlementaire sur les événements de Srebrenica, *op. cit.*
3. Audition de Charles Millon, annexe du rapport de la Mission d'information parlementaire sur les événements de Srebrenica, *op. cit.*

Cette erreur de jugement, partagée à Londres, Washington, New York et Sarajevo, va se révéler lourde de conséquences. Le général Bernard Janvier, qui commande la Forpronu, demande par courrier, le 11 juillet, au général Mladić de cesser ses attaques contre les soldats de l'ONU et de leur laisser la « complète liberté d'action et de mouvement », sous peine de frappes aériennes[1]. Or, ce jour-là, Mladić s'apprête à achever la prise de Srebrenica : il n'a que faire des injonctions écrites. Le premier « appui aérien rapproché » de l'OTAN, mené ce même jour à 14 h 40 par deux F-16 néerlandais larguant chacun une bombe, n'y change rien. Srebrenica est tombée depuis trente minutes.

En fin d'après-midi, Jacques Chirac apprend la nouvelle de la chute de l'enclave musulmane alors qu'il ouvre, avec le chancelier Helmut Kohl, un sommet franco-allemand à Strasbourg. Le ministre néerlandais des Affaires étrangères, Hans van Mierlo, téléphone à son homologue allemand, Klaus Kinkel, présent à Strasbourg, pour demander expressément aux Français et à la Forpronu de ne pas mener de frappes aériennes sur Srebrenica, de peur de provoquer un « bain de sang » et des représailles contre ses soldats. Sur place, le général Mladić a clairement menacé la Forpronu de tuer les otages et de bombarder les habitants si l'OTAN poursuivait ses frappes aériennes. Cédant à ce chantage, la Forpronu donne à la vingtaine d'avions qui se dirigeaient au même moment vers Srebrenica l'ordre de rebrousser chemin. L'humiliation s'ajoute à l'impuissance.

Devant Helmut Kohl, aussi étonné que lui par la tournure des événements, le président français explose, pestant une nouvelle fois contre l'inaction des Casques bleus : « Les Néerlandais sont des lâches ! » En s'adressant aux hiérarques militaires qui l'accompagnent, il poursuit : « Ce n'est pas possible de travailler comme cela ! C'est impensable d'apprendre, par un coup de téléphone, la chute de Srebrenica[2] ! »

Lors d'une suspension de séance, Chirac exige des généraux qui l'entourent des plans pour freiner l'offensive bosno-serbe ou reprendre la ville. Son chef d'état-major particulier, le général Christian Quesnot, est prêt à réagir : « C'est une honte ! On ne

---

[1]. Lettre du général Bernard Janvier, commandant de la Forpronu, au général Ratko Mladić, 11 juillet 1995, annexe du rapport de la Mission d'information parlementaire sur les événements de Srebrenica, *op. cit.*

[2]. Rapporté par Alain Juppé, Hervé de Charette et Jean-David Levitte, auditions de la Mission d'information parlementaire sur les événements de Srebrenica, *op. cit.*

peut pas laisser tomber Srebrenica. Monsieur le président, donnez-moi deux régiments de parachutistes et je saute avec eux pour reprendre la ville. »

Le lendemain, lors d'un conseil restreint, cette proposition de reconquête militaire de l'enclave est à nouveau avancée par le général Quesnot : « C'est une question d'honneur, cela permettra d'éviter des massacres et de reprendre la main vis-à-vis des Américains. Et, si vous m'y autorisez, je prendrai le commandement de l'opération et je sauterai avec les hommes. » Le général est soutenu par le ministre de la Défense. Il estime que les pertes pourraient être de vingt-cinq à cinquante soldats lors d'un assaut aéroporté. Mais ni l'amiral Lanxade, ni le Premier ministre, ni le président ne jugent cette opération opportune[1]. Militairement, elle comporte des aléas importants. De plus, elle nécessite, à leurs yeux, l'aide d'autres nations, difficile à obtenir. « Je ne vois pas comment la France aurait pu seule sauter sur Srebrenica. Cela n'avait pas de sens. Certes, c'était une proposition très généreuse, mais qui me paraissait complètement inapplicable[2] », confiera Alain Juppé.

Surtout, le président et son Premier ministre n'ont pas envie d'assumer la responsabilité de la mort éventuelle de soldats français alors qu'ils viennent d'accéder au pouvoir et bénéficient encore d'un état de grâce politique. Plusieurs autres hypothèses sont également étudiées, dont celle de frappes aériennes massives sur les positions serbes[3] ; elles sont mises au placard après les refus néerlandais. La France fait simplement adopter à l'ONU une résolution dans laquelle elle se dit prête à se « mettre à la disposition de toute opération qu'elle considérerait utile et réalisable ».

---

1. Rapporté par le général Christian Quesnot, entretien avec l'auteur, 30 mars 2010, et par l'amiral Jacques Lanxade, entretiens avec l'auteur, 2 décembre 2009 et 2 février 2010. Rapporté aussi par Jean-David Levitte, conseiller diplomatique du président, et Charles Millon, ministre de la Défense, auditions de la Mission d'information parlementaire sur les événements de Srebrenica, *op. cit.* Voir également Hubert Coudurier, *Le Monde selon Chirac*, *op. cit.*, p. 78.
2. Audition d'Alain Juppé, annexe du rapport de la Mission d'information parlementaire sur les événements de Srebrenica, *op. cit.*
3. Une note du ministère français de la Défense du 12 juillet 1995 – titrée « Bosnie : options possibles » – liste quatre scénarios : « action en force sur la zone de Srebrenica » ; « action déterminée sur Sarajevo avec une action minimum sur Srebrenica » ; « action aérienne » ; « retrait ». Finalement, aucune de ces options ne sera retenue côté français.

Le vœu est pieux. Le 13 juillet 1995, dans la soirée, Chirac tente tout de même d'obtenir de Clinton, par téléphone, l'appui d'hélicoptères américains pour une éventuelle opération militaire destinée à reprendre Srebrenica et à protéger les enclaves de Žepa et Goražde, également menacées : « À Srebrenica, les hommes, qui risquent d'être égorgés s'ils sont en âge de porter les armes, sont séparés des femmes, menacées de viol. Les nations civilisées doivent s'opposer au fascisme et mener une action militaire ferme et limitée afin de rétablir la situation dans les enclaves orientales… » Chirac évoque, en cas d'inaction, une « politique d'abandon comparable à celle qui a présidé à la Seconde Guerre mondiale ».

Pourtant, Clinton se montre sceptique quant à une opération héliportée à Srebrenica, considérée comme trop risquée par ses propres militaires. Il préférerait se concentrer sur la défense de Goražde. Chirac réplique qu'il ne faut pas distinguer les deux enclaves, puisque les « Serbes de Bosnie mènent une politique programmée d'épuration ethnique » qui les conduira à attaquer Goražde, puis à viser Sarajevo. « Si nous voulons mettre un terme à cette politique, ce n'est pas d'un simple soutien des États-Unis que nous avons besoin, mais d'un engagement au sol des troupes américaines, en liaison avec la France, le Royaume-Uni et l'Allemagne[1] », insiste-t-il. À défaut, il faudrait procéder à des bombardements massifs et lever l'embargo sur les armes. Assis dans le Bureau ovale, Clinton botte en touche. Il promet de rester en contact et raccroche. Rien ne vient. Chirac a perdu cette manche. De toute façon, la plupart des diplomates et des militaires estiment qu'il est déjà trop tard pour riposter : Srebrenica est perdue.

Un nettoyage ethnique annoncé

Cette nouvelle faillite de la communauté internationale conduit à la tragédie redoutée. Aussitôt entrées dans l'enclave, le 11 juillet, les troupes de Mladić et Karadžić ont commencé une sanglante opération de « purification ethnique » à l'encontre de la

---

1. Cette conversation téléphonique du 13 juillet à 21 h 15 entre Clinton et Chirac est rapportée par Jean-David Levitte sur la base de ses notes, audition de la Mission parlementaire d'information sur les événements de Srebrenica, annexe du rapport, *op. cit.* Voir aussi Ronald Hatto, *Les Relations franco-américaines à l'épreuve de la guerre en ex-Yougoslavie*, *op. cit.*, p. 293.

population musulmane. Les Casques bleus se rendent au général Mladić et contiennent la foule autour de la base de la Forponu à Potoćari, où des milliers d'habitants paniqués se sont réfugiés. Près de huit mille hommes de la ville, suspectés d'être des « combattants potentiels », sont emmenés en autobus par les soldats de Mladić avant d'être exécutés sauvagement et jetés dans des fosses communes. Ceux qui s'enfuient sont pourchassés et fusillés.

Pendant plusieurs jours, les massacres se déroulent dans une indifférence totale[1]. Dès le 6 juillet, l'organisation Médecins sans frontières (MSF) a pourtant exprimé ses inquiétudes sur le sort des civils. À la suite des tirs de mortiers, les habitants affluaient dans les antennes sanitaires, craignant tous d'être assassinés par les Bosno-Serbes. Le 12 juillet, MSF dénonce la séparation des hommes et des femmes. Le lendemain, des informations sur les exactions se répandent *via* des réfugiés qui ont fui la ville. Un des secouristes basés à Tuzla, Anthony Holbrooke, évoque plusieurs fois par téléphone les tueries en cours avec son père Richard, le diplomate du département d'État proche de Clinton[2]. Le 14 juillet, le Premier ministre bosniaque parle d'atrocités, et, le 17, MSF prononce le mot de « génocide ».

Dans ses télégrammes, la CIA reprend ces informations, qui restent floues. Dans une note datée du 15 juillet, elle rapporte par exemple : « [Les] officiels locaux avancent que les forces bosno-serbes exécutent les hommes adultes de Srebrenica : des réfugiés arrivés à Tuzla disent que plus de mille hommes ont déjà été tués. » L'agence ajoute que le président Chirac n'a pas reçu beaucoup de soutien à la suite de son appel à une réaction ferme. Il serait « sous la pression de ses militaires, frustrés de n'avoir pas de stratégie cohérente en Bosnie[3] ».

Ni l'ONU ni l'OTAN ne réagissent. Il faut attendre le 21 juillet, lors d'une conférence à Londres des ministres de l'OTAN, pour que la France, le Royaume-Uni et les États-Unis décident, après de longues hésitations, de déclencher des frappes aériennes massives en cas d'attaque des autres « zones de sécurité ». Les ministres de l'OTAN tracent enfin une « ligne dans le sable », ligne infranchissable pour les forces bosno-serbes. Le surlendemain, les trois principaux pays délivrent un avertissement

---
1. Pour un récit détaillé et accusateur, voir notamment Sylvie Matton, *Srebrenica, un génocide annoncé*, Flammarion, 2005.
2. Rapporté dans Richard Holbrooke, *To End a War*, op. cit., p. 70.
3. Câble du 15 juillet 1995, CIA, archives de la CIA.

formel au général Mladić. Le général Raymond Germanos, bras droit de Lanxade, est l'émissaire français de ce trio qui affronte le chef militaire des Bosno-Serbes : « Lorsque j'ai porté l'ultimatum en même temps que les généraux britanniques et américains, j'ai donné la position de la France, qui était que nous n'accepterions pas les attaques des Serbes et que nous détruirions toutes leurs installations, y compris dans Sarajevo. Ce message était celui du président Jacques Chirac[1]. »

À la fin de juillet, les Américains disposent d'éléments probants sur les massacres de Srebrenica, en particulier des témoignages de réfugiés et des photos prises par des satellites. Le 10 août, Madeleine Albright, ambassadrice américaine à l'ONU, fournit une série de clichés aériens laissant deviner l'existence de charniers autour de Srebrenica. Le doute n'est plus permis. « Nous avons sous-estimé l'importance de l'offensive de Mladić sur Srebrenica car nous ne pensions pas que cette enclave avait pour lui une réelle valeur stratégique, puisqu'elle devait revenir aux Serbes de Bosnie dans le futur découpage territorial qui était en cours de négociation. Et nous n'avons pas imaginé la folie meurtrière qui pouvait saisir Mladić une fois entré dans l'enclave[2] », reconnaît l'amiral Jacques Lanxade.

Pourtant, le passé de Mladić et ses plans étaient très clairs pour la plupart des observateurs depuis des années, y compris pour Jacques Chirac. Devant la mission d'information parlementaire chargée, en 2001, d'enquêter sur ces événements, Henry Jacolin, ancien ambassadeur de France en Bosnie-Herzégovine, rappellera : « Le nettoyage ethnique a commencé en mai 1992. L'armée des Serbes de Bosnie menait une campagne systématique, village par village, souvent précédée par des bandes de paramilitaires. » À différentes reprises, l'ambassadeur a intitulé ses télégrammes diplomatiques « Chronique d'un nettoyage ethnique annoncé[3] ».

De son côté, la CIA a rédigé plusieurs rapports alarmistes sur la purification ethnique voulue par le général Mladić, le Dr Karadžić et leurs acolytes. Au début de janvier 1995, par exemple, une étude rappelait le caractère organisé du « nettoyage

---

1. Général Raymond Germanos, ancien sous-chef des opérations à l'état-major des armées, auditions de la Mission d'information parlementaire sur les événements de Srebrenica, annexe du rapport, *op. cit.*
2. Entretiens de Jacques Lanxade avec l'auteur, 2 décembre 2009 et 2 février 2010.
3. Henry Jacolin, ancien ambassadeur de France en Bosnie-Herzégovine, auditions de la Mission d'information parlementaire sur les événements de Srebrenica, *op. cit.*

ethnique » mis en œuvre par les Serbes, responsables de 90 % des exactions déjà commises en Bosnie. Selon la CIA, les estimations hautes évoquaient l'existence de plus de « deux cents fosses communes, qui pourraient contenir plus de quarante mille cadavres ». Les experts américains précisaient : « L'armée bosno-serbe, sous le commandement de Ratko Mladić, a intensifié ses opérations militaires, et son rôle dans le nettoyage ethnique n'a cessé de grandir. » La CIA ajoutait que c'était Belgrade qui tirait les ficelles, notamment avec des groupes paramilitaires formés en Serbie[1].

Pour leur part, les généraux français qui avaient rencontré le général Mladić brossaient de lui un portrait sans ambiguïté. « C'était un fou, et c'est parce qu'il était fou qu'il a été projeté assez vite à la tête de l'armée serbe de Bosnie-Herzégovine », confiera le général Jean Cot, commandant de la Forpronu en 1993-1994. Son successeur, le général Bertrand de La Presle, préférera le décrire comme un dangereux malade : « Je pense que Mladić était un homme qui était complètement obsédé, complètement psychopathe. » Le général Hervé Gobilliard, également en contact avec les dirigeants bosno-serbes, dira au sujet de Mladić : « Pour lui, le Musulman ne devait pas exister, et, dans son schéma mental de la Grande Serbie, c'était faire œuvre de salubrité que de tuer les Musulmans[2]. »

Le drame de Srebrenica, imprévisible dans son ampleur, était bien inscrit dans la logique de l'offensive menée et dans celle du chef qui la conduisait.

Une paix forcée par l'OTAN et les Américains

La prise de Srebrenica puis celle de Zepa à la mi-juillet 1995 par les forces de Mladić ne peuvent cependant masquer le retournement de la situation générale en défaveur des Bosno-Serbes. La conférence de Londres du 21 juillet a marqué un virage, puisque les ministres de l'OTAN ont décidé que le feu vert de l'ONU ne serait plus nécessaire pour déclencher les bombardements. Mladić

---

1. *Bosnia : Serb Ethnic Cleansing*, 5 janvier 1995, CIA, archives de la CIA.
2. Auditions du général Jean Cot, du général Bertrand de La Presle et du général Hervé Gobilliard, annexe du rapport de la Mission d'information parlementaire sur les événements de Srebrenica, *op. cit.*

a reçu des messages clairs, le 23 juillet, comme quoi il ne devait pas franchir la ligne tracée sur le sable. Dans les airs, les avions de l'OTAN disposent de la supériorité militaire. De plus, à l'ouest, l'armée croate reprend en trois jours, au début du mois d'août, l'enclave de la Krajina, provoquant l'exode de plus de cent cinquante mille Serbes que les autorités de Belgrade ne veulent pas secourir.

Cette première défaite majeure des forces serbes modifie la donne régionale. L'offensive de l'armée croate, encadrée par des mercenaires américains de la société de sécurité MPRI, a reçu la bénédiction conjointe de Bill Clinton et du chancelier Helmut Kohl : « Nous savions tous les deux que la diplomatie ne pouvait pas réussir tant que les Serbes n'auraient pas subi des pertes importantes sur le terrain, confiera Clinton. Dans la mesure où l'enjeu était la survie de la Bosnie, nous n'avions pas été très stricts sur l'embargo, ce qui a permis aux Croates et aux Bosniaques de se procurer des armes qui les aidèrent à survivre. Nous avions aussi autorisé une compagnie privée à engager des militaires américains à la retraite pour organiser et entraîner l'armée croate[1]. »

Après le vote par le Sénat américain, le 26 juillet, d'une levée de l'embargo sur les armes, le président américain continue pourtant d'y opposer un veto officiel. Dans le courant du mois d'août, il dépêche une équipe de diplomates en Europe et envoie en ex-Yougoslavie Richard Holbrooke afin de renégocier au plus vite un plan de paix avec les présidents serbe, croate et bosniaque. Washington impose finalement ses vues, après plus de quatre années de conflit sanglant, de fanatisme exacerbé, d'impuissance européenne et d'incurie internationale.

Par ailleurs, dans l'enclave de Bihać, les forces musulmanes bosniaques brisent le siège qui les enserrait depuis plus de trois ans. Enfin, à Sarajevo, les militaires français finissent d'installer les batteries de canons de 155 mm, capables de cibler en quelques minutes des positions de tir serbes. Résultat : à Belgrade, le président Milošević sent le vent tourner. Il commence à prendre ses distances avec ses alliés extrémistes de Bosnie, les encombrants Mladić et Karadžić. Les exactions commises à Srebrenica et ailleurs les rendent de moins en moins fréquentables.

---

1. Bill Clinton, *Ma vie*, *op. cit.*, p. 921.

Lorsqu'un obus bosno-serbe tombe, le 28 août 1995, sur le marché de Sarajevo, faisant trente-sept morts et plus de quatre-vingts blessés, la riposte est, cette fois, foudroyante. Le surlendemain, l'artillerie lourde de la Force de réaction rapide, postée sur le mont Igman, entre en action. Et, durant deux semaines, une flotte de soixante avions de l'OTAN pilonne les positions serbes à Sarajevo, Mostar, Goražde et Tuzla, dans le cadre d'une opération baptisée Deliberate Force. Le président Chirac a donné son accord pour que dix chasseurs français se joignent à ces raids de représailles. L'équipage d'un des Mirage 2000 engagés, contraint de s'éjecter, est fait prisonnier par les Bosno-Serbes.

Le 8 septembre 1995, les négociations aboutissent à Genève à un accord de principe sur un partage territorial entre la fédération de Bosnie-Herzégovine (51 %) et la République serbe de Srpska (49 %). Sur place, la situation reste instable, notamment à Sarajevo. « Les derniers événements intervenus en Bosnie-Herzégovine, tant sur le terrain que sur le plan diplomatique, créent une situation nouvelle dont il nous faut tirer profit pour relancer la dynamique de négociation », plaide Jacques Chirac dans un courrier à Bill Clinton, le 12 septembre, en insistant sur la « concertation très étroite » nécessaire entre les deux pays[1]. Le 14 septembre, après de nouveaux bombardements massifs sur les positions bosno-serbes et dix heures de tractations ininterrompues, Richard Holbrooke arrache à Belgrade un accord avec Radovan Karadžić pour un futur cessez-le-feu. Puis le dernier round des négociations se déroule, dans le courant du mois de novembre, sous la tutelle quasi exclusive d'Holbrooke, qui écarte ses pairs européens des discussions[2]. Reclus sur la base aérienne Wright-Patterson, près de Dayton, dans l'Ohio, les trois présidents – le Serbe Slobodan Milošević, le Croate Franjo Tudjman et le Bosniaque Alija Izetbegović – mettent trois semaines à trouver un compromis. L'accord final est signé le 14 décembre 1995, à Paris. Il prévoit notamment des élections libres et le déploiement d'une nouvelle force de maintien de la paix (IFOR), composée de soixante mille hommes, dont un tiers de soldats américains.

---

1. Lettre du président Jacques Chirac au président Bill Clinton, 12 septembre 1995, archives de la présidence de la République, 5AG4 BE66, Archives nationales.
2. À l'issue des accords de Dayton, *Le Figaro* citera un « officiel français » affirmant que Holbrooke « flatte, ment et humilie : c'est une sorte de Mazarin brutal et schizophrène ». Jean-David Levitte, conseiller diplomatique de Jacques Chirac, appellera Holbrooke pour lui dire qu'il déplore ce commentaire, contraire aux positions de Chirac.

Bill Clinton a remporté une victoire diplomatique. Mais il concède à Jacques Chirac l'honneur d'accueillir la cérémonie sous les lambris de l'Élysée. Richard Holbrooke l'avait promis quelques semaines auparavant au ministre des Affaires étrangères, Hervé de Charette, qui avait vainement proposé que les négociations se déroulent en France. C'est aussi une façon de reconnaître que le président français a contribué au changement du rapport de force qui a permis d'enclencher la négociation. « Aucune nation n'a fait plus pour la Bosnie que la France, admettra Holbrooke. L'intervention personnelle du président Chirac auprès du président Clinton lors de son voyage de juin à Washington a été vitale pour pousser l'administration Clinton à se pencher sur le dossier[1]. » Après les vexations des diplomates européens à Dayton, l'heure de la réconciliation est venue.

Au terme d'ultimes pressions, Chirac obtient de Slobodan Milošević, quelques heures avant la signature des accords à Paris, la libération des deux pilotes français prisonniers depuis la fin d'août[2]. Lors du déjeuner officiel qui suit la cérémonie dans les salons du Quai d'Orsay, Bill Clinton est assis face à Milošević. Le président serbe lui parle des assassinats d'hommes d'État comme John Kennedy ou l'Israélien Itzhak Rabin, tué quelques semaines plus tôt, en les attribuant à leur propre service de sécurité. « Il avait le regard le plus glacial que j'aie jamais vu, commentera Clinton, surpris par l'intelligence et la paranoïa de Milošević. Après ce temps passé à son contact, le fait qu'il ait encouragé les atrocités perpétrées en Bosnie ne me surprenait plus, et j'avais le pressentiment que je ne tarderais pas à entrer de nouveau en conflit avec lui[3]. »

Lors d'un aparté avec Jacques Chirac, le soir même, Bill Clinton aborde la question du sort des dirigeants bosno-serbes Karadžić et Mladić, poursuivis pour crimes de guerre par le Tri-

---

1. Richard Holbrooke, *To End a War*, op. cit., p. 320.
2. Jacques Chirac avait joint plusieurs fois Milošević pour lui demander d'intercéder en faveur de leur libération. La DGSE avait annoncé leur mort. Charles Pasqua et Jean-Charles Marchiani auraient fait jouer des réseaux à Moscou et Belgrade pour négocier cette libération. Mais d'autres acteurs sont également intervenus. Les ravisseurs ont finalement obtenu que le chef d'état-major de l'armée française, le général Jean-Philippe Douin, vienne lui-même serrer la main du général Ratko Mladić à Belgrade et assister à une « remise officielle » des deux pilotes. Certaines sources serbes ont évoqué une promesse française de ne pas toucher, plus tard, à Mladić ni à Karadžić, en échange de la libération des deux pilotes. Cette affirmation a été démentie avec force par les autorités françaises.
3. Bill Clinton, *Ma vie*, op. cit., p. 952.

bunal pénal international de La Haye. Les deux chefs d'État évoquent leur capture éventuelle, voire leur « neutralisation »[1]. Les plans de cette opération d'homicide – dite Homo –, étudiés de près par les services secrets des deux pays, n'auront pas de suite. Quelques mois plus tard, les Américains soulèveront encore l'hypothèse d'une élimination de Radovan Karadžić, au cas où il ne serait pas totalement écarté du pouvoir par le président Milošević. Le secrétaire d'État adjoint, Peter Tarnoff, glissera ainsi, en mai 1996, au conseiller diplomatique de l'Élysée, Jean-David Levitte : « Peut-être conviendrait-il parallèlement d'engager une réflexion discrète, selon une procédure appropriée entre Américains et Français, sur le recours à d'autres méthodes pour régler le problème dans l'hypothèse où les pressions de M. Milošević n'aboutiraient pas ? » Informé de ces allusions à une opération Homo, Jacques Chirac en approuvera sobrement le principe : « Pourquoi pas ? Mais nous ne disposons d'aucun moyen technique pour ce genre d'opération, qui ne pourrait être conduite que par les Américains[2]. » Une habile façon de renvoyer la balle à la CIA.

En réalité, en dépit de déclarations officielles contraires, ni les Américains ni les Français ne s'attacheront avec beaucoup de zèle à mettre la main sur Karadžić[3]. En juillet 1997, un raid conjoint de commandos américains et français censés l'arrêter dans son fief de Pale sera annulé, Paris et Washington s'accusant mutuellement d'avoir fait marche arrière. Et les Américains révéleront ensuite qu'un officier français de renseignement aurait rencontré secrètement des proches de Karadžić[4]. Embarrassés, les Français

---

1. Rapporté dans Gilles Delafon et Thomas Sancton, *Dear Jacques, Cher Bill, op. cit.*, p. 152-153.
2. *Entretien avec M. Peter Tarnoff, secrétaire d'État adjoint*, note pour le président de la République signée de Jean-David Levitte, 28 mai 1996, archives de la présidence de la République, 5AG4 BE66, Archives nationales.
3. Voir, au sujet de leur traque et de celle des autres dirigeants suspectés de crimes de guerre, ainsi que des entraves à l'action du tribunal pénal, Jacques Massé, *Nos chers criminels de guerre*, Flammarion, 2006 ; Florence Hartmann (ancienne porte-parole de la procureur générale du Tribunal pénal international pour l'ex-Yougolsavie, Carla Del Ponte), *Paix et Châtiment*, Flammarion, 2007 ; et Carla Del Ponte, *La Traque, les criminels de guerre et moi*, Héloïse d'Ormesson, 2009.
4. Les Américains estimeront que les Français se sont retirés de ce plan car ils le jugeaient trop risqué – accusation considérée comme mensongère à Paris. Voir Steven Ballanger, « France Said to Balk At 2d Bosnia Raid, Calling It Too Risky », *New York Times*, 15 juillet 1997. Les contacts entre un officier du renseignement militaire français et Karadžić seront révélés dans le *Washington Post*, le 23 avril 1998.

répliqueront que ces contacts avaient pour seul but d'obtenir la reddition du leader bosno-serbe.

Karadžić ne sera finalement interpellé qu'en juillet 2008 par les services serbes. Après plus de dix années de cavale.

Chapitre 12

... Et Chirac tombe de haut

Entre Jacques Chirac et Bill Clinton, le climat est euphorique en cette fin d'année 1995. Une bonne entente naturellement liée à la signature des accords de paix en Bosnie, mais qui dépasse cet événement. Depuis plusieurs mois, les deux présidents font assaut d'amabilités l'un envers l'autre, se parlent et s'écrivent sans cesse. Leurs conseillers diplomatiques respectifs, Jean-David Levitte et Anthony Lake, sont en contact permanent. À Paris, l'ambassadrice des États-Unis, Pamela Harriman, très écoutée par Bill Clinton, est reçue à bras ouverts à l'Élysée. À Washington, Jacques Chirac a dépêché comme ambassadeur son ancien conseiller diplomatique, François Bujon de l'Estang, fin connaisseur des arcanes de la politique américaine. « Chirac me téléphonait très souvent directement pour prendre la température et savoir ce qui se mijotait à la Maison-Blanche et au Congrès, se souvient l'ambassadeur. De mon côté, je lui faisais passer des analyses personnelles, en complément de la correspondance diplomatique[1]. »

Lors de son bref passage dans la capitale américaine, le 14 juin 1995, Jacques Chirac a évoqué de nombreux points de convergence possibles – la Bosnie, l'avenir de l'OTAN, les négociations commerciales... Il a promis à Clinton de soutenir le projet de traité international d'interdiction des essais nucléaires une fois que la France aurait achevé sa dernière salve de tirs à Mururoa[2]. Du coup, la reprise temporaire des essais français, annoncée par Chirac la veille de sa visite à Washington, a été parfaitement

---
1. Entretien de François Bujon de l'Estang avec l'auteur, 13 octobre 2009.
2. Négocié en septembre 1996, ce Traité international d'interdiction complète des essais nucléaires sera ratifié par la France, mais pas par les États-Unis, le Congrès américain, en guerre contre Clinton, refusant de l'adopter. Faute de ratifications suffisantes (44 États), il n'est pas encore entré en vigueur en 2010.

comprise par l'administration Clinton, qui est restée publiquement très courtoise sur ce sujet polémique, en dépit de vives réactions au Congrès. Le directeur de la CIA, John Deutch, ancien physicien devenu l'un des piliers des programmes atomiques américains, a même exprimé discrètement ses encouragements à quelques officiels français, jugeant ces essais très prometteurs. À juste titre : préparée depuis des mois par le CEA, cette ultime campagne permettra de collecter davantage de données scientifiques que lors de tous les tirs précédents !

De plus, comme on l'a vu, Jacques Chirac a entonné à la Maison-Blanche son refrain de fervent américanophile. Et il a offert au couple Clinton un magnifique service en cristal de Baccarat comme gage de l'amitié franco-américaine. « Hillary et moi vous sommes profondément reconnaissants à vous et à Mme Chirac pour votre générosité et votre prévenance[1] », a déclaré Clinton pour le remercier, après lui avoir redit sa volonté de renforcer l'OTAN, de libéraliser le commerce mondial et de travailler avec l'Union européenne sur tous les sujets possibles.

Certes, dès l'automne 1995, cette bonne volonté est ternie par quelques sujets de friction entre Paris et Washington. Ainsi, le président français résiste à Clinton lorsque ce dernier lui demande de renforcer l'aide économique à la Jordanie, engagée dans un processus de paix avec Israël – Chirac estime que son pays fait déjà assez d'efforts en faveur de la Jordanie –, ou encore de durcir les sanctions à l'égard de la Libye, accusée d'être impliquée dans les attentats contre les vols PanAm 103 et UTA 772 – cela risquerait, selon le Français, de braquer inutilement certains pays à l'ONU[2].

---

1. Lettre du président Bill Clinton au président Jacques Chirac, 18 juillet 1995, archives de la présidence de la République, 5AG4 BE66, Archives nationales.

2. Lettre du président Bill Clinton au président Jacques Chirac sur la Jordanie, 14 septembre 1995, et réponse sur le sujet de Jacques Chirac à Bill Clinton, 30 septembre 1995 ; lettre du président Bill Clinton au président Jacques Chirac sur la Libye, 2 novembre 1995, et réponse sur le sujet de Jacques Chirac à Bill Clinton, 8 décembre 1995. Archives de la présidence de la République, 5AG4 BE66, Archives nationales.

Une volonté de réintégrer le commandement de l'OTAN

À l'inverse, les deux présidents se rapprochent sur le sujet de l'OTAN. Chirac estime en effet qu'il est temps que la France reprenne sa place dans le commandement intégré de l'Alliance atlantique, que le général de Gaulle avait quitté avec fracas en mars 1966. Une vraie révolution pour un héritier du gaullisme ! Même François Mitterrand, après un temps d'hésitation[1], s'était refusé, à la fin de son mandat, à effectuer le pas vers la réintégration que le Premier ministre Édouard Balladur appelait de ses vœux. Envoyé par Matignon pour la première fois à une réunion des chefs des armées de l'OTAN, à Bruxelles, en mars 1995, le chef d'état-major français, l'amiral Lanxade, avait été prié de quitter brusquement les lieux sur injonction de l'Élysée[2].

Le déroulement du conflit en Bosnie conduit Jacques Chirac à une analyse plus ouverte que celle de ses prédécesseurs. Dans une lettre à Bill Clinton, le 12 septembre 1995, le président français soutient l'idée que « l'Alliance Atlantique constitue bien l'instrument privilégié du Conseil de sécurité pour le volet militaire de la mise en œuvre du futur plan de paix » en Bosnie. Autrement dit, il est d'accord pour que l'OTAN garde la main sur les opérations dans ce pays. Il suffit que les « principaux contributeurs de troupes » de la force des Nations unies et de la Force de réaction rapide trouvent leur place « dans les structures de contrôle et de commandement des opérations militaires[3] ». C'est une manière de reconnaître, *de facto*, le rôle clé de l'OTAN dans la résolution de ce conflit, qui s'est déroulé au cœur d'une Europe impuissante à en trouver l'issue par elle-même.

Le président français va plus loin. Dans une interview au magazine *Time*, il explique, au début de décembre, qu'il est « naturellement favorable » à l'OTAN. Selon lui, sa « modernisation » doit reposer sur son « élargissement » aux pays de l'Est, en

---

1. Sur le projet de réforme de l'OTAN et d'un éventuel retour de la France, étudié à la fin de 1990 puis abandonné au début de 1991, voir le chapitre 8. Voir aussi Isabelle Lasserre, « Quand Mitterrand, déjà, négociait le retour dans l'OTAN », art. cité.
2. Rapporté dans Jacques Lanxade, *Quand le monde a basculé*, op. cit., p. 272-273.
3. Lettre du président Jacques Chirac au président Bill Clinton, 12 septembre 1995, *op. cit.*

prenant soin de ménager les Russes, et sur la création en son sein d'une « véritable composante européenne de défense[1] ». Il pose ainsi ses conditions à un possible retour de la France dans le commandement intégré. Dans le plus grand secret, au même moment, soit quelques jours avant la signature des accords de paix en Bosnie, Chirac mandate son ambassadeur à Washington, François Bujon de l'Estang, chaud partisan de cette réintégration, pour dire aux Américains qu'il est prêt, sous certaines réserves, à revenir dans le commandement de l'OTAN.

La Maison-Blanche reçoit ce message de manière très positive. Voilà des années que le débat sur l'OTAN tournait en rond avec les Français. Sans remettre en question l'Alliance atlantique, dont la France est toujours restée membre, François Mitterrand ne croyait guère, depuis la chute du mur de Berlin, à l'avenir de son organisation militaire. Il critiquait ouvertement la volonté farouche des Américains d'en étendre les missions et d'en élargir le champ d'intervention géographique. De plus, il soutenait l'idée qu'une défense européenne autonome ne ferait pas d'ombre à l'OTAN. Naturellement, ni George Bush, ni Bill Clinton, ni les pontes du Pentagone ne partageaient ces vues dissidentes.

Soudainement, avec Jacques Chirac, le ton change. Le « pilier européen de défense » a vocation, selon le président français, à faire partie d'une OTAN rénovée, aux côtés du « pilier américain ». L'OTAN demeurerait donc bien la seule clé de voûte de la sécurité en Europe. Autrement dit : la France semble disposée à rentrer dans le rang. C'est quasiment inespéré ! Tenu à l'écart de la démarche menée par François Bujon de l'Estang à Washington, le ministre des Affaires étrangères, Hervé de Charette, manque de s'étouffer, le 5 décembre 1995, lorsqu'il découvre le discours qu'il doit prononcer à Bruxelles devant ses collègues de l'Alliance atlantique. La France accepte en effet, sans conditions, de faire un premier pas vers une réintégration complète, en reprenant sa place au sein du Conseil des ministres de la Défense et du comité militaire des chefs d'état-major de l'OTAN. Il ne lui manque plus que le commandement intégré et le comité des plans pour être totalement réinsérée dans l'organisation. Ces dernières étapes, symboliques, ne peuvent être franchies par l'Élysée que si

---

1. « We Are Not an Average Nation. An Exclusive Talk with Jacques Chirac », *Time*, 11 décembre 1995. Et Gilles Delafon et Thomas Sancton, *Dear Jacques, Cher Bill*, *op. cit.*, p. 134.

ses autres demandes sont satisfaites – à savoir une réforme de l'OTAN permettant de faire émerger un « pilier européen ».

« Warren Christopher est un mauvais con ! »

Entre Chirac et Clinton, le sujet ressurgit plusieurs fois au cours des mois suivants. Lors de sa première visite d'État aux États-Unis, au début de février 1996, le président français revient à la charge sur l'insertion de ce « pilier européen » au sein de l'OTAN. Alors que les élus démocrates du Congrès, très remontés contre les essais nucléaires français, boycottent massivement le discours que prononce Chirac dans leur enceinte, les exigences de ce dernier sur l'OTAN commencent à alarmer la Maison-Blanche. L'administration Clinton se demande ce que les Français mijotent vraiment. Ce « pilier européen » reste un concept vague : n'est-ce pas une manière de prier les Américains, à terme, de retirer les GI's d'Europe ?

Durant le printemps de 1996, des réunions techniques d'ambassadeurs au siège de l'OTAN, près de Bruxelles, permettent d'esquisser la réforme imaginée par les Français, avant le sommet de l'Organisation prévu à Berlin au début de juin. Mais le Pentagone ne l'entend pas de cette oreille. Les militaires américains refusent de céder un pouce de contrôle de l'OTAN à des Européens. Cette réforme alimente un regain de tension entre Washington et Paris. Au téléphone, le 27 mai 1996, Chirac insiste auprès de Clinton pour faire avancer ce dossier sensible.

Déjà en campagne pour l'élection présidentielle de novembre 1996, Clinton a cependant d'autres messages à faire passer : il s'agace, par exemple, que les Français veuillent perturber les délicates négociations de paix entamées par son secrétaire d'État, Warren Christopher, au Proche-Orient ; il refuse également que soit renouvelé le mandat de Boutros Boutros-Ghali au poste de secrétaire général des Nations unies, alors que Chirac soutient cette candidature. Le soir même de ce coup de téléphone, le sherpa du président, Jean-David Levitte, dîne à Paris avec Peter Tarnoff, secrétaire d'État adjoint.

« L'image de Boutros-Ghali est telle au Congrès, affirme Tarnoff, que l'ambition du président Clinton d'assainir complètement nos relations avec l'ONU lors de son deuxième mandat ne pourra être menée à bien s'il est reconduit dans ses fonctions pour cinq ans. » L'Américain suggère, au mieux, que le diplomate égyptien ne soit prolongé que de deux années et demie. Levitte admet que ce compromis mérite d'être étudié.

Concernant le Proche-Orient, l'avertissement est direct : certes, « les États-Unis acceptent que la France joue un rôle important dans les discussions concernant l'avenir du Liban », mais, « si la France prétend s'insérer dans les discussions qui vont reprendre entre Israël et la Syrie sous l'égide des États-Unis, les autorités françaises se heurteront à une résistance forte du secrétaire d'État ». Warren Christopher ne veut pas que les Français marchent sur ses plates-bandes ! Rapportées par Jean-David Levitte à l'Élysée, ces positions tranchées du peu commode secrétaire d'État américain provoquent cette remarque manuscrite cinglante du président Chirac, en marge de la note de son sherpa : « Christopher est un mauvais con. Il doit, de plus, avoir des aigreurs d'estomac. Cela se voit sur son visage ! »

Concernant la réforme envisagée de l'OTAN, les échanges entre Levitte et Tarnoff sont tout aussi vifs. « Le projet d'accord élaboré par nos ambassadeurs sur le pilier européen de défense était excellent, dit le Français. Or nous apprenons que, sous la pression de la hiérarchie militaire, vous revenez en arrière. Nous voulons bien renforcer le texte sur le lien transatlantique ou la présence des troupes américaines en Europe, mais pas question de remettre en cause les formules consacrant l'identité européenne, qui justifie toute la démarche du président Chirac ! »

Face à lui, Tarnoff reconnaît que le Pentagone a multiplié les entraves, et il promet de préserver le texte original. De toute façon, Chirac ne veut rien lâcher : « Il faut être clair : c'est ça ou nous ressortons[1] ! » martèle-t-il le lendemain.

Un dîner chic à L'Ambroisie

Le bras de fer se poursuit. Le projet passe sans trop d'incidents le cap du sommet de l'OTAN à Berlin au début de juin 1996. Puis il est au menu des entretiens bilatéraux entre Bill Clinton et Jacques Chirac en marge du sommet du G7, qui se tient à la fin de juin à Lyon. Le président américain a accepté l'idée, émise par son hôte français, de faire un saut à Paris pour une rencontre plus

---

1. *Entretien avec M. Peter Tarnoff, secrétaire d'État adjoint, op. cit.*

informelle. Prévenu de cet accord de principe par l'ambassadrice Pamela Harriman, Jean-David Levitte a écrit une courte note pour le président de la République : « Le président Clinton accepte avec joie l'idée de venir, avec son épouse, passer la soirée du samedi 29 juin à l'issue du sommet de Lyon. Pour la Maison-Blanche, l'idéal serait que vous-même et Mme Chirac puissiez emmener M. et Mme Clinton dîner en ville, afin de passer ensemble une soirée amicale, dans un cadre bien parisien. Dans la mesure où vous n'aurez pas la possibilité d'un entretien bilatéral substantiel avec le président Clinton à Lyon, peut-être conviendrait-il de prévoir une conversation de travail au moment de l'apéritif à l'Élysée. Parallèlement, Mme Chirac pourrait recevoir Mme Clinton. Puis vous pourriez rejoindre tous les quatre le restaurant choisi, en tentant d'obtenir des services de sécurité américains la protection la moins visible possible. Il me paraît important de maintenir aussi longtemps que possible le secret sur ce projet[1]. »

Tout est méticuleusement préparé pour ce dîner « amical ». Un apéritif est servi à l'Élysée, avant que le cortège de limousines blindées n'emmène les Clinton et les Chirac dans le Marais. Le restaurant choisi, L'Ambroisie, situé sous les arcades de la place des Vosges et tenu par le grand chef Bernard Pacaud, fait partie des adresses les plus cotées de la gastronomie française. Dans les salons cossus de cet ancien hôtel particulier du XVIIIe siècle aux murs décorés de tapisseries d'Aubusson, une table de six couverts a été dressée de manière que les couples Chirac et Clinton, accompagnés de deux interprètes, puissent se sentir « entre eux ». L'endroit a été sécurisé du sol au plafond par les agents des services secrets. Tous les conseillers dînent dans les salles mitoyennes ou aux alentours. L'ambiance est à la détente et aux plaisanteries, que ce soit sur la Corrèze, la Chine, l'OTAN ou la cuisine française. Les deux présidents nouent durant cette soirée une relation plus cordiale que jamais, tandis que leurs épouses sympathisent. « À partir de cette soirée, Mme Chirac, très impressionnée par l'intelligence d'Hillary, n'a cessé de dire qu'elle la verrait bien un jour présidente des États-Unis[2] », se souvient François Bujon de l'Estang, présent à L'Ambroisie. Le décollage

---

1. *G7 Président Clinton,* note pour le président de la République signée de Jean-David Levitte, 20 mai 1996, archives de la présidence de la République, 5AG4 BE66, Archives nationales.
2. Entretien de François Bujon de l'Estang avec l'auteur, 13 octobre 2009.

d'*Air Force One*, prévu à 22 h 30, doit être retardé. En montant à bord de l'avion présidentiel qui le ramène à Washington, Bill Clinton glisse à ses conseillers : « C'est probablement le meilleur dîner que j'aie jamais eu. Chirac est un sacré type. On a passé un bon moment[1] ! »

*Une inquiétude partagée
sur une flambée du terrorisme*

La grande cuisine semble aplanir provisoirement les différends. Durant l'été, les deux présidents poursuivent leurs échanges confidentiels. Des événements tragiques les mobilisent. L'attentat du 27 juillet 1996 dans un parc d'Atlanta, où se déroulent les Jeux olympiques, fait suite à l'explosion, le 17 juillet, d'un avion de la TWA au large de New York et à celle, le 25 juin, d'un camion piégé sur la base américaine Khobar, à Dharan, en Arabie Saoudite, qui a tué dix-neuf soldats. Ces attentats font craindre une nouvelle vague de terrorisme. D'après les experts français, réunis au lendemain du drame du vol TWA 800 par le directeur de la police nationale, Claude Guéant, le climat s'y prête si l'on considère l'attaque de Dharan, les déclarations enflammées d'un dénommé Oussama Ben Laden, le récent G7 sur le terrorisme et l'ouverture des Jeux olympiques. Selon Guéant, seul l'« islamisme internationaliste » est capable de mener des attentats comme l'explosion d'un avion, puisqu'il a une motivation pour le faire : « toujours mener un jihad[2] ».

Chirac partage cette inquiétude. Le 28 juillet 1996, il téléphone à son « ami » Bill, qui se trouve à bord d'*Air Force One* :

« Je ne pense pas à l'explosion d'Atlanta, qui semble avoir une origine exclusivement américaine, mais je redoute que des tensions croissantes au Proche-Orient ne se traduisent par une reprise des actes terroristes aux États-Unis, en Europe et au Proche-Orient.

–Jacques, je partage votre analyse, lui répond Clinton. Nous sommes sous la menace de réseaux internationaux beaucoup plus

---

1. Rapporté dans Gilles Delafon et Thomas Sancton, *Dear Jacques, Cher Bill*, op. cit., p. 193.
2. *Explosion du Boeing 747 de la TWA*, note pour le ministre de l'Intérieur signée de Claude Guéant, directeur général de la police nationale, 18 juillet 1996, archives de la présidence de la République, Archives nationales.

sophistiqués et difficiles à combattre. Nous cherchons toujours les responsables de l'attentat de Khobar. Nous soupçonnons qu'il s'agit d'agents venus de plus d'un pays. Mais nous n'avons pas encore achevé notre enquête. Et, s'agissant de l'avion de la TWA, nous pourrons faire part de nos certitudes dans deux ou trois jours[1]. »

Les suites de l'enquête montreront que, en dépit de soupçons initiaux du FBI à propos d'un possible tir de missile contre le Boeing, la déflagration de l'avion – qui a causé la mort de deux cent trente personnes – aurait été provoquée par un enchaînement fatal de défaillances mécaniques[2]. Mais les risques d'attentats terroristes continueront d'alimenter les conversations des chefs d'État.

Le 19 août 1996, alors qu'il se repose au fort de Brégançon, dans le Var, Jacques Chirac prend sa plume pour fêter cordialement le cinquantième anniversaire de Bill Clinton. L'un de ses conseillers lui a suggéré ce message personnel, « comme vous le faites pour le roi du Maroc et le chancelier Kohl ». Jacques Chirac adresse donc à son « cher Bill » ses félicitations et ses souhaits « les plus amicaux et chaleureux de santé, de bonheur et de réussite personnelle pour l'année à venir ». Il conclut ainsi : « Bernadette se joint à moi pour vous transmettre toute notre affection en ce jour important. Je vous prie de transmettre à Hillary nos pensées amicales en espérant que les quelques jours de repos que vous avez pris dans le Wyoming furent agréables. Je vous prie d'agréer, Monsieur le Président, Cher Bill, l'expression de mes sentiments très cordiaux et de ma fidèle amitié. »

Il ajoute une phrase manuscrite à côté de sa signature :

---

1. Entretien téléphonique entre le président Bill Clinton et le président Jacques Chirac, 28 juillet 1996, 18 heures, archives de la présidence de la République, Archives nationales.

2. Le 20 juillet, les services secrets français ont fait état de l'hypothèse d'une action terroriste contre le vol TWA 800 – hypothèse évoquée par les enquêteurs américains –, tout en précisant que le FBI ne privilégiait aucune piste, technique ou criminelle. Le FBI avait évoqué dans un premier rapport l'hypothèse d'un tir de missile, avant de l'écarter dans un deuxième rapport. Dans le courant du mois d'août, le FBI aura encore du mal à trancher entre plusieurs hypothèses (missile, bombe, accident). Notes de la DGSE des 20 juillet, 12 août et 26 août 1996, archives de la présidence de la République, Archives nationales. Il faudra attendre quatre ans pour que les experts concluent à l'explosion accidentelle du réservoir central du Boeing 747, probablement due à un court-circuit.

« Bravo pour ce bel anniversaire, bien amicalement, Jacques Chirac[1]. »

Une lettre de Chirac braque Washington

D'autres sujets plus substantiels alimentent les échanges épistolaires entre les deux rives de l'Atlantique en cet été 1996. À commencer par la fameuse réforme à venir de l'OTAN. Car, côté français, une poignée de conseillers du ministère de la Défense, du Quai d'Orsay et de l'Élysée planchent sur une idée très audacieuse : un organigramme permettant de confier une partie du « commandement sud » de l'OTAN, en l'occurrence tout le bassin méditerranéen, à un militaire français. En cas d'accord de Washington, cela constituerait un changement radical : basé à Naples, ce poste est tenu depuis toujours par un amiral américain, qui supervise la VIe flotte de l'US Navy en Méditerranée. Que ce soit pour frapper la Bosnie, le Liban ou la Libye, c'est ce commandement qui dirige les opérations.

Poussé par son chef d'état-major des armées, le général Jean-Philippe Douin, et par son ministre de la Défense, Charles Millon – qui reçoit chez lui dans l'Ain, à la fin de juillet, son homologue américain, William Perry –, Jacques Chirac estime qu'il peut réclamer ce poste aux Américains, voire demander davantage. À ses yeux, le retour de la France dans le commandement intégré de l'OTAN pourrait mériter un jour le fauteuil de commandement suprême des forces en Europe, appelé Saceur, ou au moins un poste d'adjoint, dans un premier temps !

Ayant reçu une longue missive de Clinton, datée du 14 août 1996, dans laquelle ce dernier propose de tenir un sommet au premier semestre de 1997 pour élargir au plus vite l'OTAN aux pays de l'Est sans se laisser retarder par les Russes, Jacques Chirac prend deux semaines pour mûrir soigneusement sa réponse, portant sur ses projets de réforme du commandement[2]. Il commence poliment :

« Je vous remercie de votre lettre du 14 août, par laquelle vous avez bien voulu me faire part de vos objectifs concernant l'évolution de l'Alliance atlantique. Je constate, pour m'en réjouir, une

---

[1]. Lettre du président Jacques Chirac au président Bill Clinton, 19 août 1996, archives de la présidence de la République, 5AG4 BE66, Archives nationales.
[2]. Lettre du président Bill Clinton au président Jacques Chirac, 14 août 1996, archives de la présidence de la République, 5AG4 BE66, Archives nationales.

très large convergence de nos analyses. Je suis, comme vous, favorable à la tenue dans le courant de l'année 1997 d'un sommet de l'Alliance qui devrait à la fois entériner au plus haut niveau les principales décisions concernant l'adaptation des structures de l'OTAN et répondre aux questions que pose le processus d'élargissement de l'Alliance. »

Puis il avance un pied : « Je comprends qu'il apparaît difficile de retenir aujourd'hui l'option qui consiste à mettre en place un nouveau commandement stratégique allié, confié à un Américain, compétent pour l'ensemble euro-atlantique et coiffant deux commandements suprêmes – un Saceur pour l'Europe et un Saclant pour l'Atlantique. Je serais néanmoins heureux de connaître votre sentiment sur cette question. Si telle est bien votre appréciation, je souhaite que nous n'excluions pas cette option comme une possibilité à long terme. Elle me paraîtrait de nature à concilier nos deux objectifs communs : le maintien du lien transatlantique et l'affirmation au sein de l'Alliance de l'identité européenne de défense. »

Ayant présenté son organigramme rêvé, il explique qu'il verrait bien un « officier général européen » comme adjoint du Saceur, dirigeant les opérations militaires sur le continent. Et il prône la mise en place de deux commandements régionaux, au nord et au sud de l'Europe. Audacieux, il met la barre le plus haut possible : « La position géostratégique de la France devrait la conduire à participer à ces deux commandements dans l'esprit de flexibilité qui caractérisera l'Alliance à venir. Ces deux commandements régionaux devraient être confiés à des Européens. Il conviendrait naturellement de définir un mécanisme approprié pour résoudre le problème de la VIe flotte. Si ces propositions pouvaient être adoptées, la France serait prête à prendre toute sa place dans cette Alliance rénovée. L'adaptation de l'Alliance permettrait d'engager son élargissement dans de bonnes conditions. » Jacques Chirac suggère ensuite que cette ouverture se déroule dans le cadre d'un vaste accord de sécurité continental, incluant une « charte de coopération » avec la Russie et l'Ukraine. Il promet de s'en entretenir avec le secrétaire d'État Warren Christopher, bientôt de passage à Paris, et signe : « Bien amicalement vôtre. Jacques Chirac[1]. »

---

1. Jacques Chirac envoie copie de cette lettre à John Major et à Helmut Kohl. Lettre du président Jacques Chirac au président Bill Clinton, 29 août 1996, archives de la présidence de la République, 5AG4 BE66, Archives nationales.

En expédiant cette lettre à la Maison-Blanche le 28 août 1996, le président commet deux graves erreurs d'appréciation. D'une part, il surestime la volonté de Bill Clinton, qui est en pleine campagne électorale, de concéder de tels cadeaux à la France pour le prix de sa réintégration au sein de l'OTAN. Et, d'autre part, il sous-estime l'opposition farouche du Pentagone à son idée saugrenue d'évincer, à terme, les Américains des commandements militaires en Europe. « Les Français veulent revenir dans l'OTAN. Ils ont changé d'avis, on ne va tout de même pas leur donner un pourboire ! » tonne ainsi le chef d'état-major interarmées américain, le général John Shalikashvili. Répétant à ses proches qu'il ne faut pas avoir l'air d'être « demandeur » d'un retour dans l'OTAN tout en exigeant beaucoup en échange, le président français prend le risque de braquer Washington.

C'est exactement ce qui se passe. La missive de Chirac fuite dans la presse américaine, qui la présente comme l'affirmation d'une volonté française de contrôler le commandement sud de l'OTAN et, par conséquent, la VIe flotte en Méditerranée : un outrage à la souveraineté militaire des États-Unis ! « Nous demandions une responsabilité importante : le commandement de Naples, plaide rétrospectivement Jean-David Levitte. Mais comme celui-ci menait les opérations en Bosnie, les Américains ne voulaient pas céder[1]. » L'ambassadeur à Washington, François Bujon de l'Estang, est, quant à lui, plus critique sur la position française : « En posant par écrit nos conditions d'entrée de jeu et en demandant un poste qui n'était pas négociable pour les Américains, nous nous mettions dans une situation délicate, voire impossible[2]. »

Qui plus est, au même moment, l'Élysée désapprouve les frappes aériennes américaines contre des cibles militaires en Irak, décidées après la répression sanglante exercée contre un groupe d'opposants irakiens soutenus par la CIA. Prévenu le 2 septembre 1996, la veille des bombardements, par un coup de téléphone de Bill Clinton, Jacques Chirac a même averti son interlocuteur qu'il entendait bien retirer, à la fin de l'année, son dispositif de surveillance de la zone aérienne au sud de l'Irak, décrétée après la guerre du Golfe. Une décision qui n'est guère appréciée à Washington.

---
1. Entretiens de Jean-David Levitte avec l'auteur, 5 et 12 décembre 2009.
2. Entretien de François Bujon de l'Estang avec l'auteur, 13 octobre 2009.

Dans ce contexte, la réponse de Clinton sur la réforme de l'OTAN, le 27 septembre 1996, tombe comme une douche glacée : c'est un refus catégorique. Il ne veut pas d'un commandement coiffant le Saceur et le Saclant, et encore moins de commandements régionaux confiés à des Européens. « Je dois être franc, écrit le président américain : bien que je sois d'accord dans l'ensemble avec l'idée d'une rotation des commandements aux niveaux régionaux et sous-régionaux, je ne peux pas accepter que ce principe s'applique au commandement sud[1]. » La VIe flotte est intouchable. Lancé dans la campagne pour sa réélection, le président américain ne peut pas céder un pouce de terrain sur ce sujet, que son adversaire républicain, le coriace Bob Dole, exploite déjà abondamment.

Washington ne bouge plus. Jacques Chirac aura beau tenter d'argumenter encore, renvoyer de nouveaux émissaires, multiplier les messages les mois suivants, les dés sont jetés. Il a poussé le bouchon trop loin et au plus mauvais moment. Une double erreur tactique qui lui vaut une défaite diplomatique cinglante. Vexé, il devra ranger au placard son rêve de réintégrer le commandement intégré de l'OTAN et de piloter en son sein ce « pilier européen de défense » qui lui tenait à cœur. Lors du sommet du Conseil atlantique qui se tiendra à Bruxelles en décembre 1996, le ministre Hervé de Charette et le secrétaire d'État Warren Christopher s'accuseront même mutuellement d'impolitesse par presse interposée. Ils quitteront la capitale belge sérieusement fâchés.

Incidents à Jérusalem, déconvenues à Washington

Les mauvaises surprises ne s'arrêtent pas là. En cette fin d'année 1996, alors même que sa popularité, largement érodée depuis les grandes grèves de l'hiver précédent, continue de s'effriter au plan intérieur, Jacques Chirac tente plusieurs coups afin de redorer son blason. Sur la scène internationale, son style chaleureux, son volontarisme en Bosnie et l'arrêt définitif des essais nucléaires ne suffisent pas à masquer un bilan encore décevant et une stratégie diplomatique brouillonne. Son « ami » Bill

---

[1]. Rapporté dans Gilles Delafon et Thomas Sancton, *Dear Jacques, Cher Bill, op. cit.*, p. 214, et dans Hubert Coudurier, *Le Monde selon Chirac, op. cit.*, p. 269.

Clinton peut, lui, s'enorgueillir d'avoir parrainé les premiers accords israélo-palestiniens, signés à la Maison-Blanche en 1994, couvé la réconciliation des frères ennemis politiques en Irlande du Nord et arraché l'accord de paix en Yougoslavie en 1995.

En se lançant dans une nouvelle visite marathon au Proche-Orient au mois d'octobre 1996, le président français espère bien reprendre la main. Orientaliste proclamé, il a participé au mois de mars à un sommet international contre le terrorisme à Charm el-Cheikh, aux côtés de Bill Clinton, de Yasser Arafat et de Shimon Peres, sans avoir pu y jouer un rôle central. Un mois plus tard, lors de sa première tournée dans la région, il a retrouvé avec plaisir son ami Rafic Hariri, le Premier ministre libanais, avant de prononcer à l'université du Caire un discours « fondateur » assez général, promettant de donner un « élan nouveau » à la « politique arabe de la France » chère au général de Gaulle[1]. Quelques jours après, l'armée israélienne a lancé des raids au Sud-Liban, réduisant à néant les vœux pieux du président français. Washington s'est même irrité que Chirac dépêche ensuite sur place son ministre des Affaires étrangères, Hervé de Charette, alors que le secrétaire d'État, Warren Christopher, a fait du Proche-Orient son pré carré.

La tournée automnale de Chirac dans la région se déroule dans un climat tendu : le 23 septembre 1996, le Premier ministre israélien Benjamin Netanyahou, fort de sa victoire électorale du mois de mai précédent, a fait creuser, à Jérusalem, un tunnel au pied de l'esplanade des Mosquées, sous le mont du Temple, lieu saint pour les musulmans, provoquant des émeutes et des réactions indignées des pays arabes et occidentaux. Jacques Chirac, Helmut Kohl et John Major ont, dans une lettre conjointe, appelé Netanyahou à la reprise des négociations de paix, encalminées depuis des mois. Cependant, les trois leaders européens n'ont pas été conviés, au début d'octobre, au sommet improvisé à Washington par Bill Clinton entre Benjamin Netanyahou, Yasser Arafat et le roi Hussein de Jordanie. Le président américain n'a pourtant pas réussi à dégeler l'atmosphère entre l'Israélien et le Palestinien. Ce dernier, de passage à l'Élysée, a ensuite exhorté les Européens à se mêler davantage des négociations, sans plus de succès.

---

[1]. Voir le détail de cette tournée d'avril 1996 et l'analyse de la « politique arabe » de Chirac, dans l'ouvrage *Chirac d'Arabie, les mirages d'une politique française*, Eric Aeshimann et Christophe Boltanski, Grasset, p. 192 sq. Voir aussi Hubert Coudurier, *Le Monde selon Chirac, op. cit.*, p. 128 sq.

En s'envolant pour sa tournée proche-orientale, le samedi 19 octobre 1996, le président français espère redevenir un médiateur incontournable. De plus, à quelques jours de l'élection présidentielle, la diplomatie américaine s'est mise en sommeil. Quel que soit le résultat du scrutin, le très susceptible Warren Christopher doit quitter le département d'État, ce qui provoque un soulagement non dissimulé au Quai d'Orsay comme à l'Élysée.

Le voyage débute par une étape à Damas, où le président syrien, Hafez el-Assad, accueille Jacques Chirac en grande pompe. C'est l'occasion pour ce dernier d'expliquer que la France et l'Europe, importants pourvoyeurs d'aide économique, doivent affirmer davantage leur présence politique dans cette région aux côtés des États-Unis. Cette volonté d'influence n'est pas vraiment du goût des Israéliens, qui reprochent à Chirac une arabophilie un peu trop prononcée.

Lorsque le président français arrive à Tel-Aviv pour la deuxième étape de sa tournée, l'ambiance est électrique. De plus, il a prévu de se rendre à pied, « à titre privé », dans la vieille ville de Jérusalem pour y visiter les lieux saints de la chrétienté, du judaïsme et de l'islam. Cet œcuménisme déplaît fortement aux autorités israéliennes, qui considèrent Jérusalem comme la seule « capitale éternelle et réunifiée de l'État d'Israël ». Durant cette escapade, dans la matinée du mardi 22 octobre, les policiers chargés de la sécurité de Chirac sont très nerveux. Au milieu des ruelles étroites de la Vieille Ville, la délégation peine à se frayer un chemin. Des heurts se produisent entre les policiers et des membres de la délégation française, dont des journalistes. Furieux de ces altercations, Jaques Chirac lance à un officier de sécurité israélien : « Je commence à en avoir assez ! *Do you want me to go back to my plane, to go back to my country, to go back to France ? This is a provocation ! Please, stop now !* »

La bousculade se poursuit. Chirac doit renoncer à entrer dans les mosquées, et il fait ressortir des tireurs israéliens de l'église Sainte-Anne[1]. Très remonté, il exige des excuses du Premier ministre Netanyahou. Celui-ci s'exécute le soir même, regrettant les « désagréments » du matin et précisant que ses policiers sont très tendus depuis l'assassinat d'Itzhak Rabin un an plus tôt. « Cela partait d'une bonne intention, dit-il, le but était de protéger

---
1. Voir Éric Aeschimann et Christophe Boltanski, *Chirac d'Arabie*, op. cit., p. 212-218.

un ami qui nous est cher. » Chirac tente de conclure : « L'incident est clos. »

L'affrontement de Jérusalem envenime cependant les relations franco-israéliennes, déjà déplorables. Chirac suspecte Israël d'avoir voulu l'humilier. Netanyahou estime que le président français a volontairement provoqué un éclat afin de plaire aux opinions arabes. D'ailleurs, Chirac est acclamé, le lendemain, par une foule palestinienne en liesse à Ramallah, dans les territoires occupés, avant d'être salué par Yasser Arafat comme le « bon docteur », fervent défenseur de sa cause. Alors que le président français voulait tenter de se poser en arbitre, protecteur de la sécurité d'Israël et promoteur d'un État palestinien, sa tournée entraîne une fâcherie profonde avec le gouvernement de Tel-Aviv. Son pari est perdu.

Les effets sont immédiats sur l'image de Chirac aux États-Unis : une frange importante de la presse américaine fustige ses débordements, le jugeant trop hostile à Israël. « Avec cette visite ponctuée par des incidents, il a sans doute marqué des points dans les pays arabes, mais cela nous a valu beaucoup d'ennuis avec la communauté juive américaine, qui a porté les déclarations de Chirac intégralement à son débit[1] », se souvient l'ambassadeur François Bujon de l'Estang. Autant le discours de repentance sur la responsabilité de l'État français dans la rafle du Vél d'Hiv en 1942, prononcé le 16 juillet 1995, lui avait attiré des louanges de la communauté juive, autant cette tournée au Proche-Orient lui redonne une image proarabe caricaturale.

Soucieux de ne pas se brouiller avec Washington, Jacques Chirac tente – après de courtes étapes à Amman, Beyrouth et au Caire – d'expliquer ses positions à Bill Clinton. « Dès mon retour, je souhaite vous tenir informé des résultats de mon voyage au Proche-Orient, écrit-il le 26 octobre 1996. Ma visite en Syrie, en Israël, dans les Territoires autonomes palestiniens, en Jordanie, au Liban et en Égypte avait d'abord pour objet de réaffirmer avec clarté, devant tous mes interlocuteurs comme tous mes auditoires, les principes qui doivent guider le processus de paix […]. »

Chirac estime que les messages reçus à chaque étape « ont pu contribuer à rétablir un meilleur climat ». Il répète que les pays européens doivent « jouer un rôle politique en complément de

---

1. Entretien de François Bujon de l'Estang avec l'auteur, 13 octobre 2009.

l'action des États-Unis », dont il a souligné le « caractère essentiel ». Pour le président français, cette visite est donc positive : « J'ai été frappé du bon accueil qui a été réservé partout à mes interventions », affirme-t-il, en adepte de la méthode Coué. Il conclut sa lettre ainsi : « Je souhaite que nous puissions rester en étroit contact sur ce dossier majeur, afin que nous puissions définir, en parfaite coordination avec les États-Unis, les modalités d'une contribution accrue de l'Europe au processus de paix, au moment où celui-ci est en danger. La prochaine visite à Paris de Tony Lake, que je recevrai volontiers, sera l'occasion d'un échange de vues approfondi sur le Proche-Orient comme, bien sûr, sur d'autres sujets majeurs, à commencer par la réforme de l'OTAN[1]. »

Sur ces deux thèmes, Jacques Chirac se berce d'illusions. Malgré l'écoute réservée, le 1er novembre, au conseiller à la Sécurité nationale de Bill Clinton à l'Élysée, la Maison-Blanche n'a aucune envie de faire la moindre concession aux Français. Les propositions françaises sur l'OTAN sont, on l'a vu, jugées irrecevables. Le coparrainage du processus de paix réclamé par Chirac au nom de l'Europe a des allures de mirage. Éduqué en partie aux États-Unis, Benjamin Netanyahou ne veut plus entendre parler d'une immixtion européenne dans les négociations, et encore moins de Jacques Chirac.

« Mille bravos ! Je suis vraiment heureux de votre réélection »

Peu rancunier, Chirac ne désespère pas de son ami Clinton. Le 6 novembre 1996, il le félicite chaleureusement pour sa brillante réélection face au républicain Bob Dole. Son coup de téléphone est suivi d'une longue lettre de supporter :

« Mon cher Bill, j'apprends avec une grande joie que le peuple américain vient de remettre pour la seconde fois son avenir entre vos mains. En vous réélisant à la présidence des États-Unis, vos concitoyens ont donné la mesure de la pleine confiance qu'ils vous portent. Permettez-moi de vous dire que nul ne s'en réjouit plus que moi. J'ai eu à de nombreuses reprises l'occasion d'apprécier vos qualités d'homme d'État responsable et avisé,

---
1. Lettre du président Jacques Chirac au président Bill Clinton, 26 octobre 1996, archives de la présidence de la République, 5AG5 JFG11, Archives nationales.

votre vision de notre avenir commun, votre sens de l'intérêt de notre communauté occidentale, mais aussi la chaleur, la simplicité, l'humanité qui sont les vôtres. »

« Votre présence à la Maison-Blanche nous garantit un partenaire américain amical, clairvoyant, compétent, mais aussi généreux. Je sais qu'avec votre réélection les relations étroites et amicales entre nos deux pays n'iront qu'en s'intensifiant. [...] En espérant avoir le plaisir de vous exprimer bientôt de vive voix mes chaleureuses et sincères félicitations, je vous prie de croire, Monsieur le Président, à l'assurance de ma très haute considération et de mon plus amical souvenir. Mille bravos ! Je suis vraiment heureux ! Bien amicalement. Jacques Chirac[1]. »

Cette « clintonmania » affichée n'est guère payée de retour. Car, sitôt réélu, Bill Clinton reprend la main au Proche-Orient. Son émissaire spécial, Dennis Ross, tente, non sans difficultés, d'obtenir un accord des Israéliens pour un retrait de la ville palestinienne d'Hébron. Quant au président français, la Maison-Blanche préfère qu'il se consacre... à d'autres dossiers. En réponse à la lettre de Chirac du 26 octobre, Clinton a d'ailleurs souligné qu'il souhaitait « travailler étroitement » avec lui sur les problèmes économiques des Palestiniens ou sur l'aide au Liban... « J'ai rencontré récemment le Premier ministre Hariri à Washington. Lui et moi comptons sur une forte participation française et européenne à la conférence des Amis du Liban qui se tiendra à Paris le 16 décembre[2]. » C'est une aimable façon de prier Jacques Chirac de ne pas se mêler d'autre chose !

Sur le Liban, le président français ne se sent pas à la peine. Il se démène comme un diable pour donner un coup de main à Rafic Hariri, devenu l'un de ses amis intimes au fil de nombreuses rencontres publiques et privées. Rappelant l'importance des efforts français en faveur de la reconstruction du Liban, Chirac renvoie poliment la balle à Clinton, à la veille de cette conférence de donateurs : « Je forme le vœu que le soutien financier de votre pays au Liban puisse être à la hauteur de votre engagement politique dans cette région[3]. »

---

1. Lettre du président Jacques Chirac au président Bill Clinton, 6 novembre 1996, archives de la présidence de la République, 5AG4 BE66, Archives nationales.

2. Lettre du président Bill Clinton au président Jacques Chirac, 31 octobre 1996, archives de la présidence de la République, 5AG5 JFG11, Archives nationales.

3. Lettre du président Jacques Chirac au président Bill Clinton, 14 décembre 1996, archives de la présidence de la République, 5AG5 JFG11, Archives nationales.

Chirac multiplie en vain les offres de services à Clinton

Mais Chirac veut encore mettre son grain de sel dans les autres dossiers sensibles du Proche-Orient. Le 18 novembre 1996, dans une nouvelle lettre à Clinton, il souhaite exprimer son « appréciation » sur la politique syrienne à l'égard du plateau du Golan, qu'il a jugée plus ouverte lors de sa récente tournée : « Le président Assad m'avait donné le sentiment que les positions de son pays n'étaient peut-être pas aussi fermes qu'elles le paraissaient. [...] Dès lors, j'ai le sentiment que nous pourrions ensemble nous fixer l'objectif d'obtenir de M. Netanyahou qu'il réaffirme solennellement, éventuellement de manière secrète, sa disposition à rendre le Golan. Nous pourrions, en parallèle, demander à la Syrie d'accepter un réexamen des modalités de sécurité agréées [lors de négociations précédentes menées] à Wye Plantation. [...] Je crois qu'ensemble nous pouvons envisager d'unir nos efforts pour avancer sur ce terrain[1] [...]. »

Une fois de plus, Chirac offre ses services pour tenter de jouer un rôle de premier plan sur l'échiquier régional. Pourtant, ses capacités de pression sur le Premier ministre israélien Netanyahou sont nulles. Il ne peut donc, sur ce terrain, que s'en remettre aux États-Unis, tuteurs quasi exclusifs d'un État hébreu peu disposé à se laisser imposer quoi que ce soit. Lorsque les Américains réussissent, à la mi-janvier 1997, à arracher un accord sur le retrait israélien de la ville d'Hébron, Jacques Chirac doit reconnaître qu'il n'est que le spectateur d'un ballet réglé à Washington.

« C'est avec joie que j'apprends la conclusion de l'accord entre Israéliens et Palestiniens sur le redéploiement de l'armée israélienne à Hébron, écrit-il à Clinton. Cet accord avait été longuement attendu. Je sais la contribution décisive que les États-Unis ont apportée à l'aboutissement de cette négociation. Je sais que vous avez donné personnellement instruction à M. Dennis Ross de se rendre à nouveau sur place pour accélérer les discussions. Son talent de négociateur s'est, une fois de plus, affirmé. Je tiens à vous exprimer toutes mes félicitations pour ce succès et cette contribution à la paix au Proche-Orient. » Le président français

---

1. Lettre du président Jacques Chirac au président Bill Clinton, 18 novembre 1996, archives de la présidence de la République, 5AG5 JFG11, Archives nationales.

ajoute que la « route vers la paix » sera « encore longue », et que la France et l'Europe sont toujours disposées à y apporter leur pierre[1]...

Que faire de plus ? Décidément, Jacques Chirac n'a guère de chance sur le plan international. Certes, il soutient, à la mi-novembre 1996, l'« initiative courageuse » prise par Bill Clinton de déployer rapidement une force d'interposition à l'est du Zaïre, où des centaines de milliers de réfugiés hutus venus du Rwanda affluent, victimes d'attaques des rebelles de Laurent Désiré Kabila et de l'armée rwandaise. Au-delà de l'opération humanitaire, à laquelle la France veut bien participer dans la région du Kivu, Chirac craint surtout une implosion du Zaïre. À ses yeux, seul le président Mobutu peut encore la contenir[2]. Mais ce projet d'opération humanitaire tourne court : une partie des réfugiés refluant rapidement vers le Rwanda, son déploiement ne paraît plus aussi urgent aux yeux des États-Unis, qui soutiennent Kabila et ses alliés tutsis au pouvoir à Kigali. D'anciens Bérets verts américains appuient d'ailleurs les forces rwandaises, tandis que des mercenaires français et serbes épaulent l'armée zaïroise de Mobutu. Paris et Washington s'empoignent sur leur zone d'influence en Afrique, sans parvenir à un accord. Sur ce sujet comme sur les autres, Chirac ne risque pas d'obtenir de Clinton un quelconque cadeau.

D'ailleurs, au même moment, le président français échoue à prolonger le mandat de son ami Boutros Boutros-Ghali au poste de secrétaire général des Nations unies. Il n'a pourtant cessé de se battre pour le faire réélire. « La seule formule de compromis envisageable est un demi-mandat[3] », répète Chirac à Clinton lors d'un entretien téléphonique, le 14 novembre 1996. Selon lui, les pays africains soutiennent Boutros-Ghali. Las : lors d'un premier tour de scrutin au Conseil de sécurité, le 20 novembre, les États-Unis émettent un veto au renouvellement de Boutros-Ghali, dont ils ne veulent plus entendre parler. Le 16 décembre 1996, la Maison-

---

[1]. Lettre du président Jacques Chirac au président Bill Clinton, 15 janvier 1997, archives de la présidence de la République, 5AG5 JFG11, Archives nationales. Le même jour, Jacques Chirac envoie des courriers similaires de félicitations à Benjamin Netanyahou, Yasser Arafat, Hosni Moubarak, et au roi Hussein de Jordanie.

[2]. Entretien téléphonique du président Jacques Chirac avec le président Bill Clinton, 14 novembre 1996, archives de la présidence de la République, 5AG5 JFG11, Archives nationales.

[3]. *Ibid.*

Blanche réussit à imposer son candidat favori, le Ghanéen Kofi Annan, qui a soutenu les positions américaines en Bosnie ou en Haïti. La toute nouvelle secrétaire d'État, Madeleine Albright, ancienne ambassadrice à l'ONU, réputée pour son allure sévère, a chaudement recommandé la candidature d'Annan à Clinton. Ce dernier le trouve « intelligent et impressionnant ». Il se réjouit qu'Annan s'engage à rendre les opérations des Nations unies « plus efficaces et plus transparentes[1] ».

Bill Clinton prend sa plume pour savourer sa victoire au lendemain de cette nomination, à laquelle la France a dû se rallier de force : « Cher Jacques, je veux vous remercier pour avoir contribué à la réalisation d'un consensus précoce sur Kofi Annan comme secrétaire général des Nations unies[2]. » L'ironie est cruelle.

Furieux, Chirac doit avaler la couleuvre. Une de plus.

Et il n'est pas au bout de ses déboires.

---

1. Rapporté dans Bill Clinton, *Ma vie, op. cit.*, p. 1021.
2. Lettre du président Bill Clinton au président Jacques Chirac, 18 décembre 1996, archives de la présidence de la République, 5AG5 JFG11, Archives nationales.

Chapitre 13

« Mes hommages affectueux à Hillary »

« Les emmerdes, ça vole toujours en escadrille. »
Jacques Chirac s'est souvent plu à citer ce dicton péjoratif, tiré d'une longue expérience de la vie politique. En ce début d'année 1997, il peut vérifier une nouvelle fois que l'adage est fondé.
Dépité sur l'OTAN, écarté au Proche-Orient et impuissant à l'ONU, le président français accumule les déconvenues. En dépit des avis de son sherpa Jean-David Levitte, très apprécié à Washington, il peine à retrouver ses marques sur la scène internationale. Son amitié avec Bill Clinton ne lui a pas rapporté grand-chose. Comble de malchance, l'ambassadrice américaine à Paris, Pamela Harriman, qu'il adorait, meurt subitement le 5 février 1997, après une attaque cérébrale survenue alors qu'elle nageait dans la piscine de l'hôtel Ritz. « Je veux qu'on fasse le mieux possible pour l'honorer et que cela se sache aux États-Unis[1] », recommande Chirac en marge d'une note du Quai d'Orsay annonçant le décès imminent de l'Américaine. Ému aux larmes, il lui rend hommage, en anglais, sur le perron de l'Élysée. Le discours est repris en direct sur CNN. « Je suis malheureux, écrit-il également à Clinton, je l'admirais beaucoup et je l'aimais beaucoup. Elle donnait une superbe image des États-Unis. Bien amicalement[2]. » Décernant à Pamela Harriman, à titre posthume, les insignes de grand-croix de la Légion d'honneur, sur la terrasse de la résidence de l'ambassadeur, rue du Faubourg Saint-Honoré, Jacques Chirac ajoute : « Elle était la distinction même. Elle était la grâce. Aujourd'hui, la France perd une amie. »

---
1. *Possible décès de Mme Pamela Harriman*, note du ministère des Affaires étrangères pour le président de la République, 4 février 1997, archives de la présidence de la République, 5AG5 BE66, Archives nationales.
2. Lettre de Jacques Chirac à Bill Clinton, 5 février 1997, archives de la présidence de la République, 5AG5 BE66, Archives nationales.

L'hiver ne réussit guère à la geste chiraquienne. Ses voyages à Budapest, Moscou et Bucarest en février, prolongés par une tournée latino-américaine en mars et une visite à Prague en avril, n'y changent pas grand-chose. Il avale des milliers de kilomètres, prononce des dizaines de discours pleins de bonnes intentions, sourit aux photographes et tape sur l'épaule de ses interlocuteurs dans tous les pays, sans que sa diplomatie laisse d'empreinte.

Sur la scène politique intérieure, les choses virent carrément au désastre. Suivant les recommandations de Dominique de Villepin, secrétaire général de l'Élysée, et de quelques autres conseillers, Jacques Chirac annonce, le 21 avril, sa décision mûrement réfléchie de dissoudre l'Assemblée nationale, un an avant l'échéance prévue pour son renouvellement. Il espère que des élections législatives anticipées lui redonneront une majorité parlementaire confortable afin d'insuffler un deuxième élan à son septennat, qui court jusqu'en 2002. « J'ai acquis la conviction qu'il faut redonner la parole à notre peuple, afin qu'il se prononce clairement sur l'ampleur et le rythme des changements à conduire pendant les cinq prochaines années », déclare-t-il à la télévision.

Le calcul se révèle catastrophique. Miné par une popularité en berne et une image trop rigide, le Premier ministre Alain Juppé sert de repoussoir aux électeurs. L'ancien candidat socialiste à la présidentielle de 1995, Lionel Jospin, surfe sur la vague des déçus du chiraquisme. Avec ses alliés communistes, radicaux et écologistes, réunis au sein de la « Gauche plurielle », il remporte les élections législatives des 25 mai et 1er juin 1997. Pour le président, l'échec est cinglant. Son parti, le RPR, est laminé, son camp défait, son septennat brisé. À l'Élysée, il ne peut que ruminer sur ses propres erreurs. Deux ans après son triomphe, il est contraint d'appeler son adversaire d'hier, Lionel Jospin, à former un gouvernement de cohabitation, sans pouvoir l'empêcher d'agir.

Maigre consolation : le nouveau ministre des Affaires étrangères s'appelle Hubert Védrine. Jacques Chirac a toujours entretenu des relations courtoises avec l'ancien conseiller diplomatique de François Mitterrand, qui a occupé la fonction clé de secrétaire général de l'Élysée entre 1991 et 1995. Il met en place un dialogue hebdomadaire avec celui qui a suivi pas à pas Mitterrand et connaît déjà toutes les coulisses de la scène internationale[1].

---

1. Voir son livre de référence sur la politique étrangère de Mitterrand, *Les Mondes de François Mitterrand*, op. cit.

L'Élysée pourra ainsi garder une vue étroite sur ce « domaine réservé » sans que Védrine en prenne ombrage. De plus, le ministre défend une action diplomatique plutôt pragmatique et une vision du monde où l'« hyperpuissance » américaine doit être progressivement contrebalancée par l'émergence d'autres pôles régionaux – autant de convictions qui ne choquent pas Chirac, même s'il est traditionnellement plus proche des États-Unis.

Autre bonne surprise, Hubert Védrine s'entend bien avec Dominique de Villepin, le secrétaire général de l'Élysée, venu, comme lui, du Quai d'Orsay. Enfin, lorsqu'il rencontre pour la première fois son homologue américaine, la secrétaire d'État Madeleine Albright, l'alchimie fonctionne mieux qu'entre leurs deux prédécesseurs, Hervé de Charette et Warren Christopher, qui se détestaient. Investie officiellement à son poste en janvier 1997, Madeleine Albright est une solide sexagénaire d'origine juive, née à Prague, experte reconnue des pays de l'Est, qui parle sept langues, dont le français. « Lors d'un dîner en tête à tête, à l'automne 1997, nous avons décidé de nous parler très franchement, se souvient Védrine. Elle a commencé par me dire qu'elle ne comprenait pas que la France soit si antiaméricaine. Je lui ai dit que c'était faux, que nous n'étions pas plus antiaméricains que les Américains n'étaient francophobes. Nous avons alors entamé une discussion intellectuelle, puis nous sommes convenus d'anticiper au maximum tous nos sujets de désaccord possibles afin d'éviter les incidents inutiles. J'ai eu la chance de tomber sur cette femme polyglotte, ouverte à la discussion, qui défendait farouchement les intérêts américains mais qui s'intéressait aux Européens. Notre tandem s'est soudé ensuite au fil des événements[1]. »

Un nouveau revers sur l'élargissement de l'OTAN à la Roumanie

Affaibli sur le plan intérieur, Jacques Chirac peut donc au moins compter sur un climat tempéré du côté des affaires étrangères. « Rien n'a changé », répète-t-il à Clinton lors d'une conversation téléphonique au lendemain de sa défaite, qui a pourtant modifié la donne. Le président américain lui rappelle qu'il a

---
1. Entretiens d'Hubert Védrine avec l'auteur, 22 février et 14 juin 2010.

lui aussi perdu des élections au Congrès en 1994 sans que cela ait obéré sa propre victoire deux ans plus tard. « Jacques, toi et ton équipe, vous vous êtes battus pour ce qu'il fallait faire[1] », assure Clinton pour consoler son ami français.

Au mois de juin 1997, les dossiers se bousculent sur le bureau du président de la République. Jean-David Levitte a continué de faire des allers-retours discrets à Washington pour tenter de rouvrir la négociation avortée sur un retour de la France dans le commandement intégré de l'OTAN. Parfois accompagné du chef d'état-major des armées, le général Douin, Levitte a suggéré un nouvel organigramme permettant de faire une place à un Français, aux côtés d'un Américain, au sein du commandement sud de l'OTAN, basé à Naples. En avril, un compromis semblait proche, malgré les réticences du Pentagone[2]. L'annonce de la dissolution en France a stoppé net les pourparlers. Jacques Chirac, de toute façon, n'y croit plus. « La France n'a rien concédé, confiera-t-il en guise d'explication quelques semaines plus tard. Elle attendra que les choses changent et que la position des Américains, et surtout de l'OTAN, évolue dans le sens que nous souhaitons[3]. » En réalité, le président doit désormais composer avec le gouvernement Jospin et sa majorité parlementaire de gauche, peu favorables à un retour de la France dans le commandement de l'OTAN. L'élan atlantiste chiraquien, même conditionné par la naissance d'un « pilier européen de défense », n'a pas beaucoup de supporters à l'hôtel Matignon.

En revanche, Bill Clinton, lui, ne lâche pas prise au sujet de l'élargissement de l'OTAN aux anciens pays du bloc de l'Est. Il veut en contrôler le calendrier et l'ampleur. Afin de calmer les inquiétudes de Moscou, le président américain a accepté de parapher, avec seize autres chefs d'État, le 27 mai 1997, à Paris, un accord de « partenariat » entre l'OTAN et la Russie de Boris Eltsine. « Nous tournons la page d'un demi-siècle d'incompréhension, de confrontation, de division sur notre continent », s'est réjoui Jacques Chirac en ouvrant la cérémonie de signature de cet

---
1. Rapporté dans Gilles Delafon et Thomas Sancton, *Dear Jacques, Cher Bill, op. cit.*, p. 289.
2. Rapporté dans Gilles Delafon et Thomas Sancton, *Dear Jacques, Cher Bill, op. cit.*, p. 282-283.
3. Propos de Jacques Chirac durant la conférence de presse au sommet de l'Alliance atlantique à Madrid le 8 juillet 1997.

« acte fondateur », préalable indispensable à l'élargissement de l'OTAN.

Chacun a sa liste de favoris pour la suite : Washington soutient uniquement l'entrée de la Pologne, de la Hongrie et de la République tchèque, tandis que Rome appuie la candidature de la Slovénie et que Paris souhaite y ajouter la Roumanie. « Comme je vous l'ai indiqué lors de notre entretien du 27 mai dernier à Paris, la France considère que la Roumanie remplit l'ensemble des conditions requises pour adhérer à l'OTAN dès la première phase de son élargissement », écrit Chirac dans une longue lettre à Clinton le 19 juin 1997. Il y énumère tous les progrès qu'a accomplis ce pays francophile : « choix clair en faveur de la démocratie », « bon fonctionnement » des institutions, « maturité politique du peuple roumain », transition économique « remarquable », « modernisation » de sa défense, excellentes relations avec ses voisins. La mariée est belle ! « La Roumanie n'a jamais été réellement intégrée, sur le plan militaire, au pacte de Varsovie, son adaptation aux standards de l'OTAN, déjà engagée, en sera donc facilitée », précise le président français. « Je suis convaincu qu'il est possible de bâtir avec les Alliés un consensus sur ce sujet qui réponde à l'ensemble de nos préoccupations », conclut-il, « bien amicalement[1] ».

Las ! Washington ne veut pas de la Roumanie pour le moment, ni de la Slovénie. La Maison-Blanche impose ses choix : ce sera la Pologne, la Hongrie et la République tchèque, point. L'OTAN reste sous l'emprise américaine. Lors du sommet de l'Alliance atlantique qui se tient à Madrid les 8 et 9 juillet, Jacques Chirac, venu avec Hubert Védrine, doit s'incliner. Une fois de plus. « Nous avons eu quelques difficultés », reconnaît-il devant la presse, en se félicitant toutefois que l'adhésion de la Roumanie et de la Slovénie soit mentionnée pour la deuxième phase de l'élargissement de l'OTAN, prévue en 1999. Il peste aussi contre le coût de l'élargissement, que la France refuse d'assumer. « Alors que la guerre froide appartient à l'histoire, je ne vois pas pourquoi la défense de l'Alliance devrait coûter plus cher qu'hier[2] », se plaint-il publiquement.

---
1. Lettre du président Jacques Chirac au président Bill Clinton, 19 juin 1997, archives de la présidence de la République, 5AG5 JFG11, Archives nationales.
2. Selon les estimations, l'entrée des trois nouveaux pays devrait coûter 1,3 milliard de dollars par an pendant treize ans. Voir Craig Whitney, « Clinton and NATO Chiefs Now Face the Legislature », *New York Times*, 10 juillet 1997.

Ce sommet lui laisse un goût amer. Il est d'autant plus vexé que Bill Clinton effectue aussitôt une visite en Roumanie où des foules immenses l'acclament aux cris de « USA ! USA ! ». Le président américain tente bien, à son retour, de conforter son ami Jacques avec quelques mots flatteurs : « Malgré nos désaccords initiaux, je crois que nous avons réussi à trouver une solution globale. » Et il ajoute : « Entre votre réunion importante à Moscou et votre rôle clé à Madrid, vous avez imprimé de votre marque indélébile la transformation historique de l'Europe et de l'OTAN[1] [...]. »

Mais Chirac n'est pas dupe, le compliment étant un peu trop appuyé pour être vraiment sincère : l'Alliance atlantique, décidément, ne lui porte pas chance.

*« J'ai pu découvrir
cette belle région du Colorado... »*

Les sommets du G8 ne lui réussissent pas davantage. Réunis à Denver, dans le Colorado, les 21 et 22 juin 1997, les dirigeants des sept pays les plus riches, qui ont convié le président russe Boris Eltsine à les rejoindre, apparaissent comme de simples faire-valoir pour un Bill Clinton qui délivre un message très calculé sur le libéralisme économique et le leadership américain. L'autre vedette de la réunion est Tony Blair, le souriant Premier Ministre britannique, qui vient de remporter triomphalement les élections dans son pays. À leurs côtés, le chancelier allemand Helmut Kohl, en fin de règne, le président Jacques Chirac, affaibli politiquement, et Boris Eltsine, en mauvaise santé, font figure de vieux fauves fatigués. Pour détendre l'atmosphère, la Maison-Blanche a prévu une soirée western, avec spectacle Far-West et musique rock. Jacques Chirac ne peut enfiler les bottes de cuir qui lui sont destinées : elles ne sont pas à sa taille ! Madeleine Albright, coiffée d'un chapeau de cow-boy, a convié ses homologues à se déplacer dans un bus de rock star aménagé en discothèque. Ces festivités un peu forcées et l'hégémonie américaine lors du

---

1. Lettre du président Bill Clinton au président Jacques Chirac, 22 juillet 1997. Jacques Chirac le remercie pour sa lettre « chaleureuse », en se félicitant de la « qualité de [ses] relations personnelles » et de sa « coopération amicale », dans un courrier daté du 30 juillet 1997, archives de la présidence de la République, 5AG5 JFG11, Archives nationales.

sommet énervent les participants. Mais le président français, toujours grand admirateur des États-Unis, fait contre mauvaise fortune bon cœur. Dans une lettre à Clinton, il se félicite du bon climat à Denver :

« De retour à Paris, je tiens à vous exprimer mes plus vifs remerciements pour l'accueil amical et chaleureux que vous-même et Hillary m'avez réservé à Denver. Je garderai le meilleur souvenir de ce séjour qui m'a permis de découvrir cette belle région du Colorado. Grâce à vous, j'ai pu en apprécier les riches traditions et le dynamisme impressionnant. Je me réjouis que nous ayons pu, sous votre présidence efficace, procéder à des échanges utiles et constructifs sur les principales questions économiques, politiques et globales pour lesquelles les Huit ont des responsabilités particulières à exercer. J'ai également été heureux de pouvoir m'entretenir avec vous, de manière approfondie, des grands dossiers internationaux. J'ai été particulièrement intéressé par notre échange sur le processus de paix au Proche-Orient. Soyez assuré que je prendrai connaissance avec le plus vif intérêt de vos idées dans les prochains jours. En vous remerciant de nouveau vivement pour votre hospitalité, je vous prie de croire, Monsieur le Président, à l'assurance de ma très haute considération. Avec mes hommages respectueux et affectueux à Hillary. Bien amicalement, Jacques Chirac[1]. »

L'Irak empoisonne déjà la ligne Paris-Washington

Au-delà des formules de politesse, le président français veut à tout prix préserver ses bonnes relations personnelles avec le puissant président américain et son épouse. C'est pour lui un des moyens de garder une emprise sur la scène internationale, alors que le terrain domestique lui échappe. Son influence se manifeste enfin durant l'automne 1997, lorsque Saddam Hussein refait parler de lui. Réticent, depuis la fin de la guerre du Golfe, à dévoiler la totalité de ses programmes secrets d'armes de destruction massive aux inspecteurs de la commission spéciale des Nations unies chargés de démanteler son arsenal, le dictateur irakien tarde à répondre à certaines questions complémentaires sur

---

1. Lettre du président Jacques Chirac au président Bill Clinton, 25 juin 1997, archives de la présidence de la République, 5AG5 JFG11, Archives nationales.

ses projets nucléaires clandestins, qui ont officiellement été abandonnés. Sur la base d'un rapport très critique des experts de l'Agence internationale de l'énergie atomique (AIEA), les États-Unis font adopter le 23 octobre au Conseil de sécurité des Nations unies une résolution exigeant une totale coopération irakienne[1]. La France s'abstient lors de ce vote, ce qui déplaît fortement à Washington.

Saddam Hussein réagit en expulsant plusieurs inspecteurs de l'ONU. Bill Clinton, comme naguère son prédécesseur, fulmine. La Maison-Blanche est prête à lancer des bombardements massifs sur l'Irak. Mais plusieurs pays européens et la Russie plaident en faveur de pressions diplomatiques, assorties d'une éventuelle promesse de levée des sanctions économiques imposées au pays depuis la guerre du Golfe. Jacques Chirac, soutenu par le gouvernement Jospin, défend cette ligne lors de plusieurs conversations téléphoniques avec Bill Clinton. Il obtient satisfaction. Le 19 novembre 1997, Saddam Hussein accepte le retour des inspecteurs de l'ONU. Le président français s'en réjouit aussitôt dans une lettre à son homologue américain : « Notre étroite coopération et nos actions coordonnées ont fait comprendre à l'Irak qu'il n'y avait aucune issue dans la confrontation avec la communauté internationale. [...] Il nous faudra ensuite réfléchir à la meilleure façon d'obtenir de l'Irak qu'il coopère pleinement avec les Nations unies à l'élimination totale de ses armes de destruction massive[2]. »

Les espoirs du président français s'évaporent rapidement. Saddam Hussein reprend sa tactique d'obstruction. En janvier 1998, il refuse que les inspecteurs accèdent à certains sites présidentiels. Il tente de semer la division dans le front occidental. Paris et Washington s'opposent à nouveau sur la manière de répliquer. Clinton propose des bombardements tandis que Chirac

---

1. Entre avril 1991 et octobre 1997, la commission spéciale de l'ONU chargée de démanteler les programmes d'armes de destruction massive en Irak a mené plus de cinq cents inspections, et les révélations du gendre de Saddam Hussein ont permis aux inspecteurs, en 1995, de découvrir des pans cachés du programme nucléaire irakien (achat d'uranium et d'équipements, centres secrets sur l'enrichissement, etc.), qui ont été démantelés. En février 1996, l'Irak a fourni une déclaration finale et définitive sur l'abandon de son programme nucléaire clandestin. Mais les inspecteurs de l'ONU et de l'AEIA ont encore découvert quelques cachotteries. Le rapport du directeur de l'AIEA, Hans Blix, adressé à l'ONU, est daté du 8 octobre 1997.
2. Lettre du président Jacques Chirac au président Bill Clinton, 21 novembre 1997, archives de la présidence de la République, 5AG5 JFG11, Archives nationales.

plaide pour des tractations diplomatiques. Au bout de quelques semaines de difficiles négociations, la tension retombe. Un autre bras de fer similaire aura lieu en novembre, avant que Clinton ne finisse par bombarder, du 16 au 19 décembre 1998, des sites stratégiques irakiens, provoquant la colère de Paris. « Le débat sur les inspections en Irak, le programme Pétrole contre nourriture et l'éventuel durcissement des sanctions n'a cessé d'empoisonner, de manière chronique, nos relations avec les Américains durant toute la fin du mandat de Clinton[1] », se souvient François Bujon de l'Estang. À défaut d'empêcher les États-Unis de bombarder l'Irak, Chirac joue la mouche du coche. Un scénario qui se reproduira à plus grande échelle trois années plus tard...

En juin 1999, un diplomate français résumera la situation pour l'Élysée : « La politique irakienne des États-Unis, inspirée en principe par le souci de préserver la stabilité au Moyen-Orient, n'a guère d'autre perspective précise que de favoriser la chute du régime en place, jugé irrécupérable, et, d'ici là, d'empêcher Bagdad de disposer librement de ses revenus pétroliers. [...] Au total, Washington a peu de raisons de modifier sa politique irakienne à brève échéance[2]. » Saddam Hussein est déjà, on le voit, un sujet de fixation pour Bill Clinton, avant de devenir celui de son successeur, George W. Bush.

*Des gestes de soutien
en plein scandale Monica Lewinsky*

Au même moment, Bill Clinton a pourtant d'autres soucis en tête. Il entame l'année 1998 dans un climat politique venimeux. Le procureur fédéral Kenneth Starr enquête depuis plusieurs années sur les affaires immobilières du couple Clinton. Il a récemment ajouté au dossier des accusations de harcèlement sexuel portées par une ancienne secrétaire, Paula Jones, à l'encontre de l'ancien gouverneur de l'Arkansas. Au fil de ses auditions, Starr glane d'autres indices concernant des « relations sexuelles » entre Bill Clinton et une stagiaire de la Maison-Blanche nommée Monica Lewinsky. Invité à témoigner sous

---
1. Entretien de François Bujon de l'Estang avec l'auteur, 13 octobre 2009.
2. *Les États-Unis et l'Irak*, télégramme diplomatique de l'ambassade de France à Washington, dans le cadre de la préparation d'un voyage de Bill Clinton à Paris, 10 juin 1999, archives de la présidence de la République, 5AG5 JFG11, Archives nationales.

serment devant des juges, Clinton nie avoir eu de telles « relations » avec l'ancienne stagiaire. Mais il ment : « Ce que j'ai fait avec Monica Lewinsky est stupide et immoral. J'en ai éprouvé un profond sentiment de honte et j'ai toujours voulu le cacher[1] », admettra-t-il plus tard. Le 21 janvier 1998, le *Washington Post* révèle la liaison du président. Le quotidien évoque aussi le fait qu'il aurait incité son ancienne maîtresse à dissimuler la vérité. Trois jours plus tard, le président réaffirme devant les caméras de télévision qu'il n'a pas eu de relations sexuelles avec la jeune Monica.

L'affaire tourne au scandale. Le procureur Starr redouble d'efforts pour obtenir la destitution du président, dont le mensonge est établi. Les républicains sonnent l'hallali. Clinton est déboussolé, sa famille secouée, sa popularité en miettes. Convoqué devant un grand jury, il est contraint, à la mi-août 1998, de reconnaître toutes ses fautes et d'expliquer le détail de ses relations avec Monica Lewinsky. « Certaines questions m'ont été posées six ou sept fois, car les avocats ont fait tout leur possible pour obtenir de moi des aveux humiliants et compromettants », dira-t-il. La Chambre des représentants, à majorité républicaine, votera quelques mois plus tard en faveur de sa destitution pour « parjure » et « obstruction à la justice ». Mais le Parti démocrate reconquerra la majorité au Sénat aux élections de novembre 1998, permettant à Clinton d'être acquitté à l'issue d'un « procès » qui se tiendra au Congrès au début de 1999[2].

Dans la tourmente, Bill Clinton peut au moins compter sur l'appui sans failles de quelques supporters. Jacques Chirac en fait partie. Le président français estime que toute cette histoire est ridicule – « Une connerie ! », dit-il à ses proches. Il juge surtout les attaques nauséabondes et peu glorieuses pour ceux qui veulent nuire à son ami Bill.

Pour prouver son soutien, Jacques Chirac ne ménage ni sa voix ni sa plume, prenant prétexte du moindre événement pour encourager Clinton sur la scène internationale. Il suit ainsi avec attention le voyage officiel effectué par le président américain en Afrique au printemps 1998. « Nous devons éviter tout ce qui apparaîtrait comme une réaction défensive devant ce voyage qui traduit un intérêt réel, mais malgré tout limité, des États-Unis

---
1. Bill Clinton, *Ma vie, op. cit.*, p. 1071.
2. *Ibid.*, p. 1108.

pour le continent africain », prévient Jean-David Levitte, le sherpa de l'Élysée. Clinton sollicite d'ailleurs l'« expérience personnelle » de Jacques Chirac avant son départ et le joint depuis *Air Force One*, le 28 mars, juste avant d'atterrir à Dakar, sa première étape. Il lui fait part de ses impressions à son retour, évoquant la question de la dette des pays pauvres, l'un des thèmes de prédilection de son homologue français. « Notre conversation téléphonique durant mon vol vers le Sénégal m'a beaucoup aidé[1] », écrit Clinton en réponse à un mot de remerciement de Chirac.

Le président français et son épouse multiplient aussi les petites attentions. Alors que l'affaire Lewinsky défraie la chronique, Bernadette accueille Hillary Clinton dans son fief électoral de Corrèze pour une courte visite privée, le 12 mai 1998. La First Lady, vêtue d'un tailleur bouton-d'or, est ovationnée par le conseil général du département, tandis que le porte-parole local du RPR lui assure qu'elle sera un jour « la première femme élue présidente des États-Unis[2] ». Chirac félicite ensuite Clinton pour son « engagement personnel » sur le changement climatique, en espérant qu'il sera un prélude à la ratification américaine du protocole de Kyoto, signé peu de temps auparavant. Lorsque des attentats terroristes frappent, le 7 août 1998, les ambassades américaines à Nairobi et Dar-es-Salaam, il propose tout de suite l'aide de la France.

Le 17 août 1998, le jour même de la première convocation de Clinton devant un grand jury, l'un des conseillers diplomatiques de Jacques Chirac écrit une note à ce dernier : « Il ne nous a pas paru souhaitable que vous vous manifestiez auprès de Bill Clinton à l'occasion de la nouvelle phase de l'affaire Lewinsky. Son anniversaire vous offre l'occasion opportune d'un geste personnel d'amitié[3]. » Le président français, qui séjourne dans le fort de Brégançon, envoie donc une belle lettre à Bill, le 19 août, pour

---

1. Lettre du président Bill Clinton au président Jacques Chirac, 17 mars 1998 ; note de Jean-David Levitte, 23 mars 1998 ; lettre du président Jacques Chirac au président Bill Clinton, 15 avril 1998 ; lettre du président Bill Clinton au président Jacques Chirac, 27 avril 1998 ; archives de la présidence de la République, 5AG5 JFG11, Archives nationales.

2. Bernard Jalabert, « Hillary et Bernadette aux champs », *La Dépêche*, 13 mai 1998.

3. Message de Jean-François Girault pour le président de la République, 17 août 1998, archives de la présidence de la République, 5AG5 JFG11, Archives nationales.

ses 52 ans. Il n'oublie pas d'y inclure une pensée affectueuse pour Hillary, particulièrement éprouvée par l'affaire Lewinsky :

« À l'occasion de votre anniversaire, je suis heureux de vous adresser un message personnel d'amitié et d'estime. Aux vœux très chaleureux que je forme à votre intention, j'associe tout particulièrement Hillary, à qui je vous prie de transmettre mes hommages les plus amicaux. Je souhaite vous redire toute l'importance que j'attache au dialogue ouvert que nous entretenons et combien j'apprécie les échanges de vues réguliers que nous avons ensemble[1] [...]. »

Le président français poursuit son opération de soutien psychologique. Lorsqu'un avion de la Swissair s'abîme en mer au large de la Nouvelle-Écosse, le 2 septembre, avec des passagers américains à son bord, il envoie un mot à Bill Clinton pour lui dire son émotion. Il rend également hommage, à la fin d'octobre, à l'énergie déployée par le président Clinton pour tenter de relancer le processus de paix israélo-palestinien, enlisé depuis des mois, entre Benjamin Netanyahou et Yasser Arafat. Au début de 1999, il se réjouit de la convergence de vues franco-américaine pour soutenir le jeune roi Abdallah de Jordanie, qui prend la difficile succession de son père[2].

Alors que Bill Clinton vient juste d'être acquitté par le Sénat, Jacques Chirac traverse l'Atlantique pour une visite officielle, les 19 et 20 février 1999. Il affiche un grand sourire aux côtés de son ami Bill. Ses premiers mots devant les journalistes traduisent sa ferveur : « Je voudrais dire d'abord combien je suis heureux de me trouver, une fois de plus, aux États-Unis, et ici, à Washington. Heureux d'être dans ce pays toujours en mouvement, dans ce pays qui étonne le monde et dans un pays que j'aime depuis longtemps et où je me sens bien. Heureux, aussi, d'être une fois de plus l'hôte du président Bill Clinton. Chacun sait les sentiments d'estime et d'amitié que je lui porte depuis longtemps. Je tiens à le remercier, une fois de plus, de son hospitalité[3]. » Bien qu'ils

---

1. Lettre du président Jacques Chirac au président Bill Clinton, 19 août 1998, archives de la présidence de la République, 5AG5 JFG11, Archives nationales.

2. Lettre du président Jacques Chirac au président Bill Clinton sur le protocole de Kyoto, 15 juillet 1998 ; entretien téléphonique sur les attentats de Nairobi et de Dar-es-Salaam, 8 août 1998 ; sur l'accident de Swissair, 3 septembre 1998 ; sur la relance du processus de paix, 24 octobre 1998 ; sur le soutien économique et politique à la Jordanie, 18 février 1999 ; archives de la présidence de la République, 5AG5 JFG11, Archives nationales.

3. Conférence de presse des présidents Bill Clinton et Jacques Chirac, 19 février 1999, Washington.

divergent parfois sur la méthode, les deux présidents ont finalement des objectifs assez proches, que ce soit sur l'aide aux pays pauvres, la coopération en Afrique, l'économie mondiale, le Proche-Orient, le désarmement de l'Irak, la paix en ex-Yougoslavie, la lutte contre le terrorisme ou la prolifération nucléaire.

Même sur l'OTAN, qui s'apprête à fêter son cinquantième anniversaire lors d'un sommet historique à Washington, Jacques Chirac se montre, cette fois-ci, plus compréhensif. Estimant que l'élargissement rapide aux pays Baltes serait « dangereux » compte tenu des réactions prévisibles de la Russie, il affirme comprendre que le Congrès ne soit pas prêt à accepter l'entrée de la Roumanie dans l'OTAN. Bref, les Roumains peuvent attendre : le contraire de ce qu'il affirmait un an auparavant ! « Tout est une question de présentation diplomatique des choses. Il est important d'avoir une façon aimable de laisser une porte entrouverte[1] », dit-il.

Au terme de ce voyage plaisant, Jacques Chirac prend à nouveau sa plume pour adresser des remerciements toujours plus enthousiastes à Bill Clinton : « De retour à Paris, au terme d'une visite aux États-Unis dont je conserve le meilleur souvenir, je souhaite vous exprimer ma très sincère gratitude pour la qualité et la cordialité de votre accueil. Nos entretiens ont été pour moi du plus grand intérêt. J'en retire une fois de plus la conviction que les échanges approfondis entre les États-Unis et la France enrichissent très utilement leurs analyses respectives et sont souvent l'occasion de dégager de larges convergences de vues. Cela a été le cas, en particulier, du Kosovo. J'ai été sensible à l'ouverture de votre approche, qu'il s'agisse de l'architecture européenne de défense, de la réforme du système financier mondial et de l'allégement de la dette des pays les plus pauvres, ainsi que de la délicate question de l'échéance du 4 mai 1999 au Proche-Orient. Je me réjouis à la perspective de vous revoir à Washington à l'occasion du sommet de l'OTAN, mais plus encore d'être votre hôte à Paris, mi-juin, si possible avant la réunion du G8 à Cologne. Nous aurons l'opportunité de poursuivre plus avant notre dialogue sur ces sujets sensibles. Pourriez-vous renouveler à Hillary, que j'ai été particulièrement heureux de saluer à la Maison-Blanche, mes hommages très fidèlement amicaux ? Je vous prie d'agréer,

---

1. Entretien du président Bill Clinton avec le président Jacques Chirac, 19 février 1999, Washington, archives de la présidence de la République, 5AG5 JFG11, Archives nationales.

Monsieur le président, l'expression de ma très haute considération. Bien amicalement. Jacques Chirac. »

Il ajoute au bas de la lettre cette mention manuscrite : « J'ai été très heureux de rencontrer Bubby. Faites-lui une caresse pour moi ! » Même le chien des Clinton a droit aux égards du président français.

Une campagne de bombardements pour faire plier Milošević

L'admiration est sincère, le soutien politique déterminé. Cette solidité du lien personnel entre Clinton et Chirac se concrétise d'ailleurs sur un vieux sujet revenu brutalement sur le devant de la scène au cours des derniers mois : la Serbie. Depuis la signature des accords de Dayton, à la fin de 1995, une force multinationale de plusieurs dizaines de milliers de soldats, dirigée par l'OTAN, tente de préserver la paix entre la Bosnie-Herzégovine et la Serbie voisine. Mais le président serbe, Slobodan Milošević, qui tient toujours les rênes du pouvoir à Belgrade, continue de jouer les provocateurs. Il souhaite maintenant étouffer les revendications indépendantistes de la province du Kosovo, où cohabitent difficilement une majorité de souche albanaise et une minorité serbe. De nouvelles opérations de nettoyage ethnique se profilent.

Durant l'été 1998, les offensives serbes contre la guérilla séparatiste menée par l'Armée de libération du Kosovo (UÇK) poussent à l'exode des milliers de Kosovars. L'OTAN fronce les sourcils. Le 23 septembre 1998, le Conseil de sécurité vote une résolution menaçant la Serbie de frappes aériennes si elle ne retire pas ses troupes du Kosovo. Le diplomate américain Richard Holbrooke, artisan des accords de Dayton, repart à Belgrade à la mi-octobre pour convaincre Milošević de reculer. Quelques jours plus tard, il est suivi par le commandement en chef des forces de l'OTAN, le général Wesley Clark, qui explique fermement au président serbe : « Si vous ne retirez pas vos forces du Kosovo, Washington me donnera l'ordre de vous bombarder et je le ferai volontiers[1] ! » Le lendemain, l'armée serbe opère un début de

---
1. Wesley Clark, *A Time to Lead. For Duty, Honor and Country*, Palgrave MacMillan, 2007, p. 205.

repli tactique de la province dissidente. Les réfugiés albanais du Kosovo commencent à rentrer chez eux.

La crise ressurgit au début de 1999. Le 15 janvier, l'OTAN reçoit des rapports sur un massacre de cinquante civils à Raçak. Sommé de stopper cette répression, Milošević joue la montre. « Avec mon collègue allemand, Klaus Kinkel, témoigne Hubert Védrine, nous avons alors remis sur pied le groupe de contact diplomatique, qui avait fonctionné à l'initiative d'Alain Juppé avant 1995 sur le dossier yougoslave. Il s'agissait, en lien avec nos homologues britannique, italien, américain et russe, de tenter de convaincre les Serbes et les Kosovars de s'entendre, ce qui n'était pas gagné d'avance[1] ! » La France propose d'accueillir au château de Rambouillet une conférence pour régler le problème du Kosovo, à l'image de celle tenue sur la Bosnie en 1995 par les Américains à Dayton. Ces pourparlers se déroulent du 6 au 23 février en présence de délégations des deux camps. Le climat est surréaliste, des kyrielles de diplomates affables côtoyant des participants venus avec des grenades dans les poches et accompagnés d'agents de la DGSE…

Hubert Védrine et son collègue britannique Robin Cook coprésident les discussions, qui s'éternisent. Les deux ministres passent leur temps au téléphone, notamment pour tempérer la secrétaire d'État, Madeleine Albright, plutôt partisane du recours à la force. Lors de sa visite à Washington, qui se déroule durant cette conférence, Jacques Chirac insiste sur son accord « sans réserve » avec Bill Clinton à propos du Kosovo, et il appelle le président serbe Milošević à choisir « la voie de la sagesse et pas celle de la guerre ». À Rambouillet, Serbes et Kosovars parviennent à élaborer un premier compromis sur un statut d'autonomie élargie de la province, avec des élections libres. Mais l'UÇK refuse catégoriquement cet accord, qui impose son désarmement et ne mentionne pas le droit à l'indépendance de la province. De leur côté, les Serbes ne veulent pas que l'OTAN déploie une force d'interposition au Kosovo pour garantir l'application du texte.

La conférence de Rambouillet est contrainte de suspendre ses travaux. Les Américains tentent alors de convaincre Milošević d'éviter une « tragédie ». Ils font également pression sur l'UÇK en lui faisant miroiter une évolution progressive de l'« autonomie » vers l'indépendance. Les Kosovars acceptent finalement de signer le texte, le 15 mars 1999. La balle est dans le camp de

---

1. Entretiens d'Hubert Védrine avec l'auteur, 22 février et 14 juin 2010.

Belgrade. « Les dirigeants yougoslaves sont maintenant au pied du mur. Ils ont la possibilité de sortir la Yougoslavie de son isolement », lance Hubert Védrine. Mais Belgrade vilipende toute « occupation » de son sol par des « troupes étrangères », qui serait un « acte d'agression ». Rambouillet débouche sur une impasse. « Nous avons constaté que tous nos efforts diplomatiques avaient échoué, se souvient l'ex-ministre français. Nous avons donc demandé l'aide militaire de l'OTAN[1]. »

Les états-majors de l'Alliance atlantique, qui disposent des photos prises par les satellites, sont pessimistes : l'armée serbe semble à nouveau amasser des troupes autour du Kosovo. « Il n'y avait rien d'autre à faire que de se préparer au pire[2] », admettra le général Wesley Clark. Le 23 mars 1999, le président Clinton, soutenu par le Sénat, donne son feu vert à des frappes de représailles de l'OTAN contre les Serbes, qui poursuivent leurs exactions au Kosovo. À Paris, Jacques Chirac, Lionel Jospin et le ministre de la Défense, Alain Richard, appuient cette décision.

Les premiers missiles Tomahawk de l'opération Force alliée frappent des cibles stratégiques serbes au Kosovo dans la soirée du 24 mars 1999. Au siège de l'OTAN, dans la banlieue de Bruxelles, les militaires ont préparé une campagne courte, censée faire revenir Milošević à la table des négociations. Cependant, beaucoup d'experts craignent l'échec de ce plan. Le général Wesley Clark lui-même se dit « profondément inquiet » de l'inefficacité, à terme, des seules frappes aériennes. « Une campagne aérienne limitée n'aurait que peu d'impact sur les Serbes[3] », ont confirmé les analystes de la CIA, qui tablent plutôt sur les effets de la guérilla de l'UÇK. La Maison-Blanche ne souhaite pas, pour des raisons politiques, envoyer des troupes américaines au sol. « Les victimes civiles d'une offensive au sol auraient sans doute été plus nombreuses que celles de bombes mal dirigées. Je ne voyais pas pourquoi j'aurais dû adopter une stratégie plus coûteuse en vies américaines et qui n'aurait pas augmenté nos chances de réussite[4] », confiera Clinton.

Après deux jours de bombardements intensifs, l'appareil militaire de Milošević a subi des dégâts importants. Pourtant, le président serbe ne bouge pas. Pour lui, le Kosovo est une terre sacrée

---

1. *Ibid.*
2. Wesley Clark, *A Time to Lead*, op. cit., p. 207.
3. *Memorandum for the Record*, 11 mars 1999, CIA, archives de la CIA.
4. Bill Clinton, *Ma vie*, op. cit., p. 1175.

qu'il ne veut abandonner à aucun prix. Les frappes sont annulées le troisième jour, à cause d'une météo défavorable. Les dirigeants de l'OTAN sont embarrassés. Ils décident alors de franchir une étape supplémentaire en bombardant pour la première fois des quartiers généraux militaires à Belgrade.

L'avertissement ne calme pas Milošević. Au contraire. En réaction, la répression serbe au Kosovo s'accentue. Des milliers d'Albanais recommencent à fuir leur province. Cette nouvelle crise humanitaire ressoude *in extremis* le camp de l'OTAN. La campagne de bombardements reprend à grande échelle, d'avril jusqu'au début du mois de juin. Les chasseurs alliés, les avions furtifs B-2 américains, les hélicoptères Apache et des drones Predator attaquent des centaines de cibles, routes, ponts, immeubles, centres de communications, positions d'artillerie ou colonnes de chars. À Belgrade, un missile tombe par erreur sur l'ambassade de Chine, ce qui provoque la fureur de Pékin. En dépit de l'annonce par l'OTAN du succès de ses frappes dites « chirurgicales », les dommages collatéraux se multiplient et l'on dénombre des centaines de morts parmi les civils.

Washington craint une division de ses alliés, d'autant que les Français mettent leur veto sur plusieurs cibles militaires, que ce soit en Serbie ou au Monténégro. Jacques Chirac s'oppose, par exemple, au bombardement par des Mirage 2000-D de l'aéroport de Podgorica, au Monténégro, parce qu'il souhaite ménager le président monténégrin, Djukanovic, qui s'est démarqué des positions dures de Milošević. Averti de ce feu rouge venu de Paris, le général américain Mike Short, responsable des opérations, s'emporte contre les Français : « On attaquera cet objectif avec vous ou sans vous, pour une simple et bonne raison : si tous les représentants des nations souhaitent à chaque moment un changement d'objectif, cette campagne deviendra une vraie foire d'empoigne. » Finalement, l'Élysée se laisse convaincre de l'utilité de ce bombardement, visant à sécuriser le décollage des avions alliés de la base italienne voisine d'Amendola. Jacques Chirac obtiendra en revanche que les ponts de Belgrade, que l'OTAN voulait détruire, soient épargnés[1].

---

1. Rapporté par le général Jean-Patrick Gaviard, « Les forces aériennes françaises et l'opération Allied Force », actes du colloque « France-OTAN : quels impacts sur les forces aériennes françaises ? », 28 avril 2009, Assemblée nationale, Centre d'études stratégiques aérospatiales, ministère de la Défense.

« Ce fut une bagarre permanente, écrira le général Clark, entre le commandement aérien qui voulait toujours plus de cibles et les hommes politiques qui posaient des questions sur les conséquences possibles, tout en essayant de peser le pour et le contre[1]. » Ces querelles alimentent des tensions entre Paris et Washington. « Nous étions d'accord sur les objectifs politiques, mais les Américains ont été très exaspérés que nous chipotions en permanence sur les cibles, confirme François Bujon de l'Estang. Wesley Clark jurait qu'il ne pouvait pas faire la guerre ainsi, en comité élargi[2]. »

Après onze semaines de bombardements et trente-huit mille « sorties » aériennes, l'opération Force alliée finit par faire craquer Milošević. Sur le terrain, les forces de l'UÇK harcèlent les soldats serbes, au point de les contraindre au repli. Faute d'un succès rapide, l'OTAN avait commencé à élaborer des plans d'attaque au sol avec plus de deux cent mille hommes. Washington et Londres en ont accepté le principe, au cas où la Serbie résisterait encore. Le 2 juin 1999, le président serbe reçoit à Belgrade le ministre russe Viktor Tchernomyrdine et le président finlandais Martti Ahtisaari. Ceux-ci lui exposent les exigences de l'OTAN, élaborées avec l'aval de Moscou au terme de longues discussions. « C'est la meilleure offre que nous pouvons vous faire. Si vous n'acceptez pas celle-là, la suivante sera pire[3] », explique Ahtisaari. Affaibli, isolé, inculpé de crimes de guerre par le Tribunal pénal international, le président serbe entérine le « plan de paix » pour le Kosovo, similaire à celui qu'il avait refusé trois mois plus tôt. Une force multinationale doit se déployer dans la province, dont l'autonomie sera renforcée. Le cessez-le-feu intervient le 10 juin. « L'important, dit Milošević, c'est que le Kosovo continue de faire partie de la Yougoslavie et que cela se passe sous les auspices de l'ONU. »

---

1. Wesley Clark, *A Time to Lead*, op. cit., p. 213.
2. Entretien de François Bujon de l'Estang avec l'auteur, 13 octobre 2009.
3. Voir le détail des négociations américano-russes sur le plan de paix à proposer à Milošević dans l'interview de Martti Ahtisaari réalisée par Vincent Jauvert, *Le Nouvel Observateur*, juillet 2000.

« Il faut un bon administrateur pour le Kosovo, tel qu'un maire de Paris »

Lorsqu'il accueille à Paris Bill Clinton, le 16 juin 1999, juste avant le sommet du G8 qui doit se tenir à Cologne, Jacques Chirac tire un bilan plutôt positif de cet accord de paix arraché à Milošević à la suite d'une des plus longues campagnes militaires menées par l'OTAN. Lors de la crise du Kosovo, lui a écrit l'un de ses conseillers, « vous avez été le principal partenaire du président Clinton dans la conduite des opérations militaires », notamment avec la participation d'une centaine d'avions français et un engagement politique déterminé, tenant fermement le cap « entre ceux qui doutaient (Italie, Allemagne parfois) et ceux qui étaient tentés par une fuite en avant (les Britanniques) ». Le conseiller a ajouté : « Ce partenariat privilégié dans l'action militaire doit être confirmé dans la gestion de l'après-crise[1]. »

Comme les négociations se poursuivent avec les Russes à propos de leur implication dans la stabilisation du Kosovo, le président français s'en inquiète auprès de Clinton : « La France est ouverte à la solution qui sera retenue. Notre souci est de ne pas humilier les Russes. Une poussée communiste est possible lors des prochaines élections législatives et présidentielles. La campagne sera fortement axée sur l'attitude du président Eltsine dans l'affaire du Kosovo. Il y a un grand danger pour la démocratie, les réformes, et pour l'intégration de la Russie dans la communauté internationale. Il faut garder à l'esprit les enjeux politiques de cette affaire [...]. »

Clinton partage cette crainte. « Si les Russes élisaient le mauvais candidat aux présidentielles, ce serait grave pour les États-Unis », convient-il. C'est la raison pour laquelle il suggère que les Russes puissent participer de manière visible à la force multinationale et se voir confier un rôle clé autour de l'aéroport de Pristina. « Par rapport à la Bosnie, il faut faire plus », ajoute le président américain.

Chirac s'alarme également de l'attitude de l'UÇK, le parti indépendantiste du Kosovo, qui doit être rapidement démilitarisée

---

1. *Vos entretiens avec le président Clinton. Leçons et suite du Kosovo, rapport avec la Russie et avec la Chine*, note du conseiller Jean-François Girault, 17 juin 1999, archives de la présidence de la République, 5AG5 JFG11, Archives nationales.

selon les termes de l'accord de paix. « Son refus de rendre les armes, son arrogance de ton doivent nous conduire à lui interdire le port des armes dans les villes. C'est le minimum. Seuls les États-Unis peuvent l'obtenir. » Ces derniers mois, l'administration américaine n'a cessé d'appuyer l'UÇK, au risque de paraître couvrir ses revendications, voire son extrémisme guerrier. Bill Clinton continue d'ailleurs de vouloir ménager ce parti : « La direction de l'UÇK a accepté la démilitarisation, répond-il à Chirac. Mais elle refuse d'être complètement privée de ses armes. Elle souhaite jouer un rôle en matière de police. Il sera possible, avec le temps, de démilitariser l'UÇK. Mais il faut, pour cela, que les forces de l'OTAN soient préalablement déployées. À court terme, il faut éviter tout excès. L'UÇK ne doit pas être en situation de terroriser la population. Nous sommes très fermes sur ce point. »

Peu convaincu, Chirac insiste sur la nécessité de prendre une position commune sur le port des armes dans les villes. Clinton répond que les États-Unis feront « pression dans ce sens sur l'UÇK », mais que le « premier objectif » est de déployer les forces de l'OTAN.

Quant au statut futur du Kosovo, les deux présidents s'accordent pour dire qu'il ne faut surtout pas en parler. « Le moment n'est pas venu d'en débattre, affirme Clinton. L'Alliance atlantique n'a pas de mandat pour cela. Il faut se concentrer sur la reconstruction, ce qui pourrait faire évoluer les esprits. » Son hôte français renchérit : « Toute remise en cause de l'appartenance du Kosovo comporterait de grands risques de déstabilisation. » À ses côtés, le ministre des Affaires étrangères, Hubert Védrine, conseille également la prudence : « Il faut éviter les débats publics sur cette question. »

L'urgence est la pacification. La mise en place d'une administration civile au Kosovo est un objectif prioritaire. Bill Clinton plaide en faveur de la nomination d'une personnalité « forte et capable » pour la diriger, quelle que soit sa nationalité. Pour sa part, Jacques Chirac souhaite que le choix se porte sur un Européen, plus à même de gérer une administration locale. « Un non-Européen constituerait une erreur politique », lance-t-il. Clinton n'y est pas hostile. Il précise : « Vu la difficulté de la tâche, nous ne pouvons pas échouer et nous devons choisir le meilleur, avec des qualités politiques et de grandes capacités d'administrateur. Il faut un bon maire de Paris, pas un ministre des Affaires étrangères du Luxembourg[1] ! » Le compliment indirect va droit au cœur de Jacques Chirac. La France suggérera le nom de Bernard Kouchner, l'ancien médecin et expert des causes humanitaires. Réticents dans un premier temps à lui confier une telle responsabilité, les Américains se rallieront à cette idée et se féliciteront finalement de la gestion du Kosovo par ce *French doctor* devenu leur ami.

Comment réduire Jospin « à la portion congrue » et dîner dans un bistrot « typique »

Au fond, Jacques Chirac se sent flatté d'être enfin écouté par le président des États-Unis. Sur le Kosovo, comme sur les autres sujets abordés lors de la visite de Bill Clinton à Paris, les deux hommes échangent des conseils d'amis. Sur l'Irak, le président français recommande la modération afin d'éviter une « rupture » au sein du Conseil de sécurité, tout en admettant que « l'absence de contrôle de l'armement de l'Irak est effectivement préoccupante ». Il évoque sa « satisfaction » après l'accord trouvé par les ministres des Finances sur la dette des pays les plus pauvres. Il encourage surtout Bill Clinton à reprendre les négociations de paix au Proche-Orient, alors qu'un nouveau Premier ministre travailliste, Ehud Barak, vient de succéder au rigide Benjamin Netanyahou. « Un accord peut voir le jour dans les douze mois, avec Arafat comme avec la Syrie. Il faut que tout le monde s'implique, les États-Unis comme l'Europe, pour favoriser cet accord. Je suis confiant[2] », affirme l'Américain.

Jacques Chirac est également ravi que son ami « Bill » fasse vers lui quelques gestes personnels qui consolident sa stature de dirigeant écouté. Cette venue de Clinton les 16 et 17 juin 1999 à Paris, avant le G8 de Cologne, en constitue une preuve flagrante. Tout a été minutieusement préparé depuis des mois afin de donner le maximum de lustre à cette escale française. Le sherpa Jean-David Levitte a téléphoné plusieurs fois à son homologue à la Maison-Blanche, Sandy Berger, afin que Bill Clinton

---

1. Entretien entre le président Jacques Chirac et le président Bill Clinton, jeudi 17 juin 1999, Paris, archives de la présidence de la République, 5AG5 JFG11, Archives nationales.

2. Entretien entre le président Jacques Chirac et le président Bill Clinton, jeudi 17 juin 1999, *op. cit.*

commence son voyage européen par Paris et non par Londres, comme cela a été envisagé. « Nous avons obtenu satisfaction : le président Clinton commencera bien son séjour en Europe par la France », s'est réjoui Levitte dès le mois de mars 1999. Chirac a gagné la partie face à Blair !

Puis l'Élysée s'est démené pour que le séjour fasse la part belle aux entretiens avec le président, au détriment du Premier ministre, Lionel Jospin. « En termes d'image, nous devons concevoir un programme qui valorisera votre excellente relation personnelle avec Bill Clinton (et réduira à la portion congrue l'inévitable entretien avec le Premier ministre) », a écrit Levitte. Le président voulait ainsi réaffirmer sa prééminence internationale sur Jospin, que Clinton avait cordialement reçu à la Maison-Blanche un an plus tôt. Sur le fond, ajoute le sherpa, « venant après votre visite réussie à Washington, puis le sommet de l'Alliance atlantique fin avril, vos entretiens avec Bill Clinton seront l'occasion de cadrer le sommet du G8 (renforcement du système financier ; dette ; dimension sociale de la mondialisation ; relations avec la Russie), mais aussi de faire progresser les grands dossiers internationaux du moment en faisant ressortir la capacité des présidents américains et français à faire progresser ensemble ces différents dossiers ». En marge de cette note, Jacques Chirac a écrit à la main ce commentaire : « Très bien, à réussir[1]. »

Après d'intenses réflexions, le programme a été finalisé, en liaison avec Claude Chirac, la fille du président, qui s'occupe de sa communication. Conformément aux vœux élyséens, l'accent a été mis sur un nouveau dîner « amical » entre les couples Clinton et Chirac, à l'instar de celui qui les avait réunis en 1996 à L'Ambroisie et dont ils avaient gardé un souvenir ébloui. Le choix du nouveau restaurant a relevé, cette fois-ci, du véritable casse-tête. Car, avant son arrivée, le président Clinton a fait savoir qu'il aimerait « rencontrer les hautes autorités françaises », « profiter de Paris » et déjeuner dans un restaurant agréable, « dans une atmosphère détendue ». De son côté, Hillary Clinton a précisé qu'elle souhaitait « aller dans un restaurant ou bistrot parisien typique ». À l'Élysée, ces desiderata ont conduit le chef du protocole, Frédéric Grasset, à se gratter la tête. Naturellement, L'Ambroisie ne pouvait convenir : « Il est difficile de considérer

---

1. Visite du président Clinton en France, note du conseiller diplomatique Jean-David Levitte, 10 mars 1999, Paris, archives de la présidence de la République, 5AG5 JFG11, Archives nationales.

comme un bistrot parisien ce monument de la gastronomie », a estimé le responsable du protocole. Il a donc fait plusieurs autres suggestions afin d'éviter tout problème :

« Parmi les bistrots parisiens très réputés figurent Benoît ou L'Ami Louis. C'est une cuisine savoureuse, mais peut-être trop copieuse pour les voyageurs américains. Les salles sont petites et les accès difficiles.

« Nous avons la ressource des grands de la capitale, en particulier Ducasse, Senderens, Lasserre, avec une préférence pour le premier, mais le choix des plus grands trois étoiles peut être critiqué en période de crise internationale. Néanmoins, parmi les trois étoiles moins spectaculaires figure L'Arpège d'Alain Passard, situé rue de Varenne, non loin de Matignon.

« Reste également la possibilité d'utiliser un restaurant un peu moins voyant, mais de qualité culinaire exceptionnelle, comme Faugeron, ou d'aller dans une salle historique du Grand Véfour, dont la cuisine est excellente mais sans éclat. Du point de vue gastronomique, avec Faugeron, on se situe au plus haut niveau.

« Un choix doit être fait rapidement afin d'engager les préparatifs de ce dîner. Dans quelle direction devons-nous travailler[1] ? »

Jacques Chirac a hésité. « Nous allons en reparler », a-t-il écrit. Puis il a écarté les grandes tables, trop chics, ainsi que L'Arpège, trop proche de Jospin. C'est finalement le bistrot L'Ami Louis, situé près de la place de la République, qui est retenu pour ce dîner « convivial ». La carte affiche des plats français typiques : foie gras des Landes, escargots de Bourgogne, confit de canard... La table, revêtue d'une nappe rose saumon, est dressée pour six couverts, les deux couples présidentiels et deux interprètes. Sur la photo qui immortalise l'événement, en cette soirée du 16 juin 1999, seuls figurent les Clinton et les Chirac, tout sourire. Ils veulent donner l'image de dirigeants aux goûts simples, de présidents sereins face aux crises, d'amis à l'entente parfaite. Cela n'a pas toujours été le cas. Mais qu'importe !

---

1. Dîner avec le président Clinton, note de Frédéric Grasset, chef du protocole de la présidence de la République, 20 mai 1999, archives de la présidence de la République, 5AG5 JFG11, Archives nationales.

Chapitre 14

11 septembre : « Nous sommes tous Américains »

Décontracté. Toujours paraître décontracté. C'est l'un des secrets de sa popularité. Jacques Chirac en a aussi fait, au fil des années, une arme diplomatique pour séduire ses homologues à travers la planète. Un grand sourire, un mot aimable, un geste amical, une attention aux détails de la vie familiale, c'est ainsi que le président a su séduire ses pairs, de Gerhard Schröder à Boris Eltsine, de Rafic Hariri à Yasser Arafat.

En cette fin d'année 2000, il se rend à Washington pour saluer une dernière fois son ami Bill Clinton, qui s'apprête à quitter la Maison-Blanche après huit années au pouvoir. Entre Chirac et Clinton, le courant est toujours passé facilement, les deux hommes aimant rire et converser de manière impromptue sans se laisser enfermer par un protocole trop compassé. Ils ont chacun subi le prix de leurs errements – la dissolution ratée de 1997 pour le Français et le scandale Lewinsky pour l'Américain. Bernadette et Hillary ont contribué à forger l'image d'une connivence franco-américaine à toute épreuve. Les dîners entre couples présidentiels ont davantage marqué les esprits que les divergences récurrentes entre les États-Unis et la France. Profitant du fait qu'il préside l'Union européenne durant le second semestre 2000, Jacques Chirac souhaite rendre une ultime visite à Clinton pour saluer son départ. Et préparer la suite.

Arrivé dans la capitale fédérale le lundi 18 décembre, Jacques Chirac est reçu avec enthousiasme à la Maison-Blanche. Le déjeuner réunit les deux présidents et quelques collaborateurs, des ministres et des ambassadeurs, dans une ambiance très chaleureuse. Chacun loue les mérites de l'autre et évoque quelques souvenirs de moments partagés. Bill Clinton mentionne son projet de fondation, auquel Chirac s'engage à apporter son soutien. Seul le diplomate américain Richard Holbrooke, ancien négociateur de la paix en Bosnie, qui vient d'être nommé ambassadeur aux Nations unies, garde son indéfectible humeur de chien : durant le repas, il bougonne, interrompant même le président Clinton pour le corriger sur certains sujets de politique étrangère. Holbrooke n'a jamais vraiment apprécié les Français et considère désormais Clinton comme un simple partant...

Lorsqu'ils se séparent, les deux présidents promettent de se revoir le plus souvent possible. Mais Jacques Chirac sait qu'un autre rendez-vous important l'attend en fin d'après-midi : il doit rencontrer secrètement le futur successeur de Clinton, George W. Bush, qui a été déclaré vainqueur de l'élection présidentielle du 7 novembre 2000. À 54 ans, l'ex-gouverneur du Texas, l'un des fils de l'ancien président George H.W. Bush, a mené sa campagne sur les thèmes favoris des républicains – la réduction des impôts et du rôle de l'État – face au vice-président, le démocrate Al Gore. Le candidat républicain, très proche des évangélistes, a multiplié les gaffes publiques, faisant apparaître au grand jour son inculture, tandis que son rival manquait de charisme. Le scrutin a donné une légère avance (550 000 voix) à Al Gore, mais le système de vote par grands électeurs a privilégié George W. Bush, et, après un interminable contentieux sur le recomptage des bulletins en Floride, finalement annulé par la Cour suprême des États-Unis au bénéfice du républicain, il a été déclaré vainqueur.

Même si la légitimité du nouvel élu est contestée et que son image reste peu assurée, Jacques Chirac espère bien être le premier chef d'État étranger à pouvoir le rencontrer dès décembre 2000, avant même son investiture officielle, prévue le 20 janvier suivant. Il a évoqué ce projet au téléphone avec l'ambassadeur de France à Washington, François Bujon de l'Estang. En poste dans la capitale fédérale depuis 1995, ce diplomate chevronné a l'habitude de converser personnellement avec Jacques Chirac en toute confiance. « Croyez-vous que je puisse voir Bush lors de mon passage à Washington ? lui a demandé ce dernier.

– Cela me paraît difficile, a répondu l'ambassadeur. C'est contraire aux usages tant que le président n'a pas pris ses fonctions. Et Bush reste pour le moment dans son fief d'Austin, au Texas. Ceci dit, je vais tout de même essayer. On ne sait jamais... »

Le diplomate français a, au fil des années, tissé un réseau de contacts étroits avec bon nombre de dirigeants américains, visitant tous les États importants afin de mieux connaître les élus du Congrès et les gouverneurs. Dès 1996, il a rendu visite au jeune George W. Bush, élu gouverneur du Texas deux années auparavant. Et lorsque ce dernier est apparu comme un des futurs candidats possibles du camp républicain, il s'est à nouveau rendu sur place. « Bush écoutait très attentivement tout ce que je lui disais sur la France et nous avons noué une relation sympathique, se souvient François Bujon de l'Estang. Il m'avait aussi suggéré de voir une des conseillères en matière de politique étrangère, Condoleezza Rice, une brillante universitaire de Stanford, experte de l'URSS, ayant travaillé à la Maison-Blanche sous le mandat de Bush père. Durant la campagne, je l'ai rencontrée à plusieurs reprises et il m'est apparu clairement que, en cas d'élection de Bush junior, elle serait sa conseillère à la Sécurité nationale[1]. »

Quand Jacques Chirac lui demande de sonder Bush à propos d'une possible entrevue à Washington, l'ambassadeur appelle donc « Condi » Rice, mettant en avant le fait que le président français représente l'ensemble des pays de l'Union européenne pour quelques jours encore. Rice perçoit rapidement l'intérêt potentiel d'une telle rencontre, mais elle exige qu'elle se déroule en petit comité, de manière officieuse et loin des caméras, pour ne pas provoquer trop de jalousies. Ravi de son « coup », Chirac accepte ces conditions sans sourciller.

« Je connais bien votre père depuis longtemps »

Le rendez-vous se déroule dans la soirée du 18 décembre 2000 à la résidence privée de l'ambassadeur de France, située sur Kalorama Road, dans un quartier huppé de la capitale fédérale. Jacques Chirac laisse sa délégation officielle, le ministre des Affaires étrangères, Hubert Védrine, ainsi que les journalistes qui l'accompagnent, embarquer pour Ottawa, où il doit lui-même se rendre le lendemain[2]. Personne n'a été prévenu de son escapade secrète. Il arrive à la résidence française accompagné seulement de son

---
1. Entretien de François Bujon de l'Estang avec l'auteur, 13 octobre 2009
2. Voir Henri Vernet et Thomas Cantaloube, *Chirac contre Bush. L'autre guerre*, J.-C. Lattès, 2004, p. 28-29.

nouveau sherpa, Jean-Marc de La Sablière, qui a remplacé Jean-David Levitte, parti comme ambassadeur de la France aux Nations unies, à New York. George W. Bush, de passage à Washington pour installer son équipe de transition dans l'attente de son investiture officielle, est entouré de Condi Rice et du futur secrétaire général de la Maison-Blanche, Andrew Card. L'ambassadeur Bujon de l'Estang et son épouse accueillent ces visiteurs peu banals. Bush et Chirac se saluent poliment et s'assoient dans un des salons de la résidence, décoré de lambris boisés qui entourent une immense cheminée.

Les deux hommes, qui se découvrent, peinent à engager le dialogue. Le quinquagénaire Bush paraît légèrement indisposé par l'expérience du président français, âgé de 67 ans. Pour le décontracter, Jacques Chirac lui parle immédiatement de son père, qu'il a revu plusieurs fois au cours des dernières années[1], pensant sans doute que ses bonnes relations avec ce dernier lui serviront de sésame avec son fils.

« Je connais bien votre père, qui est un de mes amis personnels, dit Chirac. Nous nous sommes rencontrés à de nombreuses reprises depuis le début des années 1980. Je pense qu'il doit être ravi de votre élection et j'espère que nous pourrons travailler dans le même esprit d'amitié dès que vous aurez pris vos fonctions. »

En faisant plusieurs fois référence à George H.W. Bush lors de cette conversation informelle, Jacques Chirac commet des erreurs psychologiques de taille. Tout d'abord, il se place lui-même dans la catégorie des seniors, alors qu'il n'a que quatorze ans de plus que George W. Bush. Cette attitude vexe ce dernier, relégué d'emblée au rang de jeune inexpérimenté sommé d'écouter les vieux sages. « Quand on vient d'être élu président des États-Unis, on n'a peut-être pas envie de commencer ses rendez-vous en entendant longuement parler de son père. C'était une grande maladresse de la part de Chirac de se ranger d'entrée de jeu parmi les aînés[2] », estime François Bujon de l'Estang. Soucieux de se démarquer de son héritage familial, le nouveau président

---
1. Jacques Chirac a notamment reçu l'ancien président George Bush lors de ses passages à Paris, le 26 novembre 1997 et le 1er février 1999. Après cette dernière visite, Bush a écrit un petit mot à Chirac, dans lequel il a affirmé avoir « apprécié chaque précieuse minute que nous avons passée ensemble » et l'a remercié pour la montre qu'il lui a offerte. Chirac et Bush se sont également joints au téléphone le 21 février 2000. Sources : archives de la présidence de la République, Archives nationales.
2. Entretien de François Bujon de l'Estang avec l'auteur, 13 octobre 2009.

n'apprécie que modérément ce perpétuel rappel de son ascendance, si respectée soit-elle.

La suite de l'entretien est plus détendue. Les deux hommes passent en revue quelques grands dossiers internationaux, du Proche-Orient à l'Iran, sans s'avancer au-delà de quelques généralités et de bonnes intentions partagées. Expert en questions pétrolières et énergétiques, Bush adresse quelques compliments à Chirac sur le programme nucléaire français, qui fournit 80 % de l'électricité de son pays. « C'est une chose magnifique que la France a faite. Je suis pour ma part très pronucléaire et je souhaite relancer le programme nucléaire américain. J'aurai certainement recours à vos conseils sur ce sujet. »

Après une petite heure d'échanges et une solide poignée de main, George Bush quitte la résidence de l'ambassadeur. Dehors, quelques journalistes américains, prévenus par une fuite, se pressent. Leurs confrères français, partis à Ottawa, apprendront ainsi, furieux, qu'ils ont été tenus à l'écart de l'événement. Jacques Chirac est finalement ravi de cette entrevue. Il pense avoir marqué un point en prenant de vitesse tous les autres dirigeants de la planète. Il a joué la décontraction, essayant d'établir un premier contact direct et personnel avec le futur président de la plus grande puissance mondiale. En vérité, il sous-estime déjà l'irritation qu'il a suscitée chez le Texan. Le ferment d'une incompréhension mutuelle a été semé. Lorsque Jacques Chirac, en 2002, racontera ce premier entretien avec le président dans une interview au *New York Times*, il aggravera son cas, affirmant, contre toute vérité, que c'est George Bush, sans doute inspiré par son père, qui en aurait pris l'initiative : « J'étais à Washington et je repartais le soir et, très gentiment, il a téléphoné pour dire : "Est-ce que je peux venir vous dire bonjour à l'ambassade ?" Ce devait être son père qui lui avait dit ça. Il est venu me voir, on a passé une heure très gentiment, très agréablement[1]. » Difficile d'être plus malhabile ! « Même si Chirac ne l'a pas fait intentionnellement, le fait qu'il n'ait cessé de prendre le président Bush pour un petit garçon a profondément indisposé ce dernier[2] », confirme Howard Leach, ambassadeur des États-Unis en France de 2001 à 2005.

---

1. Interview du président Jacques Chirac, *New York Times*, 9 septembre 2002, version intégrale, site de la présidence de la République, archives de l'Élysée.
2. Entretien d'Howard Leach avec l'auteur, 21 juin 2010.

11 septembre : l'équipe Bush change de registre

Chirac ne se méfie pas. Les premiers mois de l'administration républicaine ne suscitent d'ailleurs pas beaucoup de réactions hostiles dans les capitales occidentales. Le président américain a apparemment su s'entourer d'une équipe de bons professionnels. Le choix de Condoleezza Rice, formée par Brent Scowcroft à la Maison-Blanche sous Bush père, au poste de conseiller à la Sécurité nationale est perçu comme un gage de sérieux. La nomination de Colin Powell comme secrétaire d'État consolide cette image de relative modération. L'ancien chef d'état-major interarmées durant la guerre du Golfe, également proche de Bush père, est unanimement respecté pour ses vues pragmatiques, son charisme et son sens des responsabilités. Au sein de cette administration républicaine, il fait pourtant partie des rares « colombes », alors que le vice-président, Dick Cheney, vétéran des époques Ford et Bush, le secrétaire à la Défense, Donald Rumsfeld, et son adjoint, Paul Wolfowitz, représentent le clan des « faucons », les néoconservateurs partisans d'une ligne dure en matière de sécurité nationale.

Les débuts de George W. Bush sur la scène internationale ne paraissent pas marqués par un changement immédiat de politique. Certes, il ne soutient pas la ratification du protocole de Kyoto sur le réchauffement climatique. Mais Bill Clinton avait déjà buté sur une vive opposition du Congrès à ce sujet. Il reprend à son compte le projet – que Clinton avait initié – de construction d'un bouclier antimissiles destiné à protéger le territoire américain, suscitant les mêmes réserves de la part des Européens[1]. En revanche, la Maison-Blanche, désormais plus proche des positions du Likoud israélien, semble vouloir délaisser le dossier israélo-palestinien, après que Clinton a vainement tenté, durant les derniers mois de son mandat, d'arracher un nouvel accord de paix entre Yasser Arafat et le travailliste Ehud Barak. « Je ne

---

1. Dans un courrier à Bill Clinton daté du 27 septembre 1999, Jacques Chirac se disait déjà « préoccupé » par ce projet de bouclier antimissiles. « Ces projets me semblent porter préjudice à la stabilité internationale dans son ensemble et à certains objectifs que nous partageons », avait-il écrit, affirmant qu'ils remettaient notamment « en cause l'un des fondements de l'équilibre stratégique en Europe et dans le monde préservé depuis plus de vingt ans ». Archives de la présidence de la République, 5AG5 JFG11, Archives nationales.

veux pas faire le bonheur des autres à leur place », répète Bush à ses proches.

Lorsque Hubert Védrine, le ministre des Affaires étrangères du gouvernement Jospin, rend visite à Washington à son nouvel homologue Colin Powell, à la fin de mars 2001, il pressent que les relations seront plus difficiles avec cette administration dominée par les « faucons ». « Cette équipe paraissait vouloir rompre avec les lignes traditionnelles de la politique étrangère américaine, se rappelle Védrine. Ils avaient des convictions beaucoup plus unilatéralistes et plus militaristes. Dès mon retour, j'ai averti l'Élysée et Matignon que les Américains pourraient nous causer des soucis et bousculer des pions au Moyen-Orient. Le président Chirac est resté optimiste. Il m'a répondu qu'on connaissait les Américains et qu'on savait comment les prendre[1]. »

La première tournée européenne de Bush, au printemps 2001, se déroule sans problème. L'atmosphère est cordiale quand il rencontre les chefs d'État membres de l'OTAN à Bruxelles, puis les dirigeants européens à l'occasion d'un sommet à Göteborg, en Suède. Loin de l'image de cow-boy primaire que les médias donnent de lui, George Bush séduit par son humour et son franc-parler. Chirac téléphone aussitôt à son père pour lui dire tout le bien qu'il pense de son fils, qu'il trouve « formidable[2] ». Cette conversation ajoute au malaise souterrain entre le président français et son homologue américain. Bush junior n'apprécie toujours pas le paternalisme appuyé de Chirac. Mais chacun tente, pour le moment, de s'en accommoder.

L'ambiance change radicalement dans la matinée du mardi 11 septembre 2001. Deux avions détournés percutent les tours du World Trade Center, à New York, tandis qu'un troisième s'encastre dans l'immeuble du Pentagone à Washington et qu'un quatrième s'écrase en Pennsylvanie. Près de trois mille personnes périssent dans ces attentats. La mouvance islamiste radicale d'Al-Qaida a agi au cœur du territoire américain, provoquant stupeur et colère dans l'opinion. Les réactions internationales sont au diapason. Alors qu'il visite un centre de formation à l'artisanat à Rennes, Jacques Chirac, qui entame déjà sa campagne pour être réélu en avril 2002, interrompt son périple. « C'est avec une immense émotion que la France vient d'apprendre ces attentats monstrueux, il n'y a pas

---
1. Entretiens d'Hubert Védrine avec l'auteur, 22 février et 14 juin 2010.
2. Rapporté dans Henri Vernet et Thomas Cantaloube, *Chirac contre Bush, op. cit.*, p. 54.

d'autres mots, qui viennent de frapper les États-Unis d'Amérique. Dans ces circonstances effroyables, le peuple français, je tiens à le dire ici, est tout entier aux côtés du peuple américain. Il lui exprime son amitié et sa solidarité dans cette tragédie. J'assure naturellement le président George Bush de mon soutien total[1]. » Le lendemain, il fait jouer l'hymne américain dans la cour de l'Élysée, et il est en phase avec l'éditorial de Jean-Marie Colombani, directeur du quotidien *Le Monde*, titré « Aujourd'hui, nous sommes tous Américains » – un texte très remarqué aux États-Unis[2].

À Washington, après quelques heures de véritable panique dans la crainte de nouveaux attentats, George Bush fait front. Il prononce des discours émus et martiaux, promettant de venger l'Amérique.

Des messages d'alerte ignorés pendant des mois

Le premier constat dressé par les autorités américaines au lendemain de ces attentats est calamiteux pour l'ensemble des responsables de la lutte antiterroriste. Une commission d'enquête bipartisane du Congrès passera en effet au crible toutes les défaillances des services de police et de renseignements, du FBI à la CIA[3]. Elle révélera que les hauts responsables ont reçu de nombreuses alertes sur de futures attaques terroristes, mais que les rivalités internes et l'inertie bureaucratique ont empêché l'exploitation des renseignements. Les attentats auraient peut-être pu être évités…

Dès la fin de 1998, un mémo de la CIA parlait de détournements d'avions américains et d'autres attaques possibles commanditées par Oussama Ben Laden et ses alliés d'Al-Qaida, après les attentats contre les ambassades américaines au Kenya et en Tanzanie[4]. Mais la CIA était alors incapable d'agir sur le terrain,

---

1. Déclaration du président Jacques Chirac à la faculté des métiers de Ker Lann, Rennes, le mardi 11 septembre 2001. Le jour même, Jacques Chirac écrit une lettre au président Bush pour l'assurer de son « soutien total » et il le joint au téléphone dès le lendemain, 12 septembre. Source : archives de l'Élysée.
2. *Le Monde*, 13 septembre 2001.
3. Voir son rapport final *The 9/11 Commission Report : Final Report of the National Commission on Terrorist Attacks upon the United States*, W.W. Norton, 2004 ; version française, *11 septembre 2001 : rapport final de la Commission nationale sur les attaques terroristes contre les États-Unis*, Alban, 2005.
4. *Bin Laden Preparing to Hijack US Aircraft and Other Attacks*, mémorandum de la CIA du 4 décembre 1998, archives de la CIA.

ne disposant que d'une poignée d'agents parlant l'arabe[1]. En janvier 2000, l'agence a repéré les voyages suspects de deux des futurs kamikazes du 11 septembre, sans partager ce renseignement avec d'autres agences, ni se rendre compte qu'ils s'étaient ensuite installés tranquillement aux États-Unis[2] !

Le 25 janvier 2001, Condoleezza Rice, la conseillère à la Sécurité nationale, pouvait lire une note sur Al-Qaida, décrit comme une « force majeure, active et organisée ». Ce texte recommandait de prendre des décisions « urgentes » sur le sujet. Il s'agissait de mettre en œuvre le plan élaboré un mois auparavant, après l'attentat d'octobre 2000 contre la frégate *USS Cole* dans le port d'Aden, au Yémen. Ce plan préconisait notamment d'aider les forces afghanes de l'Alliance du Nord, dirigée par le commandant Massoud, qui combattaient le régime taliban et ses alliés d'Al-Qaida en Afghanistan. Ce mémo du 25 janvier 2001 n'a pas eu de suite immédiate : la réunion prévue sur le sujet à la Maison-Blanche n'a été organisée que le 4 septembre suivant, soit une semaine avant les attentats[3]. « Quand Bush et son équipe prirent le pouvoir, les voyants étaient au rouge. Tous les experts ont essayé de les prévenir, mais en vain[4] », déplorera Daniel Benjamin, ancien expert de la lutte antiterroriste au Conseil de sécurité nationale.

Le 23 mars 2001, Condi Rice était aussi informée que des cellules d'Al-Qaida pourraient mener des attaques au camion suicide

---

1. Voir à ce sujet le témoignage édifiant de l'ancien agent arabisant de la CIA, Robert Baer, *La Chute de la CIA. Les mémoires d'un guerrier de l'ombre sur les fronts de l'islamisme*, Plon, 2002.

2. Voir Michael Isikoff et Daniel Klaidman, « The Hijackers We Let Escape », *Newsweek*, 10 juin 2002.

3. *Presidential Policy Initiative/Review – The Al-Qida Network*, mémorandum du coordinateur de la lutte antiterroriste Richard Clarke à Condoleezza Rice, Conseil de sécurité nationale, 25 janvier 2001 ; en annexe, *A Strategy for Eliminating the Threat from the Jihadist Networks of Al Qaïda : Status and Prospect*, décembre 2000, Conseil de sécurité nationale, Maison-Blanche, National Security Archives. Voir extrait de ce document en annexe. Ce mémo et le plan contredisent les déclarations postérieures de Condoleezza Rice selon lesquelles elle n'aurait rien su des menaces d'Al-Qaida ou que l'administration précédente n'aurait rien fait pour lutter contre le réseau terroriste. Sur l'absence de suites à ce mémo, voir le témoignage accablant de Richard Clarke, le 24 mars 2004, devant la Commission nationale sur les attaques terroristes, National Security Archives. Et son ouvrage *Against All Enemies : Inside America's War on Terror*, The Free Press, 2004.

4. Cité dans Leah Pisar, *Orage sur l'Atlantique. La confrontation diplomatique entre les États-Unis et la France au sujet de la guerre en Irak (2001-2003)*, thèse soutenue le 16 mars 2009 à l'université Panthéon-Assas, p. 24.

à Washington. En mai, le FBI estimait que des attentats risquaient d'avoir lieu à Londres, Boston ou New York. En juillet, le bureau du FBI à Phoenix signalait la présence d'élèves islamistes suspects dans des écoles de pilotage de l'Arizona. Il suggérait de lancer une enquête nationale sur d'éventuels cas similaires. Ce rapport n'a pas été transmis en haut lieu.

De son côté, le directeur de la CIA, George Tenet, redoutait une action terroriste spectaculaire à l'étranger, notamment à Paris. Le 6 août, la CIA envoyait un mémo au président Bush mentionnant de possibles détournements d'avion. Plus grave encore, au début de septembre, des agents du FBI de Minneapolis s'inquiétaient très sérieusement des leçons de pilotage de Boeing 747 prises par un dénommé Zacarias Moussaoui, un Français d'origine marocaine sans aucune expérience aéronautique, arrêté sur place le 16 août pour un problème de visa. Ils expliquaient qu'il fallait s'assurer que Moussaoui ne pourrait pas « prendre le contrôle d'un avion et le faire voler contre le World Trade Center ». Ces alertes n'ont pas davantage été prises au sérieux, ni rapprochées du rapport des agents de Phoenix. Les supérieurs du FBI jugeaient que les renseignements sur Moussaoui étaient insuffisants pour permettre de le relier à un quelconque complot ou à une « puissance étrangère reconnue ». Dans le même temps, les services français de contre-espionnage avertissaient le FBI que Zacarias Moussaoui était un proche d'Al-Qaida qui s'était entraîné dans des camps en Afghanistan[1].

---

1. Sur la transmission des informations concernant Moussaoui, voir le témoignage du juge antiterroriste Jean-Louis Bruguière dans *Ce que je n'ai pas pu dire. Entretiens avec Jean-Marie Pontaut*, Robert Laffont, 2009, p. 372-375. Première personne inculpée pour son implication présumée dans les attentats du 11 septembre, Zacarias Moussaoui refusera toute aide consulaire française, avant de se raviser quelques mois plus tard, craignant une condamnation à mort devant le tribunal fédéral de Virginie, où il sera appelé à comparaître. Télégramme de l'ambassade de France à Washington au sujet de Moussaoui, 28 décembre 2001 ; télégramme du consul général français à New York à la suite de son entretien avec Moussaoui, 20 juillet 2002, archives de la présidence de la République, 5AG5 AP7, Archives nationales. Moussaoui sera condamné en mai 2006 par le tribunal de Virginie à la perpétuité pour complot en lien avec les attentats du 11 septembre.

Des renseignements de la DGSE sur un détournement d'avion

De son côté, la DGSE a également transmis aux Américains d'autres informations ponctuelles concernant de possibles actions terroristes, sans toutefois pouvoir évoquer des risques précis sur le sol des États-Unis. « Après le 11 septembre, nous avons fait un travail d'analyse systématique pour reprendre tout ce que nous avions écrit sur le sujet depuis l'été 2000. Nous avions repéré que des attentats pouvaient avoir lieu hors du Moyen-Orient, par exemple en Europe, qu'il y avait des approches de certains jihadistes pour apprendre à piloter, ou que la France pouvait être une cible, notamment sur la base militaire de Djibouti. Nous avions plusieurs indices, mais nous étions loin d'imaginer la stratégie mondiale d'Al-Qaida ou de pouvoir identifier des menaces très concrètes[1] », admet un ancien expert des services français.

La DGSE a pourtant constitué depuis plusieurs années une « cellule Ben Laden », qui collectait des renseignements sur ses proches, ses camps d'entraînement en Afghanistan ou ses réseaux internationaux. La centrale française étayait son analyse grâce aux écoutes téléphoniques, aux photos satellitaires et à sa bonne connaissance du terrain afghan, enrichie par son soutien historique aux rebelles du commandant Massoud, en lutte contre le régime taliban après avoir combattu l'occupant soviétique[2]. Au début de 2001, sur la base de renseignements provenant de l'entourage du général Rachid Dostom, un autre chef de guerre afghan, et relayés par les services secrets d'Ouzbékistan, la DGSE a évoqué des préparatifs de détournement d'avions de ligne américains par l'organisation d'Oussama Ben Laden. La prise d'otages « devait initialement être menée entre le mois de mars et le mois de septembre 2000 », dans le but de faire libérer des islamistes détenus dans des prisons américaines et d'obtenir un retrait des troupes russes de Tchétchénie. Des désaccords auraient retardé l'opération, qui devait avoir lieu en Grèce ou à Chypre, « pays dans lesquels la présence américaine constitue une cible

---

1. Entretiens avec l'auteur, 2009.
2. Au sujet de l'aide de la DGSE à la résistance afghane et aux forces de Massoud, voir l'ouvrage de Pierre Lethier (ancien directeur de cabinet de plusieurs patrons de la DGSE), *Argent secret*, Albin Michel, 2001, p. 80-81, et Claude Silberzahn, *Au cœur du secret, op. cit.*

potentielle[1] ». Ces renseignements ont été envoyés à la CIA sans provoquer d'alarme particulière.

Comme ses homologues occidentales, la DGSE s'est aussi mobilisée durant le premier semestre 2001 autour de rumeurs insistantes d'attentats terroristes en Europe. Les ambassades américaines ont été prévenues de risques accrus concernant leur sécurité. Cette crainte était renforcée par les confessions du Franco-Algérien Djamel Beghal, membre du réseau d'Al-Qaida arrêté à Dubaï le 28 juillet 2001, qui faisait état d'un projet d'attaque suicide visant l'ambassade américaine à Paris. « Le plan était sérieux, mais il s'agissait peut-être aussi d'une tactique habilement menée par les stratèges d'Al-Qaida afin de détourner l'attention sur les attentats en cours de préparation aux États-Unis[2] », estime un spécialiste français du renseignement.

Le soutien de Chirac à la guerre contre le terrorisme

Touchée de plein fouet, l'Amérique déclare la guerre au terrorisme. Profitant du choc émotionnel des attentats et de la faillite du système de renseignement, les néoconservateurs de l'administration Bush, menés par Cheney et Rumsfeld, avancent leurs pions. « À partir du 11 septembre, ils ont pris les commandes de la politique étrangère américaine, alors que ce n'était pas le cas auparavant[3] », confirme François Bujon de l'Estang.

Les « néocons » entendent mener ce nouveau combat sans s'embarrasser des lourdeurs d'antan. Le 14 septembre 2001, le

---

[1]. Le journaliste Guillaume Dasquié a révélé le contenu de cette note dans son article « 11 septembre 2001 : les Français en savaient long », *Le Monde*, 17 avril 2007. Il y faisait état d'un ensemble de 328 pages de documents classifiés de la DGSE portant sur Al-Qaida – il s'agissait du rapport réalisé par les services secrets français après le 11 septembre 2001, reprenant l'ensemble de leur production sur le sujet entre juillet 2000 et octobre 2001.

[2]. Entretiens avec l'auteur, 2009. Djamel Beghal a séjourné dans les camps d'entraînement en Afghanistan et a dit aux enquêteurs émiratis qui l'interrogeaient qu'il avait reçu l'ordre de préparer un attentat suicide à Paris. Une information judiciaire a été ouverte le 10 septembre 2001, à Paris, à la suite de ces déclarations, et Djamel Beghal a été extradé vers la France à la fin de septembre 2001. Il reviendra ensuite sur ces aveux, dénonçant la torture dont il aurait été victime. En 2005, il sera condamné à dix ans de prison pour les préparatifs de l'attentat à Paris. Voir Jean-Louis Bruguière, *Ce que je n'ai pas pu dire*, op. cit., p. 422-434.

[3]. Entretien de François Bujon de l'Estang avec l'auteur, *op. cit.*

président Bush signe une première directive militaire déclarant l'état d'« urgence nationale » à la suite des attaques terroristes. Le Patriot Act, adopté en octobre, élargit les pouvoirs d'enquête, de surveillance et d'écoute de toutes les agences fédérales. Selon les juristes qui préparent les nouveaux dispositifs, les États-Unis sont dans une situation de « conflit armé » qui justifie des mesures exceptionnelles, passant outre les droits constitutionnels ou les libertés fondamentales[1].

Par ailleurs, l'un des responsables du département de la Justice estime possible d'étendre les pouvoirs présidentiels pour lancer des opérations militaires contre les terroristes ou les États qui les soutiennent[2]. C'est l'Afghanistan qui est visé initialement, puisque les Talibans au pouvoir à Kaboul protègent depuis plusieurs années Oussama Ben Laden et ses affidés d'Al-Qaida. Dès le 20 septembre, George Bush lance un avertissement public aux Talibans pour qu'ils livrent les membres du réseau terroriste à la justice américaine, sans quoi ils s'exposent à des représailles militaires. Les jours suivants, des commandos paramilitaires de la CIA sont infiltrés en Afghanistan afin de préparer l'offensive contre le régime taliban, offensive qui sera menée principalement par les rebelles de l'Alliance du Nord que dirigent les successeurs du commandant Massoud, assassiné le 9 septembre 2001.

La Maison-Blanche obtient aisément un soutien international à cette première bataille. Le Conseil de sécurité des Nations unies adopte, le lendemain des attentats, une résolution d'origine française assimilant les actes de terrorisme à des actes de « guerre ». « Ce texte, que nous avions proposé, affirmait également que les États qui soutiennent des terroristes devaient être considérés comme responsables. Ce fut le début d'une très bonne entente avec les Américains, avant même la constitution de la coalition pour l'Afghanistan[3] », se souvient Jean-David Levitte, alors ambassadeur de France aux Nations unies. Le même jour, 12 septembre, le Conseil de l'OTAN estime pour la première fois de son histoire que, conformément à l'article 5 du traité de l'Atlantique

---

1. *Authority to use of Military Force to Combat Terrorist Activities within the United States*, mémorandum de John Yoo (département de la Justice), 23 octobre 2001, National Security Archives.
2. *The President's Constitutional Authority to Conduct Military Operations Against Terrorist ans Nations Supporting Them*, mémorandum de John Yoo (département de la Justice), 25 septembre 2001, National Security Archives.
3. Entretiens de Jean-David Levitte avec l'auteur, 5 et 12 décembre 2009.

Nord, cette attaque contre l'un des États membres doit être considérée comme une attaque contre l'ensemble des membres. L'usage de la force est donc autorisé, en légitime défense, par les États-Unis et leurs alliés[1].

En France, Jacques Chirac ne lésine pas sur les gestes de solidarité. Une visite à Washington était programmée de longue date pour le 18 septembre. « Dites à la Maison-Blanche que nous ferons ce qu'ils souhaitent », confie le président à l'ambassadeur de France, François Bujon de l'Estang. Ce dernier appelle aussitôt Condoleezza Rice, qui insiste pour que Jacques Chirac maintienne son déplacement. « C'est dans les périodes difficiles que nous avons besoin de nos amis », explique la conseillère de George Bush.

Le Français n'est pas mécontent de traverser l'Atlantique une semaine après les attentats. Par le hasard du calendrier, il est ainsi le premier chef d'État étranger à pouvoir manifester sur place sa compassion envers une Amérique endeuillée. Dans l'après-midi du mardi 18 septembre, Chirac est reçu à la Maison-Blanche par un George Bush plus déterminé que jamais. « Nous allons débusquer les terroristes et les mener devant la justice », répète-t-il à ses invités français, frappés par son langage de western. Un dîner rapide, dès 18 h 30, clôt cette rencontre empreinte d'émotion. Entouré de ses conseillers et du ministre des Affaires étrangères, Hubert Védrine, Jacques Chirac exprime son « entière solidarité » avec les États-Unis et promet son aide dans la lutte contre le terrorisme.

Le lendemain, le président français se rend à New York. Grâce au maire de la ville, Rudolph Giuliani, il peut embarquer à bord d'un hélicoptère qui survole Ground Zero, les ruines des deux tours du World Trade Center. Sur les conseils de sa fille, le président français a fait monter avec lui un photographe de l'AFP et un caméraman de TF1 afin d'immortaliser la scène. « La France veut témoigner à son allié de toujours, l'Amérique, sa solidarité, sa fraternité dans l'épreuve, dit-il peu après face à la communauté française de New York. On ne marchande pas avec le terrorisme. Les auteurs de ces actes barbares et leurs complices doivent être

---

1. Mais, au-delà des déclarations, la plupart des pays européens craignaient d'être obligés de se mobiliser militairement aux côtés des États-Unis sans avoir leur mot à dire. Sur les arrière-pensées et le divorce euro-américain sous-jacent, voir Frédéric Bozo, « La relation transatlantique et la "longue" guerre contre le terrorisme », *Politique étrangère*, n° 2, 2002.

trouvés et châtiés conformément au droit. Je l'ai dit au président Bush et au secrétaire général des Nations unies : la France, en première ligne dans le combat contre les réseaux terroristes internationaux, sera dans cette lutte aux côtés de l'Amérique. »

Les mots sonnent juste. Ils sont appréciés à la Maison-Blanche. George Bush prendra soin de remercier personnellement Jacques Chirac pour ses « condoléances venues du cœur », pour sa visite à Washington, pour l'hymne américain joué dans la cour de l'Élysée et pour son soutien actif. « Nos valeurs communes et la détermination de nos peuples sont cruciales pour extirper le terrorisme de la planète. Je serai ravi de travailler avec vous pour relever ce défi difficile[1] », écrira Bush, rappelant que la France est l'alliée la plus ancienne de l'Amérique.

Washington prépare déjà sa guerre en Afghanistan. L'Élysée et Matignon proposent aussitôt d'y être associés de manière active. Le sherpa de Jacques Chirac, Jean-Marc de La Sablière, se rend à Washington à la fin de septembre afin évoquer les plans d'action, que le ministère de la Défense et les états-majors peaufinent les jours suivants. La Maison-Blanche apprécie que la France mette ses bases à la disposition des avions américains en route vers l'Afghanistan et promette un soutien aérien avec le porte-avions *Charles-de-Gaulle*. Cependant, le Pentagone refuse une présence plus visible, expliquant que l'armée américaine souhaite mener seule cette guerre après les attentats qui ont frappé les États-Unis. « Nous étions prêts à faire davantage, mais les Américains voulaient vraiment montrer qu'ils pouvaient se venger par eux-mêmes. C'était un peu vexant pour nous[2] », se souvient un haut gradé français. Paris demande également que des officiers de liaison puissent être dépêchés auprès du commandement militaire américain des opérations, basé à Tampa, en Floride. La requête est rejetée. « Les coalitions sont toujours très compliquées à gérer militairement. Et nous n'avions pas trop envie que Jacques Chirac

---

1. Lettre du président George Bush au président Jacques Chirac, 23 octobre 2001, archives de la présidence de la République, 5AG5 AP6, Archives nationales.

2. Entretien avec l'auteur, 2009. Pour sa part, le général Richard Myers, chef d'état-major adjoint, puis chef d'état-major interarmées américain à partir du 1er octobre 2001, rapporte que, à la fin de septembre 2001, les militaires français, par la voix du général Jean-Pierre Kelche, chef d'état-major des armées, se disaient « très frustrés » de n'être pas davantage impliqués dans les préparatifs et réclamaient un « comité de planification de campagne ». Voir Général Richard B. Myers, avec Malcolm McConnell, *Eyes on the Horizon. Serving on the Frontline of the National Security*, Threshold Editions, 2009, p. 182.

se mêle encore une fois du détail des frappes aériennes, comme cela s'était passé durant l'opération de l'OTAN au Kosovo deux ans auparavant[1] », explique Richard Perle, l'un des conseillers les plus écoutés du secrétaire à la Défense, Donald Rumsfeld. Ce dernier, très vindicatif, avoue d'ailleurs ne faire « aucune confiance » aux Français et a déjà mis des entraves à la coopération militaire bilatérale.

Comme la plupart des pays alliés, la France se contente donc d'une participation modeste à l'opération Liberté immuable (Enduring Freedom), lancée par les États-Unis contre les Talibans le dimanche 7 octobre 2001. Un détachement de Mirage IV est chargé, depuis une base au Tadjikistan, de missions de reconnaissance aérienne, tandis que des Super-Étendard et des chasseurs français participeront à des raids aériens depuis le porte-avions *Charles-de-Gaulle*, dépêché dans l'océan Indien[2]. Les frappes massives sont effectuées par des F-18 américains, des bombardiers B-52 et par les navires de l'US Navy, qui lancent des dizaines de missiles Tomahawk sur des cibles militaires à Kaboul et Kandahar.

Après plusieurs semaines de bombardements, les forces de l'Alliance du Nord, soutenues par la CIA et par des commandos américains, prennent le contrôle de la capitale afghane. Le régime taliban tombe, et c'est un gouvernement mené par Hamid Karzaï qui prend la tête du pays, soutenu à bout de bras par les Américains. Le mollah Omar, chef des Talibans, est en fuite, tandis qu'Oussama Ben Laden et ses lieutenants se replient dans les régions montagneuses de la frontière pakistano-afghane. En apparence, Bush a remporté la première manche de « sa » guerre contre le terrorisme. « Une certaine euphorie a alors prévalu, se souvient un militaire français. On pensait avoir réglé le problème de l'Afghanistan et qu'il suffisait de reconstruire le pays. Ben Laden semblait malade, isolé, coupé de ses sources. Nous nous sommes trompés sur toute la ligne[3]. »

Une partie des membres présumés du réseau terroriste, capturés sur place, sont expédiés sur la base militaire américaine située à Guantánamo, dans l'île de Cuba. Le 13 novembre 2001, le prési-

---

1. Entretien de Richard Perle avec l'auteur, 31 mai 2010.
2. Plusieurs centaines de soldats participeront à la Force internationale d'assistance et de sécurité (ISAF) à partir de 2003, et un détachement de trois cents membres des forces spéciales françaises rejoindra les montagnes afghanes à la mi-2003 pour mener des missions ponctuelles, sous commandement américain.
3. Entretien avec l'auteur, 2009.

dent Bush édicte une directive permettant la rétention arbitraire et indéfinie de ces détenus, qui ne sont pas considérés comme des prisonniers de guerre protégés par les conventions internationales[1]. La Maison-Blanche autorisera ensuite l'usage de certaines formes de torture à l'encontre des suspects terroristes, soit par ses propres agents, soit après l'envoi de ces prisonniers dans des pays alliés peu regardants sur les droits de l'homme[2].

Une base secrète installée à Paris avec la CIA

Ces premières entorses aux règles du droit ne freinent pas, pour le moment, les bonnes dispositions françaises. À la fin de 2001, le président Chirac et le gouvernement Jospin acceptent d'aller plus loin dans la coopération en matière de lutte contre le terrorisme. Ils demandent aux services français de partager sans aucune restriction leurs informations avec leurs homologues d'outre-Atlantique. Le flux de messages échangés augmente rapidement entre la DGSE, la DST, la CIA et le FBI. « Avant le 11 septembre, chaque pays transmettait ses tuyaux de manière parcimonieuse, un par un, explique un expert de la lutte antiterroriste. Après, les Américains ont exigé de tout savoir, et nous étions vraiment obligés de tout mettre sur la table. » Puis l'Élysée approuve le projet de création d'une base secrète, appelée « base Alliance », chargée de coordonner les échanges de renseignements entre plusieurs pays occidentaux. « On ne pouvait rien refuser aux Américains, qui étaient demandeurs de cette structure[3] », confie notre initié.

---

1. *Detention, Treatment and Trial of Certain Non-Citizens in the War on Terrorism*, directive du président George Bush, 13 novembre 2001. Quelques semaines plus tard, en dépit des réserves formulées par le secrétaire d'État Colin Powell, Bush précise que les « détenus talibans et d'Al-Qaida » ne sont pas des combattants relevant de la convention de Genève sur les prisonniers de guerre : *Humane Treatment of Al-Qaeda and Taliban Detainees*, directive du président George Bush, 7 février 2002, National Security Archives. Voir extrait de ce document en annexe.
2. Selon un responsable du département de la Justice, des méthodes agressives d'interrogatoire ne contreviennent pas aux lois ni aux traités signés par les États-Unis. *Standards for Conduct for Interrogation under 18 USC 2340-240 A*, mémorandum de Jay Bybee, assistant du procureur général, 1er août 2002. Un responsable du Pentagone recommande ensuite l'usage de techniques de torture, dont des séances d'interrogatoire de vingt heures, la privation de sommeil ou des stations debout d'au moins quatre heures : *Counter-Resistance Techniques*, mémorandum de William Haynes au secrétaire à la Défense, Donald Rumsfeld, 27 novembre 2002 ; National Security Archives.
3. Entretiens avec l'auteur, 2010.

Financée principalement par la CIA, la base Alliance démarre ses activités à la fin de 2002. Elle réunit dans un même immeuble, situé à Saint-Cloud, dans la banlieue parisienne, des représentants de plusieurs agences de renseignement : la CIA, la DGSE, les services britanniques, allemands, canadiens et australiens. La structure, dirigée par un gradé français de la DGSE, a pour objectif la surveillance des réseaux d'Al-Qaida et l'échange de renseignements opérationnels, vingt-quatre heures sur vingt-quatre, dans le cadre de la lutte antiterroriste. « En dépit de réticences initiales, la coopération a été excellente dès le début, et elle s'est même poursuivie pendant toute la période de tension franco-américaine sur l'Irak[1] », témoigne un responsable du renseignement.

Les résultats obtenus demeureront ultraconfidentiels. Selon le *Washington Post*, qui révélera en 2005 l'existence de la base Alliance, la France autorisera la CIA à utiliser sa base aérienne militaire de Djibouti pour faire décoller ses drones Predator. Ces armes seront notamment utilisées lors d'un raid meurtrier mené le 3 novembre 2002 sur une route du désert yéménite contre Abu Ali al-Harithi et cinq autres membres présumés d'Al-Qaida impliqués dans l'attentat contre l'*USS Cole* d'octobre 2000 à Aden. Par ailleurs, une douzaine de suspects importants seront interpellés grâce aux renseignements échangés au sein de la base Alliance. Christian Ganczarski, un jeune Allemand converti à l'islam et soupçonné d'avoir téléguidé un attentat contre la synagogue de Djerba en avril 2002, sera ainsi arrêté, le 2 juin 2003, durant une escale à Roissy lors d'un vol en provenance de Riyad, et il sera remis aux autorités judiciaires françaises[2].

Même en pleine crise sur l'Irak, le président Bush remerciera personnellement Jacques Chirac pour cette fructueuse coopération dans le domaine du renseignement sur la lutte antiterroriste[3]. Cependant, des divergences entre services sur les objectifs, judiciaires ou tous azimuts, de la lutte antiterroriste finiront par appa-

---

1. Entretien avec l'auteur, 2009.
2. Dana Priest, « Help From France Key in Covert Operations, Paris's "Alliance base" Targets Terrorists », *Washington Post*, 3 juillet 2005. Plusieurs sources proches des milieux du renseignement, tant français qu'américains, nous confirmeront ces informations concernant la base Alliance : entretiens avec l'auteur, fin 2009 et début 2010. Sur le dossier judiciaire Ganczarski, voir Jean-Louis Bruguière, *Ce que je n'ai pas pu dire*, op. cit., p. 387-393.
3. Notamment lors de leur conversation téléphonique du 7 février 2003, juste avant le début de la guerre d'Irak, archives de la présidence de la République, 5AG5 AP6, Archives nationales.

raître. Les révélations sur les pratiques de la CIA, de l'usage admis de la torture aux assassinats ciblés, feront tousser certains services alliés. Les pays participants mettront en sommeil la base Alliance à partir de 2007. « Il ne faut pas confondre mobilisation générale et confusion générale[1] », résumera Alain Chouet, chef du service de renseignement et de sécurité de la DGSE jusqu'en 2002, très critique sur certains volets liberticides des opérations américaines. « De plus, ajoute, plus diplomatique, un autre officiel français, la base Alliance devenait un peu bureaucratique, et nous avons préféré reprendre nos échanges sur un mode traditionnel[2]. »

« Mon cher George, ne faites pas de bêtises au Proche-Orient »

Durant les mois qui suivent les attentats du 11 septembre, l'heure est encore à l'unité de façade dans la « guerre contre la terreur ». Mais des lézardes se font déjà jour. Car, la campagne afghane à peine lancée, la Maison-Blanche songe à la prochaine étape. Et cette perspective commence à inquiéter l'Élysée. « Chirac craignait le déclenchement d'opérations militaires intempestives au Moyen-Orient, que ce soit en Syrie ou en Irak. C'est la raison pour laquelle il a décidé de revenir voir George Bush dès le mois de novembre 2001[3] », témoigne François Bujon de l'Estang.

La courte visite qu'effectue le président français à Washington les 5 et 6 novembre 2001 se déroule beaucoup moins bien que celle de septembre. Certes, Chirac et Bush rappellent leur engagement

---

1. Propos d'Alain Chouet lors d'une conférence sur « Le renseignement en France et aux États-Unis : quelles solutions pour améliorer la lutte antiterroriste ? Réorganisation et coopération nationale et internationale », organisée à Paris le 26 mars 2007 par la French-American Foundation. Il ajoutera notamment : « On ne résoudra pas le problème en plaçant la planète entière, et en particulier le monde musulman, sous une loi permanente des suspects assortie de mesures sécuritaires plus ou moins liberticides. [...] Et, pour paraphraser le général de Gaulle, on ne résoudra pas le problème en sautant sur sa chaise comme un cabri et en disant "coopérons, coopérons, coopérons !". Coopérer, les agences et officiers de renseignement ne demandent que cela. Encore faut-il savoir avec qui, sur quoi et pour quoi. »
2. Entretien avec l'auteur, 2009. Voir aussi David Servenay, « Pourquoi Alliance base a fermé à Paris », sur le site Rue89.fr, 24 avril 2010.
3. Entretien de François Bujon de l'Estang avec l'auteur, 13 octobre 2009.

commun dans la lutte contre le terrorisme, notamment en Afghanistan, où la France promet d'envoyer davantage de soldats[1]. Mais Jacques Chirac délivre surtout un message d'alerte, sur le thème : « Mon cher George, je comprends bien votre impatience, votre frustration, mais, de grâce, ne faites pas de bêtises au Moyen-Orient. Je connais bien cette région, c'est beaucoup plus compliqué que vous ne le pensez. Laissez-moi vous expliquer[2]. » Il développe ensuite ses longues analyses sur le Liban, la Syrie, l'Iran ou l'Irak, en se présentant comme un expert de ces pays.

Dans le Bureau ovale, George Bush écoute patiemment son visiteur français lui donner un cours de géopolitique proche-orientale. Il répète ensuite son couplet vengeur contre Al-Qaida, sans rien dévoiler de ses intentions réelles concernant l'ouverture d'un « deuxième front ». Mais, au fond, son opinion est en train de se forger, sous l'influence de plusieurs de ses proches, dont le vice-président, Dick Cheney, et le secrétaire à la Défense, Donald Rumsfled : l'Irak de Saddam Hussein sera sa prochaine cible.

Le sermon de prudence de Jacques Chirac ne pèse pas lourd dans la balance. Pis : le président français ennuie George Bush avec ses propos toujours paternalistes et son ton de donneur de leçons. Entre eux, le courant ne passe pas. La cordialité affichée est feinte. L'incompréhension s'ajoute aux maladresses. Au Premier Ministre britannique Tony Blair, qu'il reçoit peu de temps après, de manière plus chaleureuse, dans sa résidence de Camp David, le président américain confie qu'il trouve Chirac « pontifiant ». Le jugement est féroce. Rapportés obligeamment à l'Élysée par les Britanniques, ces adjectifs ajoutent au climat de suspicion qui a pris corps lors de cette entrevue de début novembre.

L'Irak de Saddam Hussein reste une menace, selon la CIA

À partir de la fin de 2001, le fossé se creuse lentement entre Paris et Washington. Les élites américaines et certains médias commencent à réclamer ouvertement une intervention militaire en

---

1. Chirac évoque la participation de deux mille soldats français dans les combats en Afghanistan, un chiffre qui inclut les forces navales présentes dans l'océan Indien. Rapporté dans Henri Vernet et Thomas Cantaloube, *Chirac contre Bush, op. cit.*, p. 77-78.

2. Teneur des propos rapportés par un des participants français à cette rencontre, entretien avec l'auteur, mars 2010.

Irak. Depuis l'interruption des inspections onusiennes des sites militaires irakiens, en 1998, le régime de Saddam Hussein est jugé « irrécupérable » par les Américains. Les frappes aériennes décidées à la fin de 1998 par le président Bill Clinton n'ont pas fait bouger les choses. Le dictateur de Bagdad continue de provoquer régulièrement la communauté internationale, tandis que les sanctions économiques aggravent la situation humanitaire de sa population. Il fait figure d'ennemi favori dans l'entourage du président Bush. Orchestrée par les conseillers en communication de la Maison-Blanche, la campagne anti-Saddam trouve un écho dans une opinion traumatisée par les attentats du 11 septembre.

L'Amérique cherche à se venger. Après l'Afghanistan, l'Irak constitue un morceau de choix. À la mi-novembre 2001, George Bush demande à Donald Rumsfeld de remettre à jour des plans d'invasion de l'Irak qui avaient été élaborés avant la guerre du Golfe de 1991 – baptisés « OPLAN 1003 ». Les premiers scénarios sont actualisés les semaines suivantes par le Pentagone.

« L'objectif est bien de démettre le régime de Saddam Hussein et de détruire son potentiel offensif ? demande le général Tommy Franks, en charge des préparatifs.

– Oui, mais ce sera au président de prendre la décision ultime[1] », répond Rumsfeld.

À la fin de 2001, le Pentagone et la CIA envoient des commandos pour repérer des cibles potentielles dans le nord du pays et dépêchent des instructeurs auprès des rebelles kurdes. Les raids de chasseurs américains et britanniques, déjà fréquents dans le cadre de la surveillance des « zones d'exclusion aérienne » définies au nord et au sud de l'Irak après la première guerre du Golfe, commencent à s'intensifier en vue d'une future offensive terrestre[2].

Lors du traditionnel discours sur l'état de l'Union, prononcé le 29 janvier 2002 devant le Congrès, Bush dénonce « la Corée du Nord, l'Iran, l'Irak et leurs alliés terroristes », qui constituent un « axe du mal » pouvant « attaquer nos alliés ou tenter de faire du chantage aux États-Unis ». « Dans tous les cas, demeurer indifférents aurait des conséquences catastrophiques », dit le président. Ses propos sur l'Irak sont particulièrement virulents : « L'Irak

---

1. Rapporté par le général Richard B. Myers, avec Malcolm McConnell, *Eyes on the Horizon*, op. cit., p. 218.
2. Rapporté notamment dans Yves Boyer, « Petite et grande histoire autour de la crise iraquienne », *Annuaire français des relations internationales*, 2004, vol. 5, p. 187-202.

continue de manifester son hostilité vis-à-vis des États-Unis. Cela fait dix ans que l'Irak complote afin de mettre au point de l'anthrax, des gaz neurotoxiques et des armes nucléaires. Voilà un régime qui a déjà utilisé des gaz toxiques contre ses propres citoyens, laissant à terre des mères recroquevillées sur le corps de leurs enfants morts. Voilà un régime qui, après avoir accepté des inspections menées sous l'égide des organismes internationaux compétents, a mis les inspecteurs à la porte. Voilà un régime qui a quelque chose à cacher au monde civilisé[1]. »

Une semaine plus tard, le directeur de la CIA, George Tenet, expose sa vision des dangers devant la commission du Renseignement du Sénat. Pour lui, malgré les succès remportés en Afghanistan, le réseau Al-Qaida arrive toujours en tête des menaces, avec des plans d'attaque contre les États-Unis, des cibles en Europe, au Moyen-Orient, en Afrique et en Asie du Sud-Est. Le réseau terroriste serait prêt à recourir à des armes non conventionnelles, c'est-à-dire des armes chimiques, biologiques ou même nucléaires. Mais le danger terroriste va « bien au-delà d'Al-Qaida », précise le patron de la CIA. « La situation au Moyen-Orient continue d'alimenter le terrorisme et le sentiment antiaméricain dans le monde entier. » Par ailleurs, l'Iran fournirait toujours de l'aide, y compris par le biais de livraisons d'armes, aux groupes palestiniens dissidents et au Hezbollah basé au Liban.

Surtout, selon George Tenet, l'Irak « a un long passé de soutien aux terroristes » et a quelques « contacts » avec Al-Qaida. Le patron du renseignement évoque le fait que Saddam Hussein a mené une « offensive diplomatique de charme » afin de desserrer l'étau des sanctions économiques, en laissant entendre qu'il pourrait assouplir ses positions sur les inspections de ses sites sensibles. Le directeur de la CIA tient à dissiper ce mirage : « Soyons clair : Saddam reste une menace. Il est déterminé à contrer les sanctions de l'ONU, il développe ses programmes d'armes de destruction massive et il reconstitue la force militaire qu'il avait avant la guerre du Golfe[2]. »

---

1. « State of the Union Speech », discours du président George W. Bush, 29 janvier 2002, archives de la Maison-Blanche.
2. *Worldwide Threat – Converging Dangers in a Post 9/11 World, Testimony of Director of Central Intelligence*, George Tenet, devant la commission du Renseignement, Sénat des États-Unis, 6 février 2002, archives de la CIA.

En cet hiver 2002, le discours idéologique de la Maison-Blanche et de la CIA ne laisse donc guère planer d'ambiguïtés quant aux cibles potentielles des opérations militaires. Même si la guerre n'est pas encore officiellement déclarée, Bagdad est dans le collimateur. Dès le mois de mars, l'ambassadeur de France à Washington, François Bujon de l'Estang, avertit les autorités françaises du caractère inéluctable d'une guerre contre l'Irak. « Je n'ai jamais vu monter pareillement une telle fièvre belliciste, se souvient ce dernier. Tous mes contacts politiques, ainsi que ceux de notre attaché de défense, montraient que les préparatifs étaient en cours. J'ai donc écrit que cette guerre aurait lieu, qu'elle nécessiterait plusieurs mois de mobilisation de l'appareil militaire et du Congrès, voire le passage par une résolution de l'ONU. J'ai estimé que la guerre devrait probablement démarrer entre la fin de 2002 et le début du printemps 2003. Tout cela s'est révélé exact[1]. »

Seul problème : l'ambassadeur n'est guère entendu à l'Élysée. Et le ministre Hubert Védrine, qui livre, en avril 2002, le même pronostic, ne l'est pas davantage. De toute façon, Jacques Chirac ne croit pas à la résolution de l'équipe Bush. Il estime que ses conseils de sagesse suffiront à pacifier les esprits. De plus, il est absorbé par la campagne présidentielle qui se déroule en France au même moment. Candidat à sa propre réélection, il affronte son propre Premier ministre, le socialiste Lionel Jospin, après cinq années de cohabitation feutrée. Rigide, peu charismatique et affaibli par d'autres candidatures concurrentes à gauche, Jospin arrive en troisième position à l'issue du premier tour, le 21 avril 2002. La France se fait peur avec un deuxième tour qui voit Jacques Chirac rivaliser avec le leader d'extrême droite Jean-Marie Le Pen. Le président sortant gagne facilement la manche, mobilisant 82 % des électeurs sur son nom le 5 mai.

Après un premier mandat handicapé par une dissolution ratée, Chirac a enfin les mains libres. Un boulevard politique s'ouvre devant lui. Il ne sait pas encore que George Bush va lui causer bien des soucis.

---

1. Entretiens de François Bujon de l'Estang avec l'auteur, 13 octobre 2009.

Chapitre 15

Les coulisses du « non » à la guerre en Irak

Jeudi 29 août 2002. Quai d'Orsay, 15 heures. Dans la salle lambrissée dont les fenêtres donnent sur la Seine, une trentaine d'éminents diplomates ont pris place pour une réunion confidentielle. Ils représentent la France au Moyen-Orient ou dans les grandes capitales, de Londres à Moscou, de Pékin à Washington. Réunis pendant trois jours pour la traditionnelle conférence des ambassadeurs, à l'issue de laquelle le président de la République a donné les grandes lignes de sa politique étrangère, ils ont été conviés à assister à une réunion de crise sur l'Irak.

Depuis plusieurs mois, la tension monte entre les États-Unis et le régime de Saddam Hussein. Les Américains estiment que les Irakiens cachent toujours des programmes d'armes de destruction massive. Les missions des inspecteurs de l'ONU chargés de les démanteler sont interrompues depuis 1998, rendant toute analyse incertaine. La France, qui n'a cessé, au cours des dernières années, de s'opposer aux États-Unis sur ce sujet, veut en avoir le cœur net. À l'Élysée, Chirac a demandé à la Direction générale de la sécurité extérieure (DGSE) de rassembler tout ce qu'elle pouvait sur l'armement irakien. Après avoir évincé brutalement, en juillet, le patron des services secrets, le diplomate socialiste Jean-Claude Cousseran, il a choisi l'un de ses proches, Pierre Brochand, frère de son ami publicitaire Bernard Brochand, pour reprendre en main la DGSE, suspectée d'avoir mené des enquêtes clandestines sur le président.

En ce 29 août 2002, le nouveau directeur fait donc face aux ambassadeurs, qui entourent leur ministre, Dominique de Villepin. Ancien secrétaire général de l'Élysée, ce dernier mène depuis la réélection de Jacques Chirac une diplomatie au pas de charge – il s'est déjà rendu dans vingt-huit pays en trois mois !

La DGSE transmet une « source » irakienne à la CIA

Que disent les pontes de la DGSE sur l'Irak ? En vérité, ils n'ont pas de preuves formelles leur permettant de confirmer ou d'infirmer l'existence d'armes de destruction massive. Ni les satellites, ni les interceptions, ni les renseignements « humains » recueillis par les services français, bien introduits en Irak de longue date, ne viennent corroborer les catégoriques accusations américaines. « Nous n'avions aucune certitude absolue, mais tout de même quelques indices légitimes, révèle un ancien cadre de la DGSE. Nous étions très méfiants sur Saddam Hussein, sachant qu'il avait été capable, dans le passé, de mentir sur ses armes. Après la guerre du Golfe, nous avions découvert que son programme nucléaire était très avancé, et nous savions qu'il disposait d'armes chimiques, puisqu'il s'en était servi contre les Kurdes. La plupart de ces armes avaient été détruites, et les installations démantelées dans le cadre des inspections de l'ONU. Mais Saddam Hussein pouvait avoir secrètement redémarré certains programmes[1]. »

Devant les ambassadeurs qui suivent le dossier irakien, Bernard Brochand et les responsables de la DGSE expriment donc leurs doutes : selon eux, l'Irak est très loin de pouvoir disposer d'armes nucléaires, mais il a pu reconstituer des stocks d'armes chimiques, voire bactériologiques. « Même si la menace ne nous paraissait pas imminente, on ne pouvait pas la passer sous silence », confie un participant à cette réunion. En vérité, la DGSE dispose, depuis plusieurs mois, d'une « taupe » particulièrement bien informée au sein même du gouvernement de Saddam Hussein : il s'agit du ministre des Affaires étrangères, Naji Sabri Ahmad al-Hadithi. Effrayé par le risque de conflit qui se profile avec les États-Unis, ce pilier du régime, ancien professeur de littérature anglaise, a confié aux services français ce qu'il savait des programmes militaires de son pays. Cet état des lieux a confirmé ce que la DGSE suspectait : pas de danger nucléaire à court terme, peu de risques bactériologiques, mais d'éventuels stocks résiduels d'armes chimiques, qui pourraient être utilisés à partir de lanceurs mobiles.

La DGSE a informé le responsable de la CIA à Paris, Bill Murray, de l'existence de sa « source » irakienne. Conscient qu'il

---
1. Entretien avec l'auteur, 2009.

s'agissait d'une personnalité exceptionnelle, la centrale américaine a demandé à pouvoir l'interroger directement. La DGSE organisera la rencontre en marge de l'Assemblée générale de l'ONU, qui se tiendra à la mi-septembre 2002 à New York. Venu représenter son pays et délivrer un message officiel de Saddam Hussein à la tribune des Nations unies, le ministre donnera, *via* un intermédiaire, quelques informations. La CIA aurait déboursé au moins cent mille dollars pour poursuivre cette relation[1]. Cependant, elle gardera finalement ces révélations par-devers elle, suspectant une opération de désinformation montée par Saddam Hussein... L'avenir dira pourtant que le ministre n'avait pas totalement tort, même s'il surévaluait les menaces chimiques et bactériologiques.

La CIA préfère croire d'autres sources plus alarmistes, dont l'une, baptisée « Curveball », cache un chimiste irakien, pourtant jugé peu crédible, qui se confie aux services de contre-espionnage allemands. Le rapport que rédigera l'agence américaine de renseignement en octobre 2002 surestimera l'ensemble de l'arsenal irakien d'armes de destruction massive. Il affirmera sans sourciller que l'Irak a maintenu ses efforts en matière d'armes chimiques, investi dans des armes biologiques, développé ses projets de missiles balistiques et relancé un programme nucléaire en cherchant à acquérir des matériaux fissiles[2]. Entre la CIA et la DGSE, les échanges seront de plus en plus tendus, les Français estimant que la réalité de l'existence des armes irakiennes n'est pas prouvée et que, par conséquent, le danger n'est pas immédiat[3].

En attendant, les ambassadeurs français réunis en conclave s'interrogent, avec leur ministre, sur la conduite à tenir face à la tempête qui s'annonce. « Si les Américains préparent une résolution sur l'Irak au Conseil de sécurité des Nations unies, ils nous

---

1. À ce sujet, voir les révélations de l'émission « 60 Minutes » de CBS, et de l'article paru sur le site de NBC, « Iraqi Diplomat Gave US Prewar WMD Details », 20 mars 2006. Voir aussi le rapport de la commission du Renseignement du Sénat, évoquant cette « source très bien placée dans les cercles du pouvoir » qui a avancé qu'il existait des armes chimiques en Irak : *Post-War Findings about Iraq's WMD Programs and Links to Terrorism and How They Compare with Prewar Assessments*, septembre 2006. Archives du Sénat des États-Unis. Voir extrait de ce rapport en annexe.
2. *Iraq's Weapons of Mass Destruction Programs*, octobre 2002, CIA, archives de la CIA. Sur tous les préparatifs de guerre, voir Thomas Ricks, *Fiasco. The American Military Adventure in Iraq*, Penguin Book, 2006, p. 46 sq.
3. Durant toute la crise irakienne, les analyses des services de renseignement français – DGSE, DRM et DST –, synthétisées par le secrétariat général de la défense nationale (SGDN), sont très méfiantes à l'égard des renseignements américains et britanniques.

mettront au pied du mur. Il faudra bien que nous prenions position et que nous disions jusqu'où nous sommes prêts à aller », lance François Bujon de l'Estang, l'ambassadeur de France à Washington. « Nous devons être vigilants sur la rédaction de cette résolution, qui doit permettre le retour des inspecteurs en Irak », renchérit son collègue Jean-David Levitte, qui représente la France aux Nations unies.

À leurs côtés, Dominique de Villepin répète ce qu'il a dit devant tous les ambassadeurs, à savoir que l'Irak constitue réellement une « menace » pour la région, mais qu'il faut y faire face en imposant la reprise du contrôle des armements et une action humanitaire pour le peuple irakien « pris en otage » par son régime. Conscient des tentations unilatérales de la diplomatie américaine depuis les attentats du 11 septembre, Villepin confie qu'il faut attendre de voir ce que dira George Bush à la tribune des Nations unies lors de l'Assemblée générale prévue à la mi-septembre[1]. « Procédons par étapes, dit-il. Si le président américain veut jouer la carte de l'ONU pour régler le problème irakien, tant mieux, nous devons y travailler aussi. » Le ministre des Affaires étrangères conclut cette réunion de crise en assurant qu'il n'est pas question de se laisser entraîner dans un engrenage menant à une guerre décidée par Washington.

Le nouveau concept de Bush : la « guerre préventive »

À Paris, ni l'Élysée ni le Quai d'Orsay ne paraissent croire, en cette fin d'été 2002, au caractère inévitable d'un conflit armé. D'ailleurs, aux États-Unis, des voix respectées tentent de conjurer ce scénario. L'ancien conseiller à la Sécurité nationale de Bush père, le général Brent Scowcroft, exprime ouvertement ses craintes qu'une action américaine isolée ne déstabilise le Moyen-Orient. « Toute campagne contre l'Irak nous distrairait pour une période indéfinie de notre guerre contre le terrorisme[2] », déclare-t-il dans le *Wall Street Journal*, le 15 août 2002. Artisan de la coalition

---
1. Voir son analyse dans *Le Requin et la mouette*, Plon/Albin Michel, 2004.
2. « Don't Attack Saddam », interview de Brent Scowcroft, *Wall Street Journal*, 15 août 2002. Sur le débat interne concernant la guerre et les relations avec les Européens, voir le livre très instructif de Philip Gordon et Jeremy Shapiro, *Allies at War. America, Europe and the Crisis over Iraq*, McGraw Hill, 2004, p. 96 sq.

internationale de la première guerre du Golfe, qui avait forcé Saddam Hussein à quitter le Koweït en 1991, Scowcroft soutient la position « multilatéraliste » de l'actuel secrétaire d'État, Colin Powell, ancien chef d'état-major interarmées. D'autres piliers de l'administration de Bush père sont sur la même ligne, tel l'ex-secrétaire d'État, James Baker. Même l'ancien président ne semble pas être tout à fait en osmose avec son fils à propos du dossier irakien. Mais il se garde de l'afficher publiquement.

Et pourtant, la guerre d'Irak aura bien lieu. La pression monte depuis le début de l'année dans l'entourage de Bush junior. Les néoconservateurs, dirigés par Dick Cheney, Donald Rumsfeld et son adjoint, Paul Wolfowitz, mènent une campagne acharnée pour imposer leurs opinions face au camp « multilatéraliste » incarné par Powell : ils veulent coûte que coûte la peau de Saddam Hussein, qui depuis douze ans défie la première puissance mondiale. Ils sont prêts à tout pour justifier leur plan, qui vise à envahir l'Irak et à destituer son président, sans s'encombrer de l'ONU.

Au Pentagone, ils créent un « bureau des plans spéciaux », chargé de filtrer tous les renseignements sur l'Irak afin d'en donner l'interprétation la plus favorable à leur vue et de transmettre celle-ci aux médias conservateurs, Fox News en tête. Ils amplifient les rumeurs sur les armes de destruction massive détenues par l'Irak, évoquant par exemple des pseudo-achats d'uranium au Niger, afin de trouver un prétexte à leur offensive. Pour eux, le fait que les inspecteurs de l'ONU n'aient pas déniché de preuves formelles constitue un signe supplémentaire de la duplicité du raïs de Bagdad, qui cache forcément ses armes. Pis : les « néocons » inventent des liens jusque-là inexistants entre Saddam Hussein et Al-Qaida. La plupart des chaînes de télévision et des journaux relaient cette campagne anti-irakienne, les plus extrémistes critiquant vertement les positions prudentes de Scowcroft, jugé trop mou.

À Washington, les diplomates français voient venir l'orage[1]. Le 4 septembre 2002, Philippe Errera, conseiller pour les affaires stratégiques à l'ambassade de France, rédige une longue analyse, précise et argumentée, titrée *Vers la formalisation par le président Bush d'une nouvelle doctrine de la guerre préventive*. Envoyé au Quai d'Orsay et transmis à l'Élysée, ce télégramme

---
1. L'analogie avec un « orage parfait » est bien décrite dans Leah Pisar, *Orage sur l'Atlantique, op. cit.*

décrit la manière dont les « faucons » de l'administration républicaine élaborent, depuis plusieurs mois, une stratégie visant à justifier n'importe quelle opération militaire des États-Unis dès lors qu'une menace, même virtuelle, se fait jour.

À l'académie militaire de West Point, le 1er juin, George Bush a estimé que, face à des dictateurs « déséquilibrés », la dissuasion ne pouvait être efficace. Il faut donc, selon lui, « porter la bataille chez l'ennemi, perturber ses plans et affronter les menaces avant qu'elles n'émergent ». Il a repris le même couplet, le 19 juillet, devant des commandos de montagne réunis à Fort Drum : « Ignorer le danger, c'est l'inviter. L'Amérique doit agir contre ces terribles menaces avant qu'elles n'aient complètement pris forme. » Le vice-président Dick Cheney a été plus pressant, les 26 et 29 août, devant des parterres de vétérans, dans le Tennessee et au Texas, en décrivant les attaques du 7 décembre 1941 à Pearl Harbour et celles du 11 septembre 2001 à New York et Washington comme des moments où l'Amérique a payé le prix de son inaction. Pour lui, il ne fait « aucun doute » que l'Irak possède des armes de destruction massive qui constituent une vraie menace. Par ailleurs, à la Maison-Blanche, la conseillère Condoleezza Rice pilote un groupe de travail sur la « stratégie de sécurité nationale » où l'action préventive serait « élevée au rang de clé de voûte doctrinale ».

Pour les diplomates français en poste à Washington, ce concept de « plus jamais Pearl Harbour » aura des conséquences importantes, tant sur l'arsenal offensif que le Pentagone devrait employer (avions, sous-marins, satellites, bombardiers furtifs, drones, armes nucléaires miniatures…) que sur le plan politique. Selon le télégramme d'Errera, une guerre préventive, présentée par la Maison-Blanche comme forcément « juste », minerait l'« autorité morale » des États-Unis dans le monde. Elle serait « incompatible avec le droit constitutionnel américain et le droit international ». Enfin, elle serait un facteur d'instabilité en créant un dangereux précédent. « Aujourd'hui, les États-Unis à l'égard de l'Irak, demain la Chine contre Taiwan, l'Inde contre le Pakistan ou vice versa. Si l'État agresseur est à la fois seul juge et partie de la légitimité de son action, il n'y a pas de limite *a priori* à la contagion de la violence… » Estimant que la souveraineté des États serait remise en cause et le Conseil de sécurité, « garant de la légitimité du recours à la force », réduit au rang d'« accessoire », Philippe Errera s'avoue très pessimiste : « Nous assistons bien aux prémisses d'une rupture stratégique fondamentale, dont les effets se feront bien sentir après l'installation d'un nouveau régime à Bagdad[1]. »

Le but n'est pas de désarmer Saddam, mais de le renverser

L'ambassade de France à Washington est persuadée que le but de la prochaine guerre sera bien de renverser Saddam Hussein. Un autre télégramme diplomatique, daté du 4 septembre 2002, dissipe d'ailleurs tout doute sur le sujet. Il rappelle que le vice-président ne croit pas un instant à l'efficacité des futures inspections de l'ONU en Irak. « Saddam est passé maître dans l'art du reniement et de la supercherie, a martelé Dick Cheney le 26 août. Un retour des inspecteurs ne garantirait en aucune façon son respect des résolutions de l'ONU. Au contraire, le danger est grand d'un confort fallacieux donnant le sentiment qu'il est rentré dans son nid. » Les diplomates français pensent qu'il ne faut pas se bercer d'illusions : « À Washington, le désarmement [de l'Irak] n'est pas perçu comme le but ultime. L'objectif véritable et consensuel, et d'ailleurs réaffirmé sur tous les tons, c'est le changement de régime, de surcroît inscrit dans une loi votée par le Congrès en 1998. En prêtant la main à un retour des inspecteurs, les dirigeants de Bagdad collaboreraient à leur propre élimination. C'est peut-être beaucoup leur demander[2]... »

En ce début de septembre 2002, l'Élysée espère tuer dans l'œuf cette hypothèse de *regime change*, le changement de

---

1. *Vers la formalisation par le président Bush d'une nouvelle doctrine de la guerre préventive*, télégrammes de l'ambassade de France à Washington, les 4 et 5 septembre 2002, rédigés par Philippe Errera, signés de l'ambassadeur François Bujon de l'Estang, accompagnés d'une note du conseiller diplomatique du président, Jean-Marc de La Sablière : « Ce télégramme (ci dessous) sur la nouvelle doctrine américaine de guerre préventive confirme les craintes que l'on pouvait avoir. Il était important que vous fassiez part très tôt, comme vous l'avez fait dans le discours aux ambassadeurs, de vos appréhensions et réserves » : 5 septembre 2002, archives de la présidence de la République, 5AG5 AP6, Archives nationales.

2. *Irak : peut-on faire bon usage des inspections ?*, télégramme de l'ambassade de France à Washington, 4 septembre 2002, rédigés par Pierre Thénard, signé de l'ambassadeur François Bujon de l'Estang, archives de la présidence de la République, 5AG5 AP6, Archives nationales.

régime à Bagdad que le président Bush commence, lui aussi, à appeler publiquement de ses vœux[1]. Jacques Chirac ne veut régler que le problème du désarmement de l'Irak, et rien d'autre. Dans une longue interview au *New York Times*, qui paraît le 9 septembre, il affirme qu'il « condamne le régime irakien, naturellement », mais ajoute : « Ce qui est en cause aujourd'hui, ce n'est pas le changement de régime irakien. On peut [le] souhaiter, on le souhaite naturellement, mais il faut un peu d'ordre pour gérer les affaires du monde, il faut quelques principes et un peu d'ordre. [...] Jamais le Conseil de sécurité, ou la communauté internationale, n'a été saisi de la volonté de changer le régime en Irak. Parce qu'il y a des quantités de pays où l'on souhaiterait voir d'autres régimes. Alors, si on commence comme ça, où va-t-on ? »

Pour Jacques Chirac, le vrai problème, « c'est de savoir s'il y a des armes de destruction massive ». Il affirme n'avoir pas obtenu de « preuves » de l'existence de telles armes : « Je ne dis pas qu'elles n'existent pas, je dis simplement que je n'ai rien vu. » Conséquence logique : pour en savoir plus, « il faut qu'il y ait une résolution du Conseil de sécurité sur le retour des inspecteurs. [...] Ensuite, si les inspecteurs ne peuvent pas revenir, il faudrait une deuxième résolution du Conseil de sécurité pour dire s'il y a lieu ou non d'intervenir. Et, en fonction de cette résolution, la France prendra définitivement position ». Au passage, il fustige l'idée d'une guerre préventive, « doctrine extraordinairement dangereuse et qui peut avoir des conséquences dramatiques ». De toute façon, ajoute-t-il, si Dick Cheney estime que les inspections ne valent rien, autant qu'il parte faire sa guerre tout seul ! « Ce que dit M. Cheney ne m'intéresse pas, mais ce que dit M. Bush m'intéresse », précise le président français. En revanche, pour lui, une action militaire reste possible en dernier recours, « si c'est décidé par la communauté internationale, sur la base de preuves indiscutables[2] ».

---

1. « L'histoire nous appelle à envisager un changement de régime en Irak », dit le président Bush lors d'un discours à Louisville, dans le Kentucky, le 5 septembre 2002.
2. Interview du président Jacques Chirac au *New York Times*, 8-9 septembre 2002, archives de l'Élysée. Cette interview est plutôt interprétée positivement par la Maison-Blanche, comme le signe que Jacques Chirac se rapproche des positions américaines.

Chirac à Bush : « Nous sommes ouverts à la discussion »

Jacques Chirac espère ainsi peser sur l'administration américaine, au risque de provoquer de plus en plus d'irritation chez les néoconservateurs de Washington. Le vendredi 6 septembre 2002, le président français s'entretient avec le Premier Ministre britannique, Tony Blair, juste avant que celui-ci ne rende visite à George Bush à Camp David, afin de défendre l'idée d'une résolution de l'ONU sur le retour des inspecteurs en Irak. Le même jour, à 13 h 20, il a la bonne surprise de pouvoir dialoguer directement avec le président américain, qui souhaite « consulter » ses alliés avant son prochain discours, prévu devant l'Assemblée générale des Nations unies le 12 septembre.

Au bout de la ligne de téléphone cryptée qui relie l'Élysée à la Maison-Blanche, George Bush paraît conciliant. « Je veux informer un certain nombre de dirigeants amis de ma position sur l'Irak, car je suis conscient qu'elle suscite des préoccupations dans le monde et même aux États-Unis », dit-il pour commencer. Puis il s'avance : « Par-delà nos divergences sur l'Irak, il y a deux points sur lesquels nous pouvons être d'accord : d'une part, Saddam Hussein constitue une menace. D'autre part, il s'obstine à défier la communauté internationale. » Bush annonce alors à Chirac qu'il enverra des experts dans certains pays, dont la France, pour échanger des informations sur l'ampleur de la menace irakienne. Et qu'il exposera devant les Nations unies ses propositions pour y faire face. « Contrairement à des spéculations faites ici ou là, aucune décision n'est prise à ce sujet à Washington », affirme-t-il.

Plutôt rasséréné, Jacques Chirac répond : « Nous sommes ouverts au débat. Nous sommes conscients des dangers que l'Irak fait courir à la sécurité de la région et du monde et de la nécessité d'imposer à Saddam Hussein le retour inconditionnel des inspecteurs. Il faut espérer que Saddam Hussein entende raison, car une intervention militaire constituerait une aventure difficile et dangereuse. Saddam Hussein ne peut ignorer que le choix est désormais entre le retour des inspecteurs et une action militaire. Malheureusement, l'expérience a démontré qu'il prend toujours la mauvaise décision. En tout état de cause, nous sommes ouverts à la discussion[1]. »

Cet échange conforte l'Élysée dans ses vues, sans déplaire à la Maison-Blanche. Après tout, Bush semble prêt à composer avec l'ONU, et Chirac envisage clairement que le dictateur irakien puisse refuser toute solution négociée... Lorsque le président américain confirme, à la tribune des Nations unies, le 12 septembre, que les États-Unis souhaitent travailler avec le Conseil de sécurité pour les « résolutions nécessaires », Jacques Chirac pense avoir été entendu. En réalité, c'est le secrétaire d'État, Colin Powell, de plus en plus inquiet au sujet des plans militaires en préparation au Pentagone, qui a obtenu de Bush, au début d'août, de tenter une médiation onusienne avant de recourir à la force[2]. La visite de Tony Blair a renforcé cette hypothèse. Mais, en coulisses, les « faucons » de l'administration n'ont pas rendu les armes : ils veulent torpiller les négociations à l'ONU pour avoir les mains libres.

Jacques Chirac surestime son influence. Il est d'autant plus enclin à croire en son étoile que son ministre des Affaires étrangères, Dominique de Villepin, toujours enflammé et souvent emphatique, plaide pour une diplomatie française très démonstrative. De plus, sa garde rapprochée, en plein changement, adopte une attitude similaire. Jean-Marc de La Sablière, cet homme au style placide avec lequel Chirac n'a guère d'atomes crochus depuis 2000, doit bientôt être nommé ambassadeur à l'ONU. Son futur remplaçant, le polyglotte Maurice Gourdault-Montagne, ancien directeur de cabinet d'Alain Juppé à Matignon, qui connaît Villepin depuis leurs études communes à Sciences-Po, est en train de se roder à l'Élysée après plusieurs années passées à Tokyo. Voix martiale et débit saccadé, Gourdault-Montagne est un adepte de l'action engagée. Le président va bientôt se reposer sur le tandem de choc Villepin/Gourdault-Montagne, complété par son ancien sherpa, Jean-David Levitte, en fonction à l'ONU et pressenti pour prendre l'ambassade de France à Washington. Titulaire de ce poste depuis plus de sept ans, François Bujon de l'Estang va

---
1. Entretien téléphonique entre le président Jacques Chirac et le président George Bush, 6 septembre 2002, à 13 h 20, propos rapportés dans un télégramme diplomatique d'André Parant, conseiller technique à la présidence de la République, archives de la présidence de la République, 5AG5 AP6, Archives nationales. Voir ce télégramme en annexe.
2. Voir le détail de la conversation Powell-Bush lors d'un dîner le 5 août 2002 dans Bob Woodward, *Plan d'attaque*, Gallimard, « Folio documents », 2005, p. 232-238.

en effet bientôt quitter la capitale fédérale. Annonçant depuis des mois que la guerre d'Irak est programmée en haut lieu à la Maison-Blanche, l'ambassadeur est moins en cour à l'Élysée. « Jacques Chirac me prenait moins au téléphone, nous n'avions pas la même perception des choses, confie-t-il. J'étais de plus en plus mal à l'aise car je savais que l'orage se rapprochait et que personne ne m'écoutait. Je pense que Chirac s'est un peu illusionné jusqu'au bout en pensant qu'il pourrait empêcher cette guerre[1]. »

Une résolution négociée pied à pied à l'ONU

Entre septembre et novembre 2002, l'Élysée maintient son cap en faveur d'une première résolution à l'ONU. « Ce fut une négociation longue et difficile avec mes collègues américain et britannique, qui n'avaient pas forcément de grandes marges de manœuvre, témoigne Jean-David Levitte. J'étais en contact permanent avec le président Jacques Chirac, Maurice Gourdault-Montagne et Dominique de Villepin. Nous étions très soudés pour obtenir une bonne résolution. Nous sommes partis d'un texte américain que nous avons progressivement amendé, gommé, transformé, avec l'aide sincère de Colin Powell. Nous voulions aboutir à une version finale qui permette le retour des inspecteurs sans s'engager automatiquement dans un recours à la force en cas de non-coopération irakienne[2]. »

La première version américaine de cette résolution, très dure, a provoqué la mobilisation de l'Élysée. Le 27 septembre, au téléphone, Jacques Chirac, qui a redit ses craintes d'une déstabilisation régionale, a demandé à Bush de revoir sa copie. « Au nom de la sagesse, j'émets les plus extrêmes réserves sur l'automaticité d'un recours à la force[3] », a-t-il dit à son homologue, qui a paru l'écouter.

Le 10 octobre, le Congrès américain adopte pourtant un texte autorisant, le jour venu, l'usage de la force contre l'Irak[4]. Mais, à

---
1. Entretien de François Bujon de l'Estang avec l'auteur, 13 octobre 2009.
2. Entretien de Jean-David Levitte avec l'auteur, 5 et 12 décembre 2009.
3. Rapporté par Pierre Péan dans *L'Inconnu de l'Élysée, op. cit.*, p. 424. Voir aussi Henri Vernet et Thomas Cantaloube, *Chirac contre Bush, op. cit.*, p. 114.
4. Sur les débats au Congrès, voir notamment Leah Pisar, *Orage sur l'Atlantique, op. cit.*, p. 163 sq.

quelques semaines des élections législatives partielles de mi-mandat, les sondages montrent que l'opinion américaine est favorable à une coalition formée sous l'égide de l'ONU. De toute façon, Bush doit patienter un peu : le Pentagone a encore besoin de plusieurs mois de préparatifs militaires. D'ici là, ses diplomates peuvent bien tenter de rallier des suffrages aux Nations unies.

Lors d'une autre conversation téléphonique avec Jacques Chirac, dans la soirée du 9 octobre 2002, veille du vote de son Congrès, George Bush se montre ouvert au compromis diplomatique. Son ton est aimable, à défaut d'être chaleureux : « La France et les États-Unis peuvent trouver un accord sur le texte de résolution qui satisfasse nos préoccupations respectives. Cette résolution doit être très forte. Elle doit indiquer clairement que, en cas de violation flagrante par l'Irak de ses obligations, il y aura des conséquences. Dans ce cas, nous nous concerterions avec la France, qui fait partie de nos principaux alliés. Plus la résolution sera forte, plus il sera possible de résoudre le problème irakien par des voies pacifiques. »

Jacques Chirac profite de cet échange pour exposer ses craintes : « Ma conviction, c'est que la guerre est toujours la plus mauvaise des solutions. Nos pays occidentaux sont en train de susciter un phénomène de rejet que nous paierons très cher, aussi bien sur le plan politique qu'en termes de terrorisme. Il faut donc bien réfléchir avant d'agir. La France, elle aussi, souhaite empêcher l'Irak de produire ou de créer des armes de destruction massive. Le rôle des inspecteurs des Nations unies est, à cet égard, capital. » Il se dit prêt à renforcer les moyens d'action de ces derniers, « sans tomber dans la provocation », sur la base des demandes que pourraient formuler le président de la commission de contrôle, Hans Blix, et le directeur de l'Agence internationale de l'énergie atomique, Mohammed El Baradei. Une résolution pourrait être adoptée en ce sens à l'unanimité « sans grande difficulté », et elle « adresserait un message fort aux Irakiens ».

Chirac précise ensuite ce qu'il envisage en cas d'absence de coopération de la part de l'Irak : « Notre position est que le Conseil de sécurité devrait, sur la base d'un rapport de MM. Blix et El Baradei, se réunir pour décider des mesures à prendre dans cette hypothèse. Aucune option n'est exclue, y compris le recours à la force. Mais il faut à tout prix conserver l'unité du Conseil de sécurité, qui devrait définir une réponse adaptée à la situation. Le fait de laisser entendre que nous serions déterminés à faire la guerre en tout état de cause pour obtenir un changement de régime à Bagdad ne correspond pas à notre vision des relations internationales. »

George Bush reprend la parole pour exprimer son accord partiel : « L'usage de la force est une ultime option, concède-t-il. Je comprends les conséquences d'une guerre. Cela étant, il est essentiel de bien marquer que, si l'Irak refuse de désarmer, il s'expose à des conséquences certaines. Si tel n'est pas le cas, Saddam Hussein en tirera la conclusion qu'il existe une autre issue possible et nous n'obtiendrons pas ce que nous voulons. »

Les deux présidents achèvent leur conversation en espérant que la « bonne volonté » de chacun permettra d'aboutir à un accord aux Nations unies[1].

Paris ne ménage pas sa peine pour négocier, jusqu'au dernier moment, cette résolution 1441 sur le retour des inspecteurs en Irak, clé de la diplomatie française. Au siège des Nations unies, l'imperturbable Jean-David Levitte peaufine le texte à la virgule près. Depuis l'Élysée, Jacques Chirac obtient, à l'arraché, l'appui de la Syrie au projet. Au Quai d'Orsay, Dominique de Villepin et son directeur de cabinet, Pierre Vimont, passent des heures à échanger avec leurs homologues des principales capitales[2]. Le ministre multiplie les coups de téléphone à Colin Powell, y compris le jour où ce dernier marie sa fille...

La résolution 1441, adoptée à l'unanimité le 8 novembre 2002, stipule que, en cas de « violation patente » de ses obligations, l'Irak s'expose à des « graves conséquences ». Paris a obtenu qu'il n'y ait pas d'engrenage automatique, mais Washington y voit bien un texte autorisant un jour le déclenchement d'une guerre. « J'avais l'impression que les Français nous tenaient la dragée haute, confiera Bush. Au bout du compte, nous avons fait passer une excellente résolution, et ce grâce à Colin[3]. » De son côté, l'Élysée est enchanté que la définition de la « violation patente » soit la plus stricte possible : l'Irak s'expose à de

---

1. Entretien téléphonique entre le président Jacques Chirac et le président George Bush, 9 octobre 2002, à 20 heures, propos rapportés dans un télégramme diplomatique d'André Parant, conseiller technique à la présidence de la République, archives de la présidence de la République, 5AG5 AP6, Archives nationales. Voir ce télégramme en annexe.
2. Voir Dominique de Villepin, *Le Requin et la mouette, op. cit.*, p. 114-116, et entretiens de Pierre Vimont avec l'auteur, 10 décembre 2007 et 3 juin 2010.
3. Propos rapportés dans Bob Woodward, *Plan d'attaque, op. cit.*, p. 338.

« graves conséquences » si les Nations unies constatent une « fausse déclaration » sur les armes ET un « manque général de coopération ». Paris a défendu ce « et », tandis que Washington plaidait pour un « ou », plus souple. Dans la nuit du 6 au 7 novembre, Powell a appelé Villepin alors que ce dernier se trouvait dans un avion aux côtés de Jacques Chirac : « Dominique, nous acceptons le "et", mais à la seule condition que l'on ne revienne sur rien d'autre. C'est fini, il n'y a plus rien à discuter ? Et je dois avoir votre approbation et celle de votre président[1]. »

Villepin et Chirac ont donné immédiatement leur accord. À l'arrivée, la France a le sentiment d'avoir gagné cette bataille onusienne. Les inspecteurs repartent aussitôt en Irak. Leurs premières missions se déroulent sans incident. Le consensus du Conseil de sécurité a été préservé. Jacques Chirac y tenait plus qu'à tout autre chose. Il recevra d'ailleurs des remerciements de George Bush sur le sujet.

21 novembre 2002 : Chirac se pose en Cassandre

Ces politesses de façade masquent difficilement le fait que la Maison-Blanche n'attend pas grand-chose des inspections en Irak. Pour Bush et les « faucons » qui l'entourent, la concession faite aux Nations unies n'a pas beaucoup d'importance. L'essentiel, de toute manière, est de continuer de préparer la guerre, quitte à saisir, le moment venu, n'importe quel motif pour la déclencher. Et tous les dirigeants alliés qui tentent de leur barrer la route ne sont que des gêneurs. Le Russe Vladimir Poutine, l'Allemand Gerhard Schröder et Jacques Chirac sont les plus réticents à aller au-delà de la première résolution votée. Et, parmi eux, c'est le président français qui commence à énerver le plus sérieusement la Maison-Blanche.

Lors du sommet de l'OTAN qui se tient à Prague, le jeudi 21 novembre 2002, Chirac retrouve Bush pour un tête-à-tête qui refroidit un peu plus le climat. Il se pose avec insistance en expert averti, pronostiquant le pire pour le Moyen-Orient et disant craindre par-dessus tout une domination chiite dans la région. « Si

---
1. *Ibid.*, p. 336. Sur les négociations de la résolution 1441, voir aussi Philip Gordon et Jeremy Shapiro, *Allies at War, op. cit.*, p. 108-114.

vous faites la guerre, vous allez la gagner, dit-il en substance à son homologue américain. Le pouvoir changera à Bagdad. Vous installerez en Irak un pouvoir qui sera dominé par les chiites, qui sont les plus nombreux. Mais pour quels gains géostratégiques ? Nous avons combattu l'avancée chiite au Moyen-Orient en soutenant l'Irak dans sa guerre contre l'Iran. Et maintenant, vous allez faire sauter le verrou et donner du champ libre aux chiites. De plus, vous allez attiser les sentiments antiaméricains et antioccidentaux dans la région. Et vous allez créer une vague de terrorisme. »

George Bush n'écoute pas cette énième mise en garde. À ses yeux, Chirac est toujours un incorrigible donneur de leçons qui ne comprend rien aux bouleversements du monde après les attentats du 11 septembre. « Il y a un vrai problème avec l'Irak, qui bafoue les Nations unies, et nous ne pouvons pas rester les bras croisés, affirme-t-il simplement.

– La guerre est la dernière des solutions. Tenons-nous-en rigoureusement à la résolution 1441[1] », rétorque Chirac.

Les deux présidents se quittent sans être parvenus à se convaincre mutuellement. En sortant de la salle du centre de conférences, situé en périphérie de la capitale tchèque, Chirac pose la main sur l'épaule de Bush. « Il y a dans ce geste spontané, qui trahit le goût du président pour le contact direct, une façon de débarrasser l'instant de sa solennité et de sa raideur[2] », notera Bruno Le Maire, l'un des proches de Dominique de Villepin, qui assiste à la scène. Pourtant, la rupture est bien réelle. « Cet entretien à Prague a vraiment marqué une fracture entre les deux hommes[3] », estime l'ancien conseiller diplomatique Maurice Gourdault-Montagne.

Quelques jours, plus tard, l'ambassadeur de France à Washington, François Bujon de l'Estang, est reçu par George Bush à la Maison-Blanche avant de quitter ses fonctions. Par courtoisie, le président américain égrène quelques compliments à l'attention de Chirac : « Dites bien à Jacques que c'est grâce lui que la résolution 1441 a été votée à l'unanimité, notamment parce qu'il a su convaincre les Syriens au dernier moment. Dites-lui que

---

1. Propos rapportés par un témoin de cet entretien. Au sujet de la crainte d'une domination chiite au Moyen-Orient exprimée par Jacques Chirac, voir aussi Éric Aeschimann et Christophe Boltanski, *Chirac d'Arabie*, op. cit., p. 275-276.
2. Voir Bruno Le Maire, *Le Ministre*, Grasset, 2004, p. 25.
3. Entretien de Maurice Gourdault-Montagne avec l'auteur, 7 mai 2010.

je lui en sais infiniment gré et que je ne l'oublierai pas[1]. » Mais, un instant plus tard, l'ambassadeur entend une autre musique lorsqu'il prend congé du vice-président, Dick Cheney, réputé pour être peu francophile : « Franchement, pourquoi vous, les Français, êtes-vous systématiquement contre tout ce que nous disons et faisons[2] ? »

Au-delà des politesses de Bush, l'heure de la mésentente a bien sonné.

Le Pentagone refuse la participation militaire française

À l'Élysée, Jacques Chirac surveille le dossier irakien comme le lait sur le feu. Informé chaque matin, dès 8 h 30, de tout ce qui s'est passé depuis la veille sur le sujet, le président réunit quotidiennement ses proches conseillers pour donner des instructions. Mais, en cette fin d'année 2002, il a tout de même du mal à cerner la réalité des intentions américaines. Il a répété ses avertissements sans être vraiment sûr d'être entendu par un George Bush qu'il ne comprend pas. Entre le soutien à la résolution 1441 et le déploiement en cours des troupes américaines dans le Golfe, le président américain lui semble imprévisible. Lorsque le gouvernement irakien livre, le 7 décembre 2002, un rapport de douze mille pages volontairement très rassurant sur ses armes de destruction massive, la conseillère Condoleezza Rice confie immédiatement à son homologue français, Maurice Gourdault-Montagne, que ce document est une « farce ». L'Élysée y voit plutôt un élément qu'il faut étudier de près avant de se prononcer. Côté français, le doute s'installe sérieusement au sujet des plans de l'équipe Bush. Veut-elle désarmer l'Irak ou évincer Saddam Hussein ?

Par ailleurs, Jacques Chirac redoute que le dictateur irakien ne pratique une obstruction systématique contre les inspections ou ne déclenche une « action aberrante » qui provoquerait un engrenage

---

[1]. Propos rapportés par François Bujon de l'Estang, entretien avec l'auteur, 13 octobre 2009. Son successeur, Jean-David Levitte, qui présente ses lettres de créance au président Bush au début de décembre, entend les mêmes compliments. Entretiens de Jean-David Levitte avec l'auteur, 5 et 12 décembre 2009.

[2]. Propos rapportés par François Bujon de l'Estang, entretiens avec l'auteur, 13 octobre 2009.

guerrier. En ce début de décembre 2002, le président français ne peut garantir que ce scénario noir ne se produira pas. Avec Saddam Hussein, le pire, il le sait, est souvent possible. Dans ce cas, le Conseil de sécurité voterait probablement un recours à la force. Comme Chirac l'a assuré plusieurs fois à Bush, la France, alors, ne se soustrairait pas à ses engagements aux côtés des États-Unis. En toute hypothèse, il faut au minimum avoir des plans militaires préparés. Mais sans le crier sur les toits, puisque la position officielle consiste à attendre le prochain rapport des inspecteurs de l'ONU, qui théoriquement sera prêt à la fin de janvier.

Après avoir longuement hésité, le président français, dans le plus grand secret, ordonne à son nouveau chef d'état-major particulier, le général Jean-Louis Georgelin, de sonder les Américains sur une possible participation française aux opérations militaires en Irak : « Personne ne sait ce qui peut se passer, explique-t-il. Soyons loyaux avec les Américains. Demandons-leur quelles missions ils pourraient nous confier. Il faut que nous soyons prêts, étant entendu que nous ne nous engagerions qu'avec un mandat de l'ONU.

– Oui, il nous faudrait une vraie mission. On ne va pas aller là-bas pour porter des bidons[1] ! » ajoute le général Georgelin.

Formé dans l'armée de terre, ce solide saint-cyrien connu pour son franc-parler, naguère membre du cabinet militaire d'Alain Juppé à Matignon, était chargé des « Plans » à l'état-major des armées avant d'être nommé à l'Élysée. Il commence donc à travailler sur plusieurs hypothèses, en lien avec le chef d'état-major des armées, le général Henri Bentégeat, et ses équipes. Celles-ci ne sont pas mécontentes d'envisager une telle participation. Une délégation de généraux américains est reçue confidentiellement à l'Élysée, au début de décembre, dans le bureau du conseiller diplomatique Maurice Gourdault-Montagne, en présence du général Jean-Louis Georgelin et du général Jean-Patrick Gaviard, sous-chef « Opérations » à l'état-major des armées. Les Français évoquent des hypothèses d'engagement d'une dizaine de milliers de soldats et la participation à des opérations aériennes et aéronavales, un peu sur le modèle de la guerre du Golfe de 1991, durant laquelle ils avaient déployé la division Daguet au sein de la coalition montée pour reprendre le Koweït.

---

1. Propos rapportés par plusieurs conseillers de Jacques Chirac qui assistaient aux réunions : entretiens avec l'auteur, fin 2009.

Puis le général Gaviard, qui a suivi les opérations de l'OTAN au Kosovo en 1999 et connaît bien les Américains, est envoyé à Washington afin d'en apprendre plus sur les plans du Pentagone. Arrivé dans la capitale fédérale le 16 décembre 2002, le gradé français est reçu poliment par ses homologues[1]. Néanmoins, on lui fait comprendre que le dispositif militaire, qui compte déjà près de cent mille soldats dans la région, est prêt. Voilà un an que les états-majors américains planchent sur l'opération, et les ultimes ajustements ont eu lieu quelques semaines auparavant[2]. La mission du général Gaviard devait également le conduire à Tampa, en Floride, au centre de commandement américain des opérations au Moyen-Orient, qui supervise déjà la guerre en Afghanistan. Mais le Français doit écourter son voyage pour rentrer à Paris. « Il s'est rendu compte que les Américains avaient des plans préétablis et n'avaient aucune envie de nous confier quoi que ce soit[3] », se souvient Maurice Gourdault-Montagne. En revanche, le Pentagone interprète cette démarche comme le signe que Paris pourrait finalement se rallier, *in extremis*, à une offensive. « Nous savions que les militaires français souhaitaient participer aux opérations ; ils sont revenus nous en parler plusieurs fois et nous avons cru jusqu'au dernier moment qu'ils auraient un feu vert politique[4] », témoigne un ancien responsable américain.

Jacques Chirac sème d'ailleurs lui-même le doute. Lors des traditionnels vœux aux forces armées, prononcés le 7 janvier 2003 dans la salle des fêtes de l'Élysée, le président Chirac demande aux militaires de se « tenir prêts à toute éventualité », évoquant les différents théâtres d'opérations extérieures où ils s'activent déjà – au Kosovo ou en Afrique. « D'autres, hélas, pourraient s'ouvrir, ajoute-t-il. [...] En particulier, nous devons être attentifs à la manière dont est appliquée pour l'Irak la résolution 1441 du Conseil de sécurité des Nations unies. » Il sait pourtant que la part de la France en Irak serait, du fait des Américains, réduite à la portion congrue si l'ONU donnait son feu vert à une guerre.

---

1. La mission du général Gaviard à Washington a été révélée dans Henri Vernet et Thomas Cantaloube, *Chirac contre Bush*, *op. cit.*, p. 131-138.
2. Rapporté dans Général Richard Myers, *Eyes on the Horizon*, *op. cit.*
3. Entretien de Maurice Gourdault-Montagne avec l'auteur, 7 mai 2010.
4. Entretien avec l'auteur, mai 2010.

Condoleezza Rice confie aux Français que les dés sont jetés

En ce début d'année 2003, l'Élysée commence enfin à ouvrir les yeux sur ce qui se trame à la Maison-Blanche depuis des mois : la campagne irakienne se profile, quoi qu'il advienne. Les Américains n'ont l'intention d'attendre ni l'aval de l'ONU, ni la fin du travail des inspecteurs, prévue durant l'été 2003. Inquiet, Jacques Chirac demande à Maurice Gourdault-Montagne de traverser l'Atlantique pour en avoir le cœur net. Le lundi 13 janvier, le *sherpa* du président et le nouvel ambassadeur de France à Washington, Jean-David Levitte, déjeunent à la Maison-Blanche avec Condoleezza Rice, avec laquelle ils sont en contact régulier. L'entrevue est d'une grande franchise. Quelques heures auparavant, le président américain a prévenu ses proches, dont Colin Powell, de sa détermination à aller jusqu'au bout de son bras de fer avec Saddam Hussein.

« Nous voyons se poursuivre le déploiement militaire américain dans le Golfe. Qu'allez-vous faire ? » interrogent les deux émissaires français.

La conseillère à la Sécurité nationale du président Bush regarde ses visiteurs d'un air grave. Elle ne tourne pas autour du pot : « Dans cette affaire, la crédibilité des États-Unis et celle de son président sont engagées. Nous ne reculerons pas.

– Qu'est-ce qui pourrait éventuellement vous arrêter ? demande Gourdault-Montagne.

– Le départ de Saddam Hussein. Ensuite, nous changerions les têtes de l'administration irakienne, et après, nous nous occuperions des armes de destruction massive. »

La priorité de la Maison-Blanche est donc clairement affichée : il faut changer le régime à Bagdad. Le désarmement viendra après. « Lors de ce rendez-vous, nous avons répété les positions françaises, mais nous avons compris que les Américains ignoraient les résolutions de l'ONU pour marcher vers la guerre[1] », commente Jean-David Levitte. Deux autres entretiens sont organisés dans la foulée pour le voyageur venu de Paris. Maurice Gourdault-Montagne est d'abord reçu par Richard Armitage, le numéro deux du département d'État, proche de Powell. Le ton est

---

1. Entretiens de Jean-David Levitte avec l'auteur, 5 et 12 décembre 2009.

cordial, en dépit des désaccords constatés avec la France. En revanche, le conseiller diplomatique de Chirac subit une véritable douche froide lorsqu'il est reçu au Pentagone par Paul Wolfowitz, l'adjoint du secrétaire à la Défense Donald Rumsfeld. Partisan acharné d'une guerre contre Saddam Hussein, qu'il veut déclencher avant le printemps, ce « faucon » influent à l'œil vif et à la voix rauque considère que l'opposition française relève de l'irresponsabilité, voire d'un pacifisme coupable remontant à la Seconde Guerre mondiale. « Ce fut probablement l'entretien le plus difficile que j'aie subi, raconte Gourdault-Montagne. Wolfowitz était déchaîné. Pour lui, la France était un pays en faillite morale. J'ai eu droit à des critiques d'une rare violence. Il a martelé plusieurs fois, en me pointant du doigt, *"we know that you know"*, autrement dit, *"nous savons que vous savez"* qu'il existe des armes de destruction massive en Irak. Il voulait nous forcer à les suivre sur ce terrain. Je lui ai répondu que nous n'avions aucune preuve et que ne pouvions pas nous contenter de suppositions ténues[1]. »

Ce rapide aller-retour de Gourdault-Montagne à Washington éclaire définitivement l'Élysée sur les objectifs de la Maison-Blanche : rien ne pourra arrêter le bulldozer américain, secondé par les Britanniques. « Tout était plié[2] », confiera Chirac. Dès lors, le président français ne peut que dresser un constat d'impuissance. Il a sous-estimé la résolution de George Bush. Il n'a pas réussi à convaincre les États-Unis du bien-fondé de ses positions sur la poursuite des inspections de l'ONU. Il souhaite encore éviter le scénario catastrophe, mais ne se fait pas beaucoup d'illusions. Tout juste peut-il tenter de gagner un peu de temps en répétant publiquement ses positions de principe, puisqu'il a pris la tête du camp du « non » à la guerre. Les trois quarts de l'opinion française et celle de nombreux pays – dont la Russie, l'Allemagne et les pays arabes – semblent apprécier le refus de Chirac de se laisser dicter son attitude par Washington. Le président français va continuer de marteler que l'ONU doit évaluer la situation des armes en Irak avant de décider quoi que ce soit. À défaut d'enrayer les événements, cette posture, au moins, le rendra populaire.

---
1. Entretien de Maurice Gourdault-Montagne avec l'auteur, 7 mai 2010. Voir aussi Philip Gordon et Jeremy Shapiro, *Allies at War*, *op. cit.*, p. 120.
2. Cité dans Pierre Péan, *L'Inconnu de l'Élysée*, *op. cit.*, p. 427.

Gaffe de Villepin et polémique avec Rumsfeld

Le ministre des Affaires étrangères, Dominique de Villepin, affirme, lui, que rien n'est encore inéluctable. « Les Américains emmènent tout leur petit monde tranquillement vers la guerre, sans rien dire. […] Mais moi, je refuse cette logique[1] ! » tonne-t-il devant ses collaborateurs, de plus en plus sceptiques. Il commet cependant une bourde lorsqu'il se rend à New York les 19 et 20 janvier 2003. Soucieux de montrer que la France reste solidaire des États-Unis dans la lutte contre le terrorisme, il a invité ses quatorze homologues du Conseil de sécurité à une conférence sur le sujet à New York, la France présidant le Conseil ce mois-là. Bien que cette réunion se tienne pendant un jour férié aux États-Unis – le sacro-saint Martin Luther King Day –, Colin Powell a accepté de faire le déplacement pour faire plaisir à « Dominique ». Le ministre français est ravi de pouvoir préserver une relation privilégiée avec son collègue américain, réputé pour être le représentant le plus modéré de l'équipe Bush.

« Merci d'être venu, Colin, j'apprécie votre geste », lance Villepin lors d'un entretien en tête à tête à l'hôtel Waldorf Astoria, le soir du 19 janvier. Le secrétaire d'État laisse entendre que les préparatifs militaires s'accélèrent : « Ne sous-estimez pas notre résolution, Dominique. » Mais Villepin lui répond par une longue argumentation en faveur des inspections, que Powell ne peut interrompre[2].

Le lendemain, la réunion sur le terrorisme se déroule sans incident majeur. Le secrétaire d'État quitte les lieux pour rejoindre le déjeuner des ministres présents, qui doit se tenir à la résidence privée de l'ambassadeur de France.

Toutefois, durant la conférence de presse qu'il donne au même moment, Dominique de Villepin dénonce la probable action militaire unilatérale des États-Unis contre l'Irak. Interrogé par un journaliste sur l'éventualité que la France oppose son veto, au Conseil de sécurité, à une résolution autorisant un recours à la force, Dominique de Villepin répond : « Croyez-bien que, en matière de respect des principes, la France ira jusqu'au bout. » Autrement dit, un veto français est probable si le projet de

---
1. Cité dans Bruno Le Maire, *Le Ministre*, op. cit., p. 96.
2. Rapporté dans Bruno Le Maire, *Le Ministre*, op. cit., p. 128-129.

nouvelle résolution légitimant la guerre, que réclament les Britanniques, est soumis au vote du Conseil. Il s'agit d'une véritable bombe, le veto n'étant utilisé qu'avec parcimonie, depuis des décennies, par les cinq membres permanents du Conseil de sécurité.

Ces propos improvisés – l'Élysée avait conscillé à Villepin de rester ferme sur les principes, pas de parler d'un veto – sont immédiatement repris dans tous les médias américains. Le ministre les assume an nom de la « clarté » et de la « franchise »[1]. Pour Colin Powell, la déclaration de Dominique de Villepin est un coup de poignard dans le dos. Le secrétaire d'État, naguère réceptif aux arguments en faveur d'une coalition internationale, se sent trahi. Sa rancœur est d'autant plus grande que, ce même jour, une délégation de militaires français a été reçue au Pentagone pour évoquer de nouveau des hypothèses de coalition militaire en cas de provocation irakienne. Alors qu'il est en train de rallier le courant dominant de l'équipe Bush, l'ancien soldat Powell peste ouvertement contre ces Français qui l'ont pris dans une « embuscade ». Pour les « faucons », c'est la preuve ultime que Powell s'était montré naïf jusque-là, et que la France doit être rangée dans le camp des « ennemis ». Paris a perdu un de ses rares alliés à Washington.

L'ambiance se tend les jours suivants, notamment lors du sommet franco-allemand qui se tient à Versailles, puis à Berlin, les 22 et 23 janvier. Soudés dans leur opposition à la guerre, Jacques Chirac et le chancelier Gerhard Schröder multiplient les discours qui agacent Washington. « La France et l'Allemagne ? C'est la vieille Europe en perte de vitesse », ironise aussitôt le secrétaire à la Défense, Donald Rumsfeld. Ses propos provoquent des réactions indignées dans les deux pays et sème la zizanie sur le Vieux Continent : huit dirigeants proaméricains, du Britannique Tony Blair à l'Espagnol José María Aznar, en passant par l'Italien Silvio Berlusconi ou le président tchèque Václav Havel, préparent en secret une lettre ouverte, à paraître le 30 janvier dans le *Wall Street Journal*, pour défendre le « lien transatlantique » et dénoncer la menace irakienne[2].

---

1. « À cet instant précis, la clarté et la franchise s'imposaient d'autant plus que le département d'État avait déjà rendu les armes devant la montée en puissance du Pentagone et la détermination de la Maison-Blanche » écrira Dominique de Villepin, *Le Requin et la mouette, op. cit.*, p. 120.

2. Voir Philip Gordon et Jeremy Shapiro, *Allies at War, op. cit.* p. 128-129.

Rédigeant, la veille, une note pour le président Chirac, les conseillers Maurice Gourdault-Montagne et André Parant constatent un emballement des événements. « Dans son discours sur l'état de l'Union, hier, le président Bush s'en est pris de façon virulente à l'Irak et a annoncé que M. Colin Powell présenterait au Conseil de sécurité, le 5 février, des "preuves" de la détention par ce pays d'armes de destruction massive. Dans l'intervalle (31 janvier), le président américain se sera entretenu avec M. Blair, venu le rencontrer à Washington. Tous les éléments convergent pour donner le sentiment que les États-Unis sont entrés dans la dernière phase de préparation d'une intervention militaire qui pourrait débuter après la mi-février (le prochain rapport de MM. Blix et El Baradei est prévu le 14 février ; cette date coïncide par ailleurs avec la fin du Hadj). »

Les deux collaborateurs estiment « souhaitable » que le président téléphone personnellement à George Bush. « Même s'il n'y a pas grand-chose à attendre d'une telle conversation, compte tenu de nos divergences sur le fond avec les États-Unis, il est important que vous exprimiez clairement notre position, écrivent-ils à Chirac. Si vous en étiez d'accord, l'entretien téléphonique pourrait être organisé soit dans la journée du vendredi 31 janvier, soit, de préférence, le lundi 3 février, après les entretiens entre MM. Bush et Blair. »

Désillusionné et peu enthousiaste, le président écrit simplement à la main un commentaire en marge de cette note : « Je ne sens pas l'utilité de ce coup de fil[1]. »

Les dés, de toute façon, semblent jetés. La lettre des huit dirigeants européens, qui paraît le lendemain, ajoute à la discorde. D'autant que Tony Blair n'a pas averti Jacques Chirac de cette initiative, qui les divise. Le président français est encore plus surpris lorsqu'il écoute la fameuse « séance des preuves » de Colin Powell, le 5 février 2003, devant le Conseil de sécurité. Le secrétaire d'État se livre à une longue démonstration solennelle, très détaillée, photos et cartes à l'appui, sur la manière dont l'Irak a menti et continue de produire des armes de destruction massive, s'exposant ainsi aux « graves conséquences » mentionnées dans la résolution 1441. Il réaffirme également qu'il existe des liens entre Al-Qaida et le régime irakien.

---

1. *Irak : entretien téléphonique avec le président Bush*, note d'André Parant et Maurice Gourdault-Montagne à l'attention du président de la République, 29 janvier 2003, archives de la présidence de la République, 5AG5 AP6, Archives nationales.

Les faits, selon Powell, sont avérés, basés sur des informations solides, vérifiés par les services de renseignement. Or le chef de la commission des inspecteurs de l'ONU, le Suédois Hans Blix, a dit le contraire quelques jours auparavant, insistant sur le fait que la coopération irakienne n'était pas parfaite, mais qu'il fallait encore des mois de travail pour établir la vérité sur ces armes. L'Élysée n'y croit pas non plus[1]. Le ministre Dominique de Villepin a écrit une lettre à ses collègues du Conseil de sécurité pour plaider en faveur d'une prolongation de la mission des inspections. La France a même proposé de mettre à la disposition de l'ONU les moyens de reconnaissance aérienne de ses Mirage IV.

En réalité, les « preuves » de Powell ont toutes, ou presque, été fabriquées. Plus tard, le secrétaire d'État, contrit, admettra s'être fait manipuler par la Maison-Blanche et la CIA. « Ma présentation très médiatique à l'ONU pour légitimer l'usage de la force restera comme une tache sur ma réputation, dira-t-il. Je regrette ce que j'ai dit. Les renseignements que m'avaient fournis les services secrets étaient erronés[2]. »

Le dernier coup de téléphone :
Chirac prend date très poliment

Le surlendemain de cette séance, Jacques Chirac finit par décrocher son téléphone pour parler à George Bush, comme le lui ont recommandé ses conseillers. Pour le président, cette conversation doit permettre de rappeler ses positions avant le début des hostilités. Sachant que la guerre se rapproche, il s'agit pour lui de prendre date. Et, déjà, de préparer la suite. Donc de s'exprimer posément, sans agressivité, de paraître ouvert au dialogue et à la coopération pour l'après-Saddam. Le munissant de petites fiches cartonnées format A5 sur lesquelles sont listés des « éléments de

---

[1]. Hans Blix, chef des inspecteurs de l'ONU, dira que Chirac lui a confié, lors d'une rencontre le 17 janvier 2003, qu'il ne croyait pas que l'Irak possédait des armes de destruction massive, et qu'il doutait même des assertions des services de renseignement français. Voir Hans Blix, *Irak : les armes introuvables*, Fayard, 2004, p. 210-211.

[2]. Rapporté dans *Paris-Match*, 23-30 décembre 2009. Colin Powell a estimé, dès le mois de mai 2004, qu'il avait été dupé par la CIA, après avoir pourtant passé des heures à discuter avec les experts. David Sanger, « Powell Says CIA Was Misled About Weapons », *New York Times*, 17 mai 2004. Voir aussi, sur les préparatifs de ce discours, Karen DeYoung, *Soldier. The Life of Colin Powell*, Knopf, 2006.

langage », écrits en grosses lettres noires parfois soulignés, ses conseillers lui ont proposé de démarrer la conversation ainsi : « Je vous appelle en tant qu'ami et en tant qu'ami des États-Unis. Nous avons *deux analyses* qui mettent en cause la guerre ou la paix. C'est un *problème moral*. Vous avez une position, nous en avons une autre. Ce sont deux visions du monde. Il faut l'assumer. Mais cela ne doit pas nous empêcher de nous parler. » Il doit ensuite insister sur le fait qu'il n'est ni « pacifiste » ni « antiaméricain », et qu'il est très « attaché à la relation transatlantique[1] ».

Car Jacques Chirac ne veut surtout pas couper les ponts avec les Américains. Ce serait prendre le risque de s'isoler durablement sur la scène internationale.

Le contenu de cet échange poli entre présidents, qui a lieu le vendredi 7 février 2003, à 17 h 30, est presque surréaliste : il mêle la solennité et le fatalisme. Selon le conseiller de l'Élysée André Parant, qui en retranscrit aussitôt la teneur dans un télégramme diplomatique adressé au ministre des Affaires étrangères et à une poignée d'ambassadeurs concernés, Jacques Chirac indique d'abord à Bush : « Je ne partage toujours pas votre position quant à la nécessité d'engager dès à présent une action militaire contre l'Irak. Il y a d'autres solutions pour obtenir le désarmement de l'Irak, qui est notre objectif commun. Une guerre n'est pas aujourd'hui inévitable. »

Le président ajoute que son avis est dicté par une conviction profonde : « Je ne suis pas pacifiste. Des soldats français sont également engagés sur un certain nombre de théâtres d'opérations. Mais nous nous opposons à la guerre quand celle-ci n'apparaît pas absolument nécessaire. C'est une question de morale. Force est de constater que nous avions de ce point de vue une approche différente de celle des États-Unis. Ceci n'enlève rien à l'amitié que nous avons pour ce pays et à l'importance que nous attachons à la relation transatlantique. »

L'essentiel du message a été formulé, comme prévu, de manière très sobre.

Bush remercie son homologue pour ces propos cordiaux : « Je tiens aussi à mon amitié avec vous, de même qu'à la relation entre la France et les États-Unis. J'apprécie votre cohérence et

---

1. *Entretien avec le président George Bush du 7 février*, fiche d'éléments de langage, archives de la présidence de la République, 5AG5 AP6, Archives nationales. (Les passages soulignés ici le sont sur la fiche.)

votre esprit de compassion. Moi non plus, je n'aime pas la guerre. Je connais, comme tout chef d'État, la responsabilité que porte celui qui décide d'envoyer des soldats au combat. Une chose me sépare toutefois de vous : je considère que Saddam Hussein constitue une menace contre le peuple américain. Voilà pourquoi j'ai une approche différente en termes de calendrier. »

La conversation pourrait presque devenir amicale, chacun cherchant visiblement à minimiser le désaccord, qui s'étale pourtant publiquement. George Bush ajoute : « Je vous remercie également pour la coopération établie entre nos services dans le domaine du renseignement. Quant aux discussions en cours dans le cadre de l'OTAN, je souhaite également que nous puissions parvenir à un accord [...]. »

Les fleurets sont à peine mouchetés. Jacques Chirac reprend la parole en faisant des appels du pied : « Je suis convaincu qu'il reste possible de désarmer Saddam Hussein sans provoquer une guerre. Si celle-ci avait lieu néanmoins, la France et les États-Unis se retrouveraient ensuite pour traiter le problème de la reconstruction. Ce serait une tâche immense à laquelle chacun devrait apporter sa contribution. »

Étonné par une telle bonne volonté, le président Bush précise aussitôt : « Sur ce point, toutes les dispositions ont été prises pour, en cas de conflit, venir en aide au peuple irakien. » Et il tend, lui aussi, une perche à son interlocuteur : « Une fois Saddam Hussein désarmé, des progrès seront possibles sur le processus de paix au Moyen-Orient. Je sais à quel point cette question vous préoccupe. Je suis moi-même très soucieux de relancer la paix dans cette région.

– J'en prends acte et je suis entièrement disposé à coopérer avec les États-Unis sur ce dossier[1]. »

Le coup de fil a duré une dizaine de minutes. Jacques Chirac n'a pas trop insisté, comme ses notes le suggéraient, sur les conséquences « catastrophiques » que la guerre aurait, « y compris sur le plan du terrorisme pour l'ensemble du monde ». Il n'a pas prononcé cette phrase rédigée par ses conseillers : « S'il arrivait que les États-Unis décident de partir seuls, alors ils feront seuls la guerre. Mais ils ne pourront pas faire seuls la paix, et ce

---

1. Entretien téléphonique entre le président Jacques Chirac et le président George Bush, 7 février 2003, propos rapportés dans un télégramme diplomatique d'André Parant, conseiller technique, archives de la présidence de la République, 5AG5 AP6, Archives nationales (voir ce télégramme en annexe).

sera nécessairement le rôle de l'ONU[1]. » Jacques Chirac a pris acte de la guerre à venir, même s'il en désapprouve le principe[2].

La tonalité de cet entretien a été si peu agressive, si ouverte sur l'avenir, que George Bush y voit comme une sorte de feu vert implicite de Jacques Chirac. C'est sans doute une interprétation subjective qui arrange le président américain, alors qu'il est en train de multiplier les coups de téléphone aux dirigeants du monde entier pour les rallier à sa guerre anti-Saddam. Mais la relative pondération de Chirac est perçue à la Maison-Blanche comme un gage de neutralité à venir ! « En raccrochant, Bush était plutôt optimiste sur la position française, écrira le journaliste Bob Woodward. Chirac avait dit qu'il y avait deux approches morales et lui avait assuré qu'il respectait la sienne. Se pouvait-il que les Français ne fassent pas obstruction à une nouvelle résolution au Conseil de sécurité des Nations unies[3] ? »

*Un discours enflammé
et un baroud d'honneur à l'ONU*

Bush se trompe. Une fois la conversation terminée, il a refait passer un message à l'Élysée, *via* une communication entre Condoleezza Rice et Maurice Gourdault-Montagne, selon lequel la Maison-Blanche restait très attachée à « préserver l'unité » du Conseil de sécurité des Nations unies. C'est justement là que l'Élysée et le Quai d'Orsay vont jouer leur baroud d'honneur. Car si Jacques Chirac est maintenant persuadé que la guerre aura lieu quoi qu'il advienne, il n'a aucune envie de reconnaître publiquement que « les jeux sont faits ». Il ne veut pas davantage que le Conseil de sécurité soit forcé de légitimer l'opération américaine au dernier moment. Or le Premier Ministre britannique, Tony Blair, qui prend son parti et son opinion publique à contre-pied dans ce dossier, fait le siège de George Bush pour obtenir une

---

1. *Entretien avec le président George Bush du 7 février*, fiche d'éléments de langage, *op. cit.*
2. Le compte rendu que nous citons, provenant des archives de la présidence de la République, est très proche de sa version américaine, rapportée dans Bob Woodward, *Plan d'attaque*, *op. cit.*, p. 465-466. Cet entretien a également été mentionné, de manière partielle ou indirecte, dans Pierre Péan, *L'Inconnu de l'Élysée*, *op. cit.*, p. 431, et dans Henri Vernet et Thomas Cantaloube, *Chirac contre Bush*, *op. cit.*, p. 199-200.
3. Bob Woodward, *Plan d'attaque*, *op. cit.*, p. 466.

résolution autorisant le recours à la force contre l'Irak. Cette requête embarrasse les « faucons » de l'équipe Bush. Cependant, la Maison-Blanche est contrainte de composer avec son plus solide allié.

Un projet de texte commence à circuler, avant même que les inspecteurs de l'ONU ne remettent leur propre rapport d'étape, le 14 février 2003. Ce jour-là, Hans Blix et Mohammed El Baradei indiquent que leurs équipes ont visité plus de deux cents sites depuis novembre et qu'ils n'ont pas découvert de nouvelles armes de destruction massive en Irak. La portée des missiles irakiens Al-Samoud dépassant celle autorisée par l'ONU, ces engins balistiques doivent être détruits. Les inspecteurs demandent davantage de temps pour approfondir leurs travaux. S'appuyant sur ce rapport, le ministre français des Affaires étrangères, Dominique de Villepin, prononce un discours qui marque les esprits, répétant qu'il faut donner plus de moyens aux inspections de l'ONU pour désarmer l'Irak et éviter à tout prix une « intervention militaire prématurée » qui aurait des « conséquences incalculables pour la stabilité de cette région meurtrie et fragile ». Il a rédigé lui-même l'essentiel du texte de cette déclaration, y compris le dernier paragraphe, qui sonne comme une charge contre l'aveuglement américain :

« Dans ce temple des Nations unies, nous sommes les gardiens d'un idéal, nous sommes les gardiens d'une conscience. La lourde responsabilité et l'immense honneur qui sont les nôtres doivent nous conduire à donner la priorité au désarmement dans la paix. Et c'est un vieux pays, la France, d'un vieux continent comme le mien, l'Europe, qui vous le dit aujourd'hui, qui a connu les guerres, l'occupation, la barbarie. Un pays qui n'oublie pas et qui sait tout ce qu'il doit aux combattants de la liberté venus d'Amérique et d'ailleurs. Et qui pourtant n'a cessé de se tenir debout face à l'Histoire et devant les hommes. Fidèle à ses valeurs, il veut agir résolument avec tous les membres de la communauté internationale. Il croit en notre capacité à construire ensemble un monde meilleur[1]. »

S'est-il laissé emporter par sa fougue lyrique, quitte à surenchérir par rapport aux positions de Jacques Chirac ? Pas vraiment. La veille de son départ pour New York, Dominique de Villepin

---
1. Discours de Dominique de Villepin, ministre des Affaires étrangères, Conseil de sécurité des Nations-Unies, New York, 14 février 2003, archives du ministère des Affaires étrangères.

s'est rendu à l'Élysée pour une longue séance de relecture de son discours. Le président y assistait, ainsi que ses proches, dont sa fille Claude Chirac, la porte-parole Catherine Colonna et le conseiller Maurice Gourdault-Montagne. « Nous avons épluché tout le texte, ligne à ligne, et tout a été validé par le président de la République[1] », se souvient ce dernier. Dans l'avion qui l'emmenait à New York, le ministre a relu dix fois son discours, hésitant sur les formules « vieille Europe » et « vieux pays ». Il a questionné l'ambassadeur Jean-Marc de La Sablière, venu l'accueillir à l'aéroport dans une limousine noire. Durant le trajet qui le conduisait au siège des Nations unies, Dominique de Villepin a même rappelé Maurice Gourdault-Montagne à l'Élysée pour demander s'il devait prononcer son discours tel quel et si le dernier paragraphe n'était finalement pas trop rude. « C'est ton discours, le président l'a approuvé. Vas-y ! » l'a exhorté le conseiller diplomatique.

Après avoir prononcé les derniers mots, Dominique de Villepin est applaudi, chose exceptionnelle dans l'enceinte du Conseil de sécurité. Derrière lui, ses conseillers partagent la gravité de ce moment rare. « Moi, sur mon siège, avec la fatigue, l'émotion, je pleurais presque, confiera Bruno Le Maire. Il y avait de la prophétie dans ce discours, autant que d'amour déçu pour l'Amérique, d'orgueil et d'utopie[2]. »

Les Américains, eux, n'apprécient pas du tout cette volée de bois vert, si bien écrite soit-elle. Dès lors, le ministre français sera considéré comme l'ennemi juré des membres de l'équipe Bush et il aura du mal à se raccommoder avec eux. Leur colère grandit même au fil des jours contre ces « maudits Français » qui manifestent dans les rues par centaines de milliers pour protester contre la guerre. Dans une interview au magazine *Time*, le président Chirac prédit qu'un conflit en Irak « pourrait créer des vocations pour un grand nombre de petits Ben Laden[3] ». Le 21 février 2003, l'ambassadeur à Washington, Jean-David Levitte, rend visite à Stephen Hadley, le bras droit de Condoleezza Rice à la Maison-Blanche, pour lui conseiller de ne pas présenter de nouvelle résolution légitimant le recours à la force contre l'Irak. « Je lui ai dit de manière amicale que les États-Unis n'auraient pas les

---

1. Entretien de Maurice Gourdault-Montagne avec l'auteur, 7 mai 2010.
2. Bruno Le Maire, *Le Ministre, op. cit.*, p. 199.
3. « France Is Not a Pacifist Country », interview du président Jacques Chirac au magazine *Time*, 16 février 2003, archives de l'Élysée et de *Time*.

neuf voix de majorité requises sur les quinze membres du Conseil de sécurité, témoigne Levitte. Plutôt que de subir un tel échec diplomatique, j'ai suggéré d'enterrer le projet de résolution[1]. »

C'est aussi une manière indirecte de dire aux Américains : si vous voulez vraiment faire la guerre, passez-vous d'une résolution à l'ONU et la France mettra ses critiques en sourdine. Cette offre de compromis doit désamorcer la tension et permettre d'éviter des querelles publiques, tout en laissant faire les Américains. Stephen Hadley réplique à son visiteur qu'il serait *a priori* d'accord avec cette idée, mais que George Bush subit de la part de Tony Blair une pression à laquelle il lui est difficile de se soustraire. « De toute façon, ajoute-t-il, nous aurons les neuf voix de majorité, plus l'abstention de la Russie et de la Chine. Ce sera à vous, les Français, de décider, seuls, si vous mettez un veto à notre résolution. »

Le texte américano-anglo-espagnol, déposé officiellement aux Nations unies le 24 février, subit pourtant un véritable tir groupé. Le 5 mars 2003, Jacques Chirac, Gerhard Schröder et Vladimir Poutine publient ensemble un communiqué rejetant ce projet. Cette alliance Paris-Berlin-Moscou s'est constituée le 10 février avec l'élaboration d'une première déclaration tripartite défendant les « alternatives à la guerre ».

« Jacques, que ferais-tu si on veut nous forcer la main au Conseil de sécurité ? a demandé Poutine à Chirac lors d'un tête-à-tête.

– S'il n'y a pas d'obstruction démontrée de la part des Irakiens au travail des inspecteurs, je mettrais mon veto, a répondu le président français.

– Moi aussi », a renchéri le Russe.

Jacques Chirac se sent renforcé dans sa détermination. Leader du « front du refus », il appelle plusieurs dirigeants de pays membres du Conseil de sécurité, dont le président du Brésil, celui du Chili et celui du Mexique. Ce dernier explique qu'il s'abstiendra sur le projet de résolution d'origine américaine si la France, la Russie, l'Allemagne et la Chine votent contre. De son côté, Dominique de Villepin entame une tournée express dans trois pays africains, l'Angola, le Cameroun et la Guinée, qui siègent alors au Conseil de sécurité. Parallèlement, la Maison-Blanche et

---

[1]. Entretiens de Jean-David Levitte avec l'auteur, 5 et 12 décembre 2009. Voir aussi Henri Vernet et Thomas Cantaloube, *Chirac contre Bush, op. cit.*, p. 217-222, et Éric Aeschimann, et Christophe Boltanski, *Chirac d'Arabie, op. cit.*, p. 281.

les diplomates britanniques multiplient les pressions inverses afin de rallier des voix. Aux yeux de Washington, cet activisme français contre les États-Unis à l'ONU est la goutte qui fait déborder le vase. « Ne pas participer à la guerre en Irak, c'était une position compréhensible pour la France, se souvient l'ambassadeur Howard Leach. Mais mener une campagne d'obstruction systématique contre nous, c'était franchir une étape supplémentaire. C'était inamical et cela nous a mis vraiment en colère[1]. »

Le 10 mars 2003, le doute n'est plus permis. À 20 heures, face aux caméras de TF1 et France 2, le président français répond aux questions des journalistes Patrick Poivre d'Arvor et David Pujadas. Il répète qu'il faut désarmer l'Irak, mais de manière « pacifique ». Et il confirme publiquement ce que son ministre des Affaires étrangères a indiqué quant à l'usage possible du veto : en cas de mise aux voix d'une résolution légitimant le recours à la force en Irak, « quelles que soient les circonstances, la France votera non, parce qu'elle considère, ce soir, qu'il n'y a pas lieu de faire la guerre pour atteindre l'objectif que nous nous sommes fixé, c'est-à-dire le désarmement de l'Irak[2] ».

Sachant que la guerre est inévitable, Jacques Chirac se pose simplement en défenseur acharné de ses propres principes. Il est soutenu par une majorité de son opinion publique, gauche et droite confondues. Mais la rupture est consommée avec Washington. « Autant la conférence de presse de Villepin du 20 janvier avait vexé Powell, autant l'interview télévisée de Chirac du 10 mars a énervé Bush[3] », estime Pierre Vimont, qui était alors directeur de cabinet du ministre des Affaires étrangères. Lorsqu'il rencontre Tony Blair et José María Aznar aux Açores, le 16 mars, George Bush dit redouter une ultime manœuvre française visant à donner du temps aux Irakiens par le vote d'une autre résolution plus accommodante. « Je serai ravi de pouvoir opposer mon veto à une de leurs propositions[4] », ironise l'Américain.

---

1. Entretien d'Howard Leach avec l'auteur, 21 juin 2010.
2. Interview de Jacques Chirac, sur TF1 et France 2, 10 mars 2003, archives de l'Élysée. Voir aussi Gildas Le Voguer, « Le conflit franco-américain durant la crise de l'Irak, 2003-2005 », dans Renéo Lukic (dir.), *Conflit et coopération dans les relations franco-américaines, op. cit.*
3. Entretiens de Pierre Vimont avec l'auteur, 10 décembre 2007 et 3 juin 2010.
4. Rapporté dans Bob Woodward, *Plan d'attaque, op. cit.*, p. 526.

Le lendemain, George Bush finit par abandonner l'idée de sa propre résolution onusienne. En réalité, il la sait vouée à l'échec à cause de l'abstention probable de nombreux pays et du veto de la France. À Londres, Tony Blair ne décolère pas contre Jacques Chirac, jugé responsable de cette impasse diplomatique. Plus va-t-en-guerre que jamais, Bush et Blair donnent quarante-huit heures à Saddam Hussein pour quitter le pouvoir. Le 19 mars 2003, dans la nuit, l'ultimatum s'achève sans que le dictateur de Bagdad ait obtempéré. Washington n'espérait pas autre chose.

La machine de guerre américaine est lancée.

Chapitre 16

Comment Bush a fait payer Chirac

L'opération Iraqi Freedom, qui a débuté aux premières heures du 20 mars 2003, s'achève à la mi-avril après la prise de Bagdad et la chute de Tikrit, le bastion de Saddam Hussein. Le dictateur est en fuite, son armée en déroute. Les GI's, commandés par le général Tommy Franks, et leurs alliés britanniques ont envahi l'Irak sans coup férir, avec des pertes minimes dans leurs rangs. Une autorité provisoire de la coalition occupante se met en place. À Washington, George Bush exulte. En moins de quatre semaines, il semble avoir gagné son pari. Les « faucons » de son entourage savourent leur victoire éclair. « Dans six mois, l'Irak sera démocratique et le mouvement va se répandre dans tout le Moyen-Orient », confie alors Paul Wolfowitz, sûr de lui, à l'ambassadeur de France.

À Paris, Jacques Chirac est embarrassé. Il a prédit un désastre aux Américains et le régime irakien est tombé sans résistance. Il refusait d'utiliser la force contre Bagdad et il doit maintenant se féliciter officiellement de son éviction. Il a bataillé, en vain, contre cette offensive américaine, et il espère maintenant reprendre la main...

Or la tâche est délicate. L'Amérique est en colère contre la France. L'interview télévisée de Jacques Chirac, le 10 mars, durant laquelle il a parlé d'un possible veto français à l'ONU, a cristallisé les rancœurs à la Maison-Blanche. Le climat s'est dégradé crescendo entre Paris et Washington, tel un ouragan échappant à tout contrôle, au point de rappeler la grave tempête franco-américaine provoquée en mars 1966 par le général de Gaulle avec sa décision de sortir du commandement intégré de l'OTAN. Chirac, digne héritier du Général et farouche résistant à l'hégémonie yankee ? Voilà qui tranche avec son passé d'américanophile transi, mais lui vaut une image de héros, en France comme dans bon nombre de pays arabes.

La médaille a son revers : son hostilité a pu paraître peu constructive, son pacifisme conservateur, sa rhétorique parfois stérile, même à certains de ses admirateurs. Et, aux États-Unis, voilà des semaines que le président français subit l'hallali. « Chirac est allé tellement loin qu'en Amérique il y a un gigantesque retour de bâton antifrançais. Tout le monde se moque de lui[1] », a confié George Bush au Premier ministre irlandais peu après son interview du 10 mars. La presse américaine rappelle avec insistance que Jacques Chirac, alors Premier ministre, a négocié en 1975 un accord nucléaire avec Saddam Hussein, ou encore que la France est longtemps restée l'un des plus gros fournisseurs d'armes de l'Irak. Les journalistes de CNN et de CBS ont même demandé ouvertement au président français si les « allégations persistantes » selon lesquelles Saddam Hussein avait versé des fonds pour une de ses campagnes électorales étaient fondées : « Absurde ! a répliqué Jacques Chirac. Plus c'est gros et mieux cela passe[2]. »

Le *French-bashing*, la vindicte francophobe, fait fureur. Les sondages montrent que seuls 34 % des Américains gardent une image favorable de la France – une chute spectaculaire de quarante-cinq points en un an[3]. Un des représentants au Congrès, le républicain Bob Ney, suggère que la cafétéria du Capitole rebaptise ses frites – en anglais *french fries* – « *freedom fries* ». Des restaurants vident leurs bouteilles de bordeaux devant les caméras. Des appels au boycott des produits venant de l'Hexagone sont lancés ici et là. Les patrons des grandes entreprises françaises implantées outre-Atlantique s'en inquiètent auprès de l'Élysée. Les plaisanteries douteuses fleurissent sur la présumée lâcheté française,

---
1. Rapporté dans Bob Woodward, *Plan d'attaque, op. cit.*, p. 509.
2. Interview du président Jacques Chirac accordée aux chaînes américaines CBS et CNN, 16 mars 2003, archives de l'Élysée. En réalité, la CIA a mené l'enquête sur des liens présumés entre Jacques Chirac et l'Irak, notamment *via* l'un des amis du chef de l'État, l'homme d'affaires corrézien Patrick Maugein, actif dans le négoce de pétrole, dont certains proches ont obtenu des contrats avec le régime de Saddam Hussein au cours des dernières années. Dans un rapport d'octobre 2004, la CIA citera un ancien haut fonctionnaire irakien indiquant que des contrats auraient été accordés à Patrick Maugein parce que le régime irakien le considérait comme un « canal conduisant vers le président Chirac », sans que ces rumeurs aient pu être confirmées. Rapport Duelfer, 6 octobre 2004, CIA.
3. 34 % des Américains ont une image positive de la France en mars 2003, contre 79 % en février 2002. Rapporté dans Justin Vaïsse, « American Francophobia Takes a New Turn », *French Politics, Culture & Society*, vol. 21, n° 2, été 2003.

comme celles-ci : « Combien de Français faut-il pour défendre Paris ? Personne ne le sait. Ça n'a jamais été tenté. » « Comment appelle-t-on cent mille Français levant les mains en l'air ? L'armée. » « Combien de vitesses y a-t-il sur un char français ? Cinq : quatre marches arrière et une marche avant (en cas d'attaque par-derrière[1]). »

Les télévisions américaines éreintent également les Français, qualifiés de tous les noms. « Bill O'Reilly animait sur Fox News, la télé néoconservatrice, un talk-show quotidien d'une heure, durant lequel il nous traitait de "singes bouffeurs de fromage", se souvient l'ambassadeur Jean-David Levitte. Il demandait aux téléspectateurs d'envoyer des insultes à notre ambassade et indiquait nos coordonnées. Nous avons ainsi reçu plus d'un million de messages désagréables, auxquels nous avons patiemment répondu. Mais l'ambiance devenait très lourde pour les trois cent mille Français vivant aux États-Unis. Il y a même eu un mort dans un bar de Miami[2]. »

Chirac propose les services de l'OTAN et de l'ONU pour l'Irak

La tension est à son comble. Il faut réagir. Le mardi 15 avril 2003, Jacques Chirac décroche son combiné pour joindre George Bush. Il n'a pas parlé au président américain depuis leur entretien téléphonique du 7 février. La conversation avait alors été étonnamment cordiale. Chacun avait fait état de ses désaccords, sans acrimonie. Le président français avait tenté de ménager l'avenir, se posant déjà en futur artisan d'une reconstruction de l'Irak aux côtés des Américains. Bush y avait presque décelé le signe d'un possible ralliement de dernière minute de Chirac à son offensive militaire. Sans succès. Jacques Chirac souhaite reprendre au plus vite le dialogue pour réchauffer des relations franco-américaines devenues glaciales autant que pour se remettre en selle. « Il n'a jamais voulu faire de gestes qui le fâchent définitivement avec les Américains, estime son conseiller Maurice Gourdault-Montagne. Au contraire, il était conscient que la France devait rester l'alliée

---

1. Fred Barnes, « How Many Frenchmen Does It Take », *The Weekly Standard*, 13 février 2003. Les journaux conservateurs comme le *Wall Street Journal*, le *Washington Times* ou le *New York Post* sont particulièrement virulents.
2. Entretiens de Jean-David Levitte avec l'auteur, 5 et 12 décembre 2010.

des États-Unis et ne pas s'isoler de la communauté internationale. Au moment de la guerre, en cas de provocation irakienne, nous étions même prêts à réagir à leurs côtés. Et, après l'offensive, nous voulions reprendre langue avec tout le monde afin d'éviter une cassure au sein du Conseil de sécurité[1]. »

Une autre inquiétude motive l'appel de Chirac : il redoute toujours que l'Irak, loin de se « démocratiser », s'enfonce dans la crise. L'antiaméricanisme et l'antioccidentalisme vont, selon lui, se renforcer, avec des risques énormes de dérapages en chaîne. Pour lui, les Américains ont ouvert la boîte de Pandore. Il craint que tout l'Occident n'en paie le prix. Plus vite l'ONU reviendra dans le jeu, plus vite l'Irak sera « stabilisé » et « rendu aux Irakiens », mieux les menaces de débordement seront endiguées. Il partage cette conviction avec le président russe Vladimir Poutine et le chancelier allemand Gerhard Schröder, qu'il a rencontrés à Saint-Pétersbourg le vendredi 11 avril[2].

L'Élysée a dû se démener pour négocier ce coup de fil à la Maison-Blanche. Le conseiller diplomatique de Chirac, le ministre des Affaires étrangères et l'ambassadeur à Washington ont multiplié les démarches afin de persuader leurs homologues américains de l'utilité de ce dialogue entre les présidents. Condoleezza Rice, la conseillère à la Sécurité nationale de George Bush, a fini par céder. Mais sans promettre grand-chose à son homologue, Maurice Gourdault-Montagne, lorsque ce dernier a évoqué de possibles propositions françaises sur l'Irak : « Nous sommes prêts à jouer le jeu, a dit le sherpa.

– Vous n'y pensez pas, a répondu Rice. Il y a ceux qui étaient dedans et ceux qui étaient dehors. Nous avons payé cette victoire avec notre argent, avec le sang de nos soldats. Nous n'avons pas besoin de vous[3]. »

Alerté de ces mauvais augures, Jacques Chirac espère pourtant convaincre George Bush lors de son appel. L'entretien débute vers 17 h 30, ce 15 avril 2003.

---

[1]. Entretien de Maurice Gourdault-Montagne avec l'auteur, 7 mai 2010.

[2]. « Dès que possible, et après la phase nécessaire de sécurisation, il faut engager la reconstruction politique, administrative, institutionnelle, sociale et économique de l'Irak. Et c'est une tâche immense. Il appartiendra, selon nous, aux Nations unies d'y jouer un rôle central », a déclaré Jacques Chirac à l'issue du sommet tripartite avec Gerhard Schröder et Vladimir Poutine, le 11 avril 2003, à Saint-Pétersbourg : archives de l'Élysée.

[3]. Rapporté par Maurice Gourdault-Montagne, entretien avec l'auteur, 7 mai 2010.

« Nous ne nous sommes pas parlé depuis quelque temps. Il m'a paru utile de reprendre contact alors que le dossier irakien est entré dans une nouvelle phase, dit Chirac pour débuter la conversation. Notre analyse quant aux circonstances du déclenchement du conflit n'a pas changé, mais nous sommes satisfaits que celui-ci ait été bref. Je souhaite d'abord vous exprimer mes condoléances pour les pertes subies par les États-Unis. Comme toutes les démocraties, nous nous réjouissons de la chute de la dictature irakienne. Il faut maintenant se tourner vers l'avenir, que nous souhaitons évoquer avec les États-Unis dans un esprit ouvert et constructif. »

Attentif à ces premiers mots soigneusement pesés, George Bush décrit la situation en Irak de manière optimiste : « Il reste encore beaucoup à faire pour sécuriser le pays et venir en aide à la population. Nous nous y employons, avec nos alliés britanniques. La situation ne tardera pas à s'améliorer. » C'est une manière polie de dire à son interlocuteur qu'il n'a pas besoin d'aide.

Jacques Chirac s'avance ensuite sur un terrain délicat, à savoir le rôle éventuel que l'OTAN pourrait jouer en Irak, à l'instar de ce qu'elle s'apprête à faire en Afghanistan. Le secrétaire d'État, Colin Powell, a soulevé cette question lors d'une réunion de l'Alliance atlantique à Bruxelles. Chirac confie à Bush, de manière étonnante : « Nous n'avons, à cet égard, pas de difficultés *a priori*. Nous sommes attachés à l'OTAN et à l'Alliance atlantique. Nous sommes prêts à participer à la NRF [force de réaction rapide], et la France est aujourd'hui le premier contributeur de troupes de l'Alliance. Nous sommes ouverts à un rôle raisonnable de l'OTAN à Kaboul, tel que le propose l'Allemagne, et nous pouvons également l'envisager en Irak. On peut toutefois s'interroger sur l'opportunité d'adjoindre des contingents d'autres pays, notamment arabes, pour prendre en compte les sensibilités de la région. »

George Bush ne cache pas sa surprise devant de telles offres de services : « Je me félicite de la tonalité très positive de vos propos. Un certain nombre de personnes de mon entourage sont, en effet, convaincues que l'objectif de la France est de "détruire l'OTAN".

– Mais c'est totalement faux ! réplique aussitôt Chirac. Ces allégations relèvent de la campagne antifrançaise qui est actuellement menée dans certains secteurs de l'administration américaine ! »

Bush feint l'ignorance, sans vraiment convaincre : « Je n'ai pas connaissance d'une telle campagne. Mais, en tout état de cause, je vais dire à ceux qui mettent en doute la volonté de la France de voir l'OTAN jouer un rôle en Irak que j'ai une bonne nouvelle à leur annoncer ! »

Il y a une pointe d'ironie dans cette remarque. Comme si le président américain peinait à croire ce qu'il venait d'entendre : la France serait prête, dans certaines conditions, à ce que l'OTAN intervienne en Irak. Paris ne veut pas envoyer ses propres soldats sur place, mais le soutien à un éventuel déploiement de forces sous la bannière de l'Alliance atlantique constitue bien un renversement de la position française sur le dossier irakien. L'Élysée tempérera de plus en plus cette suggestion au cours des mois suivants, du fait de la dégradation de la situation sur place et des réticences américaines[1]. Mais Jacques Chirac, décidément, peut être bien déroutant !

Et ce n'est pas tout. Car le président français, qui a jugé cette guerre injustifiée et s'est battu pour qu'elle n'obtienne pas l'aval de l'ONU, presse impérieusement son interlocuteur de remettre les Nations unies au cœur du dispositif irakien : « Notre position s'agissant de la gestion de l'après-conflit en Irak est la suivante : le plus rapidement les Nations unies seront associées à la reconstruction de ce pays, et mieux cela vaudra pour tout le monde. En tout état de cause, nous souhaitons adopter une attitude pragmatique, dossier par dossier, que ce soit sur la levée des sanctions, le contrôle du désarmement, la reprise des exportations pétrolières ou la reconnaissance d'une nouvelle autorité irakienne. »

George Bush n'en revient pas. Après une hostilité de principe, Chirac lui tend la main et promet désormais d'être le plus « pragmatique » possible. C'est, à ses yeux, aussi inespéré que tardif. Il ne répond pas formellement aux offres du président français.

---

1. La France soutiendra l'appui de l'OTAN au contingent de soldats polonais déployés en Irak et se dira prête à faire de même pour un contingent espagnol. Quant à la présence directe de l'OTAN en Irak, l'Élysée réitérera au début de 2004 ses conditions : seulement après le transfert de souveraineté au gouvernement intérimaire irakien à la mi-2004, à la demande de ce gouvernement et sur la base d'un mandat du Conseil de sécurité des Nations unies. En mars 2004, il sera toujours question d'examiner la présence de l'OTAN, mais « avec prudence ». En juin 2004, les conseillers de l'Élysée écriront : « Il nous paraît dangereux de prendre le risque d'imposer le drapeau de l'OTAN et une empreinte au sol de l'Alliance en Irak. L'OTAN apparaîtra comme l'Alliance des armées de l'Occident contre le monde arabo-musulman. » Mais la France serait toujours prête à « être souple » dans l'utilisation des moyens de l'OTAN par certains pays membres de la coalition en Irak. Note préparatoire aux entretiens du président Jacques Chirac avec le président George Bush, 5 juin 2004, archives de la présidence de la République, 5AG5 AP6, Archives nationales.

L'entretien téléphonique rebondit sur le rôle de la Syrie. Bush est très ferme : « Nous avons fait passer le message aux Syriens : ils ne doivent pas accorder l'asile à des responsables de l'ex-régime irakien. Or nous avons des informations selon lesquelles certains de ces ex-dirigeants auraient trouvé refuge en Syrie. Le président syrien Bachar el-Assad n'a donc pas respecté ses engagements. Par ailleurs, il doit contrôler le Hezbollah, même s'il a fait quelques efforts pour l'inciter à la retenue. »

Jacques Chirac émet des doutes sur le fait que la Syrie accorde délibérément l'asile à des responsables irakiens, compte tenu du contentieux ancien entre Damas et Bagdad. « On ne peut toutefois exclure que certains de ces responsables se soient introduits en Syrie à l'insu des autorités de ce pays, ajoute-t-il. En tout état de cause, nous avons fait passer au président syrien un message sur les dangers auxquels il s'exposerait s'il faisait preuve de la moindre complaisance à l'égard des anciens dirigeants irakiens.

– Merci », dit Bush.

Jacques Chirac en profite pour rappeler l'« urgence » qu'il y a à reprendre les négociations sur le processus de paix israélo-palestinien, notamment en publiant la « feuille de route » élaboré par les grandes puissances du Quartet (Russie, États-Unis, Europe, Chine).

« J'en suis conscient, réplique Bush. Je reste attaché à la solution des deux États. Mais il faut d'abord que le gouvernement palestinien soit formé et doté des moyens de fonctionner. Or nous avons le sentiment que Yasser Arafat freine. Il est donc souhaitable que vous lui transmettiez un message pour qu'il accélère le processus de constitution du gouvernement.

– Nous l'avons déjà fait, mais nous pouvons naturellement insister sur ce point », répond Chirac.

Pour achever cette conversation, le président français évoque le sommet du G8 qui doit se tenir à Évian quelques semaines plus tard : « Je me félicite de la bonne coopération entre nos deux pays pour préparer ce sommet. Dans le contexte économique actuel, il est important que cette réunion soit l'occasion de lancer un signal fort pour relancer la croissance.

– J'en suis convaincu, concède Bush. Mais ne pensez-vous pas qu'il y a des risques de manifestations à l'occasion du sommet ?

– Je vous rassure : toutes les précautions seront prises sur le plan de la sécurité, et les services américains compétents en sont, d'ailleurs, parfaitement informés[1] », précise Chirac pour conclure.

Les deux présidents sont restés courtois. Le Français a lancé quelques perches, mais l'Américain y a vu davantage un signe de faiblesse qu'une réelle volonté de coopérer. De toute façon, Bush, aveuglé par ses premiers succès militaires, n'attend pas grand-chose des Français. Il reste bien décidé à bouder Jacques Chirac. « Il faut pardonner à la Russie, ignorer l'Allemagne et punir la France », a lâché sa conseillère, Condoleezza Rice. D'ailleurs, le lundi 21 avril 2003, une réunion se déroule à la Maison-Blanche autour de Stephen Hadley, le conseiller adjoint à la Sécurité nationale. Ordre du jour : comment sanctionner la France ? Plusieurs mesures seront mises en œuvre, comme l'interdiction de participer à certaines réunions à l'OTAN et l'envoi de délégations de moindre calibre lors de conférences ou de salons de l'armement à Paris. Certains conseillers suggèrent aussi que George Bush boycotte le prochain sommet du G8 à Évian, ou encore qu'il s'y rende sans passer la nuit dans l'Hexagone, choisissant par exemple ostensiblement un hôtel en Suisse[2]. Interrogé le lendemain de cette réunion par la chaîne PBS sur le fait de savoir si la France allait subir des « conséquences » du fait de son opposition à la guerre en Irak, Colin Powell répond catégoriquement « oui ».

L'humeur américaine n'est pas à la réconciliation. La campagne médiatique antifrançaise redouble d'intensité. Au point que l'ambassadeur Jean-David Levitte se sent obligé de contre-attaquer. Le 15 mai 2003, il prend sa plume pour écrire une lettre ouverte au président des États-Unis, aux membres du Congrès et aux principaux journaux américains. Il s'agit d'une critique en règle des « désinformations » publiées dans certains médias de renom, du *New York Times* au *Washington Post*, en passant par *Newsweek*. Levitte énumère tous les articles ayant affirmé sans preuves que la France aurait continué d'armer l'Irak de Saddam

---

1. Entretien téléphonique entre le président Jacques Chirac et le président George Bush, 15 avril 2003, télégramme de la cellule diplomatique de l'Élysée, archives de la présidence de la République, 5AG5 AP6, Archives nationales. Voir ce télégramme en annexe.
2. Voir Elisabeth Bumiller, « US, Angry at French Stance on War, Considers Punishment », *New York Times*, 23 avril 2003. Sur l'analyse de la francophobie américaine, voir notamment Simon Serfaty, « La France vue par les États-Unis : réflexions sur la francophobie à Washington », *CFE Policy Paper*, 15 novembre 2002, et Justin Vaïsse, « American Francophobia Takes a New Turn », art. cité.

Hussein en lui vendant des composants chimiques, des avions et des missiles, ou fourni des passeports aux anciens dirigeants irakiens pour leur permettre de fuir le pays – autant de rumeurs infondées, alimentées de manière intentionnelle par des sources officieuses de l'administration, ce que dénonce publiquement l'ambassadeur. « Cela ne s'était jamais fait, racontera-t-il plus tard. Avec cette lettre, je prenais des risques, mais Bush a été très surpris et il en a parlé à Chirac lorsqu'ils se sont vus au sommet d'Évian. Les choses se sont calmées progressivement[1]. »

Cependant, cette rencontre à l'Hôtel royal d'Évian, le lundi 2 juin 2003, n'est guère fructueuse. Bush séjourne bien dans la cité thermale, mais il ne s'attarde pas, quittant le sommet avant le dîner de clôture. « Je sais que beaucoup de gens, dans nos deux pays, se demandaient si on pouvait s'asseoir et avoir une conversation agréable. Et la réponse est oui, tout à fait », lance Bush lors de sa conférence de presse conjointe avec Chirac. À propos de ses divergences avec son hôte, il ajoute : « Soyons francs. Nous sommes passés par une période difficile. Je comprends sa position. Il me l'a dite clairement dès le début [...], et moi-même j'ai clairement dit quelle était ma position. C'est pour ça que je peux dire que nos relations sont bonnes, car nous pouvons être très honnêtes l'un avec l'autre. Mais, s'agissant de se concentrer sur un Irak libre, un Irak sain et un Irak prospère, nous sommes d'accord et nous avancerons ensemble pour assurer que le peuple irakien ait la capacité de gérer son propre pays. Cela va prendre du temps pour y arriver[2]. »

Durant leur tête-à-tête, Chirac et Bush font assaut d'amabilités, évoquant l'Irak de manière rapide : Paris a soutenu l'adoption, le 22 mai 2003, d'une résolution de l'ONU mettant fin aux sanctions contre l'Irak et prévoyant une aide humanitaire. Bush se félicite de ce premier signal positif envoyé par la France. Chirac insiste sur l'importance de la communauté internationale, donne quelques conseils sur le Proche-Orient et promet d'envoyer des commandos de forces spéciales en Afghanistan pour montrer qu'il reste engagé dans la lutte contre le terrorisme[3]. « Les deux

---

1. Entretiens de Jean-David Levitte avec l'auteur, 5 et 12 décembre 2010.
2. Conférence de presse du président George Bush et du président Jacques Chirac, Évian, 2 juin 2003, archives de l'Élysée.
3. Voir notamment Henri Vernet et Thomas Cantaloube, *Chirac contre Bush, op. cit.*, p. 288. Sur les missions des commandos des forces spéciales envoyées en juillet 2003 et basées à Spin Boldak jusqu'en 2006, voir notamment Jean-Dominique Merchet, *Une histoire des forces spéciales*, Jacob-Duvernet, 2010, p. 219-234.

présidents ont eu une conversation cordiale, à défaut d'être très chaleureuse[1] », reconnaîtra par la suite Howard Leach, ancien ambassadeur des États-Unis en France, qui assistait à cette rencontre.

La glace transatlantique ne fond pas davantage en septembre 2003, surtout lorsque le *New York Times* publie un éditorial titré « Notre guerre contre la France », dans lequel les positions de Paris sont présentées comme systématiquement hostiles à la politique américaine[2]. Quelques jours plus tard, les deux présidents se croisent à New York en marge d'un sommet de l'ONU. Jacques Chirac explique à la tribune que « nul ne saurait s'arroger le droit d'utiliser la force unilatéralement et préventivement », alors que George Bush vient de quitter les lieux pour ne pas l'écouter. Lors d'un bref entretien, les deux hommes campent chacun sur leurs positions. Bush affirme que les choses s'améliorent en Irak, tandis que Chirac croit le contraire[3]. La tension est palpable.

En réalité, depuis l'été 2003, la situation s'est très sérieusement aggravée en Irak : un premier attentat a fait onze morts et soixante-cinq blessés, le 7 août, devant l'ambassade de Jordanie à Bagdad ; un autre, le 19 août, a détruit le quartier général de l'ONU dans la capitale irakienne, tuant notamment le représentant spécial du secrétaire général, Sergio Vieira de Mello ; puis une bombe a explosé dans la ville sainte de Nadjaf, le 29 août, causant la mort de cent personnes, dont le chef de la communauté chiite irakienne. Aucun stock d'armes de destruction massive n'a été découvert, ce qui oblige le directeur de la CIA, George Tenet, à reconnaître que les informations qui avaient servi à justifier la guerre étaient erronées. L'insurrection gagne du terrain, alors que l'administrateur américain, Paul Bremer, surnommé le « proconsul d'Irak », paraît dépassé par les événements.

Car les Américains n'ont pas organisé l'après-guerre. Avant l'invasion, le secrétaire à la Défense, Donald Rumsfeld, a

---

1. Entretien de Howard Leach avec l'auteur, 21 juin 2010.
2. Thomas Friedman, « Our War With France », *New York Times*, 18 septembre 2003, éditorial. Le 22 septembre, Jacques Chirac donne une interview au même journal, dans laquelle il affirme « ne pas comprendre » la tension entre les deux pays : « Nous nous sommes inscrits dans le cadre d'un débat, entre amis de longue date. Colin Powell a dit, il y a quelque temps, que les États-Unis et la France sont amis depuis deux cent vingt-cinq ans. Cela ne va pas changer pour une circonstance fortuite. » Interview du président Jacques Chirac, *New York Times*, 22 septembre 2003.
3. Rapporté dans Henri Vernet et Thomas Cantaloube, *Chirac contre Bush*, *op. cit.*, p. 302-303.

réclamé de pouvoir prendre l'affaire en main. George Bush a accepté sans sourciller. Le Pentagone, sûr de sa victoire rapide, a bâclé les préparatifs de l'occupation et de la reconstruction. Les militaires ont même renvoyé chez eux les experts du département d'État, qui étaient peu convaincus de la « stabilisation » en cours en Irak.

Pour faire taire les critiques, George Bush confie le dossier irakien à sa conseillère à la Sécurité nationale, Condoleezza Rice, réputée moins idéologue que les « faucons » du Pentagone. Cette dernière arrache au Conseil de sécurité de l'ONU une résolution qui légitime la présence américaine en Irak. Soucieuse de montrer sa « bonne volonté », la France finit par soutenir ce texte, adopté le 16 octobre 2003. « Nous nous sommes acharnés pour avoir l'unanimité au Conseil de sécurité sur toutes les résolutions concernant l'Irak[1] », témoigne Maurice Gourdault-Montagne. Cette résolution 1511 prévoit la création d'une force multinationale et confie théoriquement un premier mandat à l'ONU. Les États-Unis ont fait quelques concessions afin d'obtenir cette bénédiction de leur occupation.

Cependant, la Maison-Blanche ne paraît toujours pas disposée à pardonner à la France son refus de s'engager à ses côtés. Un des proches de Jacques Chirac, le député de Paris Pierre Lellouche, s'en aperçoit en rendant visite, à la fin d'octobre 2003, à quelques-uns de ses amis à Washington. Lellouche est l'un des rares hommes politiques français à avoir soutenu l'offensive américaine en Irak. Il s'estime donc bien placé pour prendre le pouls des « néocons » et savoir ce qu'ils pensent réellement de l'attitude française.

Le 27 octobre, le député français est reçu à la Maison-Blanche par l'ambassadeur Robert Blackwill, qui vient d'être nommé au Conseil de sécurité nationale, aux côtés de Condi Rice et de Stephen Hadley. Les opinions de ce « faucon » républicain – un fidèle de Bush – sont tranchées. « Blackwill affirme que la guerre sera gagnée, que l'Irak sera "inondé" de dollars et que le président ne bougera pas[2] », rapporte Lellouche à Chirac de retour de son voyage. Selon Blackwill, « Bush est comme de l'acier, animé en partie par sa foi religieuse. Ce n'est pas un politicien

---

1. Entretien de Maurice Gourdault-Montagne avec l'auteur, 7 mai 2010.
2. *Suite à des entretiens à Washington*, note de Pierre Lellouche (conseiller et député de Paris) au président Jacques Chirac, 3 novembre 2003, archives de la présidence de la République, 5AG5 AP6, Archives nationales.

habituel, il n'y aura pas de retour en arrière et le président ne se retirera pas d'Irak, même si cela doit lui coûter la Maison-Blanche ».

La France, elle, ne peut s'attendre à une amélioration du climat bilatéral : « La Maison-Blanche, dit Blackwill à Lellouche, s'est résignée à un désaccord définitif. Nous étions prêts à tourner la page, mais le président Chirac a dénoncé la politique américaine à l'ONU juste avant de rencontrer le président Bush ; leur réunion s'est donc mal passée. Nous sommes dans une autre phase, maintenant, nous avons obtenu la résolution de l'ONU ; nous avons réussi la conférence des donateurs à Madrid, nous n'attaquerons plus la France. L'Allemagne est avec nous de toute façon et le reste de l'Europe aussi. Les relations avec la France resteront donc mauvaises.

– Qu'est-ce qui pourrait améliorer la situation ? demande Lellouche.

– Que les Français envoient une brigade en Irak, mais cela n'aura pas lieu ! » réplique Blackwill.

Les conseillers les plus durs de la Maison-Blanche ne sont pas près de passer l'éponge. Et pourtant Jacques Chirac se démène pour revenir en grâce à Washington. Outre le soutien à la résolution 1511, il multiplie les petits gestes. À l'occasion de l'anniversaire des attentats du 11 septembre, il a répondu à un courrier du président Bush pour rappeler que « les États-Unis et la France se retrouvent naturellement côte à côte pour défendre les principes de liberté et de paix », ajoutant à la main, à côté de sa signature : « Avec ma bien cordiale amitié[1] ». Le 29 septembre, il a reçu à l'Élysée Laura Bush, l'épouse du président américain, qui effectuait une courte escapade à Paris à l'occasion d'une conférence de l'Unesco sur la diversité culturelle. Il a pris le temps de s'entretenir longuement avec elle et lui a offert une magnifique étoile bleue. La First Lady a été enchantée de son séjour, et son époux a remercié Jacques Chirac pour ces attentions personnelles[2].

Par ailleurs, l'annonce par les États-Unis, le 15 novembre 2003, d'un plan de transfert du pouvoir de l'Autorité provisoire

---

[1]. Lettre de Jacques Chirac à George Bush, 22 septembre 2003, archives de la présidence de la République, 5AG5 AP6, Archives nationales.

[2]. Lettre du président George Bush au président Jacques Chirac, 30 septembre 2003 ; lettre manuscrite de Laura Bush à Jacques Chirac, 12 octobre 2003. Archives de la présidence de la République, 5AG5 AP6, Archives nationales.

de la coalition à un gouvernement irakien d'ici à la fin de juin 2004 constitue, pour Jacques Chirac, une réelle avancée. Il souhaite par conséquent renouer un dialogue plus constructif avec George Bush. Puisque son ministre des Affaires étrangères, Dominique de Villepin, est honni à Washington, il charge son conseiller diplomatique à l'Élysée, Maurice Gourdault-Montagne, de contacter secrètement Condoleezza Rice, de plus en plus influente auprès de George Bush.

Ce rendez-vous se déroule à Londres le 21 novembre 2003. D'entrée de jeu, Condi Rice demande à son interlocuteur : « Qu'est-ce que la France est prête à faire en Irak ? Vous devriez commencer à y réfléchir... »

Maurice Gourdault-Montagne, qui a minutieusement préparé cet entretien en épluchant les détails de l'accord américano-irakien du 15 novembre, se lance avec prudence : « Nous considérons que votre approche est un pas dans la bonne direction. Mais la situation empire en Irak... »

La conseillère ne proteste que mollement : il lui est difficile de nier la gravité des problèmes.

Le Français poursuit : « Plusieurs questions se posent compte tenu du long délai de sept mois jusqu'au transfert de souveraineté prévu le 30 juin [2004]. Or il y a urgence. » Et d'énumérer une série de problèmes soulevés par l'accord du 15 novembre : pourquoi ne pas envisager qu'un envoyé spécial des Nations unies suive le processus politique de transfert de souveraineté aux côtés des Américains ? Ne faut-il pas éviter de donner d'un seul coup des responsabilités à des Irakiens sans expérience ? Ne serait-il pas préférable d'organiser un transfert progressif ? Avec qui allez-vous passer des accords de sécurité dès février ? Avez-vous prévu d'y associer les pays voisins ? « Nous sommes encore à mi-chemin d'un processus. Les Irakiens ont toujours le sentiment d'être occupés. Toutes ces questions méritent réponse », conclut Gourdault-Montagne.

Rice l'a écouté attentivement. Elle réplique sur tous les points, avec la même vivacité que son interlocuteur. Le transfert progressif du pouvoir ? « Argument intéressant. » La sécurité ? « Les terroristes se soucient peu des arrangements dans ce domaine ; ce qu'ils veulent, c'est rétablir le parti Baas de Saddam Hussein. Le problème, c'est les sunnites ! On ne peut pas exclure d'avoir recours à l'OTAN, comme nous l'avons déjà évoqué.

– Mais il faudrait un mandat de l'ONU, proteste Gourdault-Montagne.

– Il n'y aura pas de commandement de l'ONU, rétorque fermement Rice. Quant à associer les pays voisins, il faut y réfléchir, mais les Syriens posent un problème. »

La discussion est carrée, sans artifice. L'émissaire de Chirac sait désormais à quoi s'attendre sur le dossier irakien : il sera écouté sans être vraiment entendu. Il profite de cette rencontre pour aborder d'autres thèmes d'actualité sur le Proche-Orient, la Syrie ou l'Iran. C'est une manière de tester Condi Rice, de savoir s'il y a moyen de trouver quelques sujets de réconciliation franco-américaine. Concernant l'Iran et son programme nucléaire controversé, les ministres des Affaires étrangères de la France, de l'Allemagne et du Royaume-Uni viennent de se rendre à Téhéran, où ils ont obtenu une promesse de respect des obligations du Traité de non-prolifération et de suspension des activités d'enrichissement d'uranium. « Nous donnons une chance à l'Iran, plaide le sherpa. Notre but est d'éviter que les Iraniens ne développent l'arme nucléaire. » Cette initiative européenne suscite un grand scepticisme à Washington[1]. Mais Condi Rice confie qu'elle « comprend » la démarche européenne, tout en précisant que les Iraniens ne doivent pas être exonérés de leurs cachotteries passées…

Maurice Gourdault-Montagne répète également que la France est « parfaitement à l'aise dans l'OTAN », qu'elle est favorable à l'extension de son rôle hors de la zone européenne, comme en Afghanistan, et à la création de sa Force de réaction rapide. « Dans ces conditions, nous ne comprenons pas pourquoi il est si difficile de nommer deux généraux français dans les nouvelles structures d'état-major. Le président de la République l'a dit à lord Robertson [le secrétaire général de l'OTAN]. C'est une question importante à nos yeux. »

Condi Rice semble être parfaitement au courant de ce contentieux, qui est une retombée directe des représailles antifrançaises

---

[1]. L'accord a été signé le 21 octobre 2003 entre Hassan Rohani, secrétaire du Conseil suprême de sécurité nationale iranien, et les ministres allemand Joschka Fischer, britannique Jack Straw et français Dominique de Villepin. C'est ce dernier qui a eu l'idée de cette démarche afin de reconstituer un front diplomatique européen après la division sur l'Irak. Aux États-Unis, le secrétaire d'État assistant, John Bolton, ne décolère pas contre cette initiative des pays européens, dite « EU-3 », qu'il estime contre-productive. « Elle devait dilapider nos efforts pour les trois années et demie à venir », écrira-t-il. Voir John Bolton, *Surrender Is Not an Option*, Treshold, 2008, p. 139.

décidées à la Maison-Blanche. « Je vais regarder », dit-elle poliment[1].

« Il y a autre chose, ajoute le Français. Nous subissons des annulations et des reports d'exercices militaires et de réunions d'état-major avec les armées américaines. Ces petites vexations sont incompréhensibles. »

L'Américaine répond de manière diplomatique : « Certains échelons intermédiaires font du zèle, convient-elle. Je vais regarder tout cela[2]. »

Cette entrevue ne démine pas tous les contentieux, mais au moins permet-elle de les exposer. Dans les mois qui suivent, Maurice Gourdault-Montagne et Condoleezza Rice vont maintenir ce contact discret, qui doit permettre de réchauffer progressivement une température transatlantique encore polaire.

Des pressions de Bush et Biden pour aider l'Irak

Le « non » de Chirac à la guerre a déjà eu des conséquences concrètes : une campagne antifrançaise, des menaces de boycott, une bouderie diplomatique, une coopération militaire ralentie, un refus des offres de services ou des conseils de Jacques Chirac sur l'Irak. Washington traîne également les pieds pour donner son accord à l'installation, sur le site français de Cadarache, du futur prototype de réacteur thermonucléaire international ITER[3]. En dépit d'un début de changement de ton

---

[1]. Le secrétaire à la Défense, Donald Rumsfeld, acceptera la nomination de deux généraux français à l'OTAN. Il en fera part à Michèle Alliot-Marie, ministre de la Défense, lors de la visite de cette dernière à Washington, le 15 janvier 2004.

[2]. Entretien entre Condoleezza Rice et Maurice Gourdault-Montagne, Londres, 21 novembre 2003, télégramme de la cellule diplomatique de l'Élysée, archives de la présidence de la République, 5AG5 AP6, Archives nationales.

[3]. Le principal site concurrent pour ITER est situé au Japon. Lors d'une conversation téléphonique avec George Bush, le 10 décembre 2003, Jacques Chirac plaide en faveur de Cadarache, qui est déjà soutenu par l'Union européenne. Le jour même, l'ambassadeur de France à Washington écrit : « Il n'est pas sûr que cette démarche ait été suffisante dans la mesure où le Premier ministre [japonais] Koizum, également appelé par le président Bush [...], a dû lui aussi saisir l'occasion de vanter le site japonais. Il est très probable qu'il aura fait valoir l'envoi de troupes japonaises en Irak. » Télégramme de l'ambassadeur Jean-David Levitte, 10 décembre 2003, archives de la présidence de la République, 5AG5 AP6, Archives nationales. Cadarache sera finalement retenu en 2005, au terme de longues tractations.

chez Condi Rice, la Maison-Blanche demeure, en cette fin de 2003, très rancunière. George Bush souhaite même mettre la France à l'amende de manière sonnante et trébuchante. Car l'Irak coûte 70 milliards de dollars par an au budget américain. Washington ne veut pas être seul à supporter le coût des opérations militaires et de la reconstruction. Paris devrait partager le fardeau, ne serait-ce que pour compenser son refus d'envoyer des troupes aux côtés des GI's. Durant quelques mois, la Maison-Blanche va mener une intense campagne de pression sur l'Élysée afin d'obtenir un chèque de Paris. Le plus surprenant, c'est que Jacques Chirac finira par y céder, piétinant ses propres principes, mais sans le crier sur les toits de peur d'être critiqué pour un geste qui coûtera plusieurs milliards d'euros à la France...

Les coulisses de cette victoire de Bush, passée inaperçue, révèlent la force du rouleau compresseur américain. Le président des États-Unis commence son harcèlement à l'automne 2003. Le 18 septembre précisément, il écrit une longue lettre à son homologue français pour lui demander d'accroître ses efforts économiques en faveur de l'Irak et de l'Afghanistan. Les deux dossiers sont astucieusement mélangés. Concernant ce dernier pays, une conférence des donateurs va se tenir quelques jours plus tard. « Nous lançons un appel à tous ceux qui ont donné si généreusement pour l'Afghanistan afin qu'ils fassent comme nous : revoir leur programme d'aide, identifier des fonds supplémentaires et faire leur possible pour débloquer les crédits au plus vite », écrit Bush, en remerciant Chirac des 30 millions de dollars déjà octroyés par le gouvernement français en faveur de Kaboul.

Sur l'Irak, le président américain entonne un refrain multilatéraliste inédit : « Nous sommes engagés dans un travail de longue haleine destiné à aider les Irakiens. Il nous faut les aider à reconstruire leur nation et à créer les conditions propices à leur croissance économique et à la transition démocratique. Les terroristes et loyalistes de Saddam ont montré qu'ils ne reculeraient devant rien pour empêcher cette transition, mais la communauté internationale dont nous faisons partie ne peut tolérer que ce travail mené en Irak échoue. Pour qu'il réussisse, des ressources considérables seront nécessaires, bien au-delà de ce que peut fournir l'Irak à court terme. Comme je l'ai annoncé le 7 septembre, les États-Unis accentueront substantiellement leurs efforts. Les membres de la communauté internationale ont là une occasion majeure et unique d'assumer un rôle plus large en contribuant à faire de l'Irak une nation libre et démocratique. »

Militairement dominants, les États-Unis tendent la sébile pour le pays qu'ils occupent ! Une conférence internationale sur l'Irak doit avoir lieu à Madrid en octobre 2003. Pour George Bush, le soutien à l'Afghanistan et à l'Irak relève, au fond, de la même logique. « J'espère que, tout comme nous, vous ferez tout pour intensifier votre aide et aider les Irakiens et les Afghans à reconstruire leurs nations après des décennies d'oppression et de mauvaise gestion, écrit-il à Chirac. Je suis convaincu que, là où la liberté s'installera, la terreur reculera, et que le triomphe de la démocratie et de la tolérance en Irak sera un sérieux revers pour le terrorisme international. Je vous remercie de tous vos efforts et j'attends avec impatience de poursuivre notre étroite collaboration dans cette entreprise aussi importante qu'utile. Sincèrement à vous. George W. Bush[1]. »

La conférence sur l'Irak se tient parallèlement aux négociations menées au Conseil de sécurité des Nations unies visant à légitimer la présence de la coalition américano-britannique sur place. Jacques Chirac, qui soutient les résolutions permettant de remettre l'ONU dans le jeu irakien, ne peut totalement botter en touche sur le volet financier. La France entend seulement conditionner son aide à une participation des entreprises tricolores à la reconstruction de l'Irak. Or, pour Washington, il n'en est pas question ! Seules les sociétés des pays ayant soutenu l'opération Iraqi Freedom seront retenues. Le Pentagone a déjà ses favorites : d'importants contrats ont été signés avec des firmes américaines, pétrolières ou d'armement, dont certaines ont des liens très étroits avec certains néoconservateurs en cour. Les Français ? « Ils peuvent toujours rêver », dit-on alors au Pentagone, où l'on applique scrupuleusement la règle « pas de soldats, pas de contrats ». Il s'agit bien d'une sanction supplémentaire contre Paris. Cette discrimination revendiquée freine les négociations sur un éventuel soutien direct de la France au gouvernement irakien. Il faudra attendre 2005, après les élections irakiennes, pour que Paris augmente sensiblement son aide bilatérale. Mais il ne s'agit que d'un geste symbolique de quelques millions d'euros.

---

1. Lettre du président George Bush au président Jacques Chirac, 18 septembre 2003, archives de la présidence de la République, 5AG5 AP6, Archives nationales.

Au début de décembre 2003, un homme inquiet vient curieusement défendre la cause des États-Unis et de l'Irak à l'Élysée. Il s'agit du démocrate Joe Biden, qui est alors vice-président de la commission des Affaires étrangères du Sénat[1]. Figure respectée du Congrès, très critique à l'égard de la politique menée par Bush, Biden confie à Jacques Chirac : « Toutes les prédictions faites par Rumsfeld et Wolfowitz, toutes leurs analyses ont été démenties par les faits. Ceux-ci ont démontré que vous aviez raison. Beaucoup d'élus au Congrès partagent mon scepticisme et ont tenté de ralentir l'intervention militaire, mais nous n'avons pas été entendus. L'histoire jugera très durement le président Bush et son administration. [...] Cela étant, vous êtes la seule personnalité à pouvoir encore sauver la situation. Il faut pour ce faire que vous vous montriez un vainqueur magnanime. Le président Bush commence à comprendre l'impasse dans laquelle il se trouve et il est à la recherche d'un moyen élégant d'en sortir, avec l'aide de la communauté internationale. Il faut l'aider en lui tendant la main. »

Le sénateur Biden poursuit en rappelant qu'il plaide, de son côté, en faveur d'un remplacement de l'administrateur américain par un homme de l'ONU, du transfert des opérations militaires à l'OTAN d'ici à dix-huit mois et de l'organisation rapide d'élections permettant d'asseoir la légitimité du gouvernement irakien. « À chaque fois, on me répond que mes idées sont judicieuses, mais que les Nations unies ne sont pas prêtes à s'engager et que les Français ne feront rien », explique-t-il, dépité, à son hôte. Le sénateur, réputé francophile, implore par conséquent Jacques Chirac de « démontrer sa bonne volonté » et sa disponibilité à s'engager « sur le plan politique ou financier » en Irak : « Un signal de votre part aurait un impact formidable sur le président Bush, qui est à la recherche d'une porte de sortie. Il serait trop heureux de saisir la perche que lui tendrait la France. Vous êtes le seul à pouvoir faire accepter au président Bush une internationalisation du dossier irakien. »

Le sénateur va même plus loin, disant redouter un retrait précipité des Américains d'Irak si l'intérêt électoral du camp Bush le

---

1. Le sénateur Joseph Biden, élu du Delaware depuis 1972, est considéré comme le démocrate le plus influent au sein de la commission des Affaires étrangères du Sénat, qu'il a présidée de mai 2001 à décembre 2002. Biden avait été battu par Michael Dukakis aux primaires démocrates pour la présidentielle de 1988. Il a envisagé de se présenter en 2004, avant de s'effacer. Il deviendra vice-président de Barack Obama en 2008.

commande, à quelques mois de l'élection présidentielle de la fin de 2004. « Il faut donc que la France se montre magnanime à l'égard du président Bush, en dépit des avanies qu'elle a subies. Le problème n'est pas d'aider à réélire George Bush, mais d'éviter un retrait qui se traduirait par un désastre pour tous. Il y a donc urgence à agir, nous sommes à un moment crucial ! »

Jacques Chirac est surpris par cette requête peu banale venant d'un sénateur démocrate. Il est aussi flatté d'être considéré comme pouvant peser sur les événements. « S'agissant de l'Irak, dit-il, la question n'est pas de savoir qui a tort ou raison. Le passé est le passé. [...] Si les États-Unis restaient en Irak, cela serait une catastrophe. L'Irak serait livré à une guerre civile et la région entière risquerait d'être déstabilisée. Dans ces conditions, si la France pouvait faire quelque chose d'utile, elle le ferait volontiers. Nous avons pris note avec intérêt de l'accord du 15 novembre, qui marque une évolution positive. Mais les délais sont trop longs, et les Nations unies sont exclues du processus. Or il est urgent de mettre un terme au face-à-face entre les États-Unis et les Irakiens. S'agissant de l'éventuelle implication de l'OTAN, nous ne nous y opposerions pas, même si cela nous semble dangereux. D'une façon générale, nous sommes prêts à aider les États-Unis à sortir du guêpier irakien, car c'est aussi notre intérêt. Mais nous ne sommes pas prêts à faire n'importe quoi. Nous allons y réfléchir[1]. »

En réalité, Chirac hésite à donner un coup de pouce au président américain, qui l'a vilipendé. Et Bush n'a aucune envie de placer ses GI's en Irak sous commandement de l'OTAN, avec une tutelle de l'ONU, comme le souhaitent les Français.

Bush envoie un émissaire spécial à Paris sur la dette de l'Irak

À défaut d'obtenir une grosse rallonge financière directe, la Maison-Blanche revient à la charge sur un autre dossier économique sensible : celui de la dette irakienne, accumulée depuis des années par le régime de Saddam Hussein. Le montant des

---

[1]. Entretien du président Jacques Chirac avec Joseph Biden, vice-président de la commission des Affaires étrangères du Sénat des États-Unis, mardi 2 décembre 2003, télégramme de la cellule diplomatique de l'Élysée, 3 décembre 2003, archives de la présidence de la République, 5AG5 AP6, Archives nationales.

impayés, qui correspond à des achats militaires ou civils de la dictature, atteint plus de 120 milliards de dollars, en tenant compte des arriérés d'intérêts. Les principaux créanciers de l'Irak sont le Japon, la Russie, la France et l'Allemagne. Coïncidence ou non, ces trois derniers pays se sont opposés à l'offensive américaine. La Maison-Blanche voit donc un double avantage à obtenir un abandon de créances en faveur de Bagdad : cela permettrait à l'Irak « nouveau » de repartir sur des bases économiques plus saines, sans ce lourd fardeau à rembourser ; et il y aurait un petit parfum de revanche à faire assumer cet effacement de dettes par des pays si peu coopératifs !

Au début de décembre 2003, George Bush confie une mission spéciale sur ce sujet à James Baker, l'ancien secrétaire d'État de son père. Cette nomination est habile : Baker fait partie des « colombes » du camp républicain, et ses efforts pour bâtir la coalition internationale lors de la première guerre du Golfe en 1990 lui ont valu une grande aura dans les chancelleries occidentales. Le 10 décembre, George Bush téléphone personnellement à Jacques Chirac pour lui demander de recevoir James Baker lors de sa prochaine tournée en Europe. « Il paraît difficile de refuser[1] », a écrit, la veille de ce coup de fil, André Parant, l'un des conseillers de Chirac.

Pour préparer cette visite, l'Élysée planche sur le dossier. Des négociations sur la dette irakienne sont d'ores et déjà prévues au sein du Club de Paris, qui réunit de manière informelle les pays les plus industrialisés, habitués à gérer ce genre de dossiers avec les États en développement. Une délégation d'officiels irakiens doit arriver dans la capitale française pour entamer des pourparlers, parallèlement à la venue de Baker[2]. Le Club de Paris a des normes pour renégocier les dettes des États et en annuler une partie, en fonction de la situation économique des débiteurs. Il a adopté depuis quelques mois une nouvelle approche permettant de traiter la situation de pays dits « intermédiaires », dont l'Irak fait partie. En outre, il est présidé par un haut fonctionnaire fran-

---

1. *Entretien téléphonique avec le président Bush*, note du conseiller technique André Parant à l'attention du président de la République, 9 décembre 2003, archives de la présidence de la République, 5AG5 AP6, Archives nationales. Baker aura également des entretiens avec les Allemands, les Russes et les Japonais sur le sujet, ainsi qu'avec les pays du Moyen-Orient.
2. Sur les 120 milliards de dollars de dette publique de l'Irak, les créanciers du Club de Paris en représentent un tiers, soit 38,9 milliards de dollars à la fin de 2004.

çais, en l'occurrence le directeur du Trésor, Jean-Pierre Jouyet, un solide inspecteur des finances, marqué à gauche, directeur adjoint du cabinet de Lionel Jospin à Matignon de 1997 à 2002. L'Élysée peut donc discuter directement avec lui afin d'élaborer la position officielle française, qui est très influente au sein de ce club de créanciers.

Par ailleurs, l'ambassadeur de France à Washington, Jean-David Levitte, est prié de sonder le département d'État pour connaître les requêtes américaines. Le diplomate passe un coup de téléphone à Margaret Tutwiler, sous-secrétaire d'État et très proche de Baker. « Elle m'a dit que James Baker était parfaitement informé des règles du Club de Paris et de la nécessité de ne négocier qu'avec un gouvernement souverain. Il présentera néanmoins quelques idées permettant une approche quelque peu élastique de ces règles. Il souhaite un entretien aussi restreint que possible. De son côté, il ne sera accompagné que d'un preneur de notes », rapporte Jean-David Levitte. Juste avant de décoller pour Paris, le 15 décembre 2003, James Baker apprend la nouvelle de l'arrestation de Saddam Hussein en Irak. Pour l'émissaire de Bush, qui joint Levitte au téléphone, cette information crée un « contexte favorable » à la négociation financière. « Il a souligné que le président Bush souhaitait tendre la main au président de la République sur ce dossier[1] », note l'ambassadeur de France.

Pendant ce temps, l'Élysée a préparé les « éléments de langage » pour Jacques Chirac. La note suggère d'avancer les arguments suivants devant Baker :

« – L'Irak est un pays à gros potentiel.

« – Nous souhaitons un accord sur la dette irakienne conforme aux principes du Club de Paris, c'est-à-dire un accord signé avec des autorités internationales reconnues, après la conclusion d'un accord avec le Fonds monétaire international.

« – Dans ce cadre, nous sommes prêts à envisager une annulation partielle de la dette, partielle ne signifiant pas – loin de là – totale.

« – Il faudrait que les fonds dégagés soient utilisés à la reconstruction.

« – Si un accord ne peut intervenir sur ces bases très vite, nous sommes d'accord pour avoir un moratoire très long.

---

1. *Tournée européenne de James Baker*, télégramme de l'ambassadeur Jean-David Levitte, 15 décembre 2003, Washington, archives de la présidence de la République, 5AG5 AP6, Archives nationales.

« – Mais les déclarations de certains représentants de l'administration américaine sur les contrats liés à la reconstruction n'aident pas à faire des efforts en matière de dette. La France, l'Allemagne, sans parler de la Russie, ont des créances importantes sur l'Irak. »

La note suggère d'insister, le cas échéant, sur les contrats de reconstruction. « Ce qui pose problème dans cette affaire, c'est l'affichage d'une volonté d'exclusion, qui brouille le message de rassemblement que les États-Unis cherchent, par ailleurs, à faire passer, à un moment où l'unité de la communauté internationale est, en effet, une nécessité[1]. »

Lorsque James Baker rencontre Jacques Chirac, le mardi 16 décembre 2003, la position française est, par conséquent, plutôt prudente. La France ne souhaite pas faire de cadeau particulier à l'Irak. Cependant, l'émissaire de Bush plaide sa cause avec ténacité. Jacques Chirac peut difficilement répéter qu'il entend assumer un rôle « constructif » dans la stabilisation de l'Irak, demander le retour de la communauté internationale et refuser de faire un geste financier. Il a reconnu devant une délégation du Conseil transitoire du gouvernement irakien, reçue la veille, qu'une « page sombre de l'histoire de l'Irak » avait été définitivement tournée et que la « solidarité » de la communauté internationale devait jouer.

En fin de journée, le 16 décembre, l'Élysée publie donc un texte, élaboré conjointement avec Washington et Berlin. Ce communiqué reconnaît que « la réduction de la dette est un élément essentiel pour permettre au peuple irakien de construire un Irak libre et prospère. Pour cette raison, la France, l'Allemagne et les États-Unis conviennent qu'une réduction substantielle de la dette irakienne devrait intervenir au sein du Club de Paris en 2004 et travailleront étroitement entre eux et avec d'autres pays pour atteindre cet objectif. »

Le pourcentage « substantiel » d'annulation de la dette n'est pas annoncé officiellement : il doit, en théorie, faire l'objet d'un « accord ultérieur entre les parties[2] ». En réalité, Baker a obtenu

---

[1]. Entretien du président Jacques Chirac avec James Baker, ancien secrétaire d'État, mardi 16 décembre, 12 heures, note préparatoire, éléments de langage, archives de la présidence de la République, 5AG5 AP6, Archives nationales.

[2]. Communiqué conjoint de la France, de l'Allemagne et des États-Unis d'Amérique concernant la réduction de la dette de l'Irak, 16 décembre 2003, présidence de la République, archives de l'Élysée.

de Chirac que la réduction de la dette irakienne soit d'environ 50 %, ce qui représente déjà un effort énorme.

Une demande américaine jugée immorale et coûteuse

Washington a gagné une manche. Paris avale la couleuvre. « Les entretiens avec James Baker sur la question de la dette irakienne ont été très positifs[1] », concède le conseiller diplomatique de Chirac, Maurice Gourdault-Montagne, lorsqu'il retrouve son homologue Condoleezza Rice à la Maison-Blanche, à la fin de janvier 2004, pour un de leurs entretiens.

Les échanges préalables aux négociations débutent au Club de Paris sur les bases convenues. Mais George Bush ne se contente pas de la réduction de moitié de la dette irakienne. Il veut obtenir davantage. En mars 2004, à l'occasion d'un coup de téléphone à Jacques Chirac, durant lequel il lui annonce sa venue prochaine en Normandie pour célébrer le soixantième anniversaire du débarquement de 1944, le président américain demande à son homologue français d'« examiner avec la plus grande attention » la lettre qu'il va lui envoyer au sujet de la dette irakienne[2]. La position des États-Unis se dévoile rapidement : ils réclament une annulation de 95 % de la dette irakienne, autrement dit un effacement quasi complet de l'ardoise !

La pression augmente. Durant le mois d'avril, Condi Rice reçoit à la Maison-Blanche Nicolas Sarkozy, qui est alors ministre de l'Économie et des Finances. Celui-ci subit un véritable mitraillage sur la dette irakienne. « Tout l'entretien a porté sur ce sujet. Rice était visiblement très attachée à obtenir une annulation complète et elle n'appréciait pas que la France traîne les pieds[3] », témoigne un des participants à cette rencontre. Prudent, Nicolas Sarkozy ne s'avance pas sur le sujet, se bornant à rappeler la ligne de l'Élysée.

---

1. Entretien entre Condoleezza Rice et Maurice Gourdault-Montagne, 30 janvier 2004, télégramme de l'ambassade de France à Washington, 31 janvier 2004, archives de la présidence de la République, 5AG5 AP6, Archives nationales.
2. Entretien téléphonique entre le président George Bush et le président Jacques Chirac, 19 mars 2004, télégramme de la cellule diplomatique de l'Élysée, archives de la présidence de la République, 5AG5 AP6, Archives nationales.
3. Entretien avec l'auteur, 2010.

Néanmoins, au fil des semaines, les négociateurs américains gagnent du terrain. Ils obtiennent des promesses d'appui de leurs « bons » alliés, comme le Royaume-Uni, le Canada, l'Italie et le Japon. Le Fonds monétaire international (FMI) apporte un peu d'eau à leur moulin, estimant qu'une annulation de 70 à 80 % serait nécessaire pour que l'Irak puisse tourner la page du passé.

Ce chiffrage du FMI suscite des doutes à Paris. Une autre étude de la Banque mondiale et de l'ONU, publiée à l'automne 2003, évoquait plutôt un besoin d'annulation à hauteur de 33 %. Du coup, les exigences de la Maison-Blanche sont jugées totalement excessives. Dans une note au président Chirac, avant le dîner qui doit avoir lieu à l'Élysée, le 5 juin 2004, en l'honneur de George Bush venu commémorer le D-Day, ses conseillers estiment que la requête américaine serait « coûteuse pour la France », qui est le troisième créancier de l'Irak, avec six milliards de dollars d'impayés. Surtout, selon eux, elle pose fondamentalement des « problèmes de principe » : « Nous ne pouvons pas moralement accorder à l'Irak, un pays potentiellement riche, peu peuplé et qui dispose des deuxièmes réserves de pétrole du monde, des annulations comparables à celles dont bénéficient les pays les plus pauvres et les plus endettés de la planète (80 à 90 %). Alors qu'en termes d'effort, nous allons déjà faire en six mois [pour l'Irak] ce que nous avons mis plus de dix ans à faire » pour les trente-sept pays éligibles au plan d'aide exceptionnel de pays pauvres, appelé PPTE[1].

Bref, il n'est pas question d'aller au-delà des 50 % promis à James Baker ! Ce cadeau est déjà disproportionné comparé aux autres pays. Les conseillers recommandent à Jacques Chirac de tenir bon devant Bush. Comme prévu, c'est le discours qu'entonne le président français lors du dîner du 5 juin 2004. Au président américain, qui lui conseille un effort supplémentaire sur la dette irakienne, Chirac réplique : « L'Irak est un pays riche. Il faut prendre garde qu'un effort d'annulation excessif de sa dette ne soit perçu comme une provocation par les pays les plus pauvres. D'ores et déjà, une annulation de 50 % représenterait un effort équivalent à celui mis en œuvre à l'égard des trente-sept pays

---

1. Note préparatoire à l'entretien du président Jacques Chirac avec le président George Bush, le 5 juin 2004, à Paris, notes des conseillers diplomatiques, archives de la présidence de la République, 5AG5 AP6, Archives nationales. Une quarantaine de pays très pauvres (essentiellement en Afrique) ont été considérés comme éligibles au programme Pays pauvres très endettés (PPTE), lancé en 1996 par les institutions financières internationales pour annuler leur dette.

dans le cadre de l'initiative PPTE. Il faut donc faire attention aux risques de précédent à l'égard de pays émergents, tels que le Nigeria ou l'Indonésie. Nous souhaitons par conséquent nous en tenir à ce qui a été indiqué à M. James Baker. »

Bush remonte au créneau : « Des efforts ont déjà été faits en faveur des pays les plus pauvres. Un geste important sur la dette irakienne aurait des répercussions qui dépasseraient largement le cadre de l'Irak et rejailliraient positivement sur l'ensemble de la région[1]. »

La discussion s'achève sur un constat de désaccord. Les deux présidents promettent de s'en reparler rapidement.

Chirac finit par céder pour faire plaisir à Bush

La position française continue d'être martelée avec force : l'Irak ne doit pas bénéficier d'une libéralité trop exceptionnelle. C'est une question de cohérence. Pourtant, soumis aux charges répétées de Washington et de ses alliés, l'Élysée va craquer.

La dernière session de négociations se déroule à Bercy durant trois journées complètes, en novembre 2004. L'ambiance est à couper au couteau. Le représentant officiel irakien, le ministre des Finances Adel Abdel-Mehdi, est prié par ses tuteurs d'outre-Atlantique de rester cloîtré dans sa chambre d'hôtel, près de Bercy, en attendant les résultats. Les Américains ont remplacé leur négociateur habituel au sein du Club de Paris, un économiste affable, par un émissaire spécial aussi rugueux et peu aimable qu'un cow-boy texan, chargé d'obtenir ce qu'exige la Maison-Blanche, c'est-à-dire l'annulation maximale. « La pression américaine était énorme. Je n'ai jamais vécu une négociation aussi unilatérale que celle-là », témoigne Jean-Pierre Jouyet, qui présidait les séances.

Au bout de trois jours, le front des créanciers se fissure. Jean-Pierre Jouyet poursuit : « J'ai appelé Maurice Gourdault-Montagne, qui était avec le président Chirac à un Conseil européen, et je lui ai décrit la situation : les Allemands venaient de lâcher subitement, sans concertation préalable, probablement pour se faire bien voir des Américains. J'ai donc expliqué que nous pouvions continuer de tenir tête, mais que nous étions seuls. Gourdault-

---

1. Entretien et dîner de travail entre le président Jacques Chirac et le président George Bush le 5 juin 2004 à Paris, télégramme du conseiller technique, archives de la présidence de la République, 5AG5 AP6, Archives nationales.

Montagne m'a répondu qu'il allait en parler au président Chirac. Il m'a ensuite rappelé pour me dire que le président avait décidé de ne plus s'opposer au consensus. J'ai donc appliqué ces instructions de l'Élysée. Nous n'aurions sans doute pas pu récupérer grand-chose de nos créances, mais je ne suis pas sorti très content de cette négociation, c'est le moins que l'on puisse dire[1]. » Curieusement, Nicolas Sarkozy, qui s'apprête à quitter ses fonctions de ministre de l'Économie et des Finances pour la présidence de l'UMP, n'intervient pas dans cette discussion, qui concerne pourtant l'argent de l'État. Il laisse son directeur du Trésor, Jean-Pierre Jouyet, en prise directe avec l'Élysée.

Les consignes de Chirac conduisent à la conclusion d'un accord portant sur une annulation, par étapes, de 80 % de la dette irakienne, soit un effacement total de plus de 30 milliards de dollars pour la vingtaine de pays créanciers concernés : c'est exactement ce que l'Élysée jugeait inacceptable quelques mois auparavant ! L'accord est officialisé par le Club de Paris le 21 novembre 2004, à quelques semaines des premières élections en Irak[2]. « Nous ne l'avons pas fait pour Bush, mais pour les Irakiens. C'était d'ailleurs le tarif à payer par tous les créanciers[3] », plaide Jean-David Levitte, qui a suivi le dossier comme ambassadeur à Washington.

D'autres acteurs ont une interprétation différente de ce retournement français. Alors que George Bush vient juste d'être réélu pour un second mandat, Jacques Chirac a décidé, comme le chancelier allemand Schröder, cette concession majeure afin de se rabibocher avec la Maison-Blanche. « C'était un geste politique, que le président a fait pour consolider l'unité de la communauté internationale en faveur d'un pays malade et envoyer

---

1. Entretien de Jean-Pierre Jouyet avec l'auteur, 28 juin 2010.
2. *Accord de restructuration de dette entre le Club de Paris et la République d'Irak*, 21 novembre 2004. Le communiqué, qui met en avant la « situation exceptionnelle » de l'Irak, précise que l'allègement global de la dette publique de l'Irak à l'égard des pays membres du Club de Paris (Allemagne, Australie, Autriche, Belgique, Canada, Danemark, Espagne, États-Unis, Russie, Finlande, France, Italie, Japon, Pays-Bas, Corée du Sud, Royaume-Uni, Suède, Suisse), sera de 80 % en trois tranches (30 % à la signature de l'accord, 30 % à la fin de 2005, après approbation d'un accord avec le FMI, et 20 % le 22 décembre 2008), ce qui fera passer cette dette de 38,9 à 7,8 milliards de dollars. Archives du Club de Paris. Tentant de profiter de cet exemple irakien, le Nigeria obtiendra du Club de Paris, en octobre 2005, un accord portant sur une annulation de sa dette de 60 %, soit un effacement de 18 milliards de dollars, qui coûtera également cher à la France.
3. Entretiens de Jean-David Levitte avec l'auteur, 5 et 12 décembre 2010.

un signal de réconciliation à George Bush[1] », admet Maurice Gourdault-Montagne.

Ravi d'avoir obtenu gain de cause sur ce dossier très stratégique, Bush ne s'y trompe pas. Le 7 décembre 2004, il envoie une belle lettre à Jacques Chirac : « Merci de votre aide et de votre leadership, qui ont permis de trouver une solution commune au problème de la dette irakienne la semaine dernière[2]. » Devant une délégation de sénateurs américains, qu'il recevra le 31 janvier 2005 à l'Élysée, le président de la République confirmera ouvertement avoir cédé à la pression américaine : « À la demande des États-Unis, notamment suite à un appel téléphonique du président Bush, la France a accepté d'annuler la quasi-totalité de la dette irakienne[3] », dira-t-il.

Pour éviter une polémique sur ce « cadeau fait à Bush », l'Élysée ne se vantera pas publiquement de son reniement et se gardera de toute communication trop visible sur cette annulation de créances, accordée sans que la France bénéficie, en retour, d'une véritable contrepartie économique. Le ministère des Affaires étrangères se contentera, à la fin de 2005, d'un discret communiqué annonçant que la France et l'Irak ont signé un accord bilatéral relatif au traitement de la dette irakienne dans le cadre de la mise en œuvre des accords du Club de Paris[4]. Un joli habillage pour une décision hors normes. Les conseillers de l'Élysée reconnaissent d'ailleurs qu'il s'agit d'une largesse française particulièrement onéreuse. Préparant, au début de 2005, des entretiens de Jacques Chirac avec George Bush et sa secrétaire d'État Condoleezza Rice, ils listent les initiatives prises par l'Élysée pour prouver ses bonnes intentions diplomatiques à l'égard de Washington sur l'Irak. On peut y lire notamment : « Présidente du Club de Paris, la France a fait aboutir une solution audacieuse, généreuse et

---

1. Entretien de Maurice Gourdault-Montagne avec l'auteur, 7 mai 2010.
2. Lettre du président George Bush au président Jacques Chirac, 7 décembre 2004, archives de la présidence de la République, 5AG5 AP6, Archives nationales.
3. Aux sénateurs qui demandaient une « plus grande implication de la France » en Irak, le président dit : « Nous sommes prêts à faire plus. » Entretien du président Jacques Chirac avec une délégation de sénateurs américains conduite par Gordon Smith (républicain, Oregon), 31 janvier 2005, archives de la présidence de la République, 5AG5 DB5, Archives nationales.
4. *Accord bilatéral sur la dette de l'Irak à l'égard de la France*, 21 décembre 2005. Le communiqué précise que « les annulations de créances accordées par la France s'élèveront ainsi à environ quatre milliards d'euros sur la période 2005-2008 ». Archives du ministère des Affaires étrangères.

exceptionnelle du problème de la dette (80 % en trois étapes). Cet allègement signifie pour nous une annulation de créances de 5,5 milliards de dollars[1]. »

5,5 milliards de dollars ! Il s'agit d'un chèque colossal, puisqu'il représente plus de 4 milliards d'euros, soit dix fois le coût annuel des forces françaises en Afghanistan. Ou quatre-vingts fois l'annulation de la dette consentie à Haïti après le tremblement de terre de janvier 2010...

Bush a bien réussi à faire payer Chirac.

Très cher.

---

[1]. Citations dans les « éléments de langage » pour préparer les entretiens du président de la République avec la secrétaire d'État, Condoleezza Rice, à Paris, le 8 février 2005, et avec le président George Bush, à Bruxelles, le 21 février 2005 ; notes des conseillers diplomatiques, archives de la présidence de la République, 5AG5 AP6, Archives nationales.

Chapitre 17

« Cher George, redevenons amis... »

« On n'est pas sortis de l'auberge[1] ! »
En découvrant, au début de février 2004, le détail des plans de George Bush en faveur d'un futur « Grand Moyen-Orient » démocratisé et pacifié, Jacques Chirac ne peut s'empêcher d'écrire ce commentaire acide, en marge d'une note de ses collaborateurs. Car, non content d'avoir chassé Saddam Hussein de Bagdad, le président des États-Unis entend maintenant propager une *Pax americana* dans toute la région. Il s'agit d'instaurer des régimes démocratiques au Moyen-Orient, dotés d'une économie libérale et protégés par l'OTAN, quitte à bousculer les traditions et les cultures des pays concernés. Le projet est présomptueux, alors qu'au même moment l'Irak s'enfonce dans le chaos...

Sur le fond, bien sûr, la France n'est pas opposée aux réformes souhaitées par les États-Unis dans cette zone du Moyen-Orient « élargi », qui va du Maroc au Pakistan. Un mémo du Quai d'Orsay l'a admis quelques semaines auparavant : « Qu'il s'agisse de moderniser les économies, de favoriser une évolution démocratique des institutions ou de préserver la stabilité de la région, il y a convergence dans les objectifs. Nous devons même reconnaître que la volonté de démocratisation des Américains souligne les lacunes de la voie que nous avons longtemps suivie. »

En revanche, les diplomates estiment que la méthode employée, avec l'occupation militaire de l'Irak et la volonté d'imposer l'OTAN comme force de sécurité régionale, risque d'avoir des effets contraires aux buts recherchés : radicalisation des opinions contre l'Occident, confiscation du pouvoir par les islamistes, accroissement des inégalités, instabilité chronique. Bref, le projet

---

1. Annotation manuscrite de Jacques Chirac en marge de la note pour le président de la République, signée de Maurice Gourdault-Montagne et Laurent Vigier, 2 février 2004, archives de la présidence de la République, 5AG5 AP7, Archives nationales.

de « Grand Moyen-Orient » est une chimère des Américains : « Rien n'indique qu'ils entendent le soumettre à une véritable concertation, et tout laisse à craindre qu'il fera largement abstraction de la réalité locale[1] », jugent les experts du Quai d'Orsay.

Cependant, Paris ne peut pas rester inactif face au bulldozer de Washington. Car George Bush compte bien utiliser ce projet de « Grand Moyen-Orient » comme un fer de lance lors du prochain G8, qui se tiendra en juin 2004 à Sea Island, aux États-Unis, puis lors du sommet de l'OTAN prévu à Istanbul quelques semaines plus tard. La Maison-Blanche pourrait le revendiquer comme l'un de ses succès, à quelques mois de l'élection présidentielle américaine. Ne rien faire ouvrirait un boulevard à George Bush. Et, selon les stratèges du ministère de la Défense, cela pourrait se traduire « *in fine* par une marginalisation de la France, y compris vis-à-vis de ses partenaires européens, dont un certain nombre adopteront vraisemblablement l'analyse américaine[2] ». Ce risque est, aux yeux de l'Élysée, le plus embarrassant. Après avoir surjoué l'opposition frontale aux Américains durant la guerre d'Irak, la France ne peut poursuivre dans cette voie sur tous les dossiers sans s'enfermer dans une impuissance fatale.

Le 30 janvier 2004, Condoleezza Rice commence à labourer le terrain. La conseillère de Bush expose ce « grand » projet moyen-oriental aux conseillers diplomatiques européens qu'elle a conviés pour un dîner informel à la Maison-Blanche. Présent à cette table, le sherpa français Maurice Gourdault-Montagne fait remarquer : « Il faut éviter de présenter ce projet de Grand Moyen-Orient comme celui de l'Occident face aux pays de l'islam. Il est important avant tout d'engager une démarche de respect qui puisse créer la confiance[3]. » C'est une formulation polie de ce que pense vraiment Maurice Gourdault-Montagne du concept : il s'agit d'une folie qu'il faut enrayer de toute urgence. D'ailleurs, dans une note au président, il semble se féliciter que « ces idées, que les Américains ont commencé à tester pour la première fois la

---

1. *Pour une stratégie globale au Moyen-Orient*, note du ministère des Affaires étrangères, fin décembre 2003, archives de la présidence de la République, 5AG5 AP7, Archives nationales.

2. *La France et le projet américain de Greater Middle East*, note de la direction des Affaires stratégiques, ministère de la Défense, 26 janvier 2004, archives de la présidence de la République, 5AG5 AP7, Archives nationales.

3. Dîner avec Condoleezza Rice et quelques conseillers diplomatiques européens, télégramme de la cellule diplomatique de la présidence de la République, 30 janvier 2004, archives de la présidence de la République, 5AG5 AP7, Archives nationales.

semaine dernière avec l'Égypte, suscitent déjà une profonde méfiance des pays visés, qui y voient le prolongement de la politique engagée en Afghanistan et en Irak[1] ». Les appels aux « changements de régimes » ne rencontrent pas d'échos enthousiastes au Caire ni à Riyad. Il est vrai que Condi Rice ne cache pas, en privé, ce qu'elle pense, par exemple, du président égyptien Hosni Moubarak, très réticent à toute réforme : « Il est totalement attentiste, sinon pire. Qu'il n'y ait comme perspective pour lui succéder que l'avènement de son fils ou la perpétuation des militaires est désolant[2]... »

Paris torpille le projet américain de « Grand Moyen-Orient »

Jacques Chirac, qui espère être à nouveau écouté par George Bush, ne peut pas démolir trop ouvertement cette énième lubie de la Maison-Blanche[3]. Recevant le 16 février 2004 à l'Élysée les responsables du nouveau groupe d'amitié franco-américain du Congrès, le président, tout sourire, minimise d'ailleurs la dispute des derniers mois sur l'Irak : « Si des mots excessifs ont été prononcés au cours de l'année écoulée, je n'ai jamais été ni impressionné ni inquiet. La solidarité entre la France et les États-Unis est inscrite dans le passé et dans l'avenir. [...] Sur la question irakienne, évitons la dramatisation. À chaque fois qu'il y a une dispute dans un couple, on ne doit pas envisager le divorce. Il y a d'autres solutions. Tout ce qui peut remettre en question le lien transatlantique, la relation d'amitié entre l'Europe et les États-Unis, la France et les États-Unis est dangereux et inutile. »

Pourtant, Jacques Chirac ne peut s'empêcher d'exprimer poliment ses réserves sur la dernière idée de Bush : « Je suis favorable à l'initiative américaine sur le Grand Moyen-Orient, mais il faut

---
1. Note pour le président de la République, 2 février 2004, *op. cit.*
2. Entretien entre Condoleezza Rice et Maurice Gourdault-Montagne, 30 janvier 2004, télégramme de l'ambassadeur de France aux États-Unis, archives de la présidence de la République, 5AG5 AP6, Archives nationales.
3. À la fin de son entretien du 30 janvier 2004 avec Maurice Gourdault-Montagne, Condoleezza Rice s'est félicitée de l'intensité des visites françaises à Washington. « Il n'est pas question de ménager notre temps avec nos grands amis et alliés français », a dit Rice. Le changement de ton est apprécié par les Français : « Nous rencontrons désormais une écoute attentive de la part de l'équipe du président Bush », commente Maurice Gourdault-Montagne. Entretien du 30 janvier 2004, *op. cit.*

être conscient que la clé de la paix et de la stabilité régionale est la solution du problème israélo-palestinien. Il n'y aura pas de paix sans négociation, et la paix ne saurait être imposée de l'extérieur. L'initiative Grand Moyen-Orient butera sur cette question[1]. »

En coulisses, l'Élysée ne se contente pas de ces prudentes critiques : il s'agit bien de torpiller discrètement le projet de la Maison-Blanche. À la fin de février 2004, Paris et Berlin font circuler un « brouillon » de texte commun titré « Un partenariat stratégique pour un avenir commun avec le Moyen-Orient » et destiné à contrer le texte américain[2]. Au début de mars, des émissaires français sont envoyés dans les capitales arabes afin de délivrer quelques messages alarmistes et de prendre la température. De retour d'une visite au Caire, à Amman et à Riyad, un directeur du Quai d'Orsay donne peu de chances de survie au concept de « Grand Moyen-Orient » (GMO) : « Le rejet de ce projet, en raison de son origine américaine, est massif : le GMO est perçu comme une nouvelle machine de guerre contre le monde arabe et musulman. Le message sur la nécessité de l'ouverture est délivré par le mauvais messager, M. Bush. La suspicion de néocolonialisme est forte, surtout sur les aspects sécuritaires du projet. [...] Le blocage du processus de paix et l'actualité de l'Irak rendent peu crédible la vision du GMO. [...] Les aspects OTAN font peur [...]. L'OTAN reste considérée comme le bras armé des intentions américaines et comme la couverture d'un hypothétique projet néocolonial (amertume et inquiétude à Amman et au Caire, où l'on s'interroge : "Washington souhaite-t-il des régimes islamiques ?"). Notre mobilisation doit se poursuivre car nous sommes en mesure de faire évoluer les termes du débat[3]. »

---

1. Entretien entre le président Jacques Chirac et une délégation du « caucus » français du Congrès américain, présidée par le représentant républicain Amory Houghton, Élysée, 16 février 2004, archives de la présidence de la République, 5AG5 AP6, Archives nationales. Ce « caucus » a été créé en octobre 2003 au Congrès à l'initiative de l'ambassadeur de France à Washington, Jean-David Levitte, afin de réchauffer les relations franco-américaines. Il compte une soixantaine d'élus.

2. « Un partenariat stratégique pour un avenir commun avec le Moyen-Orient », « Non-paper » franco-allemand, 27 février 2004, archives de la présidence de la République, 5AG5 AP7, Archives nationales.

3. *Mission du directeur Afrique du Nord-Moyen-Orient au Caire, à Amman et à Riyad (Grand Moyen-Orient)*, note du 18 mars 2004, ministère des Affaires étrangères, archives de la présidence de la République, 5AG5 AP7, Archives nationales.

Ce compte rendu alimente le pessimisme chronique de Jacques Chirac sur le Moyen-Orient. Le 19 mars 2004, il s'épanche encore sur le sujet en recevant à l'Élysée trois sénateurs américains de passage à Paris après une tournée moyen-orientale. L'Irak, selon lui, ne prend pas le chemin d'un régime démocratique stable : « Des élections libres conduiront sans doute à une domination des chiites, qui, une fois au pouvoir, seront peu enclins à respecter les règles de la démocratie. Les sunnites, de leur côté, s'opposeront à un tel gouvernement contrôlé par les chiites. Quant aux Kurdes, leur autonomie de plus en plus affirmée dans le Nord pourrait à terme susciter une intervention de la Turquie. Dans l'immédiat, la poursuite de l'occupation américaine amènera la résistance à multiplier les actions violentes contre la coalition et ses alliés irakiens, cependant qu'un départ précipité des forces étrangères entraînerait une guerre civile. »

Le président élargit son tour d'horizon : d'après lui, l'intervention en Irak n'a pas facilité le règlement du conflit israélo-palestinien. « À l'inverse, la persistance de la crise du Proche-Orient ne peut que compliquer les choses en Irak. Or la politique israélienne d'affaiblissement de l'autorité palestinienne et de son président ne fait qu'éloigner la perspective d'une paix durable. »

Tandis que l'un des sénateurs présents, le républicain John Warner, évoque l'envoi au Moyen-Orient d'une force de paix sous l'égide de l'OTAN, Jacques Chirac soutient mollement cette idée. « Je m'interroge sur le choix de l'OTAN comme cadre d'une telle opération, compte tenu des réactions négatives qu'il susciterait dans le monde arabe[1]. »

Chirac est décidément un imprécateur impénitent.

De leur côté, les Américains poursuivent leur offensive politique. Ils envoient au Moyen-Orient un diplomate de haut rang, Marc Grossman, afin de prêcher la bonne parole. Bush espère surtout réunir autour de lui des dirigeants de pays arabes lors du prochain G8 à Sea Island et obtenir une déclaration politique très ambitieuse en faveur du Grand Moyen-Orient. « L'inflexion de l'approche américaine dans un sens plus conforme à nos vues n'a été qu'apparente : les Américains n'ont pas changé leur approche malgré la tournée de Marc Grossman dans la région », déplorent, le 1er avril 2004, les experts du Quai d'Orsay. La bataille n'est

---

1. Entretien entre le président Jacques Chirac et une délégation de trois sénateurs américains (Ted Stevens, John Warner et Ernest Hollings), Élysée, 19 mars 2004, archives de la présidence de la République, 5AG5 AP6, Archives nationales.

donc pas gagnée, d'autant que les pays arabes sont divisés entre un clan de « réformistes », proaméricain, comprenant la Jordanie, le Qatar, le Maroc, le Yémen et la Tunisie, et un « front du refus », constitué autour de l'Égypte, de l'Arabie Saoudite, de Bahreïn, du Koweït et de la Syrie. Quant aux pays européens, selon une note du ministère de la Défense, une majorité d'entre eux sont toujours prêts à « s'aligner » sur les projets américains afin d'éviter toute confrontation avec les États-Unis[1].

Les événements du mois d'avril 2004 vont cependant ébranler la lourde machine américaine. Les combats qui font rage en Irak entre les GI's et les insurgés autour de la ville de Fallouja contredisent toutes les déclarations rassurantes sur la pacification en cours. La presse révèle également des pratiques de torture par des gardiens américains dans la prison irakienne d'Abou Ghraib. Les vidéos accusatrices prennent à contre-pied le refrain sur la démocratie et les droits de l'homme au Moyen-Orient. L'« hypocrisie » américaine est dénoncée par la presse arabe, pour qui le scandale de la torture ajoute un « échec moral » à l'enlisement militaire en Irak. Enfin, le soutien appuyé de George Bush au Premier ministre israélien Ariel Sharon, lors d'une conférence de presse commune, achève de braquer les pays de la région.

« Les États-Unis viennent de perdre en un mois le reste de crédibilité dont ils pouvaient disposer dans le monde arabo-musulman », estiment les stratèges du ministère français de la Défense. Ils résument ainsi le sombre bilan qui en résulte : « Vu de la région, le mois d'avril 2004 s'est transformé en véritable revers politique pour les États-Unis dans leurs ambitions de démocratisation du Moyen-Orient élargi : images de guerre et d'acharnement contre la ville de Fallouja, déclaration intempestive du président Bush en faveur d'une solution non négociée avec les Palestiniens au conflit du Proche-Orient, publication de photos d'exactions commises par l'armée américaine sur des prisonniers irakiens. Ces dérapages sont venus s'ajouter à la grande confusion régnant à Washington vis-à-vis de ce projet et aux tiraillements très perceptibles entre les différentes composantes de l'administration américaine, laissant au final aux partenaires de la région le sentiment d'un amateurisme arrogant en politique étrangère et de l'échec

---

1. *Le conflit israélo-palestinien dans les initiatives pour la réforme du monde arabo-persique : obstacle ou alibi ?*, note de Marc Perrin de Brichambaut, directeur chargé des affaires stratégiques, ministère de la Défense, 13 avril 2004, archives de la présidence de la République, 5AG5 AP7, Archives nationales.

anticipé d'une initiative qui se voulait le "projet du siècle" pour les États-Unis[1]. »

Bref, le « Grand Moyen-Orient » a du plomb dans l'aile. Et les officiels français contribuent à son enterrement ! Pour noyer définitivement le poisson, ils amendent le brouillon américain de communiqué officiel sur le sujet, dont George Bush veut s'enorgueillir à l'issue du G8 de Sea Island. « Nous ne pouvons pas substituer le G8 aux forums multilatéraux légitimes[2] », plaide ainsi Maurice Gourdault-Montagne, le sherpa de Jacques Chirac, en s'adressant à son homologue américain.

Lors d'une conversation téléphonique avec Chirac, le 25 mai 2004, George Bush rappelle sa foi dans l'instauration d'un « Irak libre et démocratique qui constituera un modèle pour l'ensemble de la région ». Il fait état des « tensions » suscitées par la préparation du texte soumis au G8 et de sa « confiance » dans le fait de parvenir à un « résultat satisfaisant ». Moins enthousiaste, Jacques Chirac souligne que le fait de ne mentionner le conflit israélo-palestinien qu'à la fin du texte est une « grave erreur politique ». Avant d'ajouter, à propos de l'avenir démocratique du Moyen-Orient : « Il faut rester prudent sur les réformes politiques, afin de ne pas offrir de prétexte aux fondamentalistes qui souhaitent entraver la modernisation. Si l'on porte atteinte à la stabilité des régimes, le résultat le plus probable sera d'ouvrir la voie aux fondamentalistes[3]. »

Au final, le communiqué de Sea Island se bornera à une simple déclaration d'intention, appelant aux réformes et au respect de la diversité. Et le déjeuner de Bush réunissant autour de lui, le mercredi 9 juin 2004, des chefs d'État de pays arabes et musulmans sera un demi-échec : ne seront présents que le président afghan Karzaï, le président algérien Bouteflika, le roi Al-Khalifa de Bahreïn, le roi Abdallah de Jordanie, le Premier ministre turc Erdogan et le président Saleh du Yémen. Les dirigeants du

---

1. *Un mois d'avril dévastateur pour le projet de « Moyen-Orient élargi »*, note de Marc Perrin de Brichambaut, directeur chargé des affaires stratégiques, ministère de la Défense, 7 mai 2004, archives de la présidence de la République, 5AG5 AP7, Archives nationales

2. Pour Maurice Gourdault-Montagne, « le G8 ne doit pas s'ériger en "directoire du monde" » : lettre à Gary Edson, sherpa de George Bush, 11 mai 2004, archives de la présidence de la République, 5AG5 AP7, Archives nationales.

3. Entretien téléphonique entre le président Jacques Chirac et le président George Bush, mardi 25 mai 2004, archives de la présidence de la République, 5AG5 AP6, Archives nationales.

Maroc, de l'Arabie Saoudite, de l'Égypte et de la Tunisie déclineront l'invitation...

Une timide réconciliation au menu à l'Élysée

Jacques Chirac n'est pas mécontent que ce projet fumeux soit pratiquement mort-né. Quelques jours avant le G8, il n'en laisse cependant rien paraître lorsqu'il reçoit George Bush à l'Élysée, le samedi 5 juin 2004, à la veille des cérémonies célébrant le soixantième anniversaire du débarquement en Normandie. L'heure est, officiellement, à la réconciliation entre la France et les États-Unis. Depuis la guerre d'Irak, les deux présidents se sont parlé et croisés plusieurs fois. Le ton est toujours resté courtois. Mais Bush est demeuré imperméable aux suggestions de Chirac, comme s'il voulait lui faire comprendre qu'il n'oubliait rien de l'hostilité affichée de la France à l'égard de son offensive militaire.

De son côté, l'Élysée a beaucoup insisté pour que George Bush vienne en France commémorer le jour J, aux côtés d'une vingtaine de chefs d'État et de gouvernement. Le sherpa Maurice Gourdault-Montagne en a parlé à Condoleezza Rice dès le mois de janvier : « J'ai enfoncé le clou en soulignant notre volonté d'organiser au mieux l'événement et de le préparer avec minutie[1]. » La Maison-Blanche a attendu le mois de mars pour donner sa réponse positive. « Je me ferai un plaisir d'assister à cet événement historique[2] », a indiqué George Bush à Jacques Chirac en lui téléphonant le 19 mars pour lui annoncer sa visite. Il l'a rappelé, quelques jours avant son départ, pour lui parler du sommet de Sea Island et lui redire sa joie de venir prochainement en France. « Cela démontrera aux spéculateurs et aux cyniques en tout genre que la France et les États-Unis peuvent coopérer et œuvrer ensemble à la solution des grands problèmes du monde », a lancé Bush, qui prépare déjà sa campagne pour sa réélection en novembre face au candidat démocrate John Kerry[3].

---
1. Entretien entre Condoleezza Rice et Maurice Gourdault-Montagne, 30 janvier 2004, *op. cit.*
2. Entretien téléphonique entre le président Jacques Chirac et le président George Bush, 19 mars 2004, *op. cit.*
3. Entretien téléphonique entre le président Jacques Chirac et le président George Bush, mardi 25 mai 2004, *op. cit.*

Signe de cette volonté d'apaisement, le président américain a accepté le principe d'une réunion de travail, suivie d'un dîner à l'Élysée, le samedi 5 juin. C'est une première depuis des années ! Les conseillers de Chirac lui ont donné cette explication dans une note préparatoire : « Le dîner auquel vous avez convié le président Bush est en fait une initiative qui est venue de lui. Se voyant reprocher par son adversaire démocrate de ne pas avoir su rassembler les alliés, M. Bush a saisi l'occasion des célébrations du soixantième anniversaire du Débarquement pour une réunion de travail avec vous. La veille, il aura dîné à Rome avec M. Berlusconi afin d'exprimer sa gratitude à un membre de la coalition[1]. »

Les entretiens ont été préparés avec minutie de manière à éviter tout faux pas susceptible de nuire à l'image d'une entente retrouvée. Il n'est, par exemple, pas question d'aborder le sujet délicat des pratiques abusives de la CIA ou des tortures infligées dans les prisons irakiennes. Au contraire : les conseillers de l'Élysée ont proposé au président Chirac de dire que les contacts sont « étroits » avec l'administration américaine pour préparer le rapatriement des six ou sept Français détenus à Guantánamo. Ils ont également prévu de louer les « échanges opérationnels » entre les services de renseignement, qui ont notamment conduit à des annulations de vols transatlantiques en décembre 2003 par crainte d'attentats. Ils ont conseillé de renforcer les relations entre les responsables du département américain de la Sécurité intérieure et le secrétariat général de la défense nationale[2].

De son côté, le service du protocole a suggéré que Jacques Chirac offre à son invité un exemplaire original datant de 1850

---

[1]. Note préparatoire pour l'entretien et le dîner de travail entre le président Jacques Chirac et le président George Bush, samedi 5 juin 2004, archives de la présidence de la République, 5AG5 AP6, Archives nationales.

[2]. Sur la lutte contre le terrorisme, les conseillers ont suggéré au président Chirac de dire : « S'agissant de la lutte contre le terrorisme, notre coopération est quotidienne à travers les échanges opérationnels de renseignement pour lesquels les canaux existants fonctionnent bien (évaluation de la menace, planification de la sécurité nationale, terrorisme, armes nucléaires, radiologiques, bactériologiques et chimiques [NRBC], cyberterrorisme, sûreté aérienne et risques maritimes). Les annulations de vols entre la France et les États-Unis fin 2003 ont abouti à établir des procédures utiles à travers les contacts intervenus entre le secrétariat général de la défense nationale et le département de la Sécurité intérieure américain. Leurs responsables ont eu des consultations en avril dernier. Cette coopération bilatérale est une priorité. Je propose de la renforcer en instaurant des points d'étape réguliers entre notre secrétaire général à la Défense nationale et votre conseiller pour la Sécurité intérieure. » *Ibid.*

du célèbre ouvrage d'Alexis de Tocqueville, *De la démocratie en Amérique* – un classique en forme de clin d'œil en lien avec les soucis du moment. « Reliure d'époque demi-chagrin brun foncé, plat de papier marbré, dos à caissons et quatre nerfs, nom de l'auteur en lettres dorées, dernière édition du vivant de l'auteur », ont précisé les experts de l'Élysée. Prix de ce cadeau : 2 000 euros.

Vers 17 heures, Jacques Chirac, entouré de ses principaux collaborateurs et de son nouveau ministre des Affaires étrangères, Michel Barnier, accueille le président Bush et sa délégation en grande pompe. Considéré comme plus effacé, Barnier a remplacé Dominique de Villepin, dont le départ du Quai d'Orsay, au début d'avril, a soulagé les Américains. La première séance se déroule autour d'une grande table dans le Salon vert de l'Élysée, puis les convives prennent place pour le dîner, servi dans le Salon des ambassadeurs. Après les traditionnels mots d'accueil, Bush explique qu'il faut profiter des commémorations du débarquement pour réaffirmer que les valeurs qui animaient les combattants « restent d'actualité ». Il ajoute : « Lors de la conférence de presse qui suivra, les journalistes s'efforceront de faire apparaître les divergences entre les États-Unis et la France sur le projet de résolution en cours d'examen » sur l'Irak. Ce texte est en cours de négociation aux Nations unies, avant le transfert de souveraineté à un gouvernement provisoire irakien, prévu à la fin de juin[1]. « Il est souhaitable que nous puissions dire que nos deux pays travaillent sur ce projet et que celui-ci pourra être adopté rapidement. »

Jacques Chirac saisit la balle au bond : « Tel est bien mon sentiment. La restauration pleine et entière de la souveraineté irakienne offre peut-être la seule voie qui reste pour permettre le retour à la stabilité en Irak. Le peuple irakien doit clairement percevoir qu'il va recouvrer une totale indépendance. S'agissant du projet de résolution, quelques points restent à régler concernant les arrangements de sécurité. […] À partir de là, les choses devraient aller assez vite, et l'on peut envisager que la résolution puisse être adoptée à l'unanimité. »

---

1. La résolution 1546, qui sera adoptée le 8 juin 2004 par le Conseil de sécurité des Nations unies, approuve la formation en Irak d'un gouvernement intérimaire souverain qui prendra ses fonctions le 30 juin 2004, prenant le relais de l'Autorité provisoire de la coalition. Il pourra s'appuyer sur une force multinationale et devra préparer notamment des élections démocratiques d'ici à la fin de janvier 2005.

L'attitude conciliante de Chirac ravit Bush, qui affronte depuis des semaines le scandale de la prison d'Abou Ghraib et une insurrection irakienne de plus en plus violente. « Les Irakiens doivent, en effet, sentir que la souveraineté leur est restituée. Les arrangements de sécurité conclus entre le gouvernement provisoire et la force multinationale vont dans ce sens. Je vous remercie de l'aide apportée par la France sur le projet de résolution. »

Chirac en profite tout de même pour faire part de son pessimisme : « La situation en Irak m'inquiète. Les chiites veulent s'emparer du pouvoir, les sunnites risquent de réagir et les Kurdes ont des velléités d'indépendance. »

Bush l'interrompt, sans se laisser déstabiliser : « Mais vous me parlez d'un scénario catastrophe ! Nous ferons tout pour l'éviter et pour que les élections se déroulent dans les meilleures conditions possibles et contribuent au renforcement de l'unité irakienne. »

La discussion se prolonge sur la dette irakienne, sujet récurrent sur lequel Bush souhaite obtenir un effort supplémentaire de la part de Paris. Chirac s'y oppose pour le moment[1]. Le débat sur l'Irak est clos, sans que le Français ait le sentiment d'avoir pu ébranler les certitudes de son homologue.

Il n'a guère plus de chances sur le conflit du Proche-Orient, toujours dans l'impasse, malgré une « feuille de route » élaborée conjointement par les États-Unis, l'Union européenne, la Russie et l'ONU. Chaque camp réaffirme ses positions. L'Américain défend, sans surprise, le Premier ministre israélien, Ariel Sharon.

« Il veut favoriser la création d'un État palestinien, affirme-t-il.
– J'en doute, répond Chirac. Sa stratégie d'élimination de Yasser Arafat ne laisse ouvertes que deux options : le Hamas ou le chaos. On peut craindre que cette stratégie ne soit délibérée. En supprimant le seul interlocuteur susceptible de conclure un accord avec Israël, on rend impossible la conclusion d'un tel accord. Du coup, face aux risques d'un contrôle des territoires par le Hamas ou du développement d'une situation chaotique, on justifie la poursuite de l'occupation israélienne et l'intervention de l'armée israélienne, jusqu'à l'expulsion probable des Palestiniens en Jordanie !

---

1. Sur la dette irakienne, voir le chapitre précédent.

– Je ne suis pas d'accord, rétorque Bush. Il y a une troisième option que vous n'avez pas évoquée : celle de l'émergence d'un nouveau leadership palestinien, qui se mobiliserait pour arrêter la violence et commencer à bâtir les institutions d'un futur État palestinien. Ceci étant, l'expérience montre qu'on ne peut compter sur Arafat pour cela. Abou Mazen [Mahmoud Abbas], en dépit de ses faiblesses, peut sans doute constituer une bonne alternative. Au stade actuel, la seule solution réside dans l'application de la feuille de route. »

Chirac acquiesce : « Je suis d'accord sur ce dernier point, mais encore faut-il qu'Ariel Sharon le veuille ! Quant à Abou Mazen, malgré ses qualités, il ne représente rien ! Dans le système palestinien, quoi qu'on en pense, seul le président Arafat a la légitimité et l'autorité pour être un vrai interlocuteur. En tout état de cause, il faut être conscient que la situation au Proche-Orient a des répercussions graves dans la région et au-delà. »

L'antienne est connue. Mais Chirac prêche, une nouvelle fois, dans le désert. George Bush ne semble guère vouloir bouger sur ce dossier, en faveur duquel il ne s'est pas beaucoup investi depuis son accession à la Maison-Blanche.

La conversation se poursuit sur d'autres sujets, sans que les deux présidents parviennent à briser complètement la glace. Bush estime, par exemple, que les autorités saoudiennes commencent à prendre conscience du danger du terrorisme et des nécessaires évolutions du royaume. Ce à quoi Chirac répond qu'il faut encourager les princes à réformer ce pays, « mais sans les bousculer, en espérant qu'ils ne seront pas pris de vitesse par les extrémistes ». Lorsque le président américain exprime son désaccord sur la levée possible par l'Union européenne de l'embargo sur des ventes d'armes à la Chine, le Français réplique que cet embargo est « sans portée pratique » mais constitue « une humiliation pour la Chine et ses dirigeants ». De son côté, George Bush n'a pas l'air très enthousiasmé par les idées de réformes de l'ONU défendues par son homologue, qui souhaite élargir le nombre de membres au Conseil de sécurité. Enfin, Jacques Chirac fait part de son « inquiétude » quant au programme nucléaire iranien, à propos duquel une délicate négociation est engagée depuis 2003 par les Européens. « L'initiative prise l'an dernier par la France, l'Allemagne et le Royaume-Uni, en liaison avec les États-Unis, représente sans doute la seule solution. Ceci étant, on peut avoir des doutes sur les intentions des dirigeants iraniens. Il faut continuer à être extrêmement vigilants. » Le président Bush ne commente pas ces propos, mais, en coulisses, son administration exprime toujours de sérieuses réserves, depuis des mois, sur l'intérêt de la démarche européenne à l'égard de Téhéran, où les partis conservateurs viennent de remporter les élections législatives[1].

Entre la poire et le fromage, Bush et Chirac trouvent tout de même quelques points de convergence. Ils vantent la coopération franco-américaine qui a contribué au renversement du président haïtien Aristide et évoquent les négociations en cours sur l'avenir du Sahara occidental. Ils s'émeuvent tous deux de la situation humanitaire au Darfour. Et ils s'accordent sur la nécessité d'intervenir auprès du Rwanda pour qu'il cesse de soutenir les rebelles qui mènent une guérilla dans la province du Kivu, en République démocratique du Congo.

Bush reprend un de ses couplets œcuméniques favoris : « Je me félicite de la coopération remarquable entre nos services de renseignements. Vous ne devez pas être inquiets de la perspective du départ du directeur de la CIA[2]. Contrairement à certaines interprétations, [George Tenet] a démissionné de sa propre initiative. En tout état de cause, les relations entre nos services n'en seront pas affectées. »

Chirac approuve, avant d'ajouter ce bémol : « Je saisis l'occasion pour vous signaler les difficultés que nous rencontrons dans le domaine de la coopération entre militaires du fait de l'attitude des civils du Pentagone.

– Je vais me renseigner[3] », promet Bush.

Il sait pourtant parfaitement que son secrétaire à la défense, Donald Rumsfeld, voue une haine féroce aux Français depuis des années...

---

1. Les élections législatives des 20 février et 7 mai 2004 en Iran ont donné la victoire aux partis conservateurs (54 % des sièges), au détriment des réformistes, qui disposaient de 65 % des sièges depuis les élections précédentes (2000).
2. George Tenet, directeur de la CIA nommé en juillet 1997 par le président Clinton, a annoncé sa démission « pour raisons personnelles » le 3 juin 2004. Il était très critiqué, notamment en raison de l'incapacité de ses services à prévoir les attentats du 11 septembre 2001 et des informations erronées fournies sur les armes de destruction massive en Irak. Son successeur est son bras droit, John McLaughlin.
3. Entretien et dîner de travail entre le président George Bush et le président Jacques Chirac, samedi 5 juin 2004, Élysée, archives de la présidence de la République, 5AG5 AP6, Archives nationales.

Ce dîner de retrouvailles s'achève enfin sur un thème fédérateur, qui alarme conjointement Bush et Chirac : la domination syrienne sur le Liban.

La tutelle syrienne au Liban mécontente Paris...

Voilà déjà plusieurs mois que Paris et Washington se mobilisent discrètement sur ce dossier. Côté français, Jacques Chirac se sent concerné au premier chef en tant qu'ami intime de Rafic Hariri, le Premier ministre libanais, qu'il voit très régulièrement avec son épouse Nazik lors de leurs séjours à Paris. Hariri a longtemps joué la carte de la coopération avec la puissante Syrie voisine, y cherchant appui et protection. Mais l'omniprésence des troupes syriennes, les coups bas des services de renseignements et les diktats imposés par Damas ont fini par provoquer le divorce entre Hariri et ses tuteurs. Depuis, cet entrepreneur sunnite formé en Arabie Saoudite se pose en défenseur acharné de l'indépendance du Liban. Et son « ami Jacques » l'aide par tous les moyens[1].

Par ailleurs, Chirac a longtemps cru que le jeune président syrien, Bachar el-Assad, reçu à l'Élysée avant même son arrivée au pouvoir, serait un partisan des réformes que son père Hafez, réputé intraitable, n'avait jamais voulu mettre en œuvre jusqu'à son décès en juin 2000[2]. « Quand Bachar a pris sa succession, Chirac a pensé qu'il allait l'avoir sous contrôle, explique un ancien conseiller de l'Élysée. Il s'est beaucoup dépensé pour l'aider, le choyer et essayer de le convaincre d'assouplir ses positions. Il a d'ailleurs réussi à obtenir que la Syrie vote la résolution de l'ONU sur le retour des inspecteurs en Irak en novembre 2002[3]. »

Pour l'Élysée, la Syrie a une carte constructive à jouer dans la région depuis la chute de Saddam Hussein, en avril 2003 : elle pourrait contribuer à stabiliser l'Irak, alléger son emprise sur le

---

1. Jacques Chirac s'est activé en 2001 et 2002, lors de deux conférences réunissant des chefs d'État, pour que le Liban obtienne une aide économique importante de la communauté internationale. Rafic Hariri lui en sait gré. Voir Éric Aeschimann et Christophe Boltanski, *Chirac d'Arabie, op. cit.*, p. 355-356.

2. *Ibid*, p. 348-353. Le président Chirac s'est rendu en Syrie à de trois reprises, en octobre 1996, juin 2000 et octobre 2002. Les ministres français des Affaires étrangères s'y sont rendus en mars 1997, janvier 1998, novembre 1999, avril 2001, juillet 2002 et avril 2003. Pour sa part, Bachar el-Assad est venu en France en juillet 1998 et juin 2001.

3. Entretien avec l'auteur, octobre 2009.

Liban et négocier un accord de paix avec Israël. C'est pourquoi, au début de novembre 2003, il envoie secrètement son conseiller diplomatique, Maurice Gourdault-Montagne, à Damas afin de sonder les intentions du président syrien. L'émissaire est également mandaté par le chancelier allemand Gerhard Schröder et le président russe Vladimir Poutine, qui se sont entretenus sur ce sujet avec Jacques Chirac et son sherpa. L'entrevue de Gourdault-Montagne avec Bachar el-Assad dure plus de deux heures, le 10 novembre dans la matinée.

« Le monde a changé autour de vous, dit le Français. Nous respectons votre souveraineté et le président de la République a fait tout ce qu'il a pu pour vous intégrer sur la scène internationale. Il est prêt à continuer. Nous avons besoin de vous pour l'équilibre de la région. Si vous prenez une initiative, quelle qu'elle soit, nous l'examinerons et nous vous soutiendrons en vous envoyant les ministres des Affaires étrangères de la France, de l'Allemagne et de la Russie. »

Bachar el-Assad écoute attentivement, mais il paraît tendu, méfiant :

« Êtes-vous porteur d'un message des Américains ?

– Non, assure Gourdault-Montagne, je ne vous parle pas au nom des Américains, mais au nom de nos trois chefs d'État et de gouvernement[1]. »

Le président syrien ne saisit pas la perche. Il se lance dans une longue diatribe contre les Américains, suspectés de vouloir l'évincer. L'émissaire repart sans obtenir les signes d'ouverture escomptés. Il poursuit son périple en Arabie Saoudite pour rencontrer le prince héritier Abdallah, puis au Liban, où il s'entretient avec Rafic Hariri. Le Premier ministre libanais, de plus en plus humilié lors de ses séjours à Damas, explique que l'étau sur son pays s'est resserré ces derniers mois. Les ministres prosyriens dominent désormais le gouvernement libanais. Les proches d'Assad tirent les ficelles à Beyrouth.

Déçu par le président syrien, Jacques Chirac acquiert progressivement la conviction que le régime de Damas restera inflexible. À moins de faire monter la pression. Or Washington semble, au même moment, à peu près sur la même longueur d'onde que Paris.

---

1. Rapportés par Maurice Gourdault-Montagne, entretien avec l'auteur, 7 mai 2010. Voir aussi Éric Aeschimann et Christophe Boltanski, *Chirac d'Arabie*, op. cit., p. 360.

... et le président syrien agace ouvertement Washington

En effet, la Maison-Blanche est de plus en plus en colère contre la Syrie, classée dès 2002 dans l'« axe du mal » par certains néoconservateurs américains proches de Bush[1]. La liste des reproches s'est allongée tout au long de l'année 2003. Selon les agences de renseignements américaines, les autorités syriennes ont offert l'asile à des officiels irakiens après la chute de Bagdad. Les alertes transmises à Damas seraient restées sans effet. D'autre part, d'après Washington, des centaines de combattants d'Al-Qaida, venus principalement de Mauritanie, du Soudan et du Yémen, transitent par la Syrie pour aller mener la guerre sainte contre les Américains en Irak. L'administration Bush s'agace du laxisme des autorités syriennes sur leurs zones frontalières. Un des responsables du département d'État, David Satterfield, confie cette irritation à des diplomates français lors d'une longue entrevue consacrée à la Syrie, le 14 novembre 2003 : « Ces cellules [d'Al-Qaida] passent par le territoire syrien sans être protégées par le régime, mais celui-ci sait que nos services de renseignements sont parfaitement informés de ce qui se passe[2]. »

Un autre sujet, moins visible, énerve également les Américains : les Syriens auraient siphonné sans scrupules les comptes bancaires irakiens qui étaient déposés chez eux ! Une résolution des Nations unies obligeait théoriquement les détenteurs de tels fonds, après le renversement de Saddam Hussein, à les renvoyer au Fonds de développement pour l'Irak, en charge de la reconstruction. Mais les équipes d'experts américains ont eu toutes les peines du monde à obtenir de Damas les renseignements sur ces comptes irakiens ouverts en Syrie. Selon David Satterfield, un audit récent a révélé que 85 % des sommes concernées se sont évaporées en quelques mois, leur encours total tombant de plus de 2 milliards à 266 millions de dollars. « Les autorités syriennes ont

---
[1]. Le secrétaire d'État assistant, John Bolton, très proche du président, a cité la Syrie parmi les pays cibles ayant des programmes d'armes de destruction massive dans un discours à la Heritage Foundation prononcé le 6 mai 2002. Voir John Bolton, *Surrender Is Not An Option*, op. cit., p. 176.
[2]. *Syrie, entretien avec David Satterfield*, sous-secrétaire d'État adjoint pour le Proche-Orient, télégramme de l'ambassade de France à Washington, 15 novembre 2003, archives de la présidence de la République, 5AG5 AP6, Archives nationales.

laissé débiter les comptes irakiens au bénéfice de créditeurs proches du régime [syrien], qui sont toutes des personnes privées, à l'exception de la compagnie pétrolière nationale », explique-t-il. Autrement dit : le clan d'Assad se serait enrichi illégalement de près de 2 milliards de dollars ! Le Trésor américain et la Banque centrale irakienne ont adressé, le 12 novembre 2003, un courrier « comminatoire » à la Syrie pour exiger le transfert du maigre reliquat. Sans être sûrs de l'obtenir.

À ces fâcheries s'ajoute le soutien apporté par Damas aux activités du Hezbollah au Liban et aux mouvements palestiniens radicaux, comme le Hamas et le Jihad islamique, ennemis jurés d'Israël[1]. « Les autorités syriennes ne sont certainement pas au courant *a priori* de la date des opérations terroristes, mais elles ont conseillé à ces mouvements de veiller à la sécurité de leurs opérations en disant "Attention, les Américains vous surveillent" », confie encore David Satterfield aux Français. Enfin, Washington se plaint de l'absence de coopération de la Syrie dans la lutte contre les réseaux salafistes d'Al-Qaida. « Immédiatement après le 11 septembre, elle s'était révélée satisfaisante, voire fructueuse, et ce pendant environ un an. Puis elle s'est progressivement étiolée, la partie syrienne réduisant ses apports, pour passer au point mort depuis six mois. »

La Maison-Blanche a envoyé plusieurs messages directs au président syrien pour exprimer son mécontentement sur tous ces sujets. Sans résultat. « Dites à Bachar el-Assad que je suis un méchant unilatéraliste », a confié Bush, très en colère, à Chirac en septembre 2003, lors de leur entrevue en marge de l'assemblée générale de l'ONU. De son côté, si Assad se méfie des Américains – c'est ce qu'il a répété à Maurice Gourdault-Montagne ainsi qu'à d'autres diplomates venus le voir –, parallèlement il tente de négocier de manière informelle avec Washington par l'intermédiaire d'un homme d'affaires libano-américain, Imad Hage. Informé de cette démarche, David Satterfield commente simplement : « Assad temporise en faisant semblant de chercher le bon interlocuteur à Washington, mais il connaît parfaitement la

---

[1]. Au même moment, le chef d'état-major de l'armée israélienne n'exclut pas des frappes militaires contre la Syrie, accusée de soutenir les attaques du Hezbollah contre Israël depuis le Sud-Liban et les actions terroristes du Hamas depuis les territoires palestiniens. *Vers de nouvelles frappes israéliennes contre des intérêts syriens*, télégramme de l'ambassade de France à Tel-Aviv, 17 novembre 2003, archives de la présidence de la République, 5AG5 AP6, Archives nationales.

nature des exigences qu'il doit satisfaire. [...] Nous n'avons pas besoin de canaux parallèles, nous ne jouons pas à ce jeu-là ! » Le raidissement de Washington se résume dans ce jugement du département d'État sur le président syrien, considéré comme un leader de moins en moins fréquentable : « Au fond, Bachar el-Assad a un comportement néonassériste : il cherche à se positionner en héros du monde arabe et à séduire la jeunesse du Moyen-Orient. Du coup, il a des relations détestables avec les dirigeants des pays voisins[1]. »

De son côté, le Congrès américain, sous l'influence des néoconservateurs, vient d'adopter des sanctions économiques contre le régime syrien, accusé de soutenir le terrorisme et de maintenir sa présence militaire au Liban[2]. « Une nouvelle étape est franchie dans le durcissement des relations syro-américaines, expliquent les diplomates français après le vote du Sénat. Le problème pour cette administration est qu'elle a diabolisé le régime en place à Damas et qu'elle est donc incapable de concevoir une politique plus englobante et dynamique, qui associerait le bâton et la carotte : n'ayant rien à proposer à ses interlocuteurs, elle réduit d'autant leur réactivité. »

Après l'Afghanistan et l'Irak, la Syrie est bien dans le collimateur de la Maison-Blanche. « L'Iran aussi est diabolisé, précisent les experts français. Mais on table à Washington sur l'attentisme, voire le ralliement de la majorité chiite pour trouver les voies d'une stabilisation en Irak. Téhéran y a son mot à dire. La Syrie, elle, est du mauvais côté de la carte, celui du triangle sunnite. Elle est moins utile, ne disposant que d'un pouvoir de nuisance, d'ailleurs relatif : la voici au piquet[3]. »

---

1. *Syrie, entretien avec David Satterfield, op. cit.*
2. Il s'agit du Syrian Accountability Act, adopté le 11 novembre 2003 à une large majorité par le Sénat américain après son vote par la Chambre des représentants. Cette loi exige le retrait des forces armées syriennes du Liban, la cessation de tout soutien au passage de « terroristes » en Irak, l'arrêt du soutien au Hezbollah et aux autres groupes « terroristes ». Le président Bush la signe le 12 décembre 2003. Le secrétaire d'État assistant, John Bolton, a dénoncé la Syrie comme une « menace croissante pour les intérêts américains au Proche-Orient ». D'autres néoconservateurs, tels Paul Wolfowitz, Richard Perle et des lobbyistes pro-israéliens, sont aussi intervenus au Congrès contre la Syrie en 2003 : voir John Mearsheimer et Stephen Walt, *The Israel Lobby and US Foreign Policy*, John, Farrar, Strauss and Giroux, 2007, p. 74-76.
3. *Syrian Accountability Act : le bâton sans la carotte*, télégramme de l'ambassade de France à Washington, 17 novembre 2003, archives de la présidence de la République, 5AG5 AP6, Archives nationales.

Une résolution de l'ONU concoctée en secret

Cette fois-ci, l'escalade n'est pas militaire. Mais la campagne diplomatique s'organise. Durant les premiers mois de 2004, l'Élysée manifeste par petites touches son souhait de se rapprocher de Washington sur le dossier libano-syrien. Le moment est propice : puisque les Américains semblent tenir à leur idée d'une démocratisation du Moyen-Orient, autant les prendre au mot au Liban, où la France conserve un peu d'influence. Jacques Chirac évoque cette position en mars 2004 devant des sénateurs américains qui l'interrogent sur le fameux projet de Grand Moyen-Orient. « Soyons réaliste, leur répond-il. On ne fera progresser la démocratie qu'en commençant par la conforter là où elle existe déjà, même de façon imparfaite, comme au Liban. Il faut donc aider ce pays à s'affranchir de la tutelle syrienne[1]. »

Il reprend ce couplet devant George Bush durant leur dîner du 5 juin 2004 : « Il y a une élection présidentielle au Liban au mois d'octobre, c'est l'occasion d'un nouveau départ pour le Liban si le nouveau président n'est pas sous la férule syrienne. Les Syriens chercheront peut-être à faire réélire l'actuel président Émile Lahoud en modifiant la Constitution. Nous avons noté avec intérêt les déclarations de Colin Powell et du docteur Rice sur la nécessité d'élections libres de toute ingérence étrangère, de même que l'adoption par les États-Unis de sanctions dont la levée est subordonnée au retrait syrien du Liban. Travaillons ensemble[2]. »

« Pourquoi pas... », répond Bush.

Condi Rice promet d'en reparler rapidement avec son homologue, Maurice Gourdault-Montagne, avec qui les contacts téléphoniques s'intensifient de semaine en semaine. Un axe Paris-Washington se reconstitue grâce à cette connexion secrète et sur ce dossier précis. « Comme nous nous étions fâchés sur l'Irak, le mieux était d'essayer de se concentrer sur autre chose et d'y

---

1. Entretien entre le président Jacques Chirac et une délégation de trois sénateurs américains, 19 mars 2004, *op. cit.*

2. Ces propos ne sont pas mentionnés dans le télégramme diplomatique rendant compte de l'entretien, mais ils figurent dans les « éléments de langage » fournis à Jacques Chirac pour ce dîner du 5 juin 2004. Plusieurs témoins nous ont assuré qu'ils ont bien été tenus. Lors de sa conférence de presse avec Bush, qui suit le dîner, Jacques Chirac dit : « S'agissant du Liban, nous avons renouvelé notre conviction que le Liban devait être assuré de son indépendance et de sa souveraineté. »

travailler ensemble. Le Liban nous convenait parfaitement[1] », se souvient Howard Leach, l'ambassadeur des États-Unis à Paris. Jacques Chirac ne veut pas crier sur les toits qu'il cherche à tout prix à se raccommoder avec George Bush, dont la cote est au plus bas en France. Mais, à défaut d'être entendu sur l'Irak ou sur le conflit israélo-palestinien, il a trouvé avec le Liban un thème de réconciliation qui peut le remettre en selle. Son ami Rafic Hariri est ravi.

Les travaux pratiques débutent durant l'été de 2004. À Beyrouth, les ambassadeurs des deux pays, le Français Philippe Lecourtier et l'Américain Jeffrey Feltman, qui arrive juste de Badgad, coordonnent leur action. De leur côté, les ambassadeurs de France à Washington et aux Nations unies commencent à élaborer avec les Américains une résolution pour le Conseil de sécurité. Il s'agit d'exiger des élections libres et le retrait des forces syriennes du Liban au plus vite. À la mi-août, après avoir accueilli le pape en visite à Lourdes, puis présidé aux cérémonies anniversaires du débarquement en Provence, Jacques Chirac se repose dans le fort de Brégançon, dans le Var. Il y reçoit le président algérien Bouteflika et décide d'envoyer Maurice Gourdault-Montagne à Washington. « L'équipe Bush pouvait imaginer que nous jouerions plutôt la carte du démocrate Kerry à la prochaine présidentielle américaine, se souvient le sherpa. Il était utile d'aller les voir pour leur répéter que nous étions des partenaires, que nous avions besoin les uns des autres, et que, même pendant la campagne, il était possible d'avancer sur certains sujets de manière très active, comme le Liban[2]. » L'émissaire de Chirac rencontre Condi Rice et plusieurs responsables américains les 19 et 20 août 2004, avant de prendre la direction de la Sardaigne, où Rafic Hariri séjourne dans sa résidence estivale. Le projet de résolution est relu minutieusement sur le yacht du Premier ministre libanais, qui ne décolère pas contre les Syriens. Comme le redoutait Chirac, en effet, ces derniers ont concocté un changement de la Constitution libanaise permettant à leur allié Émile Lahoud de prolonger son mandat de président de trois ans. Un coup de force insupportable pour Hariri.

Convoqué à Damas le 26 août, le Premier ministre libanais affronte un Bachar el-Assad virulent. « Lahoud, c'est moi. Si

---
1. Entretien d'Howard Leach avec l'auteur, 21 juin 2010.
2. Entretien de Maurice Gourdault-Montagne avec l'auteur, 7 mai 2010.

Chirac veut me sortir du Liban, je casserai le Liban. Soit vous faites ce que l'on vous dit, soit on vous aura, ainsi que votre famille, où que vous soyez[1] ! » La menace de mort est directe. Et d'autres suivent. Alerté, Jacques Chirac remue ciel et terre pour tenter d'empêcher la manœuvre syrienne. La Maison-Blanche le soutient activement.

Les ultimes tractations sur la résolution franco-américaine se déroulent à la fin d'août[2]. Les diplomates français et américains à l'ONU échangent leurs brouillons. Maurice Gourdault-Montagne est en contact avec les Libanais et, indirectement, avec le ministre syrien des Affaires étrangères, qui fait passer ses messages par les Espagnols. Le sherpa de Chirac soumet les derniers amendements à Condi Rice, la dérangeant plusieurs fois au téléphone alors qu'elle assiste à la convention républicaine, dans l'enceinte du Madison Square Garden de New York. Le 2 septembre, la résolution 1559 est adoptée au Conseil de sécurité par neuf voix pour et six abstentions, dont celles de la Russie, de la Chine et de l'Algérie, patiemment négociées.

Cette « 1559 » est une véritable gifle pour la Syrie. Le texte exige en effet le retrait du Liban de toutes les forces armées « étrangères », la dissolution de toutes les milices, et il prône des élections présidentielles libres, « conformément à des règles constitutionnelles libanaises élaborées en dehors de toute interférence ou influence étrangère ». Sans en tenir compte, Bachar el-Assad réussit, le lendemain, à imposer la prolongation du mandat du président Lahoud. Mais il ne s'attendait ni à une telle injonction internationale ni à cette alliance franco-américaine contre lui, inattendue après la guerre d'Irak. Il y voit une provocation de Rafic Hariri, une trahison de Jacques Chirac, un défi de George Bush. Bref, une déclaration de guerre.

Des petits cadeaux pour le « docteur Rice »

La tension monte au Liban. Le 2 octobre, l'ancien ministre de l'Économie, Marwan Hamadé, qui a voté contre l'amendement constitutionnel prolongeant le mandat du président Lahoud, est

---
1. Rapporté dans Éric Aeschimann et Christian Boltanski, *Chirac d'Arabie*, op. cit., p. 363-364.
2. Sur ces négociations et sur les réactions syriennes, voir Richard Labévière, *Le Grand Retournement. Bagdad-Beyrouth*, Seuil, 2006.

blessé dans un attentat. Le 21 octobre, Rafic Hariri démissionne de ses fonctions de Premier ministre et tente de fédérer l'opposition face aux visées des prosyriens. Soutenant aveuglément son ami libanais, Jacques Chirac continue de se mobiliser sur le sujet. Il dépêche l'un de ses conseillers diplomatiques à l'Élysée, Bernard Emié, comme nouvel ambassadeur à Beyrouth. Celui-ci doit garder un œil sur le chaudron politique libanais, en liaison étroite avec son homologue américain. Chirac multiplie aussi les conseils au diplomate norvégien Terje Roed-Larsen, chargé de surveiller la mise en œuvre de la résolution 1559. Et il cajole de plus en plus George Bush afin de préserver ces prémices de retrouvailles franco-américaines qui semblent donner leurs premiers résultats. Il profite de la réélection de Bush face à Kerry – succès que Paris avait anticipé[1] – pour l'encourager chaleureusement.

« Je vous renouvelle mes félicitations, lui dit-il au téléphone le mardi 9 novembre 2004.

– Je vous en remercie, répond Bush. Je vous appelle pour vous redire mon souhait de travailler avec vous sur des sujets d'intérêt commun. Nous ne sommes pas toujours d'accord sur tout, mais lorsque nous travaillons ensemble, les résultats sont toujours positifs. »

Le président français est heureux de constater, durant ce coup de fil, que la page de la querelle irakienne est bel et bien tournée. Bien que le *Frensh-bashing* soit toujours à la mode outre-Atlantique, Washington renoue officiellement avec Paris[2]. Bush devant occuper le Bureau ovale pour quatre années supplémentaires, mieux vaut, de toute façon, tenter de s'accorder avec lui !

---

1. Les diplomates français n'ont pas sous-estimé la popularité de George Bush avant cette élection. Ils ont écrit : « Il est souvent de bon ton, surtout en Europe, de se gausser du "personnage Bush", en soulignant ce qu'il a de "primaire" et ce qu'il emprunte à la mythologie américaine du justicier, shérif ou super-héros. Mais cette image ne dessert pas le président auprès des électeurs américains. [...] Bush, par son "équation personnelle", est davantage en phase avec la majorité du peuple américain que son adversaire. [...] Le problème de M. Kerry est, peut-être, que Boston n'est pas l'Amérique. » *Pourquoi Bush est-il encore crédible ?*, note du ministère des Affaires étrangères, 20 octobre 2004, archives de la présidence de la République, 5AG5 AP6, Archives nationales.

2. Des pamphlets antifrançais ont été publiés aux États-Unis en 2004, tels que John Miller et Mark Molesky, *Our Oldest Enemy. A History of America's Disastrous Relationship with France*, Doubleday, 2004 (trad. fr. *Maudits français*, Éditions Saint-Simon, 2005), ou encore Kenneth Timmerman, *The French Betrayal of America*, Random House, 2004.

« Je suis dans les mêmes dispositions que vous, répond Chirac. Nos deux pays coopèrent déjà étroitement dans de nombreux domaines, comme la lutte contre le terrorisme, contre la prolifération, le règlement de crises régionales en Afghanistan, dans les Balkans, en Haïti ou en Afrique. Je vous remercie d'ailleurs de votre appui dans la gestion de la crise ivoirienne. Nous devons poursuivre dans cette voie. Des différends peuvent apparaître entre nous, mais ils constituent l'exception. Nous devons pouvoir en parler et nous efforcer de résoudre les difficultés dans l'esprit d'amitié qui caractérise nos relations. »

Bush approuve et redit son souhait de « travailler étroitement ensemble[1] ». Chirac achève cette conversation en se réjouissant de la bonne coopération entre les ministres des Affaires étrangères, et il annonce la visite imminente de son conseiller Maurice Gourdault-Montagne pour des entretiens avec Condoleezza Rice.

Cette liaison directe entre la Maison-Blanche et l'Élysée a déjà permis, depuis un an, d'enterrer discrètement la hache de guerre. Grâce à elle, Jacques Chirac contrôle personnellement ces échanges, dont ses ministres des Affaires étrangères – Dominique de Villepin, puis Michel Barnier et Philippe Douste-Blazy – sont peu ou prou écartés. La nomination annoncée de Condi Rice au poste de secrétaire d'État dans la nouvelle équipe Bush va consolider ce mouvement. De plus en plus active, la Dame de fer de Washington s'implique dans le réchauffement franco-américain. Outre des coups de téléphone hebdomadaires, Maurice Gourdault-Montagne continue ses allers et retours réguliers entre Paris et Washington, où il rencontre systématiquement Rice et le nouveau conseiller à la Sécurité nationale, Stephen Hadley[2]. « À chaque

---

1. Entretien téléphonique du président Jacques Chirac avec le président George Bush, 9 novembre 2004, archives de la présidence de la République, 5AG5 AP6, Archives nationales. Lors de cet entretien, Chirac informe Bush de la mort imminente de Yasser Arafat : « La disparition d'Arafat est susceptible de provoquer des troubles graves dans les territoires. Tout doit être fait pour inciter les responsables palestiniens à l'unité et à prévenir les risques de désordre. »
2. Des entretiens Rice-Gourdault-Montagne ont notamment eu lieu aux dates suivantes : 18 mars 2004, 19 avril 2004, 20 août 2004, 11 novembre 2004, 22 avril 2005, 1er juin 2005, 30 juin 2005, 9 octobre 2005, 2 décembre 2005, 13 janvier 2006, 17 avril 2006, sans compter les rencontres Rice-Chirac auxquelles Gourdault-Montagne participait et celles Bush-Chirac auxquelles Rice et Gourdault-Montagne participaient. Source : archives de la présidence de la République. Voir sur le sujet David Ignatus, « Bush's New Ally : France ? », 1er février 2006, *Washington Post*, et Sylvie Kauffmann et Natalie Nougayrède, « France-États-Unis : histoire d'un retournement », *Le Monde*, 6 avril 2006.

fois, Condi Rice s'est arrangée pour que l'on puisse se voir, que ce soit à la Maison-Blanche, au département d'État ou dans des restaurants de Washington, se souvient le sherpa. Elle est même revenue spécialement de vacances pour que l'on discute. Nos réunions sont devenues presque rituelles. Je devais toujours les démarrer par un exposé de nos positions. Je passais donc mon temps, durant le vol transatlantique, à réviser toutes mes fiches pour être parfaitement à l'aise[1]. »

Soucieux de chouchouter cette nouvelle amie – inespérée – de la France, Jacques Chirac prend soin, de son côté, de recevoir Condi Rice avec de grands honneurs à Paris. Sa première visite en tant que secrétaire d'État, le 8 février 2005, est un modèle du genre : tapis rouge, protocole haut de gamme et petites attentions délicates. Jacques Chirac l'appelle systématiquement « docteur Rice », à cause de ses titres universitaires, et la couvre de cadeaux. Cette fois-ci, ce sera une montre en or Bernard Richard. Puis il y aura un foulard Hermès et une pièce rare de porcelaine de Limoges. Après chaque passage, la secrétaire d'État remerciera chaleureusement son hôte pour son accueil si « cordial », la « magnifique montre », les « couleurs exquises » de la soie ou la superbe porcelaine[2]... Sur le fond, lors de l'entretien du 8 février, Chirac et Rice passent en revue de nombreux sujets, comme le Proche-Orient, l'Iran et l'Irak : le président français rappelle notamment que Paris a proposé depuis un an la formation de mille cinq cents gendarmes irakiens, en France et au Qatar, sans avoir reçu de réponse du gouvernement irakien, tandis que Condi Rice admet qu'il faudra « fixer un horizon pour le départ des troupes américaines[3] ». Mais le principal point de convergence concerne, bien sûr, le dossier syro-libanais.

---

1. Entretien de Maurice Gourdault-Montagne avec l'auteur, 7 mai 2010.
2. Lettres de la secrétaire d'État Condoleezza Rice au président Jacques Chirac, 23 février 2005, 7 novembre 2005, 17 mai 2006, archives de la présidence de la République, 5AG5 DB5, Archives nationales.
3. Jacques Chirac a évoqué la formation de gendarmes irakiens en France et au Qatar, car Paris n'a, de toute façon, pas envie d'envoyer des Français opérer en Irak. L'enlèvement des journalistes Christian Chesnot et Georges Malbrunot, relâchés le 21 décembre 2004, suivi du rapt, le 7 janvier 2005, de la journaliste Florence Aubenas, libérée seulement le 12 juin suivant, refroidit les esprits. Les risques seront jugés si importants que Dominique de Villepin, nommé à Matignon à la fin de mai 2005, envisagera de fermer l'ambassade de France à Bagdad. Le Quai d'Orsay plaidera pour le maintien de cette présence française, et Dominique de Villepin arbitrera finalement en ce sens.

Chirac : le régime syrien a des méthodes « soviétiques »

Dès le début de cette entrevue, le président français ne mâche pas ses mots : « La petite minorité alaouite dirige [la Syrie] d'une main de fer depuis l'époque de la guerre froide et avec des méthodes inspirées du camp soviétique. Hafez el-Assad a été remplacé par son fils qui n'a ni la même expérience, ni la même intelligence. Il est la clé de voûte d'un système qui, sans lui, s'effondrerait. Mais les dirigeants actuels ne savent plus quelle direction prendre, d'où des mouvements désordonnés. »

Il cite pour preuve l'accueil réservé à Damas les jours précédents à Terje Roed-Larsen, l'émissaire de l'ONU chargé de la mise en œuvre de la résolution 1559 exigeant le retrait du Liban : chaleureux de la part de certains dirigeants syriens mais « quasi injurieux » de la part de durs du régime « qui tentent de reprendre la main ». Selon Chirac, la « tendance au durcissement » du régime syrien se manifeste aussi à la frontière avec l'Irak, où les passages de combattants d'Al-Qaida se poursuivent, ainsi que par le soutien financier aux organisations palestiniennes terroristes, malgré les dénégations officielles. « Au Liban, ajoute le président français, la tendance est aussi au durcissement, car Damas est déterminé à ce que rien n'y change, qu'il s'agisse des services spéciaux ou des troupes syriennes. La Syrie va s'efforcer de peser sur les élections à travers une loi électorale sur mesure, des pressions et une tentative de division de l'opposition où se retrouvaient les sunnites, les chrétiens et les druzes. Nous ne pouvons laisser étrangler la démocratie dans le seul pays arabe où elle est enracinée. »

Chirac est donc déterminé : « Il faut exercer des pressions. La résolution 1559 a été un coup très dur porté à Damas. M. Roed-Larsen est compétent et il a une bonne connaissance des hommes et des dossiers. Il faut également faire attention à deux choses. En premier lieu, ne pas mélanger l'avenir de la démocratie au Liban et le processus de paix, sinon on mettra une carte dans le jeu de Damas. Il faut soutenir la démocratie au Liban, pour la démocratie et pour le Liban. En second lieu, il faut menacer d'imposer de nouvelles sanctions financières, susceptibles d'atteindre le système de corruption existant entre Damas et Beyrouth. »

Chirac recommande aux États-Unis d'aller plus loin sur ce terrain, ce qui devrait entraîner les Européens.

Très attentive, le « docteur Rice » exprime son « total accord » avec les deux orientations proposées par Jacques Chirac. Ce dernier insiste : « En résumé, il faut, à chaque occasion propice, rappeler la résolution 1559 et exiger son application. Les durs de Damas en seront fragilisés, les modérés auront des arguments pour mettre en cause la pertinence des orientations actuelles. Nous n'avons aucun intérêt à avoir au Proche-Orient un arc chiite, de l'Iran au Hezbollah en passant par l'Irak et la Syrie[1]. »

Cette dernière phrase résume l'essentiel des inquiétudes chiraquiennes, déjà maintes fois exprimées lors des prémices du conflit en Irak : il a toujours redouté la domination des chiites, dont le Syrien Assad est un allié, et préféré les sunnites, de Saddam Hussein à Rafic Hariri.

Le président français se félicite de pouvoir renforcer la coopération franco-américaine sur ce dossier. Certes, chacun garde sa priorité. Pour Paris, c'est la souveraineté du Liban. Pour Washington, c'est plutôt le soutien de la Syrie au terrorisme[2]. Mais les deux capitales ont bien le régime de Damas dans leur viseur. Après cet entretien avec Condi Rice, Jacques Chirac prévoit d'en reparler incidemment lors d'un dîner avec George Bush, qui doit avoir lieu à Bruxelles le 21 février 2005, en marge d'un sommet euro-américain.

Des événements dramatiques vont bousculer cet ordre du jour.

---

1. Entretien du président Jacques Chirac avec la secrétaire d'État Condoleezza Rice, 8 février 2005, archives de la présidence de la République, 5AG5 DB5, Archives nationales.
2. Dans son discours sur l'état de l'Union, le 2 février 2005, George Bush a accusé la Syrie d'« autoriser l'usage par des terroristes de son territoire et de parties du Liban ».

Chapitre 18

Faire rendre gorge à la Syrie

Lundi 14 février 2005, 12 h 56. Une camionnette blanche bourrée d'une tonne d'explosifs pulvérise le cortège de voitures transportant Rafic Hariri alors qu'il s'engage sur la route de la corniche, dans le centre de Beyrouth. L'explosion tue vingt-trois personnes, dont l'ancien Premier ministre, et creuse un cratère immense sur la chaussée. Malgré les mesures de sécurité extrêmes prises pour le protéger, des tueurs ont réussi à liquider Hariri.

À l'Élysée, Jacques Chirac est sous le choc. Il va annoncer la mauvaise nouvelle à Nazik, l'épouse de Rafic, qui séjourne à Paris. Puis il décide de se rendre immédiatement à Beyrouth afin de présenter ses condoléances aux familles des victimes. Sur place, deux jours plus tard, il dénonce ce « crime abominable que l'on aurait pu croire d'un autre temps ». Des dizaines de milliers de manifestants crient leur colère contre la Syrie. L'opposition exige une enquête internationale, tout en appelant au « soulèvement pacifique et démocratique pour l'indépendance du Liban ». Chirac est ému aux larmes. « Ils » ont tué son ami. « Ils » ont osé. Pour lui, le doute n'existe pas : c'est bien à Damas qu'il faut chercher les commanditaires de cet attentat spectaculaire. Hariri se savait menacé. Il dérangeait les Syriens. « Bénéficiant de larges soutiens occidentaux, Hariri risquait de devenir un leader très populaire au Liban et sans doute au-delà, précise un expert français du Quai d'Orsay. Or Hariri est un sunnite, comme 90 % de la population en Syrie, laquelle est dirigée par la minorité alaouite représentée par Assad. Hariri représentait donc un danger de plus en plus évident pour le régime de Damas[1]. »

À Beyrouth, lors d'un déjeuner, le 18 février, l'ambassadeur américain, Jeffrey Feltman, partage avec son homologue français,

---
1. Entretien avec l'auteur, 2009.

Bernard Emié, la même « perception intuitive » sur les responsabilités de l'attentat : « L'implication syrienne au plus haut niveau reste l'hypothèse "naturelle", avec (ou peut-être même sans) implication directe des services libanais[1] », rapporte le diplomate français après cette rencontre. Le président égyptien Hosni Moubarak, qui téléphone plusieurs fois à Jacques Chirac, estime lui aussi que l'attentat est signé des Syriens.

À Washington, le secrétaire adjoint à la Défense, Paul Wolfowitz, soutient également cette thèse. Recevant, le 17 février, l'ambassadeur de France à Washington, Jean-David Levitte, le numéro deux du Pentagone lui confie qu'il ne doute pas du rôle de la Syrie dans l'assassinat d'Hariri : selon lui, il s'agit d'un « signe de faiblesse et de peur » de la part du régime de Damas, qui cherche à assurer, « par intimidation », son emprise sur le Liban. Wolfowitz, néoconservateur rude, naguère très remonté contre Paris, est désormais ouvert à une coopération franco-américaine sur tous les fronts, que ce soit sur l'Irak, l'Iran ou le Liban. « Nous devons ensemble prendre la tête d'un effort international pour aider le Liban, soit aux Nations unies, soit avec la Ligue arabe, et envisager quelles mesures supplémentaires peuvent être prises[2] », plaide-t-il devant Levitte.

Chirac accuse directement Bachar el-Assad

La séance de travail et le dîner qui réunissent Jacques Chirac et George Bush, le lundi 21 février 2005, à la résidence de l'ambassadeur américain à Bruxelles sont logiquement dominés

---

1. Entretien avec mon collègue américain, préparation du dîner entre le président de la République et le président Bush, télégramme de l'ambassadeur de France à Beyrouth, Bernard Emié, 19 février 2005, archives de la présidence de la République, 5AG5 DB5, Archives nationales.

2. Entretien avec Paul Wolfowitz, secrétaire adjoint à la Défense, télégramme de l'ambassade de France à Washington, 17 février 2005, archives de la présidence de la République, 5AG5 DB5, Archives nationales. Wolfowitz, candidat à la présidence de la Banque mondiale, a désormais besoin de l'appui de la France. Bush appellera Chirac le 16 mars 2005 pour plaider en faveur de Wolfowitz. Chirac fera part des « réserves » françaises sur cette nomination, qui sera pourtant entérinée quelques semaines plus tard. Entretien de Jacques Chirac avec George Bush, télégramme de la cellule diplomatique de l'Élysée archives de la présidence de la République, 5AG5 DB5, Archives nationales.

par l'attentat de Beyrouth[1]. À la demande du Français, les deux chefs d'État y consacrent toute la première partie de leur entretien avant de passer à table. Ils publieront un communiqué commun sur le sujet, appelant à faire la vérité sur cet « acte terroriste » et à appliquer la résolution 1559 « dans toutes ses dimensions ». Mais c'est le président français qui parle durant ce tête-à-tête. Il déborde de colère. Il est intarissable. Il veut venger son ami Hariri.

Avant cette rencontre, Chirac a lu les télégrammes de son ambassadeur au Liban. Bernard Emié a suggéré de répartir les rôles, en laissant aux Américains, moins exposés à Beyrouth que les Français, celui du « méchant flic » contre la Syrie : « Les Américains, bunkérisés dans leur ambassade et n'ayant guère d'intérêts au Liban, ont moins de difficultés à s'engager dans une politique punitive et à jouer le rôle du *bad cop*. Nous pourrions, dès lors, alimenter leur réflexion sur d'éventuelles sanctions additionnelles, notamment financières visant les principaux soutiens et relais du système politique/sécuritaire/mafieux syro-libanais, en s'arrêtant toutefois en deçà de la problématique du *regime change* qui semble avoir une faveur croissante à Washington[2]. »

La priorité est de restaurer la souveraineté du Liban en punissant la Syrie, pas d'évincer directement le régime d'Assad. Sur ses propres fiches préparatoires, Jacques Chirac a écrit plusieurs fois en rouge : « Essentiel, lancer une commission d'enquête internationale pour identifier les auteurs et les commanditaires. » Il mentionne la peur de tous les dirigeants de l'opposition libanaise d'être assassinés « l'un après l'autre », ainsi que la « vulnérabilité de la France au Liban ». Sur une autre page, il a souligné en noir et en rouge cette affirmation sur la Syrie : « C'est en mettant en échec ce régime sur la question du Liban qu'on pourra mortellement l'atteindre. Ce processus est déjà commencé. » Il a aussi préparé une phrase qui en dit long sur son état

---

1. La question de la Syrie et du Liban sera au centre des échanges entre les deux chefs d'État parce que, selon les diplomates américains, « les États-Unis et la France ont si bien travaillé ensemble qu'il ne peut en être autrement ». Télégramme de l'ambassade de France à Washington à la suite d'un entretien avec Dan Fried et Kurt Volker, du département d'État, 17 février 2005, archives de la présidence de la République, 5AG5 DB5, Archives nationales.

2. Télégramme de l'ambassadeur de France à Beyrouth, Bernard Emié, 19 février 2005, *op. cit.*

d'esprit du moment : « La Syrie ne rendra gorge que si on lui fait peur et si on lui fait mal[1]. » Le ton est donné !

Bush écoute Chirac sans l'interrompre. « L'attentat contre Rafic Hariri n'a pu être commis que par des services organisés et expérimentés, affirme le Français. Pour qui connaît le fonctionnement du système alaouite au pouvoir à Damas, le doute n'est pas possible : la décision a été prise par le président Assad. Toute autre hypothèse n'a pas de sens. »

Après cette accusation choc, formulée avant toute enquête, il reprend son argumentaire déjà rodé : « Nous devons être fermes. Nous ne pouvons dire que nous souhaitons la démocratie et laisser étrangler le seul État arabe du Proche-Orient où elle est implantée. Mais il faut réagir avec finesse, éviter d'attaquer de front la Syrie, car, sinon, elle ferait appel avec succès à la solidarité arabe. Notre objectif doit être de libérer le Liban de la domination syrienne, car la Syrie vit de l'exploitation du Liban à travers un système de corruption organisé au sommet. La minorité alaouite constitue le dernier régime de type stalinien. Le Liban est son talon d'Achille. »

Bush approuve la démonstration de Chirac. « Je suis d'accord pour ne pas livrer un assaut frontal contre la Syrie : nous ne l'avions pas vu comme cela, mais je vous suis. Nous allons passer par le Liban. Comment atteindre notre objectif ? »

Le président français développe alors le plan qu'il a mijoté ces derniers jours. « Il faut une commission d'enquête sur l'assassinat. Elle doit être forte et soutenue par la communauté internationale, car son intrusion sur la scène libanaise aidera l'opposition. Il y a aujourd'hui un grand mouvement populaire, mais ses chefs ont peur d'être assassinés, et certains le seront sans doute. Il faut ensuite ne pas mélanger le dossier Syrie/Liban au processus de paix au Proche-Orient, sinon nous perdrions les chiites, qui rejoindraient les alaouites. La Syrie a, du reste, toujours pris prétexte du processus de paix pour refuser tout mouvement sur le Liban.

– Je ferai passer le message aux dirigeants israéliens, dit Bush. Mais y a-t-il un risque d'une reprise de la guerre civile au Liban en cas de retrait des troupes syriennes ?

---

1. Éléments de langage avec annotations manuscrites de Jacques Chirac, notes préparatoires à l'entretien du président Jacques Chirac avec le président George Bush, lundi 21 février 2005 à Bruxelles, archives de la présidence de la République, 5AG5 DB5, Archives nationales.

– Les circonstances actuelles sont très différentes d'il y a quinze ans. Du reste, les services secrets syriens sont plus dangereux encore que les troupes syriennes. Contrôler leur retrait est possible car ils ont pignon sur rue. »

Le président français poursuit en répétant qu'il est impératif d'exiger la mise en œuvre immédiate de la résolution 1559. « Elle sera mortelle pour le régime syrien », assure-t-il. Et si la résolution n'est pas appliquée, il faudra dire que « les élections ne peuvent être ni libres ni démocratiques », et revenir devant le Conseil de sécurité pour « envisager des sanctions ». Mais, ajoute-t-il, « sans attendre, il faut étudier la possibilité de sanctions financières, directes et indirectes. Tout le système syrien repose sur le pillage du Liban, au sommet ».

Le plan de Jacques Chirac est rude, pressant, nourri d'une rancœur irrépressible à l'égard d'Assad. Sa complicité passée avec Hariri brouille en partie son jugement : il croit sérieusement que le régime de Damas s'écroulera de lui-même après son retrait du Liban. Face à lui, George Bush est impressionné. Il se laisse convaincre. La Syrie n'est pas l'Irak. Bush a pris quelques leçons. Et, cette fois, il n'en revient pas du caractère offensif de Chirac ! L'ambiance de ce sommet n'a plus rien à voir avec les précédents. Après les hostilités ouvertes, une autre ère a commencé, celle d'une alliance franco-américaine secrète. Bush commente : « Je vois clairement le chemin à suivre. C'est un projet très important. C'est un grand moment. »

Les ministres des Affaires étrangères et les conseillers des présidents, qui assistent à cet entretien, prévoient de se tenir informés de tout ce qui se passe. Et Condi Rice suggère de prévenir le diplomate Terje Roed-Larsen « pour qu'il contribue à cette stratégie, sans être en rien mêlé à la commission d'enquête sur l'assassinat[1] ».

---

1. Entretien du président Jacques Chirac avec le président George Bush, lundi 21 février 2005, Bruxelles, télégramme de la cellule diplomatique de l'Élysée, archives de la présidence de la République, 5AG5 DB5, Archives nationales. Voir aussi Richard Labévière, *Le Grand Retournement, op. cit.*, p. 102-103.

La pression conduit au retrait des troupes syriennes du Liban

Les suites de cet accord de Bruxelles ? L'Élysée et la Maison-Blanche profitent de la vague antisyrienne, qui continue de déferler dans les rues de Beyrouth, pour augmenter la pression sur Damas. Ostracisé, isolé, le président syrien est contraint de battre en retraite. Le 6 mars 2005, il annonce devant son Parlement son intention de retirer les troupes syriennes du pays du Cèdre. « Nous ne pouvons plus rester au Liban si notre présence devient une source de division entre les Libanais », admet-il.

Aussitôt, George Bush téléphone à Jacques Chirac pour évaluer la sincérité de cette déclaration. « Les Syriens vont faire des concessions, se retirer en partie, mais ils s'efforceront de conserver l'essentiel de leur puissance au Liban », estime le président français, qui recommande de tout faire pour convaincre le Hezbollah de prendre ses distances avec la Syrie et pour éviter que l'agitation fomentée par Damas dans les camps palestiniens ne se développe[1]. Chirac livre à nouveau son pronostic sur la survie politique d'Assad : « Certains parlent de provoquer un changement de régime en Syrie. Le faire apparaître ferait le jeu de Damas. Si l'on obtient le retrait et une perte de contrôle de la Syrie sur le Liban, le régime syrien s'effondrera de lui-même. Il existe actuellement un arc chiite de l'Iran au Liban en passant par le nouvel Irak et la Syrie alaouite. Mais les alaouites sont minoritaires. Dans la Syrie de demain, la démocratie amènera au pouvoir les sunnites et les chrétiens, ce qui enfoncera un coin dans l'arc chiite[2]. » Sa crainte de l'expansion chiite lui sert toujours de credo au Moyen-Orient. En la répétant à Bush, il espère bien trouver un appui à la Maison-Blanche, où les néoconservateurs partagent les mêmes analyses.

Quelques semaines plus tard, le président Assad remet à Terje Roed-Larsen le plan détaillé du départ des soldats et des agents de renseignement, qui doit s'achever le 30 avril 2005. De son côté, le Conseil de sécurité des Nations unies approuve, le 7 avril, la

---

1. Entretien téléphonique entre le président Jacques Chirac et le président George Bush, 7 mars 2005, télégramme de la cellule diplomatique de l'Élysée, archives de la présidence de la République, 5AG5 DB5, Archives nationales.
2. Entretien téléphonique entre le président Jacques Chirac et le président George Bush, 7 mars 2005, *op. cit.*

création d'une commission d'enquête internationale sur la mort de Rafic Hariri, conformément aux vœux de Jacques Chirac. Un magistrat allemand réputé, Detlev Mehlis, est chargé de diriger ses travaux. Pour l'opposition libanaise, cette enquête et le retrait syrien constituent une victoire sans précédent : une page se tourne après plus de quinze années de tutelle sans partage. Les élections générales de mai-juin confirmeront le succès du camp antisyrien au Liban.

Les Français se démènent pour tenter de préserver le consensus créé par la mort d'Hariri. Chirac appelle plusieurs fois par semaine Saad Hariri, héritier politique de son père. L'ambassadeur de France à Beyrouth, Bernard Emié, joue les entremetteurs entre factions libanaises. Les diplomates cultivent des contacts avec le Hezbollah libanais afin de tenter de convaincre ce parti chiite de jouer le jeu des élections et de s'éloigner de Damas. Le secrétaire général du Hezbollah, Sayyed Hassan Nasrallah, rencontre secrètement Bernard Emié le 16 avril. Le dialogue est constructif, même si le leader du Hezbollah continue de revendiquer sa « résistance » face aux ingérences israéliennes et affirme qu'il ne faut pas fragiliser la Syrie[1]. Le contenu de cet entretien ultrasensible est immédiatement transmis aux Américains, avec l'aval de l'Élysée. Alors que les États-Unis veulent inclure le Hezbollah sur la liste des organisations terroristes, le message de Paris est clair : mieux vaut le ménager temporairement. Sans modifier son opinion sur le fond, la Maison-Blanche suit les conseils de l'Élysée en renonçant à cette inscription.

Pour préparer un de ses déplacements réguliers à Washington, Maurice Gourdault-Montagne, le conseiller diplomatique de Chirac, dresse, au début de juin 2005, l'état des lieux des positions françaises et américaines sur le dossier. Les deux pays partagent la même analyse sur la situation au Liban : elle reste encore précaire, avec des risques d'attentat[2]. « Les deux ambassadeurs français et américain, ainsi que leurs collaborateurs, sont exposés, souligne Gourdault-Montagne. Leur activité diplomatique suscite de fortes critiques de la part de la presse loyaliste et

---

1. Voir, sur cet entretien Nasrallah-Emié, Richard Labévière, *Le Grand Retournement*, op. cit., p. 106-109.
2. Le 2 juin 2005, Samir Kassir, journaliste au quotidien *Al-Nahar* et figure de l'indépendance libanaise, meurt dans un attentat. Le 21 juin, Georges Hawi, ancien responsable du Parti communiste libanais, est tué à son tour. Ces attentats sont attribués aux Syriens. Voir Éric Aeschimann et Christophe Boltanski, *Chirac d'Arabie*, op. cit., p. 369.

chez les partis prosyriens. Même *L'Orient-Le Jour* insiste sur leur activisme et leur coordination permanente. Ils doivent veiller à leur sécurité personnelle et à celle de leurs familles. Nous devons donc être très prudents. Si nous avons réussi à obtenir le retrait syrien, c'est que notre démarche était progressive et clairement centrée sur la restauration de la démocratie et de la souveraineté du Liban. Tout élargissement de notre ambition, toute tentative pour forcer la marche briserait l'unité de l'opposition à l'intérieur et, à l'extérieur, le consensus international et arabe qui a permis d'isoler la Syrie. »

Paris et Washington estiment que Damas n'a pas encore complètement rempli ses obligations concernant la résolution 1559 : la pression doit donc être maintenue. Mais, d'après le conseiller diplomatique, au-delà des événements actuels, le jugement des Américains sur le régime syrien demeure assez radical. Il peut se résumer comme suit : « Assad n'est pas un réformateur. Il n'y a rien à attendre de lui. Le régime n'est pas réformable. Assad n'est pas à l'abri d'un effondrement de son système et la population est avide de changements. » L'analyse française serait, selon Gourdault-Montagne, plus nuancée. « La partie n'est pas jouée, réformateurs et conservateurs s'affrontent. Le président Assad est probablement du côté des réformateurs, mais il donne des signes du contraire. Il faut le prendre au mot et le juger sur ses actes. [...] Il faudra bien que nous reprenions contact avec Damas. Si c'est encore prématuré, c'est inéluctable. Ignorer la Syrie la pousserait à se radicaliser[1] [...]. » Cet argumentaire prudent est toutefois bien en deçà des confidences de Jacques Chirac sur la fin souhaitable du régime d'Assad !

Chirac plaide pour un procès international sur la mort d'Hariri

Washington et Paris surveillent ce dossier comme le lait sur le feu. Alors que Detlev Mehlis s'apprête à remettre les premières conclusions de son enquête sur l'assassinat d'Hariri, en même temps que celles de Terje Roed-Larsen sur le retrait syrien,

---

1. Note préparatoire au déplacement de Maurice Gourdault-Montagne aux États-Unis, le 1er juin 2005, archives de la présidence de la République, 5AG5 DB5, Archives nationales.

Jacques Chirac reçoit à nouveau Condoleezza Rice à l'Élysée, le 14 octobre 2005. L'entretien, une fois de plus, porte essentiellement sur le Liban et la Syrie. « Le président Bush pense que le moment est venu de se concerter sur la démarche à adopter, lance la secrétaire d'État. Comment voyez-vous la situation et quelles décisions devons-nous prendre ? »

Le président français est enchanté d'être à nouveau sollicité. Car il redoute que les États-Unis dispersent leurs efforts dans un vaste plan visant à sécuriser toute la région[1]. « Nous devons donner une priorité absolue au Liban, à son indépendance, à sa stabilité, à sa démocratie, dit-il d'entrée de jeu. Les résultats obtenus depuis quelques mois sont riches d'enseignements : petit à petit, le régime syrien se délite. Il ne peut résister à la double pression d'un Liban indépendant, contraire à son projet de "Grande Syrie", et des contradictions que cette situation engendre au sein du pouvoir minoritaire alaouite. De ce fait, il ne faut pas chercher à provoquer un changement de régime à Damas, car il va s'opérer tout seul. Si on le faisait, on perdrait un atout essentiel : le soutien actuel des grands pays arabes, l'Égypte et l'Arabie Saoudite. […] Certes, [ces pays] souhaitent pareil changement, mais ils veulent qu'il se fasse tout seul. Ils ne veulent pas être mis en situation d'avoir à s'associer à une action de force contre un autre régime arabe. Il faut donc traiter l'affaire libanaise en tant que telle… »

On le voit, Chirac paraît toujours convaincu que Bachar el-Assad va tomber comme un fruit mûr ! Il suffit d'attendre. D'ailleurs, à ses yeux, l'enquête du juge Mehlis, qui n'a pu mener librement ses investigations à Damas, doit contribuer à cet ébranlement. Quant au suicide mystérieux du ministre syrien de l'Intérieur, le général Ghazi Kanaan, homme-clé du régime, retrouvé mort à Damas le 12 octobre, il conforterait le scénario d'un délitement interne du régime.

« Le rapport Mehlis sera probablement très dur pour la Syrie, explique Chirac à Rice. Même si l'on ne sait pas à quel niveau il situera les responsabilités, il indiquera que Damas n'a pas

---

1. Ses conseillers lui ont écrit, pour préparer cet entretien : « Il faut convaincre [les États-Unis] que, pour aboutir, notre démarche doit rester centrée sur le Liban et qu'une globalisation des problèmes (Irak, Palestine) risquerait de nous faire perdre des acquis. » Note préparatoire à l'entretien du président Jacques Chirac avec la secrétaire d'État Condoleezza Rice, 14 octobre 2005, archives de la présidence de la République, 5AG5 DB5, Archives nationales.

coopéré à l'enquête et est mêlé à l'assassinat d'Hariri. Dans ce contexte, la mission Mehlis doit impérativement être prolongée. Le juge allemand est devenu une incarnation de la justice et de la démocratie au Liban. Sa religion est faite sur la Syrie. Il ne croit pas au suicide du général Kanaan et se demande si on ne l'a pas fait disparaître. Hier, il a réclamé que des inspecteurs de la commission puissent aller en Syrie voir le corps, s'assurer que c'est bien celui du général et connaître les conditions de sa mort. Bien entendu, il n'aura pas satisfaction. Mais il est prêt à prolonger sa mission, ce qui est une nécessité psychologique et politique. »

Jacques Chirac a d'autres idées pour poursuivre cette enquête : « Il faut décider comment juger les coupables. Un tribunal international *ad hoc* serait la meilleure solution, mais on ne l'obtiendra certainement pas. Les Russes, les Chinois et les Algériens n'en voudront pas. Le coût de l'opération se révélerait dissuasif. On ne peut pas pour autant laisser la justice libanaise seule. Ses magistrats seraient soumis à des pressions, au besoin assassinés. Ce serait un véritable déni de justice. Plusieurs solutions existent, comme un tribunal délocalisé type "Lockerbie", avec des juges internationaux sous la présidence théorique d'un magistrat local, comme dans l'affaire du Cambodge. On peut imaginer toutes les formules, mais il faut que des suites rapides soient données à l'enquête. Tous les Libanais le souhaitent et ils ne comprendraient pas que rien ne se passe. »

Concrètement, Jacques Chirac recommande que le Conseil de sécurité adopte très rapidement une nouvelle résolution sur le sujet : « Il faut prendre des mesures de pression très fortes à l'encontre de [la Syrie], mais également du Liban, où le président Lahoud pourrait être impliqué, ne serait-ce qu'à travers le système de corruption dont il est l'un des piliers. Si l'on adopte rapidement et à l'unanimité une résolution claire prévoyant des injonctions et même des sanctions contre la Syrie, les effets pourraient être considérables et aller jusqu'à la chute du régime. Mais ce serait une conséquence, pas une condition préalable... »

Condoleezza Rice se déclare « très intéressée » par cette présentation. Selon elle, le rapport du diplomate Roed-Larsen conclura également que la Syrie a violé la résolution 1559 en réarmant les camps palestiniens du Liban. Cette menace lui paraît aussi urgente à traiter que les suites du rapport Mehlis. La secrétaire d'État américaine précise : « Le président égyptien Moubarak est très préoccupé par ces développements, qui peuvent avoir des incidences sur la sécurité dans la bande de Gaza, sujet qui concerne de près l'Égypte. Mahmoud Abbas [le nouveau président de l'Autorité palestinienne] est également très mécontent. Assad ne se cache pas : il a posé devant la télévision avec les chefs palestiniens dissidents ! Ce comportement ne peut pas rester sans suite... »

La chef de la diplomatie américaine revient aussi à la charge sur le laxisme des Syriens concernant leur frontière avec l'Irak, thème de préoccupation majeur à Washington : « Tous les jours, des soldats américains et des Irakiens innocents tombent sous les coups des terroristes et de kamikazes qui, venus de partout dans le monde arabe, transitent par l'aéroport de Damas, d'où ils franchissent sans encombre la frontière syro-irakienne. Nous menons des opérations militaires, mais il faut couper les approvisionnements, en particulier les commandos suicides. La communauté internationale ne peut pas rester silencieuse. Nous avons un problème, il nous faut le soutien de la France afin de modifier le comportement de la Syrie. La question du changement de régime à Damas n'est pas primordiale. Si l'on pouvait avoir des résultats avec Assad, tant mieux. Sinon, il faudrait agir. »

Condi Rice souhaite donc aller au-delà d'une résolution sur la poursuite de l'enquête concernant la mort d'Hariri. « Nous ne pouvons pas attendre un ou deux ans », dit-elle.

Jacques Chirac reconnaît que son interlocutrice a raison à propos de l'aide syrienne aux dissidents palestiniens et des commandos suicides : « Il est évident qu'Assad facilite leur transfert, s'il ne paie pas... », dit-il. Mais le Français craint que le mélange des sujets ne divise le front diplomatique. Pour lui, il suffit de frapper fort avec un seul texte. « Le régime syrien est plus déstabilisé qu'il n'y paraît et plus fragile qu'on ne le croit, insiste-t-il. L'opinion publique syrienne se pose de plus en plus de questions sur l'attitude de ses gouvernants. [...] Si Assad se sent menacé, il recourra à la violence terroriste. C'est dans la culture alaouite. La situation était la même du temps de son père, à ceci près que celui-ci était plus intelligent et plus expérimenté. Tout cela durera autant que le régime. Il faut qu'il s'effondre. Mais tout seul. »

Au terme de cet échange nourri, Condoleezza Rice suggère de travailler sur deux résolutions parallèles : une faisant suite au rapport Mehlis sanctionnant la Syrie pour sa « non-coopération » dans l'enquête sur Hariri, et une autre sur les autres agissements de la Syrie après la remise du rapport Roed-Larsen. Jacques

Chirac a encore des doutes. Mais il convient que le débat mérite d'être prolongé, en sondant notamment le président algérien Bouteflika, très actif en coulisses. Assistant aux côtés du président à cet entretien, son conseiller diplomatique, Maurice Gourdault-Montagne, conclut par cette mise en garde à l'endroit de Condi Rice : « Avec votre projet de deuxième résolution, attention à ne pas faire comme sur l'Irak ! Évitons la discorde et procédons par étapes[1]. » Paris garde un mauvais souvenir de la bagarre de 2003 et n'a aucune envie de devoir s'opposer à nouveau aux Américains à l'ONU.

L'alliance franco-américaine tient bon. Le 1er novembre 2005, une résolution du Conseil de sécurité exige une meilleure coopération de Damas avec la commission Mehlis, qui a remis, comme prévu, son rapport accusateur à l'encontre de la Syrie. Quelques semaines plus tard, le gouvernement libanais demande officiellement à l'ONU la création d'un tribunal international pour juger les auteurs de l'attentat ayant tué Rafic Hariri et vingt-deux autres personnes. Soutenue par Paris et Washington, cette requête est adoptée le 29 mars 2006 par le Conseil de sécurité[2].

Mais l'offensive sur le Liban de l'armée d'Israël, déclenchée le 13 juillet 2006 après la capture de deux de ses soldats par le Hezbollah, permet au maître de Damas de souffler un peu. L'Élysée y voit une habile diversion orchestrée par Bachar el-Assad avec l'appui de ses alliés du Hezbollah : « [Assad] cherche, à travers une grave crise régionale, à revenir comme interlocuteur nécessaire et à se dégager des pressions qui demeurent sur lui[3] », estiment les conseillers de Chirac dans une note destinée à préparer une conversation téléphonique avec George Bush.

---

1. Entretien entre le président Jacques Chirac et la secrétaire d'État Condoleezza Rice, 14 octobre 2005, télégramme de la cellule diplomatique de l'Élysée, archives de la présidence de la République, 5AG5 DB5, Archives nationales.

2. Les négociations seront encore longues : ce Tribunal spécial pour le Liban sera officiellement créé par la résolution 1757 des Nations unies du 30 mai 2007, et il ouvrira ses portes à La Haye (Pays-Bas) en mars 2009. En avril 2009, quatre officiers libanais prosyriens détenus depuis 2005 seront libérés à la demande du tribunal. Au premier semestre 2010, le tribunal n'avait pas encore réuni de preuves décisives contre la Syrie ni contre le Hezbollah libanais, soupçonnés d'avoir participé à l'attentat du 14 février 2005.

3. Note préparatoire à un entretien téléphonique entre le président Jacques Chirac et le président George Bush, 16 juillet 2006, archives de la présidence de la République, 5AG5 DB5, Archives nationales.

Les grandes puissances sont contraintes de tenter d'enrayer cette nouvelle déflagration. En visite à Paris alors que Tsahal pilonne massivement le Liban, Condi Rice téléphone à la ministre israélienne des Affaires étrangères, Tzipi Livni, depuis le bureau de son homologue français, Philippe Douste-Blazy, au Quai d'Orsay : « Tu fais une grosse bêtise ! » lui lance-t-elle. Parallèlement, Maurice Gourdault-Montagne tente de calmer le jeu en multipliant les appels avec le cabinet du Premier ministre israélien, Ehoud Olmert[1]. Enfin, les diplomates s'affairent pour rédiger une résolution au Conseil de sécurité appelant au retrait de l'armée israélienne et au déploiement de l'armée libanaise, épaulée par la force multinationale déjà présente au Sud-Liban. Le texte est adopté à l'unanimité le 11 août 2006. « Nous étions en phase avec les Américains pour aider le gouvernement libanais à restaurer sa souveraineté et nous y avons travaillé jour et nuit[2] », se souvient Pierre Vimont, alors directeur de cabinet de Philippe Douste-Blazy.

Israël est contraint de reculer, au terme d'une campagne militaire qui a tourné à l'échec face à un Hezbollah bien équipé. Après le déluge de feu, l'action conjointe de l'Élysée et de la Maison-Blanche desserre un peu l'étau au Liban. « Je suis toujours inquiet de l'attitude hostile de la Syrie, et il faut faire pression sur Israël pour qu'il cesse ses survols du Liban, qui relèvent de la provocation, confie Chirac à Bush le 27 novembre 2006.

– Nos deux pays agissent depuis longtemps en concertation sur le Liban. Il faut continuer[3] », répond l'Américain, qui fait part de l'appui des Saoudiens à cette démarche.

Une conférence de donateurs pour la reconstruction du Liban est organisée en janvier 2007 sous l'égide commune de Paris et Washington. En marge de cette réunion, Jacques Chirac a une dernière occasion d'évoquer, en tête à tête avec Condoleezza Rice, leurs convergences sur ce dossier délicat.

Le pays du Cèdre souffle un peu. Mais les assassins d'Hariri courent toujours. Quant à Bachar el-Assad, il reste en place à

---

1. Depuis 2004, l'Élysée a opéré un réchauffement avec Israël, notamment grâce à deux visites de Michel Barnier à Jérusalem, à une visite du Premier ministre Ariel Sharon à Paris à la mi-2005 et à une de son successeur Ehoud Olmert en juin 2006.
2. Entretien de Pierre Vimont avec l'auteur, 3 juin 2010.
3. Entretien téléphonique entre le président Jacques Chirac et le président George Bush, 27 novembre 2006, télégramme de la cellule diplomatique de l'Élysée, archives de la présidence de la République, 5AG5 DB5, Archives nationales.

Damas. Contrairement aux vœux répétés de Chirac, son régime ne s'est pas effondré. Plus habile que jamais, le président syrien a lâché du lest quand il le fallait, puis il a fait le dos rond en attendant que l'orage passe. Il réussira même à rompre progressivement son isolement international à partir de juin 2007, lorsque le nouveau président français, Nicolas Sarkozy, lui tendra à nouveau la main, tournant ainsi la page d'une hargne chiraquienne à l'efficacité somme toute limitée...

Chirac : « Il est certain que l'Iran veut l'arme nucléaire »

Chirac et Bush partagent, au même moment, un autre sujet d'inquiétude qui les mobilise : le programme nucléaire iranien. Depuis l'été 2003, les diplomates européens tentent d'imposer à l'Iran l'arrêt de son activité d'enrichissement d'uranium, qui fait partie, selon eux, d'un vaste projet de construction d'une bombe atomique. Les Iraniens protestent énergiquement de leurs intentions pacifiques, expliquant qu'il ne s'agit que de recherches civiles. Mais personne ne les croit vraiment. Malgré les doutes américains initiaux, les ministres allemands, britanniques et français ont obtenu en octobre 2003 de Téhéran la promesse d'une « suspension » de cet enrichissement et un engagement à coopérer avec l'Agence internationale de l'énergie atomique (AIEA). Une victoire à la Pyrrhus. Car les conservateurs ont repris le contrôle de la majorité du Parlement iranien à la mi-2004. Et le directeur de l'AEIA, Mohammed El Baradei, a pointé du doigt, pendant l'automne 2004, tous les « manquements » des Iraniens à la coopération promise : Téhéran a notamment dissimulé l'existence de trois sites secrets. Sous la menace de résolutions du Conseil de sécurité de l'ONU, l'Iran s'est à nouveau engagé, le 15 novembre 2004, à suspendre réellement ses activités d'enrichissement. Cette concession semble bien fragile : son application est conditionnée par les résultats de l'élection présidentielle prévue au printemps 2005.

Lors de leur dîner de retrouvailles à Bruxelles, le 21 février 2005, Jacques Chirac et George Bush évoquent naturellement ce sujet sensible. Le président français tente de convaincre George Bush du bien-fondé des démarches européennes. Pour cela, il demande à Maurice Gourdault-Montagne, présent à ses côtés, de dresser le portrait de l'ancien président Hachemi Rafsandjani, futur candidat aux élections de juin 2005. Le sherpa l'a rencontré lors d'une mission secrète à Téhéran une semaine auparavant : « Rafsandjani est brillant, rapide. Il semble ouvert à des solutions pratiques qui arrêtent le splendide isolement de l'Iran », résume-t-il devant Bush.

Chirac explique pourquoi il croit aux négociations avec un régime iranien pourtant imprévisible : « J'ai demandé à Bouteflika de tenter de démontrer aux ayatollahs l'inutilité d'une arme nucléaire iranienne. Selon nous, il semble y avoir parmi les dirigeants de Téhéran ceux qui veulent la bombe et ceux qui hésitent. Et puis il y a le peuple, intelligent et cultivé. Si les Iraniens ont le sentiment d'être attaqués, ils se regrouperont et deviendront dangereux. Mais si on leur parle, en respectant leur dignité, leur culture, alors une division pourrait apparaître, car nombreux sont ceux qui souhaitent voir l'Iran intégrer le monde moderne. »

Cependant, Jacques Chirac s'avoue perplexe : « Les trois Européens ont obtenu un premier résultat : la suspension de l'enrichissement. Il convient d'être prudent. Personnellement, je suis peu optimiste […]. » Pour le président français, l'objectif est clair[1] : « L'accession de l'Iran à l'arme nucléaire serait la pire des situations […]. [L'empêcher] doit être notre objectif prioritaire. Il faut donc encourager les forces qui peuvent nous aider. » Selon lui, « quelques gestes » devraient y contribuer, comme la livraison d'avions Boeing et Airbus, ou l'ouverture de l'Organisation mondiale du commerce (OMC) à l'Iran, parce que, dit-il, « les gens du Bazar [de Téhéran] doivent comprendre que nous ne souhaitons pas les rejeter ». Il s'agit de manier la carotte plus que le bâton.

---

1. Quelques jours plus tôt, le 8 février 2005, Jacques Chirac a dit à Condoleezza Rice : « Le régime iranien est tout sauf démocratique, s'il se dotait de l'arme nucléaire, ce serait une catastrophe mondiale pire que la Corée du Nord. En même temps, il ne faut pas isoler l'Iran, le placer dans un coin, car le seul résultat serait de rassembler le peuple iranien. Il faut donc se parler. C'est, du reste, sans doute le seul moyen d'encourager la contestation du régime. Beaucoup d'Iraniens veulent une ouverture. » Entretien du président Jacques Chirac avec la secrétaire d'État Condoleezza Rice, 8 février 2005, *op. cit.* Faisant écho aux réflexions des néoconservateurs américains et des autorités israéliennes, plusieurs experts français alimentent cette réflexion de l'Élysée sur le dossier iranien, tel Philippe Errera, directeur adjoint du Centre d'analyse et de prévision du ministère des Affaires étrangères. « L'acquisition par l'Iran d'une arme nucléaire ou même d'une capacité nucléaire militaire entraînerait, pour les intérêts français et européens, des conséquences d'une extrême gravité », écrit Errera en 2005 dans « La crise nucléaire iranienne », *Annuaire français des relations internationales*.

Face à lui, George Bush semble capter le message. Il se félicite de l'« excellent travail » accompli par les pays européens. Il affirme que l'opinion américaine « ne veut pas d'une bombe iranienne ». Avant d'ajouter : « Nous avons aussi une longue histoire avec ce régime. Je dois réfléchir aux conséquences internes de mes décisions. Sur l'OMC, par exemple, est-ce une demande tactique de la part de Téhéran ? Et que faisons-nous si, après l'OMC, les ayatollahs disent que c'est insuffisant et menacent d'arrêter la négociation s'ils n'obtiennent pas autre chose ? »

Alors que le Pentagone étudie sérieusement, y compris avec les Israéliens, des plans de frappes militaires contre l'Iran, Bush veut démentir ces préparatifs guerriers[1]. « Quand, il y a quelques jours, la presse a rapporté des explosions en Iran, le bruit a aussitôt couru qu'une attaque américaine était en cours. J'ai immédiatement appelé Donald Rumsfeld et la CIA. Il n'y avait rien. Faire courir le bruit d'une invasion est ridicule. Le problème est que ce régime iranien a besoin d'un ennemi extérieur.

– Le dialogue doit produire ses effets, insiste Chirac. Nous partageons avec vous le même objectif et nous serons d'une totale transparence. Il faut éviter que Téhéran essaie de nous jouer les uns contre les autres[2]. »

Mais les événements politiques mettent à mal toute perspective de conciliation. En Iran, l'élection présidentielle du 17 juin 2005 donne une nette victoire au radical Mahmoud Ahmadinejad face à Hachemi Rafsandjani. Dur parmi les durs du régime, le nouvel élu décide de reprendre immédiatement les activités d'enrichissement d'uranium. Il multiplie les déclarations incendiaires contre Israël, provoquant une vague d'indignation. Téhéran s'isole au fil

---

1. Le 6 mai 2004, la Chambre des représentants a adopté une résolution appelant le gouvernement américain à utiliser « tous moyens appropriés pour dissuader et empêcher l'Iran d'acquérir des armes nucléaires ». Le Sénat n'a pas voté la même résolution. Mais des plans militaires sont évoqués par plusieurs auteurs. Voir Sammy Salama et Karen Ruster, « A Preemptive Attack on Iran's Nuclear Facilities : Possible Consequences », *James Martin Center for Nonproliferation Studies*, août 2004, et Seymour Hersch, « The Coming Wars », *The New Yorker*, 24 janvier 2005.

2. Entretien du président Jacques Chirac avec le président George Bush, lundi 21 février 2005, *op. cit.* Trois jours plus tard, le 24 février, Jacques Chirac reçoit à l'Élysée Hassan Rohani, secrétaire général du Conseil suprême de sécurité nationale d'Iran, auquel il répète que l'Iran doit donner des « garanties objectives » sur le fait que son programme nucléaire n'a pas de finalité militaire et que les Européens sont favorables à un « dialogue global » avec l'Iran.

des mois, tout en rejetant les offres de compromis sur le nucléaire émanant des Russes.

Lorsqu'il reçoit à nouveau Condoleezza Rice à l'Élysée, le vendredi 14 octobre 2005, Jaques Chirac ne cache plus son pessimisme. « Il est certain que les Iraniens veulent l'arme nucléaire, il est possible qu'ils aient les moyens de l'obtenir et il est dangereux qu'ils le fassent. On peut même se demander s'ils ne l'ont pas déjà, ce qui expliquerait leur démarche tendant à obtenir la légalisation rétrospective de leur action unilatérale. On ne sait pas au juste ce que le Pakistan leur a livré. Si ce n'est pas le cas, il faut tout faire pour les en empêcher. »

Néanmoins, selon lui, la bataille diplomatique n'est pas totalement perdue : « Si l'on est ferme, on peut arriver à un accord. L'Iran est un pays de vieille culture, son peuple un peuple de commerçants. Il ne peut pas se mettre en marge de la communauté internationale. L'opinion publique ne suivra pas nécessairement ses dirigeants. Il faut être très ouvert dans la forme et très ferme sur le fond. La Russie et la Chine sont contre la prolifération. On peut les attirer dans notre camp. Grâce à une pression commune, on doit aboutir. »

Condi Rice partage cet avis : « Les Iraniens ont été surpris de la récente résolution de l'Agence internationale de l'énergie atomique, qui a eu le soutien de la Russie et de la Chine. Nous devons rester fermes ensemble. La question clé est que l'Iran ne puisse faire l'enrichissement sur son territoire. Des idées circulent actuellement, comme celles de la Russie (création d'un joint-venture sans traitement sur le territoire iranien). Nous emboîtons le pas de l'Europe. Si l'on trouve une solution avec les Russes, nous serons derrière. [...] Si l'on n'y parvient pas, il faudra aller plus loin[1]. »

Progressivement, Washington rapproche ses vues de celles des Européens. Mais, les débats internes à l'administration Bush sur le sujet demeurant vifs, la Maison-Blanche ne souhaite pas encore s'associer ouvertement aux négociations.

---

1. Entretien entre le président Jacques Chirac et la secrétaire d'État Condoleezza Rice, 14 octobre 2005, *op. cit*

Rice : « À la fin de 2006, l'Iran aura assez d'uranium pour fabriquer une bombe »

Le 22 février 2006, Chirac expose à nouveau, par téléphone, à George Bush son sentiment sur les menaces que l'Iran fait peser au Moyen-Orient : « Le poids de l'Iran ne cesse de croître dans la région. Son influence se renforce en Irak. Il est l'allié de la Syrie. Il dispose du Hezbollah au Liban. On assiste à une montée des chiites au Moyen-Orient. Et les discours d'Ahmadinejad sur Israël trouvent des échos dans les communautés sunnites jusqu'en Égypte. L'axe Téhéran-Damas est plus fort que jamais[1]. »

L'inquiétude se renforce au fil des semaines sur le programme nucléaire iranien, alors que les trois négociateurs européens, les Russes et les Chinois, réunis au sein d'un groupe de contact baptisé « P5 », peinent à s'accorder sur une contre-attaque. De passage à Paris le 31 mars 2006, Condoleezza Rice livre à Jacques Chirac des confidences particulièrement alarmistes sur les activités iraniennes d'enrichissement d'uranium : « La situation est très dangereuse, les progrès sur les centrifugeuses sont rapides. On peut s'attendre à ce qu'il y en ait trois mille à la fin de l'année, assez pour produire une bombe. Ahmadinejad s'exprime de façon délirante. Les Israéliens sont nerveux[2]. »

Comme en écho aux antiennes de Chirac, la secrétaire d'État considère que le problème dépasse largement le dossier nucléaire : « Les Iraniens interviennent au Liban, en Palestine, en Irak, ils peuvent déstabiliser le Golfe et certaines provinces saoudiennes. La réunion de Berlin prouve que l'unité du P5 sera difficile à maintenir : les Russes et les Chinois vont tergiverser pendant que les Iraniens redoubleront d'efforts. Une crise grave se dessine... »

---

1. Entretien téléphonique du président Jacques Chirac avec le président George Bush, mercredi 22 février 2006, télégramme de la cellule diplomatique de l'Élysée, archives de la présidence de la République, 5AG5 DB5, Archives nationales.
2. Condoleezza Rice fait allusion aux trois mille centrifugeuses que Téhéran serait sur le point d'installer dans son centre souterrain de Natanz, lui permettant de produire en peu d'années suffisamment de matière fissile pour fabriquer une bombe. Téhéran annoncera en avril 2007 le début de cette phase d'enrichissement, et le président Ahmadinejad déclarera en juillet 2008 que son pays dispose de cinq à six mille centrifugeuses.

L'Américaine propose par conséquent d'étudier d'éventuelles sanctions financières contre l'Iran, quitte à se passer de l'accord de la Russie et de la Chine.

« Attention, lui répond Chirac, il faut éviter toute division de la communauté internationale ! Si la Russie et la Chine ont été en retrait, c'est parce qu'elles craignent une initiative militaire américaine qu'elles ne veulent pas cautionner. Quant aux Iraniens, la question se pose de savoir s'ils n'ont pas déjà la bombe : rien ne le prouve, mais cela explique peut-être leur ténacité à mettre en place les moyens pour la fabriquer... »

Pourtant, en dépit de ses suspicions, Jacques Chirac ne paraît pas très favorable aux sanctions financières contre le régime de Téhéran, défendues par Washington. « Il faut examiner des politiques d'ouverture éventuelles, suggère-t-il. Les Iraniens voyagent, font des affaires : le Bazar existe et exerce une influence politique avec laquelle il faut composer. S'il est avéré que les Iraniens veulent se procurer des réacteurs nucléaires civils, cela mérite réflexion. On peut envisager de s'engager dans cette voie, pourvu qu'ils se soumettent au contrôle de l'AIEA et qu'ils mettent un terme au processus actuel. Mais, pour cela, il faudrait avoir l'aval des États-Unis. »

Condoleezza Rice n'est pas emballée par ces idées généreuses. « Mieux vaut des mesures financières en évitant des résolutions de l'ONU[1] », dit-elle.

*Bush se rapproche de Chirac,
mais Téhéran rejette tout en bloc*

Le désaccord se dissipe au fil des mois. Les discussions discrètes menées par le sherpa Maurice Gourdault-Montagne avec Condi Rice au long de l'année 2005 et de l'hiver 2006 finissent par porter leurs fruits. Après avoir passé en revue plusieurs hypothèses d'offensive militaire contre l'Iran – toutes jugées très dangereuses par les experts[2] –, la Maison-Blanche semble prête à

---

1. Entretien entre le président Jacques Chirac et la secrétaire d'État Condoleezza Rice, 30 mars 2006, télégramme de la cellule diplomatique de l'Élysée, archives de la présidence de la République, 5AG5 DB5, Archives nationales.
2. Voir notamment Sammy Salama et Karen Ruster, « A Preemptive Attack on Iran'Nuclear Facilities : Possible Consequences », art. cité. Voir aussi James Fallows, « Will Iran be Next ? », *The Atlantic Monthly*, décembre 2004.

participer aux pourparlers. Les Européens réclamaient depuis longtemps ce soutien des Américains, susceptible de peser davantage sur Téhéran.

George Bush tient à avertir personnellement Jacques Chirac de ce virage de sa politique étrangère. Il l'appelle le mardi 30 mai 2006, à 13 heures, heure de Paris : « Nous nous félicitons de la bonne concertation établie avec les trois Européens sur cette affaire et nous sommes désireux de résoudre cette affaire iranienne par la voie diplomatique », dit-il d'entrée de jeu. Affirmant vouloir « continuer d'y travailler de manière positive », le président américain fait la suggestion suivante :

« Si les Iraniens suspendent leurs activités sensibles, comme le demandent les Européens, alors les États-Unis pourraient considérer sérieusement d'aller à la table des négociations pour arriver à un "paquet" global. Et si l'Iran refuse, alors il n'y aura plus d'alternative au vote d'une résolution de sanctions par le Conseil de sécurité. En d'autres termes, nous pouvons dire ensemble aux Iraniens : "Suspendez, et nous irons de l'avant dans la négociation", mais s'ils n'acceptent pas, il faut que nous nous entendions à l'avance sur une procédure au Conseil de sécurité impliquant des sanctions. »

Au bout de la ligne cryptée, dans son bureau de l'Élysée, Jacques Chirac est plutôt satisfait : « Je suis très favorable à votre nouvelle approche. L'implication des États-Unis dans la négociation est indispensable à son succès. Il reste à lui assurer les meilleures chances de réussite. » Pour cela, il estime indispensable d'« obtenir la participation des Russes » et de « rendre nos propositions acceptables par l'Iran ». Il conseille de réunir au plus vite les directeurs des affaires politiques des ministères européens, américains et russes pour finaliser ces propositions, avant d'approcher « discrètement » les Iraniens pour « leur permettre d'annoncer la suspension en connaissance de cause ». Selon lui, cela nécessite un peu de temps. Prudent, Chirac recommande donc à Bush de ne pas annoncer publiquement ces « ouvertures américaines » avant d'avoir mis au point une offre crédible et acceptable par les Iraniens.

« C'est très raisonnable, admet Bush. Nous allons essayer de rallier les Russes, mais nous ne sommes pas certains d'y parvenir. Et j'ai un autre souci. Notre décision de nous joindre aux négociations sera controversée aux États-Unis. Il ne faut pas qu'à la suite d'indiscrétions ce soient les Iraniens qui expliquent eux-mêmes

aux Américains ce qui va se passer ! Je n'entends laisser à personne d'autre qu'à moi-même le soin d'annoncer ce changement de politique. Jacques, je dois donc réfléchir à votre approche.
– Vous pouvez compter sur la discrétion française. Il est vraiment important d'associer les Russes à notre démarche. Je suis confiant dans la possibilité, en cas de besoin, de les rallier aux sanctions[1]. »

Ce nouvel axe franco-américain ne reste pas secret très longtemps. Réunis à Vienne le 1er juin 2006, les ministres français, allemand et britannique et leurs homologues chinois, russe et américain élaborent des propositions visant à résoudre la question nucléaire iranienne dans le cadre d'un accord de long terme. Cette offre de « coopération » des « Six » est aussitôt transmise à Téhéran par Javier Solana, le haut représentant de l'Union européenne pour la Politique extérieure. Mais Téhéran prolonge le suspense. « La réponse d'attente de l'Iran à l'offre des trois Européens, des États-Unis et de la Russie est décevante[2] », se désolent les conseillers diplomatiques de l'Élysée à la mi-juillet. Comme convenu, les ministères des Affaires étrangères se concertent parallèlement sur une résolution onusienne, adoptée le 31 juillet, enjoignant à l'Iran de suspendre ses « activités sensibles », faute de quoi des sanctions seront inévitables.

Jacques Chirac ne veut pas désespérer. Le 12 septembre 2006, il reçoit à l'Élysée Hashemi Samareh, un envoyé spécial d'Ahmadinejad. Le président français lui répète que, si une négociation s'ouvre, tout est possible, et que, désormais, les Américains soutiennent ces initiatives. Sans exclure des « sanctions », qui devraient être « provisoires et proportionnées », Jacques Chirac ne s'y dit guère favorable par principe. « L'expérience a montré que les sanctions ne débouchent jamais sur quelque chose de positif, surtout avec un grand peuple, fier, porteur d'une vieille culture comme l'Iran », déclare-t-il peu après au quotidien américain *USA Today*, en marge d'un court déplacement à New York pour l'Assemblée générale des Nations unies.

« Donc, vous êtes optimiste, Monsieur le président ? demande le journaliste.

---
1. Entretien téléphonique du président Jacques Chirac avec le président George Bush, mardi 30 mai 2006, télégramme de la cellule diplomatique de l'Élysée, archives de la présidence de la République, 5AG5 DB5, Archives nationales.
2. Note préparatoire à un entretien téléphonique entre le président Jacques Chirac et le président George Bush, 16 juillet 2006, *op. cit.*

– Oui, c'est dans ma nature[1] », répond Chirac.

Son sherpa prend le relais, rencontrant Hashemi Samareh à Genève et à Dubaï pour de longues séances de pourparlers. Maurice Gourdault-Montagne discute également avec le ministre iranien des Affaires étrangères, Manouchehr Mottaki, à Bahreïn au début de décembre[2]. L'Élysée parie toujours sur la main tendue au régime des mollahs, en espérant qu'il joue un rôle modérateur au Moyen-Orient. « Nous avons besoin de l'Iran pour éviter que les choses n'aillent plus mal au Liban, en Irak, en Afghanistan. Dans ces deux derniers cas, l'Iran n'a pas intérêt à une déstabilisation complète[3] », écrivent, à la fin de novembre, les conseillers de l'Élysée dans une note au président qui précède un de ses appels téléphoniques à Bush.

L'optimisme affiché de Chirac n'est pas récompensé. Téhéran s'arc-boute sur ses positions, défendant ses droits « inaliénables » à développer une activité nucléaire « pacifique ». Pas question de suspendre l'enrichissement de son uranium alors que de nouvelles centrifugeuses, qui permettent de passer au stade industriel de ce processus, vont bientôt être installées dans son centre souterrain de Natanz. Le président Ahmadinejad poursuit ses vindictes contre Israël. Le 11 décembre 2006, il organise une conférence à Téhéran sur la Shoah, en présence d'historiens révisionnistes. Du coup, Paris est contraint, suivant son accord avec Washington, de laisser le Conseil de sécurité examiner une première série de sanctions. Celles-ci, adoptées le 23 décembre 2006, prohibent toute vente à l'Iran de matériel pouvant contribuer au programme nucléaire en cas de poursuite des activités d'enrichissement dans un délai de soixante jours. Faute de réponse satisfaisante, un embargo sur certaines exportations iraniennes et le gel d'avoirs financiers seront décidés en mars 2007.

Chirac y consent. Mais il est dépité. Ses espoirs de « dialogue » avec l'Iran se sont envolés. Le dossier bute sur l'intransigeance de Téhéran. L'échec est patent. Il ne sait plus comment interpréter une situation devenue « confuse » à ses yeux. Il craint un nouvel

---

1. Interview du président Jacques Chirac à *USA Today*, New York, 19 septembre 2006.
2. Entretien de Maurice Gourdault-Montagne avec l'auteur, 7 mai 2010.
3. Note préparatoire à un entretien téléphonique entre le président Jacques Chirac et le président George Bush (prévu le 15 novembre et reporté au 27 novembre 2006), archives de la présidence de la République, 5AG5 DB5, Archives nationales.

engrenage et redoute que l'Iran ne se venge au Liban *via* le Hezbollah. Dans le courant de janvier 2007, sans prévenir ses alliés européens et américains, le président envisage d'envoyer son ministre des Affaires étrangères, Philippe Douste-Blazy, à Téhéran pour renouer les fils d'une négociation rompue. Pris au dépourvu, le ministre refuse cette mission à haut risque. Le Quai d'Orsay lui a prédit un fiasco, et d'autres pays, des États-Unis à l'Arabie Saoudite, expriment leur désapprobation quand le projet est éventé. Jacques Chirac doit abandonner cette idée[1].

Interrogé *off the record* par plusieurs journalistes, à la fin de janvier 2007, au sujet d'une future arme atomique que posséderait l'Iran, Jacques Chirac répond sans prendre garde : « Le fait d'avoir une bombe nucléaire, ça n'est pas très dangereux. [...] Le danger n'est pas dans la bombe qu'il va avoir et qui ne lui servira à rien. Il va l'envoyer où, cette bombe ? Sur Israël ? Elle n'aura pas fait deux cents mètres dans l'atmosphère que Téhéran sera rasé ! » Le lendemain, il corrige ces phrases un peu « rapides ». Pour lui, le risque majeur d'une bombe iranienne serait lié à la prolifération nucléaire dans la région. Ayant évoqué, en *off*, de possibles ambitions atomiques de l'Arabie Saoudite ou de l'Égypte, il prend soin de retirer ses propos pour ne vexer aucun de ses alliés dans un Moyen-Orient décidément compliqué[2].

Ces gaffes sont révélatrices d'un désarroi grandissant. En cette fin de deuxième mandat à l'Élysée, Jacques Chirac pense avoir réussi son opération secrète de rapprochement avec Washington. Mais il a perdu beaucoup de ses boussoles partout ailleurs...

---

1. Voir Natalie Nougayrède, « Chirac tente une ouverture diplomatique avec l'Iran », *Le Monde*, 17 janvier 2007.
2. *Verbatim* des interviews du 29 janvier et 30 janvier données au *New York Times*, à l'*International Herald Tribune* et au *Nouvel Observateur*.

TROISIÈME PARTIE

Sarkozy

Chapitre 19

Comment Nicolas est devenu « Sarko l'Américain »

« Dans l'imaginaire de ma génération, il y a la conquête de l'Ouest et Hollywood. Il y a Elvis Presley, qu'on n'a peut-être pas l'habitude de citer dans ces murs, mais pour ma génération il est universel ! Il y a Duke Ellington, il y a Hemingway. Il y a John Wayne, il y a Charlton Heston. Il y a Marilyn Monroe, Rita Hayworth. Il y a aussi Armstrong, Aldrin, Collins réalisant le plus vieux rêve de l'homme le jour où des Américains ont marché sur la Lune. L'Amérique était universelle et chacun voulait être de cette aventure[1]... »

Mercredi 7 novembre 2007 : Nicolas Sarkozy est venu célébrer, devant le Congrès des États-Unis, la grande réconciliation franco-américaine avec ce discours d'admirateur. Pour tourner définitivement la page de l'ère Chirac, qui, malgré tous ses efforts, a laissé un souvenir mitigé dans l'esprit de l'administration Bush, le nouveau président de la République a commencé son ode avec un message simple : « La France est l'amie des États-Unis. » Et il a enfoncé le clou : « Avec des amis, on peut avoir des divergences, on peut avoir des désaccords, on peut même avoir des disputes, comme dans une famille. Mais dans la difficulté, dans l'épreuve, on est avec ses amis, on est à leurs côtés, on les soutient et on les aide. » Ces mots signifient que, si Jacques Chirac n'a pas été un bon « ami », lui, Nicolas Sarkozy, le sera. La « rupture » annoncée durant sa campagne présidentielle est aussi là. Et celui qui a été baptisé « Sarko l'Américain » parce qu'il plaidait en faveur d'un réchauffement transatlantique assume. Mieux, son discours devant le Congrès, interrompu à

---
1. Discours du président Nicolas Sarkozy devant le Congrès des États-Unis, Washington, 7 novembre 2007, archives de l'Élysée.

treize reprises par des *standing ovations* de la part d'un public conquis, a été ponctué de clins d'œil à la génération ayant rêvé de l'Amérique, dont il serait le porte-parole incarné.

Seul problème : tout cela est artificiel. Certes, il n'y a pas de gros mensonges ni de contre-vérités manifestes dans ce texte, fruit de la plume croisée de deux conseillers qui se regardent en chiens de faïence à l'Élysée depuis quelques mois : le souverainiste Henri Guaino, auteur des envolées lyriques, et Jean-David Levitte, devenu en juin 2007 le conseiller diplomatique de Nicolas Sarkozy. Mais le président a tenu à ajouter lui-même quelques noms parmi les artistes que sa génération aurait vénérés : Elvis Presley, John Wayne, Charlton Heston, Marilyn Monroe, Rita Hayworth. Curieuses références, en vérité, pour un jeune quinquagénaire : ces héros de la scène américaine ont plutôt marqué la génération de Chirac, celle qui a grandi dans les années 1950 et au début des années 1960 ! Celle de Sarkozy a eu 20 ans au milieu des années 1970 : les stars s'appelaient alors Robert Redford, Al Pacino, Jimi Hendrix ou les Jackson Five... Faut-il croire que Nicolas Sarkozy les a jugés trop dérangeants quand il s'est agi d'amender un discours d'abord destiné à plaire aux élus ? À moins qu'il n'y ait pas pensé, faute de bien les connaître ?

Dès que l'on tente de mieux cerner les racines de l'américanophilie revendiquée par Sarkozy, le paravent tombe. L'anglais ? À la différence de Chirac, il ne le parle que très difficilement. La culture américaine ? Naturellement, il a été imprégné, comme tout le monde, par la musique, les films et la littérature *made in USA* lorsqu'il était adolescent, et il lui est même arrivé de discuter des romans d'Hemingway avec François Mitterrand[1]. Pourtant, aux dires de ceux qui le connaissent de longue date, il est plutôt Johnny qu'Elvis. Quant aux États-Unis, contrairement à ses prédécesseurs Valéry Giscard d'Estaing, François Mitterrand et Jacques Chirac, il n'a jamais cherché à les découvrir avant son arrivée au pouvoir. Mieux, il n'y a quasiment pas mis les pieds avant d'être ministre de la République, à près de cinquante ans...

En réalité, « Sarko l'Américain » s'est construit une image de circonstance. Elle colle avant tout à sa tactique politique du

---
1. Rapporté dans Nicolas Sarkozy, *Libre*, Robert Laffont/XO Éditions, 2001, rééd. Pocket, 2003, p. 85.

moment, celle d'un positionnement antichiraquien au cours des années 2006 et 2007. « Le paradoxe, confie Jean-David Levitte, c'est que Chirac était considéré comme proaméricain quand il est arrivé à l'Élysée en 1995. Cela s'est gâté avec l'Irak, qui lui a donné l'image, qu'adorent les Français, de David contre Goliath. Il a eu raison, mais il a peut-être surjoué ce message, ce qui, d'ailleurs, ne lui a pas nui au plan de sa popularité. Nicolas Sarkozy, lui, s'est servi de cette surinterprétation chiraquienne pour se distancer, pas sur le fond, mais sur la forme, et affirmer qu'il était "Sarko l'Américain". Ceci dit, il est très sincère quand il en parle. Fondamentalement, il est très reconnaissant à l'Amérique d'avoir aidé l'Europe à deux moments sombres de son histoire, 1917 et 1944. Et il admire le fonctionnement de l'économie et de la société américaines, avec son renouvellement permanent et son dynamisme[1]. »

David Martinon, ancien conseiller diplomatique du président de l'UMP et ex-porte-parole de l'Élysée, complète cette analyse : « Sa personnalité très volontariste et ses idées correspondent assez bien au modèle américain. Par conséquent, il assume aisément ces valeurs. Mais c'est vrai qu'il n'avait pas eu beaucoup d'occasions de découvrir le continent américain avant d'arriver au ministère de l'Intérieur en 2002[2]. »

Visite écourtée pour un voyageur pressé

Sa première expérience des États-Unis ne fut pas une réussite. Invité en 1985 dans le cadre d'un programme de « visiteurs internationaux » du département d'État, le jeune maire de Neuilly-sur-Seine, craignant de s'ennuyer, n'accepte de se déplacer qu'en compagnie de son ami Brice Hortefeux. Nicolas Sarkozy semble mal à l'aise lors de ce voyage centré sur « le marketing politique et les financements de campagne[3] ». L'anglais n'est vraiment pas son point fort : son apprentissage

---
1. Entretiens de Jean-David Levitte avec l'auteur, 5 et 12 décembre 2009.
2. Entretien de David Martinon avec l'auteur, 28 mai 2010.
3. Ces voyages d'études du département d'État sont proposés à des « leaders » de tous les pays dans le cadre de l'International Visitor Leadership Program. De nombreux hommes politiques français y ont participé dans le passé, de Gaston Defferre à Alain Juppé, en passant par Lionel Jospin et François Fillon.

scolaire lui a laissé de mauvais souvenirs, et il n'a pas eu le loisir de le pratiquer depuis. Le programme des « visiteurs », sur deux semaines, conduit les deux Français à Washington, New York et en Californie. Arrivés sur la côte ouest, ils écourtent leur séjour, prétextant d'impérieuses affaires à traiter d'urgence à Neuilly-sur-Seine. Ils repartent sans avoir pu voir grand-chose des États-Unis, et surtout sans avoir manifesté un grand enthousiasme pour ce pays. Nicolas Sarkozy tente bien, les années suivantes – sur les conseils de Jacques Chirac, qui lui répète que c'est important ! –, de suivre des cours intensifs d'anglais pour améliorer son niveau. Sans grand succès.

L'actualité internationale le passionne moins que la vie politique hexagonale. À la lecture des ouvrages de géographie, il préfère celle de *L'Équipe*. De toute façon, les voyages l'intéressent peu. « J'ai trop longtemps cultivé un appétit exclusivement français pour ne pas être conscient de la nécessité de rattraper mon retard », reconnaît-il en 1999 en narrant l'une de ses rares escapades, qui l'a mené, avec Cécilia, en Syrie pour quelques jours. Il voulait alors se plonger dans le « monde arabe », qui lui était étranger. « Sans rien renier de mon engagement aux côtés de la nation juive, j'éprouvais l'envie de découvrir l'autre côté de la montagne[1] », écrit-il. En une semaine, il estime en savoir davantage sur la Syrie que l'ambassadeur de France qui le reçoit à Damas ! C'est un trait révélateur du futur président : que ce soit en Amérique ou au Moyen-Orient, il est adepte des visites éclairs et des idées vite faites.

Nommé ministre de l'Intérieur en 2002, Nicolas Sarkozy commence à s'intéresser aux États-Unis. Dès son arrivée place Beauvau, il cherche à s'inspirer de méthodes américaines pour lutter contre l'insécurité. Le 28 août 2002, il effectue une courte « visite privée » à New York afin de rencontrer le nouveau chef de la police de la ville, le commissaire Raymond Kelly, et l'ancien maire, Rudolph Giuliani, réputé pour avoir réduit drasti-

---

1. Nicolas Sarkozy, *Libre*, op. cit., p. 387-391. À partir de 1995, le maire de Neuilly-sur-Seine est devenu proche de l'ambassadeur d'Israël à Paris, Avi Pazner. Il a accueilli à la mairie une exposition photo sur les trois mille ans de Jérusalem. Durant un dîner avec l'ancien Premier ministre Itzhak Shamir, il a plaidé pour le retrait des troupes israéliennes des territoires occupés et pour la création d'un État palestinien. Il est aussi un habitué, comme nombre d'hommes politiques, du dîner annuel du Conseil représentatif des institutions juives de France (CRIF). Voir l'ouvrage de l'ancien ambassadeur Freddy Eytan, *Sarkozy, le monde juif et Israël*, Éditions Amphée-Jean-Paul Bertrand, 2009, p. 78-79.

quement la criminalité en imposant le concept de « tolérance zéro » et la culture du chiffre aux policiers municipaux. Cette visite lui permet aussi de s'afficher aux côtés de celui qui a incarné la ténacité new-yorkaise durant les attentats du 11 septembre 2001.

Son vrai déclic atlantiste s'opère cette même année, à la faveur de contacts avec des représentants de la communauté juive américaine. Lui-même issu, par sa mère, d'une famille de la diaspora juive venue de Salonique, mais éduqué dans les écoles catholiques et adepte d'une « laïcité positive », il n'hésite pas à se présenter, on l'a vu, comme un ami d'Israël[1]. « En tant que maire de Neuilly-sur-Seine, où vit une importante communauté juive, il lui était impossible d'être indifférent à cette question[2] », témoigne David Martinon. Au ministère de l'Intérieur, il se mobilise contre l'antisémitisme, dont la recrudescence est, selon lui, sous-estimée. « L'antisémitisme, ça ne s'explique pas, ça se combat ! » répète-t-il à tous ses interlocuteurs, fustigeant le laxisme de son prédécesseur, le socialiste Daniel Vaillant, sur ce sujet.

Au début de 2003, l'opposition de Jacques Chirac à la guerre en Irak est mal perçue par la communauté juive. Le président apparaît comme le défenseur d'un dictateur arabe sans scrupules. Aux États-Unis, les organisations juives critiquent avec virulence la politique française et dénoncent la résurgence de l'antisémitisme dans l'Hexagone. Inquiet de ce mauvais climat, Jacques Chirac invite à l'Élysée, en janvier 2003, une délégation du Comité juif américain, puis, au mois d'avril, une autre du Centre Simon-Wiesenthal, afin de les rassurer[3]. Nicolas Sarkozy leur réserve également le meilleur accueil. Orateur lors d'une conférence

---

1. Le grand-père maternel de Nicolas Sarkozy, Benedict Aaron Mallah, issu d'une famille juive de Salonique (Grèce), s'est installé en France avant la Première Guerre mondiale et s'est converti au catholicisme. Voir Freddy Eytan, *Sarkozy, le monde juif et Israël*, op. cit., p. 29-31.
2. Entretien de David Martinon avec l'auteur, 28 mai 2010.
3. L'entretien du président Jacques Chirac avec Harold Tanner et David Harris, du Comité juif américain (American Jewish Committee ou AJC), se déroule le 27 janvier 2003. « Nous avons intérêt à maintenir un dialogue avec l'AJC », ont écrit les conseillers de l'Élysée avant la rencontre, jugeant cette organisation « influente, libérale et modérée ». L'entretien avec une délégation du Centre Simon-Wiesenthal, mené par le rabbin Abraham Cooper, a lieu le 13 avril 2003. « Notre position dans la crise irakienne a fait l'objet de la part du Centre de commentaires virulents », écrivent les conseillers de Jacques Chirac. Archives de la présidence de la République, 5AG5 AP6, Archives nationales.

de l'Unesco organisée avec le Centre Simon-Wiesenthal, le ministre de l'Intérieur reçoit le même jour le « prix de la tolérance », décerné par cette ONG pour récompenser ses efforts dans la lutte contre l'antisémitisme. De manière discrète, Nicolas Sarkozy commence à se démarquer de Jacques Chirac, essayant de se montrer plus zélé dans ce combat et plus proche des positions américaines sur le Moyen-Orient. « C'est une bouffée d'oxygène[1] », se réjouit le rabbin Abraham Cooper – doyen du Centre Simon-Wiesenthal et conseiller du gouverneur républicain de Californie Arnold Schwarzenegger – en sortant du bureau du ministre, place Beauvau, en avril 2003. Très attentif à ces relais d'opinion, Sarkozy prendra soin de cultiver ses liens avec les principales organisations juives américaines au cours des mois suivants.

« Je partage les valeurs américaines »

L'américanisme de Nicolas Sarkozy n'est pas encore très prononcé. Membre du gouvernement, il n'a pas fait entendre de voix discordante lors de la guerre en Irak, même s'il pense le plus grand mal des discours enflammés de son collègue en charge des Affaires étrangères, Dominique de Villepin. Mais le ministre a tout de même besoin de renforcer son aura à l'étranger. Sa nomination au poste de ministre de l'Économie et des Finances lui en donne l'opportunité. Débarquant à Bercy au printemps 2004, Nicolas Sarkozy doit assister à des réunions avec ses homologues des pays les plus industrialisés. Le vendredi 23 avril, il se rend à Washington pour l'assemblée générale du Fonds monétaire international et une conférence des ministres du G7. C'est la première fois qu'il retourne aux États-Unis depuis l'été 2002. L'agenda est serré, ponctué de rendez-vous incontournables sur la croissance économique et les taux d'intérêt. Accompagné de ses conseillers et du directeur du Trésor, Jean-Pierre Jouyet, il en profite pour sortir du strict cadre de ses compétences. « Nicolas Sarkozy m'a bluffé, se souvient Jouyet. Il était très à l'aise avec ses homologues, maîtrisant parfaitement les dossiers économiques. Il appréciait de faire du jogging

---

1. Rapporté par un témoin de cet entretien, entretien avec l'auteur, 2010.

dans les rues et d'être reçu par des personnalités importantes de l'administration Bush. Il voulait montrer que, même ministre de l'Économie, il était capable de s'affranchir de toute contrainte et d'être perçu comme une personnalité française de premier plan[1]. »

Il accepte, par exemple, de déjeuner au Sofitel de Washington avec le Comité juif américain, devant lequel il prononce en anglais un discours écrit par son conseiller, David Martinon, et répété méticuleusement dans l'avion : « Croyez-moi, les Français aiment les Américains », dit-il, avant de rappeler son action contre l'antisémitisme[2] et de se présenter plus ouvertement comme un admirateur du dynamisme des États-Unis : « Certains journalistes français m'appellent Sarkozy l'Américain. Je n'ai pas peur de dire que je partage de nombreuses valeurs américaines. » Il souligne que l'acteur Arnold Schwarzenegger a été élu gouverneur de Californie avec un nom aussi difficile à prononcer que le sien. « En Amérique, affirme-t-il sans nuances, personne n'est jugé sur son nom ou sur son faciès[3]. »

Le ministre français est conforté dans cette opinion par sa rencontre avec Condoleezza Rice, la conseillère à la Sécurité nationale du président Bush, puis avec Colin Powell, le secrétaire d'État. Ancien chef d'état-major interarmées, ce dernier, issu d'une famille d'immigrants jamaïcains, a grandi dans le quartier du Bronx, à New York, avant d'entamer une brillante carrière de militaire. Professeur de sciences politiques, Condi Rice est native de l'Alabama, où elle a été confrontée à la ségrégation raciale. « Quand je rentrerai à Paris, je demanderai à la ministre de la Défense combien il y a de généraux noirs dans notre armée, et au ministre des Affaires étrangères combien nous avons d'ambassadeurs noirs ! » ironise Sarkozy. Il a

---

1. Entretien de Jean-Pierre Jouyet avec l'auteur, 29 juin 2010.
2. Interpellé à son retour par un député socialiste sur sa « frénésie de notoriété » lors de son voyage aux États-Unis, Nicolas Sarkozy répond vertement : « J'ai été l'invité de la totalité des associations de juifs américains, qui ont souhaité remercier la France pour le combat déterminé que nous menons contre l'antisémitisme. Ils ont même voulu me remettre une récompense. Je vais vous faire une confidence : cela ne risquait pas d'arriver à M. Vaillant, car après cinq années du gouvernement de M. Jospin, on était arrivé à faire croire aux États-Unis que la France était un pays antisémite ! » Ces propos provoquent de vives réactions chez les socialistes. Séance de questions au gouvernement, 28 avril 2004, Assemblée nationale.
3. Rapporté notamment par William Emmanuel, *Nicolas Sarkozy, la fringale du pouvoir*, Flammarion, 2007, p. 184.

trouvé, sur ce terrain, un premier thème de « rupture » avec les refrains élyséens.

Son portefeuille des Finances lui permet de retraverser l'Atlantique au début d'octobre 2004. Cette fois-ci, en plus des rendez-vous obligés au G7 et au FMI, il a réclamé un programme plus diversifié. C'est ainsi qu'il déjeune à l'Hudson Institute, un club de réflexion conservateur, avant de s'entretenir notamment avec Benjamin Netanyahou, le ministre des Finances d'Israël, qui est aussi le plus américanophile des dirigeants israéliens, ayant été éduqué en partie aux États-Unis. À New York, le 4 octobre, il planche sur la diversité à l'université Columbia, expliquant aux étudiants que « le rêve des familles françaises, c'est que les jeunes aillent travailler dans les universités américaines[1] ».

Lors de son court séjour new-yorkais, il discute également avec des représentants de la communauté financière de Wall Street et fait la connaissance de Kofi Annan, le secrétaire général de l'ONU. Enfin, il revoit son demi-frère, Olivier Sarkozy, un trentenaire devenu une star des fusions-acquisitions chez UBS à New York. « La réussite d'Olivier dans le monde bancaire a certainement impressionné Nicolas[2] », estime Frank Wisner, un diplomate américain qui a épousé Christine de Ganay, la première femme de Pal Sarkozy, le père de Nicolas. Ce voyage élargit en tout cas le carnet d'adresses américain du ministre. Et lui sert de banc d'essai pour roder sa petite musique dissonante sur le terrain de la politique étrangère.

Sommé par l'Élysée de choisir entre son portefeuille de ministre et la présidence de l'UMP, qu'il conquiert à la fin de novembre 2004, Nicolas Sarkozy décide de quitter le gouvernement Raffarin. Libre de sa voix et de ses mouvements, il en profite pour effectuer, à la mi-décembre, son premier voyage en Israël, accompagné de son épouse Cécilia. Présenté par la presse israélienne comme le « futur président de la France », le patron de

---

1. Discours de Nicolas Sarkozy devant les étudiants de l'université Columbia, New York, 4 octobre 2004.

2. Entretien de Frank Wisner avec l'auteur, 18 juin 2010. Wisner fut le mari de Christine de Ganay, la mère d'Olivier Sarkozy. Ce dernier a surtout vécu hors de France, puis il a entamé une carrière de banquier d'affaires à New York, chez Dillon, Read & Co en 1990, puis chez First Boston en 1993 et chez UBS en 2002, avant d'être recruté par Carlyle Group en avril 2008. Olivier s'est marié au début des années 1990 avec Charlotte, une chroniqueuse de mode, et le mariage a été célébré à la mairie de Neuilly-sur-Seine par Nicolas Sarkozy.

l'UMP est reçu à bras ouverts par le Premier ministre Ariel Sharon, qui est toujours en froid avec Jacques Chirac[1]. « Je suis certain que vous ferez partie de nos amis[2] », lui assure Sharon. Nicolas Sarkozy l'approuve, affirmant qu'il ne transigera jamais avec la sécurité d'Israël. Par petites touches, il continue ainsi de se différencier de Chirac.

Son retour au ministère de l'Intérieur, en juin 2005, dans le gouvernement de Dominique de Villepin l'empêche de voyager à sa guise. L'Élysée veille d'ailleurs à freiner ses velléités de diplomatie parallèle. Il est contraint de se concentrer sur les dossiers de sécurité, alors que des attentats terroristes frappent Londres en juillet 2005, que des émeutes enflamment les banlieues françaises en fin d'année et que les manifestations contre le Contrat première embauche (CPE) l'accaparent au début de 2006. Parallèlement, ses équipes de conseillers à l'UMP multiplient les colloques et les notes sur la « rupture » que leur héraut entend bientôt incarner. Au fur et à mesure que l'échéance présidentielle de 2007 se rapproche, Nicolas Sarkozy sent pourtant que sa stature internationale manque toujours cruellement d'épaisseur.

Des critiques abruptes contre la diplomatie chiraquienne

Il saisit l'occasion de l'anniversaire des attentats du 11 septembre pour se rendre aux États-Unis en 2006. Cette fois-ci, c'est bien le futur candidat à la présidence de la République qui cherche, outre-Atlantique, une forme de reconnaissance. Prenant pour la première fois radicalement ses distances avec l'Élysée, il a planté le décor dans son livre *Témoignage*, publié quelques semaines plus tôt. Sur les États-Unis, le ton est donné : « Voici un pays qu'une partie de nos élites fait profession de détester ou au moins de critiquer de façon caricaturale [...]. Nos relations sont fraîches, pour ne pas dire froides. Je suis le premier à reconnaître que les Américains n'y sont pas pour rien [...]. Sur l'Irak, nos désaccords étaient légitimes, mais ils auraient été plus audibles s'ils n'avaient été couplés avec la menace de l'utilisation de notre

---

1. Sharon en veut surtout à Chirac pour son soutien inconditionnel à Yasser Arafat depuis des années. Arafat est décédé quelques semaines plus tôt, le 11 novembre 2004, à Clamart, où il avait été hospitalisé.
2. Rapporté dans Freddy Eytan, *Sarkozy, le monde juif et Israël, op. cit.*, p. 175-180.

droit de veto. La France est suffisamment forte pour se garder de toute réaction passionnelle, épidermique ou excessive. Je crois à la nécessité de notre entente avec les États-Unis. » Et il ajoute : « Je n'ai pas de fascination pour le modèle américain. Mais à choisir, je me sens plus proche de la société américaine que de beaucoup d'autres à travers le monde[1]. »

Son positionnement de campagne est clair : critique avec Chirac, conciliant avec Bush. C'est sa manière, tactique, de se distinguer. Est-il un candidat proaméricain ? « Je me sens capable de l'assumer[2] », avoue-t-il au *Monde*. Ses conseillers de campagne sont sur cette ligne. David Martinon, jeune diplomate à l'allure de dandy qui le conseille sur les affaires internationales depuis 1999, est un admirateur des États-Unis. Il s'est entouré de copains issus du Quai d'Orsay, dont François Richier, Boris Boillon, Olivier Colom et Jean-Hugues Simon-Michel, des dissidents de droite de la politique étrangère chiraquienne. Ayant évolué naguère dans l'entourage de Chirac, Pierre Lellouche, le député de Paris qui a soutenu l'invasion américaine en Irak, tourne aussi autour de cette équipe, cherchant à jouer les premiers rôles auprès de Sarkozy.

Le voyage de septembre 2006 s'inscrit dans le plan de communication du futur présidentiable. Clin d'œil de l'histoire : c'est exactement le même déplacement qu'avait effectué, en septembre 1994, un certain Jacques Chirac, à quelques mois de l'élection présidentielle qui devait le porter au pouvoir ! Président du RPR, Chirac était venu à New York et Washington pour rencontrer des éditorialistes et des officiels. À l'époque, il avait fallu tout l'entregent de l'ambassadrice américaine à Paris, Pamela Harriman, pour arracher une entrevue à la Maison-Blanche avec le président Bill Clinton et son épouse Hillary. Chirac avait obtenu sa séance photo et il avait promis de se rapprocher des États-Unis une fois qu'il serait élu[3].

Nicolas Sarkozy suit le même chemin. La visite a été préparée de longue date. Au début de mai, le ministre de l'Intérieur a eu l'occasion de rencontrer discrètement l'ancien président George H.W. Bush, âgé de quatre-vingt-deux ans, qui était de passage à

---

1. Nicolas Sarkozy, *Témoignage*, XO Éditions, 2006, p. 262-263.
2. « Nicolas Sarkozy : J'aime l'énergie et la fluidité de l'Amérique », propos recueillis par Patrick Jarreau, Arnaud Leparmentier et Philippe Ridet, *Le Monde*, 10 septembre 2006.
3. Voir le chapitre 10.

Paris. Il lui a parlé de son futur voyage en évoquant son désir de rencontrer son fils[1]. Le message a été transmis. Puis, lors d'un petit déjeuner, Sarkozy a demandé à l'ambassadeur américain, Craig Stapleton, un familier de George W. Bush, d'intercéder en sa faveur afin d'obtenir une audience à la Maison-Blanche. « J'avais des relations très régulières avec Sarkozy en tant que ministre de l'Intérieur, car la coopération entre nos services de renseignements était excellente, confie Stapleton. Il s'y impliquait beaucoup et il était persuadé que des attentats terroristes étaient probables en France. Normalement, le président des États-Unis ne rencontre pas des candidats avant une élection d'un pays étranger. Mais, cette fois-ci, il y a eu une exception[2]. »

Comme Chirac douze ans plus tôt, le candidat Sarkozy commence son périple à New York. La ville le fascine, même si elle symbolise aussi une blessure, son épouse Cécilia y ayant séjourné par intermittence en 2005 pour prendre ses distances[3]. Arrivé avec sa délégation le samedi 9 septembre 2006, Nicolas Sarkozy se rend sur le site des attentats de 2001, Ground Zero, avant d'assister à une cérémonie émouvante dans une caserne de pompiers. En fin de journée, il décore de la Légion d'honneur le patron de la police de New York, Raymond Kelly, et passe un moment avec le maire de la ville, Michael Bloomberg. L'un de ses discrets conseillers sur la sécurité, le criminologue Alain Bauer, très introduit dans la police de New York, a facilité ces contacts, qui collent avec son image de ministre en pointe dans la lutte contre le terrorisme[4]. Il dîne ensuite au domicile de son demi-frère Olivier. Celui-ci a réuni des amis banquiers et des hommes d'affaires qui entourent chaleureusement Nicolas, venu avec Cécilia.

---

1. Cette rencontre entre Nicolas Sarkozy et George H.W. Bush a eu lieu le 2 mai 2006 grâce à l'entremise de l'ambassadeur des États-Unis, Craig Stapleton. L'ancien président américain a également vu Jacques Chirac à l'Élysée la veille.
2. Entretien de Craig Stapleton avec l'auteur, 4 décembre 2008.
3. Le 25 août 2005, *Paris-Match* a publié en une une photo de Cécilia Sarkozy à New York en compagnie du publicitaire Richard Attias. Cette photo a provoqué la colère de Nicolas Sarkozy. Alain Genestar, le patron de *Paris-Match*, a dû quitter ses fonctions en juin 2006. Entre-temps, Cécilia Sarkozy est revenue vivre à Paris aux côtés de son mari. Voir Nicolas Sarkozy, *Témoignage, op. cit.*, p. 49 ; William Emmanuel, *Nicolas Sarkozy, la fringale du pouvoir, op. cit.*, p. 258-283 ; et Frédéric Charpier, *Nicolas Sarkozy, enquête sur un homme de pouvoir*, Presses de la cité, 2007, p. 147-183.
4. Entretien d'Alain Bauer avec l'auteur, 14 décembre 2009.

Le ministre est aussi l'invité d'un parterre très sélect du Comité juif américain, qui encense ses propos pro-israéliens et anti-iraniens tenus à huis clos[1]. Arrivé à Washington, il continue de délivrer les mêmes messages. Son discours prononcé devant le mémorial des Filles de la Révolution américaine est un modèle du genre. Il revendique franchement son amitié pour l'Amérique – « Je ne suis pas lâche ». Il mentionne avec fierté les faits d'armes du jeune La Fayette, qui « mena l'assaut final contre le camp anglais de Yorktown le 19 octobre 1781 ». Plus incisif, il dénonce l'antiaméricanisme des élites hexagonales, rappelant que les Français adorent les États-Unis, puisqu'ils portent des jeans, mangent des burgers, écoutent Madonna, vont au cinéma voir *Miami Vice*, lisent James Ellroy ou relisent, comme lui, Hemingway. Et il critique sévèrement la diplomatie chiraquienne : « Il n'est pas convenable de chercher à mettre ses alliés dans l'embarras ou de donner l'impression de se réjouir de leurs difficultés. J'ai toujours préféré l'efficacité dans la modestie plutôt qu'une grandiloquence stérile. Et je ne veux pas d'une France arrogante et pas assez présente. » À l'Élysée, ce discours d'un ministre de l'Intérieur, prononcé aux États-Unis, sur l'« arrogance » française est perçu comme un véritable coup de poignard. « Irresponsable et lamentable », confiera Chirac à ses proches.

Sarkozy se lance aussi dans un couplet très dur sur le régime iranien, qui s'est mis « au ban des nations » avec un programme nucléaire dont le développement est, à ses yeux, « terrifiant ». « La diplomatie doit être notre arme principale, mais il faut laisser toutes les options ouvertes », ajoute-t-il en faisant allusion, de manière directe, à une éventuelle menace militaire. Inspirés par son équipe de conseillers, ces propos, éloignés de la ligne officielle française, sont en phase avec les positions des néoconservateurs américains. De même que ses phrases sur la récente guerre d'Israël au Liban : « On peut juger maladroite et disproportionnée l'intervention israélienne au Liban. La vérité est qu'il n'y a eu qu'un agresseur, et c'est le Hezbollah. Israël avait le droit et le devoir de défendre ses citoyens[2]. » Même s'il est en désaccord

---

1. Voir Glenn Kessler, « Visiting French Presidential Hopeful Lauds US in Speech », *Washington Post*, 13 septembre 2006, et Elaine Sciolino, « Widening His Campaign Trail, French Hopeful Tours the U.S. », *New York Times*, 13 septembre 2006.

2. Discours de Nicolas Sarkozy devant le mémorial de la National Society of Daughters of the American Revolution, à l'invitation de la French-American Foundation, Washington, 12 septembre 2006.

avec les États-Unis sur l'entrée de la Turquie dans l'Europe ou sur le changement climatique, le futur candidat s'affiche décidément plus proche de Bush que de Chirac !

La « provocation » se poursuit avec l'entretien et la séance photo accordés à Sarkozy à la Maison-Blanche. Le principe d'une rencontre informelle avec le président Bush a été retenu. Celle-ci se déroule dans le bureau du conseiller à la Sécurité nationale, Stephen Hadley. « On me dit que vous êtes un drôle de type », lance Bush, tout sourire, à cet invité français partisan d'une franche réconciliation entre les deux pays. « On me conseille de ne pas être proaméricain dans ma campagne, mais je n'en ai pas honte[1] », répond Sarkozy sans sourciller.

Outre une nouvelle rencontre avec Condi Rice, il achève sa tournée américaine par deux entretiens au Congrès, que lui ont concocté David Martinon et l'ambassadeur de France à Washington, Jean-David Levitte. « Nous pensions qu'il était important pour Sarkozy de mieux comprendre la vie politique américaine, et notamment qu'il puisse rencontrer de possibles futurs candidats à la présidentielle de 2008, témoigne Martinon. J'ai suggéré les noms de John McCain côté républicain, et celui du jeune sénateur de l'Illinois, Barack Obama, côté démocrate, alors qu'ils étaient loin d'être donnés gagnants aux primaires de leur camp[2]. »

L'entrevue avec McCain est l'occasion de parler de l'Afghanistan et du Pakistan, sujets que l'ancien vétéran connaît en détail[3]. L'échange avec Obama donne lieu, quant à lui, à un curieux affrontement : aussi dissemblables que possible physiquement, les deux hommes se jaugent, pressentant qu'ils appartiennent tous les deux à la race des phénomènes politiques. Sarkozy interroge Obama sur l'Irak. « Tout le problème sera de savoir quel sera le moins mauvais moment d'en sortir », avoue le sénateur démocrate qui, de retour d'un voyage en Afrique, interpelle le Français sur ce qu'il pense du Darfour et du Tchad. « La situation est tendue », rétorque Sarkozy, surpris par l'intérêt d'Obama

---
1. Rapporté par l'ambassadeur Craig Stapleton, qui assistait à cette rencontre. Entretien de Craig Stapleton avec l'auteur, 4 décembre 2008.
2. Entretien de David Martinon avec l'auteur, 28 mai 2010. Jean-David Levitte revendique aussi la paternité de l'idée de ces entretiens avec John McCain et surtout avec Barack Obama. Levitte est déjà allé voir Obama plusieurs fois à Chicago depuis 2004. Entretien de Jean-David Levitte avec l'auteur, 10 juillet 2010.
3. Tout juste élu, Nicolas Sarkozy reverra John McCain à l'Élysée, le 5 juillet 2007.

pour cette région du monde. « Il est ressorti de cet entretien très content et très marqué par le charisme d'Obama[1] », se souvient David Martinon, qui était présent. Nicolas Sarkozy avait aussi rêvé de rencontrer Hillary Clinton, alors donnée favorite pour les primaires démocrates. Il doit se contenter d'une conversation téléphonique avec la sénatrice de New York, qui est absente de Washington.

Ces quatre jours d'escapade sont, à ses yeux, une réussite. Même si la poignée de main avec Bush lui vaut une volée de bois vert de la part des principaux leaders politiques français : Sarkozy est traité de « futur caniche du président des États-Unis » par Laurent Fabius, tandis que Ségolène Royal, la candidate socialiste, explique que, si elle est élue, sa politique « ne consistera pas à s'agenouiller devant George Bush ».

L'ambassadeur de Bush aux meetings de Royal et Sarkozy

Le ministre de l'Intérieur n'en a cure. Pour lui, l'essentiel est d'être reçu comme un présidentiable et de se démarquer de Jacques Chirac par son proaméricanisme fervent. Cette posture ne le dessert pas. D'ailleurs, ni sa rivale Ségolène Royal ni le candidat du centre François Bayrou n'entonnent de refrains antiaméricains pour glaner des voix. L'ambassadeur des États-Unis, Craig Stapleton, réputé très proche de Bush, s'en étonne presque : contrairement à ce qu'il redoutait, les États-Unis ne servent pas de punching-ball dans les débats de la présidentielle française. Avant les primaires du PS, il a déjà rencontré la plupart des leaders socialistes, de Laurent Fabius à Ségolène Royal. Tous lui ont confié qu'ils étaient contre la guerre en Irak mais qu'ils avaient été choqués par la manière dont Jacques Chirac s'était comporté avec les États-Unis. Un sentiment également exprimé par Nicolas Sarkozy et François Bayrou lors de leurs rendez-vous avec les diplomates américains.

Durant la campagne, Craig Stapleton suit les principaux candidats. Il assiste à plusieurs meetings de Sarkozy, Bayrou et

---

1. Entretien de David Martinon avec l'auteur, 28 mai 2010. Nicolas Sarkozy était accompagné de son épouse Cécilia, de l'ambassadeur Jean-David Levitte, du député Pierre Lellouche et de David Martinon.

Royal pour mieux comprendre ce qui s'y passe. « Je suis allé, par exemple, à deux réunions publiques de Ségolène Royal, à Nantes et à Paris, raconte l'ancien ambassadeur. Je ne m'asseyais pas au premier rang, car je voulais rester discret, mais elle m'a naturellement reconnu et a paru surprise de me voir. J'avais de bonnes relations avec Ségolène Royal. Elle est venue plusieurs fois prendre des petits déjeuners à ma résidence et elle s'est toujours dite prête à coopérer de manière franche et ouverte avec les États-Unis si elle était élue[1]. » Au fond, le représentant de Bush à Paris n'aurait pas été choqué de la voir s'installer à l'Élysée. Il avait d'ailleurs noué de solides contacts avec l'un des membres expérimentés de son équipe, Jean-Louis Bianco, qui occupa le poste clé de secrétaire général de l'Élysée sous François Mitterrand.

Mais la victoire de Nicolas Sarkozy, le 6 mai 2007, avec 53 % des suffrages, enthousiasme bien davantage la Maison-Blanche. Quelques minutes après l'annonce des résultats, vers 20 h 30, George Bush téléphone au vainqueur, qui se trouve encore à son QG de campagne, rue d'Enghien, dans le Xe arrondissement de Paris. Le président américain est ainsi le premier chef d'État étranger à féliciter Sarkozy.

Quelques minutes plus tard, devant les militants de l'UMP réunis salle Gaveau, rue de la Boétie, le nouvel élu promet de tenir ses engagements. « Le peuple français a choisi de rompre avec les habitudes et les comportements du passé », dit-il sous les applaudissements de ses supporters. L'un des messages de ce premier discours concerne les États-Unis : « Je veux lancer un appel à nos amis américains, pour leur dire qu'ils peuvent compter sur notre amitié, qui s'est forgée dans les tragédies de l'histoire que nous avons affrontées ensemble. Je veux leur dire que la France sera toujours à leurs côtés quand ils auront besoin d'elle, mais je veux leur dire aussi que l'amitié, c'est accepter que ses amis puissent penser différemment et qu'une grande nation comme les États-Unis a le devoir de ne pas faire obstacle à la lutte contre le réchauffement climatique, mais au contraire de prendre la tête de ce combat, parce que ce qui est en jeu, c'est le sort de l'humanité tout entière. La France fera de ce combat son premier combat[2]. »

---
1. Entretien de Craig Stapleton avec l'auteur, 4 décembre 2008.
2. Discours de Nicolas Sarkozy, salle Gaveau, 6 mai 2007.

Des signaux très appréciés à Washington

Nicolas Sarkozy a trouvé de quoi afficher habilement sa « rupture » avec Chirac tout en donnant quelques conseils à l'administration Bush. Ses premiers gestes concrétisent le rapprochement souhaité avec les États-Unis. En choisissant comme conseiller diplomatique à l'Élysée Jean-David Levitte, l'ambassadeur de France à Washington, il envoie un signal clair à la Maison-Blanche. Fin connaisseur des milieux politiques américains, Levitte n'a cessé d'œuvrer depuis 2003 au réchauffement des liens entre George Bush et Jacques Chirac, dont il fut le sherpa entre 1995 et 2000. En revenant travailler au 2, rue de l'Élysée, celui que ses collègues surnomment « Diplomator » a pour première mission d'établir une ligne directe entre Bush et Sarkozy. Il s'entoure d'une équipe de jeunes chevau-légers du Quai d'Orsay, dont François Richier, Boris Boillon, Olivier Colom, Damien Loras et Fabien Raynaud, qui épaulaient déjà David Martinon. Ce dernier est promu, quant à lui, porte-parole de l'Élysée.

La nomination de Bernard Kouchner au poste de ministre des Affaires étrangères, à la mi-mai, constitue un autre message adressé à Washington. Faute d'avoir pu convaincre le socialiste Hubert Védrine de prendre ce poste[1], le président de la République a jeté son dévolu sur un homme de gauche qui est bien vu à Washington. Kouchner, le *French doctor* qui fut notamment secrétaire d'État à l'Action humanitaire sous Mitterrand, administrateur civil au Kosovo de 1999 à 2001 et enseignant à Harvard en 2003, a en effet soutenu le changement de régime en Irak.

Les premiers contacts avec les Américains sur la scène internationale sont également prometteurs. La réunion du G8, qui se tient les 7 et 8 juin 2007 à Heiligendamm, en Allemagne, donne au président français l'occasion de faire une entrée tonitruante dans l'arène des chefs d'État et de gouvernement. Se présentant en « ami sans arrière-pensées » des États-Unis, il demande ouvertement à George Bush un effort sur le climat. Et il réclame du président russe Vladimir Poutine la reconnaissance

---

[1]. Le président Sarkozy confiera tout de même, le 2 juillet 2007, une mission à Hubert Védrine sur « La France et la mondialisation » dans lequel ce dernier exprimera ses vues sur la politique étrangère française.

du caractère « inéluctable » de l'indépendance du Kosovo. Autant de déclarations impétueuses qui animent la séance plénière. Mais, en coulisses, Nicolas Sarkozy est accommodant avec le président américain. Malgré une forte migraine qui le cloue au lit le vendredi matin 8 juin, George Bush tient à discuter en tête à tête avec le nouvel élu français, dont le franc-parler l'impressionne.

Accompagné de Jean-David Levitte et de David Martinon, Nicolas Sarkozy s'entretient avec un George Bush souffrant, allongé sur son lit dans sa chambre d'hôtel. L'Américain invite le Français à venir lui rendre visite aux États-Unis. Sarkozy accepte « avec plaisir ». Les deux hommes évoquent leurs convergences en matière de lutte contre le terrorisme et à propos de la défense de la souveraineté du Liban, deux sujets de relative continuité avec la politique chiraquienne. En revanche, Sarkozy prône un maintien des forces françaises en Afghanistan, alors que Chirac voulait les retirer. Et il parle de possibles nouvelles sanctions contre l'Iran, au sujet desquelles l'ancien président n'a jamais été très favorable. S'agissant des négociations en cours sur les règles du commerce mondial, le président français déclare simplement : « Je vais défendre les intérêts de notre économie et de nos agriculteurs avec la même vigueur que vous défendez les intérêts de vos agriculteurs et de vos entreprises.

– Je vous comprends[1] », répond Bush.

Entre les deux hommes, l'entente est excellente. De passage à Paris à la fin de juin, la secrétaire d'État Condoleezza Rice bénéficie également d'un accueil très chaleureux. Avec Bernard Kouchner et Nicolas Sarkozy, elle partage ses vues sur le Darfour, le Liban, le Kosovo et le dossier nucléaire iranien. « Ils ont envoyé des signaux forts indiquant qu'ils veulent de très bonnes relations avec les États-Unis », confie-t-elle aux journalistes américains à l'issue de sa visite. Le même jour, le président reçoit à l'Élysée Arnold Schwarzenegger, le gouverneur de Californie, adepte de la lutte contre le réchauffement climatique et candidat possible aux primaires républicaines pour la présidentielle. Nicolas Sarkozy admire toujours le parcours de l'ancien acteur d'origine autrichienne devenu une star de la politique. Et il élargit encore son carnet d'adresses américain.

---

1. Rapporté par les témoins de cet entretien et par Nicolas Sarkozy lors du point presse qui suit cette rencontre bilatérale avec George Bush, 8 juin 2007, archives de l'Élysée.

Confidences lors d'un pique-nique chez les Bush

L'ambiance reste au beau fixe durant les semaines suivantes. Après une visite officielle en Libye, à la fin de juillet, qui froisse un peu Washington, Nicolas Sarkozy décide, pour la première fois, de passer des vacances d'été aux États-Unis. Il séjourne avec son épouse Cécilia dans une villa louée par des amis italiens, située à Wolfeboro, une station huppée du New Hampshire. Cette initiative est vivement appréciée outre-Atlantique. George Bush invite aussitôt son jeune homologue à partager un pique-nique dans la résidence estivale des Bush, à Kennebunkport, distante d'une centaine de kilomètres. Si François Mitterrand avait eu droit à cet égard, au printemps de 1989, jamais Jacques Chirac n'avait été convié de manière amicale au domicile des Bush.

Cécilia et deux des enfants Sarkozy s'étant excusés pour cause d'« angine blanche », Nicolas arrive seul vers midi, le samedi 11 août 2007, à Walker's Point, la propriété côtière des Bush, au-dessus de laquelle un drapeau tricolore a été hissé pour l'occasion. Il est vêtu d'un jean bleu, d'une chemise blanche et de mocassins en daim, ce qui correspond à la décontraction voulue pour cette rencontre. L'hôte français embrasse Laura Bush, la First Lady, et salue George et Barbara Bush, les parents du président. Puis il entonne un hymne à la gloire de l'amitié franco-américaine. « Sommes-nous d'accord sur tout ? Non, parce que dans une famille on peut avoir des désaccords. Mais on est dans la même famille, c'est ça, la vérité », dit-il. À ses côtés, George W. Bush est ravi de cette « nouvelle ère » qui s'annonce. Après un entretien avec le président et son père, tout le monde dévore des hamburgers et des hot-dogs. Une courte promenade en bateau clôt cette séquence familiale.

Les médias ne retiennent de ce pique-nique que l'absence remarquée de Cécilia. Mais les deux présidents ont parlé de plusieurs sujets importants. Nicolas Sarkozy a informé George Bush du voyage imminent de Bernard Kouchner en Irak, le premier déplacement d'un ministre français dans ce pays depuis des années. C'est le signe de la nouvelle volonté de l'Élysée de jouer un rôle pour la stabilisation de l'Irak aux côtés des Américains. Le président a également mentionné la possibilité de renforcer le dispositif militaire français en Afghanistan, ainsi que celle d'un futur retour de la France dans le commandement intégré de l'OTAN. Deux initiatives jugées jusqu'à présent improbables à Washington.

Enfin, et surtout, Sarkozy et Bush ont parlé de l'Iran, qui est au cœur de leurs préoccupations du moment. Le président iranien Ahmadinejad continue de jouer les provocateurs en appelant à la destruction d'Israël. Et les premières sanctions décidées par le Conseil de sécurité des Nations unies en décembre 2006 et mars 2007 ne semblent pas suffire à freiner le programme nucléaire iranien. Bush et Sarkozy redoutent que le gouvernement israélien ne décide de bombarder unilatéralement des sites iraniens, comme il l'a fait en juin 1981 en Irak pour détruire un réacteur nucléaire. Cette hypothèse effraie tous les experts militaires occidentaux tant les réactions en chaîne seraient imprévisibles.

Le président américain multiplie les messages à destination de Tel-Aviv pour empêcher cette attaque préventive. Cependant, certains ténors de son administration ne cachent pas leur souhait d'en découdre avec l'Iran et prônent, comme ils l'envisagèrent pour l'Irak ou la Syrie, un « changement de régime » à Téhéran. Nicolas Sarkozy est plus prudent : certes, durant sa campagne, il avait avancé que « toutes les options » devaient rester ouvertes – autrement dit que des frappes militaires étaient possibles en dernier recours –, mais, élu à l'Élysée, il est revenu sur cette phrase lourde de menaces.

Désormais, pour éviter un scénario catastrophe, il prône avant tout un durcissement progressif des sanctions décidées par la communauté internationale. C'est le message qu'il fait passer à Bush lors de ce pique-nique. Les deux présidents décident de rester très vigilants sur le sujet, qui figurera au menu de tous leurs échanges, ainsi que de ceux de leurs ministres des Affaires étrangères. « Un Iran doté d'une arme nucléaire est pour moi inacceptable[1] », déclare d'ailleurs le président Sarkozy devant les ambassadeurs réunis à Paris le 27 août 2007.

---

1. « Je veux réaffirmer qu'un Iran doté de l'arme nucléaire est pour moi inacceptable, et souligner l'entière détermination de la France dans la démarche actuelle alliant sanctions croissantes, mais aussi ouverture si l'Iran fait le choix de respecter ses obligations. Cette démarche est la seule qui puisse nous permettre d'échapper à une alternative catastrophique : la bombe iranienne ou le bombardement de l'Iran. Cette [...] crise est sans doute la plus grave qui pèse aujourd'hui sur l'ordre international. » Discours du président Nicolas Sarkozy devant la conférence des ambassadeurs, 27 août 2007.

Une guerre est-elle possible ? Le mot est tabou. Lorsque Bernard Kouchner confie, en marge de son premier déplacement à Washington, en septembre 2007, qu'il faudrait bien se préparer au « pire » si l'Iran parvenait à se doter d'une bombe atomique, il est aussitôt contraint de corriger ses propos. Le président Sarkozy rappelle publiquement que « la France ne veut pas la guerre », mais des « sanctions plus fortes[1] ». Il n'empêche : si le ministre a dérapé, il a aussi révélé le fond de la pensée de certains membres de son entourage. Philippe Errera, l'un des bras droits de Kouchner et ancien numéro deux du Centre d'analyse et de prévision du Quai d'Orsay, avait rédigé en 2005 un article sur la « crise nucléaire iranienne », estimant que l'acquisition par l'Iran d'une capacité nucléaire aurait des conséquences d'une extrême gravité. « Le jour pourrait venir où nous ne pourrions plus avoir à choisir qu'entre de très mauvaises options, la moins mauvaise d'entre elles étant l'option militaire, préférable malgré tout à l'accession au rang de puissance nucléaire *de facto* d'un Iran constituant une menace pour ses voisins et pour nous-mêmes[2] », écrivait Errera.

Même si les officiels répètent qu'il n'y aura pas d'action militaire française, l'Iran fera bien l'objet de discussions régulières entre les chefs d'état-major français et américain, et parfois avec les militaires israéliens[3]. « À tout prendre, mieux vaudrait monter une coalition internationale sous l'égide de l'ONU plutôt que d'apprendre un beau matin qu'Israël ou les États-Unis ont frappé de manière unilatérale[4] », confie un initié du Quai d'Orsay. Malgré sa vocation purement « dissuasive », la nouvelle base militaire française qui sera inaugurée en mai 2009 à Abu Dhabi, à deux cents kilomètres des côtes iraniennes, participera de cette ambition sarkozienne qui consiste à démontrer que la France « sait s'adapter aux nouveaux enjeux » et qu'elle est « prête à

---

1. Il le répète au *New York Times* : « Nous devons renforcer les sanctions. Pour ma part, je n'utilise pas le mot "guerre" [...]. L'expression "toutes les options sont sur la table" n'est pas mienne. » *New York Times*, 23 septembre 2007.
2. Philippe Errera, « La crise nucléaire iranienne », *Annuaire français des relations internationales*, *op. cit.* Il n'est pas le seul : l'expert des relations internationales François Heisbourg publie en septembre 2007 un livre où l'hypothèse d'une guerre est avancée comme recours ultime. François Heisbourg, *Iran, le choix des armes ?* Stock, 2007.
3. Notamment lors d'une rencontre à Paris au début d'octobre 2009 entre le chef d'état-major israélien, le général Gaby Ashkenazi, et ses homologues français (le général Jean-Louis Georgelin) et américain (l'amiral Michael Mullen).
4. Entretien avec l'auteur, 2010.

prendre ses responsabilités et à jouer tout son rôle dans les affaires du monde[1] ». Autrement dit : tout est fait pour l'éviter, mais, en cas de conflit avec l'Iran, la France sera en première ligne.

Un retour dans l'OTAN... finalement retardé

La lune de miel entre Sarkozy et Bush atteint son paroxysme avec la visite officielle du président français à Washington les 6 et 7 novembre 2007. Son discours passionné devant le Congrès est vivement applaudi. Anecdote méconnue : la première version de ce discours, rédigé par son conseiller Henri Guaino, comportait quelques phrases critiques, sur le thème : « L'Amérique que nous n'aimons pas, c'est celle qui maintient ouvert le centre de détention de Guantánamo... celle qui a commis des abus de pouvoir dans les prisons en Irak... celle qui refuse de ratifier le protocole de Kyoto... » Ces passages ont été supprimés par Jean-David Levitte, qui craignait sérieusement d'indisposer les élus du Congrès avec des propos de donneurs de leçons. Il fallait dire aux Américains uniquement ce qu'ils avaient envie d'entendre : qu'on les aime ! Pour éviter de paraître trop aligné sur l'administration Bush, Levitte a simplement conservé un appel à l'« exemplarité » des États-Unis, que ce soit pour « dénoncer les dérives et les excès d'un capitalisme financier qui fait aujourd'hui la part trop belle à la spéculation » ou pour prendre, aux côtés de l'Europe, « la tête du combat contre le réchauffement climatique qui menace de destruction notre planète ».

Les deux présidents se retrouvent ensuite à Mount Vernon pour visiter la demeure de George Washington, où sont conservées les clés de la Bastille, offertes par La Fayette. « Ce furent des moments très utiles, parce que cela a vraiment permis de tourner la page des années de conflit que Chirac incarnait outre-Atlantique[2] », résume Jean-David Levitte, l'un des discrets ordonnateurs de cette grand-

---

1. Rapporté dans Isabelle Lasserre, « Abu Dhabi, nouvelle base avancée de la France en face de l'Iran », *Le Figaro,* 26 mai 2009.
2. Entretiens de Jean-David Levitte avec l'auteur, 5 et 12 décembre 2009. Lors de ce déplacement, outre des entretiens avec le président Bush et avec des membres du Congrès, Nicolas Sarkozy rencontre également des hommes d'affaires du French American Business Council, des vétérans de la Seconde Guerre mondiale, la communauté française de Washington, des membres de l'organisation interreligieuse Appeal of Conscience Coalition et les principales organisations juives américaines, qui lui remettront le prix Light Unto the Nation.

messe. Alors que l'opinion française commence à critiquer les dérives « bling-bling » de sa présidence, les médias américains, eux, encensent ce Sarkozy qui prône les valeurs de la réussite. Quand on interroge le président sur les raisons de son épanchement atlantiste, il se contente de rappeler les sacrifices des GI's morts sur les plages du débarquement, citant une de ses chansons fétiches, « Les Ricains », de Michel Sardou, qui en 1967 critiquait la décision du général de Gaulle de sortir du commandement intégré de l'OTAN et d'expulser les bases militaires américaines hors du territoire...

L'héritage gaulliste est bien enterré. Au-delà de la rhétorique, les négociations débutent, en effet, sur le retour de la France dans le commandement de l'OTAN. Le sujet n'avait pas été abordé durant la campagne[1]. Bien que certains lui conseillent d'attendre la prochaine administration américaine, pour éviter d'apparaître comme le supporter d'une équipe Bush de plus en plus décrédibilisée, Sarkozy semble pressé d'avancer sur ce dossier afin de marquer la « rupture[2] ».

Des réunions se tiennent à l'Élysée dès la fin du mois de juillet 2007, sous la houlette de Jean-David Levitte[3]. Le conseiller diplomatique connaît bien le dossier : c'est lui qui, à l'Élysée, aux côtés de Chirac, avait déjà mené des pourparlers sur le sujet avec les Américains entre 1996 et 1997. Les Français réclamant trop fort le commandement stratégique de la Méditerranée pour prix de leur retour dans l'OTAN, Bill Clinton avait mis son veto à cette concession inacceptable[4]. « Cette fois-ci, je savais mieux m'y prendre, raconte Levitte. De plus, George Bush, qui n'avait pas grand-chose à montrer comme résultats de sa présidence, aurait été très heureux de réussir le retour de la France dans l'OTAN avant de passer la main. Du coup, nous avons demandé beaucoup et tout obtenu[5]. »

---

1. Sur l'analyse de cette « surprise », voir Frédéric Bozo, « Alliance atlantique : la fin de l'exception française », Fondation pour l'innovation politique, février 2008.

2. Dans son rapport sur « La France et la mondialisation », remis au président Sarkozy le 4 septembre 2007, l'ancien ministre socialiste Hubert Védrine recommande de rester « amis, alliés, mais pas alignés » avec les États-Unis et répond négativement à la question : « Est-ce avec cette administration – même si elle devient plus disponible – qu'il faut essayer de bâtir quelque chose de nouveau et de solide ? » Hubert Védrine, *La France et la mondialisation*, septembre 2007, archives de l'Élysée.

3. Voir Vincent Jauvert, « OTAN, histoire secrète d'un retour », *Le Nouvel Observateur*, 2 avril 2009.

4. Voir le chapitre 12.

5. Entretiens de Jean-David Levitte avec l'auteur, 5 et 12 décembre 2009.

Outre le feu vert de Sarkozy, Levitte bénéficie de l'appui des militaires français, qui plaident depuis des années en faveur de cette réintégration : l'armée française a participé à toutes les opérations de l'OTAN, du Kosovo à l'Afghanistan, sans avoir voix au chapitre dans les échelons supérieurs du commandement. Du chef d'état-major particulier du président, l'amiral Édouard Guillaud, au chef d'état-major des armées, le général Jean-Louis Georgelin, en passant par le cabinet du ministre de la Défense, Hervé Morin, le consensus règne sur la nécessité de tourner cette page. « La France est déjà membre de 35 des 37 comités de l'OTAN. Cessons l'hypocrisie et reprenons complètement notre place afin de peser sur les décisions », dit-on dans les antichambres du pouvoir.

Pour éviter que cette décision « historique » ne passe trop ouvertement pour un alignement sur les Américains, l'Élysée complète ses discours par un couplet sur le nécessaire renforcement de l'Europe de la défense, qui doit aller de pair avec une « rénovation » de l'OTAN. Nicolas Sarkozy les présente même comme des préalables indispensables à la réintégration de la France dans le cercle otanien. Il rêve ainsi de créer un quartier général européen qui symboliserait cette avancée. Le Pentagone n'y est pas complètement hostile. Les Allemands se laissent convaincre. Mais le gouvernement britannique refuse tout net. Or, sans l'accord de Londres, ce QG ne peut voir le jour. L'Europe de la défense reste encalminée.

À défaut de progrès réels sur ce terrain, l'Élysée négocie un calendrier sur la « rénovation » de l'OTAN. Et réclame l'obtention de postes clés pour les généraux français. Là encore, la négociation bute sur des obstacles de taille. La chancelière allemande Angela Merkel et le Premier Ministre britannique Gordon Brown ne veulent pas lâcher les sièges que leurs généraux occupent au sein des états-majors de l'OTAN. Heureusement, les Américains donnent un coup de pouce aux Français. Après des mois de discussions avec Stephen Hadley, le conseiller à la Sécurité nationale de George Bush, Jean-David Levitte finalise, en marge du sommet du G20 de Washington, à la mi-novembre 2008, un accord avec la Maison-Blanche. La France obtient deux postes importants : l'un des deux commandements stratégiques, celui basé à Norfolk, en Virginie, chargé de préparer la « transformation » de l'OTAN ; et l'un des trois commandements régionaux, celui de Lisbonne, qui supervise notamment les opérations en

Afrique et la Force de réaction rapide. Même s'il ne s'agit que de places dans une organisation militaire toujours dominée par les Américains, Nicolas Sarkozy a le sentiment d'avoir gagné la manche. « Carton plein ! » clame-t-on dans les couloirs de l'Élysée.

Seul problème : l'équipe Bush est sur le départ, tandis que le démocrate Barack Obama vient de triompher à l'élection du 4 novembre 2008. L'Élysée a besoin de s'assurer que la future administration ne remettra pas en cause le *deal* passé. Et les conseillers de Sarkozy se rendent tardivement compte qu'officialiser ce retour de la France dans l'OTAN durant la fin de règne d'un président américain décrié constitue une bévue politique. Les critiques sont déjà vives dans les rangs de l'UMP, des centristes et de l'opposition sur ce choix élyséen. Quitte à se rapprocher de Washington, autant que ce soit avec Obama, qui semble si populaire en France !

Par conséquent, Jean-David Levitte demande à Stephen Hadley, le conseiller de Bush, de ne pas divulguer la nouvelle tout de suite. La Maison-Blanche concède ce délai aux Français. L'émissaire de Sarkozy rencontre discrètement à Washington le futur conseiller à la Sécurité nationale du président Obama, le général James Jones, ancien commandant en chef de l'OTAN. « Il m'a confirmé l'accord personnel du futur président, se souvient Levitte. Nous avons décidé de le rendre public après le 20 janvier, date d'investiture d'Obama. C'était mieux sur le plan franco-français[1]. »

Le retour de la France dans le giron atlantique sera annoncé par le président de la République le 11 mars 2009. Approuvée par l'Assemblée nationale une semaine plus tard, cette décision sera célébrée lors des cérémonies du soixantième anniversaire de l'OTAN, qui se tiendront à Strasbourg et à Kehl les 3 et 4 avril 2009. Sur les photos, Nicolas Sarkozy pourra poser aux côtés de Barack Obama, la nouvelle star planétaire !

---

1. Entretiens de Jean-David Levitte avec l'auteur, 5 et 12 décembre 2009.

Chapitre 20

Sarkozy-Obama, les dessous d'une mésentente

« Obama ? C'est mon copain ! »

Dès l'été 2008, Nicolas Sarkozy a cherché à prouver aux médias qu'il se sentait proche du sénateur noir de l'Illinois. Devançant sa rivale Hillary Clinton dans les primaires du parti démocrate, Barack Obama est alors sûr d'être désigné pour la course à l'élection présidentielle du 4 novembre. Lors d'une rapide tournée européenne, le charismatique candidat électrise une foule immense de cent mille personnes venues l'écouter à Berlin. Après huit années d'ère Bush, Obama incarne une alternative novatrice, symbole d'une Amérique plus ouverte et moins guerrière.

Nicolas Sarkozy sent le vent tourner. Très à l'aise avec George Bush, il a déjà accueilli chaleureusement à deux reprises John McCain, le futur candidat républicain, à l'Élysée. L'ancien président Bill Clinton est également venu, en octobre 2007, discuter avec lui de la campagne de sa femme Hillary, dont la cote grimpait avant les primaires démocrates. Il est temps de corriger le tir. Cela lui semble d'autant plus facile qu'Obama l'a lui-même qualifié, au début de 2008, d'homme « énergique » et d'« exemple » pour de nombreux dirigeants. À un journaliste du *Figaro* Nicolas Sarkozy explique que Barack Obama est son « copain » depuis qu'il l'a rencontré lors de sa visite à Washington en septembre 2006. « Contrairement à mes conseillers de la cellule diplomatique, je n'ai jamais cru dans les chances d'Hillary Clinton. J'ai toujours dit qu'Obama serait désigné[1] », ajoute-t-il.

---
1. Voir Bruno Jeudy, « Sarkozy : "Obama ? C'est mon copain ! " », *Le Figaro*, 24 juillet 2008. En réalité, ses conseillers diplomatiques lui rendaient compte des sondages d'opinion américains, plutôt favorables à Hillary Clinton au début des primaires démocrates.

Mieux : à ses yeux, la victoire éventuelle du sénateur noir « validerait » sa politique en faveur du réchauffement franco-américain, si démonstrative depuis juin 2007. Ces confidences appuyées précèdent opportunément le passage à Paris de Barack Obama. À l'issue d'un entretien en tête à tête à l'Élysée, Nicolas Sarkozy joue la décontraction devant les caméras aux côtés du candidat démocrate. Il se félicite de la grande « convergence de vues » qui règne entre eux, que ce soit sur le changement climatique, la moralisation de la finance, l'Afghanistan, le Darfour ou l'Iran. Rappelant leur rencontre de 2006 au Congrès, il plaisante : « On était deux dans ce bureau. Il y en a un qui est devenu président. L'autre n'a qu'à faire la même chose ! » Puis il tresse des lauriers à Obama, « un candidat qui regarde l'avenir et pas le passé ». De son côté, l'Américain se dit prêt à travailler « main dans la main » avec tous les alliés et renchérit dans la veine nostalgique : « En 2006, Nicolas Sarkozy n'a rencontré que deux sénateurs, moi et John McCain. Il semble qu'il ait le nez creux. »

Sarkozy se mue en sauveur planétaire

Souriants, les deux hommes semblent être sur la même longueur d'onde. Tout juste remarque-t-on qu'Obama ne reste que quelques heures en France, avant d'aller dîner à Londres avec le Premier Ministre britannique, Gordon Brown. Nicolas Sarkozy, lui, rayonne en cet été 2008. Il vient de prendre la présidence semestrielle de l'Union européenne. C'est l'occasion pour lui de prouver que sa méthode hyperactive peut se révéler efficace à l'échelle des Vingt-Sept, voire au-delà. La fenêtre de tir s'y prête. Sarkozy souhaite donner un nouvel élan à l'Europe après la signature, en décembre 2007, du traité de Lisbonne, qui prévoit de nouvelles règles de fonctionnement pour l'Union. De plus, l'administration Bush finissante n'est plus en mesure de lancer de grandes initiatives diplomatiques.

Le conflit qui se déclenche le 7 août 2008 entre la Géorgie et la Russie permet justement au président français de s'illustrer. Le président géorgien, Mikheïl Saakachvili, a lancé ses troupes à l'assaut de la république dissidente d'Ossétie du Sud, provoquant une réplique des Russes, venus à la rescousse des Ossètes. L'armée russe pousse même son offensive en direction de Tbilissi, la capitale géorgienne. Dès le 8 août, Nicolas Sarkozy se rend à Moscou et à Tbilissi pour se poser en médiateur. La veille, par téléphone, il a dissuadé George Bush d'envoyer des navires dans la région. « Nous avons recommandé à la Maison-Blanche de ne pas faire cela, car cela risquait de transformer un conflit russo-géorgien en nouvelle guerre froide. Bush l'a très bien compris, il a soutenu Sarkozy, et il semblait même presque soulagé de nous laisser faire[1] », se souvient Jean-David Levitte. Le 12 août, le président français obtient de son homologue russe, Dmitri Medvedev, un accord pour le retrait des troupes russes de Géorgie. À Tbilissi, Mikheïl Saakachvili réclame des garanties supplémentaires. Négociées par l'Élysée avec le Kremlin, elles lui sont transmises par l'intermédiaire de la secrétaire d'État américaine, Condoleezza Rice. Celle-ci a fait une halte au fort de Brégançon, le 14 août, pour en discuter avec Nicolas Sarkozy, avant de se rendre en Géorgie.

Fort de cette victoire diplomatique et du soutien américain, Sarkozy croit en sa méthode commando pour résoudre les crises internationales. N'est-ce pas ainsi qu'il a réussi, un an plus tôt, à obtenir la libération des infirmières bulgares retenues en Libye, ou qu'il a dénoué, au printemps précédent, la prise d'otages sur le *Ponant*, un voilier de croisière attaqué par des pirates près des côtes somaliennes ? Il aime ainsi se donner le beau rôle du « sauveur planétaire », quitte à gommer l'échec de certaines de ses initiatives, comme sa tournée sans suite au Proche-Orient au début de 2008, sa médiation avortée entre les Chinois et le dalaï-lama avant les Jeux olympiques de Pékin, ou encore son projet décevant d'Union pour la Méditerranée.

Lorsque la faillite bancaire de Lehman Brothers fait plonger toutes les bourses mondiales, à la mi-septembre 2008, Nicolas Sarkozy monte à nouveau au créneau. Une semaine plus tard, il profite de sa présence à New York à l'occasion de l'Assemblée générale des Nations unies pour entamer des discussions sur la crise financière[2]. Dans l'urgence, les gouvernements mettent en place des plans de sauvetage des banques et des établissements de crédit. À l'initiative de la France, le premier sommet des chefs d'État du G20 se tient à Washington à la mi-novembre. Ensemble, ils condamnent le protectionnisme, appellent à

---

1. Entretiens de Jean-David Levitte avec l'auteur, 5 et 12 décembre 2009.
2. Lors de cette visite, Nicolas Sarkozy reçoit un prix pour ses efforts en faveur de la paix des mains d'Elie Wiesel, et il est l'hôte de la fondation interreligieuse Appeal of Conscience du rabbin Arthur Schneier, qui l'avait déjà célébré en novembre 2007.

réformer le capitalisme et recommandent des mesures de soutien aux économies. Toujours président en titre de l'Union européenne, Nicolas Sarkozy est à la manœuvre, alors que George Bush entame ses dernières semaines à la Maison-Blanche.

Quelques jours avant ce sommet de Washington, le 4 novembre 2008, Barack Obama a remporté l'élection présidentielle avec près de 53 % des suffrages. Le soir même, Nicolas Sarkozy a pu joindre le vainqueur, grâce à une communication téléphonique établie par l'intermédiaire du garde du corps d'Obama. Le surlendemain, un communiqué de l'Élysée annonce que « le président de la République vient de s'entretenir pendant trente minutes avec Barack Obama pour le féliciter de vive voix pour sa brillante victoire ». Le texte précise que, au « cours de cette chaleureuse conversation, les deux leaders ont abordé les questions internationales et la crise financière, et se sont entendus pour se rencontrer rapidement[1] ».

Nicolas Sarkozy espère que Barack Obama pourra participer au dîner de clôture du sommet du G20 de Washington. Ce serait l'occasion rêvée de prendre contact. Sûr de son leadership sur la scène internationale, il ne doute pas une seconde de l'intérêt que le nouvel élu – son « copain » – portera à cette rencontre. Mais Obama refuse. Il ne veut pas se mêler du G20 avant sa prise de fonctions officielle, le 20 janvier suivant. Il reste reclus dans son fief de Chicago.

Caractères opposés et frictions en cascade

L'Élysée ne comprend pas ce mutisme. C'est le début d'une série de maladresses et d'agacements réciproques. Sur le papier, les deux présidents pourraient pourtant aisément s'entendre. Ils appartiennent à la même génération. Ils sont tous les deux avocats de formation et tribuns chevronnés. Ils ont gravi les échelons de la scène politique à force de ténacité, avec un statut d'outsider. Ils professent chacun une volonté de « rupture », de réforme, de pragmatisme, de preuve par l'action. Le slogan de campagne d'Obama en 2008, « *Yes we can* », fait écho au « Ensemble, tout devient possible » de Sarkozy un an plus tôt.

---

1. Rapporté notamment dans Philippe Coste, « Obama-Sarkozy, un drôle de couple », *L'Express*, 2 avril 2009.

Pourtant, l'alchimie ne se fait pas. Outre la taille, tout les distingue. « Ils sont aux antipodes sur le plan du caractère, rapporte un de ceux qui les côtoient. Obama est lent, impavide, cérébral, tout en retenue, à la limite de la froideur. Sarkozy est rapide, énergique, physique, souvent sanguin. C'est l'eau et le feu ! » Le charisme d'Obama rend Sarkozy secrètement jaloux. L'activisme du Français donne le vertige à l'Américain. Sa proximité trop marquée avec George W. Bush l'agace aussi. L'ancien ministre des Affaires étrangères de Jospin, Hubert Védrine, y voit une erreur tactique majeure : « Sarkozy a raté son positionnement par rapport aux présidents américains. Il s'est trop ouvertement aligné sur Bush dès 2007, avant d'avoir des relations difficiles avec Obama à partir de 2009. L'inverse eût été plus profitable, et il lui suffisait de garder un peu ses distances à ses débuts pour éviter ce problème[1]. »

Très vite, Obama doute de la fiabilité de son homologue français. Le 13 novembre 2008, Nicolas Sarkozy reçoit le prix du « courage politique » décerné par la revue *Politique internationale*. Lors de la cérémonie à l'Élysée, le président vante ses propres mérites : « Lorsque, le 8 août, il a fallu partir pour Moscou et Tbilissi, qui a défendu les droits de l'homme ? Est-ce que c'est le président des États-Unis qui a dit "c'est inadmissible" ? Ou est-ce que c'est la France qui a maintenu le dialogue avec M. Poutine, M. Medvedev et M. Saakachvili ? » Il affirme aussi se souvenir d'un appel du président américain lui disant, la veille de son départ pour Moscou : « N'y va pas, les Russes veulent aller à Tbilissi, ils sont à quarante kilomètres. N'y va pas[2]. »

Rapportés dans les médias, ces propos suscitent une vive colère à Washington. George Bush n'apprécie pas qu'on le traite ainsi de pleutre, alors même que Nicolas Sarkozy l'a instamment prié de ne pas intervenir dans la crise russo-géorgienne. De plus, les propos que lui prête le président français ne correspondent pas à la version américaine de cette conversation. Résultat : l'ambassadeur de France à Washington, Pierre Vimont, est dûment tancé par la Maison-Blanche pour ce dérapage verbal. « On m'a dit que Bush s'était ému des propos rapportés dans la presse, se souvient le diplomate. Et l'on m'a prié de faire passer le message comme quoi ce n'était pas ce qui res-

---

1. Entretien d'Hubert Védrine avec l'auteur, 14 juin 2010.
2. Voir Vincent Jauvert, « Sarkozy-Obama, l'ombre d'un doute », *Le Nouvel Observateur*, 15 janvier 2009.

sortait des conversations téléphoniques entre les présidents Bush et Sarkozy, mais qu'au contraire Bush avait soutenu Sarkozy dans cette affaire[1]. » L'incident peut paraître banal. Cependant, tout juste arrivé à la Maison-Blanche, Barack Obama prend connaissance de ces échanges entre son prédécesseur et le président français. Il en déduit que ce dernier est capable de mentir publiquement pour tirer la couverture à lui...

Le malaise s'installe. Il se nourrit aussi de petites vexations. Pendant une conférence sur la sécurité qui se tient à Munich, le 7 février 2009, Nicolas Sarkozy intervient à la tribune juste avant Joe Biden, le vice-président américain. Il explique alors qu'il a déjà lu le discours que s'apprête à prononcer ce dernier. « Vous étiez censé dire des choses plus agréables à mon endroit », lance Biden, vexé de cette inélégance. Parallèlement, l'Élysée tente d'organiser une entrevue entre Nicolas Sarkozy et Barack Obama. La Maison-Blanche traîne les pieds. L'Élysée est contrit que la première invitation d'Obama à un dirigeant européen soit adressée au Premier Ministre britannique, Gordon Brown.

Les deux présidents se parlent au téléphone le 25 mars 2009 pour préparer le sommet du G20, consacré à la crise économique. Ils se rencontrent pour la première fois lors de cette réunion, qui se tient à Londres le 2 avril, avant de se revoir les deux jours suivants au sommet de l'OTAN, à Strasbourg et à Kehl. Sur place, devant les caméras, les deux présidents font assaut d'amabilités. Mais le temps est minuté, peu propice aux échanges approfondis. Heureusement, leurs épouses respectives, Michelle Obama et Carla Bruni-Sarkozy, sympathisent. La First Lady offre une superbe guitare Gibson à la chanteuse d'origine italienne devenue première dame de France. Les deux femmes déjeunent en tête à tête, arpentent les rues piétonnes de Strasbourg, visitent la cathédrale et posent, main dans la main, devant les photographes.

Nicolas Sarkozy convie ensuite Barack Obama à se rendre à Paris pour les célébrations du soixante-cinquième anniversaire du débarquement en Normandie, le samedi 6 juin 2009. À la veille des élections européennes, il compte bien s'afficher aux côtés de ce personnage presque plus populaire que lui en France ! Là encore, la Maison-Blanche écarte le programme concocté par l'Élysée. Le jour J, Barack Obama s'entretient rapidement avec

---

1. Entretien de Pierre Vimont avec l'auteur, 3 juin 2010.

Nicolas Sarkozy à la préfecture de Bayeux, avant d'assister aux cérémonies commémoratives dans le cimetière américain de Colleville-sur-Mer, aux côtés d'une kyrielle de chefs d'État. Puis il revient à Paris et passe la soirée dans un restaurant du VIIe arrondissement, la Fontaine de Mars, en compagnie de son épouse. Il a ostensiblement refusé l'invitation à dîner à l'Élysée... Le lendemain matin, Obama visite en famille le centre Georges Pompidou avant de décoller, à 12 h 30, à bord d'*Air Force One* à destination de Washington. Seules Michelle Obama et ses filles, restées à Paris, se rendront à l'Élysée dans l'après-midi pour un goûter amical.

Au fond, le chef de l'État français aurait bien aimé que le président des États-Unis le considère comme son interlocuteur privilégié sur la scène internationale. Qu'ils nouent ensemble une relation particulière de confiance et d'amitié leur permettant de se conforter mutuellement. Mais Sarkozy a mal cerné la personnalité d'Obama : il en fait trop dans la familiarité appuyée et la tape sur l'épaule, alors que le président américain déteste cela. « Ah ! Ce n'est plus l'Amérique chaleureuse de George W. Bush[1]... », regrette-t-on dans l'entourage de Nicolas Sarkozy. De toute façon, Barack Obama garde toujours une certaine distance avec les dirigeants qu'il rencontre. S'il est à l'aise avec sa garde rapprochée, dont la majeure partie est issue de Chicago, le nouvel élu n'a pas de vrais « amis » parmi les chefs d'État étrangers. Pas plus Sarkozy qu'un autre. La présence dans son entourage de plusieurs personnalités francophiles, dont le général James Jones, conseiller à la Sécurité nationale, n'y change rien. De plus, ayant grandi à Hawaï, en Indonésie puis à Chicago, Obama n'a pas de tropisme européen particulier. La France est, pour lui, un pays sympathique, mais il la connaît peu.

Sarkozy : « Tu as fait un discours, il va falloir des actes »

Ces traits de tempérament opposés expliquent les froissements initiaux. Des divergences de vues sur des sujets importants alimentent aussi ces frictions. Ainsi, au sommet du G20 de Londres en avril 2009, Barack Obama met l'accent sur la nécessité de

---
1. Entretiens avec l'auteur, 2009.

relancer les économies, tandis que Nicolas Sarkozy plaide d'abord, avec ses collègues européens, en faveur d'une meilleure régulation du système financier. « S'il n'y a pas la régulation, je ne viendrai même pas », a averti Sarkozy en téléphonant à Gordon Brown quelques heures avant l'ouverture du sommet. Pendant la réunion, le président français exige que la lutte contre les paradis fiscaux soit mentionnée dans le communiqué final. « Nicolas, je vais te faire plaisir », concède Barack Obama, approuvant cette insertion. « Il ne s'agit pas de me faire plaisir, Barack. Tu as été élu pour construire un nouveau monde ? Les paradis fiscaux, c'est l'incarnation de l'ancien monde[1] ! » En rapportant ces échanges à son retour à Paris, Nicolas Sarkozy veut montrer qu'il ne succombe pas à l'« obamania » ambiante, qu'il est aussi capable de tenir tête au nouveau président des États-Unis.

Quand Barack Obama, rapidement, réclame l'envoi en Afghanistan de soldats supplémentaires par ses alliés de l'OTAN, le président français, lui, préfère limiter les renforts français à des instructeurs et à des gendarmes destinés à former l'armée afghane. Il attend surtout de savoir quelle politique la nouvelle administration américaine entend suivre dans ce pays. Or, selon lui, celle-ci tarde à se dessiner clairement. Les désaccords concernent aussi le désarmement. À Prague, le 5 avril 2009, Barack Obama prononce un discours très engagé, prônant un monde « sans armes nucléaires ». Ces propos sont jugés irréalistes à l'Élysée, où l'on défend la nécessité de préserver l'arsenal de la force de frappe française comme ultime garantie de sécurité. Le lendemain, Obama se trouve à Ankara, d'où il prône l'entrée de la Turquie dans l'Union européenne. Opposé à cette adhésion, Sarkozy lui répond vertement que cette affaire concerne les Européens et que les États-Unis n'ont pas à s'en mêler.

Chacun soupçonne désormais l'autre de vouloir lui donner des leçons. Déjeunant, à la mi-avril, avec une vingtaine de parlementaires français, Nicolas Sarkozy leur confie : « Obama est un esprit subtil, très intelligent, très charismatique. Mais il est élu depuis deux mois et n'a jamais géré un ministère de sa vie. Il y a un certain nombre de choses sur lesquelles il n'a pas de position. » Par exemple, il affirme avoir dit à Obama à propos de la

---

[1]. Rapporté dans Claude Askolovitch, « Sarkozy-Obama, version française », *Le Journal du dimanche*, 12 avril 2009.

lutte contre le réchauffement climatique et les émissions de gaz à effet de serre : « Je crois que tu n'as pas bien compris ce qu'on a fait sur le CO_2. Tu as fait un discours, il va falloir des actes[1]. » L'Élysée dément aussitôt ces propos blessants, tenus *off the record*. Mais le mal est fait. Quelques jours plus tard, Barack Obama répond à Sarkozy en prenant à part son ministre Jean-Louis Borloo lors d'un forum sur le climat et l'énergie qui se tient à Washington : « Dis bien à Nicolas que je vais faire mes devoirs et, dans deux mois, je serai très bon sur le climat... »

Un tempo plus lent durant la première année d'Obama

Même teintées d'humour, ces petites phrases traduisent le fossé qui sépare l'Élysée de la Maison-Blanche durant les premiers mois de l'administration Obama, encore en plein rodage. L'année 2009 est ainsi marquée par une série de décalages entre un Nicolas Sarkozy pressé d'agir sur un certain nombre de sujets et un Barack Obama qui entend d'abord restaurer, par quelques grands discours apaisants, l'image des États-Unis dans le monde. « Ils n'étaient pas forcément en désaccord sur le fond, mais il y avait un problème de tempo[2] », reconnaît Jean-David Levitte.

Le dossier iranien symbolise cette différence de rythme. Sans aller jusqu'au « changement de régime » souhaité par George Bush, Nicolas Sarkozy était prêt, dès son élection en 2007, à durcir le ton à l'égard de l'Iran, qui poursuit le développement de son programme nucléaire à des fins militaires en dépit des avertissements de la communauté internationale. À la fin de cette année-là, le président français avait cependant discrètement reçu Ali Akbar Velayati, le conseiller diplomatique d'Ali Khamenei, guide suprême de la République islamique, réputé pour être moins idéologue que le président Ahmadinejad. « L'Élysée recherchait des interlocuteurs modérés à Téhéran, capables de reprendre d'éventuelles négociations, explique un expert de ce dossier au Quai d'Orsay. Mais Ahmadinejad a refait des décla-

---

1. Rapporté dans Mathieu Ecoiffier et François Wenz-Dumas, « Sarkozy se voit en maître du monde », *Libération*, 16 avril 2009.
2. Entretiens de Jean-David Levitte avec l'auteur, 5 et 12 décembre 2009.

rations très violentes contre Israël. Du coup, le dialogue est redevenu impossible[1]. »

Résultat de cette impasse : les premières sanctions contre Téhéran, adoptées à la fin de 2006 par le Conseil de sécurité des Nations unies, ont été renforcées en mars 2008 par des mesures restrictives supplémentaires[2]. Parallèlement, les ministres des Affaires étrangères des « Six » (Allemagne, Royaume-Uni, France, Russie, Chine et États-Unis) ont formulé en mai 2008 de nouvelles propositions de négociation que le représentant européen, Javier Solana, est allé porter à Téhéran le mois suivant. En vain : la réponse dilatoire des Iraniens n'a pas permis de débloquer la situation. Téhéran a même joué la provocation en annonçant des tirs d'essai de ses missiles Shahab 3, d'une portée de mille cinq cents kilomètres. Dans la foulée, le 19 septembre 2008, le Conseil de sécurité a adopté une nouvelle résolution demandant à l'Iran de suspendre son programme d'enrichissement d'uranium. Et l'Agence internationale de l'énergie atomique a rédigé plusieurs rapports alarmistes sur l'état connu des activités suspectes en Iran. Elle a ainsi exprimé, à la fin de 2008, sa « grave préoccupation » au sujet de l'avancement du programme nucléaire clandestin : selon elle, Téhéran disposerait déjà d'une quantité suffisante d'uranium faiblement enrichi pour fabriquer, le jour venu, de la matière fissile pour une arme nucléaire.

L'arrivée de Barack Obama à la Maison-Blanche, au début de 2009, bouscule la donne. Car, prenant le contre-pied de son prédécesseur, le nouveau président américain décide, le 19 mars, de tendre la main à l'Iran. Dans une vidéo diffusée à l'occasion de la fête de Noruz, le nouvel an iranien, Obama propose un « dialogue

---

1. Entretien avec l'auteur, 2010. Devant le Parlement israélien, le 23 juin 2008, Nicolas Sarkozy a répété sa position, très ferme, sur le sujet : « Le programme nucléaire militaire de l'Iran appelle une réaction d'une extrême fermeté de toute la communauté internationale. Israël doit savoir qu'Israël n'est pas seul ! La France est déterminée à poursuivre avec ses partenaires une politique alliant des sanctions de plus en plus dures jusqu'à l'ouverture, si Téhéran faisait le choix de respecter ses obligations internationales. Mais je veux le dire avec force : un Iran doté de l'arme nucléaire est inacceptable pour mon pays ! »
2. Le dispositif prévu par les résolutions de l'ONU adoptées en décembre 2006, mars 2007 et mars 2008 comporte les sanctions suivantes : embargo sur des exportations de technologies pouvant contribuer au programme nucléaire iranien, vigilance sur les exportations d'armes, interdiction de visa pour une liste d'individus iraniens et d'entités iraniennes liées au programme nucléaire iranien, surveillance des banques iraniennes. En juin 2008, les États-Unis et l'Union européenne ont également gelé les avoirs de la banque Meli, première banque iranienne.

honnête fondé sur le respect mutuel ». Cette déclaration est saluée, dans son principe, par les Européens. La Maison-Blanche a même demandé conseil aux Français sur le sujet plusieurs semaines auparavant. En visite à Washington au début de février, le ministre français des Affaires étrangères, Bernard Kouchner, a recommandé à la nouvelle secrétaire d'État, Hillary Clinton, de rester très prudente dans les gestes d'ouverture diplomatique en direction de Téhéran. « Comme nous n'avions plus vraiment de carte de négociation en main, nous n'avons pas découragé Obama de tenter cette approche, se souvient un diplomate du Quai d'Orsay. Mais nous n'avions guère d'illusions sur les réactions de Téhéran, d'autant que l'élection présidentielle en Iran se profilait en juin[1]. »

La suite confirme les craintes françaises. Les autorités iraniennes considèrent que l'offre des États-Unis reste purement « rhétorique ». De plus, le président Ahmadinejad inaugure à Ispahan, en avril 2009, une usine de fabrication de combustible nucléaire. Et le responsable de l'Organisation iranienne de l'énergie atomique annonce que son pays a déjà installé sept mille centrifugeuses dans son centre souterrain de Natanz.

Face à ce refus de coopérer, Nicolas Sarkozy estime qu'il est urgent de prendre de nouvelles sanctions. Mais Barack Obama semble toujours hésiter. Il lui est difficile de se déjuger aussi rapidement. Il espère encore que son initiative va porter ses fruits. Mais les élections présidentielles contestées de juin 2009 en Iran enterrent tout espoir en ce sens. Le clan conservateur impose la reconduction du président Ahmadinejad. La répression violente des manifestations de ses opposants confirme le raidissement du régime. Des nouveaux essais de missiles concrétisent la poursuite des ambitions militaires iraniennes. Et Téhéran refuse toujours les offres de négociation que lui soumet l'AIEA.

Pourtant, la Maison-Blanche continue de temporiser sur ce dossier. Cet attentisme provoque un certain énervement à l'Élysée. « Cela fait déjà six ans que l'on négocie en vain avec les Iraniens. On ne peut plus tergiverser, car, pendant ce temps, les Iraniens continuent d'enrichir leur uranium. Ils ont déjà de quoi construire une bombe s'ils le décident[2] ! » dit-on dans l'entourage de Nicolas Sarkozy au second semestre 2009. Grâce aux observa-

---
1. Entretien avec l'auteur, 2010.
2. Entretiens avec l'auteur, 2009.

tions satellitaires, les services de renseignement français ont même découvert l'existence d'un nouveau centre atomique, installé sous une montagne près de la ville sainte de Qom et caché jusque-là aux Occidentaux. À la fin de septembre, juste avant que Barack Obama, Nicolas Sarkozy et Gordon Brown ne dénoncent, en marge du sommet du G20 de Pittsburgh, cette nouvelle cachotterie, Téhéran a reconnu qu'il était en train de construire près de Qom une « usine pilote » d'enrichissement[1].

En décembre, Barack Obama finit par se convaincre que sa « main tendue » n'a pas servi à grand-chose. Les ambassadeurs des « Six » évoquent ouvertement la perspective de nouvelles sanctions contre l'Iran. Paris et Washington sont enfin en phase sur le sujet. Même l'accord nucléaire partiel annoncé entre l'Iran, la Turquie et le Brésil le 17 mai 2010 n'entame pas ce consensus. La Chine et la Russie soutiennent la politique de sanctions prônée par l'Europe et les États-Unis. Après plusieurs mois de tractations diplomatiques, le Conseil de sécurité vote, le 9 juin 2010, une résolution prévoyant une restriction des exportations à destination de l'Iran et l'inspection des navires iraniens en haute mer. L'Élysée, soulagé, regrette seulement que la Maison-Blanche ait tardé à rallier cette ligne plus ferme.

Obama déçoit aussi sur le Proche-Orient

Durant les premiers mois de son mandat, la prudence extrême de Barack Obama sur l'autre dossier sensible du Proche-Orient, le processus de paix israélo-palestinien, suscite le même type d'agacement à Paris. Alors qu'Israël vient de mener une offensive militaire dans la bande de Gaza, le président américain nomme un émissaire spécial, George Mitchell, pour tenter de relancer des négociations. Mais ce diplomate chevronné ne met aucune pression particulière sur le gouvernement israélien démissionnaire d'Ehud Olmert, qui est sur le point d'être balayé par des élections anticipées. Or, même si Nicolas Sarkozy a toujours revendiqué sa proximité avec Israël – réaffirmée lors d'une visite officielle en juin 2008 –, il sait que certaines conditions doivent être remplies pour que l'Autorité palestinienne, présidée par Mahmoud Abbas,

---

[1]. Voir notamment David Sanger et Hélène Cooper, « Iran Confirms Existence of Nuclear Plant », *New York Times*, 26 septembre 2009.

puisse accepter les compromis nécessaires à un accord de paix : il faut desserrer l'étau autour de la bande de Gaza et geler la colonisation israélienne[1].

Dès le 5 février 2009, Bernard Kouchner explique à Hillary Clinton que la situation humanitaire à Gaza est intenable et que la colonisation hypothèque la viabilité d'un futur État palestinien. En dépit de ces messages, la Maison-Blanche ne bouge pas. Les élections israéliennes du 10 février ramènent au pouvoir une coalition de durs menés par le Likoud. Nommé Premier ministre, Benjamin Netanyahou, qui a déjà occupé ce poste entre 1996 et 1999, est réputé particulièrement coriace. Son ministre des Affaires étrangères, l'ultranationaliste Avigdor Lieberman, l'est encore plus. En juin, Netanyahou pose ses conditions pour l'existence d'un État palestinien, qui devrait être totalement « démilitarisé ». Par ailleurs, il exclut tout gel des constructions dans les colonies existantes. Alors qu'aucune réelle concession possible n'a été évoquée, Robert Gibbs, le porte-parole de la Maison-Blanche, se félicite de l'« important pas en avant » que représente le discours du Premier ministre israélien.

Au fil des mois, l'impression d'un flottement du côté américain persiste à l'Élysée. « L'équipe d'Obama a été lente à bouger sur ce dossier, confie Jean-David Levitte. Il aurait fallu y aller à la Sarkozy, mettre tout le monde autour d'une table très rapidement, les forcer à faire la paix. Pour nous, le temps joue contre la paix et contre les artisans de la paix, comme Mahmoud Abbas[2]. »

À la fin de l'année 2009, le climat n'est donc pas au beau fixe entre la Maison-Blanche et l'Élysée. Chacun s'envoie des piques par presse interposée. Nicolas Sarkozy est décrit par les journaux américains comme un leader hyperactif souffrant du « complexe d'Obama » et qui aurait du mal à exister aux côtés du président américain. Selon *Newsweek*, il ressemble au « minuscule Joe Pesci, tout en tics et en poses, jouant face à Denzel Washington, tout en dignité et en réserve[3] ». L'Élysée digère mal cette compa-

---

1. Devant le Parlement israélien – la Knesset –, Nicolas Sarkozy a dit, le 23 juin 2008 : « Il ne peut avoir y avoir de paix sans l'arrêt total et immédiat de la colonisation. Une proposition existe, soutenue par de nombreux membres de votre Knesset, pour l'adoption d'une loi qui inciterait au départ des colons de Cisjordanie, moyennent compensation et relogement en Israël. Je vous dis une chose : créez les conditions du mouvement ! »
2. Entretiens de Jean-David Levitte avec l'auteur, 5 et 12 décembre 2009.
3. Voir Christopher Dickey, « Sarkozy's Obama Complex », *Newsweek*, 26 septembre 2009.

raison peu glorieuse. De son côté, Sarkozy se lâche sur son homologue : il estime que le prix Nobel de la paix décerné à Obama est une erreur, que sa réforme sur la santé bat de l'aile, qu'il aurait mieux fait de lancer dix chantiers plutôt qu'un seul, que ses positions lors de la conférence de Copenhague sur le climat sont bien timides, qu'il reste inexpérimenté, qu'il n'a enregistré que des échecs sur le plan intérieur comme sur la scène internationale[1]... Bref, aux yeux de l'Élysée, Obama est trop gentil et trop indécis.

2010 : Obama réclame le réveil des leaders européens

Retournement de l'histoire ? Au printemps 2010, les retards à l'allumage tant reprochés au président américain depuis une année semblent se résorber. Le 21 mars, le Congrès américain adopte la réforme du système de santé que Barack Obama avait promise à ses électeurs et qui prévoit d'instaurer une couverture d'assurance maladie pour trente millions d'Américains. Le jour même, depuis l'East Room de la Maison-Blanche, le président se réjouit devant les caméras de télévision de ce vote historique : « Nous avons prouvé que nous restions un peuple capable de grandes choses. » Au terme d'un marathon législatif, le président remporte ainsi son premier vrai succès politique. L'escargot Obama démontre que sa patience a payé. Et un autre texte important, celui-là sur les banques et le contrôle des activités financières, est en passe d'être voté au Congrès.

Sur la scène internationale, Obama marque également des points. Alors que les Israéliens ont « humilié » les Américains en annonçant la construction de plus d'un millier de logements à Jérusalem-Est au beau milieu de la visite officielle du vice-président Joe Biden, la Maison-Blanche commence à hausser le ton sur l'arrêt de la colonisation juive. « Bibi, c'est une insulte délibérée ! Nous attendons de vous des gestes qui montrent votre attachement à votre relation avec les États-Unis et aux négociations de paix », s'emporte Hillary Clinton en téléphonant au Premier ministre Benjamin Netanyahou. Une fragile reprise des discussions entre

---

1. Rapporté notamment dans Eric Mandonnet et Ludovic Vigogne, « Sarkozy, l'obsession Obama », *L'Express*, 25 novembre 2009, et dans Frédéric Gerschel et Nathalie Schuck, « Sarkozy déçu par son "copain" Obama », *Le Parisien*, 26 novembre 2009.

Israéliens et Palestiniens se dessine, symbolisée par une rencontre au sommet prévue à Washington au début de septembre.

Par ailleurs, Barack Obama et le président russe Dmitri Medvedev signent à Prague, le 8 avril 2010, un nouveau traité de désarmement qui réduit de 30 % le nombre d'ogives nucléaires des États-Unis et de la Russie. Et, le 12 avril, le président américain réunit autour de lui à Washington une quarantaine de chefs d'État et de gouvernement pour un sommet mondial contre le terrorisme nucléaire. Ce show, qui consacre la communication d'Obama, énerve profondément Nicolas Sarkozy, contraint de faire le déplacement sans pouvoir en tirer une gloire particulière[1].

Les deux présidents ont pourtant tenté, quelques jours auparavant, de dissiper les malentendus franco-américains qui s'étaient accumulés. Le mardi 30 mars 2010, Nicolas Sarkozy, accompagné de son épouse Carla, ont été reçus à dîner par le couple Obama dans les salons privés de la Maison-Blanche – un égard qui n'est accordé qu'à de rares invités. Le président américain souhaitait effacer le mauvais souvenir laissé par son refus de partager un repas à l'Élysée avec Nicolas Sarkozy en juin 2009. Les deux hommes célèbrent officiellement leur « amitié » et leur « convergence de vues[2] ». Pourtant, le Français s'est agacé lorsque son hôte a interdit qu'un photographe de *Paris-Match* immortalise la scène de ce dîner « amical ». « Ce sont nos appartements privés. Seuls les photographes officiels de la Maison-Blanche y sont autorisés », a lancé Obama. Sarkozy a dû se plier à ces usages. Il recevra à Paris, *a posteriori*, quelques clichés « souvenirs » envoyés par le protocole américain...

Après cet apéritif pimenté et un repas rapidement servi, Michelle et Carla ont continué de bavarder de leur côté, tandis que Barack et Nicolas s'isolaient pour aborder une série de sujets d'actualité. Désormais en phase pour sanctionner l'Iran, les deux présidents n'ont pas aplani leurs divergences sur le Proche-Orient

---

1. Lors de ce sommet sur la sécurité nucléaire, Nicolas Sarkozy répète qu'il ne renoncera pas à l'arme nucléaire, garante, selon lui, de la sécurité de la France. Des propos qui tranchent avec le rêve d'Obama d'un monde sans bombes.

2. Juste avant cette rencontre, le général James Jones, conseiller à la Sécurité nationale d'Obama, a accordé une interview à l'*International Herald Tribune* et au *Figaro* : « [Le] président et la première dame aiment le président Sarkozy et son épouse. Ils se réjouissent de les recevoir à la Maison-Blanche. [...] La relation entre Sarkozy et Obama est très saine. Le fait qu'ils se sentent bien l'un avec l'autre leur permet d'être directs et clairs. Ils n'essaiaient pas d'être polis. Ils parlent franchement. » Laure Mandeville, « La relation entre Sarkozy et Obama est saine », *Le Figaro*, 26 mars 2010.

ni sur l'Afghanistan. Le Français a insisté auprès de son homologue pour qu'il accentue ses pressions sur le gouvernement israélien afin de le persuader de stopper la colonisation à Jérusalem-Est. « Il faut reprendre au plus tôt les négociations de paix, car l'absence de paix dans la région alimente le terrorisme dans le monde », a répété Sarkozy. Pour sa part, Obama, qui a décidé d'envoyer près de trente mille soldats supplémentaires en Afghanistan, n'est pas parvenu à convaincre son invité de renforcer significativement le contingent français sur place, qui compte déjà près de quatre mille hommes. Il espérait que Paris ajouterait quelques centaines de soldats, à l'instar de l'Allemagne, qui a promis d'augmenter son effectif de huit cent cinquante militaires. Mais le président français n'a aucune envie de contribuer à une surenchère à laquelle il ne croit guère, préférant parler de quatre-vingts instructeurs de plus pour l'armée et la police afghane.

Les deux présidents ont également abordé deux autres dossiers « sensibles ». Sarkozy a ainsi demandé qu'Airbus puisse concourir à un nouvel appel d'offres « loyal » sur la livraison de cent soixante-dix-neuf ravitailleurs pour l'US Air Force[1]. Et Obama a exprimé à mots couverts son peu d'enthousiasme pour l'accord formel de « non-espionnage mutuel » entre les services américains et français que lui a proposé Dennis Blair, son directeur national du renseignement[2].

Sur la crise économique, les deux hommes ont eu moins de mal à s'entendre qu'ils ne le craignaient. Sarkozy a commencé par évoquer les sujets qui seraient au menu des sommets internationaux à venir, comme la réglementation des banques ou le système monétaire international.

---

1. Le lendemain, 31 mars, le Pentagone annonce une extension de soixante jours du délai pour concourir à cet appel d'offres, où Boeing partait seul favori.

2. La réticence de Barack Obama à s'engager dans cette voie est l'une des raisons qui conduiront à la démission de Dennis Blair, le 20 mai 2010, de son poste de directeur national du renseignement. Des incompatibilités d'humeur et des conflits avec la CIA expliquent aussi ce départ. Dennis Blair avait imaginé un accord formalisé avec les services français en discutant avec Bernard Bajolet, patron du nouveau Conseil national du renseignement français. L'abandon officiel de ce projet ne perturbe pas trop l'Élysée. Selon plusieurs sources, les discussions discrètes se poursuivent entre services français et américains sur un pacte de non-agression non écrit, à l'instar de ce qui existe depuis longtemps entre les services américains et les services britanniques. Mark Mezzetti, « Dispute Over France a Factor in Intelligence Rift », *New York Times*, 21 mai 2010 ; Arnaud Leparmentier et Corine Lesnes, « Washington garde un œil sur Paris », *Le Monde*, 24 mai 2010.

Le bilan de ce dîner « amical » est finalement plus psychologique que politique : les deux hommes ont enfin pris le temps de mieux s'écouter. Ils sont convenus de poursuivre leur concertation, en liaison avec le Premier Ministre britannique et la chancelière allemande, comme ils le font depuis plusieurs mois grâce à un système de visioconférence à quatre.

Ce dialogue se révèle vite crucial. Car, au moment où Obama commence à s'affirmer sur la scène internationale, l'Europe s'enfonce dans une brusque crise de « gouvernance ». La dérive des finances de la Grèce allume l'incendie. La lenteur des gouvernements de l'Union à venir à la rescousse d'Athènes laisse une impression de cacophonie. L'euro plonge sur les places financières, tandis que les experts s'interrogent sur la contagion de la crise aux autres États membres trop endettés. Un plan de secours à la Grèce, adopté dans l'urgence au début de mai, peine à restaurer la confiance[1]. Les gouvernements européens adoptent de nouveaux plans de rigueur budgétaire destinés à calmer les inquiétudes des marchés financiers. Du coup, la zone euro est exposée au risque d'une nouvelle récession, que Barack Obama tente d'endiguer en enjoignant ses homologues européens de ne pas étouffer la reprise de la croissance mondiale. Il est vrai que la situation économique aux États-Unis, d'où était partie la crise des subprimes, reste très fragile, à la merci du moindre coup de tempête.

Coïncidence ? Les trois principaux leaders de l'Union européenne se retrouvent également affaiblis sur le plan intérieur. À Paris, Nicolas Sarkozy voit sa popularité chuter à des niveaux inégalés, alors que sa majorité a été secouée aux élections régionales de mars, que les réformes passent mal dans l'opinion et que des « affaires » successives minent son autorité. En Allemagne, la coalition de la chancelière Angela Merkel subit un revers électoral en Rhénanie du Nord-Westphalie, ce qui la prive d'une majorité dans la chambre haute. À Londres, le travailliste Gordon Brown, battu lors des élections générales du 6 mai, doit laisser son poste de Premier Ministre au conservateur David Cameron.

Entre les États-Unis et l'Europe, la balance s'est inversée. « En 2009, les Européens attendaient davantage de leadership de la part d'Obama. Depuis le printemps 2010, c'est ce dernier qui

---

[1]. Inquiet d'une nouvelle crise et d'une dégringolade trop forte de l'euro, le président Obama a téléphoné à plusieurs reprises aux dirigeants européens, et surtout à Angela Merkel, pour les pousser à trouver une solution pérenne à la crise grecque.

demande un meilleur leadership à une Europe apparue comme divisée », observe Pierre Vimont, l'ambassadeur de France à Washington. Le président américain devrait insister sur ce point lors d'une rencontre avec l'ensemble des dirigeants européens à Lisbonne en novembre 2010.

Une alliance tactique possible en 2011 ?

La solution ? Certains proches de Nicolas Sarkozy imaginent un scénario de sortie de crise « par le haut » dans lequel l'Élysée reprendrait l'offensive sur le plan européen et international. Après le sommet du G20 de juin 2010, à Toronto, qui n'a pas permis de faire avancer grand-chose, et alors que celui de Séoul s'annonce en novembre, Sarkozy prépare déjà activement la présidence française du G8 et du G20 en 2011. Le thème de la régulation du système financier sera toujours d'actualité. Pour Jean-Pierre Jouyet, ancien secrétaire d'État aux Affaires européennes et président de l'Autorité des marchés financiers, l'administration Obama a repris un peu d'avance sur le sujet, mais il n'y a pas d'incompatibilités majeures entre les deux rives de l'Atlantique ni de fatalité à l'émiettement du Vieux Continent : « Si l'on ne veut pas se laisser distancer par les Américains, il faut que Nicolas Sarkozy et les principaux leaders européens reprennent l'initiative sur ce terrain, afin de mieux organiser la gouvernance économique européenne, qui reste embryonnaire, malgré les efforts récents qui ont suivi la crise grecque. Aux États-Unis, c'est plus simple : il n'y a qu'un président, un secrétaire au Trésor, une banque centrale, et ils ont le dollar, qui reste la première monnaie de réserve au monde[1] ! »

D'autres dossiers aussi importants sont posés sur le bureau de Nicolas Sarkozy à l'horizon 2011 : un sur la réforme de la « gouvernance mondiale », qui touchera notamment le FMI et l'ONU ; un autre sur une refondation complète du système monétaire international pour renforcer le rôle de l'euro et éviter des fluctuations trop déstabilisantes des devises ; un troisième sur les prix des matières premières visant à sécuriser les recettes des pays producteurs. Sans oublier la suite des négociations de l'après-Copenhague sur le réchauffement climatique. « Sur tous ces chan-

---

1. Entretien de Jean-Pierre Jouyet avec l'auteur, 28 juin 2010.

tiers, Sarkozy et Obama peuvent travailler main dans la main, car leurs discours sont presque interchangeables », espère-t-on à l'Élysée. Lors de leur dîner à la Maison-Blanche, le 30 mars 2010, les deux présidents ont parlé de cet agenda chargé et de leur possible alliance. Ils pourraient y trouver chacun un intérêt et tenter d'en tirer profit pour leur éventuelle réélection en 2012.

Cependant, la fenêtre de tir est étroite. Les orages guettent en permanence. L'Europe peut retomber dans une spirale infernale, tout comme les États-Unis. La défiance de l'opinion française comme les résultats des élections de mi-mandat au Congrès américain, en novembre 2010, risquent d'handicaper les présidents. Leurs relations restent soumises à des querelles d'ego. Un scénario plus sombre n'est donc pas exclu, que dicteraient les crises économiques, les conflits d'intérêts et les humeurs personnelles.

Entre Obama et Sarkozy, une entente tactique est possible pour quelques mois. Mais elle est aussi fragile qu'aléatoire. D'autant que, jusqu'à présent, ils ont eu toutes les peines du monde à en trouver le mode d'emploi...

ANNEXES

« Le 10 mai 1981 sera un moment de vérité »

Mémorandum de la Maison-Blanche, préparé par James Rentschler pour Richard Allen, conseiller à la Sécurité nationale du président Reagan, 28 avril 1981

MEMORANDUM 2326
NATIONAL SECURITY COUNCIL

UNCLASSIFIED WITH
SECRET ATTACHMENTS

April 28, 1981

ACTION

MEMORANDUM FOR RICHARD V. ALLEN

FROM: JAMES M. RENTSCHLER

SUBJECT: French Presidential Elections: The Moment of Truth on May 10

I believe that what happens at the French polls on May 10 will have enormous implications for Allied security policy over the next four years and more. With that in mind, you might find the attached material both timely and relevant. I am sending this analysis forward in the form of a memo from you to Ed Meese, which gives you the option of moving it readily upstairs if you want or retaining it in your own office; either way it will retain information value beyond May 10.

RECOMMENDATION:

That you sign the memo to Ed Meese at Tab I.

Approve ✓ ; As Amended _____

NB. For a really perceptive look at the French election scene, you should read the Walter Schwarz piece in a recent issue of The Manchester Guardian (Tab II). It convulsed Dennis and me....

cc: Jim Lilley
    Bob Schweitzer
    Bill Stearman

UNCLASSIFIED WITH
SECRET ATTACHMENTS

Source : Reagan Library

« Si des ministres communistes
entrent au gouvernement français... »

Extrait du mémorandum de Walter Stoessel (département d'État) au vice-président George Bush pour préparer sa visite à Paris du 24 et 25 juin 1981

DEPARTMENT OF STATE
WASHINGTON

SECRET

MEMORANDUM FOR: THE VICE PRESIDENT
From: Walter J. Stoessel, Jr., Acting Secretary of State
Subject: Your Visit to Paris, June 24-25

I. SETTING AND OBJECTIVES

Your visit comes just after the final round of legislative elections June 21. The Socialists alone may obtain a majority in the National Assembly, but will not want to appear as rejecting Communist cooperation out of hand. Thus, <u>they will probably begin negotiations on June 22 to see if the Communists will join a coalition government</u>. They will pose conditions which will be difficult for the Communists to accept, and will negotiate toughly in view of their strong political position. Nevertheless, the Communists in their weakened state could see advantage in joining the government now, to make trouble later. <u>It cannot be excluded that they may enter minor positions in the Cabinet</u> Should this happen, the confidence and quality of <u>our bilateral relations with France will suffer, and the psychological barrier to inclusion of Communists in other Allied governments particularly Italy, will be lowered.</u>

If Communists are included in the French Government we will have to <u>state publicly our opposition to Communist participation in Allied governments</u>, to offset the effect in Italy. We might well have to <u>cut back on the flow of sensitive information</u> to France bilaterally and through NATO. However, <u>we should not burn our bridges</u> since we will need French cooperation on issues of interest to us.

SECRET
RDS-1, 6/16/01

Source : Reagan Library

Août 1981, Reagan à Mitterrand :
« J'ai beaucoup apprécié nos discussions »

Lettre de Ronald Reagan à François Mitterrand,
datée du 4 août 1981, après le sommet du G7 d'Ottawa

WASHINGTON

August 4, 1981

Dear Francois:

I think you know how much I valued our first meeting at the Ottawa Summit. This meeting set a tone for the entire Summit and for our future relations which I will do all in my power to preserve and enhance. I deeply appreciated the warm and thorough discussions we had. These discussions confirmed my belief in the enduring value of close U.S.-French relations.

I thus look forward all the more to seeing you in the United States in October. Our participation in the celebrations at Yorktown will provide a fitting commemoration of Franco-American friendship.

With warm regards,

Sincerely,

Ron

His Excellency
Francois Mitterrand
President of the French Republic
Paris

Source : Reagan Library

À la fin de 1981, la CIA s'intéresse à l'opposition en France

Rapport de la CIA sur les perspectives de l'opposition en France, décembre 1981

Approved For Release 2007/03/26 : CIA-RDP83R00184R002400140003-8

National Foreign Assessment Center

Secret

France: Prospects for the Opposition (U)

National Intelligence Council
Memorandum

Information available as of 3 December 1981 was used in the preparation of this report.

Approved For Release 2007/03/26 : CIA-RDP83R00184R002400140003-8

Secret

France: Prospects for the Opposition (U)

Summary

In the presidential and legislative elections last spring, the French voters gave President Francois Mitterrand and the parties of the left the power to bring about a profound transformation of the structures of French society and the economy. The voters did not, however, give the Socialist-led government anywhere near the popular mandate for change it claims. The demographic base for the left is solid, but the elections were closer than they appeared and the nature and extent of the change desired by the voters was ambiguous.

Hardening opposition within the business community and the center-right political parties to the government's plans thus has potentially broader support within the country than the narrow parliamentary base of the opposition would suggest. True, the absolute majority of the Socialists in parliament means that they can override opposition to their plans to nationalize major industries and banks; but obtaining cooperation from business in combating unemployment—now at 2 million—and in creating new private investment is proving difficult. Polls indicate that 83 percent of business executives have not changed their hiring policies, and more than half of French medium and small businesses have no plans to invest. Private enterprise has been mollified by the presence in the government of such ministers as the moderate and respected Jacques Delors at Finance, but disconcerted by taxation measures that will increase labor costs and by proposals for worker participation in management that will erode managerial authority.

Source : archives de la CIA

Mars 1984 : Mitterrand est bien accueilli à Washington

Extrait du mémorandum du secrétaire d'État George Shultz au président Ronald Reagan pour préparer sa rencontre avec le président François Mitterrand, mars 1984, et menu du dîner à la Maison-Blanche en l'honneur de Mitterrand, 22 mars 1984

THE SECRETARY OF STATE
WASHINGTON

MEMORANDUM FOR: THE PRESIDENT
From: George P. Shultz
Subject: Your Meeting with Francois Mitterrand President of the French Republic

I. THE SETTING

Unlike earlier summits, we anticipate fewer differences with the French at the London Summit. The State Visit in March was a major success in underscoring our similarity in thinking on Alliance and defense issues. The French have also been less vocal in criticizing our economic policies of late, perhaps in part because the Socialist government has adopted a pragmatic austerity program similar to our own -- and it is beginning to show results. We continue to cooperate in the Middle East and Africa. We have differences on Central America, usually contained by the French willingness to acknowledge U.S. vital interests in that region.

Mitterrand is preoccupied with domestic issues. Rising unemployment (now slightly over 9 percent) and government cutbacks in failing nationalized industries have generated violent outbreaks of labor unrest in affected regions. Mitterrand's standing in the polls remains unprecedentedly low. Despite strong criticism and threats from his Communist allies to leave the government (the Socialists can govern without them), Mitterrand remains doggedly determined to pursue a long-term restructuring of France's older, Treasury-draining heavy industries in order to channel more resources into the high-technology new industries. Where the Socialists were once talking nationalization, reflation and subsidies, they are now emphasizing investment, careful management and private initiative. It is perhaps an historic shift.

Elections to the European parliament (June 14-17) will be seen as a test of Mitterrand's domestic standing, though they will have no practical effect on the government. A cabinet shakeup is widely expected after the election, and the Communists may go into the opposition at that time.

The French have been reticent to discuss their Summit intentions, but are likely to stress the need for greater investment in emerging technologies and industries. They will join other participants in calling for fiscal restraint; the French believe the U.S. deficit causes high interest rates and an overvalued dollar.

CONFIDENTIAL
DECL:OADR

Source : Reagan Library

Thursday
March 22, 1984
26 guests
7:30 PM

STATE DINNER

President Mitterrand of France

Mille Feuille de Saumon Fume
Cucumber Sauce
Sesame Seed Twists

Tenderloin of Veal en Croute
Truffle Sauce
Saffron Rice
Fresh Asparagus

Bibb Lettuce & Belgian Endive
Brie Cheese

Cabernet Sauvignon Sorbet
Petits Fours Sec

Robert Mondavi Fume Blanc Reserve   1981
Clos de Val Cabernet Sauvignon   1975
Domaine Chandon Blanc de Noirs

À la fin de 1984, les services secrets français ne croient plus aux menaces terroristes

Extrait du télégramme diplomatique faisant suite à des entretiens entre l'amiral John Poindexter (Maison-Blanche) et des responsables français de la lutte antiterroriste, dont la DST et la DGSE, 11 décembre 1984

```
PAGE 02 OF 04    PARIS 5741           DTG: 110951Z DEC 84   PSN: 019

12.  MEETINGS WITH DST AND DGSE
-------------------------------
THE DELEGATION ALSO MET WITH            THE DST
(DOMESTIC INTELLIGENCE) AND                              POIA(b)
THE DGSE (FOREIGN INTELLIGENCE). IN THESE MEETINGS
POINDEXTER AND OAKLEY STRESSED USG SATISFACTION WITH
THE CORDIAL AND PRODUCTIVE RELATIONS BETWEEN THE FRENCH
SERVICES AND OUR OWN. MUCH USEFUL INFORMATION IS
EXCHANGED BY THESE METHODS ON THE TERRORISM ISSUE.
THEY OUTLINED THE PURPOSE OF THEIR VISIT TO PARIS,
NOTING THAT INTERNATIONAL, STATE-SUPPORTED
TERRORISM WAS A GROWING PROBLEM. INDEED, STUDIES
PRODUCED WITHIN THE USG SHOWED THAT TERRORIST ACTIONS
AGAINST FRENCH INTERESTS HAD INCREASED DRAMATICALLY
OVER THE PAST THREE YEARS, TO THE POINT THAT THEY
EVEN EXCEEDED ACTIONS AGAINST US INTERESTS.
POINDEXTER STRESSED THAT THE US WAS PARTICULARLY
CONCERNED ABOUT THE PROBLEM OF ISLAMIC FUNDAMENTALISM,
ITS LINKS TO TERRORISM, AND THE TENDENCY OF BOTH TO
DESTABILIZE FRIENDLY COUNTRIES IN THE MIDDLE EAST.
TERRORISM, INDEED, WAS BEING UTILIZED SPECIFICALLY
TO ACCOMPLISH SUCH DESTABILIZATION. HE SOLICITED
FRENCH VIEWS ON HOW TOGETHER WE MIGHT BETTER COMBAT
THESE THREATS.


13.  BOTH                     EMPHASIZED THAT ALTHOUGH
BOTH FRANCE AND THE US HAD BEEN TARGETS OF TERRORISM
AT VARIOUS TIMES, THEIR POSITIONS IN THIS REGARD
WERE FAR FROM IDENTICAL. ESPECIALLY NOW THAT FRANCE
HAD WITHDRAWN ITS MILITARY FORCES FROM LEBANON, IT
WAS NOT NEARLY AS MUCH OF A TARGET FOR TERRORIST
ACTION AS THE US. THE FRENCH OFFICIALS OUTLINED
THEIR PERCEPTION OF THE TERRORIST THREAT TO FRENCH
```

Source : Reagan Library

Juin 1986 : la Maison-Blanche s'intéresse aux otages français libérés au Liban

Télégramme de l'ambassadeur américain Joe Rodgers à l'amiral John Poindexter à la suite de la libération de deux otages français détenus au Liban, faisant état de demandes de « débriefing » des otages adressées au conseiller diplomatique de Jacques Chirac à Matignon, François Bujon de l'Estang, 25 juin 1986

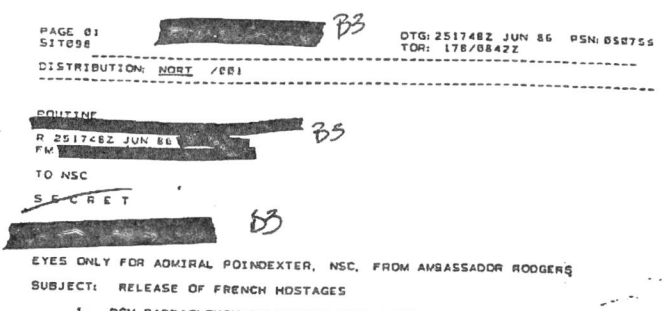

WHITE HOUSE SITUATION ROOM

EYES ONLY FOR ADMIRAL POINDEXTER, NSC, FROM AMBASSADOR RODGERS

SUBJECT: RELEASE OF FRENCH HOSTAGES

1. DCM BARRACLOUGH DELIVERED YOUR MESSAGE PERSONALLY TO BUJON DE L'ESTANG JUNE 25. BUJON SAID HE WOULD RAISE OUR REQUEST FOR A U.S. TEAM INTERVIEW WITH PRIME MINISTER CHIRAC. IF IT IS NOT POSSIBLE TO HAVE A U.S. TEAM COME TO PARIS FOR THE INTERVIEW, BUJON THOUGHT HE COULD PROVIDE US A DETAILED ACCOUNT OF THE FRENCH DEBRIEFING.

2. BUJON WAS THE ONE WHO MET THE TWO HOSTAGES IN DAMASCUS. HE SAID THEY ARE VERY TENSE WITH ONE OF THEM NEAR A NERVOUS BREAKDOWN. THEY WERE NOT, HOWEVER, MISTREATED IN ANY WAY. INDEED THEY WERE WELL TREATED. THEIR TENSE CONDITION RESULTS FROM THEIR ISOLATION AND THE ANXIETY THEY FACED.

3. ADDITIONAL POINTS OF INTEREST FROM BUJON ARE: 1) THE TWO ANTENNAE-2 HOSTAGES STILL HELD MAY HAVE ALSO RECEIVED GOOD TREATMENT. 2) THE RELEASED HOSTAGES HAVE NO IDEA WHO THEIR CAPTORS WERE. THE CAPTORS WERE ALWAYS MASKED AND NEVER REVEALED THEIR IDENTITY. 3) THE HOSTAGES WERE NEVER OUT OF BEIRUT. THEY WERE MOVED ONLY ONCE AFTER ABOUT TWO WEEKS FROM AN APARTMENT TO A HOUSE ON THE OUTSKIRTS OF BEIRUT. 4) THEY HAVE NO KNOWLEDGE OF THE NON-ANTENNAE-2 HOSTAGES NOR OF THE AMERICAN HOSTAGES.

4. REGARDING THE ROLE OF TEHRAN, BUJON SAID THEY ARE THE CLEAR LINK TO THE GROUPS HOLDING FRENCH HOSTAGES BUT HAVE MORE INFLUENCE OVER THE GROUP HOLDING THE ANTENNAE-2 TEAM THAN WHOEVER IS HOLDING THE OTHER FRENCH HOSTAGES. HE SAID THE RELEASE OF THE TWO IS PART OF THE NORMALIZATION DISCUSSIONS GOING ON WITH FRANCE. RELEASE OF THE OTHER ANTENNAE-2 TEAM IS EXPECTED BUT TIMING IS NOT CLEAR. ALTHOUGH THE DEAL INCLUDES THE EVENTUAL RELEASE OF ALL FRENCH HOSTAGE IT IS CLEAR TEHRAN HAS THE INFLUENCE NEEDED (AT THIS POINT BUJON CROSSED HIS FINGERS).

5. SYRIA GOT INTO THE ACT AT THE LAST MINUTE TO PRESERVE THE APPEARANCE THAT THEY CONTROL EVENTS IN LEBANON. THEY REFUSED DELIVERY OF THE HOSTAGES TO THE FRENCH EMBASSY IN BEIRUT FORCING BUJON TO GO TO DAMASCUS TO TAKE CHARGE OF THE HOSTAGES. BUJON HAD BEEN IN CYPRUS WAITING FOR A UNIFIL HELICOPTER TO BRING THE RELEASED HOSTAGES THERE. SYRIA HAD NO INFLUENCE ON THE ACTUAL RELEASE BUT BUJON SAID IT COULD NOT BE FORECLOSED THAT THEY MIGHT BE USEFUL IN THE FUTURE. WARM REGARDS, JOE RODGERS.
DECL OADR

Source : Reagan Library

Juin 1991 : la CIA prévoit une explosion de violence en Yougoslavie

Extrait du rapport de la direction du renseignement de la CIA sur les événements de Yougoslavie, prédisant des combats, 25 juin 1991

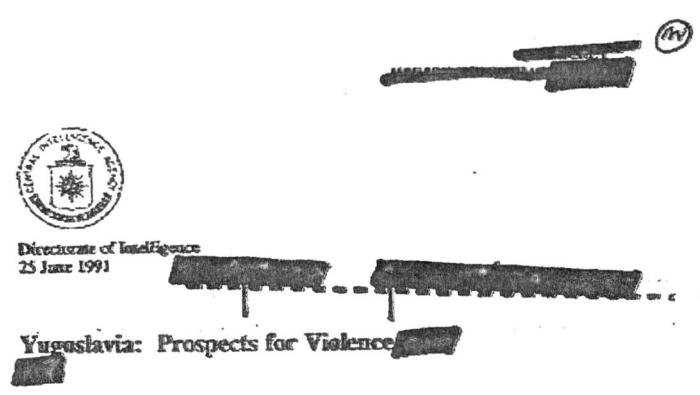

Directorate of Intelligence
25 June 1991

Yugoslavia: Prospects for Violence

Summary

Declarations of independence by Slovenia and Croatia probably will be the prelude to a confrontation with Serbia that could lead to an escalation of violence. The decisions of political leaders in Croatia and Serbia will have the major impact on the scope and severity of any violence, but events could spiral out of the control of any leader. Any eruption of significant violence is likely to involve Serb-populated areas of Croatia, ethnically-mixed regions in Bosnia-Hercegovina, or Kosovo.

The potential combatants are well enough armed to carry out anything from scattered bombings and shootings to full-scale civil war. Civil war is the less likely outcome, but we believe that even under the best of circumstances, escalating communal violence in the coming weeks or months will probably produce casualties in the hundreds. If republic paramilitary and federal Army forces are drawn in, the scale of fighting could expand dramatically.

Finally, although it is unlikely, there remains at least a small chance that the factions will still manage to avoid a serious escalation of violence.

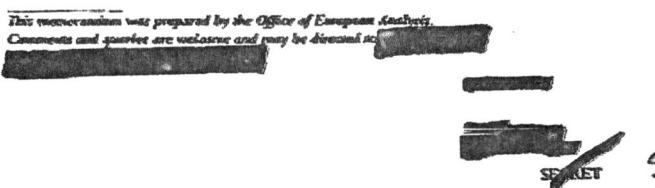

Source : archives de la CIA

Avril 1994 : la CIA dénonce les responsables du génocide en cours au Rwanda

Extrait du mémorandum de la CIA sur l'origine et les responsables des massacres au Rwanda qui ont démarré le 6 avril, 28 avril 1994

RELEASE IN PART
EXEMPTIONS: (b)(1)
(b)(3)
DATE: JUN 2001

Central Intelligence Agency
Washington D.C. 20505

28 April 1994

MEMORANDUM

SUBJECT: The Massacres in Rwanda

1. In our view, politicians and military commanders representing extremist ethnic Hutus from northern Rwanda unleashed the fighting that erupted on 6 April. Northern Hutus have dominated the country since the late President Habyarimana overthrew his predecessor in 1973, and they were opposed to a peace accord and sharing power with the rebels of the Tutsi-dominated Rwandan Patriotic Front (RPF).

— Eyewitness accounts of the downing of Habyarimana's aircraft and the systematic murder of Tutsi and independent Hutu politicians immediately afterward suggest that the President's death was the first step in a hardline Hutu coup attempt.

2. The violence, however, quickly got out of control. Available evidence indicates that militias from two ethnic Hutu chauvinist parties rather than the military have done most of the killing. Mobs of youths armed with grenades, firearms, and machetes have cut down ethnic Tutsis, as well as Hutus suspected of being pro-Tutsi or pro-RPF.

— ▓▓▓▓▓ at least 2,000 militiamen were trained and armed—probably by the security forces—as early as January. ▓▓

3. The government's 25,000-man security forces also are implicated in the killings. Members of the Presidential Guard Battalion reportedly murdered Prime Minister Uwilingiyimana and 10 Belgian peacekeepers, and the UN says government mortars targeted a stadium sheltering thousands of displaced persons.

— The Army's ability to withstand the RPF assault on Kigali suggests it remains under centralized control, and we have seen no ▓▓▓▓▓ supply or morale problems in the capital. ▓▓

This memorandum was prepared by ▓▓▓▓▓ the Office of African and Latin American Analysis. ▓▓▓▓▓

SECRET-NOFORN

Next

Source : archives de la CIA

Juillet 1994 : la CIA évoque les dissensions françaises sur une intervention au Rwanda

Extrait du bulletin quotidien de la CIA qui parle des divisions au sein du gouvernement français sur une possible intervention au Rwanda, 2 juillet 1994

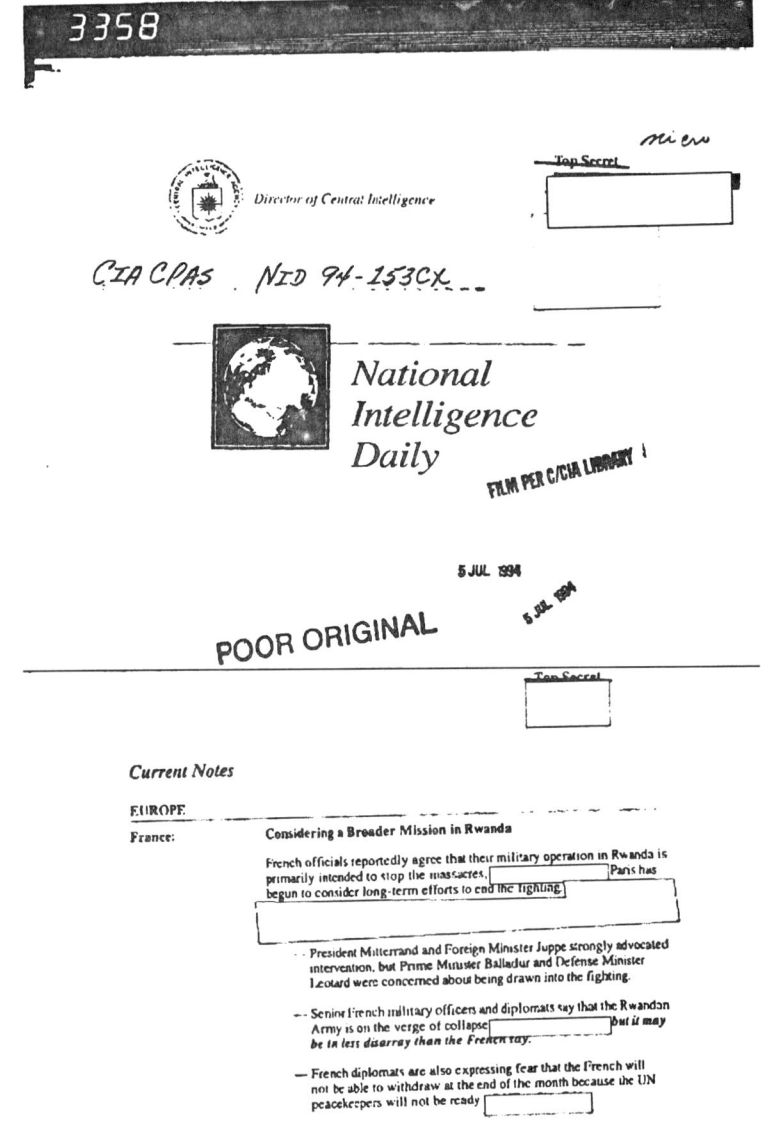

Source : archives de la CIA

Janvier 2001 : la Maison-Blanche est alertée sur Al-Qaida

Extrait du mémorandum de Richard Clarke (Conseil de sécurité nationale) à Condoleezza Rice, conseillère à la Sécurité nationale du président George W. Bush, sur Al-Qaida, 25 janvier 2001 – ce mémo n'aura pas de suite

```
                                                           30009
            NATIONAL SECURITY COUNCIL
               WASHINGTON, D.C. 20504

                  January 25, 2001
```

INFORMATION

MEMORANDUM FOR CONDOLEEZZA RICE

FROM: RICHARD A. CLARKE

SUBJECT: Presidential Policy Initiative/Review -- The Al-Qida Network

Steve asked today that we propose major Presidential policy reviews or initiatives. We *urgently* need such a Principals level review on the al Qida network.

Just some Terrorist Group?

As we noted in our briefings for you, al Qida is not some narrow, little terrorist issue that needs to be included in broader regional policy. Rather, several of our regional policies need to address centrally the transnational challenge to the US and our interests posed by the al Qida network. By proceeding with separate policy reviews on Central Asia, the GCC, North Africa, etc. we would deal inadequately with the need for a comprehensive multi-regional policy on al Qida.

al Qida is the active, organized, major force that is using a distorted version of Islam as its vehicle to achieve two goals:

--to drive the US out of the Muslim world, forcing the withdrawal of our military and economic presence in countries from Morocco to Indonesia;

--to replace moderate, modern, Western regime in Muslim countries with theocracies modeled along the lines of the Taliban.

al Qida affects centrally our policies on Pakistan, Afghanistan, Central Asia, North Africa and the GCC. Leaders in Jordan and Saudi Arabia see al Qida as a direct threat to them. The strength of the network of organizations limits the scope of support friendly Arab regimes can give to a range of US

Classified by: Richard A. Clarke   NSC DECLASSIFICATION REVIEW [E.O. 12958]
Reason: 1.5(d)(x6)   /X/ Exempt in part and redact as shown
Declassify On: 1/25/25   by D.Sanborn Date 4/7/2004
Derived From: Multiple Sources

Source : National Security Archives

Février 2002 : le président Bush décide de traiter « spécialement » les prisonniers d'Al-Qaida

Directive du président George Bush sur le traitement des prisonniers d'Al-Qaida et des Talibans, qui ne doivent pas être considérés comme des prisonniers de guerre, 7 février 2002

UNCLASSIFIED

THE WHITE HOUSE
WASHINGTON

February 7, 2002

MEMORANDUM FOR THE VICE PRESIDENT
THE SECRETARY OF STATE
THE SECRETARY OF DEFENSE
THE ATTORNEY GENERAL
CHIEF OF STAFF TO THE PRESIDENT
DIRECTOR OF CENTRAL INTELLIGENCE
ASSISTANT TO THE PRESIDENT FOR NATIONAL SECURITY AFFAIRS
CHAIRMAN OF THE JOINT CHIEFS OF STAFF

SUBJECT: Humane Treatment of al Qaeda and Taliban Detainees

3. Of course, our values as a Nation, values that we share with many nations in the world, call for us to treat detainees humanely, including those who are not legally entitled to such treatment. Our Nation has been and will continue to be a strong supporter of Geneva and its principles. As a matter of policy, the United States Armed Forces shall continue to treat detainees humanely and, to the extent appropriate and consistent with military necessity, in a manner consistent with the principles of Geneva.

4. The United States will hold states, organizations, and individuals who gain control of United States personnel responsible for treating such personnel humanely and consistent with applicable law.

5. I hereby reaffirm the order previously issued by the Secretary of Defense to the United States Armed Forces requiring that the detainees be treated humanely and, to the extent appropriate and consistent with military necessity, in a manner consistent with the principles of Geneva.

6. I hereby direct the Secretary of State to communicate my determinations in an appropriate manner to our allies, and other countries and international organizations cooperating in the war against terrorism of global reach.

UNCLASSIFIED

Source : National Security Archives

2006 : un rapport du Sénat évoque les renseignements de la « source » irakienne de la CIA transmise par les Français

Extrait du rapport de la commission du Renseignement du Sénat à propos des découvertes faites en Irak sur les armes de destruction massive et leur comparaison avec les évaluations ayant précédé la guerre en Irak, 8 septembre 2006

the inclusion of only the terrorism portion of the source's reporting. We could not accept the telling of only half the story.

Despite our concerns about discussing the details of an unfinished inquiry, we are concerned that only one side of this issue will be discussed in the Minority's additional views. As such, we feel compelled to explain what we know about this matter at this time.

In September 2002, the CIA obtained, from a source, information that allegedly came from a high-level Iraqi official with direct access to Saddam Hussein and his inner circle. The information this source provided was considered so important and so sensitive that the CIA's Directorate of Operations prepared a highly restricted intelligence report to alert senior policymakers about the reporting. Because of the sensitivity, however, that it was not disseminated to Intelligence Community analysts.

The intelligence report conveyed information from the source attributed to the Iraqi official which said:

- Iraq was not in possession of a nuclear weapon. However, Iraq was aggressively and covertly developing such a weapon. Saddam, irate that Iraq did not yet have a nuclear weapon because money was no object and because Iraq possessed the scientific know how, had recently called meeting his Nuclear Weapons Committee.

- The Committee told Saddam that a nuclear weapon would be ready within 18-24 months of acquiring the fissile material. The return of UN inspectors would cause minimal disruption because Iraq was expert at denial and deception.

- Iraq was currently producing and stockpiling chemical weapons.

- Iraqi scientists were dabbling with biological weapons with limited

Source : Sénat des États-Unis

Conversations téléphoniques entre présidents
(source : archives de la présidence de la République)

Entretiens téléphoniques entre François Mitterrand et George H.W. Bush pendant la guerre du Golfe, janvier-février 1991

Entretien téléphonique du 16 janvier 1991 à 21 heures (heure de Paris)

George Bush : Merci de votre soutien tout en long de cette crise. Tous les efforts pour raisonner Saddam Hussein ont échoué. C'était bien de faire un dernier effort, comme vous l'avez fait, ainsi que [le secrétaire général de l'ONU] M. Pérez de Cuéllar. Rien n'a pu lui faire entendre raison. Je vous appelle à propos du début des opérations militaires. Elles commenceront à 3 heures du matin, heure de Bagdad, c'est-à-dire dans quatre heures. Pour des raisons tenant à la tactique, je vous demande de ne pas le divulguer. C'est une décision difficile pour vous comme pour moi, comme pour les Britanniques et pour les pays du Golfe en particulier. J'espère que vous serez d'accord.

François Mitterrand : Je n'ai aucune objection. Ce serait illogique de ma part. J'ai toujours été tout à fait explicite, tout en essayant d'éviter ce moment et de trouver une détermination en faveur de la paix. Ce moment est venu. Nous sommes à vos côtés. Je donnerai toutes les instructions.

G.B. : Merci, mon ami. Je suis heureux de pouvoir être ainsi aux côtés d'un bon ami et d'un excellent partenaire.

F.M. : La psychologie de la décision de Saddam Hussein est strictement incompréhensible. Je ne vois pas comment un homme peut ainsi exposer son peuple à tant de malheur.

G.B. : Ce qu'il faut espérer, c'est qu'il sera chassé rapidement. Je me sens très fier d'avoir quelqu'un comme vous à mes côtés.

F.M. : Sachez que nous restons profondément mobilisés. Je pense beaucoup à vous, aux soldats américains et aux dangers qu'ils traversent.

Nos collaborateurs les plus proches restent en contact pour qu'il y ait une chaîne complète d'information.

G.B. et F.M. : Nous restons en contact et nous reprendrons prochainement la conversation.

Entretien téléphonique du 20 janvier 1991 à 19 h 15

François Mitterrand : Où en est la campagne aérienne ?

George Bush : J'ai l'impression qu'elle se déroule bien, encore mieux qu'espéré. La précision des armes a permis de limiter les pertes civiles. L'aviation de la coalition a, grosso modo, la maîtrise aérienne ; la météo pose problème en ce moment. On ne peut donc pas avoir une évaluation très exacte ; mais on y verra plus clair d'ici vingt-quatre à quarante-huit heures. D'ailleurs, Saddam Hussein lui-même n'a pas une idée très précise.

F.M. : Saddam Hussein a-t-il encore des moyens de communication en bon état ?

G.B. : Nous avons beaucoup détruit, mais il peut encore communiquer avec une partie de ses troupes. La Garde républicaine semble avoir été fortement atteinte. Il y a eu en particulier une explosion gigantesque, décelée sur les appareils conçus pour enregistrer les essais nucléaires. Mais nous ne savons pas encore ce qui a été atteint. Ce qui me préoccupe, c'est ce qui se passe à l'ouest de l'Irak, d'où peuvent partir des attaques sur Israël.

F.M. : Je pense que ce sont des attaques plutôt symboliques.

G.B. : Sans doute. Je fais de gros efforts pour obtenir du [Premier ministre israélien] Shamir qu'il évite d'avoir des réactions excessives.

F.M. : Oui, c'est certainement préférable. Est-ce que vous envisagez de nouvelles surprises ?

G.B. : Je ne sais pas. Pour l'instant, je ne vois pas de vraies surprises. Sur le plan aérien, les choses se sont déroulées aussi bien qu'on pouvait l'espérer, et même mieux.

F.M. : C'est bien la première fois qu'on est obligé de mener une guerre devant les médias, qui ont tendance à tout exagérer.

G.B. : Il y a même eu, au début, une euphorie.

F.M. : Cette euphorie est assez fâcheuse. Les médias entretiennent un débit incessant, jour et nuit.

G.B. : Je pense que CNN, en particulier, rend un fier service à Saddam Hussein. Où en est votre opinion publique ? Est-ce qu'elle tient le coup ?

F.M. : Elle résiste bien. J'ai sous les yeux un sondage d'aujourd'hui, qui approuve mon action à 75 %. Et la vôtre ?

G.B. : À 74 %.

F.M. : Pardonnez-moi ce point d'écart !

G.B. : Vous le méritez sûrement !

F.M. : Ce n'était pas du tout ce que je voulais dire. Mais le fait que les trois quarts de l'opinion nous soutiennent est très rassurant – et ce depuis des jours. En outre, 67 % des Français se sont déclarés favorables à l'action des États-Unis. Je n'ai vraiment pas à me plaindre.

G.B. : À votre avis, que va faire Saddam Hussein maintenant ?

F.M. : Est-ce qu'il nous réserve une surprise ? Je me méfie d'une habileté qui consisterait à attaquer Israël avec des Scud, malgré les Patriot. Cela serait présenté comme un grand succès, bien que tout cela soit très fictif. Il y aurait un effet de propagande. L'autre question est : est-ce qu'il réussira à sortir ses avions ? Enfin, il faut que les bombardements durent suffisamment longtemps pour que les opérations au sol ne soient pas trop meurtrières.

G.B. : Je suis entièrement d'accord sur ce point. Quant à l'utilisation de ses avions, nos gens nous disent que ça ne change pas grand-chose, le score étant de onze à zéro.

F.M. : Nous avons 52 avions sur place et pas encore de pertes, mais il est évident que nous en aurons.

G.B. : Je suis content que, pour l'instant, cela se passe bien.

F.M. : Nous nous sentons très proches de vous chaque fois que vous avez des pertes, parce que nous savons bien que le hasard de la guerre fera que notre tour viendra. À vrai dire, notre principal problème actuellement, c'est la réaction des pays du Maghreb. Il y a des foules dans les rues, et quelques violences contre nos consulats. Il faudra déployer une activité diplomatique intense, vous, nous et les autres, auprès de l'Algérie, du Maroc et de la Tunisie.

G.B. : Il semble qu'à titre personnel [le président algérien] M. Chadli nous soit plutôt favorable.

F.M. : Oui, il a une attitude amicale. Le danger, ce sont les intégristes.

G.B. : Nous n'avons peut-être pas fait suffisamment dans cette direction.

F.M. : Voilà. Je voulais m'entretenir avec vous pour échanger nos points de vue et je vous rappellerai bientôt.

G.B. : Je reviens sur ce que vous disiez. Il faut absolument continuer la campagne aérienne suffisamment longtemps pour protéger nos forces terrestres et achever les phases 1, 2 et 3. Le problème, c'est que, fatalement, beaucoup de gens vont commencer à dire : « Arrêtez, arrêtez ! »

F.M. : C'est à Saddam Hussein de dire cela, d'autant qu'il est le seul responsable.

G.B. : Je suis très content d'avoir eu cette conversation.

F.M. : Il est important que nous continuions à travailler dans cet esprit. Ce qu'il faut faire n'est pas facile, mais il faut le faire.

G.B. : Jusqu'à présent, les choses ne se déroulent pas si mal que ça. Appelez-moi à tout moment, et je vous appellerai si quelque chose de particulier se présente.

Entretien du 5 février 1991

George Bush : Cher François, je crois qu'il est bon de faire le point de temps en temps, de parler du cours des événements. J'ai l'impression que les choses vont bien à propos de la guerre ; la coalition tient bon. Nous avons un adversaire costaud, et qui est capable de nous réserver des surprises. Je sais que Brent Scowcroft et l'amiral Lanxade sont en relation étroite, ce qui est excellent, et le fait d'avoir la France à nos côtés nous donne un sentiment de grande force.

François Mitterrand : Nous sommes effectivement et totalement engagés à vos côtés.

G.B. : Je crois que nos opérations sont bien coordonnées et, d'ailleurs, il n'y a pas de différence dans notre approche. Il faut que les Irakiens évacuent totalement le Koweït, sans concessions. À ce propos, nous n'avons décelé aucun changement dans la position irakienne. En avez-vous noté de votre côté ?

F.M. : Non, tous les contacts directs et indirects confirment le même fait. Dès que l'on parle de trêve, par exemple, je dis toujours : peut-être, mais il faut d'abord l'évacuation du Koweït. Et là, plus rien.

G.B. : Je me suis entretenu il y a deux heures avec [le Premier ministre turc] Ozal, qui avait eu une conversation téléphonique avec [le président iranien] Rafsandjani.

F.M. : Oui, Rafsandjani veut m'appeler.

G.B. : Ozal partage tout à fait nos positions. Il estime que l'Irakien est un affreux. Et qu'il doit quitter le Koweït. En ce qui concerne les Iraniens, j'ai l'impression que leur position est bonne, qu'ils continuent de se conformer aux décisions des Nations unies, et je n'ai rien à dire contre ce que Rafsandjani essaie de faire. Nos relations avec l'Iran sont toujours exécrables, mais nous avons émis des signaux pour qu'elles s'améliorent. Pour le Maghreb, je me sens un peut fautif, parce que vous m'en aviez parlé et j'avoue que je n'ai rien fait. Ce serait bien que vous me disiez ce que vous en pensez.

F.M. : Nous avons des contacts assez étroits avec l'Algérie. Le ministre des Affaires étrangères nous tient au courant de ses contacts avec les Iraniens et les Irakiens. Le gouvernement algérien exprime sa solidarité avec Saddam Hussein, mais sans passion particulière, et veille à ce que ses relations avec nous soient correctes.

Pour nous, les pays du Maghreb constituent un problème délicat, car ce sont des pays francophones qui nous connaissent bien. Donc, dès qu'il y a une opposition, il est naturel qu'elle s'exprime contre la France.

En plus, l'opposition politique contre le roi du Maroc et le président algérien en profite, et il faut dire que le roi du Maroc, en particulier, est très critiqué. C'est une situation désagréable, mais que nous pouvons tenir. Le seul endroit où tout est agréable, c'est du côté de Kadhafi. Il y a des manifestations à Tripoli, mais on y demande l'autodétermination pour le Koweït. Il m'a téléphoné pour la première fois depuis des années pour me dire : il y a tant de fous dans le monde, il faut que les sages comme vous interviennent !

G.B. : Je serais curieux de connaître votre réaction diplomatique à cela !

F.M. : J'ai dit que je me félicitais de le voir dans cet état d'esprit... Le Maroc est un problème plus difficile. Le roi est très critiqué sur divers plans qui n'ont rien à voir avec la guerre. Je pense que, lorsque la paix sera faite, j'espère avant pas trop longtemps, au printemps, nous pourrons réconcilier tout cela, à condition qu'il n'y ait pas de coup d'État. Il faut dire que le fait de gagner la guerre est important, car dans ces pays-là on a quand même tendance à se tourner vers le vainqueur. Voilà pour les relations entre la France et les pays du monde arabe avec lesquels nous sommes les plus proches.

Pour le reste, je ne vois pas de problème particulier. Nous attendons comme tout le monde le signal de l'offensive terrestre. Nous ne sommes pas pressés. Notre aviation fait son travail aux côtés de vos troupes.

G.B. : Je reçois de très bons rapports là-dessus.

F.M. : Nos pilotes sont très bien entraînés. Nos forces terrestres sont là où les a placées l'état-major, et elles attendent calmement le jour J.

G.B. : C'est important que nous soyons côte à côte dans cette affaire. De différents côtés, on cherche le moyen de faire la paix, mais je crois qu'il faut que nous tenions bon sur nos conditions.

F.M. : La condition *sine qua non* est la libération du Koweït. Il y a eu une campagne, un peu en Amérique mais surtout en Grande-Bretagne, contre la France. Mais je me suis entretenu ce matin avec [le Premier Ministre britannique] M. Major et nous avons un nouveau ministre de la Défense qui prend bien les choses en main.

G.B. : Il est excellent que nous puissions avoir ces conversations, et il est rassurant de savoir que [mon conseiller à la Sécurité nationale] Brent Scowcroft et votre collaborateur militaire se parlent régulièrement. Je pense que la présentation de photographies aura été intéressante.

F.M. : Je vous remercie de m'avoir appelé. Je voulais le faire moi-même. Nous aurons l'occasion de recommencer très prochainement.

Entretien téléphonique du 16 février 1991 à 16 heures

François Mitterrand : J'ai cherché à vous joindre hier soir après la proposition de Saddam Hussein, mais cela n'a pas été possible. Je voulais simplement confirmer notre réaction, qui est la même que la vôtre. Nous ne devons pas nous laisser abuser par cette démarche.

George Bush : Je suis tout à fait d'accord. Votre déclaration me paraît parfaite en tout point.

F.M. : Notre position est la même, ainsi d'ailleurs que celle des Britanniques et des autres membres de la coalition, ce qui est une bonne chose. Est-ce que vous avez une idée sur la raison qui l'a poussé à cette démarche ?

G.B. : Si c'est pour essayer de diviser les Alliés, cela n'a pas marché. Pensez-vous qu'il y a une initiative soviétique derrière cela ?

F.M. : Cela ma paraît assez vraisemblable que l'idée ait été soufflée de Moscou, pour que les Russes puissent apparaître en tant que médiateurs à la faveur d'un fait nouveau.

G.B. : Vous avez sans doute raison.

F.M. : Nous y verrons plus clair avec la visite du [ministre irakien] Tarek Aziz. En ce qui concerne la position de Gorbatchev, nous ne sommes, pour notre part, pas très préoccupés. Nous ne pensons pas qu'il soit en train de s'écarter de la position des Nations unies. Je ne sais pas ce que vous en pensez. C'est vrai qu'il essaie de jouer un peu sur les deux tableaux. Mais, sur le fond, il n'a pas les moyens de se dissocier de la coalition.

G.B. : Je suis d'accord avec vous, d'autant plus que, d'après nos informations, la situation intérieure est extrêmement difficile. Mais je crois qu'il va rester près de nous.

F.M. : C'est pourquoi, en ce qui concerne les pays baltes, je crois qu'il faut essayer de calmer le jeu, et ne pas se hâter de lui compliquer la tâche. Concrètement, il faut attendre le référendum soviétique au mois de mars.

G.B. : Je suis tout à fait de cet avis, et ce n'est pas facile de freiner au Congrès, comme nous essayons de le faire, des morceaux de législation antisoviétique. Mais je crois qu'il faut malgré tout le faire et essayer au moins d'éviter de donner des armes à ses opposants, qui pourraient alors le pousser vers une position l'obligeant à prendre ses distances par rapport à nous au sujet du Golfe.

F.M. : Nous pouvons faire attendre jusqu'au référendum. Cela dit, j'ai confiance et je crois que Gorbatchev restera à nos côtés aux Nations unies et là où il s'agit de choses importantes.

G.B. : Je suis d'accord. En ce qui concerne le déclenchement de la phase terrestre, je voulais vous dire que les dates évoquées par l'amiral Lanxade dans ses conversations avec le général Scowcroft nous paraissent tout à fait appropriées. Je suis à Kennebunkport, où il fait extrêmement froid dehors, mais chaud dedans.

F.M. : J'ai gardé un souvenir très sympathique de cette maison chaleureuse. En ce qui concerne l'opinion publique chez nous, elle reste loyale et la situation reste bonne.

G.B. : Merci d'avoir téléphoné. Il est très utile et important que nous maintenions ce genre de contact.

Entretien du 19 février 1991 à 9 h 30

George Bush : J'ai écrit à Gorbatchev pour lui dire que la réponse devait être sans condition et que j'avais des soucis quant à la durée : il y avait du flou sur les délais, 96 heures seraient suffisantes pour se retirer. Je lui dis également que toutes les résolutions doivent être prises en compte, avec l'échange immédiat des prisonniers de guerre.

J'ai envoyé un deuxième message à Gorbatchev : il n'y aura pas de cessez-le-feu avant un retrait significatif et en cours ; et pas d'arrêt des hostilités sans retrait massif.

Nous n'attaquerons pas les forces en traître. L'échange des prisonniers doit se faire dans les 24 heures ; nous en avons 1 200, ils en ont quelques-uns, mais qui comptent beaucoup pour nous. L'initiative soviétique en tant que telle n'est pas acceptable. Mais je ne suis pas fermé à toute solution, et ceci malgré l'heure tardive. Il ne faut pas se laisser entraîner dans un retrait sans fin. Il n'y aura pas de pause, il faut maintenir la pression militaire.

François Mitterrand : 1/ Il faut une réponse très rapide de Saddam Hussein. Demain ou avant, car tout retard nous mettrait dans des situations difficiles par rapport aux armées et à l'opinion, et aussi au sein de la coalition. Je pense à l'Italie et à l'Allemagne. Avez-vous vu ce qu'ils ont dit ?

G.B. : Non.

F.M. : Ils réagissent avec enthousiasme et sans discernement.

2/ Réponse immédiate, claire, sans conditions.

Ce que je vous dis là, nous l'avons dit aux Soviétiques. Tant qu'il n'aura pas répondu, il faut faire la guerre, et même avec plus de force encore.

Deux hypothèses :
• il pose des conditions et c'est trop tard ; c'est la guerre, il faut la mener jusqu'à son terme ;
• il répond un oui clair, ce qui signifie son accord pour se retirer, et nous devons alors fixer d'autres conditions pour le retour à la paix. C'est nous qui les posons, pas Gorbatchev. C'est une position logique, puisqu'il a dit oui.

Quant aux procédures d'exécution et aux délais, vous dites quatre jours, je dis huit ou neuf. Il faut que ce soit très court. Il appartient aux pays qui combattent, et pas à l'URSS, de définir les conditions d'exécution. C'est à nos militaires de formuler ces conditions. Quant à l'idée de ne pas bombarder ceux qui s'en vont, c'est évidemment oui : mais il faut continuer la guerre, bombarder les troupes, et menacer l'Irak et Saddam Hussein tant que le retrait n'est pas effectif. En ce qui concerne Israël : que se passe-t-il à propos de la menace des missiles ?

G.B. : De toute façon, les tirs contre Israël doivent cesser.

F.M. : Pour terminer, j'estime que l'on ne peut pas poursuivre si Saddam Hussein accepte ces conditions, à savoir les conditions soviétiques plus les nôtres.

G.B. : Vous qui le connaissez bien, que va-t-il faire ?

F.M. : Je ne le connais pas ! Évidemment, ce que l'on sait de lui peut faire penser qu'il refusera, et ce sera désastreux pour l'Irak. Il va devoir choisir entre la mort et la défaite, ou l'acceptation. Il peut aussi chercher à valoriser son prestige. Il faut l'en empêcher. J'ai le souci d'agir en parfait accord avec vous.

G.B. : Tout à fait d'accord sur tout cela. Je n'ai pas fait de commentaire public. Vous êtes le premier que j'appelle. Je n'ai pas encore appelé les autres, je vais appeler Major.

F.M. : C'est un tout petit groupe de « happy few » ! Je suis en liaison avec Major. Nous pensons la même chose.

G.B. : Tant mieux, c'est très important. Je vais appeler les autres, c'est le premier appel que je fais personnellement.

F.M. : Il faut une réponse de Saddam Hussein dans les vingt-quatre heures, autrement nous serons débordés par les opinions, par les autres États, par le Conseil de sécurité, et par les pressions diverses.

G.B. : Exact. Ce serait contre-productif en ce moment. Les Soviétiques ont fait une déclaration aux Nations unies, mais elle n'est pas gênante car elle ne donne pas lieu à débat. Je crois que les Soviétiques veulent participer à cette action. Je veux bien, mais ils ne doivent pas mener le bal. Ils peuvent jouer un rôle important, mais pas trop, et ne doivent pas être l'unique courtier. La coalition est solide, c'est aux principaux membres d'agir.

F.M. : Tout à fait ! Après la réponse de Saddam Hussein, le rôle de courtier de l'URSS doit cesser. Ce sont ceux qui font la guerre qui doivent entreprendre les discussions sur les conditions du retrait. Bien sûr, il faut être poli avec l'URSS, et les consulter souvent.

G.B. : OK !

Entretien du 21 février 1991 (dans la soirée)

François Mitterrand : Bonjour, George. Je voulais vous avoir après le discours de Saddam Hussein. Vous pensez comme moi que c'est terminé pour cette phase-là ?

George Bush : Je le crois : il a adopté une ligne très dure dans ce discours.

F.M. : Je serais étonné que Tarek Aziz ait un message différent pour Moscou, ou alors cela deviendrait totalement incompréhensible !

G.B. : S'il a une telle attitude, pourquoi ce voyage à Moscou ?

F.M. : Il était prévu, et Saddam Hussein a dû prendre tout le monde de court. Nous le saurons dans deux ou trois heures. Au point où nous en sommes, je ne vois plus deux hypothèses, mais une seule : le déclenchement.

G.B. : C'est ainsi que nous voyons les choses et c'est le programme envisagé avec l'amiral, à moins d'un changement dû au temps.

F.M. : Nous avons les mêmes données ; pas d'objection. J'ajouterai même que, par rapport à l'opinion, il ne faudrait pas une marge trop grande entre le refus de Saddam Hussein de toute possibilité et le commencement de l'action.

G.B. : Tout à fait exact. C'est ce que nous essayons de faire pour le moment ; c'est 4 heures du matin.

F.M. : Comment agirons-nous concrètement ?

G.B. : Je ne sais pas encore. J'envisage de parler lorsque les militaires me diront que c'est prêt pour la phase terrestre. Chacun annoncera la même chose au même moment à ses propres forces.

F.M. : Il faut que je puisse donner cet ordre à nos soldats selon la Constitution. L'amiral Lanxade reste en contact opérationnel pour mettre au point l'annonce.

G.B. : Pour le moment du déclenchement, 8 heures du soir ici samedi ; 2 heures du matin à Paris, 4 heures du matin en Arabie Saoudite. Il faudra attendre une ou deux heures pour qu'il n'y ait pas d'informations trop tôt. J'attends des indications pour voir avec M. Major. J'attends demain. Soyons souples là-dessus.

F.M. : Rien à ajouter. Chez vous, samedi soir ; ici dimanche matin, heure de Paris. L'amiral Lanxade me donnera le signal.

G.B. : Nous vous préviendrons dès que nous aurons l'heure suggérée par les militaires. Je ne vois pas d'autre moyen d'agir. Scowcroft et Lanxade restent en contact.

F.M. : Nous avons une obligation : travailler totalement main dans la main, la vie de nos soldats en dépend, ainsi que l'intérêt de nos pays. Bonne journée. Je suis content de vous avoir entendu. Faisons comme cela, s'il le faut, nous en reparlerons avant, on se retéléphone.

G.B. : Nous sommes d'accord ; sauf s'il y a une surprise de Moscou, mais je ne vois pas bien ce que ce serait.

F.M. : Merci, au revoir.

Entretien du 27 février 1991

George Bush : Les choses se passent très bien sur le terrain. Les combats sont presque terminés. L'engagement est commencé avec la Garde républicaine. Une seule division semble avoir un moral convenable. Tout s'est passé plus rapidement que nous ne l'avions pensé. Nous sommes très fiers des troupes françaises. Les pertes sont inférieures à ce que nous avions imaginé.

François Mitterrand : Comment voyez-vous le timing pour la suite ? Est-ce que vous pensez que tout sera réglé au plus tard d'ici à la fin de la semaine ?

G.B. : D'ici à la fin de la semaine, sûrement. Dick Cheney pense qu'il suffira d'un jour supplémentaire, c'est-à-dire jeudi pour nous.

F.M. : La partie diplomatique va commencer. Je souhaitais vous entendre pour savoir comment vous envisagiez son déroulement, et en particulier comment vous voyiez le rôle du Conseil de sécurité.

G.B. : J'aimerais avoir votre point de vue. Il n'y a plus tellement de pression depuis que l'URSS a dit qu'il fallait que Saddam Hussein accepte les douze résolutions. Et il faut qu'il le déclare publiquement.

F.M. : En effet.

G.B. : On peut se débarrasser des sanctions, mais il faut être certains de l'acceptation de l'Irak. Il y a la question des prisonniers de guerre, des Scud, des ressortissants des pays tiers, etc. Je voudrais que vous et moi nous rencontrions le plus tôt possible. Ce serait bien début mars. Je voudrais être certain que nous sommes bien sur la même longueur d'onde. Que peuvent faire désormais les Nations unies, quelle organisation pour la paix ? Je voudrais que les troupes américaines partent le plus vite possible.

F.M. : Je suis tout à fait d'accord pour notre rencontre. Je vais regarder mon emploi du temps et mes collaborateurs prendront contact avec les vôtres.

G.B. : Très bien, il faut vraiment que nous ayons un dialogue en tête à tête. Dans l'immédiat, ce qui me préoccupe, c'est la question des conditions du cessez-le-feu : Scud, etc.

F.M. : Vous avez raison. Il faudra le faire comprendre aux opinions, qui sont pressées de voir la guerre s'achever. Il faut obliger Saddam Hussein à reconnaître son échec, ses responsabilités.

G.B. : Exactement. L'arrogance de sa déclaration a exaspéré tous ceux qui l'ont entendue.

F.M. : Absolument.

G.B. : Nous avons des renseignements intéressants, mais je ne sais pas ce qu'ils valent, disant qu'il essaierait de quitter l'Irak.

F.M. : On va suivre cela de près. En tout cas, d'accord pour une rencontre prochaine. Je voulais vous féliciter pour le courage et la résolution montrés par vous-même et par votre pays.

G.B. : C'est parfaitement vrai pour la France aussi. Je vous suis très reconnaissant. Vos troupes sont même arrivées en avance. La coordination entre nous a très bien fonctionné. Chez nous, le sentiment patriotique est très fort, et chez vous ?

F.M. : C'est la même chose. 75 % à 80 % de l'opinion suit très bien. Il y a une impression très positive sur moi-même, aussi sur vous. Il y a une très grande solidité en faveur de la coalition.

G.B. : Maintenant, il faut que nous gagnions l'après-guerre.

F.M. : Tout à fait, alors on va se rencontrer bientôt.

Entretiens téléphoniques entre Jacques Chirac et
George W. Bush sur la guerre d'Irak,
septembre 2002-avril 2003

Entretien du 6 septembre 2002 :
« Nous sommes ouverts à la discussion »

Télégramme de la cellule diplomatique de l'Élysée du 7 septembre 2002.

Objet : Entretien téléphonique du président de la République avec M. George W. Bush, président des États-Unis (vendredi 6 septembre 2002 à 13 h 20). Irak.

« Cet entretien s'est déroulé à l'initiative du président Bush. Celui-ci souhaitait ainsi entamer la série de consultations qu'il avait annoncées, avant le discours qu'il devait prononcer le 12 sept. devant l'Assemblée générale des Nations unies. Ces consultations témoignaient du souci qu'il avait d'informer un certain nombre de dirigeants amis de sa position sur l'Irak, dont il était conscient qu'elle suscitait beaucoup de préoccupations dans le monde et aux États-Unis mêmes.

Par-delà les divergences qui s'exprimaient sur l'Irak, il y avait au moins deux points sur lesquels on pouvait être d'accord : d'une part, Saddam Hussein constituait une menace, d'autre part, il s'obstinait à défier la communauté internationale.

Sur le premier point, les États-Unis s'apprêtaient à envoyer des émissaires et des experts dans un certain nombre de pays, dont la France, pour des échanges d'informations et des discussions sur la menace irakienne.

Sur le second point, le président des États-Unis exposerait devant l'Assemblée générale des Nations unies ses propositions quant à la façon de faire face à cette menace, contrairement à un certain nombre des spéculations faites ici ou là. Il n'y avait encore, à ce sujet, aucune décision de prise à Washington.

Le président de la République a indiqué que nous étions tout à fait ouverts au débat. Nous étions conscients des dangers que l'Irak faisait courir à la sécurité de la région et du monde, et de la nécessité d'imposer à Saddam Hussein le retour inconditionnel des inspecteurs. Il fallait espérer que Saddam Hussein entendrait raison car une intervention militaire constituerait une aventure difficile et dangereuse. Saddam Hussein ne pouvait ignorer que le choix était désormais entre le retour des inspecteurs et une action militaire. Malheureusement, l'expérience avait démontré qu'il prenait toujours la mauvaise décision. En tout état de cause, nous étions ouverts à la discussion.

En conclusion, le président Bush a remercié le président de la République et indiqué qu'il poursuivrait sa concertation avec lui après son discours aux Nations unies. »

(Compte rendu établi par André Parant, conseiller technique à la présidence de la République.)

Entretien du 9 octobre 2002 : « Nous pouvons trouver un accord »

Télégramme de la cellule diplomatique de l'Élysée du 10 octobre 2002.

Objet : Entretien téléphonique entre le président de la République et M. George W. Bush, président des États-Unis (mercredi 9 octobre 2002, à 20 heures).

« L'entretien a eu lieu à l'initiative du président des États-Unis.

Celui-ci a d'abord évoqué l'explosion du pétrolier français *Limbourg* au large des côtes yéménites. Il n'existait à ce stade pas de preuves qu'il s'agissait d'un attentat, mais tel était toutefois son pressentiment. Si cette hypothèse se confirmait, la France pouvait compter sur le soutien des États-Unis pour identifier les auteurs de l'attentat et les traduire en justice.

Le président de la République a remercié son interlocuteur. Une enquête était en cours, à laquelle participaient des experts français et américains. Nous attendions leurs conclusions, mais l'hypothèse d'un acte terroriste était, en effet, possible.

Le président Bush a ensuite évoqué les discussions en cours à New York sur l'Irak. Son sentiment était que la France et les États-Unis pouvaient trouver un accord sur le texte de résolution qui satisfasse leurs préoccupations respectives. Cette résolution devait être très forte et indiquer très clairement qu'en cas de violation flagrante par l'Irak de ses obligations il y aurait des conséquences. Dans un tel cas, les États-Unis se concerteraient avec la France, qui était l'un de leurs principaux alliés. Plus la résolution serait forte, plus il serait possible de résoudre le problème posé par l'Irak selon des voies pacifiques.

Le président de la République a redit sa conviction que la guerre était toujours la plus mauvaise solution. Les pays occidentaux étaient en train de susciter un phénomène de rejet qu'ils paieraient cher, aussi bien sur le plan politique qu'en termes de terrorisme. Il fallait donc bien réfléchir avant d'agir. La France, elle aussi, souhaitait empêcher l'Irak de produire ou de créer des armes de destruction massive. Le rôle des inspecteurs des Nations unies était à cet égard capital. S'il était nécessaire de renforcer leurs moyens d'action, nous étions prêts à l'envisager, sur la base de ce que proposeraient MM. Blix et El Baradei et sans tomber dans la provocation. Une résolution renforçant le régime des inspections devrait pouvoir être adoptée, sans grande difficulté, à l'unanimité, une telle résolution adresserait un message fort aux Irakiens.

S'agissant des conséquences d'une non-coopération de l'Irak, notre position était que le Conseil de sécurité devrait, sur la base d'un rapport de MM. Blix et El Baradei, se réunir pour décider des mesures à prendre dans cette hypothèse. Aucune option n'était exclue, y compris le recours à la force. Mais il fallait à tout prix conserver l'unité du Conseil de sécurité, qui devrait définir une réponse adaptée à la situation. Le fait de laisser entendre que nous étions déterminés à faire une guerre en tout état de cause pour obtenir un changement de régime en Irak ne correspondait pas à notre vision des relations internationales.

Le président Bush a marqué son accord sur le fait que l'usage de la force était l'ultime option. Lui-même comprenait les conséquences d'une guerre. Cela étant, il était essentiel de bien marquer que, si l'Irak refusait de désarmer, il s'exposait à des conséquences certaines. Si tel n'était pas le cas, Saddam Hussein en tirerait la conclusion qu'il existe une autre issue possible et nous n'obtiendrions pas ce que nous voulons.

En conclusion, le président Bush a exprimé le vœu que cet échange stimule la volonté de la France et des États-Unis d'agir ensemble pour la réalisation de leurs objectifs communs, d'une façon qui tienne compte de leurs préoccupations respectives.

Le président de la République a répondu que cela lui paraissait possible avec de la bonne volonté de part et d'autre. »

(Compte rendu établi par André Parant, conseiller technique à la présidence de la République.)

Entretien du 7 février 2003 : « Nous avons des approches différentes qui n'empêchent pas l'amitié »

Télégramme de la cellule diplomatique de l'Élysée du 7 février 2003. Objet : Irak ; entretien téléphonique entre le président de la République et M. George W. Bush, président des États-Unis (7 février 2003).

« L'entretien a eu lieu à l'initiative du président de la République.

Le chef de l'État a indiqué à son interlocuteur qu'il ne partageait toujours pas sa position quant à la nécessité d'engager dès à présent une action militaire contre l'Irak. Il y avait d'autres solutions pour obtenir le désarmement de l'Irak, qui était notre objectif commun. Une guerre n'était pas aujourd'hui inévitable.

Le président de la République a précisé que cette position était dictée par une conviction profonde. Il n'était pas lui-même pacifiste. Des soldats français étaient également engagés sur un certain nombre de théâtres d'opérations. Mais nous étions opposés à la guerre quand celle-ci n'apparaissait pas absolument nécessaire. C'était une question de morale. Force était de constater que nous avions de ce point de vue une approche différente de celle des États-Unis. Ceci n'enlevait rien à l'amitié que nous avions pour ce pays et à l'importance que nous attachions à la relation transatlantique.

Le président Bush a remercié le président pour ses propos. Il tenait aussi à son amitié avec le président de la République, de même qu'à la relation entre la France et les États-Unis. Il appréciait le chef de l'État pour sa cohérence et son esprit de compassion.

Lui non plus n'aimait pas la guerre. Il connaissait, comme tout chef d'État, la responsabilité que porte celui qui décide d'envoyer des soldats au combat. Une chose le séparait toutefois du président de la République : il considérait qu'un Saddam Hussein constituait une menace contre le peuple américain. Voilà pourquoi il avait une approche différente en termes de calendrier.

Le président américain a en outre remercié le chef de l'État pour la coopération établie entre nos services dans le domaine du renseignement. Évoquant les discussions en cours dans le cadre de l'OTAN, il a également souhaité que nous puissions parvenir à un accord, et évoqué l'article 4.

Le président de la République a réitéré sa conviction qu'il restait possible de désarmer Saddam Hussein sans provoquer une guerre. Si celle-ci avait lieu néanmoins, la France et les États-Unis se retrouveraient ensuite pour traiter le problème de la reconstruction. Ce serait une tâche immense à laquelle chacun devrait apporter sa contribution.

Le président Bush a précisé sur ce point que toutes les dispositions avaient été prises pour, en cas de conflit, venir en aide au peuple irakien. Il a conclu son propos en indiquant qu'une fois Saddam Hussein désarmé, des progrès seraient possibles sur le processus de paix au

Moyen-Orient. Il savait à quel point cette question préoccupait le président de la République. Lui-même était très soucieux de relancer la paix dans cette région.

Le chef de l'État en a pris acte et lui a fait part de notre entière disposition à coopérer avec les États-Unis sur ce dossier.

À la suite de cet entretien, Mme Condoleezza Rice a appelé le conseiller diplomatique du président de la République. Elle a insisté, à cette occasion, sur l'importance qui s'attache à préserver l'unité du Conseil de sécurité. »

(Compte rendu établi par André Parant, conseiller technique à la présidence de la République.)

Entretien du 15 avril 2003 : « Il faut se tourner vers l'avenir »

Télégramme de la cellule diplomatique de l'Élysée du 15 avril 2003.
Objet : entretien téléphonique entre le président de la République et M. George W. Bush, président des États-Unis (mardi 15 avril 2003).

« Cet entretien a eu lieu à l'initiative du président de la République.

Le chef de l'État, après avoir observé qu'il ne s'était pas entretenu avec le président Bush depuis quelque temps, a indiqué qu'il lui avait paru utile de reprendre contact à un moment où le dossier irakien était entré dans une nouvelle phase. Notre analyse quant aux circonstances du déclenchement du conflit n'avait pas changé, mais nous étions satisfaits que celui-ci ait été bref. Le président de la République a par ailleurs réitéré au président Bush ses condoléances pour les pertes subies par les États-Unis. Comme toutes les démocraties, nous nous réjouissions de la chute de la dictature irakienne. Il fallait maintenant se tourner vers l'avenir, que nous souhaitions évoquer avec les États-Unis dans un esprit ouvert et constructif.

Le président Bush a tout d'abord évoqué la situation en Irak, où il restait encore beaucoup à faire pour sécuriser le pays et venir en aide à la population. Les États-Unis s'y employaient, avec leurs alliés britanniques, et la situation ne tarderait pas à s'améliorer.

Le président de la République a ensuite abordé la question du rôle de l'OTAN, qui avait été soulevée par Colin Powell à Bruxelles. Nous n'avions, à cet égard, pas de difficultés *a priori*. Nous étions attachés à l'OTAN et à l'Alliance atlantique. Nous étions prêts à participer à la NRF [Force de réaction rapide], et la France était aujourd'hui le premier contributeur de troupes de l'Alliance. Nous étions ouverts à un rôle raisonnable de l'OTAN à Kaboul, tel que proposé par l'Allemagne, et pouvions également l'envisager en Irak. On pouvait toutefois s'interroger sur l'opportunité d'adjoindre des contingents d'autres pays, notamment arabes, pour prendre en compte les sensibilités de la région.

Le président Bush s'est félicité de la tonalité très positive de ces propos. Un certain nombre de personnes de son entourage étaient en effet convaincues que l'objectif de la France était de "détruire l'OTAN". Le président de la République s'est inscrit en faux contre de telles assertions, qui relevaient de la campagne antifrançaise actuellement menée dans certains secteurs de l'administration américaine. Son interlocuteur a répondu qu'il n'avait pas connaissance d'une telle campagne, mais qu'en tout état de cause il dirait à ceux qui mettaient en doute la volonté de la France de voir l'OTAN jouer un rôle en Irak "qu'il avait une bonne nouvelle à leur annoncer".

Sur un plan plus général, le président de la République a rappelé notre position s'agissant de la gestion de l'après-conflit en Irak : le plus rapidement les Nations unies seraient associées à la reconstruction de ce pays et mieux cela vaudrait pour tout le monde. En tout état de cause, nous souhaitions adopter une attitude pragmatique, dossier par dossier (levée des sanctions, contrôle du désarmement, reprise des exportations pétrolières, reconnaissance d'une nouvelle autorité irakienne).

En réponse à une question du président de la République, le président américain a également abordé la question de la Syrie. Le message des États-Unis à ce pays était très clair : il ne devait pas accorder l'asile à des responsables de l'ex-régime irakien. Or Washington disposait d'indications selon lesquelles certains de ces ex-dirigeants auraient trouvé refuge en Syrie. Le président syrien "n'avait donc pas respecté ses engagements". Par ailleurs, Bachar el-Assad devait contrôler le Hezbollah (le président américain a toutefois reconnu, sur ce point, les efforts déjà déployés par la Syrie pour inciter le Hezbollah à la retenue).

En écho aux propos du président américain, le chef de l'État a exprimé des doutes quant au fait que Damas accorderait délibérément l'asile à des responsables irakiens, compte tenu du contentieux ancien entre Damas et Bagdad. On ne pouvait toutefois exclure que certains de ces responsables se soient introduits en Syrie à l'insu des autorités de ce pays. En tout état de cause, la France avait fait passer au président syrien un message sur les dangers auxquels il s'exposerait s'il faisait preuve de la moindre complaisance à l'égard des anciens dirigeants irakiens. Le président Bush l'en a remercié.

S'agissant du Proche-Orient, le président de la République a fait état de l'urgence qui s'attachait désormais à la publication de la feuille de route du Quartet.

Le président Bush a répondu qu'il en était conscient et qu'il restait attaché à la solution des deux États. Mais il fallait d'abord que le gouvernement palestinien soit formé et doté des moyens de fonctionner. Or le sentiment des États-Unis était qu'Arafat freinait. Il était donc souhaitable que le président de la République lui transmette un message pour qu'il accélère le processus de constitution du gouvernement.

Le chef de l'État a répondu que cela avait déjà été fait mais que nous insisterions sur ce point.

En ce qui concerne enfin le sommet du G8, à Évian, le président de la République s'est félicité de la bonne coopération qui existait entre Paris et Washington pour la préparation de cette échéance. Dans le contexte économique actuel, il était important que cette réunion soit l'occasion de lancer un signal fort pour relancer la croissance.

Le président Bush en est convaincu. Il a par ailleurs évoqué les risques de manifestations à l'occasion du sommet. Le chef de l'État s'est attaché à le rassurer, en faisant valoir les précautions prises sur le plan de la sécurité, dont les services américains compétents étaient d'ailleurs parfaitement informés. »

(Compte rendu établi par André Parant, conseiller technique à la présidence de la République.)

Index

Abbas Mahmoud : 448, 473, 524-525
Abdallah de Jordanie : 340, 443
Abdallah Georges Ibrahim : 129, 135-136
Abdallah, prince héritier d'Arabie Saoudite : 451
Abdel-Mehdi Adel : 433
Afanassievski Nicolaï : 62
Ahmadinejad Mahmoud : 478, 480, 483-484, 507, 521, 523
Ahrabi Iradj : 126
Ahtisaari Martti : 346
Aidid Mohammed : 260
Albright Madeleine : 293, 300, 327, 331, 334, 343
Aldrin Buzz : 489
Al-Khalifa de Bahreïn : 443
Allen Richard : 20, 27-28, 47, 57-58, 89, 91
Allende Savador : 22
Ameil Xavier : 43-44
Ames Aldrich : 271
Amin Dada Idi : 94
Anderson Terry : 122, 136, 142
Andréani Jacques : 82, 168-169, 184-185, 215, 269
Andropov Iouri : 44, 52, 79, 81
Annan Kofi : 327, 496
Arafat Yasser : 116, 211, 320, 322, 340, 349, 353, 358, 415, 447-448
Arens Moshe : 210
Aristide Jean-Bertrand : 449
Armitage Richard : 395
Armstrong Neil A. : 489
Assad Bachar el- : 325, 415, 450-451, 453-454, 456-457, 461-463, 465-468, 470-471, 473-475
Assad Hafez el- : 121, 124, 128, 211-212, 321, 450
Attali Jacques : 78-79, 89, 91, 105, 153-154
Auque Roger : 143, 145

Aziz Tarek : 192
Aznar José María : 398, 407

Baker James : 152-153, 159, 165, 168, 171, 180, 187, 189-190, 192, 198, 210, 215, 223-224, 234, 381, 428-433
Bakhtiar Chapour : 120
Balladur Édouard : 245-247, 254, 264, 266, 271, 285, 287, 290, 309
Barak Ehud : 349, 358
Barnier Michel : 446, 459
Bauer Alain : 247, 499
Bayrou François : 336-337, 502
Bechet Sidney : 277
Beghal Djamel : 364
Bell William : 54
Ben Ali Zine el-Abidine : 216
Ben Laden Oussama : 314, 360, 363, 365, 368, 405
Benjamin Daniel : 361
Bentégeat Henri : 393
Bérégovoy Pierre : 45, 240, 242-243, 245
Berger Sandy : 293, 349
Berlusconi Silvio : 398, 445
Berri Nabih : 117, 125
Bianco Jean-Louis : 503
Biden Joseph (Joe) : 426, 518, 526
Bishop James : 106
Blackwill Robert : 419-420
Blair Dennis : 528
Blair Tony : 334, 350, 372, 385-386, 398-399, 403, 406-408
Blane John : 106
Blix Hans : 388, 399-400, 404
Bloomberg Michael : 499
Blouin Pierre : 125
Bohlen Charles : 280
Boillon Boris : 498, 504
Bongo Omar : 105

Bonnet Yves : 57, 61-62, 64
Borloo Jean-Louis : 521
Boulouque Gilles : 143-145
Bouteflika Abdelaziz : 443, 456, 474, 477
Boutros-Ghali Boutros : 249, 286, 311, 326
Bozo Frédéric : 14, 75
Brando Marlon : 277
Brejnev Leonid : 44, 52, 85
Bremer Paul : 418
Brochand Bernard : 377-378
Brochand Pierre : 377
Brown Gordon : 511, 514, 518, 520, 524, 529
Bruni-Sarkozy Carla : 9, 518, 527
Buckley William : 121
Bujon de l'Estang François : 113, 132, 134-135, 143, 276, 284, 307, 310, 313, 318, 322, 337, 346, 354-356, 364, 366, 371, 375, 380, 386, 391
Bush Barbara : 151-153, 157, 193, 506
Bush Dorothy : 151
Bush George H.W. : 10, 236, 354-356, 358, 380-381, 498
Bush George W. : 9-10, 12-13, 19-20, 22, 25-34, 36-41, 46, 50-51, 60, 64, 80, 95, 114, 118-120, 149-158, 160-167, 169-176, 178-181, 183-184, 186, 188, 190-198, 200-205, 207-221, 224-225, 228-233, 235-236, 239-241, 243-244, 249, 260, 282-284, 310, 337, 354-362, 364-373, 375, 380-382, 384-393, 395-421, 424-450, 452-453, 455-459, 462, 464, 466-468, 471, 474-478, 480, 482, 484, 489, 495, 498-499, 501-507, 509-519, 521
Bush Laura : 420, 506

Cameron David : 529
Card Andrew : 356
Carignon Alain : 267
Carlos, Ilich Ramirez Sanchez dit : 95, 268
Carlucci Frank : 141
Carrington Peter, lord : 223
Carter Jimmy : 24, 153, 241
Carton Marcel : 122-123, 125, 136, 146
Casey William : 51, 57, 73, 97, 121, 139
Castro Fidel : 216
Ceaușescu Nicolae : 217
Césaire Aimé : 207
Chadli Bendjedid : 197
Chalet Marcel : 43-46, 50-51, 57
Charette Hervé de : 276, 290, 304, 310, 319-320, 331
Cheney Richard (Dick) : 178, 180, 188-189, 192, 358, 364, 372, 381-384, 392

Chevardnadze Édouard : 159
Chevènement Jean-Pierre : 182, 184-186, 191, 198-199, 208
Cheysson Claude : 25-26, 28, 31-33, 39-41, 49, 69, 72
Chirac Bernadette : 308, 313, 315, 339, 350-351, 353
Chirac Claude : 285, 350, 405
Chirac Jacques : 9-15, 20-21, 38, 68, 92, 112-113, 115, 129-135, 143-144, 146, 209, 247, 272, 275-293, 296, 298-300, 303-305, 307-327, 329-345, 347-351, 353-359, 366-367, 369-372, 375, 377, 384-396, 398-407, 409-437, 439, 441, 443-451, 453, 455-485, 489-494, 497-502, 504-507, 509-510
Chodron de Courcel Bernadette, voir Chirac Bernadette
Chouet Alain : 371
Christopher Warren : 241, 246, 250-254, 291, 293, 311-312, 317, 319-321, 331
Churchill Winston : 267
Cicippio Joseph : 142
Clark Wesley : 342, 344, 346
Clark William : 70-71, 79-80, 100
Claustre Françoise : 96
Clinton Hillary : 286, 308, 313, 315, 335, 337, 339-342, 350-351, 353, 498, 502, 513, 523, 525-526
Clinton William (Bill) : 12-13, 221, 229, 239-244, 248-252, 255-257, 259-261, 266, 270, 275-276, 285-286, 288, 291-293, 295, 298-299, 302-304, 307-316, 318-320, 322-327, 329, 331-344, 347-351, 353-354, 358, 373, 498, 510, 513
Collett Alec : 122
Collins Michael : 489
Colom Olivier : 498, 504
Colombani Jean-Marie : 360
Colonna Catherine : 405
Conze Henri : 41, 247
Cook Robin : 343
Cooper Abraham : 494
Cornea Aurel : 130, 136
Cot Jean : 301
Coudari Marcel : 130, 136
Cousseran Jean-Claude : 125, 129, 377
Cresson Édith : 240
Crowe William : 260
Curley Walter : 153, 164, 171-172, 199, 276-277
« Curveball » : 379

Dallaire Roméo : 259
Dassault Marcel : 279
Debray Régis : 72
Déby Idriss : 98, 106
Defferre Gaston : 43-45
Delamare Louis : 121
Delors Jacques : 38-39, 76
Desmarest Éric : 132
Deutch John : 308
Diouf Abdou : 102
Djukanovic Milo : 345
Dole Bob : 285, 292, 319, 323
Dondoux Philippe : 277
Dostom Rachid : 363
Douin Philippe : 316, 332
Doust Rafigh : 123, 125, 128, 130
Douste-Blazy Philippe : 264, 459, 475, 485
Ducasse Alain : 351
Dumas Roland : 88, 99, 103-105, 107, 128-129, 153, 157, 166, 168, 185, 188, 193, 198-199, 208, 225-227, 233
Dur Philip : 200

Eagleburger Lawrence : 170
El Baradei Mohammed : 388, 399, 404, 476
Ellington Duke : 489
Ellroy James : 500
Eltsine Boris : 230, 232-236, 244, 332, 334, 347, 353
Emié Bernard : 458, 464-465, 469
Erdogan Recep Tayyip : 443
Errera Philippe : 381-382, 508
Esquivié Jean-Louis : 125

Fabius Laurent : 502
Fadlallah Mohammed Hussein : 121-122
Fahd d'Arabie : 179-180, 211
Faugeron Henri : 351
Feltman Jeffrey : 456, 463
Ferrant Patrick : 44, 51-52, 54
Ferré Françoise : 277
Fiterman Charles : 19, 41
Fontaine Marcel : 122-123, 125, 136, 146
Ford Gerald : 13, 24, 358
Franklin Aretha : 241
Franks Tommy : 373, 409

Galbraith Evan : 70, 82
Galopin Pierre : 96
Ganay Christine de, voir Sarkozy Christine
Ganczarski Christian : 370
Garaud Marie-France : 280
Garbidjan Varadjian : 129

Gates Robert : 231
Gaulle Charles de : 11, 13-14, 34, 67, 74, 83, 103, 280, 309, 320, 409
Gaviard Jean-Patrick : 393-394
Gemayel Amine : 117, 119
Gemayel Béchir : 117
Genscher Hans-Dietrich : 159, 164, 167, 175
Georgelin Jean-Louis : 393, 511
Germanos Raymond : 300
Ghahreman Ahmad : 126
Ghorbanifar Manucher : 127, 137-138, 145
Gibbs Robert : 525
Gingrich Newt : 285, 292
Giscard d'Estaing Valéry : 11, 13, 20-22, 24, 35, 67, 70, 74, 90-91, 275-276, 281-284, 490
Giuliani Rudolph : 366, 492
Glaspie April : 178
Gobilliard Hervé : 290, 301
Gorbatchev Mikhaïl : 56, 87, 154-156, 158-160, 162-169, 172, 175-176, 179, 187-188, 201-203, 208, 229-236
Gorbatchev Raïssa : 232, 234
Gordji Wahid : 143-145
Gore Al : 354
Gourdault-Montagne Maurice : 288, 386-387, 391-396, 399, 403, 405, 411-412, 419, 421-423, 431, 433, 435, 438, 443-444, 451, 453, 455-457, 459, 469-470, 474-476, 481, 484
Gouttière Christian : 136
Grasset Frédéric : 350
Grimaud Maurice : 45
Grossman Marc : 441
Grossouvre François de : 124
Guaino Henri : 490, 509
Guéant Claude : 314
Guillaud Édouard : 511
Guillet Bernard : 270

Habré Hissène : 89-90, 96-99, 101-106
Habyarimana Juvénal : 256-259, 261-263
Hadithi Naji Sabri Ahmad al- : 378
Hadley Stephen : 405-406, 416, 419, 459, 501, 511-512
Hage Imad : 453
Haig Alexander : 20, 25, 28, 39, 41, 49, 68-69, 73, 98
Hallyday Johnny : 490
Hamadé Marwan : 457
Hansen Georges : 130, 132, 134
Hariri Nazik : 450, 463

Hariri Rafic : 12, 320, 324, 353, 450-451, 456-458, 462-467, 469-470, 472-475
Hariri Saad : 469
Harithi Abu Ali al- : 370
Harriman Pamela : 267, 285-286, 307, 313, 329, 498
Hartman Arthur : 22, 24, 26, 39
Hassan II : 105, 216, 315
Hassan Nasrallah Sayyed : 469
Havel Václav : 398
Hayworth Rita : 489-490
Hemingway Ernest : 277, 489-490
Hendrix Jimi : 490
Herlihy Florence : 278
Hernu Charles : 39, 41, 45, 118, 124
Heston Charlton : 489-490
Hill Charles : 77
Hiro Hito : 150
Hitler Adolf : 179
Hoffmann Stanley : 162
Holbrooke Anthony : 299
Holbrooke Richard : 288, 293, 299, 302-304, 342, 354
Holm Richard : 268-269, 271
Holmes Allen : 29, 31, 37
Honecker Erich : 158, 160
Hortefeux Brice : 491
Houphouët-Boigny Félix : 102
Hussein de Jordanie : 177, 179, 210, 320
Hussein Saddam : 12, 95, 129, 177-184, 187-192, 194-199, 202-204, 208-209, 211, 217-221, 241, 335, 372-374, 377-379, 381, 383, 385, 389, 392-393, 395-396, 400, 402-403, 408-410, 417, 421, 424, 427, 429, 437, 450, 452, 462

Ianaïev Guennadi : 232-233
Inman Bobby : 51
Irwin John : 281
Izetbegović Alija : 226-227, 248-249, 303

Jacobsen David : 123, 136-137, 139
Jacolin Henry : 300
Janvier Bernard : 186, 296
Jenco Lawrence : 122, 137
Jobert Michel : 39, 72
Jones James : 512, 519
Jones Paula : 337
Jospin Lionel : 14, 22-23, 32, 330, 332, 336, 344, 350, 359, 369, 375, 429, 517
Jouyet Jean-Pierre : 429, 433-434, 494, 530
Jović Borisav : 222
Joxe Pierre : 182, 199, 243

Juillet Pierre : 280
Juppé Alain : 244, 253, 255, 264, 276, 285, 287-290, 292, 297, 330, 343, 386, 393

Kabila Laurent Désiré : 326
Kadhafi Mouammar : 12, 89-105, 107-114, 118, 181, 215-216
Kagamé Paul : 256-258, 261, 266
Kanaan Ghazi, général : 471-472
Kangarlou Mohsen : 137, 145
Karadžić Radovan : 226, 228, 248, 254, 291, 294, 298, 300, 302-306
Karzaï Hamid : 368, 443
Kauffmann Jean-Paul : 123, 136, 146
Kelly Raymond : 492, 499
Kennedy John F. : 304
Kerry John : 444, 456, 458
Khamenei Ali : 521
Khashoggi Adnan : 127
Khomeiny Rouhollah : 142, 217
Kimche David : 127
Kinkel Klaus : 296, 343
Kluiters Nicolas : 122
Kohl Helmut : 75, 155-156, 159-161, 163-164, 166-170, 172-176, 179, 213, 224-225, 227, 229, 283, 293, 296, 302, 315, 320, 334
Kosciusko-Morizet Jacques : 283
Kouchner Bernard : 227-228, 349, 504-506, 508, 523, 525
Kreisky Bruno : 105
Krenz Egon : 160-161

La Fayette Gilbert du Motier, marquis de : 500, 509
La Presle Bertrand de : 290-291, 301
La Sablière Jean-Marc de : 356, 367, 386, 405
Lacaze Jeannou : 45
Lacoste Pierre : 124
Lafrance Pierre : 116, 130
Lahoud Émile : 455-457, 472
Lake Tony : 241, 291, 307, 323
Lang Jack : 72
Lanxade Jacques : 107, 154, 184-188, 192-194, 198-200, 203, 243, 245, 247, 257, 265-266, 271-272, 289-290, 297, 300
Le Maire Bruno : 391, 405
Le Pen Jean-Marie : 375
Leach Howard : 357, 407, 418, 456
Lecourtier Philippe : 456
Lellouche Pierre : 284, 419-420, 498
Léotard François : 246

Lévi David : 210
Levick Brian : 122
Levitte Jean-David : 275-276, 293, 305, 307, 311-313, 318, 329, 332, 339, 349-350, 356, 365, 380, 386-387, 389, 395, 405-406, 411, 416, 429, 434, 464, 490-491, 501, 504-505, 509-512, 515, 521, 525
Lévy Bernard-Henri : 227
Lewinsky Monica : 337-340, 353
Lieberman Avigdor : 525
Livni Tzipi : 475
Loras Damien : 504
Luck Gary E. : 186

Madonna : 500
Maizière Lothar de : 169
Major John : 201-202, 207, 229, 232, 244, 288, 291, 293, 320
Marchiani Jean-Charles : 126, 145-146
Marenches Alexandre de : 91-92
Margerie Emmanuel de : 153
Marion Pierre : 45, 91
Martinon David : 491, 493, 495, 498, 501-502, 504-505
« Mary-Anne » : 267
Massoud, commandant : 361, 363, 365
Mathieu Roger : 178, 185-186, 191
Mauroy Pierre : 19, 38-41, 54, 68, 76
Mazen Abou, voir Abbas Mahmoud
McCain John : 501, 513-514
McFarlane Robert (Bob) : 60-61, 87, 93-94, 110, 126-127, 139
McNamara Francis : 137
Medvedev Dmitri : 515, 517, 527
Mehlis Detlev : 469-474
Ménage Gilles : 64, 124
Merkel Angela : 511, 529
Millon Charles : 264, 276, 290, 295, 316
Milošević Slobodan : 222, 224-225, 302-305, 342-347
Mitchell George : 285, 524
Mitterrand Danielle : 149-152, 157, 218, 221
Mitterrand François : 10-14, 19-37, 40-43, 45-50, 54-56, 60-62, 64-65, 67-89, 91-92, 96, 98-105, 107, 110, 112-121, 124-125, 128-129, 131, 133, 135, 140-141, 144, 146, 149-160, 162-176, 179, 181-205, 207-220, 222, 224-237, 239-257, 263-264, 266, 272, 276, 282-286, 288, 309-310, 330, 490, 503-504, 506

Mladić Ratko : 226-227, 248, 254, 288, 291, 294-296, 298-302, 304
Moayeri Ali Reza : 132
Mobutu Joseph Désiré : 326
Modrow Hans : 161, 167
Monod Jérôme : 285
Monroe Marilyn : 489-490
Montoya Robert : 125
Morillon Philippe : 253
Morin Hervé : 511
Morizet Jacques : 129
Mottaki Manouchehr : 484
Moubarak Hosni : 177, 179, 216, 439, 464, 472
Moughniyeh Imad : 136
Moussaoui Zacarias : 362
Moussavi Hossein : 135, 137
Mulroney Brian : 152, 212
Murray Bill : 378
Museveni Yoweri : 256
Musitelli Jean : 135

Naccache Anis : 120, 123, 125, 128-130, 133, 146
Nart Raymond : 43, 51, 57
Nash Geoffrey : 122
Netanyahou Benjamin : 320-323, 325, 340, 349, 496, 525-526
Ney Bob : 410
Nidal Abou : 109
Nixon Richard : 13, 24, 149, 153
Norland Donald : 97, 106
Normandin Jean-Louis : 130, 136, 145
North Oliver : 97, 126, 134, 137-139, 145
Nour de Jordanie : 210
Ntaryamira Cyprien : 258
Nunn Sam : 285

O'Reilly Bill : 411
Obama Barack : 9, 14, 501-502, 512-514, 516-531
Obama Michelle : 9, 518, 527
Olmert Ehoud : 475, 524
Omar, mollah : 368
Orić Naser : 294
Oueddei Goukouni : 89, 96-99, 101, 103, 107
Owen David, lord : 248-250, 252

Pacaud Bernard : 313
Pacino Al : 490
Pandraud Robert : 144
Parant André : 399, 401, 428

Parmentier Guillaume : 14
Pasqua Charles : 126, 143-145, 266-267, 270-271
Passard Alain : 351
Pei Ieoh Ming : 256
Peres Shimon : 320
Perez Danielle : 122
Pérez de Cuéllar Javier : 193-194
Perle Richard : 25, 41, 368
Perot Ross : 239
Perrin Jean : 123
Pery William : 316
Pesci Joe : 525
Peyrat Jérôme : 285
Pierre le Grand : 83
Pilhan Jacques : 163
Pingeot Mazarine : 150
Pisani Edgard : 191
Plagnol Henri : 267
Poindexter John : 110, 126, 134, 137, 139, 141
Poivre d'Arvor Patrick : 407
Pompidou Georges : 11, 13, 24, 67, 74, 82, 103, 280-281
Poutine Vladimir : 390, 406, 412, 451, 504, 517
Powell Colin : 178, 185, 187, 358-359, 381, 386-387, 389-390, 395, 397-400, 407, 413, 416, 455, 495
Presley Elvis : 490
Primakov Evgueni : 188, 193, 201
Prouteau Christian : 124-125
Pujadas David : 407

Quesnot Christian : 243, 247, 257, 263-264, 289, 296-297

Raad Razah : 125, 129-130, 138
Rabb Maxwell : 94
Rabin Itzhak : 304, 321
Radjavi Massoud : 123, 132
Raffarin Jean-Pierre : 496
Rafsandjani Ali Akbaf : 142, 217, 477-478
Raimond Jean-Bernard : 132, 135, 143, 276
Raynaud Fabien : 504
Reagan Nancy : 88
Reagan Ronald : 10, 12-13, 19-23, 25-29, 40-42, 46-50, 52, 54-56, 58-60, 67-72, 75, 77-95, 97-98, 100-103, 105, 107-113, 115-116, 118-120, 127, 134-135, 137, 139-141, 149-150, 214, 239, 283-284
Redford Robert : 490

Reed Thomas : 60
Renon Gérard : 41, 344
Reston James : 26
Rice Condoleezza : 355-356, 358, 361, 366, 382, 392, 395, 403, 405, 412, 416, 419, 421-424, 431, 435, 438-439, 444, 455-457, 459-460, 462, 467, 471-475, 479-481, 495, 501, 505, 515
Richard Alain : 344
Richier François : 498, 504
Robertson, lord : 422
Rocard Michel : 182, 193, 247, 269
Rochot Philippe : 130, 132, 134
Rodgers Joe : 131
Roed-Larsen Terje : 458, 461, 467-468, 470, 472-473
Rondot Philippe : 268
Roquejeoffre Michel : 186
Ross Dennis : 324-325
Rouleau Éric : 125, 130-131, 138
Roussin Michel : 132
Royal Ségolène : 502-503
Rumsfeld Donald : 358, 364, 368, 372-373, 381, 396, 398, 418, 426, 449, 478
Rush Kenneth : 281-282

Saakachvili Mikheïl : 514-515, 517
Sabah Jaber el- : 178
Sadate Anouar el- : 91, 93
Sadegh Mohammad : 128-130
Safa Akram : 145
Safa Iskandar : 126-127, 145-146
Sakharov Andreï : 86
Saleh Fouad Ali : 136, 143, 443
Samareh Hashemi : 483-484
Sardou Michel : 510
Sarkozy Cécilia : 492, 496, 499, 506
Sarkozy Christine : 496
Sarkozy Nicolas : 9-10, 12-14, 431, 434, 476, 489-521, 523-531
Sarkozy Olivier : 496, 499
Sarkozy Pal : 496
Satterfield David : 452-453
Saulnier Jean : 41, 98, 118
Scheer François : 63, 146
Schmidt Helmut : 49
Schmitt Maurice : 183, 185, 191
Schröder Gerhard : 353, 390, 398, 406, 412, 434, 451
Schwarzenegger Arnold : 494-495, 505
Schwarzkopf Norman : 180, 187, 191, 218
Schweizer Peter : 270

INDEX

Scowcroft Brent : 153-154, 161, 174, 178, 184-186, 188, 192-193, 200-201, 203, 358, 380-381
Secord Richard : 138
Seidel John : 51
Senderens Alain : 351
Serfaty Simon : 13
Sessions William : 269
Seurat Marie : 129
Seurat Michel : 123, 130, 133
Shalikashvili John : 318
Shamir Itzhak : 196, 212
Sharon Ariel : 210, 442, 447-448, 497
Short Mike : 345
Shultz George : 72-73, 80, 88, 100, 119
Silberzahn Claude : 269
Simon-Michel Jean-Hugues : 498
Sinclair Anne : 199
Soares Mário : 227
Solana Javier : 483, 522
Sontag Camille : 131, 136
Staline : 83, 235
Stapelton Craig : 499, 502
Starr Kenneth : 337-338
Steen Alan : 142
Stoessel Walter : 27
Streisand Barbara : 241
Sutherland David : 123, 142

Tarnoff Peter : 305, 311-312
Tchernenko Konstantin : 85-86
Tchernomyrdine Viktor : 346
Tenet George : 362, 374, 418, 449
Thatcher Margaret : 50, 80, 83, 155, 162-163, 167-168, 170, 175, 179, 186, 229, 283
Tito Josip Broz : 222
Tlass Mustapha : 125
Torri Paul : 144, 146
Trudeau Pierre : 50
Tudjman Franjo : 224, 303
Turner Jesse : 142
Tutwiler Margaret : 429

Ulrich Maurice : 146

Vaillant Daniel : 493

Vaïsse Justin : 14
Van Mierlo Hans : 296
Vance Cyrus : 241, 248-250, 252
Vauzelle Michel : 191
Védrine Hubert : 14, 22-23, 30, 60, 72-73, 75, 83, 157, 159, 170, 181, 188, 204, 226, 240, 243, 256, 330-331, 333, 343-344, 348, 355, 359, 366, 375, 504, 517
Velayati Ali Akbar : 132, 135, 521
Véricel Paul : 247
Vetrov Svetlana : 63
Vetrov Vladimir Ippolitovitch alias « Farewell » : 44-47, 49-54, 56-65, 67, 73
Vieira de Mello Sergio : 418
Villepin Dominique de : 134, 285, 330-331, 377, 380, 386-387, 389-391, 397-398, 400, 404-407, 421, 446, 459, 494, 497
Vimont Pierre : 389, 407, 475, 517, 530

Waite Terry : 136-137, 142
Walters Vernon : 103, 110, 112, 162
Warner John : 441
Washington Denzel : 525
Washington George : 10, 21-22, 24, 28-29, 36, 39, 79, 81, 89-90, 95, 102, 110, 114, 116, 119, 132, 134, 142, 162, 178, 180, 191
Wayne John : 489-490
Webster William : 51, 269
Weinberger Caspar : 20, 60, 113, 118, 140-141
Weir Benjamin : 127
Weiss Gus : 53, 57-58
Wiesel Elie : 157
Willett John : 151
Wisner Frank : 496
Wolfowitz Paul : 358, 381, 396, 409, 426, 464
Woodward Bob : 403
Woolsey Jim : 241, 263, 270

Yourtchenko Vitali : 64

Zablocki Clement : 91
Zein, cheikh : 146
Zimmermann Warren : 226
Zoellick Bob : 214

Remerciements

L'enquête qui a nourri cet ouvrage a reposé sur l'aide précieuse de nombreux acteurs de l'histoire politique et diplomatique, d'experts et d'amis que je souhaite tous remercier. Certains m'ont demandé de préserver leur anonymat, ce que j'ai naturellement respecté.

Je suis en premier lieu reconnaissant aux archivistes américains qui m'ont guidé dans les méandres de leurs services et ont traité mes demandes de déclassification. Parmi eux, je voudrais notamment citer : Sally Kuisel et Michael Hussey au centre de recherches de la National Records and Archives Administration, à College Park (Maryland) ; Lisa Jones et Shelly Williams à la Ronald Reagan Presidential Library, à Simi Valley (Californie) ; George Holzweiss, Elizabeth Myers et Morse McKenzie à la George Bush Presidential Library, à College Station (Texas) ; Emily Robison, Rachael Carter et Danna Simmons à la Clinton Presidential Library, à Little Rock (Arkansas) ; May Casto aux archives du département d'État ; Delores Nelson aux archives de la CIA.

Je dois rendre un hommage particulier à Pascal Geneste et Zénaïde Romaneix, conservateurs à la section du XXe siècle des Archives nationales, qui m'ont aidé à m'orienter dans les fonds des archives de la présidence de la République. Mes remerciements s'adressent également à Christian Oppetit, responsable de la section du XXe siècle, à Martine de Boisdeffre, directrice des Archives de France, au mandataire de l'ancien président François Mitterrand, ainsi qu'au président Jacques Chirac, pour m'avoir autorisé à accéder, par dérogation, à certains dossiers de la présidence de la République.

Ma reconnaissance va également à certains témoins qui ont accepté de me recevoir ou de s'entretenir avec moi, comme l'ancien secrétaire général de l'Élysée et ministre des Affaires étrangères, Hubert Védrine ; l'ancien chef d'état-major des armées, l'amiral Jacques Lanxade ; l'ancien chef d'état-major particulier, le général Christian Quesnot ; l'ancien attaché militaire à Washington, le général Roger Mathieu ; l'ancien délégué général pour l'armement, Henri Conze ; l'ancien directeur de la DGSE, l'amiral Pierre Lacoste ; Patrick Ferrant et Xavier Ameil ; l'ancien directeur de la DST, Yves Bonnet ; l'ancien chef de station de la CIA à Paris, Charles Cogan ; l'ancien directeur adjoint du cabinet de Lionel Jospin, directeur du Trésor et secrétaire d'État aux Affaires européennes, Jean-Pierre Jouyet ; l'ancien conseiller diplomatique et sherpa de Jacques Chirac, Maurice Gourdault-Montagne ; l'ancien conseiller diplomatique et porte-parole de Nicolas Sarkozy, David Martinon ; le conseiller diplomatique du chef de l'État Nicolas Sarkozy, Jean-David Levitte, qui fut aussi conseiller diplomatique et sherpa de Jacques Chirac, ambassadeur de France aux Nations unies et ambassadeur de France aux États-Unis. Je voudrais remercier aussi les autres ambassadeurs de France aux États-Unis qui ont cordialement accepté de me recevoir et de me livrer leurs souvenirs et leurs témoignages : Jacques Andréani, François Bujon de l'Estang et Pierre Vimont. Et merci à Emmanuel Lenain et Jean-Claude Tribolet pour avoir facilité mes contacts.

Ma gratitude est immense envers l'ancien ambassadeur des États-Unis en France, Arthur Hartman, et sa fille, Lise Hartman, pour leur coopération amicale, ainsi qu'envers les ambassadeurs Howard Leach, et Craig Stapleton, qui ont bien voulu répondre à mes sollicitations. Merci à leurs collaborateurs Lynne Platt, Stéphanie Dos Santos et Sophie Roy-Sultan pour leur aide. Je suis très reconnaissant à Allen Holmes, ancien secrétaire d'État assistant adjoint pour les Affaires européennes au département d'État, à Frank Wisner, ancien secrétaire d'État adjoint, à Richard Perle, ancien secrétaire assistant à la Défense, d'avoir répondu à mes questions.

Je dois également remercier les experts qui m'ont éclairé, tels Pascal Boniface, Justin Vaïsse, Leah Pisar, Alain Bauer et Bruno de Blignières. Mon travail n'aurait pas été le même sans les conseils et les encouragements de collègues journalistes et d'amis comme Hélène Constanty, Jacques Follorou, Alexandra Schwartzbrod, Laurence Bagot, Jean-Marc Gonin, Jean Lesieur, Bernard de La Villardière, Frédéric Mercier, Éric Laplantif, Isabelle Lasserre, Antoine Glaser, Maurice Botbol, Patrick Jarreau, François Clemenceau, Sophie Coignard, Dominique de Souza-Pinto, Stéphane Corre et Chantal Bishop-Corre, ainsi que les équipes de Service public, de Ligne de front, de desinfos.com et du Café. Un joli coup de chapeau à Henri Trubert et Sophie Marinopoulos pour leur enthousiasme d'éditeurs désormais lancés dans l'aventure de leur maison Les Liens qui libèrent, à Claude Durand, Olivier Nora et Sophie de Closets pour leur soutien fidèle chez Fayard, ainsi qu'à Élise Roy. Et je ne serais pas arrivé à bout de ce long travail sans la patience infinie de tous mes proches, Dominique, Marie, Mathilde, Greg, et la venue bénie d'Anaïs.

Table des matières

Prologue. Les présidents nous cachent bien des choses 9

Chapitre premier – « Je vais étouffer les communistes » 19
   Rassurer pour éviter une crise 21
   Prolongation de la coopération nucléaire secrète 24
   « L'entrée des communistes au gouvernement
   aura des effets négatifs » 27
   « L'érosion des communistes sera grande » 30
   « Je définis seul la politique étrangère
   de la France » 31
   Les ministres communistes
   ont des « postes sans importance » 34
   « Je comprends que vous ayez peur d'une contagion
   en Italie » 35
   Mauroy : « Nous avons presque remporté
   le match contre le PC » 38
   Un communiqué incendiaire
   du département d'État 39

Chapitre 2 – Un cadeau nommé Farewell 43
   Le KGB a pénétré le système de protection
   de la Maison-Blanche 44
   Un aparté avec Reagan au sommet d'Ottawa 47
   Une taupe effrayée par le risque de guerre nucléaire 51
   Des listes d'espions soviétiques 53
   Reagan : « C'est le moment d'affaiblir l'URSS » 54
   Une opération d'intoxication menée par la CIA 57
   Directive secrète sur l'URSS et « guerre des étoiles » 59
   Mitterrand expulse quarante-sept faux diplomates soviétiques ... 61

Chapitre 3 – « Cher François... Cher Ron... » 67
  Des griefs nombreux mais un accord de fond sur l'URSS 68
  « Laissez-moi vous dire mon admiration
  pour votre discours au Bundestag » 74
  Le plan de rigueur de mars 1983 salué par Reagan 76
  Chantage à Williamsburg 78
  Reagan à Mitterrand : « Votre rôle a été crucial
  pour l'Alliance atlantique » 80
  Une leçon de psychanalyse sur l'URSS
  et des histoires drôles 83
  Mitterrand : « Je souhaite le succès des causes
  qui vous inspirent » 86

Chapitre 4 – Objectif : liquider Kadhafi 89
  Une grande campagne d'intoxication sur le danger libyen 92
  Un soutien massif de la CIA à Hissène Habré
  pour l'aider à reprendre le pouvoir 96
  Mitterrand avoue l'ambiguïté de sa position 99
  Des commandos de la DGSE et des instructeurs
  américains pour reprendre Faya-Largeau 101
  Après l'opération Manta, la France veut transiger au Tchad 103
  1985 : Reagan lance l'opération Flower
  contre le colonel libyen 107
  « Nous allons tuer Kadhafi.
  Pouvons-nous survoler la France ? » 111

Chapitre 5 – Dans le piège des otages au Liban 115
  1983 : attentats contre les QG franco-américains
  à Beyrouth 116
  Représailles, bombes et prises d'otages en 1985 119
  L'Iran pose ses conditions pour les otages 123
  Des barbouzes français et américains entrent en piste 124
  L'Iran balade Mitterrand 128
  L'équipe de Reagan compte sur Chirac
  pour être plus ferme 132
  North négocie avec les Iraniens
  et se moque des Français 137
  Mitterrand soutient Reagan dans l'Irangate 139
  Guerre des ambassades et ultimes tractations 142
  Les hommes de l'Irangate aident les Français 145

TABLE DES MATIÈRES

Chapitre 6 – Mitterrand et Bush,
deux amis au pied du Mur 149
M. et Mme Mitterrand ne partagent jamais le même lit ! 150
« La réunification allemande ?
L'URSS fera la guerre pour s'y opposer ! » 153
Le Mur tombe, Paris et Washington s'interrogent 158
Des chicaneries sur l'unité allemande 161
Mitterrand : Kohl pousse le bouchon trop loin... 165
« Je vais marchander la réunification à Moscou », dit Kohl 167
Un président français « pâle comme la mort »
arrive à Key Largo 170

Chapitre 7 – « Allô, François ? Merci de faire la guerre
à nos côtés... » 177
Mitterrand, résolu à faire la guerre si nécessaire 181
Un émissaire de l'Élysée en mission à la Maison-Blanche 184
Un automne de flottements et de préparatifs 187
Une confidence dans la berline présidentielle à Washington 190
« Nous sommes à vos côtés, je donnerai les instructions » 193
« L'euphorie des médias sur la guerre est assez fâcheuse » 195
L'éviction de Chevènement savamment orchestrée 198
Mitterrand : « Il faut continuer de menacer l'Irak
et Saddam Hussein » 201
Il faut maintenant gagner l'après-guerre... 204

Chapitre 8 – Les désillusions des vainqueurs 207
Bush : « Je ne comprends pas les Palestiniens » 209
Mitterrand : « Arrêtons les malentendus
sur l'Europe et l'OTAN » 213
Bush : « Quand Saddam tombera,
on dansera dans les rues de Bagdad » 215
« Il faut éviter un génocide des Kurdes en Irak ! » 218
La poudrière yougoslave divise Européens et Américains 222
Bush félicite Mitterrand pour sa visite surprise à Sarajevo 226
Mitterrand enterre trop vite Gorbatchev
lors du putsch de Moscou 229
« Sans l'URSS, il y aura des guerres en Ukraine, en Pologne
et ailleurs » 234

Chapitre 9 – Les épreuves d'une fin de règne 239
Le fringant Clinton respecte le vieux loup français 240

Moratoire sur les essais nucléaires et coopération secrète 242
La Bosnie divise Paris et Washington 248
Mitterrand : « Les Serbes ne sont pas faciles à intimider... » 250
Washington refuse de faire pression sur les Musulmans 253
Requiem pour le Rwanda 256
Des rapports accusateurs de la CIA sur le génocide 261
La France lance seule l'opération Turquoise 263
Bisbilles entre la DGSE et la CIA 266

Chapitre 10 – Jacques Chirac, le fiancé de l'Amérique 275
Hamburgers et amour libre : le rêve américain de Chirac 277
Un des rares gaullistes proaméricains 280
À partir de 1981, Chirac devient le vrai leader de l'opposition .. 282
Chirac soigne ses relations avec Reagan et Bush 283
Des contacts prometteurs avec Clinton 285

Chapitre 11 – Bill et Jacques sont dans un bateau… 287
Chirac : « Les militaires sont des lâches ! » 289
Srebrenica : Chirac s'emporte mais reste impuissant 294
Un nettoyage ethnique annoncé 298
Une paix forcée par l'OTAN et les Américains 301

Chapitre 12 – … Et Chirac tombe de haut 307
Une volonté de réintégrer le commandement de l'OTAN 309
« Warren Christopher est un mauvais con ! » 311
Un dîner chic à L'Ambroisie 312
Une inquiétude partagée sur une flambée du terrorisme 314
Une lettre de Chirac braque Washington 316
Incidents à Jérusalem, déconvenues à Washington 319
*« Mille bravos ! Je suis vraiment heureux
de votre réélection »* 323
*Chirac multiplie en vain
les offres de services à Clinton* 325

Chapitre 13 – « Mes hommages affectueux à Hillary » 329
*Un nouveau revers sur l'élargissement de l'OTAN
à la Roumanie* 331
« J'ai pu découvrir cette belle région du Colorado... » 334
L'Irak empoisonne déjà la ligne Paris-Washington 335
Des gestes de soutien en plein scandale Monica Lewinsky 337
Une campagne de bombardements pour faire plier Milošević ... 342

« Il faut un bon administrateur pour le Kosovo,
tel qu'un maire de Paris » 347
Comment réduire Jospin « à la portion congrue »
et dîner dans un bistrot « typique » 349

Chapitre 14 – 11 septembre :
« Nous sommes tous Américains » 353
   « Je connais bien votre père depuis longtemps » 355
   11 septembre : l'équipe Bush change de registre 358
   Des messages d'alerte ignorés pendant des mois 360
   Des renseignements de la DGSE sur un détournement d'avion .. 363
   Le soutien de Chirac à la guerre contre le terrorisme 364
   Une base secrète installée à Paris avec la CIA 369
   « Mon cher George, ne faites pas de bêtises au Proche-Orient » 371
   L'Irak de Saddam Hussein reste une menace, selon la CIA 372

Chapitre 15 – Les coulisses du « non »
à la guerre en Irak 377
   La DGSE transmet une « source » irakienne à la CIA 378
   Le nouveau concept de Bush : la « guerre préventive » 380
   Le but n'est pas de désarmer Saddam, mais de le renverser 383
   Chirac à Bush : « Nous sommes ouverts à la discussion » 385
   Une résolution négociée pied à pied à l'ONU 387
   21 novembre 2002 : Chirac se pose en Cassandre 390
   Le Pentagone refuse la participation militaire française 392
   Condoleezza Rice confie aux Français que les dés sont jetés 395
   Gaffe de Villepin et polémique avec Rumsfeld 397
   Le dernier coup de téléphone : Chirac prend date
   très poliment 400
   Un discours enflammé et un baroud d'honneur à l'ONU 403

Chapitre 16 – Comment Bush a fait payer Chirac 409
   Chirac propose les services de l'OTAN
   et de l'ONU pour l'Irak 411
   Des pressions de Bush et Biden pour aider l'Irak 423
   Bush envoie un émissaire spécial à Paris
   sur la dette de l'Irak 427
   Une demande américaine jugée immorale
   et coûteuse 431
   Chirac finit par céder pour faire plaisir à Bush 433

Chapitre 17 – « Cher George, redevenons amis... » 437
  Paris torpille le projet américain de « Grand Moyen-Orient » ... 439
  Une timide réconciliation au menu à l'Élysée 444
  La tutelle syrienne au Liban mécontente Paris... 450
  ... et le président syrien agace ouvertement Washington 452
  Une résolution de l'ONU concoctée en secret 455
  Des petits cadeaux pour le « docteur Rice » 457
  Chirac : le régime syrien a des méthodes « soviétiques » 461

Chapitre 18 – Faire rendre gorge à la Syrie 463
  Chirac accuse directement Bachar el-Assad 464
  La pression conduit au retrait des troupes syriennes du Liban ... 468
  Chirac plaide pour un procès international
  sur la mort d'Hariri 470
  Chirac : « Il est certain que l'Iran veut l'arme nucléaire » 476
  Rice : « À la fin de 2006, l'Iran aura assez d'uranium
  pour fabriquer une bombe » 480
  Bush se rapproche de Chirac,
  mais Téhéran rejette tout en bloc 481

Chapitre 19 – Comment Nicolas est devenu
  « Sarko l'Américain » 489
  Visite écourtée pour un voyageur pressé 491
  « Je partage les valeurs américaines » 494
  Des critiques abruptes contre la diplomatie chiraquienne 497
  L'ambassadeur de Bush aux meetings de Royal et Sarkozy 502
  Des signaux très appréciés à Washington 504
  Confidences lors d'un pique-nique chez les Bush 506
  Un retour dans l'OTAN... finalement retardé 509

Chapitre 20 – Sarkozy-Obama, les dessous
  d'une mésentente 513
  Sarkozy se mue en sauveur planétaire 514
  Caractères opposés et frictions en cascade 516
  Sarkozy : « Tu as fait un discours, il va falloir des actes » 519
  Un tempo plus lent durant la première année d'Obama 521
  Obama déçoit aussi sur le Proche-Orient 524
  2010 : Obama réclame le réveil des leaders européens 526
  Une alliance tactique possible en 2011 ? 530

Annexes 533
Index 565
Remerciements 573

Photocomposition Nord Compo
Villeneuve-d'Ascq

Pour l'éditeur, le principe est d'utiliser des papiers composés de fibres naturelles, renouvelables, recyclables et fabriquées à partir de bois issus de forêts qui **ad**optent un système d'aménagement durable.
En outre, l'éditeur attend de ses fournisseurs de papier qu'ils s'inscrivent dans une démarche de certification environnementale reconnue.

Impression réalisée par
CPI BRODARD ET TAUPIN
La Flèche

pour le compte des Éditions Fayard
en septembre 2010

Imprimé en France
Dépôt légal : septembre 2010
N° d'impression : 59746
36-57-0806-4/01